贯彻落实教育规划纲要，推进教育体制

国际教育政策与发展趋势年度报告2015

北京师范大学国际与比较教育研究院　组编

北京师范大学出版集团
BEIJING NORMAL UNIVERSITY PUBLISHING GROUP
北京师范大学出版社

图书在版编目(CIP)数据

国际教育政策与发展趋势年度报告.2015 / 北京师范大学国际与比较教育研究院主编.—北京：北京师范大学出版社，2016.8

ISBN 978-7-303-20767-1

Ⅰ.①国… Ⅱ.①北… Ⅲ.①教育政策－研究报告－世界－2015 ②教育事业－发展－研究报告－世界－2015 Ⅳ.①G51

中国版本图书馆 CIP 数据核字(2016)第 129622 号

营 销 中 心 电 话 010-58805072 58807651
北师大出版社学术著作与大众读物分社 http://xueda.bnup.com

GUOJI JIAOYU ZHENGCE YU FAZHAN QUSHI NIANDU BAOGAO 2015

出版发行：北京师范大学出版社 www.bnup.com
北京市海淀区新街口外大街 19 号
邮政编码：100875

印　　刷：北京京师印务有限公司
经　　销：全国新华书店
开　　本：787 mm×1092 mm 1/16
印　　张：31.25
字　　数：580 千字
版　　次：2016 年 8 月第 1 版
印　　次：2016 年 8 月第 1 次印刷
定　　价：98.00 元

策划编辑：陈红艳　　责任编辑：薛　萌　梁　霞
美术编辑：王齐云　　装帧设计：李尘工作室
责任校对：陈　民　　责任印制：马　洁

前　言

《国家中长期教育改革和发展规划纲要(2010—2020年)》将扩大教育开放作为我国教育改革发展战略目标的重要举措。2015年10月召开的中共十八届五中全会更提出了“牢固树立并切实贯彻创新、协调、绿色、开放、共享的发展理念”的要求，将“开放发展”作为实现“十三五”时期发展目标的五大重要理念之一。这充分说明，扩大教育对外开放，将是我国教育改革和发展长期坚持的战略方针。要扩大对外开放，就需要了解世界教育改革与发展的大势，了解各国所面临的主要的教育问题与改革措施，了解可供我国利用的国际教育资源和可资借鉴的经验教训，以对我国进一步扩大教育对外开放有所助益。

半个多世纪以来，北京师范大学国际与比较教育研究院始终及时追踪各国教育政策的动向，20世纪90年代以后又开始加强对国际组织教育政策的研究，出版了一大批高水平的论文著作和政策咨询报告，不但有力地推进了比较教育学科的发展，而且为政府教育决策和区域教育改革提供了高质量的咨询服务。2009年起，我院开始承担北京师范大学设立的社会科学数据平台与政策咨询项目《国际教育政策与发展趋势报告》。2011年，我院申报的《国际教育政策与发展趋势年度报告》获教育部社会科学司“教育部哲学社会科学发展报告”培育项目立项，并先后出版了《国际教育政策与发展趋势年度报告(2013)》和《国际教育政策与发展趋势年度报告(2014)》，以北京师范大学国际与比较教育研究院的研究队伍为基础，同时得到兄弟院校专家同仁的大力支持，初步探索出及时、准确、简明地概览国际教育政策发展的呈现形式。

《国际教育政策与发展趋势年度报告(2015)》，主要介绍和分析2013年7月至2014年6月世界主要国家和地区在教育领域颁布的重要法律法规、研究报告、教育规划及国际会议的宣言、决议、行动计划等，今后计划在一两年内过渡到以自然年度为单位。

《国际教育政策与发展趋势年度报告(2015)》由高益民教授主编，是团队合作的结晶。具体分工如下。

国际教育政策与发展趋势综述：张伟(北京师范大学)、刘宝存(北京师范大学)

美国：邢俊（北京师范大学）、张曼（北京师范大学）、林杰（北京师范大学）

英国：王璐（北京师范大学）、王雪双（北京师范大学）

法国：王晓辉（北京师范大学）

德国：宁海芹（北京师范大学）、孙进（北京师范大学）

加拿大：谢晓宇（北京师范大学）

俄罗斯：肖甦（北京师范大学）、刘晓璇（北京师范大学）

日本：孙晋露（北京师范大学）、高益民（北京师范大学）

韩国：姜英敏（北京师范大学）、李昕（北京师范大学）

印度：杨明全（北京师范大学）

东南亚：马早明（华南师范大学）、李睿（华南师范大学）、陈晓菲（华南师范大学）

拉美：胡昳昀（北京师范大学）、秦毛毛（北京第二外国语学院）

大洋洲：马健生（北京师范大学）、蔡娟（北京师范大学）、王涵奕（北京师范大学）

非洲：万秀兰（浙江师范大学）、陶俊浪（浙江师范大学）、汤春红（浙江师范大学）、钟颖（浙江师范大学）、吴书敏（浙江师范大学）、任云慧（浙江师范大学）

国际组织：滕珺（北京师范大学）、乔鹤（首都师范大学）、张婷婷（北京师范大学实验小学未来科技城学校）

由于编者水平有限，错误和不当之处在所难免，恳请读者批评指正。

《国际教育政策与发展趋势年度报告》项目组

2016 年 1 月

目 录

总论篇

第一章　国际教育政策与发展趋势综述

当今世界正步入一个调整与震荡并存的关键期，新事物不断兴起，旧事物还未退出，在新与旧之间，世界形势不断发生着日新月异的改变。在这种情况下，处于夹缝中的教育成为许多国家破旧立新的重要手段，教育正被赋予越来越重要的角色与功能，众多利益相关者围绕着教育政策的出台与制定进行了深入的探讨与争论。长远来看，教育事业既肩负着源于各国不同国情基础上的发展任务，又承载着作为人类活动共同进步的动力职责，世界各国一方面认识到本国教育正面临着一系列危机与挑战；另一方面也纷纷出台相应的措施与政策予以应对和协调，分析、理解与借鉴世界各国的教育发展趋势与演变方向不仅有助于加强国际之间的沟通与交流，同样对我们自身的教育改革有所助益。

>>第一节　世界各国教育面临的挑战与冲击<<

在这个经济全球化和信息网络化的现代社会中，许多教育问题已经逐渐突破地域和时间的限制，成为众多国家普遍遇到并渴求解决的现实难题。教育活动在当前世界中的发展中绝非一片坦途，它一方面受制于所在国家的发展形势和整体规划；另一方面又面临国际竞争的压力和冲击，同时，随着教育规模的扩大，教育内部也不断滋生出一些前所未有的弊端和矛盾，换言之，教育在当今世界中仍然面临着发展的困境与前进的挑战。综合来看，尽管不同国家的教育事业所处的具体情况和发展阶段不同，然而以下四个方面却是许多国家所要共同面对并且亟须解决的现实难题：一是教师队伍建设面临着一系列的现实挑战；二是教育质量难以满足国家、社会与大众的需求；三是校园安全的形势不容乐观；四是社会分化所导致的教育不公情况仍然存在。

一、教师队伍建设面临重大挑战

作为教育事业的重要承载者，教师对于一个国家教育体系的成功与否起着关键作用，同时也对受教育者的人格塑造、教育成就、社会融入及职业发展都会产生深远影响。随着经济的发展和社会的变化，教师职业又被赋予新的内容与使命：改革学校结构、提高教育历程的透明度和开放性、尊重学生多样性、实施全纳教育及改善学校与家长关系等。① 然而放眼全球，许多国家目前的教师队伍建设已经难以满足教育实际的需求，教师成为这些国家发展教育事业的短板，其主要表现如下。

首先，教师队伍结构性难题凸显，教师群体老龄化现象严重。过去的很长一段时间内，为了满足教育规模扩大所带来的教师数量增长的需求，许多国家采取了一系列的举措来保证师资队伍的规模，如延长教师退休年龄、提升教师职业吸引力与加大师范专业招生的宣传等，然而随着时间的推移，这些原先入职的教师已经普遍到了退休年龄，而新教师的培养需要一定的周期，因此，许多国家面临教师老龄化的难题。以德国为例，根据经合组织(Organization for Economic Co-operation and Development，OECD)在 2013 年的统计，德国小学、初中及高中阶段的专任教师队伍中所占比重最高的教师年龄段为 50～59 岁，小学中此年龄段的教师比重达到了 35.2%，初中和高中分别达到了 38.3%和 34.5%，另外，当前德国 60 岁以上仍在各级学校任教的教师比重也较高，小学、初中与高中阶段均达到了 11%以上，而任教教师年龄在 30 岁以下的师资队伍比重均不足 10%，其中高中阶段仅为 3.9%。② 从年龄结构上看，德国教师的老龄化程度极为明显，甚至可以说已经迈入“银发时代”，德国不过是教师老龄化现象较为突出的国家之一，这种情况在许多发达国家普遍存在。

其次，教师队伍的专业化水平亟须提升。教育的发展离不开教师队伍的专业化，后者不但是社会对于教师职业提出的应然诉求，也是这一职业能够获得价值认同的前提条件。教师的专业化水平的高低直接影响教育的质量，随着世界各国经济水平的不断提高，社会对教育质量的要求和期望越来越高，这就更需要一批具备极高综合素质，同时能够满足专业发展要求的教师队伍，然而受困于许多现实条件特别是经济投入的萎缩，部分国家教师职业的专业化程度较低，其培养模式存在着一些重大缺陷，如何提高教师的专业化水平是当前教师教育的一个重大而迫切的问题。

最后，教师队伍的整体培养机制尚需调整和完善。培养机制是塑造人才的制度保障，也是一个国家培养师资队伍的长效规划的现实展现，就目前许多国家教师培养机制来看，其普遍存在的问题包括：一是教师资格认证和准入制度亟须改革，许多国家教师的资格认证制度还未正式形成或是并不完善，其认证标准较低，同时准入机制不明确，导致教师质量参差不齐；二是教师职业的可持续性发

① BMBF. Bekanntmachung des Bundesministeriums für Bildung und Forschung von Richtlinien zur Förderung der Qualitätsoffensive Lehrerbildung[EB/OL]. http：// www. bmbf. de/foerderungen/24295. php，2015-03-18.

② OECD. Education at a Glance 2013：OECD Indicators [R]. OECD Publishing. 2013：353.

展体系尚未建立，对于教师的职前教育和职后培训、教职发展的规划的统筹问题仍需进一步通盘考虑和谋划；三是教师教育的评价制度仍需改善，在许多国家中，对于教师质量的评价和反馈主要是应管理者的要求而实施的，许多教师并没有收到任何反馈，告知他们应该如何改善他们的教学或进行教学创新。这些问题普遍存在于广大的发展中国家，以印度为例，作为一个多民族、多语言、多宗教信仰的国家，印度各邦教师培养水平参差不齐，培养的学术水平和规格要求不一样，显然这又对整体师资水平的提升带来巨大挑战。2005 年，印度政府颁布了《国家课程框架》(*National Curriculum Framework*)，其中明确指出印度教师教育存在的九大弊病，包括教师教育中的知识灌输现象严重、没有为师范生提供反思经验的机会、教学中存在机械的技能训练和重复练习等。[①] 印度的教师培养机制所存在的问题同样出现在其他类似国家中，如何在未来中建立一种既能结合现实情况，又能促进教师长期发展的培养体系是摆在许多国家面前的一项任务。

二、教育质量难以满足社会需求

在信息化时代，教育作为一种培养人才的实践活动对一个国家社会进步与经济发展的重要意义不言而喻，同时，教育还是帮助个体摆脱贫困，实现社会流动的重要途径，教育的水平和质量不仅是一个教育问题，同样也是一个重要的社会问题与政治问题。然而，当人们开始反思教育并积极推动教育事业发展时，却常常陷入困惑，这种困惑通常表现在：无论是在发达国家还是在发展中国家，当前的教育质量总是难以符合社会与公众对于教育活动本来的预期。公允地说，这一现象之所以产生，一方面，由于教育作为一种培养人的活动，其在时间上有其滞后性，教育的现实效果总是在几年甚至几十年之后才能得到展现；另一方面，在现代世界中，经济形势和社会转型的变换速度在加快，教育往往跟不上社会经济发展的步伐，因此往往被公众所诟病。同时，人们也应认识到当前教育本身所存在的不足，这些不足既表现在对于教育活动的理论认识不清，也体现在教育制度和培养方式的落后与陈旧。总之，一系列的因素使得教育质量难以满足社会发展和公众内心的预期，教育正越来越面临着外界不断增长的指责与质疑。

在许多国家，人们对教育质量的不满表现在教育不能满足经济对劳动者职业水平的要求，即教育并未能真正提升受教育者的素养以达到满足社会和职业需求的程度。随着经济与社会的转变，越来越多的职业提升了对工作者的技能的需求，特别是对于信息处理技能及其他高水平的认知与人际交往技能的需求一直在

---

① 杨明全．基于需求的教师教育课程设置：印度的经验与启示[J]．比较教育研究，2012(8)：44.

增加，同时除了要求工作者掌握某一项专业技能外，还要求他们必须要具备人际交流、自我管理、主动学习等在内的一般技能，才能在日益变化的劳动力市场立足。[①] 然而目前来看，现有的教育活动对于受教育者职业素养的培养并未能符合外界的预期，许多企业普遍感觉到人才难得的困境，在法国，每年大约有 14 万无任何中等教育以上文凭的青年离开学校。从总量上看，法国有约 62 万已离开学校却无文凭的 18～24 岁青年，据估计，就 2013 年情况来看，离开学校而无文凭的学生比例为 17.6%，其中 3.7%发生在初中阶段，3.9%在职业高中的前二年级，5.3%在后二年级，4.7%在普通与技术高中阶段。统计显示，法国高中毕业会考文凭持有者的失业率呈增高趋势，由 2004 年的 13%增至 2010 年的 20%，而同期短期和长期高等教育文凭持有者的失业率分别是 11%和 9%，这说明劳动力市场对就业者的资格要求有所提高，而后者所受的教育质量并不能满足前者的需求。[②] 韩国教育开发院(KEDI)在 2014 年 1 月进行的教育舆论调查结果显示，民众认为学龄人口的减少使得大学招生困难，从而既导致教育质量下降，又导致学生、家长、企业等教育需求一方对教育愈加不满，大型企业的就业形势、职业教育培养的人力及企业需求之间的不匹配问题依旧存在，社会期待政府能够妥善解决教育与社会需求之间不匹配的问题。随着德国人口结构和就业市场的变化，德国双元制职业教育面临多重挑战：部分行业日趋明显的专业人员和后备专业力量的短缺；年轻人工作起步难，企业融入能力低；工作岗位的要求瞬息万变、不断提高；职业教育体系面临着改革的压力。[③]

不仅是职业教育的质量有待提升，基础教育的质量问题同样引起社会和公众的注意。英国基础教育在发展过程中的难题就是教育质量下降，学生基础知识掌握的欠缺则是英国教育质量下降的突出表现，数据显示，2013 年在接受阅读、写作和数学三科测试的 11 岁学生中，有 1/4 的英国学生未能达到预期的成绩目标，这一人数高达 139 000。印度是一个发展中国家，其基础教育和义务教育的质量存在严重问题，“印度独立 60 年后，在 2006 年的世界人类发展报告调查的 175 个国家中，仅名列第 126 位，印度的成人识字率只有令人失望的 61%，与中国 90%的成人识字率相比，印度有 40%的成人今天仍然不具备对他们日常生活做一个简短的、简单的表达的能力，这意味着他们没有获得与最基本的小学教育

---

① OECD. OECD Skills Outlook 2013-FIRST RESULTS FROM THE SURVEY OF ADULT SKILLS[EB/OL]. http：//www.eunec.eu/sites/www.eunec.eu/files/attachment/files/oecd_skills_outlook_2013.pdf. 2014-8-18：23.

② Isabelle Robert-Bobée，Les jeunes sortants sans diplôme ：une diversité de parcours revue Education & Formations n°84，décembre 2013.

③ BMBF. Für die Zukunft ausbilden. JOBSTARTER-Ziele，Aufgaben und Erfolge[EB/OL]. http：//www.bmbf.de/pub/jobstarter_fuer_zukunft_ausbilden.pdf. 2015-03-22.

相当的发展水平。”[①]而在墨西哥，教育质量问题则突出表现在其基础的薄弱：青少年失学率高；教育资源分布不均，特别是在偏远地区的乡村和印第安人等少数民族聚居的地区；教育水平低下；教学设施落后；师资力量不足以及教师队伍臃肿，贪污腐败等问题，导致了该国教学质量和效率双重低下。2012 年，经济发展与合作组织(OECD)举办的“国际学生能力评估计划”(Program for International Student Assessment，PISA)评估中，在 34 个参加国中墨西哥位于 OECD 成员国或地区的最后一位，55%的墨西哥学生未能达到数学最低水平要求，其教育不平均现象在 OECD 成员国中最为突出。[②]

在高等教育领域，随着世界高等教育呈现大众化的趋势，高等教育的总体质量面临着下降的困境，由于大学要面向更为庞大的受教育群体，其学术准备和本地生源质量不可避免地有所降低，同时生均投入的减少也使得大学生的学习环境遭到破坏。另外，教育质量问题还引起许多国际组织的关注，2013 年 10 月 8 日，经济合作与发展组织在布鲁塞尔发布“国际成人能力评估”(PIAAC)第一轮评估结果。该调查对 24 个国家和地区 16000 名 16～65 岁成年人的阅读能力、数学能力和运用高技术解决问题等技能进行测定，报告主要发现如下[③]：成人在阅读与数学方面，大多数国家相当比例的成人得分处于较低水平，在被调查的国家中，4.9%～27.7%的成人仅仅达到阅读的最低水平，而 8.1%～31.7%的成人仅仅达到数学的最低水平。在很多国家，有相当大比例的成人缺乏运用 ICT 完成许多日常任务的基本技能或者经验。在很多 OECD 国家，收入不平等问题越来越突出，社会流动下降等都对社会结构造成威胁。越来越多的不公平产生的主要原因在于劳动力市场的变化，现在劳动力市场中，低技能工作减少，对文化水平低的人的需求也在减少。在 OECD 国家，5 名学生中几乎就有 1 人没有达到社会生活所要求的最基本的技能水平。尽管通过社会福利体系能够减缓贫困的影响，但是在依赖高技能的地区，改进处于不利社会地位的学生的教育结果才是长期的解决之策。现代经济同样需要高技能人才来推动经济发展与创新，为大部分学生只提供基本读写技能已经不合时宜。相反，学校需要为每个学生培养更多的技能，包括批评思维能力、问题解决能力、创造力、合作、学会如何学习。所以，现在，实

---

① 沈有禄，僬欣怡．印度基础教育发展的困境与出路[J]. 外国中小学教育，2009(5)：1.

② OECD. Programa para la Evualuación Internacional de Alumnos (PISA) PISA 2012- Resultados，México [EB/OL]. http：// www. oecd. org/pisa/keyfindings/PISA-2012-results-mexico-ESP. pdf，2015-12-25.

③ OECD. OECD Skills Outlook 2013-FIRST RESULTS FROM THE SURVEY OF ADULT SKILLS[EB/OL]. http：//www. eunec. eu/sites/www. eunec. eu/files/attachment/files/oecd _ skills _ outlook _ 2013. pdf. 2014-08-18：23-24.

现教育公平与卓越变得更加重要。①

根据世界银行(World Bank)的统计，2014 年，青年人通过教育获得知识和技能的机会显著增加，但是，其教育水平却依然很低。在低收入国家，很多青年尚未掌握基本的读写技能，即使是中等收入水平国家，很多学生依然未能掌握工作所需的技能。因此，世界银行建议人们，要帮助青年人，不仅要保证他们有学上，更要为他们提供优质的教育。最近公布的国际学生能力评估计划(PISA)测评数据显示，全球还有约 2.5 亿儿童虽然在课堂学习了 3 年或更长时间，但仍然不能阅读和计算。② 大体上看，世界上绝大多数国家都承认，教育产出和劳动力需求之间的关系并未处置妥当，特别是发展中国家的教育系统培养出的劳动力远远不能满足社会发展所需劳动力的数量与质量。另外，就业结构和就业激励措施不能充分调动人力资源并真正服务于社会发展的实际需要。许多人在投入大量时间、金钱和精力之后，由于没有接受适合的职业指导，找不到工作，进而产生许多不满情绪，对教育体制不满的学生可能会转变成社会秩序的破坏者，如何协调教育质量与社会需求之间的关系值得引起人们的重视。

三、校园安全问题引发关注

随着教育活动与经济社会的联系日益加强，各种来自社会上的不利因素不断渗透到教育活动之中，学生在校园中的安全问题越来越受到人们的关注，许多国家开始在立法上对校园安全进行规范和预警。校园安全问题主要表现为校园外部环境的复杂化、校园内部环境的多样化、校内案件发生的常态化等。在现实中，受制于传统观念的落后和制度设计上的缺位，许多国家在处理校园安全事件上仍存在着诸多不足，比如执法的缺失、法律法规的不健全和操作性差、缺乏群防群治理念、安全管理评价有待完善、安全管理模式面临困难和挑战等。总体上看，在相当一段时期内，校园安全问题将会成为各国应予以重视和妥善应对的教育问题之一，如果缺乏有效应对，将会造成严重的社会不良影响。

校园暴力问题一直是韩国教育饱受诟病的问题之一，虽然在一段时期内，韩国国内的校园暴力事件的发生数量在整体上有所减少，但随着智能手机的普及，网络、语言暴力的比重相对增加，新型校园暴力事件却不断涌现，据调查，与 2012 年相比，2013 年度网络暴力事件占整体校园暴力事件的比重由 7.3%上升至

① Asia Society. EXCELLENCE, EQUITY AND INCLUSIVENESS—HIGH QUALITY TEACHING FOR ALL[EB/OL]. http://www.istp2014.org/assets/2014_International_Summit_Final_Report.pdf. 2014-08-20: 27.

② 哈里·帕特里诺斯著．魏爱德，王燕．唐科莉编译．优质教育必备的六个要素[N]．中国教育报，2014-02-28(7).

9.7%，语言暴力所占的比重则由33.9%上升至35.3%。韩国国民对于校园环境的安全感仍然十分低下。此外，在专门为学生提供校园暴力相关服务的人力物力基础设施方面，还存在着较大的地区间差异。最后，由于缺乏明确的校园安全标准，同时校园内饮食设施总体较为落后，校园安全事故频发，而相关的补救措施却并不完善，韩国的校园安全问题已经引起政府的重视，同时后者也在积极出台政策予以应对。

基础教育阶段的校园欺凌现象是日本社会长期存在而又饱受公众质疑的教育问题之一，2012年11月，日本文科省公布的"紧急调查"显示，仅是2012上半年得到确认的国、公、私立中小学及特殊学校的欺凌事件就达到144 054件，为2011年整整一年(70 231件)的两倍以上。① 此外，2011年"滋贺县大津市初二学生自杀事件"曾引起社会广泛的热议，其影响延续至今。日本文科省认为，校园安全问题已经演变为一大社会问题，应当在国家法律层面出台措施予以应对。在公众强烈地呼吁下，2013年2月，日本文科部在"教育再生实行会议"上的第一次建言总结了"欺凌问题的有关对策"，同时也提到了制定法律以确立欺凌对策基本理念和体制的必要性，2013年6月，在日本第183次国会上《欺凌防止对策推进法》以赞成票居多正式成立，并于9月开始施行。文科大臣根据《欺凌防止对策推进法》第11条的规定，召开了"欺凌防止基本方针制定协议会"，就欺凌防止问题展开了讨论，并于2013年10月制定出《欺凌防止基本方针》。

而在法国，校园暴力和性骚扰问题已经成为造成一些学生脱离学校的重要原因之一，据估计，目前法国社会中离开学校而无文凭的学生比例为17.6%，其中3.7%发生在初中阶段，3.9%在职业高中的前二年级，5.3%在后二年级，4.7%在普通与技术高中阶段。② 在这些离开学校的学生中，相当一部分是因为不满意于混乱无序的校园环境及担心自身的人身安全受到威胁。为了扭转这种糟糕的校园安全状况，法国教育部专门出台了"与学业脱钩斗争工作团"(Les Missions de Lutte contre le Décrochage Scolaire—MLDS)计划，这一计划在很大程度上是为了解决校园安全问题，从而缓解学生学业脱节现象的出现。

在美国大学校园，性暴力特别是性骚扰事件一直威胁着校园的安全，这一行为已经成为普遍的文化问题，并且引起民众的强烈不满与担忧。在加州大学伯克利分校的调查中，169个受访者中，95%的人回答：知道至少有一个女生被男教师骚扰。一项对密歇根州州立大学的女生抽样调查的结果显示：在性别笑话、身

---

① いじめの問題に関する児童生徒の実態把握並びに教育委員会及び学校の取組状況に係る緊急調査[EB/OL]http：//www.mext.go.jp/b_menu/houdou/24/11/1328532.htm 2012-11-22.

② Isabelle Robert-Bobée, Les jeunes sortants sans diplôme : une diversité de parcours revue Education & Formations n°84, décembre 2013.

体接触、性交易、性侵害四种性骚扰方式中，在 478 位受访者中，有 25.1%的人回答至少经历过一种形式的性骚扰。①哈佛大学的一项研究显示：在哈佛大学，有 32%的获得终身聘任的女教师，有 49%的未获得终身聘任的女教师，41%的女研究生，34%的女本科生经历过肢体或语言的性骚扰。②在一项针对加州大学伯克利分校 269 名随机抽样的女本科生进行的调查中，其中 30%的受访者至少受过男教师的一次性骚扰。③ 如何改善大学校园的安全问题，是美国社会各界在目前所面临的重要教育难题之一。

四、教育公平仍然任重道远

教育公平问题长期受到人们的关注，这一方面代表着社会对于公平正义理念的追求；另一方面也意味着教育不公平的状况在现实中仍然尚待解决。教育公平意味着每个人都有平等的受教育权利，都有通过教育实现自身发展的机会，教育不平等是由差别造成的进入正规教育的不平等，如农村或城市地区学校的入学人数会有很大的差异，由于农村地区教育资源严重缺乏以及经济水平不够发达，许多儿童享受不到受教育的权利和机会，这种不公平也有很多形式。理论上说，教育公平可以分为：一是机会公平，指教育起点的公平，主要包括受教育权利平等和受教育机会均等两个方面；二是过程公平，指各个学校要为学生提供的教学条件、设备、教师等方面水平应尽可能的均等；三是结果公平，考虑到学生的差别，根据每个人的能力和条件得到相应的发展，其中的教育“机会公平”应该是最为基础的，然而受困于目前世界各国发展的现状，无论是高等教育领域，还是在基础教育领域，教育的不公平问题仍然极为严峻。

就高等教育领域来说，教育不公平问题既表现在不同国家之间，也表现在同一国家内部的教育体系之中。在高等教育大众化甚至普及化的时代中，受财力限制和教育成本上升的影响，各国在教育经费投入、教学质量和设备设施上存在巨大差别，并且这种差别正在逐渐加大；而在一国的高等教育体系中，顶尖的研究型大学通常享有较高的社会声望与充足的办学经费，他们能够为学生提供适宜的生活和多种服务，而在地位较低的高校中，许多学生的学习环境在恶化，很多人

---

① Nancy Maihoff and Linda Forrest, Sexual Harassment in Higher Education: An Assessment Study, Journal of NAWDAC 46[J]. 1983(2): 3-8.

② Nancy McCain, Female Faculty Members and Students at Harvard Report Sexual Harassment, Chronicle of Higher Education[J]. 1983(10): 1.

③ Bernice Lott, Mary Ellen Reilly and Dale R. Howard, Sexual Assault and Harassment: A Campus Community Case Study[J]. Signs, 1982(2): 311.

甚至拿不到学位，由于财力和人力资源的限制，高校间的不平等状况将会持续下去。① 教育不平等问题将会继续成为21世纪高等教育的深层矛盾之一。

基础教育领域内的教育公平问题同样值得重视。2013年3月20日，联合国儿童基金会和联合国教科文组织共同在塞内加尔首都达喀尔组织集会，会议建议将2015年后的发展目标定为更加关注教育公平和质量，研究如何保证所有儿童、青少年、成年人，特别是弱势群体的学习权利。“过去20年，全球接受学校教育的儿童增加了5 000万，但仍有6 100万适龄儿童被排斥在校门之外，这表明，全民教育的目标仍没有实现，国际社会还需要继续努力。多数弱势儿童不能平等享有受教育的机会。女童、残疾儿童、流浪儿童、生活在战乱地区的儿童和为了生活被迫工作的儿童是最容易失去受教育机会的弱势儿童，在2015年后的工作规划中，联合国必须把教育公平放在优先和中心地位。”②总体上说，教育中的不公平问题通常与贫困、性别、地区(城市/农村)、宗教、语言和种族认同，及身体和智力缺陷有关，其中贫困问题与父母受教育水平低，儿童智力开发不足，学习机会缺乏，对学校教育的重要性认识不足，不能支付上学的费用(不论是显性的学费还是隐性的机会成本)等紧密相连，教育公平问题是教育发展中的一个顽疾，它长期困扰着人们对于教育理想的追求，也是现实对于教育发展提出的最大挑战，如何缓解和改善教育公平问题将会是一个值得世界各国教育界认真反思并予以应对的问题之一。

>>第二节　世界各国与主要国际组织教育改革与发展的政策措施<<

在2013年7月至2014年6月，世界许多国家和地区围绕着各自不同的教育问题出台了大量的教育政策和措施，这些政策和措施的出台一方面受制于所在国家不同的教育状况而展示出各自不同的特征和导向；另一方面也凸显出人们希望通过采取强有力的政治干预和机制调整来应对当下愈演愈烈的诸多教育难题。总体上看，普通高等教育、职业教育和教师教育等方面是各个主要国家进行教育改革的重点领域，这一方面表现出公众对于教育与社会经济发展的关系的重视与期待；另一方面也为未来教育改革的方向描绘了蓝图。

① [美]阿特巴赫．国际高等教育的前沿议题[M]．陈沛译，上海：上海交通大学出版社，2014：25.

② 联合国儿童基金会．实现每一个儿童的权利[EB/OL]. http：//www. unicef. org/strategic-plan/files/UNICEF _ Strategic _ Plan _ 2014-2017 _ e-version. pdf. 2015-11-12.

一、宏观层面的教育政策

宏观教育政策对于一个国家教育事业的未来发展具有引导和指示作用，是关乎国计民生的教育大事，每项宏观教育政策的颁布都是经过许多教育专家和政府管理人员协商与讨论的产物，既是对国家现有教育状况的总结和回顾，也是对今后教育发展目标的整理与展望。宏观教育政策的出台一方面是基于政府对当前教育形势和教育问题的认识和理解；另一方面也是为了有效应对现实难题并在未来实现教育发展的重要手段。在 2013 年到 2014 年，许多国家出台了有关未来几年到十几年教育整体走向的政策(或规划)，各个国家的现实着眼点和力图解决的主要问题不同。

2013 年 6 月，日本政府基于 2006 年修改的《教育基本法》所确立的新时期教育的基本理念制定并实施《第 2 期教育振兴基本计划》，这一计划的实施年限为 2013 年到 2017 年，内容由“日本的教育展望”“5 年内的教育方策”“系统且全面推进教育计划所必须落实的事项”三部分组成，其主导精神是让日本教育能够“崇尚公共精神”“培养丰富的人格与创造性”与“继承传统文化”。[①] 该计划为日本文科省的改革提供了指导，也为地方政府制定教育策略指明了方向。

2014 年 4 月 15 日俄罗斯联邦政府确认了《2013—2020 年俄罗斯联邦教育发展国家纲要》(*Государственная Программа Российской Федерации “Развитие образования” на 2013—2020 годы*)，这一文件认为提高教育有效性和质量是实施教育领域国家政策的基本方向之一，也是能够解决社会经济发展问题的系统性变革的有效策略，该文件的总体目标就是保障俄罗斯教育质量符合人民不断变化的需求及社会经济发展的前景任务要求，同时提高青年教育计划实施的有效性，以促进国家的创新和社会定向发展。

英国教育部于 2014 年 11 月发布了《促进学生精神、道德、社会和文化发展——针对独立学校、学院及自由学校的部门指导意见》(*Improving the spiritual, moral, social and cultural development of pupils——Departmental advice for independent schools, academies and free schools*)，这是一份针对英国独立学校、学院和自由学校的经营者及上述学校的校长，或是负责课程事务的教职人员的指导性文件，该文件最引人注目就是加入了对“英国基本价值观”(Fundamental British Values)的关注，体现了英国在价值教育方面与时俱进、积极应对时代发展和挑战的态度。

---

① 文部科学省、教育基本法(平成 18 年法律第 120 号)[EB/OL]www. mext. go. jp/b _ menu/kihon/about-/06121913/001. pdf 2006-12-22.

为了指导与评估国家科学研究战略的实施，法国政府组建了新的“科研战略委员会”(Le Conseil stratégique de la recherche)，替代了原来的“科学与技术高级委员会”(Haut Conseil de la science et de la technologie)。法国科学研究国家战略的目标是保持法国的科研能力在世界上的优先位置，适应21世纪科学技术、环境与社会的挑战。法国本次科学研究全国战略的规模前所未有，体现了法国政府应对未来世界变革、保持法国科研大国地位和改善国内民生的雄心。

2014年1月，世界银行出台《优化教育结果的系统方法》(*System Approach for Better Education Results*，*SABER*)，该文件是2012年世界银行提出的《教育2020战略：全民学习》(*World Bank Group Education Strategy 2020—learning for all*)的延伸，其目的是专注于收集有关政策及政策实施机构的相关数据，从政策层面对一国的教育系统能力进行评估，实现“全民教育”向“全民学习”的转变。同时，世界银行基于SABER于2014年6月发布了《2013年度教育报告：为了美好的明天创建更加完善的教育体系》，这一报告不仅系统梳理了2013年里世界银行为改进各国教育系统的努力，也包含了不同国家在相应领域的实践措施。①

二、基础教育政策措施

学前教育和初中等教育是造就一个国家人才队伍和提高国民素养的基础事业，同时也是国家综合国力的集中体现，基础教育领域的成功对于整个社会教育活动的重要性不言而喻，另外，接受优质的基础教育也是个体获得自立能力、养成公民素质、实现人生价值的必要途径。教育在不同阶段有不同的目的，基础教育阶段的首要任务就是要发展人的潜力，并逐步提升人的素质，从而促进人的全面发展。为了改善和提升基础教育的质量，完成人们对于基础教育作用的期待，世界各国在2013年到2014年出台了许多教育政策和措施，这些政策的焦点各不相同，有的涉及整个基础教育的诸多方面，有的则是偏重于某一特殊问题。

2013年11月，日本文部科学大臣就今后教科书改革的总方针发表了《教科书改革实行计划》，这一计划建议对教科书的编辑、检定和选择等各阶段的制度做出必要改善。为了落实改善意见，文科省还在2014年1月修改了“教科用图书检定标准”和“教科用图书检定实施细则”，② 其内容除了要求将有关文件具体化以外，

---

① The world bank. 2013 education year in review：smarter education systems for brighter futures[R]. http：// www. worldbank. org/en/topic/education/publication/education-year-in-review-2013-smarter-education-systems-for-brighter-future.

② 文部科学省、義務教育諸学校教科用図書検定基準(第33号)[EB/OL]http：// www. mext. go. jp/a _ menu/shotou/-kyoukasho/kentei/021202. htm 2009-03-04.

还指出应促进检定流程的透明化，以谋求教科书内容的改善和社会大众的理解。

2014 年 3 月，美国 K-12 基础教育中心（the K-12 Center）发布了名为《合力提高成绩：基于共同核心州立标准的新一代评估系统》（*Coming Together to Raise Achievement：New Assessments for the Common Core State Standards*）的研究报告，这一报告中所强调的“新一代的评估系统”与之前各州的评估系统相比，更加注重考察学生的深层次的认知技能，如阅读和分析复杂文本、组织信息、分析问题以及将所学知识用于新的情境中的能力等。

法国于 2013 年 7 月 9 日颁布了《重建共和国学校的方向与规划法》，后者的基本目标是将建设公正的、高水平的和包容的学校，从而提高所有学生的水平和减少不平等，力争要在未来若干年使无文凭学生的人数减少一半。根据这一法案，法国于 2013 年 10 月 10 日组建了“课程高级委员会”（Conseil supérieur des programmes），并由该委员会制定了《课程宪章》（*charte des programmes*），这一宪章重申了学校传授的知识应当帮助学生认识世界的复杂性，同时鼓励学生参与真理的探求，培养其自由和批判精神。另外，在 2014 年 1 月 16 日，法国教育部部长樊尚·佩永（Vincent Peillon）和主管教育事业的部长代表乔治·珀·郎之万（George Pau-Langevin）共同发布了“促进教育优先”的新计划，这一计划的主要内容是对学习困难的学生采取适当的教学法，倡导教师组工作模式，改善学校教学环境等。

2013 年 5 月 29 日，由德国联邦家庭部（BMFSFJ）与联邦教育与科研部（BMBF）等机构共同倡导的“通过语言和文字的教育倡议”（Bildung durch Sprache und Schrift，BiSS）项目正式启动，这一项目计划将在 2013 年至 2018 年的执行期内资助由托儿所、中小学和其他社会伙伴（如大学、基金会、图书馆）组成的 120 余个实践联合体（Praxisver-bünde），为促进德国语言教育开展项目做出贡献。① 其实施目标是：对改善语言促进、语言诊断和阅读促进的倡议框架内已经开始的项目实施效果和执行效率进行学术审核、促进其持续发展并检验创新程序和工具的可实施性，另外，也致力于支持儿童日托机构和中小学教育从业者的必要进修和能力拓展。②

2013 年 12 月 17 日，俄罗斯教育科学部通过了《联邦国家学前教育标准》，这是俄罗斯历史上首次根据《联邦教育法》的要求制定的学前教育联邦国家教育标准，这一标准的出台意味着学前教育地位的提高和国家对其质量保障的强调。

---

① BiSS. Bewerbungsstart für die Bund-Länder-Initiative “Bildung durch Sprache und Schrift” (BiSS)[EB/OL]. http：// www. bmbf. de/ _ media/press/Pm0904-103. pdf. 2015-03-27.

② BMBF. BiSS-Programmskizze [EB/OL]. http：// www. bmbf. de/pubRD/BISS _ Programmskizze. pdf. 2015-03-27.

2014 年 4 月 15 日俄罗斯联邦政府开始实施《2013—2020 年俄罗斯联邦教育发展国家纲要》计划，其在普通教育领域（包括学前教育阶段）的主要目标是在学前、普通和补充教育体系中，为儿童接受现代化高质量的教育和实现积极的现代化而创造平等的条件。

英国教育部于 2013 年 9 月发布了名为《英国国家课程改革——关键学段 1～4 课程大纲》（*National curriculum in England：framework for key stages 1 to 4*）的课程改革方案，这一方案旨在确保每位学生都能够获得牢固的基础知识，内容涵盖了学生学习阶段的各门课程，该方案的创新之处主要体现在“评价标准与方式的改变”“更加注重英语口语能力的发展”“关键学段二分为高级阶段和低级阶段”等。

2013 年 10 月 8 日，印度人力资源发展部学校教育司（Department of School Education and Literacy，Ministry of Human Resource Development）颁布了《儿童享受自由和强迫教育法案：专项训练干预策略》（*Right of Children to Free & Compulsory Education Act：Interventional Strategies for Special Training*），这一法案的目的是通过政策上的设计和论证推动印度适龄儿童教育的普及化，从而保证儿童享受应有的教育权。

为全面提高世界各国的教育质量，联合国教科文组织和美国著名智库机构布鲁金斯学会联合启动了“学习指标专项任务”（The Learning Metrics Task Force，LMTF），该计划由联合国教科文组织统计所（the UNESCO Institute of Statistics，UIS）和布鲁金斯学会下设的普及学习研究中心（Center for Universal Learning at the Brookings Institute，CULBI）负责具体工作。2014 年 7 月，该机构发布了名为《迈向普及学习——测量学习的全球框架》（*Toward Universal Learning—A Global Framework for Measuring Learning*）的报告，其内容是建议应从学习机会、接触领域、学习历程、阅读能力、数字能力和灵活技能六大方面对学生综合素养进行检测和评价。

三、普通高等教育政策措施

普通高等教育是一个国家教育体系的重中之重，直接肩负着人才培养、社会进步和经济发展等多项现实任务，其对于国计民生具有不可替代的重要作用。随着社会经济结构的变化，高等教育机构所承担的角色也更加多样化——它不仅是全球性教育研究的基地和专业化人才培养的摇篮，也是促进地区文化经济发展的动力。从世界范围来看，普通高等教育领域历来是教育改革的重点地区，许多政策的出台和贯彻对于一个国家的教育发展具有导向作用。在 2013 年至 2014 年，许多国家基于对当前教育形势的发展及本国高等教育实施现状的认识，颁布和推行了一系列涉及普通高等教育诸多领域的政策和措施。

2013 年 6 月，日本内阁会议出台了“日本复兴战略”，这一战略将国立大学改革作为促使国家成长的途径之一。为了实施国立大学的改革，文科省于 2013 年 11 月制定出《国立大学改革计划》，[①] 该计划将采用一体化的方式推动国立大学的职能强化、人事薪资体系的改革及大学统治力的改革等，文科省将为积极实施改革的大学提供经济方面的重点支援。另外，2014 年 2 月，日本中央教育审议会出台了《关于大学治理改革的推进》的报告，该报告强调各大学一方面需要与国内国外的高校竞争；另一方面作为人才培养与协同创新的据点应当尽力发挥教育研究的职能。[②] 同时，这一报告分别论述了大学、国家和社会在强化大学治理方面的任务。

2013 年 10 月，韩国教育部颁布了《减少大学招生类型及促进大学招生制度发展的方案》，这一方案将落实简化大学入学考试程序，同时增加大学招生过程中对学生的学校生活记录簿的考查比重。2013 年 10 月和 12 月，韩国分别制订了《高等教育综合发展方案》与《高等教育财政支持计划》，并以此展开新一期大学政策的蓝图。2013 年 12 月韩国教育部制定并颁布了《地方大学建设法案》，通过地方大学特色化工程的进一步扩大，为地方人才培养和地方大学的特性化打下坚实基础。2014 年 1 月，韩国教育部制订了《大学结构改革推进计划》，其内容包括提高大学竞争力、以计划为指导实现特色大学发展、减少大学整体招生计划人数并改善评估体系等。

2013 年 8 月 1 号，俄罗斯教育与科学部颁布了《关于提高高等教育机构监察的有效性》的指令，其目的是为了对全部高等教育机构的信息进行全面了解和掌握，从而提高高等教育机构的教育教学质量。同时，俄罗斯联邦教育科学部于 2013 年 12 月 11 日发布了名为《关于确立科学博士和副博士毕业证书的形式及其技术要求》的第 1333 号法令，这一法令确立了关于科学博士和副博士毕业证书生成及授予的规定。另外，俄罗斯联邦教育科学部于 2014 年 3 月 20 日发布了名为《关于 2014 年根据俄联邦政府确立的在俄外籍、无国籍公民教育配额，经过公开竞争选出具有优先接收外籍、无国籍及居住在国外的俄侨学生权利的俄罗斯联邦教育科学部直属高等教育机构》的决议，这一决议确定了具有优先接收外籍、无国籍以及居住在国外的俄侨学生权利的教育科学部直属高等教育机构的清单。

法国政府于 2013 年 7 月 22 日颁布了《高等教育与研究法》，这一法案开启了

① 文部科学省、国立大学改革プラン[EB/OL]www.mext.go.jp/component/a _ menu/education/detail-/ _ _ icsFiles/afieldfile/2013/12/18/1341974 _ 01.pdf 2013-11-26.

② 文部科学省、「大学のガバナンス改革の推進について」(審議まとめ)(概要)[EB/OL]. http: // www.mext.go.jp/b _ menu/shingi/chukyo/chukyo4/houkoku/1344348.htm 2014-02-12.

制定与实施法国高等教育全国战略和科学研究全国战略的进程，该法将高等教育和科学研究问题列入同一法律，同时规定，由负责高等教育的国家部主导制定高等教育国家战略，并且每5年修订一次。高等教育国家战略与科学研究国家战略将形成一部白皮书，由政府提交议会，以动员全国力量迎接高等教育与科学研究面临的挑战，另外，法国设立了"大学与研究机构共同体"(communautés d'universités et établissements)，新设置的机构被赋予新的法律地位——"以科学、文化和职业为特点的公立机构"(établissement public à caractère scientifique, culturel et professionnel, ÉPSCP)，可以享有与大学相同的用人规则和权益。

2014年5月19日，联合国教科文组织正式发布了一份名为《亚洲高等教育：扩招与提升》(*High Education in Asia: Expanding Out, Expanding Up*)的报告，这一报告的内容包括：第一，描述了亚洲各国本科生和研究生教育扩招的规模及原因；第二，阐明了造成高等教育扩招与高等教育提升两者之间张力的关键因素；第三，展示了大学如何衡量其研究生项目的质量及评估大学提高研究生教育质量的措施；第四，识别了在国家和机构层面，亚洲各国的科研实力、科研生产率以及国际合作情况；第五，强调了政府和教育领导人在扩大高等教育机会、保证优质教学师资、促进高校科研的同时还面临的一系列的关键问题。[①]

四、职业教育与就业教育政策措施

职业教育和就业教育是一个国家的国民教育体系和人力资源开发的重要组成部分，是受教育者走向社会、开启人生之路的重要途径，职业教育关系着国家经济转型和竞争力提升，直接联系着亿万劳动力现实就业，既是教育问题，也是重大民生问题和经济问题。在当前世界中，各国越来越认识到职业教育和就业教育的重要作用，将其视为"肩负培养多样化人才、传承技术技能、促进就业创业"的重要手段，在这种背景下，许多国家围绕着职业教育的有效开展出台了一系列政策和措施。

2014年3月，美国智库机构布鲁斯金学会的都市政策项目(Metropolitan Policy Program)发布了名为《青少年和年轻人不景气的就业前景》(*The Plummeting Labor Market Fortunes of Teens and Young Adults*)的研究报告，该报告对美国100所大城市青少年和年轻人就业数据进行比较，重点分析了受教育水平和工作经验等因素与青少年(和年轻人)就业率之间的相关关系，提出"受教育水平和工作经验是影响青少年就业的主要因素、其与青少年(和年轻人)就业率呈现正

① UNESCO. High Education in Asia: Expanding Out, Expanding Up [EB/OL]. http://www.uis.unesco.org/Library/Documents/higher-education-asia-graduate-university-research-2014-en.pdf. 2014-08-16: 11.

相关关系”的观点，报告最后对美国职业教育发展提出建设性的建议，[①] 对今后美国如何高效开展职业教育，从而使学生毕业后能够更好地融入社会进行了规划。

韩国教育部在《2014 年教育政策报告》中强调，要进一步完善高中毕业生的“先就业后升学”制度，同时完善学校与企业之间的合作机制，强化以实践为中心的职业教育，继续推进以国家从业资格标准为基础的教育课程改革，进一步建设以软件、食品等多种领域为核心的职业高中。此外，通过减免职业高中合作企业的赋税，促进更多企业与职业高中建立合作关系，还要扩大公共部门和民间组织对高中毕业生的雇用规模，构建“1∶1 就业匹配系统”，最后要强化高中“毕业即就业”的基础设施，营造高中毕业“先就业后升学”的良好文化氛围。同时，要借助网络推广学生适用的职业心理测试，并进一步完善学校和地区职业教育中心的咨询服务。此外，对于农村地区的学生，则开设“职业教育夏令营”及“远程视频职业指导”服务。

英国教育部于 2013 年 10 月发表了《英国未来的学徒制：实施计划》(*Britain's future apprenticeship*：*Implementation Plan*)，这一计划为英国未来的学徒制提供了改革方向和计划，其核心内容是强调“雇主(尤其是小型企业)参与”在未来学徒制改革中的重要地位，包括雇主要参与学徒制标准和评估方法的制定过程，以及在宣传学徒制中发挥的重要作用，同时政府应赋予雇主“驾驶员”的角色，以便后者提高新学徒制的参与度，提升雇主对学徒制的信心。

德国联邦教育与科研部(BMBF)在联邦职业教育研究所(BIBB)设立了“职业启动——为未来而培训”(Jobstarter-Für die Zukunft ausbilden)项目，通过丰富多彩的项目倡议、范围广泛的项目资助措施，促成德国职业教育革新式的完善。[②] 2014 年 4 月 17 日，联邦职业教育研究所就“职业启动升级版——为未来而培训”项目的实施资助原则发布正式通知，内容涵盖“职业启动升级版”项目第一个执行期的资助目标、法律基础、资助线、资助对象、资助条件、资助范围与时间等重要内容。

2014 年 4 月 15 日俄罗斯联邦政府开始实施《2013—2020 年俄罗斯联邦教育发展国家纲要》计划，其在职业教育领域的发展目标是：切实提高职业教育为俄罗斯社会经济和文化现代化、提高俄罗斯全球竞争力当中所做的贡献，保障每个学生都符合经济和社会的发展需求。

法国在 2014 年 3 月 5 日颁布的《职业教育、就业与社会民主法》(*La loi rela-*

---

① 牟晓青，于志涛．美国职业技术教育最新改革述评[J]．外国教育研究，2013(3)．

② BMBF-JOBSTARTER. Programm und Ansprechpartner[EB/OL]. http：//www. jobstarter. de/de/wer-wir-sind-97. php. 2015-03-22.

tive à la formation professionnelle, à l'emploi et à la démocratie sociale)中规定应设置“个人培训账户”(Compte personnel de formation)。从 2015 年开始，每个人自 16 岁起便可以开设“个人培训账户”，并在失业或职业变动时继续有效。每年的培训记录可以累积，7 年之内最高可达 150 小时。[①] 这样，通过累积培训获得被企业认可的能力，可以更加方便培训人员的就业。

2013 年 8 月，巴西政府开始实施“技术与职业教育选拔系统”[②](Sistema de Seleção Unificada da Educação Profissional e Tecnológica, SISUTEC)，这一选拔系统致力于为青年人提供接受高等教育的机会，帮助来自低收入家庭的年轻人在劳动力市场中占据更有利的位置，目前来看，这一系统凭借其务实性、高覆盖率和良好的成效得到了民众的支持。

2013 年 8 月，世界银行发布《从职业到技能：跨国比较》(*From occupations to embedded skills: a cross-country comparison*)的研究报告[③]，该报告依据不同职业而不是不同的职业资格和学历的工作者对于特定任务的完成情况评价其五项能力(分别是常规动手能力、非常规动手操作能力、常规认知、非常规认知和分析能力，以及非常规认知与人际交往能力)，并将这份“职业—技能量表”投放家政劳动力市场进行跨国比较。跨国分析显示非常规性认知、分析能力和人际交往能力、常规认知能力与经济发展之间呈现显著正相关；同时，常规性和非常规性动手能力与经济发展呈显著负相关。该报告对于人们研究人的技能与经济发展之间的关系提供了有效工具和技术手段。

2013 年 10 月 8 日，经济合作与发展组织发布了“国际成人能力评估”(PIAAC)报告，这一报告的主要内容包括：第一，应注重学习世界与工作世界之间的联系；第二，要为工人提供与目前劳动市场需求一致的培训；第三，政府要让人们了解更高水平的技能所带来的益处；第四，应为人们提供易获得的有关成人教育相关活动的有用信息；第五，要建设透明的技能认证标准体系，鼓励所有人积极参与继续教育与培训等。[④]

---

① Mattea Battaglia. Charte des programmes : le mot《 curriculum 》n'y est pas, l'esprit, si ! Le Monde, 2014-03-04.

② 巴西教育部 . SISUTEC 官方网站 [EB/OL] http://sisutec. mec. gov. br/. 2015-12-05.

③ World bank. From occupations to embedded skills: a cross-country comparison[R]. http://documents. worldbank. org/curated/en/2013/08/18091484/occupations-embedded-skills-cross-country-comparison.

④ OECD. OECD Skills Outlook 2013-FIRST RESULTS FROM THE SURVEY OF ADULT SKILLS[EB/OL]. http://www. eunec. eu/sites/www. eunec. eu/files/attachment/files/oecd _ skills _ outlook _ 2013. pdf. 2014-8-18: 35.

五、成人教育与终身教育政策措施

科技的发展与时代的进步正逐渐改善人们对于教育的传统理解和认识，使得人们认识到，在信息化时代，受教育的形式已经逐渐从学校走向社会、从儿童走向成人，在现实压力下，几乎所有人都是受教育者。伴随着上述观念的流行，成人教育和终身教育不断获得大众的认同，成为一个国家教育体系中不可或缺的一部分。成人教育和终身教育能够帮助人们掌握就业所必需的知识技能，而且可以提高他们的基本知识技能、灵活应变能力、良好思想品德、开拓创新精神、健康个性人格、自我教育意识等方面的综合素质，使他们能够积极主动地适应社会职业的不断更新发展，为社会做出更大贡献，成人教育和终身教育既是现代社会对普通劳动者提出了更高的要求，也是受教育者自身完善的有效途径，正是由于认识到成人教育与终身教育所具有的重要作用，许多国家都着力在这一领域进行深入变革。

德国联邦政府与州政府于 2013 年签署了名为“德国资格框架”（der Deutsche Qualifikationsrahmen，DQR）的教育决议，2013 年 5 月 1 日这一决议正式生效。① 该计划的主要内容包括将个人在基础普通教育、高等教育和职业教育领域内获得的学历和技能按照专业能力与个人能力分为八个等级，其中专业能力分为知识和技能，个人能力分为社会能力和独立性。② 这项措施的目标为：支持德国技能培训体制的透明度、可信度、跨越性和质量保障，提高技能的可比性，它可以作为一项教育与就业领域的转换依据，使职业技能和学历水平更好地得到分类，进而促使在德国获得的技能在欧洲范围内得到更广泛、更便捷的认可。同时，这一框架中的职业技能与“欧洲资格框架”（der Europäische Qualifikationsrahmen，EQR）的八个等级建立联系，使德国教育体制在欧洲更好地得到理解，从而使得德国公民到其他国家学习和工作的难度大大降低，从而更有可能找到符合自己技能水平的工作或者在学业上深造的机会。③

2013 年 7 月 22 日，法国《高等教育与研究法》正式颁布④，该法案强调，高等教育应承担继续教育和终身教育的责任，应当打破初始教育和继续教育的界限，发展交替制学习，鼓励企业人员和行政人员在职攻读博士学位，大学要成为

---

① DQR. Wie ist der DQR entwickelt worden? [EB/OL]. http: // www. dqr. de/content/2360. php. 2015-3-24.

② DQR. Wie ist der DQR aufgebaut? [EB/OL]. http: // www. dqr. de/content/2314. php. 2015-3-25.

③ DQR. Welche Ziele werden mit dem DQR verfolgt? [EB/OL]. http: // www. dqr. de/content/2360. php. 2015-3-24.

④ Loi n°2013-660 du 22 juillet 2013 relative à l'enseignement supérieur et à la recherche.

法国社会未来发展的"人才加工厂"。韩国政府在2013年制订了《第三个终身教育振兴基本计划(2013—2017年)》，这一计划为实现全国国民的终身教育振兴设计了发展路线，其内容包括构建并实现以大学为中心的终身教育体系，同时继续推进了包括提高地区社会的教育水平在内的四大领域共29个课题。另外韩国教育部在《2014年教育政策报告》中强调，应建设终身职业教育大学，构建未来型高等职业教育体系，加强人们在日常生活中享受在线终身学习服务的便利性，进一步推动在各乡(镇)及街道办事处设立"幸福学习中心"，进一步完善以国家级和各省市终身教育振兴院、郡区终身学习振兴院及幸福学习中心为主的国家终身学习体系。

2013年10月，由联合国教科文组织、中华人民共和国教育部、北京市人民政府合作主办的"首届国际学习型城市大会"在北京召开，大会最终通过了《建设学习型城市北京宣言——全民终身学习：城市的包容、繁荣与可持续发展》和《学习型城市的主要特征》两项重要成果文件，明确了"学习型城市"的基本特征，提出了建设学习型城市的主要战略。学习型城市应调配其资源，促进从基础教育到高等教育的包容性学习，重振家庭和社区学习活力，促进工作场所学习，推广运用现代学习技术，提高学习质量，培育终身学习文化等。同时，文件倡导学习型城市应为提升个人能力、增强社会凝聚力、培育公民权利、促进经济和文化繁荣，并为可持续发展奠定基础。

六、教师教育政策措施

随着科学技术迅速发展，知识与信息的增加速度不断加快，整个社会经济发生了巨大变化，伴随着这种变化的产生，社会对人的科学文化、思想品德和能力素养等方面均提出更高要求，教师的社会功能和作用不断得到重视和增强。按照目前社会对于教师的期待，作为一名教师，不仅要能够传授知识，还要懂得培养和发展受教育者的智力和能力，进而对他们的学习和全面成长进行指导，另外，社会化与民主化进程的加强同时要求教师能够对国家机构、社会团体和家庭成员有联络、辅导、咨询和服务的职责，教师要成为建设理想社会和公平教育的积极而重要的有生力量，在这种理念的激励和引导下，许多国家都调整了自身的教师教育模式，出台了一系列新的政策和措施，以期达到推进并优化教师教育事业的目的。

2013年12月，英国教育部修订并发布了《英格兰地区新晋合格教师入职培训法定指导》[*Statutory Guidance on Induction for Newly Qualified Teachers*

(England)][1]，该计划的参与者包括：参训方——新晋合格教师；提供培训方——各教学机构的负责人(校长)；质量保障主体——培训导师；治理主体——国家教学与领导学院等。这一计划的特点包括：首先，管理权力下放——在培训过程的众多参与者中，真正享有实权、承担主要责任是培训机构的校长(培训提供方)和质量保障主体，这体现了英国在教师教育工作中的取向上的转变；其次，已经获得 QTS 资格(合格教师)的教师仍然是培训的参与者，目的则是刺激并推动教育质量的提高。2013 年 12 月，英国国家教学与领导学院(National College for Teaching and Leadership，NCTL)发布《教师职前教育培训资助计划(2014—2015 学年)》[*Initial teacher training (ITT) Training bursary guide—Academic Year 2014 to 2015*]，[2] 该项政策的意义在于吸引更多的优秀人才投身教育行业，为教育教学做贡献，这一计划主要是由 NCTL 拨款，促使一部分毕业生与培训机构(各级各类学校)合作开展教师职前教育培训，同时，NCTL 是整个资助计划最主要的责任主体并为培训活动提供质量保障、程序监管等职责。

德国一直是教师教育改革的先行者，德国联邦政府于 2013 年 4 月 12 日出台了《联邦和州关于"教师教育质量攻势"项目的共同协定》，这一协定就"教师教育质量攻势"项目的资助对象和资助程序做出了详细的规定。[3] 2014 年 7 月 10 日，德国联邦教育与科研部(BMBF)在其官网上发布了关于"教师教育质量攻势"项目的资助方针，其中包括本项目的实施目标、法律基础、资助对象、资助条件、资助范围与额度及资助程序等关键问题，这一项目的目标是在竞争机制基础之上，支持高校凭借自身努力实现设定的目标，加强师范教育与教学实践的联系，进而广泛有效地推动高校师范专业的质量提升。[4]

2013 年 10 月 18 日，俄罗斯劳动与就业保障部通过了《学前教育、初等普通教育、基础普通教育、中等普通教育教师职业标准》文件，这是确定教师职业技能基本要求的框架性文件，在国家层面上，该文件是实施国家教育战略，促进俄

---

① Department for Education. Statutory Guidance on Induction for Newly Qualified Teachers (England) [EB/OL]. https：// www. gov. uk/government/publications/induction-for-newly-qualified-teachers-nqts，2014-1-4.

② National College for Teaching and Leadership. Initial teacher training (ITT) Training bursary guide—Academic Year 2014 to 2015 (Version 1) [EB/OL]. https：// www. gov. uk/government/uploads/system/uploads/attachment _ data/file/356142/training-bursary-guide-academic-year-2014-to-2015. pdf. 2014-1-13.

③ DLR Projektträger. Qualitätsoffensive Lehrerbildung [EB/OL]. http：// www. dlr. de/pt/desktopdefault. aspx/tabid-9655/16603 _ read-40500/，2015-03-20.

④ BMBF. Bekanntmachung des Bundesministeriums für Bildung und Forschung von Richtlinien zur Förderung der "Qualitätsoffensive Lehrerbildung"[EB/OL]. http：// www. bmbf. de/foerderungen/24295. php，2015-03-20.

罗斯教育达到国际化水平的重要纲领性文件；对教师和学校而言，则是衡量教师职业技能水平、教育机构挑选人才等活动的重要依据。

2013 年 8 月，墨西哥众议院和参议院分别通过了《教师职业一般服务法》(*la Ley General del Servicio Profesional Docente*)，这是一项针对墨西哥各州从事初等教育和中等教育工作者和教育管理者资质考核制定的相关法律，墨西哥希望通过本法案能够明确教育工作者的责任和义务，提升教师形象和素养，提高教师选拔透明度，从而提升墨西哥初等和中等教育质量，杜绝教育界贪污，保证墨西哥适龄中小学生享有受到优质教育的权利。①

2014 年 6 月 28 日，印度国家教师教育委员会完成并修订了《2014 年全国教师教育委员会条例》(*NCTE Regulations 2014*)，这一条例提供了有关教师教育改革的一揽子计划，同时制订了相应的规范和标准，以此为印度教师的培养提供更为具体的指导。第四届教师职业国际峰会(International Summit on the Teaching Profession)于 2014 年 3 月 28 日在新西兰首都惠灵顿举行，这次峰会由新西兰教育部、经济合作与发展组织(OECD)和国际教育组织(EI)共同举办，会议围绕“卓越、平等和包容性——为所有人提供高质量的教学”这一主题展开讨论，旨在解决如何实现教育公平与卓越的问题。②

2014 年 1 月，世界银行发布名为《优化教育结果的系统方法》(*System Approach for Better Education Results*, *SABER*)的研究报告，该报告提出优质教师应具有正确的教育理念和教学方法、良好的动机，并能提供有效的学习支持，从而创造良好的学习环境，提升学生的学习成就。③

>>第三节 世界各国与主要国际组织教育政策的趋势及特点<<

随着人口、资源、环境与经济发展等全球问题逐渐被人们所重视，教育在改善周围世界上所承担的责任更加艰巨，另外，教育在传递知识技术的同时，还需培养个体的人文素养并构建其精神世界，可以说，教育成为国家、社会和个人应

---

① Instituto Nacional para la Evualuación de la Educación México. Ley General del Servicio Profesional Docente，artículo 12[EB/OL]. http：// www. inee. edu. mx/index. php/517-reforma-educativa/marco-normativo/1606-ley-general-del-servicio-profesional-docente，2015-12-25.

② Asia Society. EXCELLENCE， EQUITY AND INCLUSIVENESS—HIGH QUALITY TEACHING FOR ALL. http：// www. istp2014. org/assets/2014 _ International _ Summit _ Final _ Report. pdf. 2014-8-20：27-29.

③ The world bank. 2013 education year in review：smarter education systems for brighter futures [R] . http： // www. worldbank. org/en/topic/education/publication/education-year-in-review-2013-smarter-education-systems-for-brighter-futures.

对当前和未来现实困境的重要工具。由于世界各国所处的发展阶段和面临的现实情况不同，教育在解决所在国家发展问题时所肩负的责任和承担的义务上存在差异，然而总体上说，通过对世界各国所出台的教育政策及其原因的观察与研究，我们仍然能够从中发现一些共同的发展趋势与特点，这些趋势代表着人们当前对于教育功能的理解和展望，同时也对未来的教育改革有所指引。

一、重视教育对“双创”能力的培养

就当今世界上的竞争来说，与其说是人才的竞争，不如说是人的创造力的竞争，随着时代的转型与经济的发展，传统教育对于个体“双创”(创新和创业)能力培养不足的缺点越来越受到关注，在这样一个呼唤创新、鼓励创新与渴望创新的时代，如何通过教育有效开展创新能力的培养，从而增强教育适应社会需求的能力，成为许多国家制定教育政策时的一个重要出发点。

创新与创业教育已经在欧盟成员国中广泛开展，从小学至大学，甚至在学前教育阶段和非正规教育中，都能看到创新与创业教育的身影和影响，其中，人们普遍认识到教师群体应该在这一领域中发挥重要作用。2013 年 6 月，欧盟发布了《创业教育——教育者指南》(*Education & Teaching for Entrepreneurship*)(以下简称《指南》),[①] 在这一指南中，欧盟提出了创业教师的素质要求，以及如何成为一名具有创新和创业能力的教师，《指南》用较大篇幅列举了一些教师培养学生创新能力的成功案例，同时还建议应加强教育部门、商业联合会及企业之间的合作伙伴关系，此外，《指南》中还列举了继续专业发展(Continuing Professional Development)的实践案例，如在职教师的创新与创业教育项目、创业教育的教学方法和教育理念革新、继续专业发展的延伸策略等，欧盟的这一做法对于世界各国的创新与创业教育实践具有重要的启发意义。

2013 年 7 月 23 日，俄罗斯教育科学部公布了名为《关于确定教育系统中创新机制设立和运行的规则》的文件，该文件确定了俄罗斯政府有关教育领域中创新机制的设立和运行的规则，其中包括其组成、创新活动的主要方向及联邦创新平台组织认可的规则。文件中指出，之所以建立教育系统中的创新机制，目的是鉴于俄罗斯联邦社会与经济发展的主要方向，鉴于俄罗斯联邦在教育领域的国家政策优先方向的实施，确保教育系统的发展和现代化。

日本政府在 2013 年 6 月出台的《第 2 期教育振兴基本计划》中提出要“培养未来的开拓者”，其重点措施是在国际与创新人才的培养上，主要方针包括增加海

---

① European Commission. Education & Teaching for Entrepreneurship [R]. http://ec.europa.eu/enterprise-/policies/sme/promoting-entrepreneurship/files/education/entredu-manual-fv_en.pdf，2013-06-20.

外留学机会、鼓励特色特长和多种个性、营造异文化交流与共生的环境等，此外日本政府鼓励“传授专业知识与技能”的高等教育机构应当与政府和产业界开展积极合作，共同推进海外留学、强化国际交流、提高研究生教育质量等。

2013年7月22日，法国《高等教育与研究法》正式颁布①，该法案的目标之一就是保持经济发展，构建学习社会。法案认为，创新才是发展的核心要素，高等教育则是创新的重要支撑，高等教育应当使每个人获得基础知识和可迁移的能力，以应对职业的变化，特别是培养更多的学士以上文凭的毕业生。

韩国政府于2013年9月颁布了《大学创业教育五年计划》，该计划力求营造更利于学生创业的大学教育环境和社会文化，明确指出要构建有利于学生创业的本科生培养制度及社会文化，同时加大学生外海就业和创业的支持力度。韩国教育部在《2014年教育政策报告》中强调，要加强产学联合与创业教育，坚持学业与创业并行的“兼顾创业的本科生培养制度”，同时导入“大学创业教育五年计划”的后续制度——创业休学制、创业学分认证制等，中小企业向创业者提供的“希望之梯奖学金”的奖励范围将扩大到有创业意愿的大学。另外，积极开发创业教育的教材和内容，举办创业讲座，实施现场咨询，通过搭建网络创业讲座平台，扩大国民接受创业教育的机会，并积极推进创业教育学分转换机制的建成。

二、教育国际化趋势加强

教育的国际化是指国家或教育机构将国际化与跨文化性整合到高等教育系统的过程或趋势。随着经济交往和信息传播技术的跨越式发展，各行各业都面临着国际化与全球化的挑战与机遇，教育作为一项关乎国计民生的社会事业，同样难以逃脱国际化的发展要求。当前世界各国都在纷纷采取各项措施加速本国教育事业的改革以应对难以逃脱的国际化进程的挑战，同时积极鼓励自身的教育事业以更为开放、多元与竞争的姿态参与到国际合作与竞争中来，极力以国际资源促进教育事业的发展。从总体上看，目前各国有关教育国际化的改革涵盖了基础教育、高等教育、职业教育和教师教育等各个方面，如何利用国际资源来发展本国教育事业，以及如何帮助本国教育事业更好地应对国际化竞争，成为许多国家出台教育政策时所关注的核心问题。

日本文科省在2013年11月制订的《国立大学改革计划》中强调，为了促进大学的国际化，提高日本大学的国际存在感，日本高校应与海外大学建立联合培养关系、创设国际共同研究生院、积极聘用外籍教师、积极派遣和接纳留学生、普及全英文教学等。在日本留学生的派遣方面，文科省计划通过扩大留学机会、增

① Loi n°2013-660 du 22 juillet 2013 relative *à* l'enseignement supérieur et *à* la recherche.

加奖学金援助、携手产学界举办留学前后的培训等方式，创设新的官民合作型海外留学支援体制，另外，还必须考虑大学课程的安排以确保学生有充分的时间进行留学。① 在接收外国留学生方面，文科省要求各大学根据自身的特色有计划地接收优秀的外国留学生，并与产业界合作创造良好的学习与就业环境，凸显留学日本的优势，同时，还应对留学归国的外国学生实施跟踪调查以形成日本留学经历者的互动网络。

2013 年 7 月 22 日，法国颁布了《高等教育与研究法》，这项法案强调法国高等教育应当采用国际化的战略目标，积极构建一种“接待文化”，应简化法国大学接收外国学生和研究人员的程序，改善住宿和校园生活等方面的条件，包括对他们在法国的居留和离开之后的关注，同时应开发英语教学课程，通过将英语教学同作为外语的法语教学结合起来，促进法国文化和语言的传播。另外还要增强法国大学生的语言能力，鼓励他们到国外学习，与外国大学生交流学习。

韩国教育部在《2014 年教育政策报告》中强调，要为培养全球的青年人才提供支持，同时开设“走向世界项目”“全球现场学习项目”、大学生海外志愿服务项目等，为大学生及大专生走出国门的就业和创业提供支持，还要与瑞士、德国等发达国家建立职业教育与创业教育的合作关系。韩国在未来将加强对于本国“教育兴国”的经验与战略与世界其他各国分享的力度，并且向教育发达国家积极介绍本国教育部与外交部合作的诸多项目，通过与其他国家建立战略合作关系，提升本国教育竞争力，同时加强与欧洲之间的职业技术教育和高中教育方面的合作，促进本国教育发展及青年海外就业，进一步扩大留学生项目的范围。

国际化发展将是韩国教育改革的重中之重，韩国政府计划将海外韩国同胞培养为国际人才，继续筹备不同类型的“海外韩国学校综合发展方案”，将海外韩国学校作为培养国际人才的摇篮，还要加强对海外韩国国民子女的韩国民族根性教育，并与外交部合作，将韩语作为海外韩国学校的第二外语。另外，要改善外国教育机构在国内运营的条件，促进国外优秀大学在国内的教育投资，扩大与中国、东南亚等邻近国家的留学生项目。韩国已经大幅度地减少留学相关规定的限制，与获得留学生招收管理认证的大学合作，简化留学生签证的申请程序，降低入学时的韩语能力标准，减轻留学生入学的负担。此外，扩大了留学生招收规模，通过放宽对留学生在留学期间兼职的时间限制，义务办理医疗保险等措施，为留学生的学习生活提供便利。

欧洲议会于 2013 年 11 月 19 日通过了支持“伊拉斯谟＋计划(Erasmus＋)”的

---

① 産経ニュース、留学生倍増計画文科省が改善本腰[EB/OL]http：// www. sankei. com/life/news-/140914/lif1409140035-n1. html 2014-09-14.

"2014—2020 多年度财政预算法案"[①]，这一计划旨在提升劳动者技能和就业能力，促进高等教育、青年和培训体系的现代化，新的"Erasmus＋"将资助超过 400 万欧盟青年在海外进行学习、培训、工作或从事志愿者服务。

三、教育发展应与社会需求相结合

教育发展与社会需求之间的关系问题历来是一个国家出台教育政策和措施时较为关注的问题，在社会环境的巨大变迁和全球化进程不断加速过程中，国家之间在复合型技术等新兴开发领域的竞争逐渐加剧，这对教育和研究的质量提出更高的要求，教育被寄予的期望也更加多样化。同时，伴随着信息时代的来临，社会、经济与技术都在进行着某种深层次的变革，这些变革驱使着知识的内容与性质都将发生难以预料的转变，知识的变化会引起教育方式与内容的嬗变，换言之，教育能否不断满足社会日新月异的需求是考验一个国家的教育能否具有竞争力和生命力的重要指标。在这种形势下，在 2013 年到 2014 年，许多国家在颁布和贯彻教育政策和措施时，普遍将关注的重点放到了教育应如何更好地与国计民生的发展相协调之上，可以预言，在未来的一段时间中，社会需求仍是教育政策出台的着眼点之一。

作为一个新兴国家，韩国历来重视教育事业对于国家实力和经济发展的促进作用，韩国政府通过对"产学联合旗舰大学建设计划(LINC)"与"智力韩国 21 工程(BK21)"的推进，密切了教育与中小企业之间的联系，从而促进了能够满足企业需要的创新人才的培养，同时不断推进与产业相适应的教育理念和实践的研究。韩国教育部通过与雇用劳动部的分工合作，完成了"国家从业资格指标体系(National Competency Standards，NCS)与学习模块"项目的开发。另外，韩国以建设从业资格指标体系为基础，在特色高中和大专等教育机构进行了课程改革，逐步建立起"学分—资格—培训"为一体的管理体制及就业渠道，为"国家体系基本计划(National Qualification Framework，NQF)"的构建打下了现实基础。韩国教育部在《2014 年教育政策报告》中强调，要正式推进产学联合旗舰大学(LINC)项目的第二阶段，进一步扩大企业需求导向的创业教育，继续推进中小企业与学校合作进行的产学技术合作开发课题，鼓励大学教师在假期等非工作时间为企业提供技术指导和技术革新。此外，政府要为大学教育、知识财产、创意、与企业的教育和技术等信息的共享，搭建产学合作的中介平台，创办"产学联合创新网络"，在此基础上开发多种多样地区企业与大学之间信息共享和产学联合项目。

---

① EU. Erusmus＋：What's in it for higher education? [R]. http：//bookshop. europa. eu/en/erasmus—pbNC0213736.

2014 年 4 月 15 日，俄罗斯联邦政府确认了《2013—2020 年俄罗斯联邦教育发展国家纲要》，这一纲要的重要目标就是建立与俄罗斯社会发展相适应的教育体系，其内容包括：打造灵活的、为社会负责的、不间断的教育体系，发展人力资源，满足俄罗斯社会经济发展的当前及未来需求；发展基础设施的组织和经济机制，保障儿童可平等地获得学前教育、普通教育和补充教育服务；更新儿童学前教育、普通教育和补充教育体系课程，达成现代化的学业成就和社会化结果；在公开、客观、透明、有社会和职业团体参与的原则下，建设现代化的教育质量评价体系；保障促进青年社会化和自我实现的有效体系，发展青年潜能。

日本文科省在 2013 年 11 月制订的《国立大学改革计划》中强调应加速"产学结合型"风险企业的创办与理工科人才的培养，通过"产学官"合作，发掘大学的研究成果并促进研究成果产业化，凭借高新技术产品打开新的市场，从而推动经济的增长，同时还将向国会提交与《产业竞争力强化法》①相关的法案，促使国立大学向"风险企业支援组织"的资金、人力、技术投入成为可能，从而更好地保障国立大学改革计划的进行。

法国在《高等教育与研究法》中强调，法国高等教育应当促成真正的社会就业与融合，高等教育不仅要改善质量，还要促进青年与成人的获得文凭的平等，同时，高等教育应当致力于打碎社会再生产的现存机制，促进社会繁荣。为了加强教育与经济的联系，法国教育部于 2013 年 10 月 18 日组建了"国家教育与经济委员会"(Conseil national éducation-économie)，委员会由 5 位企业主管、5 位雇主协会代表、5 位工薪阶层代表、5 位教师代表、4 位来自教育部等中央行政官员和 2 位地区议会主席共 26 名成员构成，② 目标是在教育领域和经济领域建立一种对话和预测机制，法国愈加认识到教育是未来重要投资，教育是国家未来竞争力的核心要素，而教育界与经济界密切合作是国家发展的最佳途径，因此需要提高获得高等教育文凭的比例，鼓励青年继续学习，提高学习成功的概率。

四、加强教育管理提升教育质量

就世界范围来看，各国普遍认识到教育对当前社会和国家发展的重要作用，并且愿意通过加强外界对于教育活动的监督和管理更好地发挥教育的基础性先导功能。在这种认识下，教育评估与教学监督作为现代教育管理的关键环节和重要

① 参见経済産業省、産業競争力強化法の概要[EB/OL]. http://www.meti.go.jp/policy/jigyou_saisei/kyousouryoku_kyouka/kommentar/html_contents/chapter00souron.html. 2014-01-20.

② Mattea Battaglia. Charte des programmes : le mot《curriculum》n'y est pas, l'esprit, si ! Le Monde, 2014-03-04.

机制，是保证教育教学系统正常运行、促进教育教学系统不断优化的重要手段，在整个教育教学系统中具有导向、改进、判断、激励等多种功能，发挥着不可替代的作用，因此成为许多国家进行教育改革时多加利用的现实手段。总体上看，围绕着教育管理，各国的关注度和改革力度在加强，其目的则是更好地提升国家的教育质量。

2014 年 3 月，美国 K-12 基础教育中心发布了名为《合力提高成绩：基于共同核心州立标准的新一代评估系统》(*Coming Together to Raise Achievement：New Assessments for the Common Core State Standards*)的研究报告，新一代的评估系统主要包括综合性评估系统、替代性评估系统和英语语言能力评估系统三部分，其现实意义是要弄清楚以下问题："学生知道了什么""学生可以做到什么""如何看到学生的学习效果"等，① 此外，这一评估系统还将衡量学生的与升学和就业所需的知识、技能标准及学生实际的学习成果等，各州可以自行选择采纳哪种评估系统。

英国教育部于 2013 年 9 月发布了新一轮课程改革的方案：《英国国家课程改革——关键学段 1～4 课程大纲》(*National curriculum in England：framework for key stages 1 to 4*)，这次课程改革把课程评价作为重点改革内容，其中对于课程评价标准的改革则是重中之重。在评价标准的改革上，该方案认为应取消抽象的等级评价标准，代之以具体的课程学习内容，也就是说新课程大纲中所设置的学生各个阶段具体的学业目标就是教师对学生进行评价的内容与标准，教师对学生对具体内容的学习情况进行评判，不再对学生的学业进行等级的划分。这就意味着评价的作用将从确定每位学生的等级转变为帮助学生了解他们已经对哪些课程内容达到了充分的掌握，在哪些内容上需要付诸更多的努力。简言之，此次国家课程改革对课程评价进行改革的目的就是使得学生关注课程的实际内容，而不是关注抽象的课程目标。

近年来，俄罗斯政府不断加强对教育体系的监督，对普通教育、职业教育、高等教育、补充教育及教育评价体系等的各个方面提出量化指标，以求更加客观地反映俄罗斯教育体系状况。2013 年 8 月 5 日，俄罗斯联邦政府确立和颁布了第 662 号文件《关于实施教育体系监督的决定》，这一决定指出，未来俄罗斯教育监督的指标要包含：教育覆盖率、教师队伍结构、教育机构硬件设施、残疾儿童入学率、教育质量等方面。2014 年 4 月 15 日，俄罗斯联邦政府开始实施《2013—2020 年俄罗斯联邦教育发展国家纲要》计划，其对教育评价领域进行了重点改革，更加注意教育评价领域的层次化、体系化设计，同时在发展教育质量评价体

---

① http：//www.k12center.org/rsc/pdf/coming_together_to_raise_achievement_april2014.pdf. 2015-12-11.

系与教育体系信息公开性方面,《2020 年教育计划》的主要目标是:保障领导教育体系工作者和教育服务消费者做出决定的过程信息可靠且真实,通过形成全俄教育质量评价体系来提高教育质量。这一计划的主要任务包括:发展独立的教育质量评价机制和国家社会管理机制,将教育服务消费者纳入教育体系活动评价当中;保障教育结果质量评价过程的工艺水平和准确度达到现代化水平;在教育测量、分析与评价结果使用领域,形成地区水平、市级水平和机构水平的教育质量评价文化;建立学生个人教育成就信息收集与分析支持体系;建立教育质量监察体系;以国际标准为基础,建设统一的教育数据体系。

韩国教育部在《2014 年教育政策报告》中强调,要加强代行教育机构的责任意识,积极在"学分银行"机构导入大学水平的信息公示制度,同时加强对于未达标及违规部门采取的限制、叫停等行政措施。同时为提高网络大学的教学质量,应积极筹备专门的质量评估体系,提高认证标准,实施更加严格的审查制度。针对与实践工作紧密联系的专业,应将其课程设置以新颁布的国家从业资格标准(NCS)为基础。

欧盟委会 2014 年 2 月发布两份关于教育质量保障的报告——《欧洲高等教育质量保障进展报告》及《欧洲职业教育质量保障参考框架执行情况报告》。[①] 报告指出,尽管成员国已在质量保障方面取得一定成绩,但仍需进一步改革,以建立"质量文化"理念,使教学与劳动力市场及社会需求更紧密地联系起来。报告还呼吁成员国更加重视国际合作,并使学生在质量保障决策中拥有更大的发言权。世界银行人力发展网络教育主管哈里·帕特里诺斯等提出提升教育质量的 6 个要素,简称"6A"要素,[②] 包括:评估(Assessment)、自主权(Autonomy)、问责制(Accountability)、关注教师(Attention to Teachers)、关注学前儿童发展(Attention to Early Childhood Development)、关注文化(Attention to Culture)。在他看来,为了提高教育质量,各国必须确保建立一个基准体系,以确定目前的学习水平和未来的学习目标。同时,还应该让学校和社区拥有自主权,建立机制确保并监督各项责任,支持教师质量提高,促进学前儿童发展,并密切关注其所处的环境和文化。

五、终身教育持续受到重视

社会的发展对教育事业提出了新的要求与挑战,教育不仅要促进经济再生与地区活力,还要能够提高国家的国际竞争力与培养国际化人才等,教育的任务在

① 赵娜. 欧盟:敦促成员国建立教育"质量文化"理念[N]. 中国教育报,2014-03-05(9).

② 哈里·帕特里诺斯,魏爱德,王燕. 唐科莉编译. 优质教育必备的六个要素[N]. 中国教育报,2014-02-28(7).

增多，其关注度在提升，不仅是普通教育，终身教育同样成为研究的热点话题。终身教育的理念最早可以追溯到20世纪60年代，是由时任联合国教科文组织成人教育局局长的保罗·朗格朗(Paul Lengrand)在成人教育促进国际会议上正式提出的。自从终身教育的理念提出以来，在联合国教科文组织及其他有关国际机构的大力提倡、推广和普及下，这一理念已经作为一个极为重要的教育概念在全世界得到广泛传播，2013年以来，随着世界各国对教育事业的关注日益增加及人们自身对教学需求的愿望不断加强，终身教育的理念不但没有得到降温，反而呈现出持续加强的趋势，许多国家在制定本国的教育方针、政策或是构建国民教育体系的框架时，都将终身教育的理念为依据，不但以终身教育提出的各项基本原则为基点，同时以实现这些原则为主要目标。

韩国政府多年以来一直将终身教育作为应对技术发展、社会低产出、人口老龄化等产业人力资源结构的变化的重要手段，目前已经开设了大量以成人为对象、教授最新职业知识和技术的非学位教育课程，不断扩大国民接受终身教育的机会。韩国教育部在《2014年教育政策报告》中强调，应加强终身职业教育大学的建设，构建未来型高等职业教育体系，鼓励人们积极参加终身教育，同时努力搭建国家级"在线终身学习综合服务网络"，为不同地区不同对象提供相关的学习信息和内容，让所有韩国国民在任何时间任何地点都可获得终身学习的机会。韩国正在制订构建韩国型慕课(Massive Open Online Course，K-MOOC)平台的基本计划，这一计划将会为韩国国民提供优质的在线学习，同时K-MOOC将与2014年开通的"在线终身学习综合服务网络"协同进行，普通国民和大学生利用K-MOOC学习所获的成绩将可转换成在校学习的相关学分。

终身教育作为引导人们自主发展、增强社会广泛联系的公共服务之一，在日本社会占有重要地位。日本政府在《第2期教育振兴基本计划》中提出，为了冲破困境，迈向可持续性发展的年轻社会，日本应坚持打造以"自立、协作、创造"为原则的"终身学习型社会"，这一社会是"让每一位国民能够穷其一生开展持续不断的学习，并能适时地发挥学习成果，提升自我素养，过上丰富人生"的社会。[①]日本政府希望据此来促进公民价值的自我实现、社会总生产力的提高及人与人之间关系的深化，最终规避国家所面临的危机。

德国政府努力将终身教育的建设与普通教育相结合，力图大通个体在教育过程中的诸多转换的环节，将职前与职后生活与学习无缝衔接。在新近出台的《德国资格框架》(*Deutscher Qualifikationsrahmen*)中，其关于学习结果和专业能力的评价和认定将可以促进不同教育领域间的相互理解，同时实现了职业教育与普

① 文部科学省、教育基本法(平成18年法律第120号)[EB/OL]. www.mext.go.jp/b_menu/kihon/about/06121913/001.pdf 2006-12-22.

通高等教育之间的同等地位，鼓励学生在不同教育系统之间的跨越，这一框架还引导人们形成以能力为导向的观念：一个人会什么要比他在哪儿学重要，鼓励人们积极参与非正式学习活动，进而为实现国民的终身学习做出巨大贡献。①

2013 年 10 月 21—23 日，由联合国教科文组织、中华人民共和国教育部、北京市人民政府合作主办的“首届国际学习型城市大会”在北京召开，大会最终通过了《建设学习型城市北京宣言——全民终身学习：城市的包容、繁荣与可持续发展》，该文件建议应在每个城市建设充满活力的终身学习文化，并且分析了政府在建设终身学习文化的作用和功能：积极帮助人们了解通信媒体、图书馆、博物馆、宗教机构、体育文化中心、社区中心、公园及相关场所作为学习空间的作用；组织和支持鼓励和庆祝学习的公共事件；为所有公民提供足够的信息、指导和支持，激励他们通过不同的途径学习；认同在非正式和非正规场合学习的重要性，发展各种学习形式的认可和奖励体系等。

六、教师教育受到广泛关注

就发展趋势来说，教师教育领域在世界范围内受到广泛关注，发达国家几乎都在推进各式各样的教师教育改革。教师教育不仅成功地取代了传统的师范教育的地位，而且还获得了前所未有的发展。许多国家在促进教师专业发展的目标引领下，积极展开了以学习者为中心、着眼于教师终身专业发展的教师教育课程改革，同时也极为重视教师教育课程的前沿性、灵活性和实用性；注重模块式课程的开发，注重教育临床研究，注重以学生为中心的课程实施方法，注重质的评价和淘汰制的严格把关相结合。② 教师教育成为教育发展的重点领域，代表着人们渴望通过对“作为教育者的教师”的培养体制改革来打破困扰当前许多国家的教育质量难题。

德国联邦政府充分认识到教师发展在促进教育事业整体提升方面的重要作用，因此试图通过出台“教师教育质量攻势”项目来支持业已开始的教师教育改革，加快其发展进程，这一项目将通过贯彻“促进竞争、整体推进、共同发展”的原则，加强德国教师教育在内容和结构上质的提高和持续性的改善，另外，政府还将在教师教育的整个过程、教师职业起步阶段和教师继续教育进行有效帮助和指导，政府还将在“与教师工作相关的学习成绩和毕业学历之间的可比性”“见习

---

① DQR. Welche Ziele werden mit dem DQR verfolgt? [EB/OL]. http: // www. dqr. de/content/2360. php. 2015-3-25.

② 张文军，钟启泉．教师教育课程改革的国际趋势[J]. 教育发展研究，2012(10)：1—6.

阶段教师招聘的公平性”“师范类大学生和教师的流动性”等方面提供保障。①

俄罗斯劳动与就业保障部在2013年10月18日通过了《学前教育、初等普通教育、基础普通教育、中等普通教育教师职业标准》，这一标准覆盖了普通教育(学前、初等、基础和中等学校)各个阶段，同时作为可扩充的开放性文件，未来计划覆盖补充教育和职业教育。标准出台的目的在于：确定教师的职业技能；保证教师培养质量；保证教师熟悉对其的要求；促进教师参与解决提高教育质量的任务，其现实作用在于克服评价教师的技术至上主义；保证教师工作的自由和责任相协调的共同提升；激励教师持续的职业技能提升等。

英国教育部在2013年12月修订并发布了《英格兰地区新晋合格教师入职培训法定指导》[*Statutory Guidance on Induction for Newly Qualified Teachers (England)*]②，教育部在报告中阐述了对新晋教师(Newly Qualified Teacher，NQT)进行培训的目的及执行的标准，同时对培训机构和参训教师的资格、培训的时间要求、监管与评估做了界定，此项政策的重心在于对培训主要参与者在培训过程中扮演的角色和承担职责，以及他们相互之间的合作衔接流程进行了厘定。

2013年8月，墨西哥《教师职业一般服务法》(*la Ley General del Servicio Profesional Docente*)的出台，这一法律的宗旨在于保证教师能够提供高质量的教学服务，并对教师的能力提出了具体要求，同时制定了相应考核办法。政府通过该项法律：①明确教师职业服务的权利和义务；②建立教师形象和标准；③建立财政公布机制，实现教育透明。希望通过本法律在全国范围内的全面执行，达到以下目的：①提高教育质量；②提高教师实践能力；③提高和保证教师在教学过程中的管理和监督能力；④激励教师职业自我认识；⑤对教师自我能力提高过程中的辅导和支持；⑥提供可持续性职业培训；⑦制定教师高效工作的激励机制。③

2014年6月28日，印度国家教师教育委员会完成并修订了《2014年全国教师教育委员会条例》(*NCTE Regulations 2014*)，这一条例是印度政府继2009年

---

① BMBF. Qualitätsoffensive Lehrerbildung—ein Beitrag zu mehr Mobilität in der Lehrerschaft [EB/OL]. http：// www. bmbf. de/de/21697. php? hilite = qualit% E4tsoffensive + lehrerbildung，2015-03-18.

② Department for Education. Statutory Guidance on Induction for Newly Qualified Teachers (England) [EB/OL]. https：// www. gov. uk/government/publications/induction-for-newly-qualified-teachers-nqts. 2014-1-4.

③ Instituto Nacional para la Evualuación de la Educación México. Ley General del Servicio Profesional Docente，artículo 13[EB/OL]. http：// www. inee. edu. mx/index. php/517-reforma-educativa/marco-normativo/1606-ley-general-del-servicio-profesional-docente，2015-12-25.

颁布《教师教育国家课程框架》(*National Curriculum Framework for Teacher Education*)之后颁布的又一重要文件，其内容涉及从幼儿园到大学各级学校的教师的培养规范和学历标准等问题。这一文件的出台对于规范印度的职前教师培养具有重要的意义，同时也为印度教师的培养提供更为具体的指导。

第四届教师职业国际峰会(International Summit on the Teaching Profession)于 2014 年 3 月 28—29 日在新西兰首都惠灵顿举行，此次会议关注教师准备与专业发展的需求，以便给予教师在当今日益多样化的课堂中成功开展教学所需的技能与知识。峰会建议：各国需要对教师教育进行持续性的支持，另外还要开发一系列策略将优秀教师吸引到最困难的学校中，同时改革雇用与分配系统，建立新型奖励机制，对来自地方社区学校的教师进行培训，从而帮助贫困学校留住教师并使其取得成功。①

韩国政府为了让教师专注于课程讲授和对学生的生活指导，达到 OECD 国家的教育水平，制订了一套与减少学生数计划相匹配的《2015—2025 年的中长期教师供给计划》(*Long-term Supply of Teachers Plan 2015—2025*)。该计划为实现课程的多样化，提供适当的课程，将导入正规教师的时间选择制；推进教务行政人力资源的配置，为学校的教师行政工作提供咨询服务，构建学校教育统计系统，通过多项措施减轻教师行政工作负担；加强教师培训，强化教师能力；加强对教师培养和聘用制度改善方案的研究，实施对教师资格标准、教师培养教育课程、聘任制度改善等方面的综合研究；激发教师的工作热情，扩大教师自我实现的机会。

七、持续改善教育公平

教育公平问题既是一个世界性难题，也是全球各个主要国家和组织力图改善的教育常态问题之一。就目前教育公平问题的研究现状来看，许多国家都已经将公平思想作为出台教育政策和措施时的指导原则和隐形理念，然而很少有国家将教育公平问题以国家立法的形式予以处理，对于这一问题的建议与呼吁更多的是一些国际组织在进行，这种形势的出现并非说明教育公平问题已经得到彻底的缓解或解决，而只是代表着教育公平问题在不同国家面临着不同形势，许多国家已经意识到没有一种放之四海而皆准的处理方式来对待公平问题，这一问题的最终改善是一个长期而漫长的过程。

俄罗斯联邦政府在 2014 年 4 月 15 日出台的《2013—2020 年俄罗斯联邦教育

① Asia Society. EXCELLENCE, EQUITY AND INCLUSIVENESS—HIGH QUALITY TEACHING FOR ALL[EB/OL]. http://www.istp2014.org/assets/2014_International_Summit_Final_Report.pdf. 2014-8-20：27—29.

发展国家纲要》中，明确提出国家在普通教育领域(包括学前教育阶段)中的宏观目标是“促公平、提质量”，努力为俄罗斯儿童接受现代化高质量的教育和实现积极的现代化而创造平等的条件。具体来说，俄罗斯政府要保证 2016 年前 3～7 岁儿童可 100%接受学前教育；保障在 2018 年前为所有进入学前教育机构学习的儿童提供符合联邦国家学前教育标准的学前教育；使国立(市立)普通教育机构教育工作者的平均工资达到当地的平均水平；使国立(市立)学前教育机构教育工作者平均工资达到相应地区普通教育领域的平均工资水平；在 2018 年前将国立(市立)儿童补充教育机构教育工作者平均工资达到相应地区中小学教师平均工资的水平；通过提高工作效率和质量，缩小成绩高和低的毕业生之间的差距；在 2020 年前使 5～18 所儿童接受补充教育项目的人数占到 70%～75%，包括通过发展补充教育项目来达成这一结果；在普通教育机构中建设无障碍环境，以保障残疾儿童的完全融合。

联合国教科文组织在 2013 年 11 月发布的名为《迈向普适学习：来自学习指标专项任务的建议》(*Toward Universal Learning*：*Recommendations from the Learning Metrics Task Force*)研究报告中，明确指出要世界各国必须特别关注教育平等，特别关注国家内部的教育不平等现象，同时认为无论情况如何，所有的儿童与青年人都有权来培养在学校与生活中取得成功所需的技能与知识，学习与准入的测量都应该用于确保人人获得公平的学习机会，减少学习成果方面的不平等，这需要了解校外孩子与青年人的特征及他们所面临的困难等。

由新西兰教育部、经济合作与发展组织(OECD)和国际教育组织(EI)共同举办的第四届教师职业国际峰会(International Summit on the Teaching Profession)于 2014 年 3 月在新西兰首都惠灵顿举行，会议围绕“卓越、平等和包容性——为所有人提供高质量的教学”这一主题展开讨论，旨在解决如何实现教育公平与卓越的问题，会议指出要调动所有的利益相关者的积极性，来共同解决实现教育公平与卓越的道路上所面临的挑战，会议认为实现公平需要从系统设计与管理到地方学校、课堂等多个层次进行，同时要形成高水平学习的环境是个复杂综合的生态系统，为了解决低收入家庭学生的表现不佳问题需要教师之间、学校之间，甚至更广泛的社区之间的多方合作。①

总之，随着全球化的进一步推进和科学技术的持续不断发展，教育领域正面临着来自经济、政治、科学和文化等多方面的要求变革的压力，同时，由于社会环境的变化，教育中的许多因素本身已经不再适合教育事业的发展甚至成为教育

---

① Asia Society. EXCELLENCE, EQUITY AND INCLUSIVENESS—HIGH QUALITY TEACHING FOR ALL[EB/OL]. http://www.istp2014.org/assets/2014_International_Summit_Final_Report.pdf. 2014-8-20：27－29.

在未来取得进一步发展的障碍。面向未来，各国纷纷重启教育改革，通过出台教育政策和方案来对影响和危害教育发展的内外因素进行协调和规整，应当说，这些努力一方面说明，教育在当前以及未来的很长时间内都将会是各国进行变革的重点领域；另一方面也说明，不同国家都在逐渐摸索适合本国国情的教育发展之路。

国别区域篇

第二章　美国教育政策与发展趋势

>>第一节　美国基础教育：新一代评估系统<<

2014 年以来，由于各种国际学业测试不理想，以及国内对于基础教育抨击的压力，美国也在积极地进行基础教育改革的探索。2014 年 3 月，美国 K-12 基础教育中心（the K-12 Center）依托美国教育考试服务中心（Educational Testing Service）发布了《合力提高成绩：基于共同核心州立标准的新一代评估系统》①（*Coming Together to Raise Achievement*：*New Assessments for the Common Core State Standards*）的研究报告。这个报告是“合力”系列报告的第五个版本，也是最终版本。它追踪了美国新一代评估系统开发从理论到实践的历程。新一代评估系统所包含的 6 个测试将于 2015—2016 学年全部投入应用，其中，升学与就业准备评价合作联盟（The Partnership for the Assessment of Readiness for College and Careers）、更高智能平衡评估联盟（The Smarter Balanced Assessment Consortium）、动态学习地图替代性评估联盟（Dynamic Learning Maps Alternate Assessment Consortium）及国家中心和州合作联盟（National Center and State Collaborative）将于 2014—2015 学年正式进入实践环节。而通过技术支持英语学习者的评估服务联盟（Assessment Services Supporting ELs through Technology Systems）和 21 世纪英语语言能力评估联盟（English Language Proficiency Assessment for the 21 Century）则在 2015—2016 学年被正式使用。这表明，基于共同核心州立标准的美国新一代评估系统正在逐步摆脱漫长的理论论证及试验阶段，走向实践环节。

一、开发新一代评估系统的背景

（一）《不让一个孩子掉队法案》中标准化测试的弊端

2002 年，美国总统小布什（George W. Bush）于 2002 年正式签署了《不让一个孩子掉队法案》（*No Child Left Behind Act*，NCLB）。法案规定，各州每年要在

① ETS. Coming Together to Raise Achievement：New Assessments for the Common Core State Standards[EB/OL]. https：// www. ets. org/s/k12/pdf/coming _ together _ to _ raise _ achievement. pdf. 2014-07-10.

联邦政府的资助下对所有公立学校的学生开展标准化测试，这意味着一个州的学生要在同等条件下接受统一的测试。同时，接受《中小学教育法》资助的各州每年需要制定年度进展目标(Adequate Yearly Progress)。[①] 如果学校连续两年没有达到年度进展目标，就会被贴上“需要改进”的标签，并提出改进计划，学生则可以选择转学；学校连续三年没有达到年度进展目标，则会被强制要求实施补习教育；连续四年达不到目标，则会被贴上“纠正行动”的标签，员工会被大批更换，或引入新的课程等；连续五年不达标，就要提出重组学校的计划；连续六年不达标，重组计划就会付诸实践，如关闭、转化为特许学校或雇用私人公司来管理学校等。[②]《不让一个孩子掉队法案》标准化测试的举措将学生学业表现与课程标准联系，为家长、学生提供详尽的学业表现报告等无疑会促进各州的问责，提升学校教学质量和学生的学业成绩。然而，标准化测试使学校教育更倾向于应试教育，只注重学生的绝对性评价，无法预测学生的点滴进步，多数学生被冠以“失败”的标签。同时，有些州为了逃避政府的惩罚，降低本州的官方标准(各州自行确定本州的标准)，使得全州范围的学校更容易提高成绩，这大大降低了美国教育改革的实效性和可行性。

(二)《美国复苏与再投资法案》与“力争上游”计划的实施

2009 年 2 月，迫于金融危机[③]的影响，美国总统贝拉克·奥巴马(Barack Obama)签署了《美国复苏与再投资法案》(*American Recovery and Reinvestment Act*)，这是一部具有重大历史意义的法案，旨在刺激经济发展，对包括教育在内的关键领域进行投资。[④] 它为美国的教育改革奠定了基础。同年 7 月，奥巴马和联邦教育部部长阿思·邓肯(Arne Duncan)宣布实施“力争上游”(Race to the Top)计划。《美国复苏与再投资法案》为“力争上游”计划提供了 43.5 亿美元的资金支持。“力争上游”计划是一项竞争性拨款项目，其目的是鼓励各州进行教育创新与教育改革，并为在提升学生成绩方面成就显著的州给予资金奖励。各州需提出申请，项目委员会依据各具体标准对提出申请的各州进行评分，总分为 500 分。其中一条评分标准为采纳共同课程标准，并需配有高质量评估系统，为学生

---

① 年度进展目标的设置要求各州学生的学业表现成绩要超过前一年的州级标准(即 3 年级的学生的学业表现要超过去年 3 年级的表现)。通过年度进展目标，美国教育部能够根据标准化测试的结果确定全国各公立学校及学校区域中的学生的年度表现。

② No Child Left Behind Act[EB/OL]. http：//en. wikipedia. org/wiki/No _ Child _ Left _ Behind _ Act. 2014-07-21.

③ 金融危机指发生于 2007—2009 年的世界金融危机，影响波及欧盟、美国等世界各国。为了尽快从金融危机中恢复，奥巴马政府积极出台政策刺激经济增长。

④ American Recovery and Reinvestment Act of 2009[EB/OL]. http：//en. wikipedia. org/wiki/American _ Recovery _ and _ Reinvestment _ Act _ of _ 2009. 2014-07-20.

进入大学与劳动力市场做准备，这一条标准占到 70 分。[①] 在此形势下，2010 年 6 月，全美州长协会(National Governors Association)和美国各州首席教育官委员会(Council of Chief State School Officers)经过反复论证共同制定并出台了“共同核心州立标准”(Common Core State Standards，CCSS)，以统一各州水平不一的课程标准，促使各州学生能够在升学和就业准备水平上统一，它包括英语语言艺术标准和数学标准两部分内容。[②] 为了在竞争中获胜，获得高额教育经费，各州纷纷采纳“共同核心州立标准”。

2010 年 9 月，“力争上游”计划在《美国复苏与再投资法案》的资助下，对两个在竞争中获胜的基于“共同核心州立标准”的评估联盟，升学与就业准备评价合作联盟和更高智能平衡评估联盟给予了资金支持，它们分别获得了 1.7 亿(后扩充为 1.86 亿)和 1.6 亿(后扩充为 1.76 亿)美元的资助。这标志着美国新一代评估开发工作开始。[③] 自此，K-12 中心进入了新一代评估系统的理论论证与试验阶段。随后，又分别对其余 4 个评估联盟给予资金支持。可见，联邦政府出台的《美国复苏与再投资法案》与“力争上游”计划是政府运用财政杠杆进行教育调控的手段，是开发新一代评估系统的诱导因素。

(三)美国学生在国际学业水平测试中的成绩不理想

美国学生在一些国际学业水平测试中表现的不尽如人意成为美国开发新一代评估系统的外在刺激因素。如在由经济合作与发展组织(Organization for Economic Co-operation and Development，OECD)举办的国际学生评估项目[④](The Program for International Student Assessment，PISA)的测试中，美国在阅读、数学、科学三个维度上的表现落后于一些亚洲和北欧国家(如表 2-1 所示)。2009 年 PISA 成绩公布后，邓肯曾痛心疾首地提到，“美国学生在知识经济时代的表现很不理想，美国人应该在现实中保持清醒，而不是在其他国家培养未来经济领

---

① Race to the Top[EB/OL]. http：//en. wikipedia. org/wiki/Race _ to _ the _ Top. 2014-07-14.

② Common Core State Standards[EB/OL]. http：//www2. ed. gov/programs/racetothetop/communities/hunt-institute-briefing-packet. pdf. 2011-10-02.

③ U. S. Secretary of Education Duncan Announces Winners of Competition to Improve Student Assessments[EB/OL]http：//www. ed. gov/news/press-releases/us-secretary-education-duncan-announces-winners-competition-improve-student-asse. 2010-09-02.

④ PISA 是由 OECD 举办的国际学生评估项目，目的是测试世界范围内 15 岁学生在阅读、数学和科学三个维度上的知识和技能水平。参与国为 OECD 的成员国及其他合作国家，从 2000 年开始，每 3 年举办一次。美国自 2000 年开始参加 PISA 测试。

导者的时候，美国还止步不前。”[①]美国自 2000 年参加 PISA 测试以来，学生表现均不尽如人意，2009 年的成绩报告更是加深了人们对美国基础教育的争议，成为促进美国基础教育评估系统开发的外在刺激因素。

表 2-1 OECD：2009 年各国/地区 PISA 成绩比较

	阅读	数学	科学
中国—上海	556	600	575
韩国	539	546	538
芬兰	536	541	554
中国—香港	533	555	549
新加坡	526	562	542
美国	500	487	502

注：本表只截取排名前五名的国家/地区及美国的学生各维度分数。

资料来源：Comparing Countries 'and economies' performance[EB/OL]. http：// www. oecd. org/pisa/46643496. pdf.

二、新一代评估系统的模型

新一代评估系统主要包括综合性评估系统、替代性评估系统和英语语言能力评估联盟。作为具有历史意义的刺激经济发展和促进教育改革计划的一部分，新一代评估系统需要提供“学生知道了什么，他们可以做什么”的准确信息，并且要以升学和就业所需的知识、技能标准为基础，衡量学生实际的学习效果。各个州可以自行选择采纳哪种评估系统。

(一)综合性评估系统

综合性评估系统是为 3～8 年级及高中学生设置的，它必须要符合以下标准：建立在为升学和就业做准备的数学和英语语言的共同标准基础上；测量学生的个体成长；测量学生处于何种水平以及在高中结束后升学和就业准备水平如何；提供关于教学、学习和项目改进等方面的有用信息。[②] 截至 2014 年 1 月 1 日(其他系统同)，共有 17 个州和哥伦比亚特区成为升学与就业准备评价伙伴联盟的成员，为 2 000 万基础教育阶段的学生提供服务。更高智能平衡评估联盟的成员则

① What Do International Tests Really Show about Student Performance? [EB/OL]. http：// s2. epi. org/files/2013/EPI-What-do-international-tests-really-show-about-US-student-performance. pdf. 2013-01-28.

② Coming Together to Raise Achievement：New Assessments for the Common Core State Standards[EB/OL]. http：// www. k12center. org/rsc/pdf/coming _ together _ to _ raise _ achievement _ april2014. pdf. 2014-03-10.

包括 18 个州和维京群岛，它为全国 1 800 万基础教育阶段的学生服务。

1. 升学与就业准备评价合作联盟

升学与就业准备评价合作联盟是独立的非盈利组织，由成员所在州的学校官员主管。该系统包括诊断性的、中期的和总结性的评价，旨在提供及时、有效的数据，对学生表现做出及时反馈，确定学生是否为升学和就业做好准备，支持并满足教育者的需要并为问责制提供数据支持。升学与就业准备评价合作联盟系统一共包括 5 个主要成分：两部分必需的总结性评估(基于表现的评估和期末评估)；两个可选部分的评估(诊断性评估和中期评估)；在听说方面的非总结性的、必需的评估①(如图 2-1)。

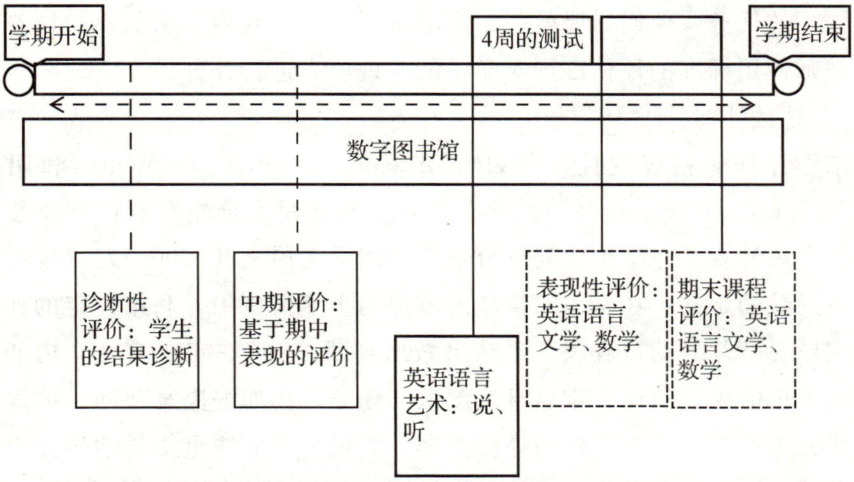

图 2-1　升学与就业准备评价合作联盟 英语语言艺术和数学(适用于 3～11 年级)②

注：[ ]代表可选择性评估；[ ]是 3～8 年级以及 11 年级所必备的评价，但不用于问责；[- - -]用于问责的总结性评估。

(1)诊断性评估和中期评估。

中期评估是为 3～11 年级的学生设置的一种可选择的评价形式。目的是反映课程、教学及专业发展情况。中期评估需要教师使用升学与就业准备评价合作联盟的评估准则来评分。地方学校可以根据需要选择部分使用或全部使用中期评

① Coming Together to Raise Achievement: New Assessments for the Common Core State Standards[EB/OL]. http://www.k12center.org/rsc/pdf/coming_together_to_raise_achievement_april2014.pdf. 2014-03-10.

② 文中所有图表为笔者根据《合力提高成绩：基于共同核心州立标准的新一代评估系统》中的模型绘制，图表表现形式有所改动，主要内容不变，以下图表同，详见 http://www.k12center.org/rsc/pdf/coming_together_to_raise_achievement_april2014.pdf. 2014-03-13.

估。中期评估的分数对最终分数没有影响。诊断性评价是针对2～8年级的学生设置的可选择的一种评估形式。其目的是明确学生在英语语言艺术和数学方面的优势和劣势。它是学生知识和技能的指示器，教学可以根据学生的需要及时进行调控。

(2)英语听说能力评估。

为了考查学生基于共同核心标准的英语听说能力，听说测试对K-12年级学生开放，要求3～11年级的学生必须要接受此评估。英语听说能力测试可以在学期中的任何时候开始，但其测评的结果并非是最终的决定性分数。3、5、7、9年级的学生被要求完成一个"实时"任务，即让他们听一段事先录制好的演讲或多媒体材料，然后让其立即作答。4、6、8、10、12年级的学生则需要完成一个"事先准备"的任务，他们需要就一个主题进行研究，并做口头展示，回答听众的问题。教师使用标准的评估准则对学生的听说能力进行评分。

(3)总结性评估。

总结性评估包括表现性评估(Performance-Based Assessments)和期末评估(End-of-Year Assessment)两种。升学与就业准备评价合作联盟计划将总结性评估的结果用来计算每个学生的问责分数。中国学者周文叶(2009)对表现性评估做出了言简意赅的定义：在真实的情境或模拟的生活情境中，利用一定的评分规则对学生完成复杂任务的过程表现或结果做出判断。① 这一定义有3个内涵：需要有真实或模拟的生活情境；难以直接测试的任务，比如解决复杂问题的表现或结果等；评分要依据事先制定好的评估准则。表现性评估注重衡量学生能力中难以评价的方面，注重考查学生运用知识解决真实情境中的问题的能力。② 表现性评估关注于难以测量的标准。此类评估主要依托于计算机或其他电子设备。在英语语言艺术方面，学生将被要求完成3种复合型任务，且随着年级的增加难度有所加大，分别为一个文本分析任务、一个叙事的写作任务和一个研究仿真任务。在数学上，表现性评估要求学生展示其数学推理能力，运用数学技能、概念和程序去解决日常生活、工作和决策中遇到的复杂问题。这些问题的解决需要有抽象的推理能力，并能够巧妙地利用数学工具。表现性评估必须要与期末评估相结合，才可以得出最终分数。

期末评估在学期的最后几周进行，它使用各种创造性的题目类型和技术工具，且完全为计算机评分。在英语语言艺术方面，期末评估注重考查学生的阅读能力和理解复杂文本的能力。期末评估由5～6段文本内容组成，文本内容包含

---

① 周文叶．学生表现性评价研究[D]．上海：华东师范大学，2009：57—58.

② 陈吉，黄伟．美国基于共同核心州立标准的评估系统述评[J]．外国中小学教育，2012(1)：56—59.

来自社会历史、科学技术研究的文章等，文章后附有一些简答题。在数学方面，期末评估将在题目中充分利用技术策略，这样学生可以建立方程、函数，划对称线或做柱状图等。最终分数会被尽快反馈给各个学校，并以1(表现最差)到5(表现最好)的等级来展示学生的得分。高中学生达到4的等级水平便表明已经为升学和就业做好了准备。

2. 更高智能平衡评估联盟

更高智能平衡评估联盟系统通过一套完整的评价、教学、教师发展体系来“平衡”总结性、形成性和中期评估，同时还要提供学生每年在升学和就业准备方面的学习进展情况。该系统包括中期评估和总结性评估，其主要特点是使用计算机自适应测试，以最大限度地减少测试时间，在测试内容上尽可能地覆盖共同核心标准的范围，并确保评分的精确性。[①] 更高智能平衡评估联盟运用交互式的电子平台提供标准的和量身定制的报告，以满足不同学生的需求。其指导原则具有灵活性，各州可以按照需要定制自己的评估体系，参与评估的各州其总体性评估的分数还可以进行比较(如图2-2)。

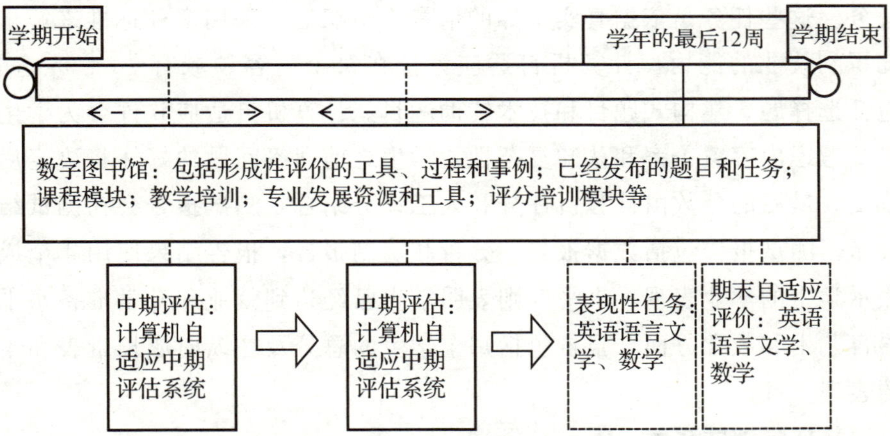

图2-2　更高智能平衡评估联盟 英语语言艺术和数学(适用于3～8年级和高中)

注：[实线框]表示用于可选择性的评估，[虚线框]表示用于问责的总结性评估。

(1)综合电子平台和数字图书馆。

更高智能平衡评估联盟是在基于证据的综合电子平台上建立的。平台的特点是为教师、管理者、学生和家长收集大量的信息资源。所有资源都是开放的。平台包括门户系统、题目开发与评分培训模块、题目编写、反馈和评估工具、数据库和报告及数字图书馆等。其中数字图书馆是一个提供了丰富的学习和教学资源以支持课堂形成性评价实践的网上信息资源平台。据此，教育者可以很容易找到

① Coming Together to Raise Achievement: New Assessments for the Common Core State Standards[EB/OL]. http: // www. k12center. org/rsc/pdf/coming _ together _ to _ raise _ achievement _ april2014. pdf. 2014-03-10.

所需的资料。

(2)可选择的中期评估。

计算机自适应评估对 3～8 年级及 11 年级的学生开放。它有两种测试管理模式：一种为中期全面评估系统，它涵盖了总结性评估的范围，是总结性评估的预演，也可以用来跟踪学生整个学年的学习进度；另一种为中期评估模块，它关注于学生小范围的技能和知识，由各州、各地区来决定，教师可以将其作为教学的前测或后测。中期评估不用于问责等，其题库也不是固定的，因此中期评估主要用于促进教育者专业发展和教学提升的目的。

(3)总结性评估。

总结性评估在每学年末的第 12 周进行，每个年级及各学科的总结性评估包括英语语言能力的表现任务、数学表现任务，以及数学和英语语言艺术方面的计算机自适应任务。总结性评价包括表现性任务评价和期末的计算机自适应评价。表现性任务评价通过计算机来操作，在每个内容领域需要 90～120 分钟的时间，高中阶段的评价时间会更长。每年，学生需要完成一个英语表现任务和一个数学表现任务。这些任务是依据真实世界的情景来组织的，采用多种标准来衡量学生整合知识和技能的能力。计算机自适应评价在每个内容领域有 40～65 道题目，题型包括选择题、建构式题目和技术辅助题目。计算机自适应软件会为学生选择题目，并考虑内容覆盖率和认知复杂性，学生之前回答问题的好坏将决定后面问题的难度。最后的分数由计算机评分和人工评分结合，测试报告会在测试结束两周后公布。测试报告包括数据报告、分析和定制报告，报告结果使用 4 个成就水平来表示学生的学业表现，水平 3 则表明学生已经达到就业和升学准备水平。在英语语言艺术和数学方面，报告包括每个学生的总分及在纵向成长量表和年级水平上的表现。

(二)替代性评估系统

新一代的替代性评估与“共同核心州立标准”及综合性评估相一致，是专为有严重认知障碍的学生而设置的。它包括动态学习地图替代性评估联盟和国家中心和州合作联盟两个评价联盟。动态学习地图替代性评估联盟和国家中心和州合作联盟从美国教育部和特殊教育办公室项目中得到 2.48 亿和 0.45 亿美元的拨款，分别有 18 个和 25 个加盟州。

1. 动态学习地图替代性评估联盟

动态学习地图替代性评估联盟依据学习地图的使用发展而来，与路线图相似，展示到达目的地的主要路线和其他路线。[①] 学习地图的基本特征是假设所有

① Dynamic Learning Maps Alternate Assessment Consortium [EB/OL]. http://www.dynamiclearningmaps.org/. 2014-07-20.

的学生不采取同样的学习路径，支持多种学习方法。动态学习地图替代性评估联盟对分科技能，以及学术、注意和沟通技能做出明确的定义。在一学年中，当学生完成了教学嵌入性任务，并将其答案输入到动态学习地图替代性评估联盟系统时，学生的学习结果就会被绘制出来，教师则会得到诊断性的反馈和指导。在这个系统中，评价的题目是根据其难度来选择的。如果前一道题目的测试成绩低，那么接下来的题目的难度就会相对降低，即根据前一道题目的成功率来决定下一道题目的难度。在嵌入型教学活动中，当学生完成了一组题目后，教师会得到一些教学建议，教师使用这些建议或关注于某一方面的技能，以使得评估与教学一致。

确定学生是否需要使用动态学习地图替代性评估联盟替代性评估系统，必须满足三个条件：学生有显著的认知障碍；动态学习地图替代性评估联盟的基本要素是学生教学的主要内容标准；为了获得量化成绩，学生需要得到大量的个性化教学以及大量的教学支持。为了帮助这些有认知障碍的学生，该系统除了一般的辅助技术外，还会提供不同程度的教师帮助。

动态学习地图替代性评估联盟对 3～8 年级及高中生施以嵌入性教学评价和期末自适应评价。各加盟州可以自行确定问责分数是依据于嵌入性评价还是期末自适应评价，或者二者兼有，但都必须要基于动态学习地图替代性评估联盟的学习地图，根据学生的需要和能力量身定制评价。动态学习地图替代性评估联盟的所有题目都是基于通用设计的原则，保证适用于广大范围的学生。100 多名来自加盟州且拥有广博的学科知识、丰富的教学实践经验的教育者以及研究特殊教育的人们参与到题目的开发中来(如图 2-3)。

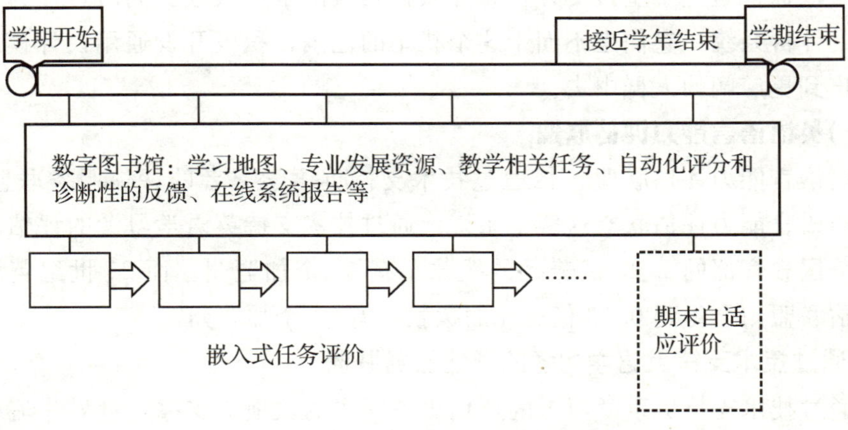

图 2-3　动态学习地图替代性评估联盟 英语语言艺术和数学

(适用于 3～8 年级和高中)

2. 国家中心和州合作联盟

国家中心和州合作联盟的目标是保证所有有严重认知障碍的学生能够取得较好的学术成就。其主要特征是建立一个在学生学业领域内连贯的课程、教学和评价系统。① 这一连贯的框架能够更好地促进共同核心州立标准的实施。作为一个为特殊群体所设置的替代性评估系统，确定使用这个系统也需要满足三个条件：学生有严重的认知障碍；学生学习的是与共同核心州立标准一致的知识；学生为取得量化的成果需要有直接的个性化教学和大量的教学支持。

国家中心和州合作联盟通过提供技术支持的期末评价，融入基于证据的教学和课程模式，以及通过各州的实践社团(Communities of practices)开发全面的专业发展方法来满足有严重认知障碍的学生的需要。国家中心和州合作联盟为 3～8 年级和 11 年级的学生设计了英语语言艺术和数学的期末评价，期末分数可以用作问责。它在一个学期接近结束的时候进行。每个年级至少会有两种评价形式，内容领域也会得到开发，每个内容领域包括 30 道题目。分数由系统自动生成，个别主观题目会由测试管理者根据评分标准进行评分。除了期末评价外，该系统还设置有形成性评价工具，以帮助教师监控学生的学习情况。为此，国家中心和州合作联盟形成了形成性评价和期末评价相结合的综合性评价系统。

值得一提的是，国家中心和州合作联盟还开发了在线培训模块，即“培训培训者”(train-the-trainers)，目的在于为测试管理者提供持续的培训。教师在开展培训之前需要通过一个认证考试。每个州的实践社团会围绕国家中心和州合作联盟系统，并结合各州的具体情况展开培训，称为“各州转换计划”(State Transition Planning)。为此，每个州都有量身定制的培训实践计划(如图 2-4)。

两个替代性评估系统的共同点在于目标人群均为有认知障碍的学生。通过各种技术手段保证这些学生接受评价，并获得相应的学业成绩。同时，作为针对特殊人群的评价系统，它们也不囿于这个狭小的范围，积极开发通用设计模式，以将它推广到更广阔的人群中去。

(三)英语语言能力评估联盟

英语语言能力评估联盟包括通过技术支持英语学习者的评估服务联盟和 21 世纪英语语言能力评估联盟这两个系统。通过技术支持英语学习者的评估服务联盟来自美国教育部的 1.05 亿美元的拨款，有 35 个加盟州。而 21 世纪英语语言能力评估联盟则会得到 0.63 亿美元的拨款，有 11 个加盟州。

1. 通过技术支持英语学习者的评估服务联盟

以通过技术支持英语学习者的评估服务联盟的款项为支撑，世界一流教学设

---

① Coming Together to Raise Achievement: New Assessments for the Common Core State Standards[EB/OL]. http://www.k12center.org/rsc/pdf/coming_together_to_raise_achievement_april2014.pdf. 2014-03-10.

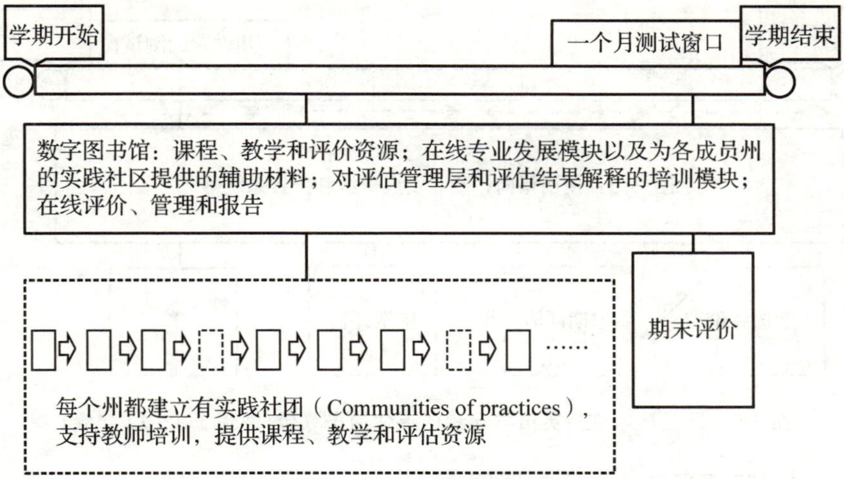

图 2-4　国家中心和州合作联盟 英语语言艺术和数学(适用于 3～8 年级和高中)

注：□表示课程、教学和形成性评价资源；⬚表示中期过程监控工具。

计和评估联盟(The World-Class Instructional Design and Assessment Consortium)与其项目合作伙伴正在积极开发新一代的、基于技术的英语语言评估系统，这个系统被称为英语学习者评价 2.0，以测试学生在取得必要的学术英语知识方面的学习进度，并最终能够为升学和职业发展做好准备。它包括总结性的语言评价、筛选评价(on-demand scanner)及课程中期评价等。①

在学生进入学校时，他们会接受按需分级器的筛选，以确定学生的语言熟练程度，以及评价系统应该提供何种程度的服务，学生也可以确定自己的语言学习水平。中期评价则能够为教师提供学生英语语言学习细微的进步。计算机可以保证即时的评分，为教师和学生提供及时的教学反馈。总结性期末评价是全部依赖计算机的，用于对 1～12 年级学生问责的目的，包括对听、说、读、写四种能力的评价。不同能力的评价所使用的题目类型不同。“听和读”采用选择题的形式，“写作”评价则使用建构式问答的形式，对于学生“说”方面能力的评价也使用建构式回答的形式，同时要记录学生的演讲。“说和写”的评价成绩会由训练有素的评分机构来评定，而“听和说”的成绩则由计算机自动生成。在计算最终成绩时，听、说、读、写的加权分数分别为 15％、15％、35％、35％。前两者属于口语能力成分，后两者则为读写能力成分(如图 2-5)。

① Coming Together to Raise Achievement：New Assessments for the Common Core State Standards[EB/OL]. http：// www. k12center. org/rsc/pdf/coming _ together _ to _ raise _ achievement _ april2014. pdf. 2014-03-10.

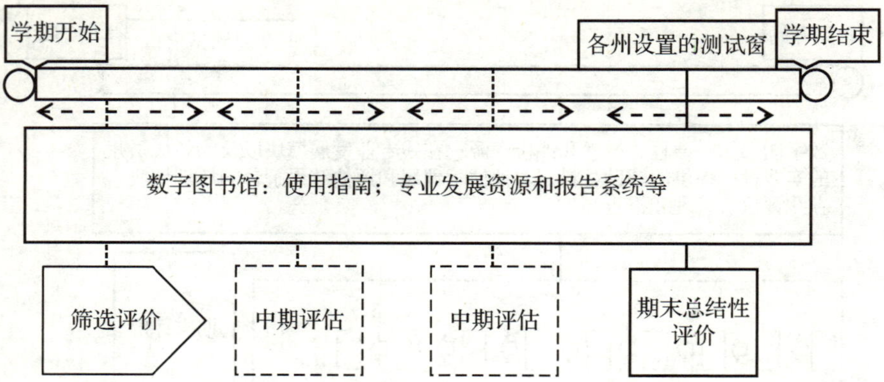

图 2-5 通过技术支持英语学习者的评估服务联盟(适用于 1～12 年级)

2. 21 世纪英语语言能力评估联盟

21 世纪英语语言能力评估联盟旨在提高各州测试学生英语语言熟练程度的评价水平，开发兼具信度和效度的评价工具。它包括两个组成成分，首先是分级器，即在开学时对学生进行测试，以提供有关学习者的英语语言学习水平的信息。其次是期末总结性评价，评价学生在听、说、读、写四个方面的能力，以监控学生的学习进程，用于问责并促进教学质量的提升。[①] 题目类型多样，包括选择式回答、建构式回答、演讲记录等。21 世纪英语语言能力评估联盟将开发评分认证课程，对于评分的管理者进行培训，以保证评分的客观性和准确性。各州可以选择外部运营商来评分或者让本州得到资格认证的教育者进行评分(如图 2-6)。

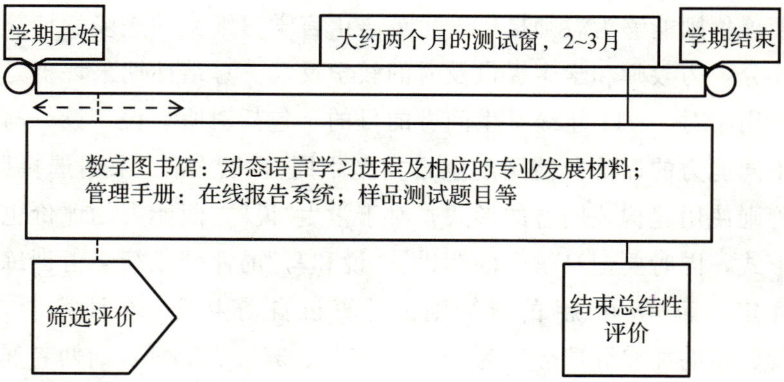

图 2-6 21 世纪英语语言能力评估联盟(适用于 K-12 年级)

① Coming Together to Raise Achievement: New Assessments for the Common Core State Standards[EB/OL]. http://www.k12center.org/rsc/pdf/coming_together_to_raise_achievement_april2014.pdf. 2014-03-10.

三、新一代评估系统的特点分析

(一)评价形态：技术辅助

美国联邦教育部对“力争上游”申请者的要求之一就是最大限度地使用技术来开发、管理和实施评价，并报告评价结果。作为竞争性的评估联盟，新一代评估系统也在探索从纸笔测试到计算机测试的转变，最大限度地运用技术辅助策略，使用计算机测试与评分，这是新一代评估联盟最大的特点，它贯穿于新一代评估系统中。相比较传统纸笔测试，计算机测试有诸多好处，如它可以运用技术减少残障儿童进行测试的障碍，提高评估的适用性；在评价中使用计算机自适应系统，根据需要量身定制试题，具有较大灵活性；测试具有生动的画面感、直观性，为直观性和表现性评价提供技术支撑；缩短评价周期，提高效率；简单、易行、安全。①

(二)评价导向：学术性与表现性

新一代评估系统依据“共同核心州立标准”而展开。“共同核心州立标准”致力于保证学生做好升学和就业双方面的准备、促进学生掌握学业成功所必需的技能和知识方面的标准。在数学标准方面，“共同核心州立标准”要求学生掌握数学原理和规则，同时，要求在真实的情境中教授数学。在历史、社会科学研究的英语语言艺术标准方面，要求大量地考查学生分析复杂文本的能力，使用证据去论证、解释及叙述信息的写作能力。“共同核心州立标准”强调学业的学术性与表现性任务，注重对学生深层学习的评价，这一导向也表现在“共同核心州立标准”新一代评估系统中，并成为新一代评估系统不同于传统评估的关键。新一代的评估系统更接近于目前学业成绩更高的国家的评估系统，注重于考察更深层次的认知技能，如阅读和分析复杂文本、组织信息、分析问题以及将所学知识运用于新的情境中的能力。考察记忆事实的题目大大减少，考察高层次认知技能的题目增多。同时，在新一代评估系统中，表现性评价导向也显而易见。如在更高智能平衡评估联盟中，每个年级的总结性评价包括英语和数学的表现性任务评价，均是依据真实世界的情景来组织的，如高中学生会被要求评论一份财政文件、使用电子表格或统计软件进行数学分析或者阅读立法案的信息并为立法者写一份表明各方赞同与反对意见的简报等。

(三)评价目的：诊断、改进与问责

基于“共同核心州立标准”的新一代评估系统基本包含诊断性、形成性和总结

---

① 刘正伟，王文智，庄慧琳．美国共同核心州立标准学业评价探析[J]．教育发展研究，2013(22)：70—72.

性评价。评价的结果用于对教学与学习的诊断、改进及问责。诊断性与形成性评价一般不用于问责，它们只是总结性评价的“预演”，全部或部分涵盖总结性评价的内容结构，对教学与学习做出及时地诊断与调控。总结性评价的分数则会用作问责，从而对“高风险”的决定产生重要影响，如教师晋升、学生升学等。《不让一个孩子掉队法案》从提高成绩、缩小差距的目标出发，明确提出绩效问责的举措，各州要达到州级数学和阅读标准，并设置适当的年度进步目标，如果不达标，学校和学区会受到警告、改进或重组的惩罚。① 随着“共同核心州立标准”的出台，各州在课程设置、课程标准等方面的趋同性越来越明显，一些州纷纷宣布放弃《不让一个孩子掉队法案》的问责制，采纳“共同核心州立标准”，并开始探索新的问责制，在其中加入表现性绩效、升学与就业标准等维度。②

(四)评价开发原则：通用设计

通用设计是指产品或服务能够在最大范围内为不同能力的人所使用，并且在使用过程中尽量不再需要调整或其他补充性的专门设计。它是由美国北卡罗来纳州立大学罗纳德·梅斯(Ronald L. Mace)提出，并总结出通用设计的七条原则：公平、简单易学、信息易觉察、使用灵活、容错设计、省力、适当的体积和空间。③ 通用设计思想在教育领域常常被用作课程设计及评价方面。通用设计原则反映在评价系统中，即对于处境不利的学习者(有认知障碍者、残疾者、学习困难者等)，在评价试题的选择、组织与实施上，尽可能以他们能够理解和接受的方式来进行，确保评价的适用性和包容性。如为了照顾到身体有残疾的学生，综合性系统依托技术策略，设置有放大字体的功能，可进行音量控制及背景颜色调节等。评价中的通用设计在不妨碍普通学习者的参与评价过程的情况下，为其他有特殊需要的学习者提供便利。通用设计的原则保证了所有学习者拥有平等的机会接受评价，同时在计算机自适应系统的辅助下，保证评价的灵活性，不论学习者是否有认知障碍或身体残疾，都有适合自己的评价题目。

综上所述，新一代的评估系统与之前各州的评估系统相比，更接近于目前学业成绩更高的国家的评估系统，注重于考察更深层次的认知技能，如阅读和分析复杂文本、组织信息、分析问题及将所学知识用于新的情景中的能力。考察记忆事实的题目大大减少，考察高层次认知技能的题目增多。这表明，美国正从各种国际学业能力测试的失败中汲取教训，积极向学业表现较好的国家学习。然而，这种变化在实践过程中也面临挑战，教师对评估系统标准的理解尚需时日，对技

① 周文叶．共同的核心，明确的高期望——美国对中国基础教育质量标准研制的启示[J]．教育发展研究，2012(24)：19－20.

② 刘春香．美国基于标准的绩效问责改革策略研究[J]．当代教育与文化，2014(3)：24－26.

③ 王建军．个别差异与课程发展中的通用设计[J]．课程·教材·教法，2004(11)：22－24.

术的依赖也要求各州、各学校要做好技术准备，这给其顺利运行带来挑战。同时，在新的问责制下，教学质量提高的紧迫性与教师和学生的公平性之间的矛盾也会日益凸显。问责制直接跟“高风险”的决策相联系，如学生的升学、教师晋升等决定，只依靠问责分数这一方面就做出决策，对于教师和学生来说有失公平，甚至也会导致为考试而教、为分数而学的后果。但它又是促进教学与学习提升的重要举措。这势必会引发对于共同核心州立标准和评价系统的争论。

>>第二节　美国高等教育：防范性骚扰的法规与政策<<

在美国大学校园，性暴力一直威胁校园的安全，破坏教育的氛围，其中性骚扰尤为突出，已成为普遍的文化问题。20 世纪 70 年代之后，作为民权运动的成果之一，女性权益保障的观念日益深入人心，美国联邦及州政府相继颁布一系列的法律和法案维护校园安全，保障学校的教职员工和学生免受性暴力和性骚扰的危害。由于性骚扰的概念较为多义，在审理过程中的法律问题也较为复杂。美国各级法院受理了一些经典案例，保证了反性骚扰的法律从文本走向实践。而 20 世纪 80 年代迄今，美国的大学和学院在政府的敦促及法院判例的影响下，不断建立健全反性骚扰的相关政策和程序。美国高等教育已经建立起较为系统、完善的反性骚扰法律和政策体系。

一、性骚扰的定义和危害

性骚扰是指不受欢迎的性行为，其中包括不受欢迎的性要求；在学术和招聘中将性作为交换条件；造成敌意、胁迫或侵犯性的学术和工作环境的不当行为；对受害者个人的工作表现造成不良影响的不当行为；在教育项目或活动中使用语言、非语言和身体方面的性行为对受害人产生持续广泛的不良影响。

20 世纪 80 年代后期，有关大学校园性骚扰的文章逐渐出现在专业期刊和大众传媒上。案例分析对象从耶鲁的本科生到西点军校的女学员。苏珊·里德(Susan Read)对美国、英国和加拿大的教育机构案例进行了深入分析。比利·戴奇(Billie Dzeich)和琳达·魏纳(Linda Weiner)两位女性学者的合著《好色的教授》(*The Lecherous Professor*)，内容来自于美国学院联合会(the Association of American Colleges，AAC)和美国联邦教育部的报告。① 虽然，经过民权运动的洗礼，反性骚扰已被公认为是女性权益的重要保障，但“性骚扰”要研究起来却并不

① Kathleen Beauvais. Workshops to Combat Sexual Harassment：A Case Study of Changing Attitudes[J]. Signs，1986(1)：132－133.

容易，当时既没有被普遍接受的概念定义，也没有标准化的研究工具，缺少可比较的研究成果。

20 世纪 80—90 年代，美国学者经过持续不懈地研讨和努力，现已对性骚扰的涵义基本达成共识，将性骚扰分为三种类型：第一类是以利益交换为目的的性骚扰(sexual coercion)，如男教师以成绩为借口要挟女生就范；第二类是不受欢迎的冒犯言行(unwanted sexual attention)，如强行约会、跟踪他人、身体接触；第三类是性别骚扰(gender harassment)，这一类的性骚扰比例最高，覆盖范围最广，如对女性的藐视、嘲讽、开玩笑、展示色情淫秽物品、利用邮件和网络骚扰、性别歧视，等等。①

尼基·汤斯利(Nikki C. Townsley)等学者从女性主义和后结构主义的视角出发，分析了学术组织“性骚扰”话语的建构方式，认为不同学术组织的成员在不同的时间空间的角色、地位和话语都会造成性骚扰经验的差异。性骚扰在学术组织里几乎无所不在。大学也深受性骚扰问题的困扰。② 专门致力于性骚扰问题研究的女学者路易丝·菲茨杰拉德(Louise F. Fitzgerald)等认为：“性骚扰的本质是权力的滥用，是在组织或制度上，女性达成其教育和工作目标的障碍。”性骚扰迫使学生失去工作、研究和教育目标，甚至职业。有证据表明，性骚扰能够对女性身心造成严重的负面后果。性骚扰受害者既包括女性，也包括男性。但主要是女性学生或教职工。本科女生受到性骚扰的比例高达 75%以上。③

针对高等教育性骚扰的调查和研究在 20 世纪 80 年代陆续展开。虽然这些早期调查数量有限，但结果已足以说明在美国高等教育系统中性骚扰问题的严峻性和多发性。在加州大学伯克利分校的调查中，169 个受访者中，95%回答：至少有一个女生被男教师骚扰。一项对密歇根州州立大学的女生抽样调查的结果显示：在笑话、身体接触、性交易、性侵害四种性骚扰方式中，在 478 位受访者中，有 25.1%的人回答至少经历过一种形式的性骚扰。④ 哈佛大学的一项研究显示：在哈佛大学，有 32%的获得终身聘任的女教师，49%的未获得终身聘任的女

---

① Michelle L. Kelley, Beth Parsons. Sexual Harassment in the 1990s: A University-Wide Survey of Female Faculty, Administrators, Staff, and Students[J]. The Journal of Higher Education, 2000(5): 550.

② Nikki C. Townsley, Patricia Geist. The Discursive Enactment of Hegemony: Sexual Harassment and Academic Organizing[J]. Western Journal of Communication, 2000: 2.

③ Louise F. Fitzgerald. The Incidence and Dimensions of Sexual Harassment in Academics and Work Place[J]. Vocational Behaviour, 1988(32): 174.

④ Nancy Maihoff, Linda Forrest. Sexual Harassment in Higher Education: An Assessment Study[J]. Journal of NAWDAC 46, 1983(2): 3-8.

教师，41%的女研究生，34%的女本科生经历过肢体或语言的性骚扰。① 一项针对加州大学伯克利分校269名随机抽样的本科女生进行的调查中，其中30%的受访者至少受过男教师的一次骚扰。②

近十年，关于大学性骚扰问题的调查越来越多。2007年由美国司法部下属的国家司法研究所(National Institute of Justice)支持的一项调查显示：大学生群体一般被认为受性侵害的风险较高。司法研究所支持的调查对大学校园的性侵害进行了专门研究。该调查的主要目的是对大学生遭受的性侵害的主要形式、特点进行分类和报告，为建立防范机制提供有价值的信息。调查是在两个规模较大的公立大学展开。调查通过网络随机抽样的方式进行，共调查了6 841名本科生(5 466名女生，1 375名男生)。由于男生比例低，且属于尝试性研究，所以，该调查报告中的数据和结果以女生样本为主。取样对象年龄在18～25岁，且要入学在3个学期以上。结果显示：女大学生是受侵犯风险较高的群体。13.7%的女生在入学以来，遭受过至少一种形式的性侵害，其中，4.7%受到身体上的暴力侵犯；7.8%是在自愿吸食毒品或饮酒后，在失去行动能力的情况下受到性侵害；0.6%是在不知道的情况下吸食毒品，失去行动能力，受到性侵害。而男生受到性侵害的比例非常低。在人口统计学特征上，种族和民族的差异不明显。而年级与性侵害风险高度相关。一般认为，入学时间越久受侵犯的概率越高。然而，根据该项研究的统计结果，一年级和二年级学生比三年级和四年级学生受性侵害的风险大得多。入学时间越久，女生受到身体强迫性侵害的概率越高。但只有极少数受害人报告说他们对加害人采取行动，如发起民权诉讼或刑事诉讼，要求校方严惩加害人。③

二、政府的立法与监督

美国联邦和州政府在防范大学性骚扰的过程中，主要起着立法和监督的作用。出台相关法律法规，既为法院的案件审理提供了法律依据，也为大学和学院创造安全的校园环境创设了制度基础。

(一)立法

美国联邦及州有许多法律禁止性骚扰。1964年的《民权法案》(*The Civil*

① Nancy McCain. Female Faculty Members and Students at Harvard Report Sexual Harassment[J]. Chronicle of Higher Education，1983(10)：1.

② Bernice Lott，Mary Ellen Reilly and Dale R. Howard. Sexual Assault and Harassment：A Campus Community Case Study[J]. Signs，1982(2)：311.

③ Christopher P. Krebs，Christine H. Lindquist，Tara D. Warner. The Campus Sexual Assault Study Final Report[EB/OL]. Viihttps：//www.ncjrs.gov/pdffiles1/nij/grants/221153.pdf. 2007-11-12.

Rights Act)第七项(*Title VII*)禁止在工作场所基于性别、种族、宗教和国籍而对人进行歧视。第七项保护了学术组织中雇员(教师和职员)免受性骚扰，但是却没有明确禁止针对学生的性骚扰。与学校直接相关的是 1972 年颁布的《教育法修正案》(*The Education Amendments of 1972*)第九条(*Title IX*)。《教育法修正案》第九条是当时美国高等教育界全体女性抗争的成果，是《民权法案》第七项在教育领域的延伸。第九条明确规定：凡受联邦资助的学校教育活动和项目中，禁止性别歧视。这一修正案的颁布不仅使美国女性在教育机会均等方面取得巨大进步，也使大学在反性侵犯和性暴力方面获得了法律依据。迄今为止，美国《教育法修正案》第九条仍是反性骚扰最重要的法律武器。其保护范围包括了美国 4 000 多所学院和大学。

20 世纪 90 年代后，反对校园性暴力最重要的联邦法律是《克莱瑞法案》(*Clery Bill*)及其修正案。1989 年 9 月 6 日，美国国会讨论通过《克莱瑞法案》，在 1990 年 10 月 8 日由乔治·布什(George Bush)总统签署的法案，又名《学生知情权及校园安全法案》(*Student Right-To-Know and Campus Security Act*)。该法案是以 1986 年在宾夕法尼亚州的利哈伊大学(Lehigh University)宿舍被强暴并杀害的女生杰妮·克莱瑞(Jeanne Clery)命名的。1991 年 9 月 1 日，法案生效。美国联邦教育部被要求执行该法案。法案要求所有高等教育机构公布校园犯罪统计数据以及针对在校的和将要入校的师生的安全政策。[①]《克莱瑞法案》要求高校：必须出版有关校园安全的年度报告；必须进行每日安全信息播报；有严重威胁的时候进行危机预警。[②]

20 世纪 90 年代之后，联邦政府颁布的与校园安全相关的法律法规都可被视为《克莱瑞法案》的修订和补充。1992 年《克莱瑞法案》进行了修订，增加了一条：学校必须保障性侵害受害者的基本权利。1998 年《克莱瑞法案》再次修订，增加了犯罪统计新的类别，以及向公众公布的条款。修订后的法案也要求教育部集中收集犯罪统计数据，并及时公开。也是从 1998 年开始，《学生知情权及校园安全法案》又被命名为《克莱瑞法案》。

除《克莱瑞法案》外，2000 年美国联邦政府颁布了《校园性犯罪预防法》(*The Campus Sex Crimes Prevention Act*)，该法案旨在维护高等教育机构师生及聘用

---

① 根据《克莱瑞法案》，美国高校每年必须公布的 18 项数据如下：故意杀人、过失杀人、性暴力犯罪、非暴力性犯罪、抢劫、严重人身侵犯、盗窃、纵火、机动车偷窃、针对种族的仇视性犯罪、针对性别的仇视性犯罪、针对宗教的仇视性犯罪、针对性取向的仇视性犯罪、针对人种的仇视性犯罪、针对残疾的仇视性犯罪、酗酒、吸毒、非法执有武器。

② Jeanne Clery. Disclosure of Campus Security Policy and Campus Crime Statistics Act[EB/OL]. https://tulane.edu/wfmo/upload/The Jeanne Clery Disclosure of Campus Security Policy and Campus Crime Statistics Act.pdf. 2004-02-22.

人员的人身权利。这一法案也被看做对1994年颁布的《魏特琳儿童与性暴力犯罪登记法》(*The Jacob Wetterling Crimes Against Children and Sexually Violent Offender Act*)的一个重要补充。①

2013年3月，联邦签署了《消除校园性暴力法案》(*The Campus Sexual Violence Elimination Act*)，该法案也是《克莱瑞法案》在新的时代背景下的延伸。法案覆盖的对象包括所有大学的教职员工和学生。法案的主要内容包括：确定校园安全的负责人；扩大校园性侵害报告范围；建立起正当程序，以保证学校能够对性侵害事件做出"迅速、合理、公正"的调查，以改善学术和生活环境，保护受害者。②

(二)行政监督

最近两年，美国一些知名大学所发生的性骚扰和性侵害事件被报道出来，成为全美关注的社会问题。2013年10月至2014年年初，全美就校园性侵害的问题，有成千上万人参加了热烈的讨论。连白宫都不得不郑重表态，2014年1月25日，美国总统贝拉克·奥巴马(Barack Obama)发表讲话："我们准备建立白宫专门工作组，以保护学生免受性侵害。据估计，在美国大学校园里，5名女性中，大约有1名遭受过性侵害。大学本该是一个让年轻人感到安全与自信，让其潜力自由迸发的地方。我们必须采取行动，诸如刑事司法制度、为受害人提供帮助、改变社会标准，让美国人民感到安全，追求美国梦的实现。我们要教育好年轻人。我们要让男性懂得尊重女性。我会推动政府采取措施。我不仅仅是总统和三军总长，也是一个丈夫和两个女生的父亲。"美国副总统乔·拜登(Joe Biden)也相继讲话："学院和大学不应该再对校园性暴力置若罔闻，好像从未发生过一样。我们要对受害人提供尽可能多的帮助，将加害人绳之以法。学院和大学要行动起来。"③

奥巴马总统在讲话后立即签署备忘录，并在当月成立了由联邦司法部长艾瑞克·霍尔德(Eric H. Holder Jr.)，联邦教育部部长阿恩·邓肯(Arne Duncan)和其他一些政府官员参与的反性暴力和性侵害专门工作组(正式建立时间是2014年

① The Handbook for Campus Safety and Security Reporting[R]. U. S. Department of Education，2011，02.

② Federal Campus Sexual Assault Violence Elimination Act[EB/OL]. www. brookhavencollege. edu/pdf/police/SaVeAct-FINAL. pdf. 2013-03-29.

③ Sexual Assault of Undergraduate Women[EB/OL]. http：//www. washingtonpost. com/local/education/sexual-assault-of-undergraduate-women/2014/04/29/e507789c-d011-11e3-b812-0c92213941f4 _ graphic. html. 2014-05-26.

1月22日)。[①] 联邦政府专门工作组采取行动的第一步是对性侵害进行界定，并了解其危害的程度。首先要做校园调查，调查在2015年开始。美国司法部与罗格斯大学的妇女和儿童暴力研究中心(Rutgers University's Center on Violence Against Women and Children)进行合作，对调查结果进行评估。最后联邦政府要求所有的学校在2016年都要进行类似的调查。调查的结果将发布在联邦政府网站上(NotAlone. gov)。学生可以轻易获取这些信息。政府的网站向学生们解释了他们的权利，并告知他们如何申诉。这有助于受害学生克服烦琐的法律概念和条文，直接向负责的人士求助。

校园性侵害是一个非常复杂、多维而没有快捷解决方法的问题。白宫专门工作小组的报告集中在中等后教育阶段，包括那些受到联邦财政支持的学院、大学、社区学院、研究生院、专业学院、商学院。2014年，联邦政府还启动了针对55所大学和学院的审计，调查这些院校在处理性暴力和性骚扰事件过程中，是否存在不妥。这项审计工作早已有之，但这是美国教育部首次公布被审计的学校名单。这些院校来自于27个州和哥伦比亚特区。美国联邦教育部的官员凯瑟琳·哈蒙(Catherine E. Lhamon)说：公布名单是增加工作的透明度，并且唤起公众对人权的关注。调查依据的是《教育法修正案》第九条。该修正案规定学校在任何教育项目与活动中必须对所有学生一视同仁，不能有性别歧视。[②]

美国联邦教育部也动用了经济杠杆：对受联邦资助的学校重新出台了责任指南，强化了学校反对性暴力和性别歧视的责任。从K-12到大学，都包括在内。这些学校必须遵循新规，否则，就会失去联邦的拨款。

美国联邦教育部民权办公室(Office for Civil Rights，OCR)是专门负责监督学校性骚扰政策的执行，以及接受学校性骚扰事件的申诉的政府机构。民权办公室对性骚扰的界定和解释，也对大学和法院处理性骚扰事件产生了重要的影响。例如民权办公室将性骚扰区分为两类：一类是将性作为交换条件(即双方自愿的)，比如一个女生为了能够课程成绩通过，而用性作为条件与教师进行交换；另一类是处于不利环境中(一方对另一方的强迫)，比如一个教师在课堂上以不受欢迎的方式对待学生。对性骚扰的分类可成为定性和处罚的考量依据。

2001年1月，民权办公室发表了《性骚扰修订大纲》(*Revised Sexual Harassment Guidance：Harassment of Students by School Employees，Other Students，*

① 美国联邦教育部发言人称："联邦法律中，性暴力指违背个人意愿或者针对没有行为能力者的身体方面的性行为，它包括强奸、性侵害、性殴打、性虐待、性强迫等。"

② Jason Hanna，Emanuella Grinberg and Eliott C. McLaughlin. CNN. 55 Colleges Under Investigation Over Handling of Sexual Violence Complaints[EB/OL]. http：// www. cnn. com/2014/05/01/us/colleges-sex-complaint-investigations/. 2014-04-02.

or Third Parties)，适用所有受联邦资助的学校，包括学院和大学。如果大学性骚扰的受害者在大学内部的程序走完后依然不能满意地解决问题，那么可以直接向民权办公室申诉。条件是要在180天内提起申诉。民权办公室是一个中立的调查机构，不会偏袒任何一方。民权办公室在接到申诉7天后，对申诉的情况进行确认，30天后，要将调查的进度反馈给申诉者。民权办公室解决的手段有三：帮忙双方找到解决办法；促成双方达成协议；或者发表一个调查报告。① 以2002财政年度为例，民权办公室使用这些方法解决了5 019起申诉中的4 842起。② 如果不能达成协议，民权办公室将会启动停止联邦资助的程序，或者将案件递交美国联邦司法部。

2014年3月，美国教育部民权办公室发表调查结果：马萨诸塞州的塔夫茨大学(Tufts University)在处理性侵害和性骚扰的申诉中违反了联邦的反歧视法规。③ 2014年4月，美国联邦教育部民权办公室发表了52点的指导大纲，依据《教育法修正案》第九条，回答学生的人权，学校的责任等问题。受到性暴力伤害的学生有权利要求学校采取措施予以保护和支持，包括着手进行调查。联邦教育部和司法部将加强合作，两部将在教育部设立两个专门办公室，分别监督《教育法修正案》第九条和《克莱瑞法案》的执行。④

(三)法院的判例

一般而言，大学和学院里学生因受到性骚扰而对教职工进行处罚的情况较多，而处罚的依据是因其不道德的行为(而非不法的行为)。对大学教职工性骚扰行为的处罚也属于大学管理层的权力范围。但常常发生的情况是：受处罚的教职工觉得自己蒙受不白之冤，认为学校处理不公；或者受害的学生认为学校处理不当或不予处理，愤而诉诸公堂。美国联邦和州的各级法院在受理与大学相关的案件时向来慎之又慎，原因在于，法院并不想因控告双方对审理结果不满，而产生逾越大学管理自主权的嫌疑。大学性骚扰的案件更因取证较难，尺度难把握而比较棘手。美国各级法院在受理性骚扰案件时，审理的思路也有所不同。但在大学性骚扰案件中，法院系统主要是将政府和国会颁布的那些表述笼统的法律法规在

---

① 民权办公室(OCR)评估由性骚扰所造成的影响的要素有：性骚扰行为对一个或更多学生的教育的不良影响，性骚扰行为的类型、频率与持续时间，伤害者与受害者的身份及关系，涉及多少人，伤害者与受害者的年龄与性别，学校的规模，事发的地点，事件发生的细节等。

② OCR Annual Report to Congress FY 2001—2002[R]. 2003，07.

③ Nick Anderson and Katie Zezima. White House Issues Report on Steps to Prevent Sexual Assaults on College Campuses [EB/OL]. http：// www. washingtonpost. com/local/education/white-house-issues-report-on-steps-to-prevent-sexual-assault-at-college-campuses/2014/04/28/0ebf1e22-cf1f-11e3-b812-0c92213941f4 _ story. html. 2014-03-29.

④ The First Report of the White House Task Force to Protect Students from Sexual Assault [EB/OL]. https：// www. notalone. gov/assets/report. pdf. 2014-04-11.

具体案件中进行解释和阐述，维护性骚扰案件处理的程序公正。

1964 年颁布的《民权法案》第七项为美国法院审理性骚扰案件提供了法理基础。经典案例如 1984 年的珍诉艾奥瓦大学案(Jean Jew v. University of Iowa)。1973 年吉恩·珍(Jean Jew)到艾奥瓦大学药物学院解剖生理系做博士后研究人员，次年当上助理教授，1978 年晋升为终身教职(副教授)。珍当时是系里唯一的女性，且是华裔。自入职以来，有关她和系主任之间有性关系的谣言一直就未能平息。她的晋升并未让诽谤者闭嘴，反而进一步激化了矛盾。1979 年，一次酒后吵嘴中，该系一个教师辱骂珍是"荡妇"。系里的一个男同事向实验室人员散布：珍为了晋升，而用性与系主任进行交换。还有一个男教师在申请终身教职失败后，向学校申诉，说自己的成果要胜过珍。另一个有行政兼职的男教师，还用涂鸦的方式非议珍和系主任。1983 年，系里准备就珍晋升全职教授进行投票的那一天，在教授餐厅的墙上出现了诋毁系主任的话。这导致珍晋升教授失败。珍随后向系里，向学校平权法案办公室，向主管学术事务的副校长提出性骚扰的申诉。但学校各个部门无动于衷。

1984 年 1 月，珍通过律师向副校长提出书面申诉。学校于是成立专门小组调查此事。同年 11 月，调查组得出结论：珍的专业和个人声誉确受影响。调查组向学校建议立即采取行动。学校却未响应。珍和她的律师正式向法院起诉艾奥瓦大学。理由是根据《民权法案》第七项，艾奥瓦大学对因性骚扰而造成的敌视性工作环境(hostile work environment)没有进行制止和纠正。经过取证，地区法院的法官认为："解剖生理系教师针对珍博士的言语性骚扰确实存在。她在晋升全职教授的投票中失利，性骚扰也起了关键性作用。"法院判决：艾奥瓦大学应给予珍晋升全职教授，并赔偿 5 万美元。1985 年 10 月，珍又以诽谤罪向州法院提出诉讼。理由是她受到系里一个同事的性骚扰。这个官司也打赢了。①

珍案是一个发生在大学同事之间性骚扰的典型案例，适用于《民权法案》反性别歧视的条款。但是在大学发生的性骚扰案件中，控辩双方更多是大学女学生和男教师。但学生与教师不是雇用和被雇用的关系，因此学生如果受到性骚扰，不能直接从《民权法案》第七项中得到法律援助。为了给大学制定反性骚扰政策，以及确定师生关系的界限提供直接的法律基础，1972 年国会颁布了《教育法修正案》第九条。该法案主要是关注教育中的性别歧视，目的是要防止在联邦资助的项目或活动中，因为性别问题而产生的歧视和利益失衡。第九条也适用于性骚扰问题，是对《民权法案》做了延伸和补充。该法案要求大学和由联邦资助的教育机构对违反《教育法修正案》的行为建立起审查的程序。

---

① Sumi K. Cho. Covering Stereotypes in Racialized Sexual Harassment：Where the Model Minority Meets Suzie Wong，the Journal of Gender[J]. Race& Justice. 1997：354－356.

1979年发生的亚历山大诉耶鲁大学案(Alexander v. Yale)是《教育法修正案》颁布后，美国法院首次援引其第九条进行判决的学校性骚扰案例。1979年7月，五位分别受到了学校的教师、同学和管理者性骚扰的耶鲁大学女生状告母校。[①] 她们称，性骚扰属于性别歧视，因此耶鲁大学违犯了第九条。第九条规定凡受到联邦资助的学校都不能有性别歧视。原告们并未向耶鲁大学索赔，而是要求学校为受性骚扰的学生建立起申诉的程序。地区法院支持了原告的观点。但是，法院驳回该案，理由是这些原告的学生要么已经毕业，要么申诉站不住脚，比如法院认为原告之一的帕梅拉·普莱斯(Pamela Price)并不能提供有力的证据证明自己受到性骚扰。

原告们不服，在"平权组织"(Equal Rights Advocates)和"女性反性骚扰组织"(Women Organized Against Sexual Harassment)的联合支持下，上诉至美国联邦第二巡回上诉法院。[②] 上诉法院支持了地区法院的初审判决，因为彼时耶鲁大学已经建立起申诉程序，再告也没实际意义了。此案虽败犹荣，因为耶鲁大学建立起性骚扰受害者受理和调查的程序，法院也首次认定性骚扰属于性别歧视，适用于《教育法修正案》第九条。[③] 此案判决后，美国的大学纷纷建立性骚扰申诉与处理程序。

《教育法修正案》第九条出台后，也有人表示异议，认为该法案只适用于受联邦资助的学校，私立大学的教师如果被控性骚扰，就不能适用。这一争议在弗里德里克诉辛普森学院案(Frederick v. Simpson College)中被法院的判决澄清，规定了适用《教育法修正案》第九条的构成要件。该案是一个成人学生依据《教育法修正案》第九条以及州的法律状告一所私立学院的教授，控诉自己受到了性骚扰。法院认为，依据《教育法修正案》第九条，受害者要符合以下条件：(1)她受到性骚扰或处于性骚扰的敌视性环境中；(2)学校相关负责人已经得知性骚扰的行为；

---

① 亚历山大诉耶鲁案是在美国学校性骚扰案件中首次援引《教育法修正案》第九条。这个案件也确立了对女生的性骚扰属于性别歧视，是违法行为的先例。原告为罗妮·亚历山大(Ronni Alexander)等五位耶鲁大学的学生。其中，亚历山大和玛杰丽·雷夫勒(Margery Reifler)是受到教长笛和曲棍球的教师的骚扰，但学校得知后却未处理。帕梅拉·普莱斯(Pamela Price)则是典型的利益交换型的性骚扰，她满足一个教师的性需求，从而得到成绩A。丽莎·斯通(Lisa Stone)是受到一个男同学的骚扰而无宁日。安·奥利瓦利斯(Ann Olivarius)花费金钱和时间帮助那些受到性骚扰的同学，她自己也受到威胁，但学校无动于衷。

② 耶鲁的这些女生们受到麦金农(Catharine MacKinnon)的大力协助。麦金农毕业于耶鲁大学法学院，她出版了《职业女性的性骚扰》(*Sexual Harassment of Working Women*)一书，对性骚扰卓有研究。此案也是她提出的"性骚扰是基于性别歧视"的理论的一次实践检验。

③ Alexander v. Yale University. No. 559, Docket 79-7547. 631 F. 2d 178 (1980) United States Court of Appeals, Second Circuit[EB/OL]. http://www.leagle.com/decision/1980809631F2d178_1757.xml/ALEXANDER%20v.%20YALE%20UNIVERSITY. 2014-03-12.

(3)学校对性骚扰行为置若罔闻，未采取相应对策。①

对处于基础教育阶段的未成人的性骚扰案件，美国法院在审理中非常强调学校管理者的责任，要求学校不能漠视学生的不良行为。而对于大学而言，学生都是成人了，学校不能像对待未成年学生那样，严格约束、控制学生的言行。大学对成年学生没有保育和监护的责任，它只能有限控制学生的不当言行，包括有骚扰嫌疑的言行。美国法院在审理大学性骚扰性案件时一般都要考虑到学生的年龄、学校的性质、言论自由、学校对学生的控制限度等因素，很难单纯依据《教育法修正案》第九条来下结论。② 所以，美国联邦的国会和政府还相继颁布了一些法律法规。如 1983 年联邦颁布的一项公民权利法案，即 42 U. S. C. § 1983，为审理性骚扰案进一步提供了法律依据。③

在早期性骚扰案件的审理中，经常会遇到的一个棘手问题：双方以利益交换为目的的性骚扰是否违反《教育法修正案》第九条及相关法律？1980 年，美国平等就业委员会(The Equal Employment Opportunity Commission)依据《教育法修正案》第九条发布了一个指导大纲，对性骚扰进行了定义，将性骚扰区分为两类：一类是以利益交换为目的的性骚扰(quid pro quo)；另一类是造成了敌视性环境的性骚扰(hostile work environment)。这一定义和分类被美国的法院所采纳。

美国联邦最高法院于 1986 年首次在美驰储蓄银行诉文森案(Meritor Savings Bank v. Vinson)中对“性骚扰”进行了界定。最高法院将“性骚扰”区分为“利益交换型”(quid pro quo)与“敌视型”(hostile work environment)两类，并认为性骚扰是违反联邦法律的。这一基本原则，也适用于教育场所。在两类性骚扰中，学校管理者都有责任对性骚扰实施者的不当行为进行处罚。虽然，最高法院表了态，但其只言片语很难诉诸实践。在低级法院的判决中，原告必须证明被告的冒犯行

---

① 该案的案情是：伊琳娜·弗雷德里克(Irina Frederick)为了获得教师资格证，1997 年进入辛普森学院(Simpson College)学习。该校教师斯蒂文·罗斯(Steven Rose)在课堂上言谈粗俗，经常涉及性行为问题。课间，罗斯对弗雷德里克也有一些猥琐的举动。1997 年 8 月，弗雷德里克想进研究生院继续深造。她就请罗斯写推荐信。两人在约见过程中，罗斯对弗雷德里克有身体接触。弗雷德里克决定不再请他写推荐信，并将此事写信告诉学院的学术主管布鲁斯·哈多克斯(Bruce Haddox)。学校在 1998 年 3 月进行了调查，认为罗斯对弗雷德里克言行可能有所冒犯，但并不严重，没有造成带有性歧视与骚扰的敌视性的教育环境。调查结束后，弗雷德里克申请课程学习被拒，她认为这是学校故意在报复她。同年 4 月，弗雷德里克的儿子不幸溺水而死。1999 年 1 月，弗雷德里克将辛普森学院告上法庭。她认为是罗斯的性骚扰造成她心神大乱，没有照顾好孩子，从而发生悲剧。

② Richard F. Hall, Richard D. Graham and Gail A. Hoover. Sexual Harassment in Higher Education: A Victim's Remedies and a Private University's Liability[J]. Education and the Law. 2004(1): 40.

③ 42 U. S. C. § 1983: US Code—Section 1983: Civil Action for Deprivation of Rights[EB/OL]. http: //codes. lp. findlaw. com/uscode/42/21/I/1983. 2014-03-21.

为造成了“敌视性的环境”，并对其身心造成伤害。

第一类性骚扰案件，如克劳福德诉戴维斯案(Crawford v. Davis)。1994年，中堪萨斯大学(The University of Central Arkansas)的女生米歇尔·克劳福德(Michelle Crawford)受到该校教师迈克尔·戴维斯(Michael Davis)以利益交换为目的的性骚扰(quid pro quo)。戴维斯对克劳福德说话时充满“冒犯、暗示与性意味”，并曾威胁她，如果不喝酒，她的成绩就会受影响。克劳福德根据中堪萨斯大学的性骚扰政策，向校方提起正式的申诉。中堪萨斯大学的性骚扰申诉委员会听取了她的申诉并将情况上报给校长。于是戴维斯被解聘。但克劳福德对处理结果还是不满，因为学校没有对她进行应有的赔偿，大学管理层也有疏失，戴维斯当初到该校应聘时，并没有接受过性骚扰政策方面的培训。于是克劳福德依据《教育法修正案》第九条和1983年条款状告母校。经过地区法院初审，案件最终上诉至美国联邦第八巡回上诉法院。联邦上诉法院判决认为，戴维斯言行确有不当，但中堪萨斯大学在接到受害人申诉后，采取了恰当的行动，并无不妥。校方胜诉。①

第二类案件如科恩诉圣贝纳迪诺谷学院案(Cohen v. San Bernardino Valley College)。迪安·科恩(Dean Cohen)是一个公立社区学院圣贝纳迪诺谷学院教授英语的终身教授。科恩在多年的教学中一直运用乔纳森·斯威夫特(Jonathan Swift)的一篇小说《一个温和的建议》(*A Modest Proposal*)作为题材，来讨论诸如“淫秽、同类相食、恋童”等“色情文学”的问题。科恩还向学生说他给《好色客》《花花公子》等杂志撰稿，并朗读了上面的一些文章。1992年春，一个女生M认为他在讲授过程中用了粗俗无理的语言讨论一些性话题，是对她及班上其他女生的故意冒犯。他要求学生们以“何谓色情文学”写作业。M女生希望能换个题目，但被拒绝。于是，M女生没有再去上课，她那学期的成绩也挂了。随后，M以书面的形式向英语系系主任状告科恩教授的不当言行，声称自己受到了性骚扰。在学校申诉委员会举行的听证会上，科恩教授与M女生各执一词，班上的其他学生也就讲授的教材及教师的课堂言论进行举证。最后，申诉委员会认为科恩教授违背了学校的性骚扰相关政策，他给学生创造了“敌视性的学习环境”(hostile learning environment)。② 对科恩教授的处罚建议是：对他进行停职或解聘。③

科恩教授不服学校的处罚，官司打到州最高法院。法院最后裁定：科恩教学

---

① Crawford v. Davis[EB/OL]. United States Court of Appeals, Eighth Circuit. http://caselaw.findlaw.com/us-8th-circuit/1385200.html. 1997-03-27.

② Cohen v. San Bernardino Valley College[EB/OL]. United States Court of Appeals, Ninth Circuit. http://caselaw.findlaw.com/us-9th-circuit/1121304.html. 1996-08-19.

③ 停职(suspension)就是保留教职，在保留期间，原来的一些权利被暂停行使。

方式有误，由于教学不当，而招致了课堂上的性骚扰。色情文学不是不可以在课堂上讲授，但要注意方式方法，要照顾到学生的性别特征，不能让学生感受到不适。问题不在于教什么，而在于怎么教。科恩教授仍然不服，美国联邦第九巡回上诉法院受理了该案，并推翻了州最高法院的裁定。巡回上诉法院认为，科恩教授并未逾越言论自由的界限。他作为一个大学教师，有责任激发学生思考，促进他们的批判性思维，套用学校的性骚扰政策很难给他定性。①

三、大学的性骚扰政策

美国大学素以自由言论和思想开放为标榜，但鉴于性骚扰和性侵害在美国大学校园里的普发性与后果严重性，从公立大学到私立大学都采取了反性骚扰的政策，建立起性侵害的防范机制。

（一）大学的行动

在美国卡内基教学促进委员会一项针对美国大学校园存在的不文明状况的调查中，超过 60%的研究型和博士学位授予型大学的校长认为性骚扰是一个严重的问题。卡内基委员会在特别报告中呼吁每所大学和学院必须采取政策措施，在校园生活中消除性骚扰的现象。美国许多大学也采取一些具体的措施。如科罗拉多学院(Colorado College)为女学生和教职员工提供免费的自卫课程，纽约州州立大学等校在校园周围安装了报警电话，成立了学生护送巡逻队。②

大学校园性骚扰与性侵害的研究和防范的难点之一是，隐瞒不报者太多。调查表明，大多数女性都反感性骚扰，但只有极少人通过正常的途径解决这个问题。大部分女性(大概 80%～90%)不会起诉，只是向家人或好友倾诉。③ 受害者隐瞒不报的原因很多。有的受害者是因为熟人作案，有的受害者只顾着后悔自责，有的受害者害怕受到报复，有的受害者是不知道如何报案，有的受害者缺少证据，有的受害者是不想让家人和朋友知道。还有一些受害者不报是因为不愿走学校正式的调查和处理程序。④

从 20 世纪 80 年代开始，少数先知先觉的大学尝试建立防范性骚扰的政策和

---

① Jennifer Chase. Educational Legislation and Cases [EB/OL]. Yahoo Contributor Network. http：//voices. yahoo. com/title-vii-professor-cohens-case-6791970. html. 2010-09-15.

② Campus Life in Search of Community[R]. A Special Report. Carnegie Foundation for the Advancement of Teaching，Princeton，NJ. 1990：17，34.

③ Diana L. Bruns，Jeff W. Bruns. Sexual Harassment in Higher Education [EB/OL]. Gale Group. http：// www. thefreelibrary. com/Sexual + harassment + in + higher + education.-a0136071106. 2014-05-11.

④ The First Report of the White House Task Force to Protect Students from Sexual Assault [EB/OL]. https：//www. notalone. gov/assets/report. pdf. 2014-04-18.

机制。如1980年，密歇根大学的平权法案办公室（the affirmative action office）成立了一个专门工作组，研究如何防范及处理校园的性骚扰问题。专门工作组建立了一个名曰“倾诉”（Tell Someone）的工作坊。工作坊播放录像带，模拟出性骚扰的复杂性、多元性和不确定性。在专业人员的帮忙下，参加工作坊的教师、学生和学校雇员了解到什么是性骚扰，密大的性骚扰政策是什么，遇到性骚扰如何处理。

2000年之后，在政府的敦促以及社会团体的压力下，美国一些大学，如阿默斯特学院（Amherst College）、范德堡大学（Vanderbilt University）开始积极采取行动。达特茅斯学院（Dartmouth College）校长发起旨在结束“极端行为”的运动，其中也包括性侵害、酗酒等。布朗大学（Brown University）校长发表声明：本校要采取强有力的举措以保证校园中每个人的安全。美国的大学和学院纷纷建立、完善防范性骚扰和性侵害的制度体系。调查显示：97%的大学都有正式的反性骚扰政策。90%的大学能就学生反映的性骚扰问题进行内部调查。①

以美国西北大学为例，西北大学颁布了专门的《性骚扰政策》及附加的说明和指南：西北大学遵循自由探究、自由表达的原则，但歧视和骚扰行为既不在本政策保护范围内，也不属于学术自由的范畴。大学的所有员工都有责任创造一个没有歧视和骚扰的工作、学习和生活环境。所有与本政策描述相符的性骚扰行为都应该立即、彻底地得到调查。对违反性骚扰政策的投诉的处理要慎重，相关事实可以提供给调查者与处理问题者。如果性别歧视、骚扰或性骚扰的投诉属实，那么就要立即采取纠正行为，根据学校的程序，将肇事人进行隔离。学校禁止对投诉人、相关证人、调查人的任何报复行为。②

近年，西北大学也发生过性骚扰事件，引起传媒和公众的注意。该校一个学生投诉明星教授彼得·鲁德洛（Peter Ludlow）违犯了西北大学性骚扰政策。该生在2011年秋季选修了鲁德洛的哲学课程。次年2月，课程结束，她给他发了一封邮件，内容是关于芝加哥的一项艺术活动，她觉得这个活动可能与他的研究相关。他回复说他们可以一起参与这项活动。他们在他的办公室约见，并乘他的车出发。到了晚上，鲁德洛灌她酒。她喝醉了，不省人事。鲁德洛没有把她送回宿舍，而是把她带到自己的住所。该生向学校申诉，要求包括由性侵害而造成的精神损失及医药费、律师费，最重要的是对鲁德洛进行惩处。然而，鲁德洛以诽谤

---

① Diana L. Bruns，Jeff W. Bruns. Sexual Harassment in Higher Education[EB/OL]. Gale Group. http：// www. thefreelibrary. com/Sexual + harassment + in + higher + education. -a0136071106. 2014-05-11.

② Policy on Sexual Harassment and Additional Guidance[EB/OL]. Northwestern University's Policy on Sexual Harassment. http：// www. northwestern. edu/sexual-harassment/policy/. 2014-06-12.

诉讼相威胁，该生陷入沮丧，并试图自杀。学校预防性骚扰办公室对鲁德洛进行了调查，证实情况属实。西北大学拒绝了鲁德洛讲座教授的申请，并要求他参加相关培训。①

(二)加州大学的案例

2003 年 7 月加州大学修订的《教师行为准则》规定："健康的师生关系是实现大学教育目标的基础。师生关系主要取决于教师，教师是负有权威和责任的指导者、教育者与评价者。教师和学生之间不平等的权力关系强化了在师生关系中学生顺从的特点。教师与学生之间的教育关系应免受与大学目标和理念不相符的力量或活动的影响。教师在任何时候对学生都负有学术责任，师生间的浪漫关系或性关系，无论是否双方情愿，都是不当的。这种不当关系破坏了正常的教育过程。"②

2010 年加州大学最新修订的《教师行为准则》第二部分有关"教师的不当行为"中规定：教师对学生负有学术责任(教学、评价、管教)，不得与学生发生浪漫或性的关系。该准则的第三部分是关于对违规行为处理的程序。没有针对具体违规行为的处理措施，只是详细说明处理程序、程序正义，把最后处理的权力交给教师委员会或专门委员会。③

加州大学《教师行为准则及处罚管理条例》规定了对教师不当行为的处罚方式：可视情节轻重，分为书面检查、降低薪水、降级、停职(Suspension，即在一定时期内，教师失去了一些权利，如参加院系管理、投票、荣誉、指导学生、停车等)，不授予荣退教授或缩短其期限，解聘(总校校长有权解聘非终身制教师，终身制教师的解聘是由分校校长建议、总校校长认可，董事会决定)。④

2014 年 2 月，加州大学颁布《性骚扰和性暴力政策》(*University of California Policy on Sexual Harassment and Sexual Violence*)。这项新政策也是对奥巴马总统在 2013 年签署的《反女性暴力授权法案》(*Violence Against Women Reauthorization Act*)的回应，该法案授权大学和学院为遭受性暴力的女性提供各种帮

---

① Rebecca Schuman. Northwestern University Found That a Star Professor Violated the Sexual Harassment Code in His Treatment of a Student. Why is He Still Teaching [EB/OL]. Title Nein. http://www.slate.com/articles/news_and_politics/education/2014/02/northwestern_university_found_professor_peter_ludlow_violated_the_sexual.html. 2014-04-11.

② The Faculty Code of Conduct[EB/OL]. General University Policy APM-015. Regarding Academic Appointees, Rev. http://senate.universityofcalifornia.edu/manual/apm015.pdf. 2003-07-24.

③ The Faculty Code of Conduct[EB/OL]. General University Policy APM-015. Regarding Academic Appointees. http://www.ucop.edu/academic-personnel-programs/_files/apm/apm-015.pdf. 2010-06-11.

④ University Policy on Faculty Conduct and the Administration of Discipline(APM-016)[EB/OL]. http://www.ucop.edu/academic-personnel-programs/_files/apm/apm-016.pdf. 2014-05-04.

扶措施。联邦政府规定了各大学出台相关政策的最后期限。① 加州大学这项新政策涉及学校成员间的关系条款：尽管学校社区成员间的浪漫关系开始时可能两相同意，但它们可能发展为引起性骚扰或性暴力指控的情形。② 加州大学的新政策要点：(1)性暴力的受害者有权得知侵害他们的人会得到什么相应的惩罚；(2)大学必须报告校园内及学校周边地区的性骚扰事件，包括对性别及性取向的歧视；(3)有责任对学校的雇员和学生进行有关性骚扰的训练。

就在加州大学新政策颁布前的一个月，31 位伯克利分校的在校生和毕业生向联邦法院提起两起诉讼，声称大学管理者未对性侵害事件进行调查。诉讼人认为大学管理者许多年来对受害者不闻不问，没有告知他们的权利。新政策出台后，学生们依然表示不满：新政策不能确保大学管理者去遵照执行。伯克利分校每年大约有 500 起性骚扰与性侵害案件，但是在 2013 年一年对当事人进行处罚的却只有两起。③

其中，加州大学伯克利分校的女生苏菲・卡拉塞克(Sofie Karasek)勇于站出来。2012 年 2 月还是大一新生的苏菲在一次校外活动中，许多人一起住宿在同一个房间里。一个晚上，某学生组织的干部，对她进行了性侵害，用手抚摸她的身体。鉴于那位学生干部的影响力，并由于她是大一新生，她担心没有人能够理解她，将之视为小事一桩。因此，她不敢将此事告之于人，思想很混乱，性格也大变。后来，苏菲还是对学生组织里另一个女生干部讲了。那个男生被迫从干部位置上退下来，但这并没有阻止他在几周后对其他人继续进行侵犯。于是，她及其他三个学生在当年 4 月，针对那个男生的举动向学校递交了一个报告。但没人理会，也没有深入的调查。秋天的时候，她得知那个男生要提前一个学期毕业。校方将控告一事抛诸脑后，正义迟迟不来。她质问校方，校方仅仅回复了一个两三句话的邮件，只说这个男生违反了学生行为准则。两天后，他顺利毕业。

针对惩罚性骚扰行为政策的缺失，伯克利分校的学生发布了改进的建议声明。而校方对学生声明置若罔闻，甚至还有微词。性骚扰问题被长期忽略，让很多人错以为这个问题不存在。一些伯克利分校的受害者与全美学生联盟取得联

---

① Alison Fu and Sophie Ho. University of California Releases New Sexual Harassment and Violence Policy[EB/OL]. Last Updated. http：// www. dailycal. org/2014/03/07/university-california-releases-new-sexual-assault-violence-policy/. 2014-03-10.

② Sexual Harassment and Sexual Violence. University of California Policy[EB/OL]. http：// policy. ucop. edu/doc/4040627/SHSV-CN. 2014-04-22.

③ Jason Song. Sexual Assault Investigation Policy Revised at UC [EB/OL]. http：// articles. latimes. com/2014/mar/07/local/la-me-uc-assault-20140308. 2014-03-07.

系。在联盟的帮助下，学生们依据《克莱瑞法案》向联邦教育部提出了控诉。①

2002 年 11 月 27 日，伯克利分校法学院院长约翰·德威尔(John Dwyer)宣布辞去行政职务及其教职。辞职原因是由于其在 2000 年 12 月性骚扰了法学院的一个学生。校长接受了他的辞呈。事情的原委是，在 2000 年 12 月由法学院院长和学生参加的一个社会活动中，该学生与一群同学出去吃饭，院长也参加了。餐后，五个学生与院长去酒吧继续喝酒。从酒吧出来后，院长让该生搭车回其宿舍。大概晚上两点回宿舍，她就晕过去了。当她 4 点半左右醒来，发现院长“在她床上一丝不挂”。当她醒来后，院长起来走了。她打电话告诉了她妈妈。然后，她妈妈就赶来并拍照留存。

该生由于准备律师考试，而没有追究此事。后来她意识到，如果她对此事秘而不宣，那么院长就有可能伤害其他更多的人，后果会非常严重，大学的声誉也会受到影响。但她向学校反映后，一直没有得到校方的积极回应，她在难过、愤怒和担忧中度过了几个月，一直到 2001 年春天。法学院前副院长给这个女生建议：她可以采取一些正式和非正式的途径追讨院长对其性骚扰的责任。但是这个女生表示毕业前暂不追究此事，她要集中精力完成法学院的学业。② 2002 年 5 月，她毕业数日后，该生与负责《教育法修正案》第九条执行事务的人员首次接触，要求了解性骚扰的政策及程序。

学校在接到诉状后，立即着手正式的调查，调查的负责人由法学院之外的教授担任。德威尔坚称：“两年前那一次仅仅是两厢情愿的接触，但是绝对没有发生任何性关系。”而学生则坚称自己受到性侵害。德威尔一直有着与女生约会的坏名声。与他关系疏远的弟弟也承认：德威尔吹嘘他和女生们发生过性关系。当他当上院长后，学生们经常拿他的调情手段开玩笑。他被称为“法学院的 Bill Clinton”。他当时开始和他的第三任妻子约会(当时她是法学院三年级的学生)。学校的调查一直持续至德威尔提出辞职。离职是教师行为规则中对一个行为不当的教师最为严厉的处罚措施。③

(三)师生恋：零容忍还是宽容以待

大学在制定防范性骚扰政策的过程中绕不开的一个难点是：性骚扰和自愿的亲密关系之间有时较难区分。在自愿发生的亲密关系中最常见的是师生恋，由师

① Sexual Assault and Injustice at UC Berkeley: A Story of Bearing the Path to Cloud IX[EB/OL]. http://www.huffingtonpost.com/sofie-karasek/sexual-assault-and-injustice_b_3563918.html. 2014-03-12.

② Briefing for Deans and Chairs[EB/OL]. www.sexualharassment.ucla.edu/presentations/deans_chairs.ppt. 2003-09-30.

③ John Dwyer, Dean of UC Berkeley's School of Law, Resigns [EB/OL]. http://www.berkeley.edu/news/media/releases/2002/12/02_dwyer.html. 2002-11-02.

生恋而演变成的性骚扰事件屡见不鲜。20 世纪 80 年代中期，美国教育委员会(ACE)发表了一个报告，呼吁大学和学院必须制定反性骚扰的政策，履行道德和法律义务。艾奥瓦大学做出回应：教师不得与其教授或指导的学生发生任何亲密关系(amorous relationships)。这项政策由该校平权法案办公室负责执行，该办公室努力通过非正式的途径解决申诉的问题，一旦无效，学校将会启动正式的调查，并将结果送呈副校长。对违规的教师的处罚，轻则道歉，重则开除。①

美国大学对师生恋采取“零容忍”的态度始于 20 世纪 90 年代中期。虽然越来越多的大学出台政策限制师生间发生亲密的关系，但这个问题在法律上仍处于“灰色”区域。② 加州大学总校 2003 年 7 月出台一项新政策，禁止大学教师与在读的学生，尤其是选修其课程学习的学生发生任何性关系。教师对学生只负有学术责任。师生恋被禁止，即使双方自愿也不行。这一禁令在加州大学九所分校都有效。加州以及更多州的大学开始禁止任何师生之间发生亲密关系。在过去十几年间，几十所大学相继通过明文规定(written rules)，以保护学生不受伤害，维护学校的声誉，保证学校和教师免受潜在的指控。艾奥瓦州立大学(Iowa State University)、雪城大学(Syracuse University)和耶鲁大学(Yale University)也做出了相似规定。这些大学都遇到一些诱发性的事件，其他大学也跟着采取了先发制人的措施。

俄亥俄卫斯理大学(Ohio Wesleyan University)禁止师生恋，起因是一起师生恋事件发生质变，学生被指控骚扰教师。这所大学有 1 800 个在校生，是精英型的小规模的文理学院。2002 年，一位人文学科 59 岁的教授康拉德·肯特(Conrad Kent)和他一个来自巴基斯坦的学生伊鲁姆·阿米德(Erum Ahmed)的恋情被曝光。肯特教授承认他们在 1998 年维持了 9 个月的亲密关系。从 2001 年开始，25 岁的阿米德开始跟踪他。教授便指控了她。后来阿米德同意注销她的签证，回到祖国，检察官也就取消了对她的指控。现在，俄亥俄卫斯理大学的教师如果要和他们指导、管教或评价的学生约会，他们将会受到惩罚甚至被开除。③

作为美国规模最大的公立大学之一，纽约城市大学校长马修·戈德斯坦(Matthew Goldstein)表示该校将出台更为严厉的反性骚扰政策，严禁师生恋。纽约城市大学教授会主席卡伦·卡普洛维茨(Karen Kaplowitz)认为：此项规定可以防止一些女生为获得优异的课程成绩而与教师进行私下交易。但也有学生反对，

① Sexual Harassment on Campus[J]. Off Our Backs，1987(1)：8.

② Neal Hutchens. The Legal Effect of College and University Policies Prohibiting Romantic Relationships between Students and Professors[J]. Journal of Law and Education，2003(4)：443.

③ Liz Sidoti. More Colleges Prohibit Romance between Students，Faculty[EB/OL]. http://www.enquirer.com/editions/2002/04/29/loc_more_colleges.html. 2014-02-12.

理由是他们已经成人，不需要再受管束，他们可以按自己的意愿和方式生活。①

一些大学出台禁止师生恋的政策是由于师生恋事件被曝光，让学校处境难堪。如威廉-玛丽学院(The College of William and Mary)出台规定禁止师生恋。起因就是一个讲师和他已婚学生的恋情被杂志曝光。于是该校规定禁止师生发生亲密关系，禁止教师与所有本科生，以及自己指导的研究生有亲密接触。该校发言人比尔·沃克(Bill Walker)称：威廉-玛丽学院生师比为 12∶1，我们一直强调师生关系是学术关系，师生的行为及关系不应该逾越这个界限。

另一些大学虽没有发生类似纠纷，但出于防微杜渐的考虑，以预防同类事件的发生，维护学校的清誉。如杜克大学在诸多案例的影响下，采取规定，阻止师生恋。杜克大学副校长莎莉·迪克森(Sally Dickson)说：这些事件也极可能在我们学校发生。所以，杜克大学官方阻止教师和他们指导的学生约会。那些不遵守规定的教师会被取消指导学生的权力。②

但美国大学的师生就“师生恋”是否应该被禁止存在着不同的立场与看法。赞成禁止师生恋的阵营，如女权主义者认为师生恋是一种不平等的关系，存在支配与被支配的权力关系，将性作为一种等价交换条件。加州大学在教师的行为规范中写道：“师生之间不平等的组织权力，强化了学生服从的意志，造成了强迫。”

艾奥瓦大学心理学教授弗吉尼亚·斯戴姆勒(Virginia L. Stamler)与人合著了《师生的性问题》(*Faculty-Student Sexual Involvement*)。他说 20 世纪 80 年代和 90 年代一些案例的判决认为学校有责任保护学生，这对大学产生了影响。大学管理者们开始采取措施，使学校免予类似的诉讼，使学生免于不必要的伤害。斯戴姆勒认为，师生恋破坏了教育环境，对学生也有害无益。

反对禁止师生恋政策的阵营，则从人权的角度出发，担心滥用权力将侵犯到个人的权利和隐私。华盛顿妇女研究与教育中心的高级研究员伯尼斯·桑德勒(Bernice Sandler)认为：“大学管理者已认识到师生恋易造成利益的冲突。在这种关系中，权力容易被滥用。”劳拉·克普内斯(Laura Kipnis)认为，试图通过组织所制定的呆板规定来校正这种不平等的师生关系，也是一种对权力的滥用，且这种权力无孔不入地介入人们的生活领域。(即用一种权力去反对另一种权力)在禁止师生恋之后，学生的弱势地位不是降低了，而是更强化了。学生成为一群异常敏感的生物，大学课堂里不再有出格的言行，教室变成温室，教师们连玩笑都不

① CUNY Mulls Ban on Professor-Student Relationships[EB/OL]. http://nypost.com/2012/03/11/cuny-mulls-ban-on-professor-student-relationships/. 2013-10-12.

② Liz Sidoti. More Colleges Prohibit Romance between Students, Faculty[EB/OL]. http://www.enquirer.com/editions/2002/04/29/loc_more_colleges.html. 2014-02-12.

敢开。①

加州州立大学荣退社会学教授巴里·丹克(Barry Dank)认为，这项政策侵犯到人的隐私。人类的性是很复杂，很隐晦的。欲望和理性之间有很深的裂缝。20世纪后半叶，人类的性观念发生巨变。按弗洛伊德的学说：孩子们都有恋父恋母情结，这种欲望受到压抑。然而，这种欲望始终存在，有时会以其他形式爆发出来。孩子是需要被保护的，他们的童年应该不受困扰。但大学生不是孩子了。

加州大学洛杉矶分校(UCLA)心理学教授保罗·艾布拉姆森(Paul R. Abramson)对人类性问题卓有研究，并教授性与法律课程。他在新著《象牙塔里的浪漫》(*Romance in the Ivory Tower*)中对禁止师生恋的规定进行了检视与挑战。他的目的是要人类思考哪些是属于神圣不可侵犯的私人生活领域。“难道爱的对象还要选择地点吗？这就像我们的言论自由、宗教信仰自由一样，大学无权干预爱的权利。只要双方关系是自愿的，大学管理者就不能禁止。当事人有自由选择的权利”。

艾布拉姆森支持反性骚扰政策，反对利用师生关系。但他认为基于双方自愿的两性关系，属于成人的权利，不应被禁止。“一个18岁的学生与40岁的教授恋爱了，也许不甚明智。但一个22岁的研究生与24岁的助教或28岁的助理教授恋爱，有何不妥?”艾布拉姆森对20多个美国研究型大学的相关政策进行比较研究发现，大学出台这项政策，主要原因是不想吃官司，是为了防止教师滥用权利，这也是大学不可告人的动机。②

克普内斯著文称：许多教授，有男有女，都与学生有或长或短的亲密关系。有一些表现不错，有一些则是混蛋。学生们通过交往，认识了这些混蛋教师的本质，增长社会经验，这将有利于他们适应毕业后的社会生活。因为在社会上，坏人更多。当然，师生间也有修成正果的。③

基于上述反对者的观点，大学禁止师生恋的政策是过于理想化和简化了。所以，美国有一些大学，如公立研究型大学——加州大学、密歇根大学、艾奥瓦大学都规定：一旦学生选择教师的课程进行学习，师生之间就不能发生亲密的关系。对违反政策的教师将施以解聘的惩罚。而斯坦福大学(Stanford University)和杜克大学(Duke University)不鼓励师生恋，但也不禁止。教师可以和学生恋

---

① Liz Sidoti. More Colleges Prohibit Romance between Students, Faculty[EB/OL]. http://www.enquirer.com/editions/2002/04/29/loc_more_colleges.html. 2014-02-12.

② Stuart Wolpert. Professor Says University Codes Should not Restrict Faculty-Student Dating[EB/OL]. http://newsroom.ucla.edu/releases/in-choosing-dating-partners-where-39521. 2007-10-11.

③ Laura Kipnis. Should Students Be Allowed to Hook up with Professors[EB/OL]. Off Limits. http://www.slate.com/articles/arts/culturebox/2004/01/off_limits.html. 2012-02-12.

爱，但不能骚扰他们。这些学校也制订了具体的行为规则，禁止教师开一些不适合的玩笑。反对者称这项新政策冒犯了成人的个体生活，而且《教育法修正案》第九条从来也没有赋予大学这项权利。大学管理层不得不去平衡保护成人权利和干预成人个体生活之间的关系。

>>第三节 美国职业教育：《青少年和年轻人不景气的就业前景》<<

21 世纪的前 10 年对于许多美国劳动者来说是一个梦魇，在这十年中美国劳动力市场经历了自第二次世界大战以来最大的“倒退”，而青少年（16～19 岁）和年轻人（20～24 岁）受这一紧缩劳动力市场的影响最为严重。2014 年 3 月，美国著名的智库机构布鲁金斯学会（Brookings）的都市政策项目（Metropolitan Policy Program）发布了《青少年和年轻人不景气的就业前景》（*The Plummeting Labor Market Fortunes of Teens and Young Adults*）的研究报告，该报告对美国 100 所大城市青少年和年轻人就业数据进行比较，重点分析了受教育水平和工作经验等因素与青少年和年轻人就业率之间的相关关系，并总结了美国各州职业教育发展的成功经验，对中国职业教育的改革与发展有重要的启示。

一、报告出台的背景

“职业教育关系国家经济转型和竞争力提升，关系亿万劳动力就业，既是教育问题，也是重大民生问题和经济发展问题”。[①] 职业教育的重要性及它的社会价值已经得到各国的普遍认同，各国在发展过程中也各自形成独具特色的职业教育发展模式。

美国实施单轨制学制，职业教育并没有形成独立的发展体系，而是作为一种教育内容融入普通教育之中，这种“融合式”“渗透式”的职业教育模式一直沿用至今。美国中等教育阶段，职业教育主要是以课程和项目形式呈现。[②] 为了适应社会、经济与科学技术的发展变化及满足学生需求，美国中等职业教育一直在改革中不断创新。20 世纪 90 年代以来，伴随着以信息技术为核心的科学技术迅猛发展，美国就业结构发生根本变革，主要表现为“工作岗位的技术含量越来越高；

① 中国政府网．特稿：职业教育，搭建人人成才的“立交桥”[EB/OL]. http://www.gov.cn/xinwen/2014-06/05/content_2695131.htm. 2014-07-01.

② 关晶．美国中等职业教育的现状、特点与改革趋势[J]. 教育发展研究，2009(Z1)：98—102.

职业更替的速度越来越快；工作的组织形式发生了根本变化等”，① 就业机构的变化刺激了美国中等职业教育变革。2008 年经济危机加剧了美国青少年和年轻人的失业境况，进而激发国家对职业教育改革与发展的新思考：2009 年《美国复苏与再投资法案》(*The American Recovery and Reinvestment Act*)出台，为年轻人设立职业过渡补贴；2011 年 9 月 26 日，奥巴马政府对社区学院的职业培训和劳动力发展提供了 5 亿美元的第一轮资助；② 2012 年 4 月 19 日，联邦教育部职业与成人教育办公室(Office of Vocational and Adult Education)发布了《投资于美国的未来：职业技术教育变革蓝图》(*Investing in America's Future: A Blueprint for Transforming Career and Technical Education*)的白皮书，对美国职业技术教育体系进行彻底的变革。③ 布鲁金斯学会主持发布的《青少年和年轻人不景气的就业前景》这一报告就是在这样的大背景之下产生的。

二、美国青少年和年轻人就业现状

(一)受教育水平与就业率呈现正相关关系

美国青少年就业率从 2000 年的 44%下降到 2011 年的 24%，而拥有较高学历的年轻人的就业率从 2000 年的 72%下降到 2011 年的 60%，受教育水平的高低成为影响青少年就业的一个重要因素。

青少年中高中毕业生的就业率在 2000 年(72%)和 2011 年(53%)达到最高；而高中辍学的青少年就业率在 2000 年只有 51%，即高中辍学的青少年中只有一半参加工作，而到了 2011 年这一比率下降到 28%；高中生就业率也从 33%下降至 14%，如表 2-2 所示。

表 2-2　青少年受教育水平与就业率变化

年份	就业率(%)		
	高中辍学	高中生	高中毕业生
2000 年	51	33	72
2011 年	28	14	53

(数据来源：The Plummeting Labor Market Fortunes of Teens and Young Adult：4)

① 石伟平．STW：世纪之交美国职业教育改革与发展策略的抉择[J]．全球教育展望，2001(6)：71—76.

② US Department of Education. Obama Administration Awards Nearly $500 Million in First Round of Grants to Community Colleges for Job Training and Workforce Development[EB/OL]. http：// www. ed. gov/news/press-releases/obama-administration-awards-nearly-500-million-first-round-grants-community-coll. 2014-06-06.

③ 牟晓青，于志涛．美国职业技术教育最新改革述评[J]．外国教育研究，2013(3)：55—62.

如图 2-7 所示，拥有副学士学位①或者学士学位(Assoc. /Bach. Degree，Not Enrolled)的年轻人就业率最高，与 2000 年 89%的就业率相比，2011 年就业率(83%)仅仅下降了 6 个百分点。在 2011 年，持有学士学位(1-3 Years College)的年轻人的就业率(83%)几乎是高中辍学的年轻人就业率(46%)的两倍。

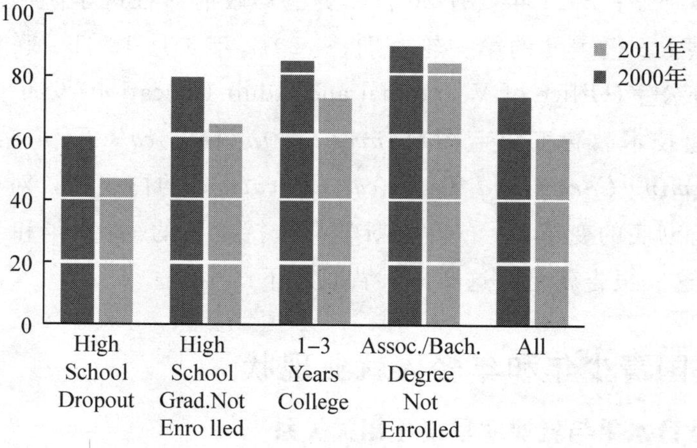

图 2-7　美国年轻人受教育水平与就业率变化

(图表来源：The Plummeting Labor Market Fortunes of Teens and Young Adult：11)

(二)受教育水平与劳动力未充分就业率的相关关系

青少年与年轻人劳动力未充分就业率(Labor Force Underutilization Rates)②呈现大幅度的上涨，这说明青少年和年轻人劳动力并没有充分就业。劳动力未充分就业率与受教育水平呈现负相关关系。

高中辍学的青少年未充分就业率在 2000 年和 2011 年一直位居榜首。在 2011 年，高中辍学的青少年劳动力未充分就业率为 57%，其次是高中毕业生(High School Graduate Not Enrolled)为 48%，大学生(College Student)青年劳动力未充分就业率最低为 28%，高中辍学的青少年劳动力未充分就业率是大学生青年劳动力未充分就业率的两倍之多(如图 2-8 所示)。

高学历的劳动者在职场中的竞争力增强。2011 年拥有学士或更高学位(Bachelor’s degree or higher)的年轻人劳动力未充分就业率最低，而且自 2000 年以来增长率最低。2011 年年轻人劳动力未充分就业率与受教育水平呈现显著的负相关关系：高中辍学年轻人比率最高，达到 48%，其次是高中毕业生为 37%，

① 副学士学位：学制一般为两年，副学士学位课程与中国大专课程相类似。

② 劳动力未充分就业率：是比失业率能够更好地反映就业问题的一个更为广泛的概念，由三部分组成：官方失业(the officially unemployed)，指的是目前没有工作，正在积极寻找工作；隐性失业(the hidden unemployed)，指的是渴望就业，但是并没有积极寻找工作岗位；失业(the underemployed)：指的是从事兼职工作，但是积极寻找并能够获得全职工作。

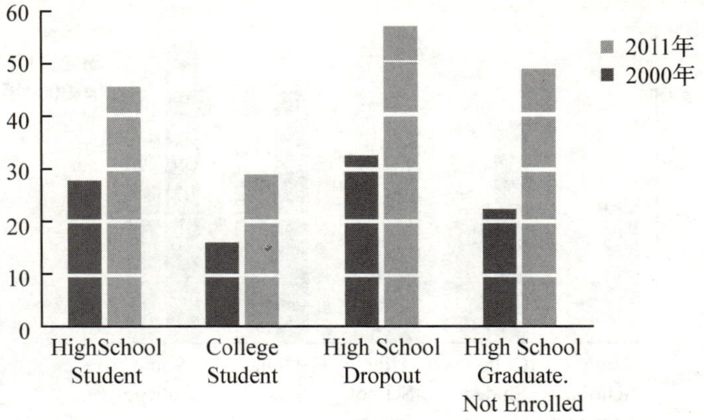

图 2-8　青少年受教育水平与未充分就业率

（图表来源：The Plummeting Labor Market Fortunes of Teens and Young Adult：7）

大学生(Some College Not Enrolled)年轻人未充分就业率为 29%，副学士学位(Associate's degree)持有者的年轻人未充分就业率为 24%，获得学士学位(Bachelor's degree)的年轻人未充分就业率为 18%。如图 2-9 所示。

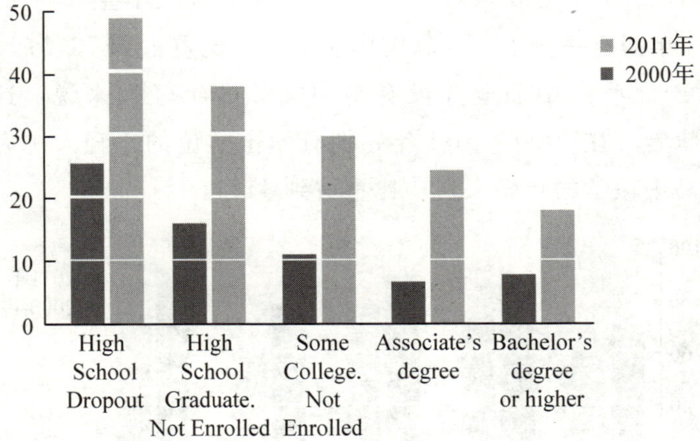

图 2-9　年轻人受教育水平与未充分就业率

（图表来源：The Plummeting Labor Market Fortunes of Teens and Young Adult：13）

(三)受教育水平与有偿就业的正相关关系

青少年与年轻人拥有的学历越高，获得有偿就业(paid employment)的比例越高。青少年有偿就业机会正在下降(如图 2-10)，高中生(High School Student)获得有偿就业的比例最低，仅为 19%。对于高中毕业生来说，获得有偿就业的可能性与他们的学历成正比：在 2011 年高中辍学的青少年比例为 33%，高中毕业生的比例为 51%，而接受至少一年中学后少年教育但并没有进入大学深造(Some College, Not Enrolled)的青少年的比例为 64%。丰富的工作经验成为求职者应聘成功的砝码，而工作经验与受教育水平存在密切关系，所以增加青少年就业率是关键因素。

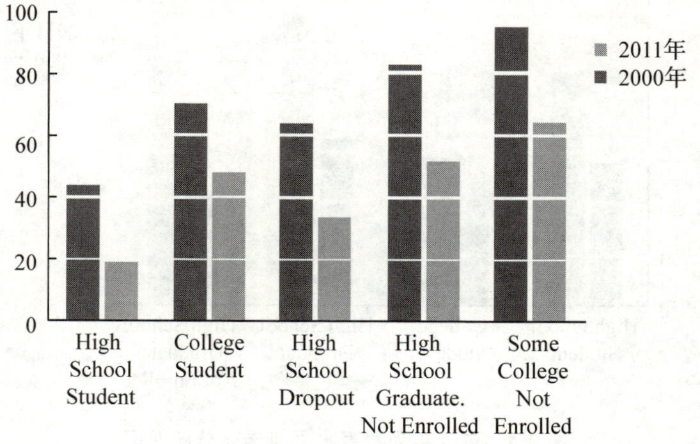

图 2-10 青少年受教育水平与有偿就业比率变化

(图表来源：The Plummeting LaborMarket Fortunes of Teens and Young Adult：8)

副学士学位和学士学位的年轻人获得有偿就业的比例最大，而且下降的幅度相对于受教育程度较低的人来说较小。如图 2-11，86%的拥有副学士学位或学士学位的年轻人在 2000 年就职；而 80%的非学士学位大学生(Some college，No degree)在 2000 年拥有一份工作；高中毕业生这一比重占到 73%；大学生的比例为 60%；而对于那些高中肄业并没有高中文凭的年轻人来说，这一比例仅为 56%。这就意味着，在 2000—2011 年，拥有学士学位的年轻人中有 14%的人面临着失业，而高中辍学的年轻人这一比重占到 44%。

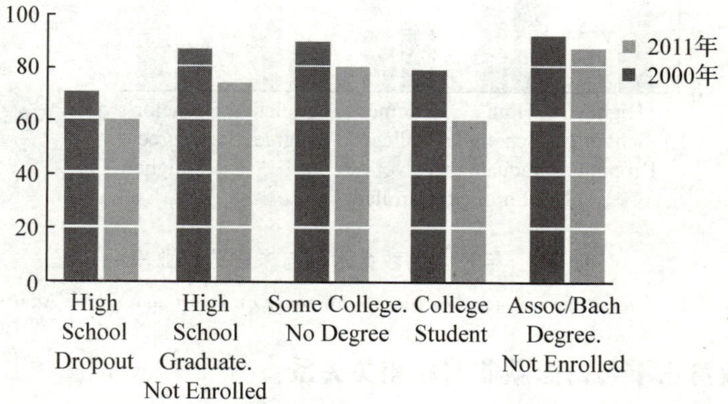

图 2-11 年轻人受教育水平与有偿就业比率变化

(图表来源：The Plummeting LaborMarket Fortunes of Teens and Young Adult：15)

三、美国中等职业教育发展项目

调查数据(就业率、失业率、劳动力未充分就业率)进一步证明美国青少年和年轻人正在经历由不景气的劳动力市场所带来的恶性后果。找工作困难的问题正在蔓延，影响着所有的年青一代。青少年和年轻人所面临的严峻的就业前景进而威胁着美国经济发展及社会的稳定，但是这一问题能够通过教育，尤其是职业教育得到解决。基于美国青少年和少年的就业现状，借鉴与反思美国部分州中等职业教育发展项目，为美国职业教育发展整体的改革发展提供启示。

(一)注册学徒制：卡罗来纳州学徒制项目

学徒制(apprenticeship)是“工作本位学习”(work-based learning)重要的实践模式，它将实际操作经验与相关的知识和技术指导相结合，突破传统课堂教学的弊端，使学生掌握了必要的就业技能，诸如解决问题的能力、沟通能力、团队合作的能力。[①] 注册学徒制(registered apprenticeship)在沿袭了传统学徒制注重学生实践经验优势的基础上，将理论和技能学习与学位获取将结合，融入了规范化与可监督化等特性。注册当学徒经过培养成为高技能职业人员，以适应激烈的市场竞争并顺利实现就业。注册学徒制的实施是教育融会贯通的表现，不仅增加了学生的学习经验，而且对于在传统课堂学习困难的学生来说效果尤其显著。

南卡罗来纳州的“卡罗来纳州学徒制”(Apprenticeship CarolinaTM，ACTM)是美国实施学徒制的成功范例。为了满足市场对技能工人的需求及培训年轻劳动力，“卡罗来纳州学徒制”项目于 2007 年 7 月正式启动。当时，德国的宝马公司(BMW)与博世公司(Bosch)在南卡罗来纳州设立分厂，并引入德国学徒制模式，“卡罗来纳州学徒制”项目的启动与发展受到德国学徒制模式很大的影响。[②] 在最初发展阶段，“卡罗来纳州学徒制”项目仅仅局限建筑、医护、制药、IT 等传统领域。目前，该项目已经发展成为多领域且兼具灵活性的、就业导向的注册学徒制模式，成为南卡罗来纳州促进劳动力就业的重要手段。为了更好推动“卡罗来纳州学徒制”项目的开展，南卡罗来纳州制定了该项目优先发展的四条战略：一是提升注册学徒制的公众形象，增加公众对注册学徒制的理解；二是在全州范围内扩大注册学徒制的资助范围；三是使注册学徒制学生的就业领域更加多样性；四是提高全州内 16 所技术学院办学质量，为注册学徒制学生提供优质的教育服务。“卡罗来纳州学徒制”项目取得了良好的效果：雇主资助的注册学徒规模增加了 123%；提供一种以上学徒制培训岗位的雇主比率达到 33%；当地超过 50%的技术学院增加了新的学徒制培训大纲。“卡罗来纳州学徒制”项目取得成功的关键在于多方的合力作用，即工商业界的持续关注与支持，州和地方资助系统的资金

---

① Peter Smirniotopoulos. Public Education and Job Readiness：What Can Be Done to Shrink the Skills Gap? [EB/OL]. http：// www. huffingtonpost. com/peter-smirniotopoulos/public-education-and-job-_2_b_4978571. html. 2015-07-15.

② NPR. In South Carolina，A Program That Makes Apprenticeships Work[EB/OL]. http：// www. npr. org/2014/11/06/361136336/in-south-carolina-a-program-that-makes-apprenticeships-work. 2015-07-15.

资助，以及与美国劳工部(U. S. Department of Labor)学徒制国家办公室的大力合作。[①] 该项目将继续作为连接工商界与学校之间交流与合作的纽带与桥梁，鼓励工商界开发适合自身特色的学徒制项目。[②]

(二)高中生就业咨询：毕业生求职项目

《青少年和年轻人不景气的就业前景》研究报告指出，高中毕业生只要做好充分的准备及获得有力的支持，就能在毕业时掌握初涉工作所具备的入门技能，轻松实现学校到职业的过渡。[③] 入职后，高中毕业生可以在工作岗位、正规的中学后教育机构及其他任何有助于其职业发展的环境中进一步学习。

"毕业生求职"项目(Jobs for America's Graduate，JAG)是美国高中生职业技术教育的一项成功实践。"毕业生求职"项目于 1979 年在特拉华州(Delaware)正式启动，截至 2014 年，该项目已经在全美 32 个州内成功实践。"毕业生求职"项目的宗旨是帮助那些面临高辍学风险的高中生，通过为其提供就业指导、技能培训与职业咨询服务，增加他们的就业机会，并在此基础上帮助他们继续深造或获得高薪职位。[④] 在"毕业生求职"项目的课堂上，训练有素的专家将为所有学生提供一对一指导或者团体辅导，课程内容选用国家标准教材从而满足学生的需要。为了更好测评学生参与这一项目取得的成绩，"毕业生求职"项目组在课程开始与结束时都会对学生进行测试，而且学生的学习成果也会在"州职业发展大会"(Annual State Career Development Conferences)上展示。为了使所有参与者受益，"毕业生求职"项目专家为每一位高中生提供了个性化的未来发展方案，依据学生们的需要提供未来职业和生活的相关建议和指导，以帮助学生克服困难获得高中文凭、成功就业或者进入大学深造学习。[⑤] 所有参与"毕业生求职"项目的高中生都可以加入由学生发起与领导的"'毕业生求职'项目职业协会"。通过这一平台，学生们培养职业技能、领导力及团队合作能力。

(三)回归教育：青年团项目

美国目前有 130 万的青少年和年轻人由于没有接受过良好的教育与培训而处于失业状态，他们缺乏机会回归高中教育或者接受职业技能培训，以至于他们的

① Stieritz，Ann Marie. Apprenticeship Carolina：Building a 21st Century Workforce through Statewide Collaboration[J]. Community College Journal of Research and Practice. 2009(11)：980－982.

② Stieretz，Anne Marie. Apprenticeship Carolina—Your Work Force，Your Future[J]. South Carolina Business. 2008(3)：6.

③ Brookings. The Plummeting Labor Market Fortunes of Teens and Young Adults[R]. The Brookings Institution. 2014-05-29.

④ About JAG[EB/OL]. http：//www.jag.org. 2015-01-28.

⑤ JAG Model Programs[EB/OL]. http：//www.jag.org/jag-model. 2015-01-28.

才能、天赋被埋没。[①]“青年团”(YouthBuild)项目为高中阶段辍学并失业的年轻人提供了两种选择：回归高中教育或者获得就业的技能。该项目最早于1978年在纽约曼哈顿东哈莱姆区(East Harlem)启动，致力于社区改造。目前，每年约有1万名高中辍学生注册“青年团”项目，参加为期10个月的全日制学习，其中50%的时间进行基础知识学习，40%以上的时间进行实践学习。[②]实践学习主要培养年轻人的建筑技能，通过为社区中无家可归者和低收入者建造廉价房屋与基础设施，如学校、游乐场、社区中心等，帮助青少年和年轻人获得建筑领域的基本技能。“青年团”项目是由非营利性公共团体组织与管理，项目的经费来源于美国劳工部。青年团项目为年轻人提供培训和技术资助，培养年轻人的领导能力。该项目的核心价值是“爱、尊重、责任、勇气、团结及合作”，这些核心价值构成了“青年团”项目独特的发展模式。《纽约时报》称这一项目为“人类再造基地(Wellspring of Human Reclamation)”。截至2014年，“青年团”项目已经在全美46个州实施，并发展成为覆盖250个城镇的巨型网络，参与的学生数量超过10 000人。在世界范围内，“青年团”项目已被非政府组织和15个国家认可并实践。[③]

(四)大学先修计划：职业与技术教育项目

堪萨斯州政府推行的职业技术教育倡议(Kansas Governor's CTE Initiative)项目是“大学先修(Early College)”计划的成功实践。这一项目的宗旨是提高堪萨斯州的职业技术教育水平，并帮助高中学生就业或升入大学继续深造。参与这一项目的堪萨斯州高中生可以免费修习由该州社区学院开设的职业技术课程，修得的学分可以直接转化为大学学分；同时，州政府也为在每一学区中获得紧缺岗位专业认证资格证书的高中毕业生提供了1 000美元的津贴补助。该项目取得了令人瞩目的成果(见表2-3)。[④] 2013年，布鲁金斯学会将这一项目评为“十大创新看点”(Top Ten Innovations to Watch)。

---

① About YouthBuild[EB/OL]. https://www.youthbuild.org/about-youthbuild. 2015-02-01.

② About YouthBuild USA [EB/OL]. http:// www.youthbuild.org/about-youthbuild-usa. 2015-08-31.

③ About YouthBuild Impact[EB/OL]. https://www.youthbuild.org/our-impact. 2015-02-01.

④ Kansas Board of Regents. Excelin Career Technical Education Initiative (SB155)[EB/OL]. http://www.kansasregents.org/workforce_development/excel_in_career_technical_education_initiative_senate_bill_155. 2015-01-25.

表 2-3　堪萨斯州职业技术教育倡议项目实施情况统计表

	2010—2011 学年	2011—2012 学年	2012—2013 学年	2013—2014 学年
参与人数(人)	3 475	3 870	6 101	8 528
生成大学学分(分)	28 000	28 161	44 087	62 787
证书授予(个)	—	548	711	1 419

(五)服务本土：高级职业项目

美国南部的工业结构主要是以石油与宇航工业为主，为了更好地服务于南部地区经济发展，美国南部地区教育委员会(The Southern Regional Education Board)组织并实施了“高级职业”(Advanced Career)项目。“高级职业”项目要求每一个州要选择一个本州经济发展急需的、技术含量高的、能够提供高薪的职业领域，并以此为基础开设 4 门相关课程，学生通过学习这些课程获得企业认可的毕业证书、社区学院证书或副学士学位证书，凭借这些证书，学生可以在毕业后到相关的企业就职。① “高级职业”项目要求课程要有设计性、可实施性以及连续性等特性，从而满足学生继续深造或就业的需求。因此，在课程设计方面，4 门相关课程中 2 门为基础知识课程，另外 2 门课程为拔高课程；在课程实施和教学方面，注重基础课程知识的奠基作用，并辅之以深度的教学指导，同时强调雇主和商家的参与。② 为此，美国南部地区教育委员会连同州政府制定了“高级职业”项目课程的开发与设计步骤：第一步，召集工商业界、高等教育领域、高中领域的专业人士共同商讨，确定本州的 4 门课程；第二步，由专家小组在课程框架的基础上进行细化，包括涉及的概念与问题、每日课程计划、建议阅读材料等；第三步，为每一节课程设置修习标准及要求，以确保每个学生都能掌握课程标准要求；第四步，启动专业教师发展项目，培养高级职业项目的专业教师队伍；第五步，在项目实施的学校中对课程、教材及专业发展项目实施现场监测；第六步，为课程和教材的更新、项目的实施及学生的评价创造条件③。高级职业项目将高需求、高技能、高报酬的职业领域融入高中职业技术教育课程中，目前开设的课程主要集中于航空宇宙工程、先进制造业、清洁能源技术等领域，在满足南部地区经济发展需求的同时，为学生职业发展创造了机会。

(六)联邦所得税退税政策：“薪水附加值”项目

联邦所得税抵免政策(The Federal Earned Income Tax Credit)是针对低收入

① Advanced Career. The Pathways[EB/OL]. http://www.sreb.org/page/1609/the_pathways.html. 2015-02-02.

② Advanced Career. The Model and Features[EB/OL]. http://www.sreb.org/page/1610/the_model.html. 2015-02-02.

③ Advanced Career. Stepsfor Developing Rigorous Career/Technical Courses[EB/OL]. http://publications.sreb.org/2013/AC_developing_CTcourses_7_24_13.pdf. 2015-02-03.

年轻人的一项退税政策，是美国最大的、最成功的反贫困政策。联邦所得税抵免政策对申请者的家庭收入(见表 2-4)、国籍(必须为美国国籍)、年龄及婚姻家庭状况等有明确的要求，而对于符合要求的申请者要如实填写美国税务局(Internal Revenue Service)提供的情况调查表格，并依据联邦税务局的反馈与建议进行修改，最后提交申请。① 联邦所得税抵免政策已经使 660 万美国人脱离贫困。联邦所得税抵免政策对低年收入家庭的补贴每年高达 6 000 美元，但是对单身纳税人的补贴要少很多，约 487 美元/年。而且市场经济的不景气带来的劳动力市场流动的停滞、收入的减少及就业率下降等问题对于那些受教育水平较低的劳动者影响最为严重；联邦所得税抵免政策的利益驱动不经意间扭曲了婚姻及繁衍后代的最初目的。为此，公众也提出对联邦所得税抵免政策进行修改完善方面的建议，如将政策要求的最低年龄——单身 25 年而没有孩子的成年人——降低至 19 岁或 21 岁，从而使更多的年轻人受益。

表 2-4 申请者家庭条件与收入要求

孩子数量		≥3	2	1	0
收入不高于(美元)	单独申请	46 997	43 756	38 511	14 590
	联合申请	52 427	49 186	43 941	20 020

纽约市实施的“薪水附加值”(Paycheck Plus)项目将联邦所得税抵免政策改革重点聚焦在未婚的年轻人身上。这一项目用来监测联邦所得税抵免政策改革的实施效果，对没有孩子的年轻人退税额增至 2 000 美元。“薪水附加值”项目是由纽约市经济机会中心(NYC Center for Economic Opportunity)和人力发展研究公司(Manpower Demonstration Research Corporation)②共同开发的一项开创性的项目，这一项目可以为单身成年人，尤其是单身男性，提供严格的收入测试，根据年轻人的收入状况适当增加成年人工作的机会或给予资助，以及减少贫困。作为对美国不景气的就业市场现状——低技能者就业困难、薪资及收入下降的回应，薪水附加值项目将会为低收入单身工作者提供收入所得税抵免的优惠。③ 参与这一项目的纳税者只要连续完成 2015 年、2016 年与 2017 年的纳税额，就会得到高达 2 000 美元的退税。“薪水附加值”项目也增加了低收入者的收入水平：每小时

① IRS. EITC Income Limits, Maximum Credit Amounts and Tax Law Updates[EB/OL]. http://www.irs.gov/Individuals/EITC-Income-Limits,-Maximum-Credit-Amounts-and-Tax-Law-Updates. 2015-02-07.

② 美国一家专门为贫民服务的非营利组织。

③ Brookings. Paycheck Plus: A New Antipoverty Strategy for Single Adults in New York City[EB/OL]. http://www.brookings.edu/events/2013/11/14-paycheck-plus-antipoverty-new-york. 2015-02-14.

收入由原来的 8 美元增至 10.4 美元，月收入达到 6 667 美元；最低年收入由原来的2 000 美元增至 18 000 美元。① “薪水附加值”项目作为劳动力市场一项新的税收抵免政策，对于年青一代的公平发展具有深远的意义。

联邦所得税抵免政策给予拥有家庭和孩子的劳动者以税收上的优惠，从而增加收入，减轻家庭经济负担；而作为这一政策的补充政策，纽约市实施的“薪水附加值”项目，将目标群体锁定为单身的劳动者，通过给予年轻人收入税收政策，从而增加年轻人收入，更好地实现社会公平。

四、启示

2013 年 3 月，中国教育部职成司司长葛道凯在一次讲话中提出中国职业教育发展所面临的主要问题，概括起来主要有四个方面。一是对职业教育的认识不统一。虽然对发展职业教育重要性的认识不断提高，但很多人还没有认识到，尤其是很多学生家长对职业教育还缺乏充分的认识。二是职业教育基本制度还很不健全，需要各方面支持。三是职业教育的办学条件不配套。职业教育仍然是办学条件最差的教育类型之一。四是职业教育政策的落实难度大。② 布鲁金斯学会发布《青少年和年轻人不景气的就业前景》报告，反映了近几年美国青少年和年轻人就业市场的真实情况，为美国职业教育的发展与变革提供了契机，对中国职业教育的转型和改进很有启发。

（一）优化现代学徒制办学模式，提升职业教育水平

中国现代学徒制模式自提出便在全国范围内得到迅速发展。现代学徒制在传统学徒制的基础上，纳入了新兴行业，突破性别限制，并将校企合作作为现代学徒制核心，为中国职业教育的发展提供了新的契机。但是，中国现代学徒制发展仍然停留在校企合作的初级水平，学校与企业合作是基于眼前的现实利益出发，并没有建立长远的可持续发展愿景；而且，职业院校将全部重心放在校企合作这一形式上，并没有从实质上改善职业教育发展质量。③

“卡罗来纳州学徒制”项目近 10 年的发展经验可以为中国现代学徒制模式的优化提供借鉴。“卡罗来纳州学徒制”成立之初就将项目认可度、资金支持、就业保障与办学质量提升作为优先发展战略，服务于该项目可持续发展的愿景。“卡

① Paycheck Plus：A New Anti-poverty Strategy for Single Adults in New York City[EB/OL]. http：// www. brookings. edu/～/media/events/2013/11/14-antipoverty-ny/20131114 _ paycheck _ plus _ antipoverty _ transcript. pdf. 2015-01-14.

② 葛道凯：我有四个职业教育梦[EB/OL]. http：// edu. china. com. cn/news/2013-03/25/content _ 28345371. htm. 2014-07-22.

③ 刘媛媛，匡瑛. 中国现代学徒制的实践与反思[J]. 江苏教育，2013(40)：22－25.

罗来纳州学徒制”项目取得成功的关键是职业院校、工商界、州政府与美国劳工部等多方合力作用，这种合作是建立在持续的关注和支持之上，其目标是培养优秀的职业教育人才。校企合作的重心是学校，而不是企业，合作的目的是培养适应社会发展的实用人才，提升职业院校的办学质量是优化校企合作的重要手段。中国现代学徒制改革应进一步巩固、完善校企合作的发展模式，将提升办学质量作为职业院校改革的重点工作，同时充分发挥政府、工商业界等外部的激励与支持作用，深化职业院校与企业的合作。

（二）促进普通教育与职业教育的相互沟通

中国职业教育与普通教育相互沟通是近年来职业教育领域改革的一大趋势。如何提高职业教育办学水平，为学生提供多样化发展路径，仍需不断学习和探索。

“毕业生求职”项目将职业咨询与就业技能培训的内容纳入普通教育课程，鼓励学生掌握就业所必备的知识和技能，顺利实现由学校到职场的转换。并且，“毕业生求职”项目组织专业团队对职业教育选修课进行课程设计、开发、实施、管理，为每一名学生实施个性化辅导。中国普通教育与职业教育的相互沟通要坚持专业化指导，杜绝忽视学生个性差异的一刀切发展模式。

（三）为辍学青少年提供完成学业与职业培训的机会

对于过早辍学而又缺乏必要职业技能的青少年来说，他们的职业选择非常有限，而且往往是出卖体力的、短期的、没有保障的工作。

青年团项目为美国青少年提供了重返校园的机会，也能帮助他们找到未来职业发展的方向。回归教育机制的建立需要政府、学校及企业多方面的配合和支持。政府要提供政策保障和资金支持，确保青少年职业培训和再教育依法进行；学校要做好青少年的接收工作，为青少年提供优质的再教育与培训；企业要为青少年的顺利就业创造条件。而且，青少年职业培训和再教育也并非是一劳永逸的事情，需要做好后期的测评和监督工作。

（四）大学先修课程是职业教育发展的新途径

在中国，大学先修课程主要是在普通高中阶段开设，是大学选拔优秀生源、促进高中与大学衔接的重要手段。但是这一做法也只是停留在普通教育领域，而且不能否认“择优而选”的方式在一定程度上加剧了高中阶段教育的不平等性。

堪萨斯州职业技术教育倡议项目允许学业有困难的高中生选修社区学院开设的职业教育课程，为高中学生升入大学或入职做准备。这一模式对中国职业教育发展具有重要的启发意义——大学先修课程并非是普通教育与学习成绩优秀者的特权，教育应该为所有的学生服务。高中学校应该加强与大专院校与科技大学合作的力度，开设职业教育相关的选修课程，为高中生开启职业教育的大门。而对于职业院校来讲，通过学分互认的方式，可以吸引具有一定基础的高中生入学，吸收优秀生源，同时也有利于职业教育专业课程的教学。

(五)因地施教，职业教育要为当地的经济发展服务

职业教育的实施必须以当地经济社会的发展与岗位需求为基础而开展，要认真分析雇主对劳动力数量和质量的真实需求，因地制宜地设计职业教育的课程。职业教育的直接目标就是帮助学生更好地就业，因此分析市场需求，并相应地进行专业设置和调整是非常必要的。

美国高级职业项目结合了南部工业发展需求，以高精尖产业为基础对学生进行定向培训，而且非常注重基础知识的奠基作用。因地施教并不是要求职业院校盲目与当地企业合作，要在评估企业发展前景的基础上进行筛选，优中选优。同时职业院校要为学生奠定扎实的专业基础，这样才能灵活地面对变化的市场环境与激烈的竞争。

第三章　英国教育政策与发展趋势

>>第一节　英国基础教育政策：《英国国家课程改革—关键学段 1～4 课程大纲》<<

近年来，英国基础教育在发展的过程中出现了许多问题，最突出的表现是教育质量下降。为此，英国教育部启动了新一轮国家课程改革，于 2013 年 10 月发布新一轮课程改革的方案：《英国国家课程改革—关键学段 1～4 课程大纲》(*National Curriculum in England：Framework for Key Stages 1 to 4*)，[①] 旨在确保每位学生都能够获得牢固的基础知识，新课程将于 2014 年 9 月正式实施。此次的课程改革是全面的，涵盖了四个学习阶段的各门课程。

一、改革的背景

(一)英国基础教育质量下降

1. 英国学生在多项国际测评中排名落后

近年来，英国学生在多项国际学生测评中的表现引起了英国社会的担忧。在由国际经济合作与发展组织所组织的国际学生评价项目(PISA[②])中，2009 年英国学生的排名为：阅读第 25 名，数学第 27 名，科学第 16 名。在 2012 年的测试中，英国没有任何科目进入前 20 名，数学排名 26，阅读排名 23，科学排名 21。从两次测试的排名可以看出，英国学生的阅读、数学和科学成绩在几年间来并未取得明显的进步，尤其是在科学这一学科上，英国在 2012 年的 PISA 测评中表现

---

① Department for Education. National curriculum in England：framework for key stages 1 to 4；School Funding Reform：Next Steps Towards a Fairer System[EB/OL]. https：//www. gov. uk/government/collections/national-curriculum. 2014-3-23.

② PISA(Programme for International Student Assessment)：国际学生评估项目，是一项由经济合作与发展组织(Organization for Economic Co-operation and Development，OECD)统筹的学生能力国际评估计划。PISA 评估于 2000 年首次举办，此后每 3 年举行一次，主要是对 15 岁学生的阅读素养、数学素养及科学素养进行评估。

很差，从 2009 年的第 16 名，跌至本次的第 21 名。TIMSS① 测试的结果也显示英国学生的数学成绩在十年间停滞不前，科学成绩下降。

2013 年 9 月 18 日，英国教育大臣伊丽莎白·查思(Elizabeth Truss)在谈及为何要进行本次课程改革时指出，英国需要向德国学习。德国曾一度以本国的教育质量为豪，直到 2000 年的 PISA 测试给了德国迎头一棒，德国意识到他们的教育质量与国际领先水平相比还差很远，这一打击促使德国政府开始对国家的教育系统进行反思与改进。德国进行了多项教育改革，如更加关注学生的早期学习、提升教师的质量、引入新型学生评价体系等，并为学生提供了能将学校学习与未来工作结合起来的学习环境。经过近十年的改革，德国在 2009 年 PISA 测试中的成绩已经超过了英国。为此，她提出英国也要对自身的教育体系进行积极的自我审视，通过改革现行教育系统中的落后因素来促进英国教育的发展。

2. 英国学生缺乏对基础知识的牢固掌握

英国学生基础知识掌握的欠缺是英国教育质量下降的另一个突出表现。数据显示，2013 年在接受阅读、写作和数学三科测试的 11 岁学生中，有 1/4 的学生未能达到预期的成绩目标，这一人数高达 139 000。然而，与几年前相比，这一情况已经有所改善，就数学成绩来说，2013 年数学成绩未能达到预期目标的学生比例为 15%，而在 2012 年这一比例为 16%，2011 年的比例更是高达 20%。

(二)社会经济发展的客观需求

随着全球化的进一步推进和科学技术的持续不断发展，社会生产领域开始出现去工业化的现象。我们已然进入了迅速变化的全球经济时代和数字化经济时代，在这样的经济模式中，财富是属于那些掌握了新技术的高技能型人才。英国政府表示，英国要在这样的环境中保持经济强国的地位就必须重视教育的发展，通过教育来培养能够适应时代要求的新型人才。教育大臣伊丽莎白·查思指出英国要想在新的社会秩序中获益就必须建立一个世界级的教育系统，而课程改革正是整体改革的开端。

二、改革的进程

2011 年 1 月 20 日，英国教育大臣迈克尔·戈夫(Michael Gove)宣布对现行的国家课程进行审查，并委托以剑桥大学的蒂姆·奥茨(Tim Oates)教授为主席的专家团体对课程改革做出总体的规划与建议。英国教育部于 2011 年 12 月出版了《国家课程框架：来自专家团体的报告》(*The Framework for the National Cur-*

① 全称为 Trends in International Mathematics and Science Study，是国际教育成就评价协会(IEA)从 1995 年开始实施的一个大型国际比较研究项目，项目每 4 年一轮，主要通过测试和问卷，测量国际上学生在数学和科学成绩的状况，了解影响成绩的不同因素。

riculum—A report by the Expert Panel for the National Curriculum Review)，该报告对本次课程改革的课程目标、课程结构、课程内容、课程评价等方面给出了详细的参考和建议。教育部于 2012 年 6 月出版了对专家小组报告所提出的政策建议的回应报告。

在接受专业人士建议的基础上，本次课程改革还进行了两次公众咨询，第一次是在 2013 年 2 月到 4 月，教育部就所颁布的国家课程的草案接受公众咨询，根据公众的建议，2013 年 7 月 8 日教育部颁布了课程大纲的修订版，并于 2013 年 7 月至 8 月就课程大纲的修订案进行最终的公众咨询。

2013 年 9 月 11 日，英国教育部颁布了新的国家课程大纲——《英国国家课程改革——关键学段 1～4 课程大纲》(*National Curriculum in England：Framework for Key Stages 1 to 4*)，新大纲将于 2014 年 9 月开始实施。

三、改革的原则和目标

(一)课程改革的原则

针对英国学校教育中存在的问题，本次课程改革遵循三个基本原则，即自由、责任和平等。

1. 自由原则

自由原则在本次课程改革中主要体现在两个方面：一是在课程的实施上，本次国家课程实为“精简的国家课程”，国家课程只是对所有学生都必须掌握的基本知识内容进行了规定，学校可以基于学生的需要并结合教学方法的选择来设计开发广泛的校本课程，而不应该只是遵循国家课程所设置的学科学习内容，为了便于校本课程的实施，国家课程在学校教学中不应该占据大量的教学时间；二是在课程的评价上，废除现行的国家课程等级评价系统，给予学校和教师基于国家课程的内容设置适合本校的评价体系的自由。

2. 责任原则

责任原则，即强调为学生的发展负责，为此本次国家课程对于学生的学业成绩设置了严格的高标准，目的是确保所有学生都有机会掌握重要学科的核心知识。教育部明确规定，国家课程应该使学生通过学习可以获得未来生活所需的知识，赋予学生享受未来生活的能力。

3. 平等原则

此次国家课程改革对于平等原则的践行主要体现在两个方面：一是在课程的设置上考虑到了所有学生的需要；二是规定教师在课程实施的过程中平等地对待所有学生，不分种族、性别、残疾、宗教与信仰、性取向、怀孕生育等，还要照顾到不同学生的学习需求，如具有特殊教育需要的残疾儿童、第一语言非英语的学生等。

(二)课程改革的目标

此次课程改革尚未提出明确的目标，但从英国教育部已颁布的文件及课程改革的具体内容来看，英国国家课程改革的目标是使学生为今后的美好生活做充足的准备。英国教育部发布过一个名为《资格与课程改革——使学生更好地为学校后的生活做准备》(*Reforming Qualifications and the Curriculum to Better Prepare Pupils for Life after School*)的政策报告，从报告的内容来看基础教育阶段为学生的未来生活所做的准备就是确保学生掌握牢固的基础知识。此次课程改革尤其重视学生对基础知识的掌握，为学生今后进一步地学习或生活奠定坚实基础。可以说，此次国家课程改革的种种措施都围绕着这一目的，包括提高学生学习知识的深度、改变抽象的等级评价制度、给予学校和教师更多的自由，所有的措施都是为了保证学生牢固掌握基础知识。

四、改革的总体特点

从总体上来看，英国此次课程改革并不是大破大立，而是紧密结合英国教育实际情况，结合对多次在国际测评中名列前茅的国家的教育体系的考察，有计划、有步骤和有控制地进行的。本次改革总体上呈现出四个特征：课程结构变化不大；精简国家课程；增加学习内容的难度；注重对他国经验的借鉴。

(一)课程结构变化不大

本次国家课程改革并未对课程的结构进行大的调整，课程的设置仍然延续以往的传统，分为核心课程和基础课程，核心课程包括英语、数学和科学，基础课程九门，包括艺术与设计、公民道德、计算机科学、设计与技术、外语、地理、历史、音乐和体育。

表 3-1　英国国家课程改革的基本结构

	关键学段一	关键学段二	关键学段三	关键学段四
学生年龄(岁)	5～7	7～11	11～14	14～16
年级	1～2	3～6	7～9	10～11
核心课程				
英语	√	√	√	√
数学	√	√	√	√
科学	√	√	√	√
基础课程				
艺术与设计	√	√	√	

续表

	关键学段一	关键学段二	关键学段三	关键学段四
公民道德			√	√
计算机科学	√	√	√	√
设计与技术	√	√	√	
外语		√	√	
地理	√	√	√	
历史	√	√	√	
音乐	√	√	√	
体育	√	√	√	√

资料来源：表中内容来自英国教育部网站。

表 3-1 中所呈现的三门核心课程和九门基础课程属于公立学校的法定课程，此外大纲还规定，宗教课程贯穿义务教育阶段的始终，学校需要在中等教育阶段向学生提供性与关系的教育。

表 3-2 国家课程中宗教课程、性与关系课程的设置

	关键学段一	关键学段二	关键学段三	关键学段四
学生年龄	5～7	7～11	11～14	14～16
年级	1～2	3～6	7～9	10～11
宗教教育	√	√	√	√
性与关系教育			√	√

资料来源：表格内容来自英国教育部网站。

(二)学校自主空间加大

此次国家课程改革精简了国家课程。英国政府在 2010 年 11 月所颁布的《教学的重要性：学校白皮书》(*The Importance of Teaching*, *the Schools White Paper*)中明确提出，在现行的课程体系下，教师重复教授有限的知识，感到被束缚，这一问题成为英国基础教育中的重要问题。为此，本次课程改革明确指出，给予学校和教师更多的自由。自由主要体现在课程内容的选择、教学方式的选择以及对于学生评价三个方面。第一，在课程内容的选择上，减少了课程大纲中所规定的法定学习内容，为学校和教师开发校本课程留下了足够的空间，教师可以依据学生的兴趣与需求设置适当的课程；第二，在教学方式的选择上，课程大纲未对教师的教学方式进行任何规定，让教师基于具体的教学内容和学生的情况自己选择教学方式，教育部门认为由于教师对学生更加了解，让教师来选择教学方法有助于学生更好地掌握基础知识；第三，在评价方式上，不再设置国家课程的法定评价标准，只是对于学生在各个学习阶段所应该达到的学业目标进行了规定，学校和教师可以据此制定具体的评价标准。

(三)学习内容难度增加

英国学生在近几年的国际学生评价项目中表现不佳，为此，英国政府积极地对在国际评价项目中领先国家的教育系统进行考察，结果显示，这些国家在课程的设置上坚持的是少而精的原则，不主张泛泛的学习，而是加深知识的学习程度。英国教育部在课程大纲的制定中贯彻了这一原则，例如，在数学课程的设置上，新课程大纲规定，学生到 7 岁时应该能够熟练地掌握并使用 20 以内的加减运算，到 9 岁时，学生需要掌握十二级的乘法运算表，现行的课程大纲只要求学生掌握十级的乘法运算表，并在初等教育阶段增加了加减乘除四则运算的内容，目的是为学生进入中等教育阶段学习更加高级的代数知识时打下坚实基础；英语课程更加关注学生的拼写能力，为小学阶段的学生制定了一张词汇表，要求所有学生必须掌握，要求教师将虚拟语气和引号的语法知识传授给学生，教师需要引导学生通过背诵诗歌、辩论和演讲等学习方式达到对正式英语语言的掌握；在科学课程中更加注重学生对于有关太阳系、速度和进化等新知识的学习，并提高了对科学实验的重视。

(四)积极借鉴其他国家(和地区)经验

对于其他国家(和地区)经验的积极借鉴是此次英国国家课程改革的一个重要特点。可以说对于他国经验的借鉴体现在本次课程改革的各个方面，涉及课程内容的选择、评价方式的确定以及对教师教学活动的建议等，从中也可以看出国际测评对英国教育发展具有很大的影响。

专家团体关于课程改革大纲的建议从多方面对成绩排名领先的国家(和地区)进行了分析，例如，在对本次改革的课程评价模式进行政策建议时，首先对其他国家的情况进行了分析，大致将在国际测评项目中取得良好成绩表现的国家(和地区)分为两类，一类是深受儒家文化影响的国家(和地区)，包括中国、中国香港、新加坡、韩国和中国台湾地区，这些国家(和地区)倾向将学生良好的学习成绩归因于学生的勤奋与努力；另一类是包括美国、英国在内的西方国家，这些国家则更多地把学生的良好学习成绩归因于智力因素。专家团体在分析的基础上指出，虽然两类国家(和地区)在对学生学习成绩的归因上存在差异，但相同的是同样重视学生对基础知识的扎实掌握，将两类国家(和地区)的评价模式归结为“课程评价的掌握模式”。并据此对国家课程的评价模式进行了改革，废除了先行的等级评价模式，新的评价模式关注的是具体的学习内容，评价所检验的是学生对具体知识的掌握程度，而不是学生所获得等级。

在课程内容的设置上，本次课程大纲无论是在课程设置的总体精神上还是具体的内容规定上都体现了向他国(和地区)学习的特征，在初等教育阶段增加了加减乘除四则运算的内容，借鉴了中国香港和新加坡的经验；到9岁时，学生应该掌握十二级的乘法运算表，这是向马萨诸塞州学习的结果；在科学学科方面，更加注重学生对有关太阳系、速度和进化的新知识的学习，增加了对科学实验和演讲的重视，则是向加拿大亚伯达和美国马萨诸塞州学习的结果。

专家团体对教师的教学活动也提出了建议，他们指出，在学生学业成绩良好的国家(和地区)，教师都会根据学生学习的具体情况，为学生设置具有一定挑战性的学习目标，这样有利于在更大程度上开发学生潜力，并建议广大教师借鉴这一做法，以促进学生的发展。

五、改革的创新

新一轮国家课程改革的创新之处主要体现在以下三个方面：评价标准与方式的改变；更加注重英语口语能力的发展；关键学段2分为高级阶段和低级阶段。

(一)课程评价标准的改变

现行的国家课程评价实行的是等级评价模式，由学校教师依据学生的表现对照标准给出相应的评级。这种评价模式存在很大的问题，如评价的结果过于抽象和模糊，不能够为家长提供关于学生表现的有意义信息，学生也无法从评价的结果中知道该如何改进自己的学习。更严重的是这种等级评价方式可能会导致学生学习的异化，学生关注的不是通过某一课程的学习自己究竟学到了哪些知识、真正理解了哪些知识、如何在现实的生活中达到对知识的运用，而是自己在考试中所达到的等级，这是过度实施描述性的课程评价模式所导致的结果。即使在学生取得进步时，他也无法知道自己在哪方面有了进步，所知道的只是自己的成绩在等级上的上升。由Bew勋爵所主持的对关键学段2的考察报告显示，在对受访者就关键学段2的评价方式进行访问时，71%的受访者表示对该评价方式不满。因此此次课程改革把课程评价作为重点改革内容，其中对课程评价标准的改革又是重中之重。在评价标准的改革上，取消抽象的等级评价标准，代之以具体的课程学习内容，也就是说新课程大纲中所设置的学生各个阶段具体的学业目标就是教师对学生进行评价的内容与标准，教师对学生对具体内容的学习情况进行评判，不再对学生的学业进行等级的划分。这就意味着评价的作用将从确定每位学生的等级转变为帮助学生了解他们已经对哪些课程内容达到了充分的掌握，在哪些内容上需要付诸更多的努力。简言之，此次国家课程改革对课程评价进行改革的目的就是使得学生关注课程的内容，而不是关注抽象的课程目标。

此次课程评价的改革增加了新的评价形式。为了提升学生的语文水平以使得所有的学生都能够享受到阅读带来的乐趣，并能更好地学习其他课程，本次国家课程改革规定全体学生将在小学一年级结束时接受法定的拼音筛选检查，学校将对那些未能通过检查的学生提供额外的帮助，这些学生将在二年级接受第二次拼音筛选检查。此外，从 2013 年起全体学生必须在关键学段 2 结束时接受语法、拼音和拼写方面的测试。

(二)更加注重学生语言口语能力的发展

1. 学生语言口语能力发展的重要性

本次国家课程改革将学生语言口语能力的发展置于很高的地位，来自专家团体的建议指出：学生语言口语能力的发展与认知能力发展和学生学习成绩之间存在紧密的联系。这种促进作用具体表现在三个方面：一是，学生语言口语能力的良好发展能够促进学生整体学习成绩的提高，有证据显示教师在教学活动中为学生提供丰富的有利于学生语言口语能力发展的课程对于学生的认知能力和推理能力的发展具有积极的促进作用，并因此能够对诸如数学等关键学科的学习产生积极影响；二是，发展学生的语言口语能力有助于缓解学生之间学习成绩的差距，英国 11 岁学生之间的学业成绩差距高于世界上许多国家，并以此造成英国学生在国际测评中的平均分低，要想缩小这一差距就必须帮助学生克服糟糕的语言能力和交流技巧问题；三是，学生的语言表达能力与学生的阅读技巧和阅读理解能力有着不可避免的关键联系，要想促进学生阅读技巧和阅读能力的发展就必须注重对于学生语言表达能力的培养。

2. 新课程大纲中对于语言口语能力发展的规定

在具体的课程编制中，此次课程改革对语言口语能力的要求不只是体现在语言课程中，而是贯穿于各科课程的各个阶段，对于语言口语能力的规定，采取三级模式。首先，在国家课程的整体层面上对语言口语的重要性进行规定；其次，在语言学科的学习中，将学生语言口语能力的发展作为一项重要的学科学习内容；最后，对语言口语的要求贯穿于各科学习的各个阶段，在各门学科中都明确规定将学生口语能力的发展作为重要的学科学习目标，例如在科学课程学习纲要中明确规定，科学科目的国家课程反映了口语能力在学生整个学科发展中的重要性，学生所听到和表达出的语言的质量和多样性对于学生科学类词汇的发展以及学生清晰而准确地表达科学概念十分重要，因此在科学课程的学习中要注意培养学生的口语能力。

(三)关键学段 2 划分为两个阶段

此次课程改革将关键学段 2 分为两个阶段：低级阶段和高级阶段，每一阶段各两年。来自课程改革专家团的意见认为，关键学段 2 中存在着较多的问题，不但对学生在该阶段的发展产生了不良的影响而且对学生的未来发展也存在潜在的不利影响。对于关键学段 2 的学生的调查表明，本阶段四年的学习时间太长，导致学生在第四年和第五年的学习速度降低、学习热情缺乏。因此，本次课程改革将关键学段 2 划分为高级阶段和低级阶段。

纵观本次英国国家课程改革，不管课程内容的加深还是评价目标的改变都紧紧地围绕着一个中心——确保学生对基础知识的牢固掌握。可见英国此次的国家课程改革坚持问题导向，着力解决英国教育质量下降的问题。新的国家课程于2014年9月在英国的公立学校实施，新课程的实施能否帮助学生更好地实现对于基础知识的掌握还有待在实践中进行检验。

>>第二节　英国价值观教育政策：《促进学生精神、道德、社会和文化发展——独立学校、学院及自由学校的指导意见》<<

2013年11月，英国教育部发布《促进学生精神、道德、社会和文化发展——独立学校、学园及自由学校的指导意见》[*Improving the Spiritual, Moral, Social and Cultural (SMSC) Development of Pupils—Departmental Advice for Independent Schools, Academies and Free Schools*]，[1] 颁布的目的是期望在《2012年教育法规(独立学校)(英格兰)》[*Education (Independent School Standards) (England) Regulations 2012*]中[2]关于学生精神、道德、社会和文化(SMSC, Spiritual, Moral, Social and Cultural)发展规定的标准之下，帮助独立学校(包括学园和自由学校)理解其在促进这些发展方面承担的义务。该文件最引人注目的就是加入了对"英国基本价值观"(Fundamental British Values)的关注，体现了英国在价值教育方面与时俱进、积极应对时代发展和挑战的态度。

《促进学生精神、道德、社会和文化发展——独立学校、学院及自由学校的指导意见》(*Improving the Spiritual, Moral, Social and Cultural (SMSC) Development of Pupils—Departmental Advice for Independent Schools, Academies and Free Schools*，以下简称《指导意见》]，由英国教育部于2014年11月发布，这是一份由教育部发布，针对独立学校、学园和自由学校的经营者，以及上述学校的校长，或是负责课程事务的教职人员的指导性文件。

---

① Department for Education, Improving the spiritual, moral, social and cultural (SMSC) development of pupils: Departmental advice for independent schools, academies and free schools[EB/OL]. https://www.gov.uk/government/publications/improving-the-smsc-development-of-pupils-in-independent-schools, 2015-01-11.

② Department for Education, Education (Independent School Standards) (England) (Amendment) Regulations 2012 [EB/OL]. http://www.legislation.gov.uk/uksi/2012/2962/contents/made, 2015-01-11.

一、法律基础

《指导意见》中关于学生精神、道德、社会与文化发展的理念来源于《1988 年教育改革法》(*Education Reform Act 1988*)。[①]《1988 年教育改革法》的第一部分"学校"的第一章节"课程"的序言中提出，无论是在学校还是社会，学校都要通过平衡而广泛的课程来：(1)促进学生精神、道德、文化、心理和身体方面的发展；(2)使学生们为成人生活中的机遇、责任和经验做好准备。

在此基础上，英国提出了"精神、道德、社会与文化发展计划"(Spiritual, Moral, Social and Cultural Development, SMSCD)，要求全英所有基础教育阶段学校在实施国家课程的同时，必须在精神、道德、社会与文化四个领域选择一个或是几个适合自己学校特色的侧重发展领域，努力对学生在这四个领域中的一个或是几个领域有所促进[②]。然而，尽管在《1988 年教育改革法》中仅仅是提到，而并未对精神、道德、社会和文化做出更多的解释，但是自那时起，英国学校的总体价值观目标就被定义为精神、道德、社会和文化这四个方面。

自《1988 年教育改革法》明确提出学生精神、道德、社会与文化发展以来，历来的法案都对其有相应的解释、扩充和更改：比如在《1992 年教育法(学校)》[*Education(Schools) Act 1992*][③]中对女王督学团(Her Majesty's Inspectorate)提出要求，要求女王督学团在学校督导过程中关注学生精神、道德、社会与文化发展；《1994 年教育法》(*Education Act 1994*)[④]则侧重于教师，在其第一部分"教师培训"中提出要保证教师能够促进学生精神、道德、社会与文化发展；《2005 年教育法》(*Education Act 2005*)[⑤]重心是学校督导方面，强调督学们要重视学生精神、道德、社会与文化发展，等等。

综上可以看到，其实《1988 年教育改革法》对学生精神、道德、社会与文化发展的表述就不甚详尽，且在之后相当一段时期内没有较大更改和扩充。可以说，这一阶段是英国学校价值教育内涵的早期确立时期。

---

① Her Majesty's Stationery Office, Education Reform Act 1988[EB/OL]. http://www.legislation.gov.uk/ukpga/1988/40/contents, 2015-01-11.

② 高政．英国价值教育概况与对中国的启示[J]. 比较教育研究，2011，11：42－45.

③ Her Majesty's Stationery Office, Education(Schools) Act 1992[EB/OL]. http://www.legislation.gov.uk/ukpga/1992/38/contents, 2015-01-11.

④ Her Majesty's Stationery Office, Education Act 1994[EB/OL]. http://www.legislation.gov.uk/ukpga/1994/30/contents, 2015-01-11.

⑤ Her Majesty's Stationery Office, Education Act 2005[EB/OL]. http://www.legislation.gov.uk/ukpga/2005/18/contents, 2015-01-11.

重大的转变发生在2010年，《2010年教育条例》(*Education Regulations 2010*)①的颁布，体现了英国对学生精神、道德、社会与文化发展的重视力度加大。在以往法案文件中，仅仅将“学生精神、道德、社会与文化发展”作为子条款进行简单的规定。但在《2010年教育条例》中，“学生精神、道德、社会与文化发展”被分离成为单独的一个部分，提升到第二部分的位置上，并对其做出了较详细的解释。之后英国对精神、道德、社会与文化发展的重视力度进一步增大，《指导意见》的法律依据就是2012年发布，从2013年1月1日起生效的《2012年教育法规(独立学校)(英格兰)》[*Education (Independent School Standards) (England) Regulations 2012*]。其中对学生精神、道德、社会和文化发展的标准专门有一部分进行修订，《指导意见》正是基于修订过的标准而制定的，并重点关注修订部分。

二、发布背景

(一)学校职责

独立学校(包括学院和自由学校)必须达到《2012年教育法规(独立学校)(英格兰)》中规定的关于学生精神、道德、社会和文化(SMSC, Spiritual, Moral, Social and Cultural)发展的标准，这是学校的义务。该文件的主旨是指导学校在“平衡而广泛”的课程中，良好地践行其促进学生精神、道德、社会和文化发展(Spiritual, Moral, Social and Cultural Development, SMSCD)的教育义务，尤其重要的是，本文件要求学校将“英国基本价值观”融入学校课程，促进学生精神、道德、社会和文化发展。

(二)时代挑战

时代的发展会对学校价值教育提出新的要求，近年来种族主义、极端主义等势力有抬头趋势。在国家和平安全面临威胁时，青少年作为一个极易受到煽动、蛊惑，甚至最后误入歧途的群体，受到政府的重点关注。而不可否认的是，当今先进的网络、通信技术正将无数泥沙俱下的信息呈现给青少年。因此，各国政府逐渐意识到必须有一种核心的价值观来指导青少年，教导青少年做出正确的价值判断和选择。

英国近年来国家的安全局势也引人担忧，由极端分子发起的攻击、做出的暴行等使得人心惶惶。面对严峻的挑战，怎样在价值多元的文化环境中以一种核心价值观作为国家价值教育中的中流砥柱来匡正青少年的行为，成为英国政府的当

① Department for Education, Education Regulations 2010[EB/OL]. http://www.legislation.gov.uk/uksi/2010/1997/contents/made, 2015-01-11.

务之急。

(三)提供指导

指导建议中明确提出了"这不是一份关于如何通过督导检查的指导文件"，建议认为教育标准局发布了如何根据这些标准评估学校的督导手册，具体解释了督学在评估学校过程中的关注点，学校更应该去学习这些文件和相关参考资料。但是本建议对学校的指导价值不言而喻，本建议的目的是帮助学校了解针对精神、道德、社会和文化发展标准的修改内容，并为学校提供达到标准的示范性做法。本建议重点关注新的和修改过的标准，但是也涵盖了一小部分未做改变的标准。

指导建议认为，学生的精神、道德、社会和文化发展几乎可以通过课程的所有部分来进行，但是课程中的某些主题和活动最相关的，这是学校应该注意的。除了对课程内容的要求，现在的精神、道德、社会和文化标准还包含致力于消除偏见和鼓励平衡方面的内容。在各个领域的期望必须根据学生的年龄和能力进行调整。

三、政策内容

(一)对英国基本价值观的关注

正如前文提到为了应对时代对教育的新要求，英国政府适时提出"英国基本价值观"。

"英国基本价值观"是在英国内政部 2011 年发布的《预防战略 2011》(*Prevent 2011*)[①]中首次出现，其原初是一个国防概念，以应对当今恐怖主义、极端主义猖獗的时代挑战。《预防战略 2011》从国民的思想源头入手，促进国民对其他国家价值的理解尊重，更重要的是促进国民对英国本国价值的认同和执行，以潜移默化的、非强制的手段抑制本土恐怖主义的产生及发展。《预防战略 2011》中对"英国基本价值观"的定义为包含"民主、法治、个人自由、对拥有不同信仰和信念的人的理解和尊重"[②]的价值观体系。并不断对其进行解释和补充，要求学校将其融入价值教育当中。

为配合《2012 年教育条例》中对学生精神、道德、社会与文化发展的规定，本文件首次将英国基本价值观作为单独探讨的项目，并给出了官方规定。

1. 学生成就

文件提出了学校在学生精神、道德、社会与文化发展中促进其英国基本价值

---

① Home Department, Prevent Strategy 2011[EB/OL]. https: // www. gov. uk/government/publications/prevent-strategy-2011, 2015-01-11.

② Fundamental British values, including democracy, the rule of law, individual liberty and mutual respect and tolerance of different faiths and beliefs.

观形成的标准，包括：

(1)了解在一个民主进程中，公民如何影响决策；

(2)了解法律允许那些不支持民主的人参加选举，但是这样的候选人的竞选成功对社会福祉是不利的，因为他们可能终结民主；

(3)对生活在保护公民的法治社会的感恩之情，以及了解法治对于公民的福祉和安全是至关重要的；

(4)了解一些公共机构，比如警察和军队，通过政府的民主机构对人民负责；

(5)认识到自由选择并持有其他信仰和信念是受到法律保护的，即使他人拥有和自己不同的信仰或信念(或没有任何信仰和信念)，也应该包容和接受他们，而不应因此对他们产生偏见或歧视；

(6)认识到识别和反抗歧视行为的重要性。[根据《2010 年教育公平法(*Equality Act 2010*)》中列举的受保护的特征]

2. 学校举措

同时，文件又给出了一些关于学校如何能在发展学生精神、道德、社会与文化中促进其形成英国基本价值观的意见，具体如下。

(1)根据学生的年龄，在课程的适当部分，为学生提供学习资料。资料要向学生展示民主的力量、优点和缺点，在比较其他国家不同形式的政府之后，理解英国的民主和法律是如何运作的。

(2)确保所有在校学生的声音都被倾听，比如成立一个学校理事会这样的民主组织，且其成员由学生投票选出。

(3)组织对市政府、议会及其他宗教的礼拜场所的参观访问，并鼓励学校与这些场所保持联系。

(4)利用国家大选或是地方选举这样的机会，举办模拟选举，让学生学会陈述和辩护自己的观点。

(5)运用多种多样的教学资源来使学生了解各种信仰，了解无神论和人道主义等理念。

(二)对政治问题的关注

由于极端主义和种族主义的威胁，本文件用了较大篇幅对政治问题进行探讨，涉及的范围较广，措辞也力求精准适宜。本指导建议针对政治问题的主要策略，简言之，即是“当学生对政治问题感兴趣时，向他们展示和谐平衡的观点”。为此，本文件对学校领导、教师乃至来访演讲者都有一定的要求。

1. 对学校领导的要求

本文件要求学校领导能够保证——禁止在学校的任何学科的教学中宣扬带有党派色彩的政治思想。其目的是防止通过课程对学生进行政治灌输。具体表述是基于适用于公立学校的《1996 年教育法案》(*Education Act 1996*)的第 406(b)条。①这条标准并不是要防止学生接触政治观点或在学校讨论政治问题，而是学生不应该由教师或他人积极鼓励支持特定的政治观点。

文件还明确了这一部分标准中关键词语的定义：(1)党派色彩——在宣传党派政治观点的过程中，"党派色彩"最恰当的同义词是"片面的"；(2)政治观点——为某种政治目的服务的观点，无论该政治目的是直接还是间接的和以下内容相关：①某一特定政党的利益；②促成本国或是其他国家法律的修改；③促成本国或是其他国家政府当局特定政策或是决定的撤销。

虽然这一部分的标准只涉及学校积极宣扬带有党派色彩的政治观点的情况，但它并不禁止政治观点的陈述。相反，它鼓励学生接触政治、理解政治，并阐明自己的政治观点，并且和他人分享和辩论等。

2. 对教师的要求

本文件要求教师无论如何，都不应该利用学生的脆弱性，试图让他们相信某个特定的政治立场必然是正确的，或试图把自己的意见强加给学生。这样的行动也等于违反针对独立学校教师制定的《2012 年教师条例(英格兰)》[*Teachers' Disciplinary (England) Regulations 2012*]②中关于教师个人和职业行为标准的第 2 部分。学校应该确保教师明确他们的专业标准，以及本文件对他们的要求。

3. 对访问演说者的要求

不向学生宣扬有党派色彩的政治观点并不代表不让学生接触政治问题，相反，本文件鼓励学校通过各种方式将政治问题呈现给学生，并激发其思考和讨论。因此，本文件鼓励学校邀请访问演说者到学校中，但是访问演说者中不可以包括政治党派或是选举机构的代表。同时，学校应该审查他们持有的观点是否和精神、道德、社会和文化标准存在不一致的地方。但也有可能演说者临时在课堂上就某一政治问题表达了带有党派色彩的观点，在这样的情况下，学校可以在随后的课堂教学中向学生展示适当的反对观点。而没有必要当时就对演说者的观点进行质疑或是之后安排另外一个持反对意见的演说者。

(三) 强调法治的重要性

本文件强调，学校不能仅仅尊重"法律"，而是要具体地理解并遵循英国的民事和刑事法律。这里涉及了国家法律和宗教法律之间对立统一的问题，本文件表示，对于那些基于宗教信仰风气浓厚的学校来讲，这条标准并不与鼓励学生尊重

---

① Her Majesty's Stationery Office, Education Act 1996[EB/OL]. http://www.legislation.gov.uk/ukpga/1996/56/contents, 2015-01-11.

② Her Majesty's Stationery Office, Teachers' Disciplinary (England) Regulations 2012[EB/OL]. http://www.legislation.gov.uk/uksi/2012/560/contents/made, 2015-01-11.

宗教法律相冲突；当学生自然到达对国家法律和宗教法律之间的潜在冲突及其对个人的影响感兴趣的年龄阶段时，学校不应该对此避而不谈。

同时，学校应该让学生明白，虽然不同的人关于什么是“对”与“错”可能持有不同的观点，但是所有生活在英国的人都受法律支配。学校应该让父母知道，学校的精神是拥护法治的。在教授宗教法律的过程中，可以让学生探索国家法律和宗教法律的关系及造成它们任何差异的原因。这一部分还要求学校帮助学生发展他们自己的道德观念，并理解他们的行为对他人造成的影响。

四、总结

“价值教育”在学校教育中的重要性不言而喻，它是一个整合性的过程，即学校和其他机构使青少年意识到人类社会各种价值的重要性。[①] 因此，价值教育是一个覆盖面很广的理念，我们可以认为它涵盖了道德教育的主要形式，比如品德教育、人文关怀和价值判断等，可是它是一个更上位的概念，更强调对公共社会、对文化、对政治乃至对经济价值批判性审视。在和平与动荡并存的当今社会，价值教育对于国家安全稳定的重要性起中流砥柱之作用。英国承受了多元文化带来的诸如信仰冲突、种族歧视等恶果，更加意识到了培养一个国家核心价值观的重要之处，其在SMSCD中要求践行“英国基本价值观”，并对其的关注力度逐渐加大就体现了这种决心。

比如2014年11月，英国教育部又发布《在学校精神、道德、社会和文化教育中促进英国基本价值观》(*Promoting Fundamental British Values as Part of SMSC in Schools*)，[②] 这是英国教育部发布的最新的关于学生精神、道德、社会和文化发展的指导性文件。该文件是针对公立学校发布的，仅从政策措辞上就可以看出对“英国基本价值观”的关注程度进一步加深，比如将之前的“尊重英国基本价值观”改为“积极促进英国基本价值观”，并丰富了各个方面的细节来帮助公立学校将“英国基本价值观”融入SMSCD中，促进学生对“英国基本价值观”的认同和发扬。

英国公立中小学的价值教育极具代表性和研究价值，无论是在理论研究还是实践发展中，都积累了丰富的经验和成果。[③] 英国的学校价值教育一直受到政府

---

① F. Clark Power, Ronald J. Nuzzi, (eds.). Moral Education: A Handbook[M]. Westport: Praeger Press 2008, p. 457.

② Department for Education, Promoting fundamental British values as part of SMSC in schools[EB/OL]. https: // www. gov. uk/government/publications/promoting-fundamental-british-values-through-smsc, 2015-01-11.

③ 邱琳. 英国学校价值教育研究[D]. 武汉大学，2010.

的高度关注，学校根据国家要求，全方位、多角度、多层次地对学生进行价值培养和熏陶。尤其是其能够与时俱进，结合时代发展和国家发展对价值教育的内容、形式和目标等进行合理整改，值得我国借鉴。

>>第三节 英国学校董事会的运行机制改革和最新发展：《公立学校治理章程》<<

英国公立学校的领导体制可以归结为董事会领导下的校长负责制，学校中的领导机构主要由董事会、校长和高级管理委员会组成。董事会是学校的最高权力机构。公立学校的董事会是吸收社区、教育局、学生家长和教职工共同参与学校管理，并对学校实施集体领导和广泛监督的一种机构，董事会由董事长负责召集，以会议形式对学校重大问题进行决策，公立学校的董事长原则上由社区代表担任，通常情况下，校长为董事会当然成员。2013 年 9 月英国教育部颁布了《学校治理：有关角色、程序和津贴的规定（英格兰）》[*The School Governance: Roles, Procedures and Allowance*(*England Regulations 2013*)],[①] 对当前英国公立学校的董事会在组成与人员、职能和角色定位、工作准则和原则，主席、副主席和办事员的角色，董事会的运行和董事会人员的补助问题进行了具体和详细的规定。[②] 具体内容如下。

一、关于学校董事会这一机构本身

(一)组成和人员

所有公立学校的董事会到 2015 年 9 月必须按照《公立学校治理章程》(*Constitution of Governing Bodies of Maintained Schools, 2015*)[③]对管理机构的要求来组建。章程给出了学校董事会的最小规模，必须包括以下部分：(1)至少两名家长成员(parent governors)；(2)校长，除非校长决定不成为董事者(governors)；

① Department for Education. The School Governance (Roles, Procedures and Allowance) (England Regulations 2013) [EB/OL]. https: // www. gov. uk/government/uploads/system/uploads/attachment _ data/file/270783/school _ governance _ regulations _ 2013 _ departmental _ advice. pdf 2015-07-20.

② 有关英国公立学校董事会的机构组成和工作职责资料参考：Department for Education. Governors' Handbook: For governors in maintained schools academies and free schools. September 2014. p. 34, p. 35.

③ Department for Education. The Constitution of governing bodies of maintained schools, 2015 [EB/OL]. https: // www. gov. uk/government/uploads/system/uploads/attachment _ data/file/459032/The _ Constitution _ of _ Governing _ Bodies _ of _ Maintained _ Schools _ Stat _ Guidance. pdf 2015-07-70.

(3)一名教师成员(staff governor);(4)一名地方当局成员(Local Authority governor);(5)基金管理者或者是在章程中规定的指定的伙伴管理者(partnership governors)。

在必要的时候,学校董事会可能会任命许多额外的增补董事会成员(co-opted governors),符合条件被选拔上来的教师成员(staff governor)不能够超过学校董事会总人数的三分之一。学校董事会可以任命助理人员(associate members)以服务于一个或者更多的管理委员会(Governing body committees)。增补管理委员的任期从四年不等,并且可以在任期结束后被重新任命。增补委员不是管理者,不被管理工具所记录。

增补委员的界定和来源是极其广泛的,学生、学校的职员和社会上的其他人士如果想对自己所熟悉的领域(如财政等)贡献于有关管理的相关问题都可以被任命为增补成员。同时,学校可以根据自身发展情况来选择某一领域增补成员数量的多少。

(二)职能和角色定位

关于职能和角色定位的具体内容如下。

(1)学校董事会不是具有行政职能(non-executive leadership)的领导。它的角色是作为一个董事会存在,类似于受托人慈善机构的董事会,或者公司的董事会。在所有的事务中,“董事会成员(board of governors)”都应该在策略的层面来运行,给校长和高级学校领导在每天的学校运行中负起责任留有空间。

(2)明确地理解学校董事会和校长之间的区别是有效管理的关键所在。校长对学校的教育表现和学校的内部组织、管理和控制——包括员工的表现管理负责。学校董事会的角色是支持校长对这些事务的专业判断进行解释与说明。如果委员会对校长提出了建议,校长必须遵循任何合理性的建议。

(3)学校董事会在策略层面的三项核心职能是:①规划学校的发展愿景和战略方向;②支持校长解释学校教育方面的表现;③确保财政资源得到充分和良好的利用。学校董事会应将重点放在其核心职能的发挥上,避免将时间消耗在不重要的事情上。虽然一系列其他的事务有时也需要学校董事会的注意,但是不应该以监督和抬高学校整体的教育和财政表现为代价。

(4)董事会成员需要一个强有力的过程和框架来设置重点、建立问责和监督过程。这可能会受到学校发展计划或相关文件设置的策略目标和关键表现指标(key performance indicators,KPIs)影响。管理的重点应集中在与学校董事会相符合的重大的策略调整和改进学校发展机会方面。避免由不必要的细节和边缘性问题阻碍了学校董事会核心职能的发挥。

(5)为了创建有力的问责制,学校董事会成员需要提出建立在强有力的客观数据基础之上的具有挑战性的问题,而不应该仅仅依靠校长提供的信息。进一步来说，他们至少需要每年审查一次国家的客观性数据，并且通过拜访核实校长所描述的，确保校长的学期报告提供了适当的和充足的细节信息。这些在董事会成员手册(Governors' Handbook)中均有详细的阐述。

(6)在 2014 年上半年，全国教师和领导者学会(The National College for Teaching and Leadership)为董事会成员开展了培训工作坊。培训成员怎样管理和运用基于网上的学校数据表现(RAISE online school performance data)来进行评价，理解财政基点数据(financial benchmarking)，并且提高学校的经费使用效率。

(7)虽然董事会成员都是自愿性的志愿者，但他们是发挥关键作用的高要求角色，需要高水平的技能和专业性。

(8)学校董事会基于其核心职能经常性地进行自我评价是很好的实践。检查标准和其他有用的框架见表 3-3 的"20 个关键性问题"。[①]

(9)对于学校董事会来说，发布年度报告以充分解释其怎样履行了责任也是很好的实践——特别是与其核心职能密切相关的职责的解释。

(三)工作准则和原则

强有力的管理是成为好学校的重要前提，学校董事会(Governing Bodies)的关键性角色是支持并向校长提出挑战，以确保学生能够接受到最好的教育。全国董事会成员协会(National Governors Association)在 2012 年提出了"面向学校董事会的 20 个问题"，目的在于使每个学校董事会都能够审视自身的实践以改进学校董事会的工作。当然，还有其他的资源来帮助学校董事会不断改进，所以这 20 个问题没有试图：(1)覆盖有效管理的所有方面；(2)给出答案——只有通过在当前实践中与其他机构实实在在和深入的比较中才能够得到；(3)代替一系列组织机构提供给学校董事会的好的指南。有一些学校董事会是极其出色的，但也有一些是在封闭的状态中工作而没有很好地理解有效实践或成功实践的构成有哪些要素。因此全国董事会成员协会(National Governors Association) 建议每个学校都应该触及这"20 个问题"，并且寻求有意愿的机构针对这些问题对学校进行评价。20 个关键性问题如表 3-3 所示。

① 在下文中将会详细展开论述。

表 3-3　学校董事会需要问自己的 20 个关键性问题

正确的技能：我们有正确的技能吗？	1. 我们的学校董事会完成了有技术性的审计吗？
	2. 我们是以技能为基础来选拔任命我们的委员吗？并且我们知道怎么样找到有必要技能的人吗？
效率：我们尽我们最大的可能来保障效率了吗？	3. 我们清楚我们的角色和责任吗？
	4. 我们有一名专业性强的办事员并且能够有效率地组织会议吗？
	5. 我们在培训和发展方面的预算以及每个委员都能够获得其有效发挥职能角色所需要的支持吗？
	6. 我们知道国家范围内的良好的实践吗？
	7. 学校董事会的规模、组成和委员会的结构能使我们有效地开展工作吗？
	8. 董事会的每个成员都有定期的贡献吗？我们对董事会每年的表现都有年度报告吗？
策略：学校有明确的愿景吗？	9. 我们在学校的愿景计划中发展了学校的长期目标吗，并且定期地进行监测吗？
	10. 我们的战略规划周期推动学校董事会的活动和议题设置了吗？
行政的责任：我们支持学校的领导进行解释了吗？	11. 我们足够了解学校表现方面的数据以充分地使学校领导能够负起责任吗？
	12. 我们的管理表现对中小学校长起到了怎样的效果？
	13. 我们的财务管理系统健全吗？我们能够保证金钱的价值得到最大限度发挥吗？
参与：我们充分地参与到了学校社区，更广泛的学校部门和外部环境中了吗？	14. 我们怎样地倾听和理解我们的学生、家长和职员？
	15. 我们怎样定期地向家长和当地社区进行汇报/报告？
	16. 我们通过与其他的学校以及地区层面或国家层面的其他部门合作能够从中受到怎样的益处？
主席(chair)的角色：我们的主席表现出有效的领导力了吗？	17. 我们定期对董事会主席的表现进行全方位的评价吗？
	18. 我们参加了良好的继任计划了吗？
	19. 主席或者是委员会主席每年都被改选了吗？
影响：我们对学生的学习成绩有影响吗？	20. 在过去的三年里学校获得了多大程度的改变，以及学校董事会对此的贡献有多少？

二、学校董事会主席、副主席和办事员的角色

主席在副主席的支持下有责任确保学校董事会职能的有效发挥。给予学校董事会清晰有力的指导，发挥引导作用并聚焦于其主要职能的发挥是主席所扮演的

角色。主席应该鼓励学校董事会成员以团队方式来开展工作，构建其自身的技能、知识和经验。主席应该确保所有的董事会成员积极地贡献相关的技能和经验，建设性地参加会议并在任何委员会中都能够发挥其应有的职能。主席还扮演着确保每个成员知道他们自身所被给予的期待并且获得了适当的指导和培训的角色。如果董事会成员没有尽力的话，主席应该在必要的时候与其进行诚实的谈话。

董事会成员的章程中对选拔主席和副主席有明确的规定。概括来讲，选拔更看重技能而不是服务的意愿。而且有可能选拔超过一个人以上来担任主席或者是类似于副主席的职务，如果学校董事会相信这样做是很必要的而且符合学校的兴趣。但学校董事会应该明确任何一个职位的分担安排都不应该带来领导职权上的不明晰。

全国教师和领导者学会(The National College for Teaching and Leadership)已经发展了国家性的项目以培训主席、副主席和有可能成为主席或副主席的人选。

高质量的、专业化的办事员(clerk)工作的发挥是学校董事会成员职能有效发挥的关键所在。办事员工作不仅关乎良好的组织和管理，更重要的是帮助学校董事会理解其角色、功能和法律责任。这在帮助委员会便利地和自信地发挥其职能方面具有重要的辅助作用。

学校董事会应该设立需求标准以使其办事员能有效行使所期待的职能，并且确保被雇用的办事员拥有适当的技能和培训。

三、学校董事会的运行

学校董事会，一般来说，具有高度的自治权，董事会章程的保留条款只集中在优质管理程序的基本方面——比如做出决定的过程和学科要提前 7 天向学校董事会提交议程论文。除此之外，章程也给予学校董事会更多的自由来决定其如何开展工作。

学校董事会章程规定董事会及其委员会的决定要经过委员的大多数投票来决定。董事会成员必须明确金钱上的利益并且由董事会决定这是否代表着冲突，董事会成员是否应该撤销某项讨论或者决定。

准助理成员不能够在董事会的决定上投票，但是可以通过董事会的允许在他们被任命的委员会中进行投票。代理投票或者是在会议之前投票是不被允许的，董事会成员要在投票之前当场聆听和参与是很重要的一点。

然而，章程现在给予了董事会可以允许其成员虚拟参加会议的权力，比如通过电话或者是视频会议，同时可以允许其成员远程参加讨论和做出决定。

四、关于董事会人员的补助问题

学校董事会成员提供的是一种志愿性服务，因此，不能够提供给他们作为管理者的报酬。但是他们可以拿到一些补助。补助可能包括合理的交通费用和发挥他们作为委员身份时所扮演的照顾儿童角色的费用。董事会有被授权预算，使其能够决定是否支付补助和支付多少合理性的补助。如果董事会没有这项预算，那么就可能通过地方当局按照一定的比例来给予津贴补助。只有在委员会成员尽其职责发挥必要的职能时才能够获得补助。

>>第四节　英国教师教育政策：《英格兰地区新晋合格教师入职培训法定指导》<<

2013 年，英国教育部在修订原有《法定指导》的基础上发布了新版的文件，就报告的更新而言，前后并无显著的变化。英国教育部 2013 年 12 月修订发布《英格兰地区新晋合格教师入职培训法定指导》[*Statutory Guidance on Induction for Newly Qualified Teachers* (*England*)]①，适用于地方教育当局、学校校长、学校教职工、教育治理机构等相关责任主体。教育部在报告中阐述了对新晋教师(Newly Qualified Teacher，NQT)进行培训的目的及执行的标准；对培训机构和参训教师的资格、培训的时间要求、监管与评估做了界定。关于如何对教师实施培训的细节并不是本政策的重点，此项政策的重心在于对培训主要参与者在培训过程中扮演的角色和承担职责，以及他们相互之间的合作衔接流程进行了厘定。主要参与者包括：参训方——NQT(Newly Qualified Teacher)教师；提供培训方——各教学机构的负责人(校长)；质量保障主体；培训导师；治理主体；国家教学与领导学院。

透过该政策我们可以发现以下两个特点：首先，管理权力下放，在培训过程的众多参与者中，真正享有实权、承担主要责任是培训机构的校长(培训提供方)和质量保障主体，这体现了英国在教师教育工作中的一个治理取向；其次，已经获得 QTS 资格(合格教师)的教师仍然是培训的参与者，这无疑表明英国对教师资格的重视程度日趋提高，反映了英国政府对教师职业的价值期待，这自然受到当下英国民众对教育不满的状况的影响，这一举措十分有潜力刺激并推动教育质量的提高。

---

① Department for Education. Statutory Guidance on Induction for Newly Qualified Teachers (England)[EB/OL]. https：// www. gov. uk/government/publications/induction-for-newly-qualified-teachers-nqts. 2014-01-04.

然而，不可否认的是，“NQT 身份”“QTS 资格”“ITT 职前教育”“Induction 入职培训”这一系列政策和概念本身存在逻辑上的矛盾和表述上的繁冗；在实施过程中，更会难以避免地加重教师工作负担。就其内容实质而言，也存在官样文章(Red Tape)的嫌疑，因为政策本身倾向于描述培训各个行政环节的过渡衔接和参与者的职责，真正关键的“如何培训”“如何制订培训方案”这些问题似乎被简单地用“个性化”三个字一笔带过。

一、概况

(一)背景概述

1. 入职培训的目的

法定入职培训(Statutory Induction)是沟通教师职前教育与教师职业的桥梁，培训包括个性化的培训发展项目、监督下的专业性对话、基于相关标准(下文)的评估。培训项目应该帮助新晋教师(Newly Qualified Teachers，NQT)经过培训后达到相关标准的要求，赋予他们成为高效、成功教师必备的技能。

2. 相关标准

培训期满，将运用 2012 年 9 月起执行的《教师标准》(*Teachers' Standards*)来评估新晋教师的表现。在衡量其表现是否达到标准要求时，应该综合考虑新晋教师的工作环境以及合理的期望水平。评价应该反映出新晋教师高效利用了教师职前教育(Initial Teacher Training，ITT)，并在一段持续的时间内真正使能力表现达到了法定标准。

3. 完成培训的要求

在按照法规接受完整的入职培训之前，新晋教师不能为相关学校所聘用。在获得新晋教师的身份后，应该尽快规划入职培训的安排。对于计划到独立机构工作的新晋教师而言，如学院、免费学校、独立托儿学校、继续教育机构等，目前尚无法律规定必须参与入职培训，但一些特定的机构可能遵照本规定制定了相关的要求。

(二)豁免规定及培训机会

满足下列条件的新晋教师可以免除参与入职培训的要求。

1999 年 5 月 7 日以前被评定为合格教师；当前正在参与或刚结束入职培训；短期工、兼职工；在特定地区参与过入职培训、实习等相关活动，地区包括苏格兰、威尔士、北爱尔兰、马恩岛、根西岛、泽西岛、直布罗陀，或者德国和塞浦路斯的儿童教育服务机构；在英格兰接受培训并于 2003 年以前在威尔士工作；在美国、加拿大、澳大利亚、新西兰参与培训。

关于培训机会，每名新晋教师可能只能获得一次完成入职培训的机会，培训中不能达到要求的新晋教师将不能在此参与培训，但他们仍然是新晋教师的身份。这部分新晋教师将被国家教学与领导学院(National College for Teaching and Leadership)备案，他们不能被相关学校聘用，也不能从事与培训所获资格相关的工作。

二、培训过程

(一)资格要求

1. 培训机构资格

第一类，在英格兰地区的相关学校，包括政府资助的公立学校、公立以及私立的幼儿园、半公立性质的幼儿园、地方教育当局资助的儿童中心、PRU 机构(PRU 全名 Pupil Referral Unit，指在英格兰地区，由地方教育当局出资，专门为被排斥的学生、生病学生或其他无法进入主流学校，以及特殊公立学校学生而设立的教育机构)；第二类，英格兰地区的独立学校，包括学院、自由学校、16～19岁青年学院、替代性学院、城市科技学院、独立的幼儿园；第三类，继续教育机构，包括第六学级学院；第四类，海外独立学校，在过去六年内，接受英国教育部的授权督导单位督导的学校，参照并符合《英国海外学校督导标准》的要求，并且是英国政府指定的同类学校代表组织的成员；第五类，威尔士地区，遵守威尔士相关规章的学校或继续教育机构。

(1)在公立、私立、独立幼儿园及政府出资儿童中心进行的培训。

在这些机构中接受培训的新晋教师，必须得到该学校校长的推荐，以证明他们达到了培训的标准。此外，他们教授的主要对象是 3 岁及以上的儿童。校长必须确保这些新晋教师教员所在的岗位与其接受的培训相适应。

(2)在继续教育机构进行的培训(包括第六学级和 16～19 岁青年学院)。

在这三类机构中开展的培训需确保，继续教育机构为 19 岁及其以上青年进行的教学工作中，新晋教师的工作比例不应高于 10%。为了使他们对教师角色和常规工作获得全面的认识和理解，新晋教师教员必须在义务教育机构中开展至少 10 天的教学，这些培训安排都是为了使他们达到 15 天学校体验的要求。

(3)不能开展培训的机构。

根据法律规定，不能在以下机构开展新晋教师入职培训：①安全培训中心；②要求特殊督导措施的学校，需要视督导局的情况而定；③那些被督导局评定为学校效能不足的继续教育机构。

2. 参与培训教师的资格

新晋教师必须在获得合格教师身份(Qualified Teacher Status，QTS)的前提下才能参与培训，这需要校长及相应的责任主体与国家教学与领导学院(National College for Teaching and Leadership)沟通确认。在 2000 年 5 月至 2001 年 4 月 30

日之间完成 ITT 培训且获得 QTS 资格的老师，还需要进一步完成数学能力测试，才能被认可为已经完成入职培训。

实施短期教学培训的资格：在 2007 年 9 月 1 日及之后获得 QTS 资格且没有完成入职培训的教师，可以参与短期的培训，周期不长于一个学期。校长或其他负责人及培训单位需确保满足相关条件的老师获得这样的短期培训机会。

3. 培训岗位资格

在新晋教师参与培训之前，校长和相关责任主体必须保证所安排的岗位能够符合培训要达成的目的。同时，这些提供培训的机构，也要确保对新晋教师实施的监督和训练能够与自身的发展需求相协调。合适的岗位应该具备下列条件：由校长或其他负责人评判新晋教师的表现是否符合相应的标准；在实施培训之前对质量保障人员的角色和任务达成一致；给新晋教师提供必要的职业任务和经验，以使他们证明自己的表现达到了标准；合理安排新晋教师在培训期间的任务，确保他们能在培训期间完成，不对他们提出无理要求；一般而言，不要求新晋教师教授未曾教过的学科和年龄组的学生；除非必要的准备和支持性工作，不对教师提额外的非教学责任。此外，治理主体还需保障相关机构有足够的能力开展培训，这些机构的负责人也充分履行了职责。

(二)培训安排

1. 更精简的安排

对于在对应机构中参与培训的新晋教师，他们的工作量应不超过常规工作教师的 90%，同时要支付他们必要的薪资，以保证培训任务的顺利开展。这里指的时间不包含规划、准备和评估(Planning Preparation and Assessment，PPA)所花费的时间。在其他机构中参加培训的教师，也可在比较的基础上精简任务要求。

2. 确定合适的质量保证主体

在培训中，设置合理且独立的质量保障主体，对于培训的质量和评估的公平性延续性而言都非常重要。这也是新晋教师开始接受培训的必要前提，一旦接受培训的新晋教师被确定，校长或其他责任人就要给他安排相应的质保主体，该工作不能顺利完成将使培训工作延期开展。在签署合作协议的同时，质保主体应该给新晋教师提供一份联系人名单，以防出现不能解决的问题，但此人不能直接涉及质量监督、支持、评价等事务。培训开始，质量保障主体要向国家教学与领导学院报告相关情况。

事先达成一致的情况下，质量保障主体可以适当地收取费用，但收费不能超过其提供服务的成本。

表 3-4 列举了能够作为质保主体的机构，在未尽案例中，应由地方教育当局承担相应职责。

表 3-4　培训机构类型与对应的质量保障主体

培训机构类型	合适的质量保障主体
· 社区、基础或志愿学校 · 社会或志愿特殊学校 · 公立、私立的幼儿园或儿童中心 · 私立的特殊学校 · PRU	· 与学校达成协议的地方教育当局 · 教学学校(规定见下文) · 国家教师入职培训组会(NIPT) · 学校所在地的地方教育当局(如果不能满足以上三个条件)
· 学院、免费学校、城市技术学院	· 与学校达成协议的地方教育当局 · 教学学校 · NIPT · 独立学校的教师入职培训组会(IStip，只针对其成员和协会成员)
· 其他独立学校，包括独立幼儿园 · 英国海外学校	· 与学校达成协议的地方教育当局 · 教学学校 · 独立学校的教师入职培训组会(IStip，只针对其成员和协会成员)
· 继续教育机构，包括第六学级学院	· 与学校达成协议的地方教育当局 · 教学学校

教学学校(Teaching Schools)承担质量保障的工作，需要满足一定的条件，不能为自己的新晋教师雇员提供培训，只参与其部分工作的亦不可。被授权为职前教师培训提供者的学校不能为自己建议授予合格教师(QTS)开展培训。

3. 确定培训周期

无论新晋教师所在的培训岗位是全职还是兼职，都要按照全职一学年(通常是三个学期)的标准来要求。在这种情况下，按照 0.5 全职工作(FTE)的新晋教师，则需把培训周期调整为两年。在一些诸如继续教育机构，学制没有统一标准的情况下，由质保主体裁定周期安排。下文还将描述有可能缩短培训周期的特殊情况。

可以计入培训的连续就业期的最低要求：对全职和兼职的新晋教师而言，能计入培训完成的最低连续就业周期是一个学期。这一规定适用于永久和长期的岗位，这反映了 NQT 对工作环境稳定性的需求，以及对接受个性化、支持性、事先规划好的培训计划的需求。此外，对新晋教师而言，相对稳定的工作是保障评估公正合理的基础。低于一个学期，以上工作都很难开展。继续教育机构等工作周期可能小于一个学期的单位，具体事宜由质保主体决定，如果威尔士地区的要求符合英格兰的要求，在威尔士地区的工作也可在英格兰通用。

4. 培训期间的监管、辅助与评估工作

这三项工作开展的一个原则是个性化，按照新晋教师的个人需求制订与他们相吻合的方案。具体应该做到：配备培训导师对新晋教师进行指导与帮助，这名导师需具备 QTS 资格、具备相应的经历，而且要有充足的时间来开展工作；培训期间对新晋教师的教学表现进行观察，并进行讨论；安排常规性的发展进度检查；NQT 教师对有经验的教师进行教学观摩，凡是被认定为高效的教学机构均可接受观摩。

导师是培训过程中至关重要的角色，除了上述规定的资格、时间、经验等标准之外，导师还要能够参照相应标准，对新晋教师的发展进度做出公平有效地评价。观察新晋教师的教学表现也要在导师的指导下进行，通过观察，导师要能够在培训早期发现新晋教师存在的问题，面临的困难。导师的任命职责归于校长或其他主要负责人，在一些情况下，校长本人也有可能成为导师。

专业发展进度程度检查需要多次开展，评判依据是 NQT 的教学实践情况。在检查之前要设定目标，每次检查后都要与目标进行对比，并指出 NQT 教师在这一阶段内的长处和不足。检查情况需实时跟进记录，以帮助受训教师更好地实现目标。

校长和(或)导师需对新晋教师进行正式评估，通常情况是以一段时间为单位，在一年之内开展三次评估，具体的时间由培训单位和 NQT 商定。评估结果必须清晰而透明，并且要向新晋教师本人和质保主体提供副本。每一次的评估结果都要综合考量先前的评估结果以及 NQT 教师的受训情况，并参照设定好的标准。要不断向 NQT 提供结果的更新情况，不能使受训教师感到措手不及。英国教育部制订了评估表格，最终的评估结果需要填在官方表格中，校长的推荐意见对结果十分重要，最终给出的评价为“合格”“不合格”“延长培训期”，NQT 本人要对结果发表评论，表格最终要由校长、导师、新晋教师三方签字。表格的原件和复制件都要递交质保主体，之后由质保主体向教育部递交电子版。

如果新晋教师在一所机构完成了一期及以上的培训后便离开了，校长需要对其做中期考核，这将是这名 NQT 的培训在后续机构或岗位上得以完成的重要保证。

(三)培训的完成

1. 培训完成的裁定

新晋教师在完成入职培训前需满足下列条件：一年期的全日制标准学年培训(通常分为三个学期)；基于先前教学经验允许的较短的培训期(获得质保主体和校长的许可)；在缺席正常培训的情况下完成了延期培训；完成了由质保主体或申诉机构(国家教学与领导学院)指定的延期培训。属于“群体一”(在 2000 年 5 月 1 日至 2001 年 4 月 30 日之间获得 QTS 资格的教师)的新晋教师还需参加额外的数学能力测试。

在满足以上条件的基础上，质保主体将根据校长的推荐意见及其他评估材料最后裁定新晋教师的表现是否达到了培训预期的标准。这项裁定工作需在收到推荐意见的20个工作日内完成，做出的决议应包括：成功地达到了培训标准，因此其培训圆满完成；需要延期，参与进一步的培训；不能有效地完成培训。

在做出决议的三个工作日内，质保主体要将决议以书面通知的形式告知NQT本人、提供培训的学校校长及雇主(如果符合此情况)。在做出“延期”和“不合格”的决议时，要将决议呈送国家教学与领导学院。同时，质保主体必须告知新晋教师，如果对结果不满，他们拥有申诉的权利，并告知申诉单位(国家教学与领导学院)的名称和地址及截止日期。一般而言，需在拿到结果的20个工作日内进行申诉。

不能完成培训意味着该名新晋教师不能继续在公立学校、公立幼儿园、私立特殊学校和PRU机构中担任教师。然而，这并不影响他们在其他不执行培训规定的机构中任职。如果培训不合格的新晋教师不进行申诉，其所在学校应该在其进行不申诉声明后的十个工作日内解除聘用关系。如果进行申诉仍然维持“不合格”的评判结果，应该在申诉后的十个工作日内解除聘用关系。被开除的新晋教师名单会被国家教学与领导学院备案，备案工作应该在“不合格”的判定生效后立刻开展。

2. 记录存档、保密与信息保护

质保主体需要建立并保持每一名注册培训新晋教师的记录，同时要监督评估表格的回收，催促未按时上交评估表的单位。新晋教师的记录包括：培训开始的日期、培训周期的完成部分、算入培训期的就业时间、工作模式的变化、缺勤状况。这些记录需要写入每一阶段的评估表中。培训期间离开的新晋教师名单要由校长向质保主体通报，并由质保主体上报国家教学与领导学院。新晋教师在新的单位重新开始培训时，前后的两家机构需要做好沟通工作，共同决定前期培训的有效时长，并告知新晋教师新的注意事项。

已完成和部分完成培训的新晋教师资料由国家教学与领导学院(NCTL)保存。通过与未通过培训教师的信息都可在“雇主在线访问”(Employer Access Online)网站查询到。NCTL作为申诉单位，同时保存申诉资料。一般建议培训机构和质保主体保存这些记录至少六年，同时建议新晋教师持有自己的资料。

校长、导师、质保主体、国家教学与领导学院(NCTL)要共同确保数据保护的有效性和数据转移的安全性。培训程序以及由此产生的评估活动都应该在保密的状态下进行，不能与无关人员分享。任何能够接触到资料的人员都必须对资料进行保密，新晋教师也必须认识到能够给何种人获取资料的授权。治理机构按期要求获得新晋教师进步状况的综合报告，但无权任意自动获取新晋教师个人的评估表。只有当新晋教师对评估和其他特定事务不满而向治理机构提出申诉要求调查时，治理机构才能获取申诉人的相关资料。如果治理机构对培训单位的质量、安排、人员履职等情况存疑，他们可以在任何阶段向质保主体寻求指导。

三、特殊情况

本部分主要介绍了一些应对小概率事件的办法，主要包括：在先前教学经验和特殊情况的基础上缩减培训时间；延长培训时间；短期教学；被两家及以上机构同时聘用的新晋教师；在数据缺失或错误的情况下评判培训完成；针对未通过数学能力测试的合格教师的特殊条款。

一些首次为公立教育机构服务的教师，之前已经积累了十分丰富的教学经验，尽管如此，他们也需要参加入职培训。在这种情况下，质保主体有权裁定是否缩短其培训周期，最低限度为一个学期(在一学年三学期的情况下)。做出这样的决定，需要综合校长和相关教师的意见。如果有处在这种情况下仍然愿意参加完整培训的教师，是允许他们这样做的。质保主体需要对教师的决定做出考量，主要参考之前的材料数据。这种缩短培训期的豁免权职能赋予那些在独立机构教学、并且通过评估渠道获得 QTS 的教师。

如果新晋教师在培训期内有缺勤的情况，那么培训期将会被自动延长。延长期与缺勤时长一致。如果女性新晋教师因为孕育情况而缺勤，则要在其返回工作岗位时进行表现评估，并以此为依据裁定是否延长其培训期。如果相关女性新晋教师选择不延长，也要参照标准进行评估。

质保主体在培训期结束后拥有决定延长培训期的权力，决定的内容包括延长的时长、延长期内的评估过程及相关的建议。在做出决定的同时，还要评判是否有足够的材料证明这样的决定是合理的。在下列情况下，要求新晋教师在培训期内达到标准则是不合理的，包括个人危机、疾病、残障、辅助故障、证明材料不足等。

在数据有误或者缺失，并非参与培训的新晋教师造成失误的情况下，质保主体要根据具体情况做出裁定。质保主体首先要确保已经尝试了所有可能换回数据的办法，或者在做出决定之前已经通过了审计程序。在最终裁决时，需同时提供数据出现问题的证明材料，已经最近一次对教师进行的评估材料，以说明教师培训达到的水平。

当新晋教师同时在多家机构完成培训时，必须由其中一家机构的校长担任领导校长，并对相应事务负主要责任，包括：确保所有提供的岗位都适用于培训、为新晋教师提供公平的平台、向其他校长咨询和收集证明材料、咨询地方教育当局、向质保主体提供建议、提供证明材料收集各个环节的方法。在这样的情况下，应由一名质保主体担任领导，接受领导校长的建议，做出相应的决议。领导质保主体同样还要负责向其他质保主体咨询及搜集数据。应该累加在每一家机构签署的培训合同以计算培训时数，同时每一份独立的合同都必须满足最低标准。

当新晋教师的职业进步程度不能达到预期时，质保主体需通知校长，并由校长负责保证额外的监管和支持策略被立刻付诸实施。质保主体和校长要确保正确地识别了需要改进的地方、按照标准设置了正确的改进目标、制订了有效的支持计划。在此基础上，安排准备下一次评估。如果在第二次评估(并非最终评估)中，新晋教师的表现依旧不合格，校长就需要向新晋教师解释可能出现的后果，并交代清楚以下事项：被识别出来的弱点、统一达成的目标、额外监管和支持的细节、评判所依据的材料、为下次评估准备的提升计划详情。

四、培训过程中的主要参与者及其职能

(一)新晋教师

NQT 教师应该：提供自己获得 QTS 资格的证明；与导师见面并就培训中应首要解决的问题达成一致；与导师商议如何最好地使用时间缩短限额；提供证明自己获得进步的材料；完全参与到监管和发展过程中；在实用的情况下向导师表达自己的担忧；在与导师合作中面临困难的时候向质保主体进行咨询；高效地参与安排好的课堂观察、进度检查、评估会议等活动；与导师商定培训开始、终止的日期以及允许缺勤的日期；保留所有评估表格的复件。

(二)校长

校长应该与质保主体一道，共同负责新晋教师培训过程中的监管、支持、评估等工作，具体包括：检查新晋教师获得 QTS 资格的情况；确定一名教师是否需要参与培训或能豁免；与新晋教师在培训开始之前达成由谁担任质保主体的协议；通知质保主体新晋教师是否有任职并需要接受培训；满足相应的职务要求；确保导师受过正确的培训并且有充足的时间；确保个性化的培训方案是实用适当的；确保定期检查新晋教师的进步情况，其中包括观察和教学反馈；确保完成分期评估并将报告发送给质保主体；准确保留能计入培训期的就业记录；使治理主体能够意识到培训安排能够起到支持作用；向质保主体提出建议；参与质保主体的质保程序；保留所有相关的材料达到至少六年；保留新晋教师在前期单位的中期评估报告；必要的时候向质保主体提出质量问题警示；保证第三方开展的教学观察能够达到标准；向质保主体通报缺勤情况；定期向治理机构报告培训情况；在特殊的情况下与质保主体商议并达成一致意见；提供中期评估报告。

(三)培训导师

培训导师，在某些情况下由校长担任，他们应该：提供、协调、指导并支持新晋教师职业发展的培训；执行常规进度检查；主持三次正式评估会议；通告新晋教师关于评估会议的相关情况，并邀请新晋教师发表个人评论；确保新晋教师

的教学被观察并提供反馈；告知新晋教师如何就个人在培训中遇到的问题和担忧进行申诉；在新晋教师遇到困难时采取准确及时的应对措施。

(四)质量保障主体

质保主体应该保证校长意识到、且有能力履行自己的监管职责，并确保监管、支持、评估、指导等程序是合理公正的。定期向校长进行咨询，获知校长对当前质保程序和即将推出的新质保程序的意见。要求培训机构与质保主体通力合作、履行职责。

此外，质保主体必须：确保校长提供了始于培训的岗位；有应对措施来帮助遇到困难的新晋教师；向没有履行职责的机构提出警示；确保导师都经过严格的训练，同时得到必要的支持；继续教育机构或者独立学校治理主体的任何正在执行的协议都是受到支持的；确保校长已经检查过新晋教师的 QTS 资格获得情况；保障学校在 PPA 时间之外有合理的简化日程；确保新晋教师与质保主体之间签署了合同；给予教育机构，包括第六学级学院在为新晋教师寻找义务教育实习学校的时候必要的支持；保留新晋教师的记录及评估情况；获得缩短培训时间的协议并决定是否合理；最终决定新晋教师的表现是否达到标准以及是否需要延期；向国家教学与领导学院(NCTL)提供新晋教师培训起止时间、完成情况、延期情况、转移情况的详细资料。可能还要对学校、学院、导师的要求做出回应。

(五)治理主体

治理主体必须按照本规定行事；要对培训机构的能力表示满意；确保校长履职到位；就新晋教师表达的担忧进行调查；能够获得新晋教师发展进度的综合报告。

(六)国家教学与领导学院(NCTL)

NCTL 代表英国国务大臣履行职责、行使权利，法定权利包括听证申诉；保障培训不合格新晋教师的名单有备案。

>>第五节　英国教师教育政策：《教师职前教育培训资助计划(2014—2015 年)》<<

2013 年 12 月，英国国家教学与领导学院(National College for Teaching and Leadership，NCTL)发布《教师职前教育培训资助计划(2014—2015 年)》，[①] 经过

① National College for Teaching and Leadership. Initial teacher training (ITT) Training bursary guide—Academic Year 2014 to 2015 (Version 1)[EB/OL]. https: // www. gov. uk/government/uploads/system/uploads/attachment _ data/file/356142/training-bursary-guide-academic-year-2014-to-2015. pdf. 2014-1-13.

2014年2月和2014年6月两次修改形成了最终版本。出台该项政策的意义在于吸引更多的优秀人才投身教育事业，为教育教学做贡献。主要做法是由NCTL拨款，促使一部分毕业生与培训机构(各级各类学校)合作开展教师职前教育培训(Initial Teacher Training，ITT)，培训周期通常为一学年。拨款额度根据毕业生取得的最高学位和所选择教授的学科而定。对于学位资格和拨款额度、拨款流程的规定是本政策的重点所在。从学科的角度分析，物理、数学、化学、计算四门理科最受重视，选择从事这四门学科教学工作的受训者有机会获得最高额度的奖助；从学位的角度分析，受助者必须获得英国二等二级荣誉学士(2∶2)及以上水平的学位，但是物理和数学两门学科并不受限于此规定，说明物理和数学受到极高地重视，由此可以窥见英国基础教育的政策重心。此外，国家教学与领导学院(NCTL)详细规定了医学、海外学历的特殊情况，还说明了受助者须具备的资格。拨款方式主要为按月分期付款。国家教学与领导学院(NCTL)和教师职前教育培训(ITT)提供者负有质量保障、监管等职能，国家教学与领导学院(NCTL)是整个资助计划最主要的责任主体。

一、概况

本计划用于指导英国教师职前教育的实践过程，适用于职前教育的培训提供方、参与学校管理(学费)资助计划(School Direct Programme)的学校，也能给接受ITT的教师提供必要的参考消息。本计划制订于2013年12月，相关的资助费用、受助学科、学位类别等信息，仅适用于在2014—2015年参与ITT培训的情况。

培训资助是一项旨在吸引和稳定高质量毕业生投身教学工作的财政激励措施。资助的额度不一，取决于参与培训者获得学位类别以及他们期望教授的学科。就学科而言，受训者的A-Level级别[①]会影响到他的受助资格及受助额度。在一些教师短缺的学科，受训者的学位等级至少要达到2∶2，对其他学科而言，至少应该达到2∶1。[②]

在本资助计划的框架下，主要有核心资助(Core Bursary)和可自由支配资助(Discretionary Bursary)两项。核心资助主要授予达到2∶2最低学位级别要求的受训者，同时也授予那些获得其他相关学术资格的人，比如获得硕士、博士学位，以及获得海外和医学学位等。可自由支配的资助主要授予那些实际经历和潜

① A-Level考试，普通中等教育证书高级水平课程考试，A-Level成绩是英国大学选拔学生的重要凭证，类似于我国的高考。

② 英国的学士学位分为五个等级，分别是：一等荣誉学士学位、二等一级荣誉学士学位(2∶1)、二等二级荣誉学士学位(2∶2)、三等荣誉学士学位、四等学士学位。

质优于其学位级别的受训者，这种自由度高的资助有一定限制，并且要接受审计，下文(第三部分)将详细说明。此外，还有一项奖学项目(Scholarships Programme)，为本资助计划的延伸项目，主要用于支持物理、化学、数学、计算类的受训者，只有学位级别达到 2∶1 及以上的才能申请。国家教学与领导学院(NCTL)还为学科知识提升课程(Subject Knowledge Enhancement Courses, SKE)提供资助，SKE 属于教师职前培训的预备课程，使潜在的受训者了解教授其所选学科应该获得的知识深度。

二、核心资助的奖项及资格

(一)资格

资助的额度取决于受训者的所选学科以及其获得的最高资格，而并非取决于受训者实际学术资格的对应学科。比如，一位获得地理学一等荣誉学位的受训者选择参加物理学 ITT，他同样能够获得最高级别的资助。在这一过程中，选择或者雇用培训者的程序都是不变的，这一选择程序包括对受训者持有学位和所选学科的相关性进行判断等。对 ITT 项目进行的资助都是固定的，并不会因为培训项目的长短和模式而进行调整。

资助并不仅仅是鼓励高质量毕业生参加教学工作的财政资助手段，资助的最终目的是使受训者成功地参与和完成培训。表 3-5 列出了适用于 2014—2015 年的资助额度，今后的资助额度需等待教育部的发布，国家教学和领导学院(NCTL)反对任何 ITT 培训提供方以此为依据向今后的潜在受训者承诺资助额度。

(二)ITT 资助的学科

高度优先的学科包括化学、语言、计算、小学数学，受训者获得 2∶2 以上的学位就可以签署资助培训合同，具体的额度和级别见表 3-5。数学和物理学科的受训者至少应该在对应学科获得 B 以上的 A-level 成绩，在此要求以上的受训者都可以获得 9 000 英镑的培训资助，按照表 3-5，如果受训者获得了更高级别的资助，则不能同时获得 9 000 英镑。物理、数学、化学、计算四门学科的学位级别达到 2∶2 及以上者，都有机会获得 25 000 英镑的奖学项目金。

其他优先学科主要包括生物、英语、地理、历史、音乐、古典、设计、科技，受训者的学位级别必须达到 2∶1 及以上。在这些学科中，如果“古典”具体指古代语言而不是古代文明，则属于“语言学科”的范畴；反之，如果“古典”指主要与古代历史相关的课程，则会被划分为“其他优先学科”。详细的资助情况参见表 3-5。小学数学资助仅面向 A-level 数学科目达到 B 及以上的受训者，不具备此资格或者选择其他学科的受训者，只能根据学位等级选择普通的小学类资助。除了以上所论述的情况，所有其他 ITT 学科、无论受训者的学位等级如何，都不能获得资助。

表 3-5 2014—2015 年度 ITT 培训财政激励

资助级别	培训资助 2014/15[1]	高度优先学科				其他优先学科	
		物理，数学[3]	计算	化学	语言[4]	二级优先，一级优先[5]	小学数学[6]
	奖学金[2]	£25 000	£25 000	£25 000	—	—	—
1	一等学位*	£20 000	£20 000	£20 000	£20 000	£9 000	£11 000
2	2∶1*	£20 000	£20 000	£15 000	£15 000	£4 000	£11 000
3	2∶2*	£15 000	£15 000	£12 000	£12 000	无资格	£6 000
4	其他[3]	£9 000	无资格	无资格	无资格	无资格	无资格

表 3-5 注释：其他相应的学位资格也符合条件，将在后文(第四、五部分)说明。

1. 参与“学校管理(学费)资助计划”的受训者，如果将自己 50%的培训比重安排在为超过 35%的学生提供免费校餐的学校，可以在以上资助的基础上额外获得 20%的资助；

2. 该奖项仅面向获得数学、物理、化学、计算 2∶1 或一等学位的受训者，满足条件的可向对应学科的学会组织申请，申请者会经过竞争性的选拔。获得这项奖学金的受训者将不再接受教育部提供的其他资助，没被选拔上的受训者仍能获得其他资助；

3. 9 000 英镑是针对物理和数学学科 A-level 获得 B 及以上的受训者，只要满足这一条件便可获得资助，但获得更高资助的受训者不再享受该资助；

4. 语言包括任何现代语言，以及以语言为基础的古典课程，比如拉丁语、希腊语；

5. 二级优先的其他学科包括英语、历史、生物、地理、音乐、设计、科技，以及其他古典课程，比如古代史；

6. 仅面向 A-level 数学科目达到 B 及以上的，专门申请小学数学岗位的受训者。

三、可自由支配资助的奖项及资格

英国教育大臣在 2011 年 11 月颁布的《ITT 推进计划》①中规定，如果受训者有杰出的潜质，ITT 的培训提供者可以颁发比受训者学位对应资助等级更高的资助奖励。所有的 ITT 提供者都有一定权限来提高这笔资助，约占其总资助金额(核心资助除外)的 3%。

(一)如何利用可自由支配资助

可自由支配资助(以下简称“可支配资助”)仅面向表 3-5 中资助级别 2～4 的受训者，不能用这部分资助来提高已经获得最高资助受训者的资助额度。核心资助分配较少的 ITT 提供方例外，它们可以使用至少一项可支配资助来支持最高级别的受训者。在第 4 资助级别，只有物理和数学学科的受训者能够获得可支配资助。

---

① Gove. M. (2011). ITT Implementation Plan. Retrieved from[EB/OL]. https://www.education. gov. uk/publications/standard/publicationDetail/Page1/DFE-00083-2011. 2014-1-13.

ITT 提供方应该将可支配资助用于鼓励职业转换者的专业发展，这样的职业转换者一般具有丰富的与学科相关的工业知识，这些知识可能从工作中获得，也可能通过继续教育而掌握。可支配收入应该支持这些具有良好教学职业前景的人员加入教学工作，而不是帮助那些已经合格的申请者。

对于在海外获得学位的人员，可支配收入只能用于那些学位对应级别低于2∶2 的受训者。海外学位对应级别在 2 等以上，或者相当于英国硕士、博士学位的，可以获得核心资助。在海外获得物理和数学学位的，如果对应级别不在 2 等及以上，若对应的 A-level 级别满足要求，可以按表 3-5 的资助级别 4 对其进行资助。

关于海外学位，如果无法按照《海外等值数据》(*Overseas Equivalence Data*)和《英格兰、威尔士、北爱尔兰高等教育资格框架》(*Framework for Higher Education Qualifications in England, Wales and Northern Ireland, FHEQ*)进行判断的，则要在第一次遇到问题时询问资助小组(Funding team)。

(二)资格标准

可支配资助只能用于表 3-5 中所列举的学科，前文提到的 3%的自由支配上限是定值，不能再提高。而且仅能用于具备杰出潜质的受训者，或者 ITT 提供者不能分配核心资助的情况。2014—2015 年度的财务审计一旦核实了支出状况，所有未使用的资助资金，包括可支配资助资金都将被收回。资助奖项的详细情况可能需在 2014 年 10 月份上报统计和审计程序。

对于物理和数学以外的学科，若 ITT 提供方将资助用于获得普通本科学位①或者本科以下学位的受训者，他们则有可能在接下来的学年里失去自由支配 3%资助的权力，因为 NCTL 不能够为错误的资助而支付费用。

(三)记录与评估

如果资助决定已成，审计程序也证明受训者满足受助条件，那么 ITT 的提供方应在 10 月份的统计中记录下这些信息。如果提供方有合适的自由支配受助者，也要从学年开始就跟进记录。

ITT 提供者应该参与到评估项目中，以查明可支配资助是否有效发挥了作用，激励了高质量的受训者加入 ITT 培训。具体的评估项目，NCTL 将会写信告知所有的 ITT 提供方。

四、英国的学位资格

(一)荣誉学士学位和普通学士学位

根据英国高等教育质量保障局(QAA)颁行的《英格兰、威尔士、北爱尔兰高

① 普通本科学位，Ordinary Degree，英国本科学位里的最低等级。

等教育资格框架》(FHEQ)，获得荣誉学士学位的人“能够理解复杂的知识体系，其中包括学科的边界知识”，此外，他们“还能评判论据、观点、假设，对其做出全面的评价，并能就其进行有效地交流”(QAA，2008)。荣誉学位获得者通常已经独立完成了一篇相关学科的论文，因此培训周期可以相对短于普通学位的持有者。全日制荣誉学士学位的学习周期通常是三年，非全日制的更长；荣誉学士学位要求 360 个学分。

普通学士学位通常是授课型的项目，研究聚焦程度和独立学习程度都较低，这样的学位通常是参加特定学科培训的一项许可证，比如会计等。如果不能达到项目要求的学分等，培训者有可能从荣誉学位转为普通学位。开放大学授予的非荣誉开放学位(Open Degree)并不在此类别内，也不能接受培训资助，培训者必须多完成 60 学分的学习才能把开放学位转为荣誉学位，但这并不意味着最终的学位级别能达到 2∶2 及以上。处在这种情况下的培训者需向开放大学进行咨询。

(二)医学一等学位

在专业术语中的“医学一等学位”是一项资格，并没有归于自助类别。尽管通常用“学士”这一称谓，但他们在 FHEQ 里处于第七级，属于硕士的级别。因此，在医学领域内的规定是，五年制学位的获得者都能接受培训资助。持有五年制医学、牙医、兽医、外科学位的受训者可以获得表 3-5 中第 2 级别或者 2∶1 学位等级的资助，这部分资助由 ITT 提供方的核心资助来承担。获得一等学位或综合医学荣誉硕士学位的受训者能够接受第 1 级别的资助。

还有一些医学学士学位授予那些符合相关标准、但不能升入第四、第五学年从而获得五年制学位的学生，这样的学位被称为医学科学学士学位(Bachelor's of Medical Science，B Med Sci)。持有这类学位的受训者可以获得第 3 级别或者 2∶2 学位等级的资助，属于核心资助的部分。

由于医学学位和资助级别都分为很多种类，因此 ITT 提供方在安排资助时应认真核查每名受训者的具体情况和相应的资助授予主体，再依此做资助决定。持有医学学位的受训者有可能获得自由支配资助，相关标准和学位资格应咨询资助小组(Funding team)。

(三)学术资格清单

获得资助的一种情况是受训者持有英国的学位或相应的学位资格，且至少在二等荣誉学位以上。基于这个要求来制订资助方案，ITT 提供者需要将受训者的最高学术资格与资助级别相对应。表 3-6 列明了相关情况。

表 3-6　高等学位资格及对应的资助级别

最高资格	一等学位/1 级资助	2∶1 学位/2 级资助	2∶2 学位/3 级资助	良好的 A-level 成绩和相应的学位/4 级资助(仅数学和物理)
PhD[1]	×			
一等荣誉学位*[2]	×			
医学荣誉硕士	×			
硕士[3]		×		
2∶1 荣誉学位*		×		
2∶2 荣誉学位*			×	
三等荣誉学位				×
普通学位(疾病诊断书)				×
普通学位				×
非一等学位				×

表 3-6 注释：

1. 荣誉博士学位并未被 QAA 认可为学术资格；
2. 有可能包括综合硕士，请参照后文关于“博士学位”的论述；
3. 不包括牛津大学和剑桥大学授予的部分硕士学位，详见下文；

* 或其他相应的学位，请参照后文(第五部分)对外海学术资格的论述。

普通学位(疾病诊断书)授予因疾病不能参加终期考核的学生，他们不能接受资助。非荣誉学位和普通学位可在权利和规定范围内接受资助。原则上，没有一等学位或者相应的二等以上学位者不能接受资助，如果他们能获得表 3-6 中列出的其他高等学术资格，则可获得资助。没有一等学位或相应的二等以上学位，但是持有研究生学历(PGDip)或证书(PGCert)的受训者，不能接受资助。

(四)博士和硕士资格

博士和硕士级别的资格持有者(可能包括其他被 ITT 认可为同样深度和广度的英国学术资格)，能获得 ITT 提供者的核心资助。如果提供者运用更高级别的学术奖励(博士、硕士)来提高其资助权利，他们需确保硕士、博士资格是在受训者获得 QTS 资格①之前而完成的。如果受训者最终的学位资格还没确定，资助必须以 QTS 生效时受训者的最高资格为依据。如果受训者成功取得了更高的资格，追溯性的提升也能生效，相关情况可以向资助小组(Funding team)进行咨询。

① QTS，Qualified Teacher Status，合格教师身份。

硕士学位——FHEQ将硕士学位描述为“与其他研究生资格相独立，因为硕士学位的学习强度和密度、复杂程度都比一般的研究生学习有所提升”(QAA，2008)。硕士学位在完成一些授课课程、研究项目、两者兼有的情况下才能授予，FHEQ指出，硕士学位持有者表明他们“有计划地获得了学智能力的提升，通常包括纵观研究和学术活动”。硕士学位通常需要全日制学习一个日历年度。这些学位不包括牛津大学和剑桥大学授予学生的文科硕士(Master of Arts，MA)和文科学士(Bachelor of Arts，BA)，因为这是两所大学授予学生QTS资格的一种途径，不能有效地说明资助资格。

综合硕士学位——综合硕士学位是本科学习延长一年而使学生达到硕士水平的学位项目。如果学生在三年本科阶段的学习达到了一定标准，符合要求，就能学习第四年以获得硕士学位。这样的项目通常为科学、工程等学科，授予的学位通常为MEng(工程硕士)，也有综合了学科名称的MPhys(物理硕士)、MChem(化学硕士)。这样的学位相当于FHEQ的7级，有资格获得最高的资助。仅参与学习没有获得学位的受训者也可以获得最高资助，但ITT提供者必须证明这些学生是高质量的。

博士学位——FHEQ指明，博士学位说明其持有者“通过原创研究，对学科前沿知识进行了‘创造、解释、建构、阐述’”(QAA，2008)。专业型的博士学位项目包括一项研究任务、有实质性的教学要素，学位标题和学科名称有明显的关系，比如Ed. D(教育博士)、DClinPsy(临床心理博士)、DBA(工商管理博士)等等。PhD和DPhil的头衔以原创性研究为基础。研究型的博士学位通常为全日制三个日历年，专业型的博士学位则为全日制五个日历年。能够接受资助、受QAA认可的并不包括荣誉博士学位。

五、海外学位资格

当选择在海外获得学历的受训者时，ITT提供者需按照规定的程序对海外资格进行审查，以保证海外资格符合要求。英国国家信息识别中心(National Recognition Information Centre for the United Kingdom，UK NARIC)对海外学位与英国学位的转换问题(可否转换、如何转换)做了详细规定。一般可以将海外学士学位转换为三类英国学士学位：英国普通学士学位(British Bachelor Ordinary degree)、英国学士学位(British Bachelor degree)、英国荣誉学士学位(British Bachelor Honours degree)。学位转换的详细规定需参照英国教育部(DfE)和国家教学与领导学院(NCTL)于2011年发布的《海外资格等级对比》(*Grade comparison of overseas qualifications*)和《海外资格等级对比表》(*Grade comparison of overseas qualifications-table*)。

ITT 应根据转换结果对海外学位持有者进行相应的资助安排。需要说明的是，如果在海外取得数学和物理学位，虽然荣誉级别（一等、2∶1、2∶2、三等）无法转换，但是学位级别对等（学士、硕士、博士）且 A-level 成绩满足要求，ITT 可以向这样的受训者提供第 4 级别的核心资助。

英国列举了世界上大部分国家与其对比转换学位的方式，本文仅以中国为例，介绍中国学位与英国学位的对比转换情况，如表 3-7。

表 3-7　中英学士学位对比转换表①

国家/地区	学位资格	英国对应级别	等级/学分/成绩	英国等级	备注
中国	学士学位（普通高校）	荣誉学士学位	90%＋	一等	—
			85%＋	2∶1	—
			80%＋	2∶2	—
	本科（成人教育）	学士学位	无	无	—
中国香港	荣誉学士学位	荣誉学士学位	一等	一等	—
			2∶1	2∶1	—
			2∶2	2∶2	—
中国澳门	学士学位（Licenciatura）	学士学位	无	无	—
	硕士学位	荣誉学士学位	GPA 3.0	2∶2	研究生
中国台湾	学士学位（国立大学）	学士学位	无	无	—

六、接受资助的资格标准

从受训者开始接受起，ITT 提供者就要确保受训者达到了，并且在资助过程中持续达到以下九条标准。

(1)受训者必须具备接受英国“学生支持”的条件。

根据 2011 年《教育管理条例》(*Education Regulations*)中“学生支持”(Student Support)的相关规定，学生要获得学费、生活费等资助，需具备若干条件。具备这项资格的学生是获得受训补助的条件之一。唯一可以不受此条例限制的是，海峡群岛和马恩岛的本土居民，他们不具备获得“学生支持”的条件，但并不会妨碍

① Department for Education & National College for Teaching and Leadership. Grade comparison of overseas qualifications-table [EB/OL]. https://www.gov.uk/government/uploads/system/uploads/attachment_data/fil-e/181151/overseas_grade_comparison-table.pdf. 2014-10-6.

他们获得培训资助。

(2)受训者接受培训的学科必须是 ITT 资助的学科(参考上文，第二部分)。

(3)受训者必须在英国(及可转换学位)获得至少二等以上的荣誉学位。

ITT 提供方应根据受训者的最高学位来裁定资助级别，受训者的学位需符合荣誉和级别要求。物理和数学科目不受此规定的限制。

(4)受训者不能是已经获得 QTS 的人员，但他们需具备获取 QTS 的资格，或者他们曾经参与 QTS 培训，但未成功获得认证。

已经获得 QTS 的人员不能参加 NCTL 的 ITT 培训。在当下的互惠安置中，欧洲经济区(European Economic Area，EEA)国家及瑞士的大部分合格教师都可以直接向国家教学与领导学院(NCTL)申请 QTS。自 2013 年 4 月 1 日起，在澳大利亚、加拿大、新西兰、美国获得合格教师认证的也可以直接向国家教学与领导学院(NCTL)申请 QTS。如果接受了这样的受训者，ITT 提供方要要求这些人员先向国家教学与领导学院(NCTL)申请，如果申请 QTS 通过，则不再接受 ITT 资助。

从学习学院(Institute for Learning，IfL)获得合格教师学习技能(Qualified Teacher Learning Skills，QTLS)身份的人员，如果同时获得 QTS，则可以直接参加教学工作，但必须继续在学习学院(IfL)保持注册。如果他们的学位资格和 A-level 都符合要求的，也可以申请 ITT 培训和资助。

(5)受训者在接受资助期间不能承担有偿教学工作。

(6)受训者要选修一门研究生 ITT 课程。

成功完成研究生 ITT 课程的学习后，受训者能被推荐获得 QTS 资格。这样的课程需要获得学校培训与发展局(TDA)、教学局(Teaching Agency)和 NCTL 的授权。

(7)受训者不能同时参加其他旨在获得 QTS 资格的 ITT 培训项目、课程、计划。

(8)受训者需获得其 ITT 提供者的书面通知，告知他们是合格的受助者。

(9)受训者要遵守新资助计划的条款和协议。

七、其他资助项目

(1)学科知识提升(Subject Knowledge Enhancement Courses，SKE)培训。SKE 培训为 ITT 培训的预备课程，主要帮助潜在的受训者了解教授其所选学科应该获得的知识深度。这类课程可以先于 ITT 开设也可同时开设，但必须在受训者获得 QTS 资格之前完成。

(2)学校管理(学费)资助计划(School Direct)。参加学校管理(学费)项目的本国受训者和欧洲受训者，都可以根据其学位等级和所选学科来申请资助。

(3)奖学项目(Scholarships Programme)。英国教育部(DfE)，与多家领先的专业机构合作，联合为物理、化学、数学、计算四门学科的受训者授予奖学金。国家教学和领导学院(NCTL)将负责将款项拨给 ITT 提供者。

八、资助金的拨付

2011 年颁布的《ITT 推进计划》规定，资助金必须根据培训的推进按期拨付，以更好地激励培训的完成。受训者将按月获得资助金，所得资助不需要缴纳税金。

(一)各类资助的发放日程安排

表 3-8 全日制 12 000 英镑及以下资助的发放安排

资助	支付日程
£4 000	十个月分期支付，每月 400 英镑，从当年十月至第二年七月
£6 000	十个月分期支付，每月 600 英镑，从当年十月至第二年七月
£9 000	十个月分期支付，每月 900 英镑，从当年十月至第二年七月
£11 000	十个月分期支付，每月 1 100 英镑，从当年十月至第二年七月
£12 000	十个月分期支付，每月 1 200 英镑，从当年十月至第二年七月

表 3-9 全日制 15 000 英镑及以上资助的发放安排

资助	支付日程
£15 000	十个月分期支付，每月 1 200 英镑，从当年十月至第二年七月。二月发第一次额外资助 1 500 镑，七月或者课程完成的月份发放第二次额外资助 1 500 镑
£2 0000	十个月分期支付，每月 1 400 英镑，从当年十月至第二年七月。二月发第一次额外资助 3 000 镑，七月或者课程完成的月份发放第二次额外资助 3 000 镑

表 3-10 非全日制 12 000 英镑及以下资助的发放安排

资助	支付日程
£4 000	培训开始、结束时两次发放，各 2 000 镑；或者，两次发放，各 1 333 镑，额外发 1 334 镑；或者，灵活安排，但一次不超过 2 000 镑
£6 000	培训开始、结束时两次发放，各 3 000 镑；或者，三次发放，各 2 000 镑；或者，灵活安排，但一次不超过 3 000 镑
£9 000	培训开始、结束时两次发放，各 4 500 镑；或者，三次发放，各 3 000 镑；或者，灵活安排，但一次不超过 4 500 镑

续表

资助	支付日程
￡11 000	培训开始、结束时两次发放，各 5 500 镑；或者，两次发放，各 3 666 镑，额外发 3 668 镑；或者，灵活安排，但一次不超过 5 500 镑
￡12 000	培训开始、结束时两次发放，各 6 000 镑；或者，三次发放，各 4 000 镑；或者，灵活安排，但一次不超过 6 000 镑

表 3-11　非全日制 15 000 英镑及以上资助的发放安排

资助	支付日程
￡15 000	灵活发放，总额 12 000 镑。中期和结束后额外发两次，各 1 500 镑
￡20 000	灵活发放，总额 14 000 镑。中期和结束后额外发两次，各 3 000 镑

表 3-12　25 000 英镑奖学项目的发放安排

资助	支付日程
￡25 000 全日制	十个月分期支付，每月 2 000 英镑，从当年十月至第二年七月。二月发第一次额外资助 2 500 镑，七月或者课程完成的月份发放第二次额外资助 2 500 镑
￡25 000 非全日制	灵活发放，总额 20 000 镑。中期和结束后额外发两次，各 2 500 镑

(二)退出和返回

合格的受训者退出课程后，资助只能发放到其退出的月份为止。退出当月资助发放日期，受训者仍在参训的话，仍可获得资助。一旦退出，ITT 提供方必须立刻终止该受训者的一切资助，并将信息及时更新，以说明退出情况。如果 ITT 错误地将资助发放给已退出的受训者，国家教学和领导学院(NCTL)不会给其报销。退出培训后又返回的受训者，职能按照他们首次参与培训年度的水平申请资助。

九、监管、保障和数据要求

(一)监管与保障

ITT 提供方需要保持所有受训者的资助记录，包括受训者在开始 ITT 前的学位资格。受训者要在培训前收到学位检测的结果。基于质量监管的目的，NCTL 有权在培训期内的任何时候向 ITT 提供方索要这些记录。NCTL 要求培训提供方制订严格的资助分配保障方案，包括对可自由支配资助的分配，方案要通过中期统计和年度审计，统计和审计结果都要 ITT 机构责任办公室的确认。ITT 提供方要保证数据管理系统(Data Management System)上记录的完整性，有不准确和不完整的记录会导致资助拨付的延迟。

(二)数据

学校、ITT 提供方需要与国家教学和领导学院(NCTL)共享关于学校管理的数据，包括受训者申请、招募、雇用的情况。受训者一旦被雇用，领导学院需要向 ITT 合作者提供培训学校和受训者的准确信息。如果无法按照以上规定处理数据，ITT 提供方可能会被取消认证资格，领导学院将寻找新的 ITT 合作者。

(三)高等教育 ITT 提供方

高等教育统计局(Higher Education Statistics Agency，HESA)会采集 ITT 受训者数据，并加入年度记录中。ITT 提供方要给出受训者的级别，受训者会得到一个教师培训课程编码。信息录入高等教育数据管理系统(HEI Data Management System，DMS)后，ITT 要给参与学校管理培训(School Direct)的受训者提供其领导学校和五所合作培训学校的信息。

>>第六节　英国职业教育政策：《英格兰未来的学徒制：实施计划》<<

为推进学徒制的发展，解决英国日趋严重的技能危机，2012 年 7 月 11 日，英国教育部(Department for Education)和商业创新与技能部(Department for Business，Innovation& Skills)委托创业公司学校(School for Startups)的创始人理查德(Doug Richard)启动《理查德学徒制评论》(*Richard Review of Apprenticeships*)，并于 2013 年 10 月发表《英格兰未来的学徒制：实施计划》(以下简称《实施计划》)，[1] 此实施计划采纳了理查德学徒制评论的一系列建议，为英国未来的学徒制提供了改革措施。

一、《实施计划》的执行摘要

(一)学徒制的作用

学徒制的目的是培训 16 岁及以上的国民获得由雇主设置的学徒制标准，使其能够有效地发挥技能角色，学徒制对于需要大量和持续培训的工作被认为是合适的途径。

(二)新方法

今后，学徒制将基于雇主设计的标准，满足雇主的行业需求、经济需求等更

① HM Government. The Future of Apprenticeships in England：Implementation Plan [EB/OL]. https：// www. gov. uk/government/uploads/system/uploads/attachment _ data/file/253073/bis-13-1175-future-of-apprenticeships-in-england-implementation-plan. pdf，2015-1-13.

广泛的需求，这些标准将取代目前已有的框架，标准会是简短易懂的文件，描述了从事特定职业所需的技能水平以及对知识和能力的要求。

新的以雇主为主导的学徒制需要满足小型企业的技能要求，并简化小型企业的准入资格。这意味着，小型企业也需要参与到新标准的开发中去。

为了确保新标准是严格的，并且对每个学徒都是有价值的，政府将设置少量的所有新学徒都需要满足的标准。雇主和政府的角色组合将确保学徒制的关联性和严谨性。

学徒需要通过严格的独立评估证明自己的能力，主要是在学徒期结束时测试学徒们的能力。该评估会依据相关标准，雇主将在开发高水平的评估方法起关键性作用。评估模型将确保一致性，并增加学徒和潜在的未来雇主的信心。

政府将对学徒制进行分级，分为合格、优秀、卓越。这种标准化的分级方法可以鼓励学徒追求卓越，使学徒在劳动力市场的实用性最大化。

(三)新学徒制的实施

在一系列领域的“开拓者”将会开发新的学徒制标准和高水平的评估办法。八个行业的雇主及专业机构已经签署引领开拓者项目，政府已经随同该文件发布了“开拓者指导”第一个版本。开拓者将提供有效实践和方法的清晰示例，基于可以在2015—2016年和2016—2017年全面实施学徒制的改革。政府的目标是从2017—2018年，新的学徒制基于新的标准。随着新标准的开发和一致建议停止现有框架下学徒制的资助。

二、《实施计划》的背景

2012年6月，政府委托道格·理查德在英格兰进行学徒制审查，以确保学徒制满足不断变化的经济需求并始终如一地提供高品质的培训和技能，能够满足雇主和学徒的需要并最大限度地提高政府投资的影响。

在2012年11月的报告中，道格·理查德提出了一些建议，力图使该项目更加严格，更能满足雇主的需求。这些措施包括以下内容。

(1)重新定义学徒制，学徒制应当只面向那些对于需要大量和持续的工作或岗位来说是新手的学习者。

(2)专注于学徒制的结果——在学徒期结束时学徒能做什么？并对如何达到结果给予自由的空间。

(3)值得信赖的，独立的评估。

(4)有公认的行业标准作为每一种学徒制的基础并与行业的专业注册相链接。

(5)要求所有学徒在学徒期结束前达到英语和数学2级水平。

(6)确保政府资助对学徒制培训来说提供了正确的激励机制，包括雇主对学徒制培训的购买力、培训的多样性和创新性以及质量保障。

政府接受了理查德审查原则并于 2013 年 3 月发表咨询文件，寻求实现改革建议的可行性意见。在咨询过程中开展了一系列政策研讨会，共收到 335 份咨询回应，在充分考虑了咨询回复后，该实施计划陈述了政府对于新学徒制的开发和实施方法。

三、《实施计划》的主要内容

(一)学徒制的作用

1. 学徒制是什么

学徒制是一种需要大量和持续的培训，从而实现一个学徒的资格和可转移技能发展的工作。这个定义是由未来学徒制的四个原则来支持的：

(1)学徒制是熟练的职业技能；

(2)学徒制需要大量和持续的培训，培训至少持续 12 个月，并包含在职培训；

(3)学徒制可以导致职业能力的全面发展，表现为学徒制资格的获得；

(4)学徒制发展可迁移技能，包括英语和数学，以促进职业发展。

今后，雇主、潜在的学徒、教育和培训机构用这些原则来确定何时学徒制是合适的，何时不是。只有坚持这些原则的项目将被确认为学徒制并因此有资格获得政府的支持。学徒制对学徒、雇主和社会有益(社会受益通过政府支出)，由三者共同支付。在这种关系中，政府的作用是为学徒制确定原则和标准，以确保他们的严谨性和响应性；学徒的角色是努力工作获得学徒标准，雇主的作用是驱动学徒制，确保学徒制所提供的技能能够满足他们的需要和未来的经济需求。

2. 学徒制的目的

所有领域的学徒制都是工作，而雇主选择雇用谁当学徒。学徒制仍是一个涵盖各个年龄阶段的项目，参与该项目的学徒将会获得真正的技能的增益，而不是现有技能的认证。

学徒制对新雇员和现有雇员都是适用的，但是对后者而言在该职业领域需要大量的培训去获得技能。

学徒制现在是培训计划的一部分。培训计划为年轻人进入学徒制和其他可持续就业做准备。学徒制的发展来源于培训计划的成功结果，尽管有些成功的培训生会直接进入职场或参与其他培训项目。政府已经扩大国家学徒制服务机构(National Apprenticeship Service，NAS)的职能，其中包括支持雇主参与培训计划。

(二)学徒制的新方法

1. 学徒制的标准设计以雇主为主

在未来，学徒将基于雇主制定的标准来满足雇主和雇主所在行业的需求及更广泛的经济需求。标准设计应该会简短并容易理解，主要用来描述特定职业所需以及胜任该职业的技能水平，知识和能力。职业能力的掌握意味着学徒学习到的技能可以在不同公司的相同部门迅速适应同样的工作。新的以雇主为主(employer-led)的学徒制需要满足小型企业的技能需求并使小企业易于参与，这意味着小型企业将参与到新标准的开发中。为了确保新标准是严谨的，对任何个体来说对其事业发展是有意义的，英国政府会设置少量的标准，所有新的学徒培训都必须满足这些标准。而在标准外，雇主对标准的设置将有很高的自由度，以确保结果满足其行业需求。专业机构或其他部门合作设计出新的学徒标准将成为雇主的责任，因为英国政府不能确定所有职业所必需的技能并不会尝试去做。这种雇主和英国政府的角色联合可以确保学徒培训的相关性和严谨性。新的雇主设计的学徒制标准需要满足以下原则：(1)标准要描述从事某一特定职业所需的足够能力，即学徒能拥有胜任此行业岗位的技能、知识和信心；(2)标准要获得雇主(包括小型企业)、专业机构、贸易机构，甚至高等教育机构(若适用)的公开认可；(3)标准要适用于需要外部培训的小型企业，以培训他们的学徒；(4)标准要包含足够的内容，定位于这样一个水平，即对于进入职业的新工作者，标准要有一定的伸展性，需要至少一年的培训来达到该标准；(5)标准要满足职业注册的要求，学徒期结束时，通过的学徒能获得职业注册。

2. 要求英语和数学达标

所有学徒的英语和数学必须达到一定标准才能完成他们的学徒培训。英语和数学的要求在未来的学徒制中将更加严格。英语和数学能力对学徒的就业能力和学徒在部门内或跨部门的职业发展起着基础性的作用。同时，学校有主要责任赋予年轻人良好的英语和数学技能，在大多数情况下学生离开正规教育时应该取得二级水平的英语和数学能力。英国政府会逐渐加强学徒制对英语和数学的能力要求。从 2014 年 9 月开始每个之前取得一级水平的英语和数学的中级学徒必须开始学习二级水平的英语和数学。新学徒制将更加关注学徒的英语和数学能力，在学徒制结束测试前必须进行二级水平的英语和数学测试，这将成为改革后学徒制的一个模式。英国政府不强制要求中级学徒在学徒结束测试前获得英语和数学的二级水平，但是首次没通过的学徒在可能的情况下会被继续支持获得英语和数学的二级水平，并始终要求至少获得英语和数学的一级水平。对于高级学徒而言，在学科结束测验前则必须达到英语和数学的二级水平。另外，特定的职业或部门的雇主可以对英语或数学的能力水平具体制定更高水平的标准。此措施可以保证学徒掌握英语和数学的基本能力，也使雇主对学徒基本能力有所把握。

3. 评估方法的设计及其独立性

正如《实施计划》第一条所提到出的，学徒制的标准会描述特定职业所需及胜任该职业的技能水平、知识和能力。标准制定完成后，学徒制的评估将比照这个标准，只有当学徒们能充分证明他们在各职业领域符合标准的能力，他们才能被授予结业证书。正如对于一个给定的职业只有一个学徒标准，比照该标准只会有一个评估标准。这种一致的评估方法是新的以雇主为主的学徒制的一个重要部分，可以获得更多雇主的认同支持。雇主和专业机构在设计标准时也会同时开发出高水平的评估标准，评估过程必须参照标准内容进行。雇主包括小型企业主将会参与到评估标准及评估方法的设计中来，英国政府致力于给雇主很高的自由度去开发其职业领域的评估方法。雇主在开发评估标准和评估方法类型方面有很大的灵活性以满足其具体的职业需求。参与评估方法的制定会增加雇主对学徒制的信心，同时保证了对所有的学徒在同样的职业领域进行评估时是参考同样的标准，使用同样的评估方法。为了确保评估的独立性，评估将由独立的第三方实施，英国政府会与开拓者项目一起去测试最有效的方法以确保评估的独立性，由此雇主可以确保学徒评估在不同的地区不同的时间已达到了相同的标准。新的学徒制标准需要说明学徒应该掌握哪些内容，在学徒结束时能够做什么，学徒制的评估应该覆盖整个评估标准，不管在理论方面还是实践方面。英国政府会确保评估方法是否适用的，评估方法是否能够提供有效和可靠的结果。英国政府期望至少 2/3 的评估于学徒结束时进行，减少连续评估使培训者关注培训，而不是评估和认证。学徒期结束时的终结评价应当是综合性的，要求学徒具有综合性地识别和有效使用适当技能、技术、概念、理论和知识的能力；评价要对学徒进行分级，分为不合格、合格、优秀和卓越四个等级，标准化的分级方法可以鼓励学徒追求卓越，使学徒在劳动力市场的实用性最大化。

4. 创新和提供高质量的培训

为了让学徒制成为一个实质性的培训计划，它的设计必须包括充足的时间使学徒有能力和有信心胜任某项工作，因此所有的学徒培训至少持续 12 个月，无论年龄或之前的学徒经验，这是用来保证培训质量的措施之一。为了确保学徒获得最低级别的培训，一定的脱产培训将成为学徒制的强制性的元素。尽管学徒制中有 30％脱产培训的要求，但许多学徒并没有真正接受到工作以外的学习机会。在未来的学徒制中，脱产培训将强制在至少达到 20％左右并期望成为真正的脱产培训，英国政府将探索一些确保脱产培训实际发生的一些方法，以便使所有学徒能脱离他们的日常工作从培训中真正受益。学徒的培训质量将通过严格的标准和评估来驱动，此外，政府资助改革将在驱动培训质量方面发挥重大的作用，以促进改革并确保学徒制需足雇主的需求。政府可以通过好的数据结果去帮助雇主识别培训质量，去帮助学徒做出明智的选择。英国政府还将继续支持现有的质量措施去保证现在的和改革后的学徒制的质量。英国政府的支持行动包括：建立最低的绩效标准，对绩效差的教育和培训提供者进行干预；建立教育与培训基金，支持有效的继续教育的劳动力的发展，该基金会优先考虑提高学徒培训的质量以及确保质量计量和报告适合新的雇主为主的学徒制的目的；确保灵活性，保持方法的严谨性以及信息的透明度。

5. 积极宣传学徒制

英格兰现有超过200 000个工作场所雇用学徒，但这仅仅只占到所有雇主的13%，还有相当多的雇主并没有意识到学徒制的好处。在此之前国家学徒制服务机构、教育培训提供者以及雇主机构旨在促进学徒制开展了许多高效行动，当前，在学徒制改革的大背景下，他们需要做更多的工作。雇主作为学徒制的倡导者将发挥重要的作用，可以采取一系列措施来提高人们对学徒制的认识。例如：开发“学徒制大使”这样一个网站；设立业务顾问来推动学徒制；雇主在其信纸或电子邮件上标注“我们雇用学徒”的标志。英国政府鼓励雇主、学校和专科学院紧密合作去鼓舞儿童和青少年。青年人更多地在现实中接触工作会如实反映青年人的决定及年轻人对雇主要求的理解，对学徒制而言，可以开展如下工作：保持学校和雇主的持续联系，利用国家职业服务机构(National Careers Service)帮助建立更多更好的合作关系；通过诸如“鼓舞人心的未来”和其他活动来吸引潜在的学徒；扩大由国家学徒制服务机构支持并由雇主组织的“巡回招聘”；建立由青年人和民意代表共同管理的国家学徒委员会传播信息。

(三)学徒制的实施

1. 开拓者项目

雇主和专业机构最了解所在职业领域所需的技能和新学徒所需的机会。政府希望给雇主提供在其领域开发新的学徒制样式的机会，这样有助于在改革实施中吸取经验教训并建立有效的途径。

雇主和专业机构将引领新学徒制的开拓者项目。每个开拓者将开发其职业领域一个或多个学徒标准和高水平的评估方法。雇主将处于驾驶员的地位，有机会去引领其职业领域新学徒制的发展。开拓者将测试多种方法来开发更详细的学徒制评估过程。政府将在实施前批准并公布学徒制标准和评估方法。开拓者项目第一阶段涉及处于经济前沿的有着公认职业标准的8个行业，分别是航天工业、汽车工业、信息工业、电子产业、能源与公用事业、金融服务业、食品和饮料制造业、生命科学和工业科学。这些第一批开拓者项目即刻开始实施，在未来几个月里，政府会进一步开发不同职业领域的开拓者项目。Sainsbury's Gataby的基金会同意资助1.6亿英镑支持该项目。

小型企业对经济发展有着至关重要的作用，新学徒制同样也需要对小型企业具有有效性。目前，大部分学徒都在小型企业工作，开拓者们会同专业机构和小型企业共同协作以确保他们开发的标准具有广泛适用性。在开拓者项目实施阶段，政府也将从小型企业的角度去检验学徒制体系，为未来的实施吸取经验教训。

2. 过渡和实施

改革将采取分阶段实施的方式，2015—2016 年和 2016—2017 年是改革全面实施的关键时期。在 2015—2016 年，政府期望通过开拓者项目，使雇主和专业机构携手合作，达成一致，建立适应新学徒制的各领域的职业标准。改革的目标是从 2017—2018 年起，所有的学徒制培训项目都要依据新的学徒制标准。鉴于未来学徒制改革激进性和影响深远性的特点，有必要监测和评估改革的效果，以确定改革是否具有预期的积极效果，是否有任何非预期的后果，以及是否需要进行进一步的改进。为此政府收集了一系列关于学徒制的信息，包括管理数据、年度检验、学徒和雇主的研究。这些数据帮助政府设计改革后的体系，使学徒制更好地满足雇主、学徒及经济的需求。政府还要测量一些对改革产生影响的因素，如性别、年龄、种族、学徒水平和就业部门等，这些因素指标致力于提供：新增学徒的数量和完成学徒的数量、为学徒制提供的工作场所数量、培训的数量和质量(包括在职培训和脱产培训)、学徒和雇主的满意度、学徒制的进展——对于学徒就业和继续学习的影响以及对于学徒、雇主和经济的回馈(比如在技能发展和提高生产力方面)。

四、小结

《英格兰未来的学徒制：实施计划》主要强调了雇主(尤其是小型企业)参与在未来学徒制改革中的重要地位，包括参与学徒制标准和评估方法的制定过程，以及在宣传学徒制中发挥的重要作用等，政府赋予了雇主“驾驶员”的角色，对提高新学徒制的雇主参与度，提升雇主对学徒制的信心有所帮助。新学徒制的资助计划在该实施计划出台时仍然在咨询商议过程中，因此该实施计划未提及具体的资助计划内容。

第四章　法国教育政策与发展趋势

2013年，是法国左派政府执政的第二年，也是法国实施教育改革的关键一年。经过2012年的前期准备，法国于2013年颁布了两部关于教育的重要法律：7月9日颁布的《重建共和国学校的方向与规划法》和7月22日颁布的《高等教育与研究法》。

在基础教育方面，《重建共和国学校的方向与规划法》将建设公正的、高水平的和包容的学校，提高所有学生的水平和减少不平等作为基本目标，要在未来若干年使无文凭学生的人数减少一半，使80%以上的学生获得高中毕业会考文凭，使50%的学生获得高等教育文凭。

在高等教育与科学研究方面，《高等教育与研究法》开启了制定与实施高等教育全国战略和科学研究全国战略的进程。

根据这两部法律，法国全面启动了教育改革。现将主要的改革与政策综述如下。

>>第一节　法国基础教育政策<<

一、同“学业脱钩”作斗争

“学业脱钩”(décrochage scolaire)，是指学生对学习感到无兴趣而逐渐脱离学校的现象，也是教育系统内部与外部因素影响累积的结果。所谓“学业脱钩的青年”，是指已经入学，但没有获得任何普通高中会考文凭或职业教育文凭而离开学校的学生。

从人的发展角度看，学业脱钩通常会对青少年的心理造成伤害，使他们丧失自信，对未来生活感到迷茫，甚至整个家庭都会背负心理包袱。他们也更有可能成为失业者，还有可能成为社会动乱的肇事者。从经济发展的角度看，学业脱钩也危及国家的综合竞争力。根据美国一些专家研究，一个离校而无文凭的青年一生中由于失业、社会救济、司法和医疗、税收等因素对社会成本造成的损失，因国别不同，可在20万～30万欧元。而在法国，保守估计为23万欧元。

在法国，每年大约有14万无任何中等教育以上文凭的青年离开学校。从总量上看，法国有约62万已离开学校却无文凭的18～24岁青年。

《2020 年欧洲战略》将可持续的、知识的和包容的经济作为发展目标，并把同与学校脱钩作斗争作为重要优先措施，要求在 2020 年时把已离开学校而无文凭的 18～24 岁青年比例降至 10%以下。法国则把此目标定为 9.5%。奥朗德总统也非常重视这一行动，要求把目前法国已离开学校而无文凭的 25～29 岁青年比例从当前 22%，到 2017 年即本届总统任期结束年减至一半。

学业脱钩是一个随着儿童年龄增长逐渐演变的现象。学业脱钩者，在小学的学习并不一定差，甚至可能还不错，但如果遇到外界的同伴，就可能被另外事物所吸引，由此产生的新的兴奋点会遮蔽对学校和学习的兴趣。从而发展成不用心、逃课、留级。根据统计，男生脱离学校的比例明显高于女生，一些低收入家庭，特别是新移民家庭要求学生承担一定的家务劳动也是造成学生脱离学校的外部原因。

实际上，学业脱钩的真实数据在初中结束时才能获得。据估计，离开学校而无文凭的学生比例为 17.6%，其中 3.7%发生在初中阶段，3.9%在职业高中的前二年级，5.3%在后二年级，4.7%在普通与技术高中阶段。①

其中造成学业脱钩的一个学校内部原因，是与学校定向相关。学生脱离学校集中于义务教育终结时段。近半数的“脱钩者”为刚刚进入职业高中一年级的学生，近 30%为普通和技术高中二年级的学生。这说明进入职业学校的学生基本上是“被定向”，他们不喜欢被迫进入职业教育，但他们的学习成绩又不允许他们进入普通或技术高中。而普通或技术高中的“脱钩者”集中于二年级，是因为高中一年级尚未开始专业定向。而一旦专业方向确定，无论是个人志愿，还是他人建议，总会有不遂心愿的，因此而选择离校。

造成学业脱钩的另一个学校内部原因，是学生的潜在学习困难。一些学生，在初中阶段，甚至在小学阶段可能表现努力、认真，也无逃课现象，但实际上对学习内容经常感到困惑。一旦进入新的阶段，便将逐步凝聚的恐惧心理转变为脱校行为。

另外，校园暴力和性骚扰也是造成一些学生脱离学校的原因。

为了控制和减少学业脱钩现象，法国首先在学校内部采取了许多措施。其中一条措施就是减少经常缺课现象。“经常缺课”(absentéisme)，根据法国 1882 年关于义务教育的法律，限定为每个月缺课 4 个半天，但仅仅是指无故缺课，而不包括被允许的缺课。在中学里，通常设有学校生活委员会(les commissions de vie scolaire)，对经常缺课或学习成绩下降的学生进行分析与帮助。马赛学区的中学里还成立了“预防学业中止观察站”(Observatoires de Prévention des Ruptures

① Isabelle Robert-Bobée, Les jeunes sortants sans diplôme : une diversité de parcours revue Education & Formations n°84, décembre 2013.

Scolaires—OPRS)。观察站通常由校长、心理指导顾问、教育指导顾问、医疗与社会咨询人员和班主任构成，主要负责识别学习困难的学生，提出解决学生问题的办法。

在校外，社区的心理顾问、家庭顾问和法律顾问组建了“个人临时接收点”(Lieu d' Accueil Temporaire Individualisé—LATI)。所谓“点”，其实不是地点，而是在学校中采取的一系列防止学业脱钩的比较人性化的措施，主要负责临时接收学习困难的学生，对他们进行教育和心理辅导，进行遵守学校纪律的规训。

2011 年，法国建立了“学业脱钩监测平台”(Des Plates-formes de Suivi et d' Appui aux Décrocheurs—PSAD)和“部际信息交换系统”(Système Interministériel d'Echange d'Information —SIEI)，使教育部同卫生部、司法部、内政部、农业部关于学业脱钩和职业就业等方面管理与信息相互沟通。2012 年 9 月—2013 年 11 月，部际信息交换系统检测到 200 588 个学业脱钩青年的信息，其中 40%为无解决办法的脱钩者，15%正在接受培训或具有就业途径。

法国教育部还设置了一些临时性机构，如“地方工作团”(Les missions locales—ML)主要接收 16～25 岁就业困难的青年，为他们提供就业信息，指导他们选择职业。目前法国地方工作团有 450 个网络及 5 130 个接收点。“与学业脱钩斗争工作团”(Les Missions de Lutte contre le Décrochage Scolaire—MLDS)也致力于减少学生的学业脱钩现象。

当前法国与学业脱钩作斗争的政策涉及面十分广泛。从学前教育开始，要构建一个更加温馨的教育环境，允许家长在学校中发表意见与建议，辨认儿童的认知能力和学习、健康问题，检测智力障碍。而从义务教育开始直至 25 岁青年，这一政策都要贯穿始终，并涉及全国各地公立与私立的所有学校。但当前这一政策措施并无太多创新，多为以前政策的集合，且目标不一致。总统考虑的是其任期的政绩，政府的要求旨在对应欧洲的目标。而这些目标能否实现，更在于学校与社会的主动配合。

学业脱钩并非今日才有的现象。自 20 世纪 70 年代末开始，法国的学业失败问题便开始凸显，每年离开教育系统而无任何文凭的青年高达 20 万人。从那时起，描述学业失败的名词概念不胜枚举，如“离校”“辍学”“无资格离开”“无文凭离开”等，但这些概念涉及的往往局限于学业失败的表面现象，不足以揭示学业失败的本质与过程。直至借鉴加拿大魁北克所采用的“学业脱钩”的理念内涵，法国官方才更认同“学业脱钩”这一概念：“从厌学到辍学，经过经常缺课、行为问题……因此人们经常用‘消极脱钩’或‘在校脱钩’来表示还在学校的学生，但他们已不可能走向成功”。[①]如果仅仅从语言的角度看，“脱钩”比“失败”的语气要轻得多，对政府来说，多些体面，对学生和家长来说，也少些难堪。

二、重置教育优先政策

为了克服学业失败和缩小教育不平等，法国左派政府于 1981 年提出了“教育优先区”(les zones d'éducation prioritaire)的政策，就是在学业失败率较高的城区或乡村划分一定的地理区域，实施特殊的教育政策。在这些区域内，以“给予最匮乏者更多，特别是更好”[②]的思想为宗旨，采取强化早期教育、实施个别教学、扩大校外活动、保护儿童健康、加强教师进修等措施，并为区域内各级中小学追加专门经费，为其教师增加补贴，以保证教育质量有所提高。1999 年，教育优先区重新构建为“教育优先网”(REP)，2006 年又构建为 254 个“志于成功”(RAR)和“教育成功”(RRS)网。2011 年开始实施“中小学创新与成功计划”(le programme des écoles，collèges et lycées pour l'ambition，l'innovation et la réussite-Éclair)，旨在改善学校环境帮助每个学生学业成功，加强教师队伍的稳定，促进机会平等。

2012 年，法国教育成功网涵盖 4 457 所公立小学和 781 所公立初中，接收 664 300 名小学生，占公立小学生的 11.4%，接收 365 900 名初中生，占公立初中生的 14.1%。[③]

重置教育优先政策首先是“重建共和国学校的方向与规划法”中的重要方面，是为了获得学习与教育成功的真正平等。其另一背景是，法国政府于 2013 年年底启动了“公共行为现代化”评估工作，教育优先政策被列入首批评估名单。

教育优先政策评估工作的第一阶段，是在教育部指导委员会的领导下对教育优先政策实施情况进行诊断。专家组通过对已取得良好经验的学校的实地考察，同至少 5 000 人进行咨询，公布其诊断报告。然后，在进行更广泛咨询的基础上，同中小学校长、教师、督导员、家长、行政人员等与教育优先政策的相关者召开 10 余次研讨会。

诊断报告肯定了 1981 年以来实施的教育优先政策对于纠正社会经济不平等的积极意义。但是出现了学生学习困难问题的集中化现象，不利家庭环境中学生的学习成功率依然低于家庭条件优越的学生。教育优先区学校中的学生经常面临“双重困境”：一方面是社会经济困难、居住条件困难、文化资源困难；另一方面

---

① Valérie Pugin，Les sorties du système scolaire sans qualification[EB/OL]. http：//www.millenaire3.com/uploads/tx_ressm3/Sorties_sans_Qualif_01.pdf.

② Le rapport d'activité 2000—2001 du ministère de l'éducation nationale. p. 71.

③ Note d'Information 2013-07.

是面对着更加年轻与更少培训的教师和更无吸引力的学校与社区。

法国目前有18%的小学生、20%的初中生和2%的高中生为教育优先政策的受益者，总量比30年前增加一倍。但是，由于法国教育优先区的划分按照地域而非人头，因此受益者并非总是社会经济条件不利者，而教育优先区一旦确定，长时间不变。这种教育优先受益者界限不清的弊病影响到教育优先区政策的效益。

在学习成绩方面，尽管小学中的优先区与非优先区的差距呈缩小趋势，但中学的差距却在扩大。

教育优先区的主要调节杠杆是减少班级的学生数额、增加教学辅导人员、教师额外补贴。诊断报告看到，当前教育优先区政策的年度经费预算约11亿欧元，但76%用于减少班级的学生数额，其他方面明显不足。而每月90欧元的额外补贴，不足以吸引教师在教育优先区工作。特别是教学方法单一，未能适应学习困难学生的需要。

2014年1月16日，教育部部长樊尚·佩永(Vincent Peillon)和主管教育成功的部长代表乔治·珀·郎之万(George Pau-Langevin)共同发布了促进教育优先的新计划。计划的主导思想是对学习困难的学生采取适当的教学法，如尽早帮助学习困难的低龄学生，加强对学生的个别辅导，运用数字技术等，倡导教师组工作模式，改善学校教学环境，向家长开放等。

新计划拟定了14条措施。

(1)每个教育优先网须保证接收不足3岁儿童入幼儿学校。

(2)每所学校增加一名教师，以促进教师集体工作，适应学生需求。

(3)对初中一年级学生的辅导从下课直至16时30分。

(4)对学习困难的初中一年级学生设置每周2小时的个别辅导课，促进其法语、数学和英语学习。

(5)激发学生的志向和兴趣，帮助他们构建学习进程。

(6)增设寄宿宿舍，特别接纳家庭条件不好的学生。

(7)增加教育优先区教师集体备课时间，初中教师为每周1.5小时，小学教师为每年9天。

(8)保证最困难的教育优先区教师每年3天的继续培训时间，为学校安排指导专家，每个新教师须由老教师帮带。

(9)提高教育优先区教师的补贴，赋予教育优先区的工作经历增加值，根据教育优先区需要增派教师。

(10)制订优先区的长期计划，保证计划4年的活动经费。

(11)地方教学组可以获得学区经费，支持服务于学生的创新活动。

(12)每天上午，学校接待家长，讨论改善学生学习措施。

(13)增设 500 名学校安全助理，以改善学校环境。

(14)在最困难的优先区学校，增设一名校医和社会助理，尽早发现学生的健康问题。

通过这些措施的实施，要使学校在维护社会平等和保证所有学生成功方面更加公正和更有效率，并且使优先区与非优先区学生在法语和数学方面达到缩小 10%这样具体并可测量的目标。

2014 年 4 月 9 日，教育部部长贝努瓦·阿蒙(Benoît Hamon)在关于重置教育优先政策的演讲中略带激动地讲道："法国通过革命铲除了特权与等级社会的国家，终结了出身决定社会地位的国家……也是在法国，处境特别不利和处境特别优越的学生之间的数学成绩(在经合组织国家中)差距最大，并且 9 年来一直在加大。"阿蒙认为，"同不平等作斗争因此是重置优先教育的中心任务。让教育优先区的学生获得成功，就是同社会出身和经济困难影响学习成绩的现象作斗争，就是证明青年的教育和社会命运并未写在出身上，也未写在学校上，就是在机会平等不在的地方创造出机会平等"。①

法国初中的主要问题是统一招生所形成的学生成分参差不齐，但在一些教育优先区的学校，学生成分竟是出奇地一致，但却是另一种一致，正如一所学校校长所言"我们 100%是穷人，95%是移民，0%是老板，0%是中产阶级、自由职业者、教师、商人"②。因此，有人讽刺道，若去教育优先区，"沿着垃圾车的方向一直走，学校就在后面的死胡同里"。

本来，教育优先区的目的在于缩小教育不平等，但意想不到的是，竟又陷入了不平等加剧的泥潭。

尽管教育优先区的政策在 1982 年得以实施，后来的发展却一波三折。最初的倡导者萨瓦里部长(1981 年 6 月—1984 年 7 月)离任后，新任教育部部长舍维内芒(1984 年 7 月—1986 年 3 月)对教育优先区的支持仅仅停留在口头上，其兴奋点在复兴共和国学校。在莫诺里任教育部部长时期(1986 年 3 月—1988 年 4 月)，教育优先区政策被完全放弃。直至 1990 年若斯潘担任教育部部长时，教育优先区政策又被重新提起，并列于"教育指导法"之中。

但是，社会各界的评价却与官方大相径庭。有人认为，一方面，教育优先区的标签，加剧了"弱者集中的效果"，"处境不利人群的'集中化'，更减少了其成功的机遇。"另一方面，教育优先区的设立又使条件优越一些的家庭，从教育优先

---

① Benoît Hamon. Discours à l'occasion du coup d'envoi de la refondation de l'éducation prioritaire，le 9 avril 2014［EB/OL］. http：// www. education. gouv. fr/cid78789/discours-de-benoit-hamon-a-l-occasion-du-coup-d-envoi-de-la-refondation-de-l-education-prioritaire-le-9-avril-2014. html.

② Le Monde de l'éducation，N°313，avril 2003，p. 31.

区中的学校撤离。这样，实际的结果是社会分离现象进一步加剧。

经济的法则是追求效益的最大化，效益低或无效益的领域可以不去问津。教育虽然必须考虑成本与效益，但更多地要关注公平，例如对贫困地区和弱势人口的教育，甚至对一些成本极大、效益极低的教育活动，如针对残疾人的特殊教育，也必须坚持不懈。教育优先区，可以说是法国在促进教育平等方面迈出的重要一步，但却是艰难的一步。实施教育优先区的政策，要消耗相当大的经济资源和教育资源，并且很可能这一政策不足以缩小教育不平等。在教育优先区这里，不存在效率优先还是公平优先的问题。如果不去纠正早已存在的不平等，而侈谈效率，恐怕社会仅存的一点点公正也要丧失殆尽。那么不仅是平民百姓要揭竿而起，统治者自已的统治也无法维持了。

亚里士多德说过，“以同等的方式对待不平等的事物，是更糟糕的不平等。”仅仅提供相同的起点，或以同一的方式对待明显差异的学生，绝不能获得教育平等的结果。平等，是人类向往已久的梦想。教育平等则是 20 世纪 60 年代以来教育民主化进程中的新理念。无论是人类的普遍平等，还是教育平等，似乎距离我们都十分遥远，但只有努力，并持之以恒，才有可能贴近目标。正是在这个意义上，我们才特别看重法国教育优先区“给予最匮乏者更多，特别是更好”的理念，并祝愿其在探求教育平等的路上会顺利一些。

三、重订《课程宪章》

法国于 1992 年 2 月公布了第一部《课程宪章》，并把它作为今后指导全国课程大纲制订的纲领性文件。根据 2013 年 7 月 9 日的“重建共和国学校的方向与规划法”，法国于 2013 年 10 月 10 日组建了“课程高级委员会”(conseil supérieur des programmes)。课程高级委员会则根据 2013 年 7 月 24 日的法令，负责制定《课程宪章》(*charte des programmes*)，完全透明地阐述课程的原则与目标，并重申学校传授的知识应当帮助学生认识世界的复杂性，鼓励学生参与真理的探求，培养学生思想自由和批判精神，并使全体学生受益。

根据《课程宪章》的定义，“整体课程”作为国家标准，在广义上是规定教学计划和学生学习过程的终结目标，并应当在学生可期待的获得与实施的学科教学和实践教学、评估与认证，以及教学条件、过程和教师能力之间达到整体协调。《课程宪章》允许学校和教师根据教学进度在一定范围内对课程有所变动。

每个单一课程，应当明确教学目标及同构建整体文化的关系，根据学生的接受能力确定知识学习和能力获得的目标，突出有利于发展学生自信、表达、创新、记忆与适应、理解的教学要素，并充分考虑儿童的文化环境，把握学习进度，既遵循线性发展规律又有适当回复，以加深对概念的理解。

《课程宪章》确定了制定课程的原则，要求在课程制定、编写、跟踪、评估、修订等方面透明的同时，适应民主基础，以家长和教育工作者为主的全体公民应当能够参与课程，了解其制定方式，能够表达其意愿。特别是教师及其他教育工作者，更应参与课程制定的透明过程，因为课程不是一部指令目录，而是一个可以在学生的整个学习过程中和教育过程中了解其意义的专业工具。同时，课程也应依据平等原则，不允许对任何学生有所偏见。

对于在英、美国家早已通行的“课程”(curriculum)概念，法国这一新的《课程宪章》并未采用，而是沿用法语传统的“课程”(programmes)概念。虽然《课程宪章》的序言提及欧洲与国际经常采用的课程大纲的方法，但法国仍不习惯借用其他语言的概念。课程高级委员会主任，原凡尔赛学区长布瓦西诺(Alain Boissinot)解释道，“我们继续使用原来的课程(programmes)概念，但我们赋予其更广泛的定义”。“有人不赞成课程(curriculum)概念，是因为担心会冲击中学里根深蒂固的学科概念”。①

根据课程高级委员会的日程，2014 年开学时，幼儿学校将开始实施新课程，而小学和初中的新课程要在 2016 年开始实施。

四、加强教育与经济的联系

在国际竞争愈加严峻和知识经济愈加突出的背景下，法国愈加认识到教育是未来重要投资，教育是国家未来竞争力的核心要素。而教育界与经济界密切合作是国家发展的最佳途径。

为了加强教育与经济的联系，法国教育部于 2013 年 10 月 18 日组建了“国家教育与经济委员会”(conseil national éducation-économie)。委员会由 5 位企业主管、5 位雇主协会代表、5 位工薪阶层代表、5 位教师代表、4 位来自教育部等中央行政官员和 2 位地区议会主席共 26 名成员构成，目标是在教育领域和经济领域建立一种对话和预测机制。

一方面，学校应当在振兴国家经济中发挥重要作用；另一方面，经济界应当促进学生增进对职业的了解，更好地为就业做好准备。法国在过去几十年曾经采取多方面措施促进教育与经济的联系，如企业人士参与学校教学，组织学生去企业参观、实习，交替制培训等，但两个领域的相互认识还十分欠缺，委员会将在这样两个平台展开教育与经济的对话。

- 通过构建经济与职业界的信息、指导、发现的个人历程，促进青年的职业定向与就业。

---

① Mattea Battaglia. Charte des programmes : le mot《 curriculum 》n'y est pas, l'esprit, si ! Le Monde, 2014-03-04.

• 在职业教育方面，改革教育和专业与文凭设置，提高职业教育地位，适应经济与技术的变革。

为了使学生更好制订个人的学习与定向计划，选择好职业方向，2013 年的“重建共和国学校的方向与规划法”提出为每个中学生设置“经济与职业界的信息、指导、发现的个人历程”(parcours individuel d'information，d'orientation et de découverte du monde économique et professionnel)。所谓“历程”，实际是学生从初中一年级到高中毕业年级未来发展的几个重要步骤或阶段，使学生不间断地朝着既定目标前进。通常在中学校长负责下，由教师和其他专业人员与学生和家长共同制定这一“历程”。

制定历程，首先有助于学生认识经济与职业界的状况，对劳动市场、企业的作用与职能、就业方式有一个初步的认识，以便清晰地确定就业方向。其次，开发学生的创业精神和创业能力，测试可能成功的途径。最后，帮助学生最终确定学习和职业方向。法国总统奥朗德指出，设置历程的一个目标，是培养所有学生一种创业和创新的精神。

实际上，法国教育部自 20 世纪 90 年代以来，便尝试各种措施帮助学生了解经济与职业界，比如：开设职业定向教育课、开设职业发现选修课和设置职业与培训发现历程。

在职业教育现代化方面，将涉及教育部管辖的 700 种职业教育文凭。目前，这些职业教育文凭的设置与改革由 14 个“职业咨询委员会”(Commissions Professionnelles Consultatives，CPC)负责。国家教育与经济委员会将根据劳动市场与就业的前景需求，每年向职业咨询委员会提出指导性意见，改革现行的职业教育文凭，在职业教育中引入新的能力或技术，规划新职业的资格与培训。

构建新兴职业的培训课程。随着技术革新和经济结构的变革，一些新兴职业会不断出现，为了在世界竞争中保持优先地位，比如在光电子学、光纤、家庭或医疗机器人等领域出现的新兴职业，必须及早设计这些新兴职业的能力资格和培训课程。

“绿化”现行职业课程。所谓“绿化”(verdissement)，就是根据当前环境需求和最新标准，重新审视与调整现行职业教育的课程设置。例如，特别明显的建筑与公共工程专业，需要在绝缘隔热技术上有特殊培训，在造纸化工专业上，要特别增加环境教育。在整体上，所有职业教育都应列入数字培训课程和有关能源有效利用的课程。

规划地方职业教育。法国本土划分 22 个地区，每个地区都应在地方行政部门主导下，规划本地区的职业教育，以适应地方经济的发展，也更有利于青年就业。

引导青年选择易于就业的专业。尽管法国整体上就业困难，但仍有部分职业就业不充分，原因就在于信息不畅，青年们不了解这些职业。委员会将根据未来职业变化预测，特别是行业充足的信息，帮助教育部调整职业教育，以利于青年就业。

设置“职业与资格校园”(campus des métiers et des qualifications)。所谓“职业与资格校园”，其实是在一定的地理区域内，将职业高中和综合高中、学徒培训中心、培训机构、高等教育机构、科学实验室、企业组建成广义的“校园”，共同实施某一专业领域的教育与培训。其中必须有至少有一所公共教育机构。

这些机构围绕某一专业领域，可以为青年提供普通、技术和职业的完整教育，不仅有利于企业录用到优质的员工，促进地方经济发展，更为青年就业提供了方便条件。校园还须提供优质住宿、参加各种文化与体育协会的服务。

组建成功的“职业与资格校园”，经教育部、生产振兴部、地区政府、法国地区协会等部门审查、批准并授予“职业与资格校园”的专属标志。2013 年 5 月 16 日，法国教育部在 17 个申报计划中，拟批准其中 12 个“职业与资格校园”的专属标志。①

此外，为了促进就业与再就业，法国 2014 年 3 月 5 日颁布的“职业教育、就业与社会民主法”(La loi relative *à* la formation professionnelle, *à* l'emploi et *à* la démocratie sociale)规定设置“个人培训账户”(Compte personnel de formation)。从 2015 年开始，每个人自 16 岁起便可以开设“个人培训账户”，并在失业或职业变动时继续有效。每年的培训记录可以累积，7 年之内最高可达 150 小时。这样，通过累积培训获得被企业认可的能力，可以更加方便就业。

>>第二节 法国高等教育政策<<

一、制定高等教育国家战略

2013 年 7 月 22 日，《高等教育与研究法》②正式颁布。这是半个世纪以来，法国第七部关于高等教育和科学研究的法律条文，但将高等教育和科学研究问题列入同一法律在法国却是首次。该法规定，由负责高等教育的国家教育部门主导制定高等教育国家战略，并且每 5 年修订一次。高等教育国家战略与科学研究国家战略将形成一部白皮书，由政府提交议会，以动员全国力量迎接高等教育与科学研究面临的挑战。

① campus des métiers et des qualifications[EB/OL]. http://cache.media.education.gouv.fr/file/10_Octobre/02/3/Campus-des-metiers-et-des-qualifications-DP_276023.pdf.

② Loi n°2013-660 du 22 juillet 2013 relative *à* l'enseignement supérieur et *à* la recherche.

2013年12月9日，高等教育与研究部长日娜维耶芙·菲奥拉佐(Geneviève Fioraso)致信勃艮第大学教授、法国大学与学校事务中心主任、法国高等教育署主席索菲·贝让(Sophie Béjean)，委托其组建高等教育国家战略委员会。该委员会经过半年的咨询、研讨等工作之后，于2014年7月9日向教育部提交了关于法国高等教育国家战略的阶段报告。①

报告认为，高等教育国家战略应当确定未来10年的发展目标以及达到这些目标的措施。为了构建法国的明天和平等的社会，委员会提出5大发展目标。

(一)保持经济发展，构建学习社会

法国在过去的50年，高等教育取得较大发展，大学生数量从1960年的31万人增长到2013年的242万人，大学生占同龄人口的比例也从1960年的11%达到2012年的76.7%。但法国大学毕业生的比例仅略高于欧盟与经合组织国家的平均水平，特别是学士以上文凭获得者的比例不高。

在变革的世界中，一些职业消失了，一些职业诞生了，而创新才是发展的核心要素，高等教育则是创新的重要支撑。高等教育应当使每个人获得基础知识和可迁移的能力，以应对职业的变化，特别是培养更多的学士以上文凭的毕业生。

高等教育应与科学的发展与时俱进，教学与研究也应当密切结合，不仅保持知识处于先进水平，同时通过发现问题、提出假设、解决问题的科学研究获得能力。

高等教育还应承担继续教育和终身教育，打破初始教育和继续教育的界限，发展交替制学习，鼓励企业人员和行政人员在职攻读博士学位。大学要成为明天社会的实验室。

为明天的世界做准备，更多依赖知识和能力，更需要提高国民的教育水平。法国高等教育当前指标主要基于一个年龄段人口达到某一文凭比例的欧洲指数，而要使法国保持在经合组织国家的前列，应当将指标确定在获得学士、硕士和博士学位的比例上。2020年，法国高等教育毕业生在同龄人的比例达到60%，学士文凭比例25%，每年培养2万名博士。

(二)促进高等教育国际化

法国高等教育在国际舞台上占有重要一席，作为留学生接收国位居经合组织国家的第三位，作为留学生出境国位居欧盟伊拉斯谟项目的首位。预计2025年全世界留学生增人数将达到720万，而2000年只有180万人。如何在未来世界留学生争夺战中保持优先地位，对于法国来说，是一个重大挑战。

委员会强调，法国高等教育的国际化战略应当基于欧洲人文模式，而不能降

---

① Stratégie nationale de l'enseignement supérieur, Rapport d'étape du Comité StraNES, 9 juillet 2014.

低为商业形象。应当构建一种“接待文化”，简化法国大学接收外国学生和研究人员的程序，改善住宿和校园生活等方面的条件，包括对他们在法国的居留和离开之后的关注。

应当开发英语教学课程，但不是为了争占纯英语的国际市场，而是通过将英语教学同作为外语的法语教学结合起来，促进法国文化和语言的传播。同时，还要增强法国大学生的语言能力，鼓励他们到国外学习，与外国大学生交流学习。至 2025 年，法国接收外国留学生的数量要增加一倍，同时去外国留学的法国学生数量也将增加一倍。

（三）促成真正的社会就业与融合

高等教育不仅要改善质量，还要促进青年与成人的获得文凭的平等。然而，几十年来法国公民之间平等，特别是教育平等的理念已经受到社会再生产的现实的冲击。不平等现象已经贯穿整个学校教育，相信高等教育会改变不平等也已经变成陷阱。那些被进步所排斥的人们充满愤怒，他们终于懂得能力主义(méritocratie)不过是将不平等合法化的神话，由此也带来法国社会的道德危机。

高等教育应当致力于打碎社会再生产的现存机制，促进社会融合。

统计显示，法国高中毕业会考文凭持有者的失业率呈增高趋势，由 2004 年的 13%增至 2010 年的 20%，而同期短期和长期高等教育文凭持有者的失业率分别是 11%和 9%。这说明劳动力市场对就业者的资格要求有所提高。因此需要提高高等教育文凭的比例，鼓励青年继续学习，提高学习成功的概率。

还需加强高中与高等教育的定向指导。在许多情况下，高中毕业生都以为设在高中的大学校预备班是未来发展的最佳途径，而不愿选择大学。从而也导致大学科学学科生源不足，影响某些重要专业后备力量不足。因此，班级委员会与定向顾问，应当根据学生的实际状况，正确指导其专业方向，避免走弯路。

对于不便在常规作息时间听课的学生，应当允许一些灵活措施，大学应当适应多元化的社会。对于有障碍学生，不论是身体障碍还是其他障碍，都有权利获得大学学习的机会，为他们提供的学习条件，应当有所创新。

特别需要注意的是改变男、女大学生学科分布的陈旧格局。150 年前，巴黎理学院招收了第一位女大学生，但是长期以来，形式上的权利平等并未成为真正的男女权利平等。专业的选择仍然具有鲜明的性别烙印，在纯科学领域，除化学外，女性数量微乎其微。在最具活力的专业领域，女性也少之又少。在数字领域，女性不足 15%。而在一些领域，特别是医护领域，几乎都是女性。

法国女大学生占大学生总数的 55%，但她们没有与男学生同样的专业选择权。比如，同样的科学系列的高中毕业文凭持有者，选择大学校预备班的女生为 15%，而男生为 20%。再比如，在社会服务与医护培训领域，女性比例高达 84%，而在工程师培训领域女性比例只占 27%。虽然法国大学生在整体上女性已超过男性，但需注意不应出现新的不平等问题。

总之，为了维护社会平等与公正，委员会建议重设关于高等教育文凭的比例在高级管理人员子女与工人及其他职员子女之间的差距这一指标。目前，法国这两者的指标分别是65%和30%，未来的目标是使两者的差距缩小一半。

（四）创建21世纪的高等教育

随着互联网的发展，信息传播数量激增且迅速，过去教师独自占有知识和学生作为知识接受者的状况已不复存在，现代教育技术也使传统课程发生巨大变革。法国教育曾经是世界诸多国家关注的样板，当今整个世界都把目光投向美国，特别是美国的“慕课”（MOOC）。因此，创新教育模式、教育内容是法国能否在世界占有重要地位的重大挑战。

高等教育模式变革的关键是使大学生成为教学改革的积极参与者。鉴于数字技术的广泛应用，应当允许大学生在课堂上，甚至在考试中利用各种信息资源，不仅是纸质文献，还应包括电子文献及允许接入互联网和链接数据库。

在以往的教学改革中，大学生发挥了重要作用，但教师仍处于数字化教学创新的中心位置。而对教育学的研究，法国处于相对落后的境地，有必要设置“教学发展研究中心”，促进数字化教学改革，培养教育研究的博士生，开展教师继续培训，鼓励教学研究，推动教育学创新与交流。

对于数字化资源，应当加紧知识产权保护，迎接第三代互联网的到来。要使所有教师在教学中能够应用数字技术，所有新教师都应接受教育学培训，实施高等教育研究计划。

（五）适应青年需求

法国教育系统其实是建立在一种只许成功、不许失败的线性发展的模式之上，在中等教育和高等教育之间几乎没有间歇，个人的成长与发展受到极大限制。而英国、德国、瑞典等欧洲国家，允许甚至鼓励中学毕业之后有一个休整的时间段。但在法国，这样的间歇往往意味着学习困难，如果停顿，将来难以谋得好的出路，因此法国青年进入高等教育的平均年龄为21岁，在欧洲已属最低。所以说，法国学习成功之路便是从小学到大学不停顿地前进，直至获得好的就业岗位。

另外，法国大学学习生活条件也不尽如人意。对大学生资助，无论是如奖学金的直接资助，还是如住宿、食堂、家庭补助的间接资助都不透明，甚至存有矛盾。而医疗保险、食宿、临时工作、文化体育活动等这些因素往往是学习成功的支撑条件。

尽管文凭在法国仍然是同失业作斗争的最好武器，但是无论是关于就业的调查统计，还是青年们的现实感受，都证明现在法国的文凭在贬值，当今年青一代的就业环境比之前几代人的状况已大大退步。

对于当今的高等教育来说，应当回应青年的向往，放松各专业的等级限制，减少学业失败内部因素。

首先，高等教育应当允许学习途径的灵活性与多样性，承认非校园内的个人学习成果，认可以大学生为"职业"，或"职业的"大学生，促进成功就业。大学生不仅仅是教育的接受者，还应是教育的主动行为者，可以对教育的改善提出意见和建议。

其次，要重新思考与调整社会资助政策，将青年资助与家庭资助政策相互协调，重点支持继续学习的青年，避免中产阶层家庭受益过多。对于奖学金的授予应当区分不同的学习专业，并适应学习的不同阶段。

最后，继续改善大学生的食堂和住宿条件，改善大学校园生活。制订"大学生打工宪章"，帮助大学生在一定限度上改善学习生活，但必须有所限制，防止因打工过多影响正常学习。

为了适应青年的需求，拟建立一个由教育部管辖的大学生资助委员会，统筹管理大学生奖学金与资助事务，规划各地区的大学生生活发展图景。

总之，委员会认为，法国正处于危机之中，正如在摇摆不定进程中的欧洲，正如在变革的世界中的一个缺乏自信、看不到自身力量的国家。这个危机不仅仅是不可控经济现象的结果，也不仅仅是重新走向繁荣之路需要克服的一个困难路段。危机的原因，其实在道德和政治层面。法国在传统上有许多优势需要重新认识，特别是在思想和技术领域成就斐然，而法国的一些可以克服的不足被人们放大。对高等教育的投入，不是简单的支出，而是对未来的投资，其社会影响将特别巨大。过去 25 年来的努力，正是为了构建 21 世纪的高等教育。

二、制定科学研究国家战略

法国 2013 年 7 月 22 日颁布的《高等教育与研究法》，不仅是制定高等教育国家战略的法律依据，同时也是制定科学研究国家战略的法律依据。为了指导与评估国家科学研究战略的实施，法国组建新的"科研战略委员会"(Le Conseil stratégique de la recherche)，替代了原来的"科学与技术高级委员会"(Haut Conseil de la science et de la technologie)。

法国科学研究国家战略的双重目标是保持法国的科研能力在世界上的优先位置，适应 21 世纪科学技术、环境与社会的挑战。

科学研究既是知识进步的基础，又是经济发展的动力，因此受到世界各国的普遍重视。法国 2012 年的科研投入为 456 亿欧元，居经合组织国家的第 5 位。法国 2012 年的科研投入占国内生产总值的 2.29%，比欧盟国家的 1.97%平均值略高一点。在科学研究方面，法国的科研水平在世界上仍名列前茅，其值得炫耀的标志是法国科学家中有 1 人获得图灵奖、4 人获得生命科学突破奖、3 人获得拉斯克临床医学研究奖、4 人获得菲尔德奖和 8 人获得诺贝尔奖。

科研战略委员会认为，制定法国科研战略将面临气候、能源、食品、信息等方面的 10 大挑战。为了应对这些挑战，委员会分别分析了法国的优势与约束，指出相关科学研究的未来导向。

(一)节约资源，适应气候变化

在气候变幻不定、自然资源短缺的背景中，有节制地管理资源显得尤为重要。为了应对这一挑战，应当依靠关于全球气候研究的国际组织机构，法国研究人员需紧密参与"世界气候研究计划"，制定国际气候战略。而关于气候变化的研究，需要了解人类与环境的交互关系，不仅涉及地球与生命科学，还关系到物理、化学、数学、信息和人文与社会科学。

未来研究的导向应当在地球系统的监测，对自然资源的可持续管理，评估与控制气候与环境风险，开发环保与生物技术，把沿海地带作为资源利用和气候变化研究的实验室。

(二)使用清洁、安全、有效的能源

面对不断增长的能源需求和变化不定的气候，需要考虑有效利用能源的新模式。能源模式的转变依赖于基础科学概念、技术创新和人类行为变化的多重交互作用，而科学技术研究与创新对加强传统能源有效利用的竞争力和开发新的能源系统具有核心意义。不仅是物理、化学等基础学科，人文与社会学科也应参与其中。

研究导向主要是能源系统的动态管理、新能源系统的多重治理、能源的有效利用、缩减战略物资的需求、减少化学与能源工业的碳排放。

(三)鼓励工业创新

在过去的 30 年里，法国的去工业化进程特别显著，制造业的产值仅占国内生产总值的 10%，远低于德国的 22%。在过去 15 年间，由于成本外(hors-coût)竞争力不足，导致法国工业劳动力减少 100 万人。为了增长与创造就业岗位，工业革新要特别依靠创新能力，需要新类型的服务和创造新的职业领域。

未来的工厂与现在的有着极大的差异，因为未来工厂建立在生产线组织的变化之上，设计与制造的界限将不存在。不同的生产任务要求个性化的产品生产灵活而迅速。数字技术将会发挥重要作用，产品的设计、定型、流程、人与机器的交流工具、3D 打印机，都将体现数字化的作用。

应当建立能够监测新的生产流程的工业指导系统，通过各领域的协调合作，制造出可以广泛销售的产品。

(四)卫生与福利

关于卫生与福利方面的挑战，涉及广泛的科学领域。生物学的最新技术与方法变革有助于在生理学、医学、药学、人文科学等学科整体之间建立一个连续体(continuum)。

数字技术的应用会导致数据的激增，未来的研究导向应当是收集与分享有质量的数据。关于流行病学和公共卫生的数据融合可以更好地判断卫生与疾病的状况，分析与遗传、代谢、行为、环境、社会经济背景等相关原因，从而直接影响环境管理、预测、救治等方面的公共政策。

(五)食品安全与人口挑战

食品安全关系到保证世界人口享有卫生的、有营养的、有质量的饮食，它依赖于农业和渔业生产系统，同时也依赖于国际贸易。今天的食品安全受到气候变化、世界人口增长和饮食行为变化的威胁。关于食品安全的研究涉及人口健康的生产系统的广泛领域：从基因到个体、从个人到全部人口、从人口到生态系统、从种族到新的社会组织。为了保证食品安全的可持续性，需要降低对生产系统的压力，例如将植物蛋白消费替代动物蛋白消费。

应当重新审视我们关于人类饮食的基本知识，研究人类微生物群的消化机制，并且能源消费者的转化与存储过程应当得以改善。应当创建良好的农业生态系统，将生物经济建立在新的生物量生产系统之上，并在一定地理区域内规划食品、材料、能源的使用。

(六)可持续的交通与城市系统

城市及其交通基础设施是一个物质的、生态的、技术的、社会的复杂系统。寻求平衡与可持续的解决途径必然包含技术领域、数字应用、社会学与经济学、建筑学、行为研究等多学科的共同努力。

流动是城市经济与社会发展的重要方面，交通系统的发展应当致力于减少能源消耗和有害气体的排放，同时应当发展新型的交通工具以减少环境污染。

应当开发适应城市可持续发展的数字化的技术工具，优化能源使用效率，如热力泵、制冷系统、新的绝缘材料、垃圾处理系统、室内空气与水的质量。在城市规划时，就应统筹设计自来水、煤气、电气、互联网、交通的网络系统，以减少能源消耗，同时为以后新型流动网络预留空间。

(七)信息与交流社会

信息科学技术正处于经济与社会挑战的中心位置，不仅充实了其他科学学科，也丰富了个人与社会群体的日常生活。大数据的处理和密集型计算已经成为一种战略领域，信息安全也成为国家主权和公民保护的一种挑战。

数字科学技术应当与所有学科和所有活动领域密切结合，以获得适合人类认知与行为方式特殊需求的解决路径。未来的研究导向首先是设计出开发大数据基础结构与保障系统，能够认识大数据，并对预测与决策发挥作用。同时考虑数字空间的交易安全，建立私人生活保护机制和知识产权的保护机制。

(八)创新、融合与适应的社会

在数字化和国际化的影响下，社会发生深刻变革，人们的行为准则与方式，人们与自然环境、社会经济和社会文化的关系也在发生变化。社会变革同时包含着产生不平等的真实的或不太显现的危险。成功创新的条件是使所有社会成员受益，获得可持续的发展。社会创新、教育创新、文化创新都应具有适应与融合的巨大潜力。

创新意味着新思想的实施，对于社会福利、服务、生产过程、集体组织形式都具有重要意义。创新也意味着风险，因此需要分析社会的复杂关系。

未来关于社会创新能力的研究，应当致力于构建科学与创新活动、支持创新的教育能力、实验、创新与批判精神的指标体系。有必要研究面临风险的个人行为和面对科学进步的社会态度。

关于社会创新、教育创新和文化创新的研究是一个新领域，它将提供促进社会融合的新模式。有必要采用新的方法，开发一种能够评估社会进步的新指标体系。

(九)欧洲空间目标

太空与空间关系到国家主权与自主、国防、国际关系、危机管理、气候变化、科学研究等多重挑战。法国的空间目标是保持其在国际市场的前列，并在欧洲空间构建中发挥主导作用。

空间研究对于电信与导航领域的发展具有重要意义，特别是发展欧洲的导航系统以及伽利略定位系统。空间研究也有利于国防和国土安全。

未来空间研究的一方面是构建观测地球的服务系统，继续欧洲哥白尼计划，与美国、中国、印度开展双边合作研究，另一方面是提高电信与导航领域的竞争力，发展高分辨率的光电技术，保证伽利略定位系统的运营服务。

(十)欧洲及其公民与居民的自由与安全

公民与居民的自由与安全关系到对风险与威胁的认识，涉及数字安全、生活基础设施的保护，对海洋、陆地和空间领域的监测，各种原因的危机管理、防止恐怖主义和犯罪活动的公民安全保障。

关于公民与居民的自由与安全研究与创新要求自然科学、信息科学、工程科学、人文与社会科学等多学科的共同努力，以面对各种风险威胁和经常性的变化。

为了保障公民个人的基本权利与自由，未来研究的首要目标是能够预测与预防危机。因此需要在所掌握的全部数据中检索出关系某些问题的信息，以便采取预防措施。其次是当危机确实发生时，为管理者提供决策的途径。因此需要研究诸如核能事故、饮用水污染、细菌侵袭的危险现象，以便对各种危机进行及时与恰当处置。

为了应对以上 10 大挑战，委员会提出 4 类共 14 项科学研究优先项目，具体如下。

1. 大数据

(1)大数据与知识工程

(2)复杂系统的可靠性

(3)决策机制

(4)基础设置的安全与数字安全

2. 环境、能源与可持续发展

(5)地球系统：认识、监测、预测

(6)能源转化与生态的生物经济学

(7)可持续经济中的战略物资

(8)地域性的能源转化

3. 生命与健康

(9)系统生物学

(10)科研成果转换：从实验室到专利

4. 人与社会

(11)更新与可持续的城市空间

(12)可持续的交通

(13)人机互动

(14)全球互联的人文与社会科学

委员会对每个科研项目的性质与挑战都进行了概括分析，并划分出若干行动，一些项目还列举了法国目前具有的优势与不足，以及面临的机遇和障碍。

最后，委员会对未来法国科学研究的评估与监测提出了中肯的建议。

总之，法国本次科学研究全国战略的规模前所未有，体现了法国政府应对未来世界变革，保持法国科研大国地位和改善国内民生的雄心。但在法国经济依然不景气，社会就业压力持续严峻的形势中，能否实现如此宏大的科研战略，则有待实践的考验。

三、组建大学与研究机构共同体

2013 年 7 月 22 日的高等教育与研究法设置“大学与研究机构共同体”(communautés d'universités et établissements)，取代了之前“研究与高等教育集群”。

“研究与高等教育集群”(Les Pôles de Recherche Et d'enseignement Supérieur, PRES)是根据 2006 年 4 月 18 日的科研规划法创建的。“集群”(pôle)的法语本义

为“极”“极端”“尖端”等含义，但其英语对应词为“Clusters”，意为“丛、簇、串、群”。法国的研究与高等教育集群不仅意味着高等教育与研究单位机构的联合，还表示这种联合机构的科学研究的尖端性质，可以使大学、大学校和研究机构协同其教学与研究活动，共享资源，更好适应所在地的需求。至 2012 年 9 月，法国共有 26 个研究与高等教育集群。

2010 年，法国审计法院(Cour des comptes)的一份报告对研究与高等教育集群提出了批评，认为研究与高等教育集群中大型研究机构参与不够，治理水平不高，公共支出有所增加。①

新设置的大学与研究机构共同体并非完全重新设置，基本上也是公共高等教育机构和公共研究机构的联合体，同时允许具有公共服务使命的私人机构加入。不同的是，不再区分创始成员和合伙成员，而合伙成员特指私人机构。新的机构也被赋予新的法律地位——“以科学、文化和职业为特点的公立机构”(Établissement Public *à* caractère Scientifique, Culturel et Professionnel, ÉPSCP)，可以享有与大学等同的用人规则和权益。而之前的集群的法律地位则是公共科研合作机构或是科学合作基金会。

大学与研究机构共同体的治理结构也发生了较大变化，十分接近于大学的治理。共同体的首脑也称作校长(président)，由共同体的行政委员会选举产生，但不必是行政委员会的成员，而之前集群的校长则必须在行政委员会的成员中产生。此外，“行政委员会”和“学术委员会”的构成也类似于大学，突出体现了民主与协商的精神。

无论“共同体”还是“集群”的构想，都鉴于法国综合大学(université)、大学校(grande école)和科学研究机构各成一体，互相分离的高等教育和科学研究体制。大学的科研力量较弱，大学校较少培养研究生，科研机构无教学，无权颁发文凭。特别是在中国上海交通大学的世界大学排行榜等流行的世界大学排名中，法国大学远远落后于英、美国家，促使法国高等教育和研究体制的改革，以提高其高等教育机构的综合实力和国际能见度。②

在新的共同体内中，各成员机构均可以共同体的名义单独或联合开展硕士和博士研究生的培养并颁发相应文凭。共同体内的所有学术成果均以共同体的单一署名发表，以此提高其高等教育机构的国际能见度。

---

① Cour des comptes. Les pôles de recherche et d'enseignement supérieur (PRES) : un second souffle nécessaire. http: // www. sauvonsluniversite. com/IMG/pdf/9 _ poles _ de _ recherche _ et _ enseignement _ superieur. pdf.

② Vincent Berger, Assises de l'enseignement supérieur et de la recherche : rapport au Président de la République, Présidence de la République, décembre 2012.

新一轮的法国教育改革已经全面展开。2015—2017 年将是这次重建共和国学校的关键三年。如果成功，将是法国左派政府继续执政的重要筹码；如果失败，法国左派将在未来大选中遭遇同样的失败。

第五章　德国教育政策与发展趋势

本章综述了德国在2013年至2014年7月出台的教育政策(法律、法规、决议、教育规划和重点项目等)。因为有些中长期的教育政策和项目分为不同的执行阶段，所以，一些在2013年前出台，但在综述报告时间期限内进入新一阶段的教育项目也得到了分析。由于德国各联邦州的教育制度和教育政策具有明显的差异性，本章重点关注具有全国性的教育政策，主要包括德国联邦教育与科研部(BMBF)和文化部长联席会议(KMK)等其他机构出台的教育政策和项目规划。另外，德国作为欧洲联盟的重要成员国之一，在促进欧洲教育一体化进程中发挥着举足轻重的作用，因此本章也论述了德国对欧盟教育政策进行本土化调整后的相应教育政策。

第一节　德国基础教育政策："通过语言和文字的教育"[①]

一、政策背景

语言和语言教育对于个人和社会来讲都有着非同小可的意义。首先，个人如果不具备足够的口头表达和理解能力及书面阅读与写作能力，既无法完成基本的通识教育，也无法接受面向未来的职业教育，这意味着个人的社会参与性将受到极大的限制，其生活质量也会遭受负面的影响。其次，"功能性文盲"[②]已经成为衡量一个国家的社会风险的重要指标之一，如果现代社会中普通学校和职业学校的一大批毕业生无法达到应具备的语言水平，对于社会福利体系、国民经济以及社会集体融入都会造成长期的不良后果。目前，德国有750万成年人无法理解最简单的德语文本，占德国就业人口的14%。虽然，成年人经过不懈努力的学习，有可能弥补语言上的缺陷，但语言教育乃至整个教育生涯的成功都需要在儿童时

① Bildung durch Sprache und Schrift，BiSS.

② "功能性文盲"是联合国于1965年在德黑兰的一次国际性会议上提出的，指的是受过传统教育，会原始的、基本的读、写、算，而不能识别现代信息符号及图表，不能用计算机进行信息交流与管理，不会操作现代生活设施，与现代生活接不上轨的人。

期就奠定足够的基础。[①] 随着社会结构的变化，有移民背景的青少年儿童占基础教育阶段学生总数的比重不断扩大，据统计，目前在德国基础教育阶段的所有教育机构中，大约三分之一学生的母语并非德语，德语只是第二外语甚至是第三外语，[②] 然而，德语是德国教育体制中的主要语言，所以他们在学习过程面临的首要问题便是语言问题。

事实上，德国政府早在世纪之交就意识到了问题的严重性。各联邦州在 2001 年 PISA 成绩公布后签订合约，就德国语言促进教育的七个行动领域达成一致，其中，“学前教育阶段提高语言能力的措施”“有效促进处于教育劣势儿童的语言教育(特别是移民子女)的措施”及“提高阅读能力的措施”是重点领域。自此以后的十年间，各联邦州为了解基础教育阶段学生的语言能力状况实施了一系列诊断程序，并投入了大量的人力和物力资源开展各类项目，促进学前教育阶段和基础教育阶段的语言教育。德国 2012 年的教育报告指出，德国政府实施的一项涉及 14 个联邦州的调查结果显示，萨尔州的 14.5% 和不来梅州的 46% 的儿童具有语言促进需求，但都享受了持续 3～18 个月、每周 15 小时的额外语言促进教育。[③]

然而，德国各州实施的语言促进项目一般都隶属于不同体系的大项目计划，例如，联邦与州教育规划与促进科研事务委员会(Bund-Länder-Kommission für Bildungsplanung und Forschungsförderung, BLK)实施的示范项目 SINUS (1998—2010)，其资助重点是自然科学学科和数学课程；还有该委员会的 FÖRMIG 项目(2004—2009)，以促进移民子女语言教育为目标；由各州文化部长联席会议主导的“支持阅读”(ProLesen)项目，将阅读能力的提高作为中小学所有学科的核心任务。[④] 这些项目各有所长，在各自设定的领域内取得了一定的成就，但也存在一定问题，首先语言促进、语言诊断和阅读促进方面的实践活动异质性过强，许多已经得以贯彻的措施仅仅针对语言和阅读能力的一个方面，对于德国整体语言教育的水平提升作用不甚显著。[⑤] 其次，这些已经产生的、在教育

---

① BiSS. Wissenschaftliche Expertise “Bildung durch Sprache und Schrift”(BiSS)[EB/OL]. http: //www. biss-sprachbildung. de/pdf/BiSS-Expertise. pdf. 2015-03-26.

② BMBF. BiSS-Programmskizze [EB/OL]. http: // www. bmbf. de/pubRD/BISS _ Programmskizze. pdf. 2015-03-26.

③ BiSS. Wissenschaftliche Expertise “Bildung durch Sprache und Schrift”(BiSS)[EB/OL]. http: //www. biss-sprachbildung. de/pdf/BiSS-Expertise. pdf. 2015-03-26.

④ Ibid.

⑤ BMBF. Bekanntmachung des Bundesministeriums für Familie, Senioren, Frauen und Jugend sowie des Bundesministeriums für Bildung und Forschung von Richtlinien zur Förderung von Vorhaben zur Evaluation von Konzepten und Maßnahmen der Sprachförderung, Sprachdiagnostik und Leseförderung im Rahmen der Bund-Länder-Initiative “Bildung durch Sprache und Schrift (BiSS)” [EB/OL]. http: //www. bmbf. de/foerderungen/23874. php. 2015-03-27.

实践中得到贯彻的措施覆盖的范围有多大，在许多情况下是不清楚的。最后，这些措施的可持续作用并没有得到科学的证明，对措施执行质量和实际效果的系统性评估是十分缺乏的。①

基于上述背景情况和存在问题，德国联邦家庭部(BMFSFJ)、联邦教育与科研部(BMBF)、各州文化部长联席会议(KMK)和各州家庭部长联席会议(JFMK)于 2012 年 10 月共同提出了"改善语言促进、语言诊断和阅读促进"(Initiative zur Verbesserung der Sprachförderung，Sprachdiagnostik und Leseförderung)的倡议，即"通过语言和文字的教育"(Bildung durch Sprache und Schrift，BiSS)倡议。

BiSS 项目的实施目标是：对改善语言促进、语言诊断和阅读促进的倡议框架内已经开始的项目的实施效果和执行效率进行学术审核、促进其持续发展并检验创新程序和工具的可实施性，另外，也致力于支持儿童日托机构和中小学教育从业者的必要进修和能力拓展。② 这项由联邦政府和州政府共同发起的倡议的核心任务包括以下三点：

- 改善儿童日托机构和中小学教育中的语言诊断和语言促进；
- 构建学前教育阶段和基础教育阶段中语言和阅读促进措施的相互联系，并促进其逐步优化；
- 继续推进教育者及教师在语言和阅读促进方面的进修和能力拓展。③

随后，BiSS 项目进入准备阶段，首先是组建负责 BiSS 项目核心控制的控制委员会(Lenkungsausschuss)和负责 BiSS 项目组织、协调与监管的承办者委员会(Trägerkonsortium)。控制委员会由联邦家庭部、联邦教育与科研部、各州和各县的高级协会以及社会福利机构的代表组成，还包括文化部长联席会议的代表以及其他学术专家，共 19 人，每年召开 1～2 次全体会议，就项目重大事项做出决定。具体的项目管理和实施由承办者委员会负责，经研究机构的自由申请和控制委员会的仔细斟酌，承办者委员会由科隆大学墨卡托语言促进研究所(Das Mercator-Institut für Sprachförderung und Deutsch als Zweitsprache an der Universität zu Köln)、德国国际教育研究所(Das Deutsche Institut für Internationale Pädagogische Forschung)和柏林洪堡大学教育质量发展研究所(Das Institut zur Qualitätsentwicklung im Bildungswesen an der Humboldt-Universität zu Berlin)组

① BiSS. Evaluationskonzept der Bund-Länder-Initiative "Bildung durch Sprache und Schrift (BiSS)" [EB/OL]. http://www.biss-sprachbildung.de/pdf/141209_Evaluationskonzept-BiSS.pdf. 2015-03-26.

② BMBF. BiSS-Programmskizze [EB/OL]. http://www.bmbf.de/pubRD/BISS_Programmskizze.pdf. 2015-03-27.

③ BiSS. Wissenschaftliche Expertise "Bildung durch Sprache und Schrift"(BiSS)[EB/OL]. http://www.biss-sprachbildung.de/pdf/BiSS-Expertise.pdf. 2015-03-27.

建而成，于 2013 年 3 月起开始工作。①

2013 年 5 月 29 日，承办者委员会的引导下，BiSS 项目正式启动，有意愿参与其中的儿童日托机构和中小学开始提交申请。BiSS 项目计划在五年的执行期内资助由托儿所、中小学和其他社会伙伴(如大学、基金会、图书馆)组成的 120 余个实践联合体(Praxisverbünde)，为促进德国语言教育做出贡献。②

二、政策内容

BiSS 项目的执行期为 2013—2018 年，资助金额总达 4 000 万欧元。BiSS 项目的内容可从以下五个行动领域来具体阐述。

(一)模块

根据控制委员会发布的总体计划，BiSS 项目实施模块化方案，依据模块主题遴选、资助和评估幼儿日托机构和中小学组建的实践联合体，以支持儿童从接受机构性看护直到中等教育初级阶段结束的语言能力提升，促进其取得个人的教育成就。③ 也就是说，BiSS 语言教育资助项目囊括学前教育阶段、初等教育阶段和中等教育初级阶段三大领域，为加强各项目和措施之间的联系性和可比性、促进不同实践联合体之间的经验交流，根据各教育阶段学生发展阶段的差异性，控制委员会为不同的教育阶段设计了不同的模块，各有侧重。

如图 5-1 所示，学前教育阶段囊括儿童日托机构的学龄前儿童从接受机构性看护到正式入学前的时间段，包括 6 个模块，主要针对纳入日常生活的语言教育以及关注不同的语言领域，如识字、对话等；初等教育阶段指德国的小学教育阶段，包含 4 个模块，语言教育促进的重点是阅读方面；中等教育初级阶段是德国中等教育的第一个阶段，整体目标是在前面两个阶段的基础上增强学生教育语言能力的培养，通过 5 个模块，BiSS 项目在中等教育初级阶段主要促进学生读和写、说和听及专业课程中术语的习得。④

(二)工具

由儿童日托机构和中小学组成的实践联合体在项目具体实施过程中可以使用一系列的工具，如工作表格、资助计划、课程材料、诊断工具等，为此，BiSS

---

① BiSS. Trägerkonsortium [EB/OL]. http://www.biss-sprachbildung.de/biss.html?seite=45. 2015-03-27.

② BiSS. Bewerbungsstart für die Bund-Länder-Initiative "Bildung durch Sprache und Schrift (BiSS)"[EB/OL]. http://www.bmbf.de/_media/press/Pm0904-103.pdf. 2015-03-27.

③ BiSS. Wissenschaftliche Expertise "Bildung durch Sprache und Schrift"(BiSS)[EB/OL]. http://www.biss-sprachbildung.de/pdf/BiSS-Expertise.pdf. 2015-03-28.

④ BMBF. BiSS-Programmskizze[EB/OL]. http://www.bmbf.de/pubRD/BISS_Programmskizze.pdf. 2015-03-28.

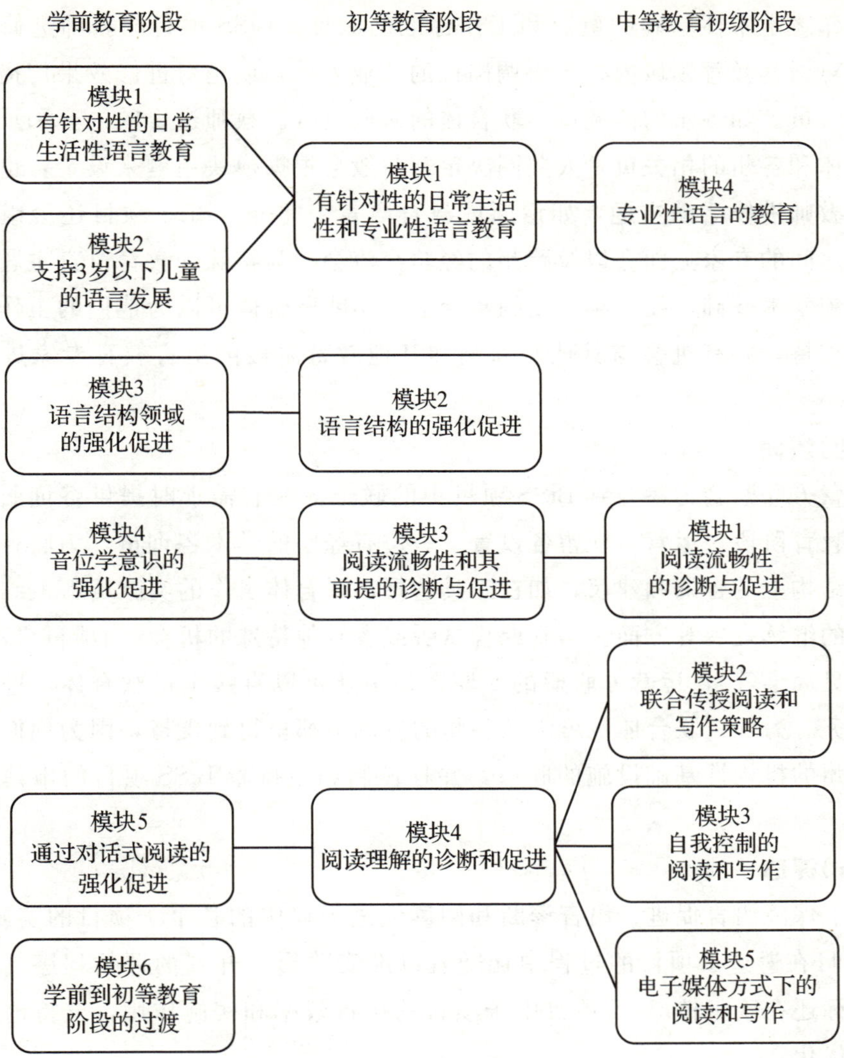

图 5-1　BiSS 项目各教育阶段的模块设置概览

项目的专业咨询团队与所有联合体一同构建了一个工具数据库。通过工具数据库，所有的实践联合体可以相互交流实践经验，将经受住实践考验的程序和材料归入工具数据库，供其他联合体借鉴参考。另外，实证调查的经验和结果也会纳入数据库。但是，工具数据库在 BiSS 项目实施期间，不对外来用户开放，只有参与 BiSS 项目的联合体可以凭密码进入。①

(三)教师进修

语言教育、语言促进和语言诊断领域内的教师的专业化是 BiSS 项目的一个核心目标。因此，BiSS 项目会为教师提供众多进修和交流的机会，以利于各联

① BiSS. Tools - Werkzeuge zur Umsetzung der BiSS-Module［EB/OL］. http：// www. biss-sprachbildung. de/biss. html? seite＝27. 2015-03-28.

合体工作之学术性基础的奠定和工作标准的保证。BiSS 项目的教师进修服务一般是针对语言教育领域内处于协调岗位的从业人员，或是对进修效果传播有倍增作用的人员，如各州的协调员、联合体的协调员等。教师进修的内容和形式由所有联合体和各州的相关负责人共同决定，一般会根据模块主题来设定，也会有跨模块的教师进修活动主题，如诊断或教育语言。此外，BiSS 项目还会组织不同联合体之间的专家见面会以及跨州的经验交流会，为特殊的教育语言主题提供质量保证和学术基础。在一年一度的年会上，实践联合体可以为他们的工作得到学术性的支持，并有机会与其他联邦州和其他教育阶段的语言教育专家进行经验交流。①

(四)咨询

运营方联盟会为参与到 BiSS 项目中的联合体在有需求时提供咨询服务。对于三个教育阶段，运营方联盟各设置了一位有经验的学术咨询员，为联合体提供内容和结构上的咨询和建议，如在工具选择、联合体工作的文献资料汇编或是项目计划的继续发展等方面。遇到课程试听或者其他特殊的机会(如项目启动仪式、联合体见面会等)，运营方联盟的专职咨询员还可以直接走进联合体，进行现场咨询服务。另外，联合体也可以从各州的协调员那里得到支持，因为他们负责整个联邦州的机构性基础设施的联系，并且控制和主持着 BiSS 项目的申请和实施过程。②

(五)评估

为了保障语言促进、语言诊断和阅读促进倡议中的各个子项目的实施质量，BiSS 项目在遴选子项目的过程中伴随着以准实验形式开展的评估程序。项目评估的目标还在于审核 BiSS 项目中子项目的执行效率和实施作用，支持语言促进规划的优化。

BiSS 的项目评估包括自我评估和外部评估两种。大多数自我评估都是以实践为导向而进行设置的，评估的目标、设计、实施及评估结果的应用都由联合体自行控制，联合体内部专职人员的知识和经验是评估设计和贯彻的基础。③ 为了使 BiSS 项目中的联合体具备从内部持续不断地监测自身工作质量并不断优化的能力，运营者联盟在项目进行过程中，为所有联合体提供了关于自我评估主题的

---

① BiSS. Tools - Werkzeuge zur Umsetzung der BiSS-Module[EB/OL]. http: // www. biss-sprachbildung. de/biss. html? seite=27. 2015-03-28.

② BiSS. Beratung für Verbünde bei der Umsetzung ihrer Vorhaben [EB/OL]. http: // www. biss-sprachbildung. de/biss. html? seite=29. 2015-03-29.

③ BiSS. Evaluationskonzept der Bund-Länder-Initiative "Bildung durch Sprache und Schrift (BiSS)" [EB/OL]. http: // www. biss-sprachbildung. de/pdf/141209 _ Evaluationskonzept-BiSS. pdf. 2015-03-29.

进修机会。①

对于外部评估的开展，联邦教育与科研部和联邦家庭部计划共同提出了一项新的资助计划，鼓励德国大学和其他研究机构提出评估计划，对 BiSS 项目中处于高级发展阶段的子项目规划进行评估，其中，联邦家庭部负责资助学前教育阶段的评估计划，联邦教育与科研部负责资助初等教育阶段和中等教育初级阶段，但二者遵循统一的资助准则。评估计划的制订必须满足实用性、可行性、公平性和可靠性四个标准。为了将尽可能多的项目和联合体纳入外部评估中，BiSS 项目的评估计划资助分为两轮，第一轮资助从 2015 年 1 月 1 日起，在三个教育阶段各资助一项评估计划，第二轮资助计划从 2015 年第三季度起开始实施，在三个教育阶段各资助两个评估计划。两轮资助的执行期均为三年，联邦教育与科研部和联邦家庭部为 BiSS 项目评估提供的资助金额为每年 180 万欧元。②

三、政策实施

德国联邦家庭部、联邦教育与科研部、各州文化部长联席会议和各州家庭部长联席会议虽然已于 2012 年 10 月提出了开展“通过语言和文字的教育”(BiSS)倡议，但由于前期有大量的准备工作，这项政策实际上从 2013 年 5 月起才真正开始实施。

2013 年 5 月 29 日，由科隆大学墨卡托语言促进研究所、德国国际教育研究所和柏林洪堡大学教育质量发展研究所组成的 BiSS 项目承办者委员会正式发布通知，将在接下来的五年内组建 120 余个实践联合体，改善学前教育阶段的儿童和基础教育阶段学生的语言教育，每个联合体由 3～10 个教育机构组成，全国的儿童日托所、中小学即日起开始提交申请，截止日期有两个，分别为 2013 年 6 月 15 日和 11 月 15 日。③

2013 年 9 月，通过 BiSS 首轮申请的 23 个实践联合体正式开始工作，其中学前教育阶段、初等教育阶段和中等教育初级阶段分别成立了 5、8、10 个联合体。它们由儿童日托机构和中小学组成，并得到大学或者图书馆的支持。通过联合体间的合作，参与项目的儿童日托机构和中小学有丰富的机会在语言促进、语言诊

---

① BiSS. Evaluation ausgewählter BiSS-Maßnahmen[EB/OL]. http：// www. biss-sprachbildung. de/biss. html? seite=30. 2015-03-29.

② BiSS. Evaluationskonzept der Bund-Länder-Initiative “Bildung durch Sprache und Schrift (BiSS)”[EB/OL]. http：// www. biss-sprachbildung. de/pdf/141209 _ Evaluationskonzept-BiSS. pdf. 2015-03-29.

③ BiSS. Bewerbungsstart für die Bund-Länder-Initiative “Bildung durch Sprache und Schrift (BiSS)”[EB/OL]. http：// www. bmbf. de/ _ media/press/Pm0904-103. pdf. 2015-03-30.

断和阅读促进领域内进行经验交流。①

2014 年 2 月，通过 BiSS 项目第二轮申请的 80 个实践联合体开始工作。至此，多达 400 多所中小学、200 多所幼儿园和日托所及 180 家社会伙伴机构，如综合性大学、基金会、社团、业余大学和图书馆参与到 BiSS 项目之中，② 它们组成了 103 个联合体，并得到了政府的资助。其中，共有 29 个联合体来自学前教育阶段，36 个来自初等教育阶段，38 个来自中等教育初级阶段。③

2014 年 6 月 5 日，联邦家庭部和联邦教科部共同发布了 BiSS 项目规划评估方案的资助准则，鼓励大学和其他研究机构针对 BiSS 倡议中实施的项目和措施的评估申报方案，被选定的评估方案将得到政府的资金支持。BiSS 项目的评估计划资助分为两轮，第一轮资助的截止日期为 2014 年 7 月 15 日，第二轮资助的申请提交时间暂没有公布。④

2015 年 1 月 1 日，BiSS 项目评估计划的第一轮资助共三个评估计划开始实施。本轮评估的目标在于以发展为导向，调查不同语言促进策略的实施质量，他们将为回答以下问题提供依据：BiSS 项目的语言教育和语言促进的专业化措施是否对教师的行为有改善作用？这些措施是否对促进儿童和青少年的语言学习有帮助？⑤

总的来说，面对德国当前语言教育面临的挑战，联邦家庭部与联邦教育与科研部为改善德语语言教育、提升儿童和青少年语言与阅读能力做出了非常大的努力，也引发了中小学等教育机构的广泛参与，这不仅有利于提高教师在语言教育方面的能力、促进孩子们实现教育梦想，也有利于在未来提升就业率，减轻社会福利方面的压力。

---

① BMBF. Bund-Länder-Initiative zur Sprachförderung，Sprachdiagnostik und Leseförderung nimmt inhaltliche Arbeit in den Verbünden auf [EB/OL]. http：// www. bmbf. de/press/3506. php. 2015-03-30.

② BiSS. Mehr als 600 Schulen，Kindergärten und Kindertagesstätten sind BiSS[EB/OL]. http：// www. biss-sprachbildung. de/neuigkeit. html? Id=8. 2015-03-30.

③ BiSS. 103 Verbünde nehmen ihre Arbeit auf [EB/OL]. http：// www. biss-sprachbildung. de/neuigkeit. html? Id=1. 2015-03-30.

④ BiSS. Bekanntmachung von Richtlinien zur Förderung von Vorhaben zur Evaluation von Konzepten und Maßnahmen der Sprachförderung，Sprachdiagnostik und Leseförderung im Rahmen von BiSS[EB/OL]. http：// www. biss-sprachbildung. de/neuigkeit. html? Id=12. 2015-03-30.

⑤ BiSS. Evaluation ausgewählter BiSS-Maßnahmen [EB/OL]. http：// www. biss-sprachbildung. de/biss. html? seite=30. 2015-03-30.

>>第二节 德国教师教育政策："教师教育质量攻势"<<

一、政策背景

教师对于教育体系的成功起着至关重要的作用，他们陪伴着学生走过人生中最重要的发展阶段——这一阶段对于孩子们的人格塑造、教育成就、社会融入及职业发展的影响都极为深远。随着经济的发展和社会的变化，教育体系和教师职业又被赋予了新的使命：改革学校结构、提高教育历程的透明度和开放性、尊重学生多样性、实施全纳教育及改善学校与家长关系。这些都必须在教师教育的各个阶段有所体现。①

为此，德国文化部长联席会议早在 2004 年前就提出了对教师教育实施必要改革的要求。2004 年 12 月，文化部长联席会议出台了《教师教育标准：教育科学》，对未来教师需要获得的在教学、教化、评价和创新四个领域的十一种能力进行了明确的定义。这一标准于 2005/2006 学年在各联邦州得到贯彻。② 2008 年，文化部长联席会议出台《各州通用的对教师教育的学科专业和学科教学法的内容要求》，除了定义了未来教师所需掌握的专业知识和能力之外，还描述了具体学科的"学科概貌"(Fachprofile)，确定了学科专业和学科教学法方面的教学目标和内容。③这项要求进一步奠定了保障教师教育质量和见习教师流动性的基础。

通过近年来的国内和国际测评，如 PISA、IGLU、TIMSS 等，德国联邦政府充分认识到：教师个人发展的促进及与家长的合作是十分重要的，教师的进修和继续教育必须得到重视。然而，在教师的教育、未来展望以及职业贡献中，国家都有着不可推卸的特殊责任。因此，联邦和州政府试图通过"教师教育质量攻势"项目，支持业已开始的教师教育改革，其中，有培养教师任务的高校处于核心地位。"教师教育质量攻势"项目将通过促进竞争、具有广泛作用的推动力，实现以下方面在内容和结构上质的提高和持续性的改善：教师教育的整个过程、教师职业起步阶段和教师继续教育。与此同时，与教师工作相关的学习成绩和毕业学历之间的可比性、见习阶段教师招聘的公平性及师范类大学生和教师的流动性

① BMBF. Bekanntmachung des Bundesministeriums für Bildung und Forschung von Richtlinien zur Förderung der "Qualitätsoffensive Lehrerbildung"[EB/OL]. http: // www. bmbf. de/foerderungen/24295. php，2015-03-18.

② KMK. Standards und inhaltliche Anforderungen für die Lehrerbildung[EB/OL]http: // www. kmk. org/bildung-schule/allgemeine-bildung/lehrer/lehrerbildung. html，2015-03-18.

③ 孙进．德国教师教育标准：背景·内容·特征[J]. 比较教育研究，2012，08：30－36.

都应该得到有效的保障。①

这一资助项目的实施基础为2013年4月12日出台的《联邦和州关于"教师教育质量攻势"项目的共同协定》，协定根据德国宪法第91(b)条，就"教师教育质量攻势"项目的资助对象和资助程序做出了详细的规定。②

二、政策内容

2014年7月10日德国联邦教育与科研部(BMBF)官网发布了关于"教师教育质量攻势"项目的资助方针，其中包括项目的实施目标、法律基础、资助对象、资助条件、资助范围与额度及资助程序等关键问题。"教师教育质量攻势"项目对教师教育高校实施资助的目标在于在以下行动领域实现可持续的系统性改善：

(1)优化德国师范类高校中教师教育结构；

(2)改善教师教育中实践部分的质量；

(3)改善师范类大学生的专业咨询和培育服务；

(4)促进教师教育满足学生多样化与全纳教育的要求；

(5)实现专业知识、教学方法和教育科学理论的继续发展；

(6)实现与教师工作相关的学习成绩和毕业学历之间的可比性和相互认定，保障见习阶段准入机制的公平性，提高师范类大学生和教师的流动性。

总的来说，项目建立在竞争机制基础之上，支持高校凭借自身努力实现设定的目标，加强师范教育与教学实践的联系，进而广泛有效地推动高校师范专业的质量提升。③

官网的正式公告中虽没有给出完整的资助对象清单，但列举了可能的资助领域，为高校提交申请提供方向。值得注意的是，项目不仅支持各高校申报单独项目，也鼓励高校间合作的联合项目。相对于2013年的《联邦和州关于"教师教育质量攻势"项目的共同协定》，正式资助方针的公告中新增了一项资助领域，内容涉及加强教师教育连贯性、实现知识学习与实践经验相结合、应对学生多样性和全纳教育、促进在职教师继续教育、创新教师教育机构形式与结构等诸多方面，主要有：

---

① BMBF. Qualitätsoffensive Lehrerbildung—ein Beitrag zu mehr Mobilität in der Lehrerschaft [EB/OL]. http: // www. bmbf. de/de/21697. php? hilite = qualit% E4tsoffensive + lehrerbildung, 2015-03-18.

② DLR Projektträger. Qualitätsoffensive Lehrerbildung [EB/OL]. http: // www. dlr. de/pt/desktopdefault. aspx/tabid-9655/16603 _ read-40500/, 2015-03-20.

③ BMBF. Bekanntmachung des Bundesministeriums für Bildung und Forschung von Richtlinien zur Förderung der "Qualitätsoffensive Lehrerbildung"[EB/OL]. http: // www. bmbf. de/foerderungen/24295. php, 2015-03-20.

(1)改善专业科学、教学方法、教育科学理论和教学实践之间的协同合作，以加强教育从业人员和教育机构之间的协调与发展；

(2)促进教师在高校和学习讨论课上的继续教育；

(3)缓解学术研究型和职业应用型教师教育之间多种因素造成的紧张关系；

(4)发展教师教育组织机构的新形势和新结构(如跨领域合作和全日制学校的建立)；

(5)在教师教育各个阶段纳入对师范生应对学生多样化和开展全纳教育能力的培养。①

根据资助方针，只有开设国家承认的教师教育专业的高校(包括国立、教会和私立)才有申请项目资金的资格。资助的前提条件是：申请高校就其教师教育的优势和弱势提交一份证据充分、数据翔实的分析报告，申请高校还需要提交一份描绘未来发展的整体构想，设计在一定时间范围内实现发展目标的策略和措施。政府在遴选申请项目过程中，主要考察以下五个维度：未来发展与现状相比实现的质的提升、教师教育与本高校特征的一致性、高校在过程控制、质量保证和目标实现方面的策略、措施的可持续性及多机构合作项目中合作的意义所在。②

“教师教育质量攻势”项目为申请项目提供非偿还性补助，资助时间为五年，评选委员会在资助期结束前会进行中期评估，合格者可以继续申请第二个资助期。在本项目中，联邦教育与科研部只对申请项目中的人力支出、耗费物资和国内差旅费及特殊情况下的其他开支进行100%的补助，也包括确实有助于构建国际交流与合作的国际差旅费用。另外，项目十分注重作为科研后备力量的博士生的资助。③

三、政策实施

自2014年7月1日起，联邦教育与科研部委托德国航空航天中心项目平台(Der PT-DLR)负责“教师教育质量攻势”项目的专业实施和管理工作，包括为项

① BMBF. Bekanntmachung des Bundesministeriums für Bildung und Forschung von Richtlinien zur Förderung der “Qualitätsoffensive Lehrerbildung”[EB/OL]. http：//www. bmbf. de/foerderungen/24295. php，2015-03-20.

② BMBF. Bund-Länder-Vereinbarung über ein gemeinsames Programm “Qualitätsoffensive Lehrerbildung”gemäß Artikel 91b des Grundgesetzes[EB/OL]. http：//www. bmbf. de/de/21697. php?hilite=qualit%E4tsoffensive+lehrerbildung. 2015-03-20.

③ BMBF. Bekanntmachung des Bundesministeriums für Bildung und Forschung von Richtlinien zur Förderung der “Qualitätsoffensive Lehrerbildung”[EB/OL]. http：//www. bmbf. de/foerderungen/24295. php，2015-03-20.

目申请者提供咨询服务、参与项目评定工作、考察资助申请和监管项目实施期间的计划完成情况。另外，德国航空航天中心项目平台也致力于促进项目的专业经验交流、提供规划和项目信息、发布评定结果及观察国内和国际的项目环境。①

对于资助方针、评选程序和评选标准的确定，联邦教育与科研部组建了一个评选委员会(Auswahlgremium)，由 12 名非高校教学领域的科研专家和学校教学职业专家、2 名联邦政府代表和 4 名州政府代表组成，其中州政府派出的代表需有 2 名来自高校方面，2 名来自中小学方面。评选委员会主席须由非高校教学领域的科研专家担任。评选委员会决议实行少数服从多数原则，联邦政府的代表各持两票，其他成员各持一票。②

"教师教育质量攻势"项目从 2014 年 7 月起实施，持续两个资助阶段，分别为 2014—2018 年和 2019—2023 年。第一个资助阶段包括两轮项目审批，分别在 2014 年和 2015 年实施，在第一轮项目审批中没有通过的高校可以重新提交项目资助的申请。联邦教育与科研部第一个资助阶段的拨款总计 27 500 万欧元，其中两轮的资助金额划分为 70％和 30％。③ 第二个资助阶段的金额总计 22 500 万欧元，只包括一轮项目审批。④

根据目前发布的第一个资助阶段的相关通知看，项目的申请程序分为两个步骤，第一个步骤为项目描述的提交和审批，第二个步骤为正式申请的递交。在第一个步骤中，申请第一轮审批资金的高校需要在 2014 年 11 月 14 日 12 时向德国航空航天中心项目平台提交申请描述，语言为德语，包括纸质版和电子版；申请第二轮审批资金的高校需要在 2015 年 6 月 12 日 12 时前将项目描述提交至项目平台网站(PT-Outline，网址：https：//www. pt-it. de/ptoutline/application/Lehrerbildung)，无需邮寄纸质版。通过第一个步骤的申请者则可进入第二个步骤，向项目平台以电子版的形式提交正式的资助申请，接受评选委员会的最终

---

① DLR Projektträger. Qualitätsoffensive Lehrerbildung[EB/OL]. http：//www. dlr. de/pt/desktopdefault. aspx/tabid-9655/16603 _ read-40500/，2015-03-21.

② BMBF. Bund-Länder-Vereinbarung über ein gemeinsames Programm "Qualitätsoffensive Lehrerbildung" gemäß Artikel 91b des Grundgesetzes [EB/OL]. http：// www. bmbf. de/de/21697. php? hilite＝qualit％E4tsoffensive＋lehrerbildung. 2015-03-21.

③ BMBF. Bekanntmachung des Bundesministeriums für Bildung und Forschung von Richtlinien zur Förderung der "Qualitätsoffensive Lehrerbildung"[EB/OL]. http：//www. bmbf. de/foerderungen/24295. php，2015-03-21.

④ DLR Projektträger. Häufig gestellte Fragen zur Antragstellung[EB/OL]. http：//www. dlr. de/pt/Portaldata/45/Resources/a _ dokumente/bildungsforschung/FAQ _ final _ 1803. pdf，2015-03-21.

评定。①

2015年2月26日，评选委员会已经在会议上通过了“教师教育质量攻势”项目第一个资助阶段的第一轮审批结果，由德国航空航天中心项目平台予以公布。本轮项目审批共收到80份项目申请，其中来自9个联邦州的19个项目获得评选委员会的认可，3个为两个高校联合申请的合作项目，② 具体见表5-1。

表5-1　通过第一轮审批的项目方案及申请学校③

联邦州	申请学校	项目方案
巴登-符腾堡州	弗赖堡大学和弗赖堡师范学院	合作项目：弗赖堡教师教育在研究与教学中的协调——连贯性和以职业为导向
巴登-符腾堡州	海德堡大学和海德堡师范大学	合作项目：heiEDUCATION——海德堡的卓越教师教育
巴伐利亚州	奥格斯堡大学	提升教师应对学生多样化的专业能力
巴伐利亚州	慕尼黑工业大学	以能力为导向、基于实证的数学、工程、自然科学和技术科目
巴伐利亚州	雷根斯堡大学	构建协同发展的教师教育
巴伐利亚州	慕尼黑大学	教师教育@慕尼黑大学
柏林	柏林自由大学	在学业中习得适应教学实践的基础行动技能
勃兰登堡州	波茨坦大学	教师教育的波茨坦模式：专业化—教学实践—全纳教育
汉堡	汉堡大学	在社会变化条件下促进专业学习的职业教师行为
黑森州	达姆施塔特工业大学	教师教育的系统化和网络化职业能力建设
黑森州	马堡大学	马堡的文法中学教师教育：专业、实践、优质

① BMBF. Bekanntmachung des Bundesministeriums für Bildung und Forschung von Richtlinien zur Förderung der “Qualitätsoffensive Lehrerbildung” [EB/OL]. http：// www. bmbf. de/foerderungen/24295. php，2015-03-21.

② DLR Projektträger. Qualitätsoffensive Lehrerbildung [EB/OL]. http：// www. dlr. de/pt/desktopdefault. aspx/tabid-9655/16603 _ read-40500/，2015-03-21.

③ DLR Projektträger. Liste der förderwürdigen Vorhabenbeschreibungen für die 1. Bewilligungsrunde [EB/OL]. http：// www. dlr. de/pt/Portaldata/45/Resources/a _ dokumente/QLB _ KurzUebersichtErgebnis. pdf，2015-03-21.

续表

联邦州	申请学校	项目方案
黑森州	卡塞尔大学	以网络化促进专业化
黑森州	法兰克福大学	教师教育的网络化发展
下萨克森州	汉诺威大学和奥斯纳布吕克大学	合作项目：视点教师教育作为新机遇
下萨克森州	汉诺威大学	理论与实践：以促进反应行动力为教师教育的莱布尼茨原则
北莱茵-威斯特法伦州	亚琛工业大学	相同即不同——亚琛工业大学的教师教育
北莱茵-威斯特法伦州	伍珀塔尔大学	教师教育的连贯性
北莱茵-威斯特法伦州	科隆大学	建构异质性与全纳性——科隆教师教育的未来策略
图林根州	耶拿大学	耶拿教师教育模式中的职业化开端

>>第三节　德国职业教育政策："职业启动——为未来而培训"<<

一、政策背景

职业教育对经济与社会的进步起着十分重要的作用，为德国的未来和繁荣奠定坚实基础。因为，良好的职业培训对所有方面都是有利的：年轻人可以顺利步入职业生活，企业保障了自己的专业后备力量。在德国，340 多种须经培训的职业提供了多种多样的进修岗位。接受职业教育并完成学业的年轻人在就业市场上有着很强的竞争力。德国的双元制职业教育(如图 5-2 所示)由来已久，凭借理论与实践的完美结合成为德国教育体制的"旗舰"，也为世界各国提供了解决年轻人失业问题的成功模式。①

① BMBF. Für die Zukunft ausbilden. JOBSTARTER-Ziele，Aufgaben und Erfolge[EB/OL]. http：//www. bmbf. de/pub/jobstarter _ fuer _ zukunft _ ausbilden. pdf. 2015-03-22.

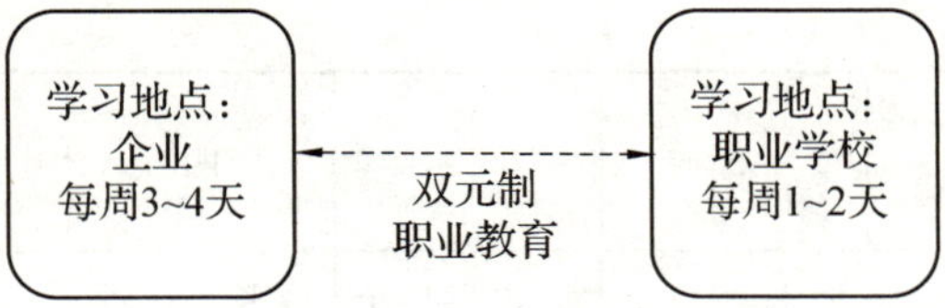

图 5-2　德国双元制职业教育

然而，随着德国人口结构和就业市场的变化，德国双元制职业教育面临多重挑战，例如：部分行业专业人员和后备专业力量的日益短缺；年轻人工作起步难，融入企业能力低；工作岗位的要求瞬息万变、不断提高；商业关系国际化进程不断推进；欧洲教育区的形成及以过程和能力为导向的职业教育概念带来的冲击。①

因此，德国联邦教育与科研部(BMBF)在联邦职业教育研究所(BIBB)设立"职业启动 Plus"(JOBSTARTER)项目站点，通过丰富多彩的项目倡议、范围广泛的项目资助措施，促成德国职业教育革新式的完善。②

"职业启动"项目发端于 2005 年，由联邦教育与科研部和欧洲委员会的欧洲社会基金(ESF)共同出资，到目前已达 12 500 万欧元。本项目的核心目标为保障专业后备力量、区域职业教育结构的改善和 2005 年修订的《职业教育法》(BBiG)的测试。资助项目由"职业启动"项目站点、联邦教育与科研部和"职业启动"监管委员会共同评选，到目前为止的五个执行期中共计 287 个革新项目得到资金支持，每个执行期分别承担核心目标的不同内容重点。2013 年，第六个执行期正式启动，由联邦教育与科研部出资，新增 23 个资助项目，至此，"职业启动"资助项目总数到 310 个。同时，第六个执行期也是到 2014—2020 年新执行期的过渡阶段。③ "职业启动"项目六个执行期的具体情况如表 5-2 所示。

表 5-2　"职业启动"项目六大执行期 ④

执行期 / 内容	一	二	三	四	五	六
资助项目数量	52	91	57	41	46	23

① BMBF. Für die Zukunft ausbilden. JOBSTARTER-Ziele, Aufgaben und Erfolge[EB/OL]. http://www.bmbf.de/pub/jobstarter_fuer_zukunft_ausbilden.pdf. 2015-03-22.

② BMBF-JOBSTARTER. Programm und Ansprechpartner[EB/OL]. http://www.jobstarter.de/de/wer-wir-sind-97.php. 2015-03-22.

③ Ibid.

④ BMBF-JOBSTARTER. Die JOBSTARTER-Projekte[EB/OL]. http://www.jobstarter.de/de/projekte-98.php. 2015-03-22.

续表

执行期 内容	一	二	三	四	五	六
各项目执行期	最长 21 个月，可延长 9 个月	最长 24 个月，可延长 18 个月	最长 24 个月，可延长 18 个月	最长 36 个月，可延长 12 个月	最长 36 个月	最长 36 个月
各项目资助金额	最多 31.8 万欧元（21 个月的执行期）	最多 37.5 万欧元（24 个月的执行期）	最多 37.5 万欧元（24 个月的执行期）	最多 44 万欧元（36 个月的执行期）	最多 44 万欧元（36 个月的执行期）	最多 36 万欧元（36 个月的执行期）
资助起始时间	2006.04.01	2006.12.01	2007.11.15	2009.01.01	2009.11.01	2013.09.01
重点目标	创造更多职业培训岗位、改善职业教育结构	创造更多职业培训岗位、改善职业教育结构	改善区域职业教育结构、增加企业职业培训岗位	在经济危机背景下维持企业职业培训活动	发展以下行业的职业培训倡议：具有增长潜力、处于结构变革中的行业；面临专业人才严重缺乏问题的行业	改善由学校到企业职业培训过渡阶段的管理、发展专业人员的所有潜能、加强职业培训与继续教育的连贯性

根据官方统计数据，“职业启动”项目在前五个执行期中共创造了 63 077 个培训岗位，引导 43 881 名年轻人步入职业培训，对双元制职业教育的促进起到了十分重要的作用。① 在 2014—2020 年新执行期中，“职业启动 Plus—为未来而培训”(JOBSTARTER plus-für die Zukunft ausbilden)项目得以出台。2014 年 4 月 17 日，联邦职业教育研究所受联邦教育与科研部委托，就“职业启动 Plus—为未来而培训”项目的实施资助原则发布正式通知，内容涵盖“职业启动 Plus”项目第一个执行期的资助目标、法律基础、资助线、资助对象、资助条件、资助范围与时间等重要内容。

二、政策内容

联邦教育与科研部利用联邦政府和欧洲社会基金的共同资金，资助“职业启动 Plus—为未来而培训”(以下简称“职业启动 Plus”第一个执行期。“职业启动 Plus”项目援引 2004 年联邦政府和经济界代表共同签署的《德国培训和专业人才后备力量国家协定》(Nationaler Pakt für Ausbildung und Fachkräftennachwuchs

① BMBF-JOBSTARTER. JOBSTARTER Monitoring[EB/OL]. http: // www. jobstarter. de/ media/content/Auswertung _ der _ JOBSTARTER-Monitoringdaten _ 22 _ 11 _ 2013 _ barriere-frei. pdf. 2015-03-22.

in Deutschland)的目标设定，是"联邦政府增多教育机会和提高教育体系流通性的培训"(Qualifizierungsinitiative der Bundesregierung zur Stärkung der Bildungschancen und Erhöhung der Durchlässigkeit im Bildungssystem)倡议及联邦教育与科研部"毕业与衔接——直至培训结束的教育链"(Abschluss und Anschluss-Bildungsketten bis zum Ausbildungsabschluss)倡议的组成部分。"职业启动 Plus"项目通过资助职业教育区域性结构发展领域内的计划，促进学校教育到职业培训过渡阶段的进步，另外，它将当前的职业教育政治主题与各区域的经济现状和发展潜能相结合，来创设一个与经济密切相关的职业教育结构性资助的方案。项目的资助重点为中小型企业。①

"职业启动 Plus"项目第一个执行期的资助目标首先锁定中小型企业的专业从业人员的可持续性保障上面，另外，实现男生与女生之间的公平资助、机会均等和非歧视化的资助及职业教育的持续发展也是重要目标。项目在第一个执行期内设立了四条资助线，凡是在内容上与以下任意一条资助线吻合的项目申请都可以得到资助。②

第一条资助线：发展中小型企业的区域支持结构，以促进需要支持的年轻人更快地融入企业职业培训；

第二条资助线：德国移民职训协调中心服务站(KAUSA-Servicestellen)；

第三条资助线：支持中小企业获得更多的辍学者作为学徒；

第四条资助线：为平衡各区域职业培训市场的差异而发展跨区域合作。

项目的资助对象必须以革新性的策略实施选定的资助线，通过适当的措施支持中小企业保持并拓展它们的职业培训活动。一个项目在申请和贯彻实施时，需考虑本区域已经产生的类似活动的多样性，并保证可靠的执行机构与合作伙伴之间的充分结合。具有项目资助申请资格的包括：公共权力法人和私人权利法人以及在职业教育领域从业的、完成工商注册的合伙贸易公司。项目申请人必须具有独立实施所申请项目的能力，禁止申请者将全部或部分资助转移到第三方。③

另外，联邦职业教育研究所在"职业启动 Plus"项目实施通知中详细规定了申请者获得资助的前提条件，包括内容前提和经济前提两个方面。

在内容前提方面，若申请者此前已经受到联邦政府、州政府或欧洲社会基金的资助，并且与本项目的资助目标和资助线类似，项目申请中需要论述先前项目

---

① BMBF-JOBSTARTER. Bekanntmachung des Bundesinstituts für Berufsbildung im Auftrag des Bundesministeriums für Bildung und Forschung von Förderrichtlinien zur Durchführung des Programms "JOBSTARTER plus—für die Zukunft ausbilden" vom 17. April 2014[EB/OL]. http://www.jobstarter.de/de/Aktuelle-Foerderbekanntmachung-1254.php. 2015-03-23.

② Ibid.

③ Ibid.

的切入点以及与本次申请项目的具体区别；若申请者的项目已经全部或部分获得其他社会资金的资助，“职业启动 Plus”项目将拒绝资助；申请项目需将促进德国职业教育的性别平等、反歧视和可持续发展作为重要目标进行贯彻，项目申请书需对此有具体描述；项目申请还需要关于如何保证本项目成果的传播做出解释；项目申请人需要提交相关证明，保证本项目实施人员具有充足的知识和能力。

在经济前提方面，项目申请人必须有能力自己承担项目实施过程中联邦教育与科研部和欧洲社会基金不予补助的必要支出，这部分支出由第三方资金承担也是被允许的；用于实施申请项目的资金必须明确地与申请人的其他项目区别开来，不可混用；若申请者的财产进入破产、比较、没收或总体执行程序中，则该申请者在“职业启动 Plus”项目中不具备申请资格。①

“职业启动 Plus”项目为申请项目提供非偿还性补助，资助时间为 36 个月，本项目框架下的各项目的起始实施时间为 2015 年 1 月 1 日或 2 月 1 日。根据资助标准，每个项目在 3 年的执行期内获得的资助金额上限为 39 万欧元。项目实施的人力成本和与项目有关的差旅支出可以获得补助，具体补助标准依据联邦教育与科研部发布的《基于支出的资助申请准则》(AZA)；无法获得补助的包括：与本项目实施相关的房屋租借、计算机和软件、办公室设备、耗材、文献资料、网站维护、打印复印、参加展览等，这部分支出需由申请者自主承担，或由第三方资金资助。当然，在项目申请中，所有支出款项，包括可以获得补助和不可以获得补助的都需详细列于项目总预算中。(表格下载：http：//www.jobstarter.de/antragsunterlagen)②

三、政策实施

“职业启动 Plus”项目的实施由联邦职业教育研究所全面负责，在 2014 年 4 月 17 日项目实施原则的公告正式发布后，就启动了项目申请程序。项目申请提交的截止日期为 2014 年 7 月 25 日，项目申请材料包括：

- “职业启动 Plus”项目方案(德语版)：字体为 Arial，大小 11 号，1.5 倍行距；
- 用于资助申请的 Easy-Online 申请表(表格下载：https：//foerderportal.bund.de/easyonline/)；

---

① BMBF-JOBSTARTER. Bekanntmachung des Bundesinstituts für Berufsbildung im Auftrag des Bundesministeriums für Bildung und Forschung von Förderrichtlinien zur Durchführung des Programms “JOBSTARTER plus—für die Zukunft ausbilden” vom 17. April 2014[EB/OL]. http：//www.jobstarter.de/de/Aktuelle-Foerderbekanntmachung-1254.php. 2015-03-23.

② Ibid.

• 项目总体计划表格：关于项目总体计划的范围和资助需要（表格下载：http：//www.jobstarter.de/antragsunterlagen）。

根据要求，以上材料的纸质版需一式两份在截止日期前邮寄到联邦职业教育研究所，电子版需在截止日期前提交到 info@jobstarter.de 网站上。另外，申请单位需将申请材料的复印件电子版同时递交到州政府的相应部门和“职业启动 Plus”项目的区域办公室①。对于通过评定、得到资助的项目的申请材料、相关凭证及资助合约将会保存到 2029 年，存档地点根据检查目标而定。

申请项目的评定由联邦职业教育研究所、联邦教育与科研部和“职业启动 Plus”监管委员会共同完成，同时考虑各联邦州教科部的表决意见。评选标准如下：②

(1)申请者的条件是否符合所选定资助线的主题要求；

(2)项目申请理由的信服力及项目方案的逻辑性；

(3)项目总体计划的信服力及申请者的经济情况；

(4)项目在本区域的融入性和所描述的网络结构的可理解性；

(5)项目中与经济密切相关的设计；

(6)项目贯彻策略的质量和可行性；

(7)性别主流化策略的连贯性；

(8)关于项目持续性、稳定性等方面的陈述；

(9)附件的完整性。

另外，为了持续地关注并描述各项目的实施过程和实施结果，联邦职业教育研究所为“职业启动 Plus”项目实行了项目监测体系。各项目有责任配合监测系统的实施，首先在项目申请中，申请者须就项目的具体贯彻步骤、时间安排及贯彻过程中的重要结点进行论述，以增强目标实现的透明性和可理解性。监测体系还会调查欧洲社会基金的相关输出和结果数据。③

目前，“职业启动 Plus”的评选结果已经公布，在 102 份项目申请中，18 个项目脱颖而出，得到了联邦教育与科研部和欧洲社会基金 720 万欧元的资助，其中 12 个项目来自行业协会、4 个项目来自高校，其他 2 个为教育服务型机构。据

---

① “职业启动 Plus”项目站点设在联邦职业教育研究院波恩总部，在德国共下设四个区域办公室：西部区域办公室位于杜塞尔多夫，东部区域办公室位于柏林，北部区域办公室位于汉堡，南部区域办公室位于纽伦堡。

② BMBF-JOBSTARTER. Bekanntmachung des Bundesinstituts für Berufsbildung im Auftrag des Bundesministeriums für Bildung und Forschung von Förderrichtlinien zur Durchführung des Programms “JOBSTARTER plus—für die Zukunft ausbilden” vom 17. April 2014[EB/OL]. http：//www.jobstarter.de/de/Aktuelle-Foerderbekanntmachung-1254.php. 2015-03-23.

③ Ibid.

联邦教育与科研部的新闻报道称，教科部部长万卡(Wanka)对“职业启动 Plus”项目的实施情况表示满意，指出：“2014 年‘职业启动 Plus’开始，标志着对职业教育的项目支持进入一个新的阶段。”本轮评选仅为第一个执行期，2014—2020 年的“职业启动 Plus”还会启动很多执行期，联邦教育与科研部和欧洲社会基金的资助金额总数将达 11 000 万欧元。①

>>第四节　德国终身教育政策：“德国资格框架”②<<

一、政策背景

随着欧洲一体化进程的推进与博洛尼亚改革的实施，欧盟国家之间逐步形成统一的高等教育区，大学生和求职者可以在其中自由流动。由此，取得其他国家毕业证书的大学生、在其他国家寻求发展的求职者数量越来越多，接受职业培训的学徒有机会将企业培训的一部分放在其他国家进行，跨国公司也使其员工在国外成就一番事业成为可能。

然而，在协同发展的欧洲，各国之间的教育体制仍然存在很大差异，对于学历水平和职业技能的认证机制也不尽相同，这无疑导致了欧盟国家间教育和经济主体的透明度不够。目前的许多措施已经为提高技能认证透明度、增强教育流动性做出了巨大贡献，其中之一便是《欧洲资格框架》(*der Europäische Qualifikationsrahmen*，*EQR*)的出台。③

《欧洲资格框架》是欧盟为增强欧洲内部学历水平可比性的一项集体性倡议，于 2008 年 4 月 23 日生效。作为一个“坐标系统”，《欧洲资格框架》使不同国家技能体制与框架有了可比性；作为一个“转换工具”，《欧洲资格框架》使各国的技能认证对于每个雇用者、个人和机构来说都是一目了然和易于理解的，如此，求职者的技能就可以在其他国家得到充分的利用和认可。《欧洲资格框架》的主要目标在于：创造欧盟区技能认证的高透明度和高可比性，以此来促进欧洲整体的流动性和终身学习观念的传播。④

事实上，各国的教育体制和技能认证体制存在或多或少的差异，《欧洲资格

---

① BMBF. Neue Chancen für Studienabbrecher [EB/OL]. http://www.bmbf.de/press/3729.php. 2015-03-23.

② Deutscher Qualifikationsrahmen 也可以译为《德国学历与技能认定框架》。

③ DQR. Warum wurde EQR und DQR entwickelt? [EB/OL]. http://www.dqr.de/content/2360.php. 2015-03-24.

④ DQR. Was ist der EQR? [EB/OL]. http://www.dqr.de/content/2360.php. 2015-03-24.

框架》不会符合所有国家的实际国情，所以各国有必要在总框架的指导下发展自身的学历和技能认定框架。

《德国资格框架》(*der Deutsche Qualifikationsrahmen*, *DQR*)的形成是在联邦和州的共同努力下，各方社会伙伴和经济组织协同作用下的一个持续多年、逐步完善的过程。①《德国资格框架》的推动机构包括：联邦教育与科学部(BMBF)、文化部长联席会议(KMK)、联邦经济与能源部(BMWi)和各州经济部长联席会议(WMK)的代表组成的DQR联邦与各州协调处(Bund-Länder-Koordinierungsstelle DQR)、社会伙伴、经济组织及DQR工作组(Arbeitskreis DQR)中的其他活动主体，包括来自雇用者协会、工会、高校、大学校长联席会议、认证委员会、学生团体、联邦劳动服务局的代表们，以及来自普通教育、职业教育、继续教育等领域的专家们。②

2009年2月，DQR联邦与各州协调处和DQR工作组连同所有活动主体共同发布了《德国资格框架》的第一份草案。2009年5月—2010年6月为修订期，来自所有教育领域的专家们将商业、卫生、金属/电力和信息技术领域的选定技能作为例子划分到德国资格框架矩阵的八个等级，同时对此矩阵的结构和可行性进行了评测，给出了《德国资格框架(草案)》的修改建议。2011年3月22日，DQR工作组发布《德国资格框架》，紧接着，联邦政府、州政府及社会伙伴的高层代表们于2012年1月31日召开会议，就基于本框架的第一份技能分类达成一致。2012年，DQR工作组组成内部成员，将其他技能按照《德国资格框架》进行了分类，并统一了《德国资格框架》的法律实施。2012年12月，DQR工作组在欧盟委员会中负责《德国资格框架》事务的理事会做了出色的报告之后，联邦政府与州政府于2013年年初签署了共同声明，为《德国资格框架》的实施奠定了基础。③

二、政策内容

《德国资格框架》的实施目标为：支持德国技能培训体制的透明度、可信度、跨越性和质量保障，提高技能的可比性。它将作为一项教育与就业领域的转换工具，使职业技能和学历水平更好地得到分类，进而促使在德国获得的技能在欧洲范围内得到更广泛、更便捷的认可。同时，《德国资格框架》将德国教育体制中的

---

① BMBF. Qualifikationen europaweit vergleichbar machen[EB/OL]. http://www.bmbf.de/press/3456.php?hilite=qualifikationsrahmen. 2015-03-24.

② DQR. Wer hat den DQR entwickelt?[EB/OL]. http://www.dqr.de/content/2360.php. 2015-03-24.

③ DQR. Wie ist der DQR entwickelt worden?[EB/OL]. http://www.dqr.de/content/2360.php. 2015-03-24.

技能与《欧洲资格框架》的八个等级建立联系，使德国教育体制在欧洲更好地得到理解。由此，德国人到其他国家学习和工作的难度大大降低，将有更多的机会找到充分符合自己技能水平的工作或者在学业上深造。①

此外，《德国资格框架》的制定也有利于德国教育体制的继续发展。关于学习结果的透明化描述可以促进不同教育领域间的相互理解、实现职业教育与普通高等教育之间的同等地位、支持学生在不同教育系统之间的跨越。此认定框架还有可以引导人们形成以能力为导向的观念：一个人会什么要比他在哪儿学重要。这样《德国资格框架》便有助于非正式学习结果（例如在工作过程中）的认定和衡量，进而为实现国民的终身学习做出巨大贡献。②

2013 年年初，德国各州文化部长联席会议、联邦教育与科研部、各州经济部长联席会议和联邦经济与技术部发布关于《德国资格框架》的共同决议。这项共同决议包括七大部分，包括前言和正文的六个条例（对象、参考等级证明、DQR 联邦与各州协调处、费用、生效时间和最终决定）。③

前言部分简要论述了《欧洲资格框架》（EQR）的形成时间和主要目标，《德国资格框架》（DQR）便是以此为出发点，同时兼顾德国教育体制特殊性而制定的。

正文部分首先指出，《欧洲资格框架》在德国以《德国资格框架》的形式进行贯彻实施，为保障德国民众学历与技能根据认定框架的标准进行分类的程序质量，主体机构将出台《技能分类大纲》和《执行手册》。但是，《德国资格框架》对学历与技能水平的等级划分不具有法律效力，不会代替德国目前的资格体制，对于学校和工作的录取及资格体制内的认定不起决定性作用。

其次，共同决议希望 2013 年以后可以逐步在学历和技能水平的相关证书上给出相应的“资格框架”的参考等级的指示。为此，各教育机构需要采取一定的措施，保证证书上给出的指示与《技能分类大纲》一致，涉及的教育机构包括公立中小学和高校、独立的中小学和高校、非公立教育机构以及根据《职业教育法》设立的负责站点。独立的中小学和高校及非公立教育机构需接受《德国资格框架》的基本准则并依照《执行手册》的规定贯彻分类程序，才可以纳入《欧洲资格框架》和《德国资格框架》的分类目录。

再次，根据欧洲议会和欧盟委员会的建议，DQR 联邦与各州协调处作为本

---

① DQR. Welche Ziele werden mit dem DQR verfolgt? [EB/OL]. http：// www. dqr. de/content/2360. php. 2015-03-24.

② DQR. Welche Ziele werden mit dem DQR verfolgt? [EB/OL]. http：// www. dqr. de/content/2360. php. 2015-03-25.

③ DQR. Gemeinsamer Beschluss der KMK，des BMBF，der WMK und des BMWi zum DQR (vom 01. 05. 2013)[EB/OL]. http：//www. dqr. de/media/content/Gemeinsamer _ Beschluss _ der _ KMK _ des _ BMBF _ der _ WMK _ und _ des _ BMWi _ zum _ DQR. pdf. 2015-03-25.

国的协调站得以成立，协调站正式成员为 6 名，其中文化部部长联席会议和联邦教育与科研部各派出 2 名代表，经济部部长联席会议和联邦经济与技术部各派出 1 名代表，DQR 工作组作为咨询委员会进行工作，DQR 联邦与各州协调处一般每年召开两次会议，主要负责保证审查技能分类的总体结构同一性及完成以下任务：

- 提交《德国资格框架》的资格等级如何与《欧洲资格框架》建立密切联系的建议；
- 保证两份资格框架建立联系的方法的透明性，以提高两者之间的可比性(执行手册)；
- 综合各教育领域相应负责点提交的分类报告，至少每年提交一份学历与技能认定的分类目录的更新版；
- 保障信息的传达，关于在德国获得的技能怎样、依据哪些指导方针从而通过《德国学历与技能认定框架》与《欧洲资格框架》挂钩；
- 保证社会伙伴、经济组织和其他相关组织对技能资格认定的参与性。

如果在解释和执行共同决议时遇到不一致的情况，需要由 DQR 控制委员会[①](Steuerungsgremium DQR)考虑作为咨询委员会的 DQR 工作组的建议做出最后决定。

在执行本决议过程中涉及的费用由各教育领域的负责站点自行承担，参加会议的必要人力费用和物资支出由派出方负责。

最后，这项共同决议于 2013 年 5 月 1 日正式生效，根据欧盟委员会的建议，在接下来的几年中，共同决议将向其他非正式学习领域扩展。

三、政策实施

《德国资格框架》的形成以及各教育领域学历与技能水平的等级分类是一个持续推进、不断更新的过程。根据 2013 年的共同决议，DQR 联邦与各州协调处有义务每年发布一份最新的德国学历与技能认定情况，具体呈现在德国资格框架的官方网站上(http：//www. dqr. de/index. php)。

到目前为止，DQR 联邦与各州协调处分别与 2013 年 8 月 1 日、2014 年 3 月 31 日、2014 年 8 月 1 日更新了技能等级分类表(Liste der zugeordneten Qualifikationen)，正式教育领域即职业教育和高等教育领域的相关学历和技能已经根据《德国资格框架》和《欧洲资格框架》分类完毕，普通教育领域的中小学的毕业学历

① 由联邦政府和州政府提名的三位代理人组成。

的详细等级划分将到 2017 年完成。①

《德国资格框架》将个人在基础普通教育、高等教育和职业教育领域内获得的学历和技能按照专业能力与个人能力分为八个等级，其中专业能力分为知识和技能，个人能力分为社会能力和独立性。② 专业能力一方面指获取知识的宽度和深度；另一方面指技能掌握的程度，包括使用和拓展相关工具与方法、评价工作结果的能力。个人能力一方面指社会能力，如团队意识、领导能力、参与能力和交际能力；另一方面包括自主性、责任意识、内省能力和学习能力。③ 例如，等级 1 的能力水平为：在一个内容简单、结构稳定的学习和工作领域内具备在领导下执行简单指令的能力。具体衡量指标的描述如表 5-3。

表 5-3 《德国资格框架》等级 1 的具体衡量指标 ④

专业能力	知识	掌握基本常识 对某一学习或工作领域有初步认识
	技能	掌握认知和实践的能力，可以根据给定的规则完成简单的任务，并评判其结果 建立基本的联系
个人能力	社会能力	和其他人一同学习或工作，通过口头和书面的形式表达自己、进行交流
	独立性	在领导下学习或者工作 对自己和他人的行为进行评价，听取建议

从整体上看，《德国资格框架》如《欧洲资格框架》一样，根据专业能力和个人能力两项指标衡量各教育领域的学历和技能水平，DQR 联邦与各州协调处在 2014 年 8 月公布的最新技能等级分类表中详细列举了八个等级相对应的学历水平或职业技能，如表 5-4 所示。

① DQR. Qualifikationssuche[EB/OL]. http：//www. dqr. de/2316. php. 2015-03-25.

② DQR. Wie ist der DQR aufgebaut [EB/OL]. http：// www. dqr. de/content/2314. php. 2015-03-25.

③ DQR. DQR-Niveaus[EB/OL]. http：//www. dqr. de/content/2315. php. 2015-03-25.

④ DQR. Niveau 1[EB/OL]. http：//www. dqr. de/content/2331. php. 2015-03-25.

表 5-4　德国学历与技能水平等级划分一览表 ①

等级	学历或技能水平
1	职业教育准备阶段： ·劳动服务局实施的为职业做准备的教育措施(至少 4 个月) ·职业学校中的“职业预备年”教育(结业证书与以学习为重点的促进学校的毕业证书同等级)
2	职业教育准备阶段： ·劳动服务局实施的为职业做准备的教育措施(至少 6 个月) ·职业学校中的“职业预备年”教育(结业证书与普通中学的毕业证书同等级) ·企业入职资格培训(6～12 个月) ·职业专科学校（基础职业教育，结业证书与普通中学的毕业证书同等级）
3	·双元制职业教育(两年) ·职业专科学校(一年、两年或多年，结业证书与中等学校的毕业证书同等级)
4	·双元制职业教育(三年或三年半) ·职业专科学校(助理职业、通过国家考试) ·职业专科学校(根据《职业教育法》开设的培训完全职业能力的职业教育)
5	·IT 专门人才(获得认证的) ·服务技术人员(通过考试的)
6	·本科 ·商业领域专门人才(通过考试的) ·专科学校(通过国家考试) ·经济学者(通过考试的) ·工长、技师(通过考试的) ·IT 经营专家(通过考试的)
7	·硕士 ·IT 策略专家(通过考试的)
8	·博士

① DQR. Liste der zugeordneten Qualifikationen (Stand 01. 08. 2014) [EB/OL]. http://www.dqr.de/media/content/Liste_der_zugeordneten_Qualifikationen_01_08_2014.pdf. 2015-03-25.

第六章　加拿大教育政策与发展趋势

加拿大(Canada)是北美洲最北的国家，领土面积达 998 万平方公里，为全球面积第二大国家，2012 年 12 月加拿大统计局公布的总人口数已经超过 3 500 万。加拿大素有“枫叶之国”的美誉，首都是渥太华，全国最大的城市是多伦多。加拿大得益于丰富的自然资源和高度发达的科技，是全球经济最发达、富裕的国家之一，也是世界上最大的钻石生产国之一。加拿大是联邦制国家，同时也是双语国家，官方语言为英语和法语。全国由 10 个省和 3 个地区组成：10 个省分别是不列颠哥伦比亚省、阿尔伯塔省、萨斯喀彻温省、马尼托巴省、安大略省、魁北克省、新不伦瑞克省、爱德华王子岛省、新斯科舍省、纽芬兰与拉布拉多省；3 个地区分别是努纳武特地区、西北地区、育空地区。在医疗保险、教育及社会福利等方面，省比地区拥有更多的自治权。

加拿大不设统一管理全国教育事务的教育部，教育由各省政府负责，各省均设有教育部，负责全省的教育事务。省际教育交流与合作由“加拿大教育部长理事会”(The Council of Ministers of Education，Canada. CMEC)负责协调。① 省级以下设学校董事会(district school board)负责管理和执行教育计划。加拿大的教育机构大部分是公立的，由联邦、省和地方政府资助，教育经费占全国 GDP 总量的 5.4%。②

加拿大拥有完善的教育体制。③ 国际学生能力评估项目(PISA)显示加拿大学生的成绩高于经济合作与发展组织(OECD)的平均水平。④ 加拿大教育体制主要分为四个层次：学前教育、初等教育、中等教育和高等教育。法律规定 5～18 岁的儿童享有免费接受教育的权利，即儿童 5 岁开始接受义务教育，5～6 岁的儿童进入幼儿园学习一年，幼儿园一般附设在公立小学内，与小学相互衔接。小学的

---

① The Council of Ministers of Education，Canada. What is CMEC? [EB/OL]. http：//www. cmec. ca/11/About/index. html，2014-11-22(注：CMEC 成立于 1967 年，由加拿大 10 个省和 3 个地区的教育部长组成，主席每两年选举一次。2014 年 9 月 15 日，阿尔伯塔省教育部部长戈登·德克斯(Gordon Driks)担任主席)。

② Education in Canada[EB/OL]. http：// en. wikipedia. org/wiki/Education _ in _ Canada，2014-12-20.

③ The Most Educated Countries in the World[EB/OL]http：// www. nbcnews. com/business/business-news/most-educated-countries-world-f1B6065913，2013-04-25.

④ OECD. Comparing Countries' and Economies' Performance[Z]. http：// www. oecd. org/pisa/46643496. pdf，2010.

修业年限为6年，年龄为6～12岁。小学分公立和私立两种，公立学校可享受国家免费待遇，私立学校多数是收费的。另外，学生可以根据自己的语言需求选择英语学校和法语学校。中学分为初中和高中。初中三年，年龄从12～15岁；高中三年，年龄从15～18岁。[①] 中学课程通常分为两类：一类旨在为学生进入大学做准备；另一类旨在为学生进入社区学院、职业技术学院接受大专教育或参加工作做准备。幼儿园、小学和中学结合起来构成大学前教育(pre-college)，即基础教育(K-12)，全国推行免费的基础教育。高等教育(post-secondary education)也是由各省和地区负责，省政府提供大部分资金，其他资金主要来自联邦政府、学费和研究资助。高等教育主要包括大学、社区学院、职业技术学院及其他形式的教育机构。加拿大几乎所有的高等教育机构都有权授予文凭和学位。一般来说，大学提供本科教育和研究生教育，本科修业年限为三年或四年(如工程、教育、医学或法律等)，硕士为一至两年，博士为三年以上，分别授予学士、硕士和博士学位；社区学院课程设置注重社会的需要，学习时间一般为两年(社会科学、自然科学、艺术)或三年(如律师助理、牙科保健、护理等)，提供相应的文凭和证书。[②] 职业技术学院的课程设置比较广泛，侧重实用技能，需要经过省政府的认可，以保持其教育水平和质量。此外，还可以选择作为第二语言的英语(ESL)或第二语言法语(FSL)的学校。除魁北克省外，加拿大各省每年学生在校日是190天(魁北克省是180天)，从9月(劳动节之后)到6月(最后一周周五)。加拿大各省和地区的教育管理体制是由政府负责管理，由于各省的实际情况不同，教育体制也不相同，甚至在学区和学校之间也存在差异。下表反映了加拿大各省和魁北克省每个教育阶段的情况。

表 6-1 加拿大各省的教育阶段(除魁北克省外)[③]

教育阶段	教育层次	学生年龄
学前教育	幼儿园(kindergarten)	5～6岁
初等教育	1～6年级	6～12岁
中等教育	初级中学：7～9年级 高级中学：10～12年级	12～15岁 15～18岁
高等教育	大学：本科3～4年；硕士1～2年；博士3年以上 学院：社区学院、职业技术学院	

① Education in Canada[EB/OL]. http://en.wikipedia.org/wiki/Education_in_Canada, 2014-12-20.

② Ibid.

③ Ibid.

表 6-2 魁北克省的教育阶段①

教育阶段	教育层次	学生年龄
学前教育	保育园(preschool) 幼儿园(kindergarten)	5 岁以下 5～6 岁
初等教育	1～6 年级	6～12 岁
中等教育	7～11 年级	12～17 岁
高等教育	大学：本科 3～4 年；硕士 1～2 年；博士 3 年以上 学院：社区学院、职业技术学院	

>>第一节 加拿大学前教育政策：阿尔伯塔省幼儿早期服务计划<<

一、加拿大阿尔伯塔省学前教育的概况

阿尔伯塔省(Alberta，也称艾伯塔省，简称阿省)是加拿大草原三省之一，位于加拿大西部，全省总面积 661 848 平方公里，是加拿大面积第四大的省份，人口总数 3 645 257(2011 年)，预计到 2014 年 10 月人口总数将达到 4 145 992。[②] 阿尔伯塔省是加拿大发展最快的省份，人口平均年龄最年轻，省劳动人口均受过良好的教育。阿尔伯塔的教育体系被认为是世界上最好的教育体系之一，PISA 成绩在加拿大排在首位，科学和阅读成绩排在世界第二位，[③] 与加拿大其他省份一样，由阿尔伯塔省的立法机关负责制定相关教育法律。

阿尔伯塔省非常重视学前教育。根据幼儿身心发展特点，将学前教育分为四个主要阶段：婴儿期(infant)、学步期(Toddler)、学龄期(preschool)和幼儿期(kindergarten)。每个阶段都很注重幼儿的学习环境，如为婴儿提供发展感官机能的环境；为学步幼儿提供发展运动神经机能的活动空间；为学龄期幼儿安排科学学习活动和益智游戏等，尽可能在学前教育中营造出自然、和谐和宽松的氛围，使幼儿在实际生活中获得经验。

学前教育机构多种多样，主要设有幼儿园、托儿所、保育学校、早教中心、特殊教育中心等。幼儿园主要招收 5 岁的幼儿，学制为一年。大部分幼儿园是公

① Education in Canada [eb/ol]. http: // en. wikipedia. org/wiki/Education _ in _ Canada, 2014-12-20.

② Alberta[EB/OL]. http: // en. wikipedia. org/wiki/Alberta, 2014-11-22.

③ Education in Alberta[EB/OL]. http: // en. wikipedia. org/wiki/Education _ in _ Alberta # Post-secondary, 2014-04-11.

立的，一般附设在公立小学里，并被纳入义务教育阶段。大多数孩子进入一年级之前在幼儿园学习一年，由家长决定幼儿是否进入幼儿园。[①] 托儿所主要招收2.5～5岁的幼儿，基本都是私立的，时间较为灵活，收费标准也不相同。保育学校大部分也是私立的，形式多种多样，由个人集资办学及由社区或教会集资办学。早教中心基本都是半日制的，只有很小部分是全日制，家长可以根据幼儿的需求选择在园时间。

二、加拿大阿尔伯塔省实施幼儿早期服务计划的背景

(一)《加拿大学习计划2020》的影响

幼儿期是人类发展的重要时期，是终身学习的开端。作为幼儿生活的第一个阶段，他们开始认识自己和周围世界，开始学习知识和塑造性格。[②] 幼儿的独立性、主动性、创造力和学习能力都形成于幼儿早期。[③] 2008年由CMEC发布的《加拿大学习计划2020》(*Learn Canada 2020*)提出，所有儿童都应该有机会获得高质量的早期教育，确保他们能够顺利地进入学校学习。自此之后，加拿大各省和地区根据历史、文化和地理位置等方面的实际情况建立了幼儿早期学习和发展体系，为幼儿及幼儿家庭提供早期学习经验，确保从早期学习到小学之间的平稳过渡。各省部长承诺将会通过CMEC共享学习和创新成果，以便所有省份和地区都能获益。[④] 基于此，阿尔伯塔省正积极努力地为幼儿提供更多的学习机会。

(二)《学校法》的影响

2000年，阿尔伯塔省政府通过了《学校法》(*School Act*)，其中提出幼儿早期服务计划(Early Children Service，ECS)，2岁半至幼儿园阶段(包括幼儿园)的儿童可以参加ECS计划。2014年5月，阿尔伯塔省对2000年的《学校法案》进行修订，即《学校法》(*RSA2000*)，其中第30条针对阿尔伯塔省的幼儿早期服务计划做了相关规定：[⑤]

(1)学校董事会或教育部部长批准的教育机构可以为幼儿或学生提供早期

---

① Alberta. Education[EB/OL]. http：// www. albertacanada. com/business/overview/education. aspx，2013-11-06.

② Alberta Education. The Early Years[EB/OL]. http：// education. alberta. ca/parents/ecs. aspx，2014-11-22.

③ Alberta Education. Standards for the provision of early childhood special education[S]. The Crown in Right of Alberta，2006.

④ The Council of Ministers of Education，Canada. Early Childhood Learning and Development[EB/OL]. http：// cmec. ca/387/Programs-and-Initiatives/Early-Childhood-Learning-and-Development/Overview/index. html，2014-11-22.

⑤ Government of Alberta. School Act：Revised Statutes of Alberta 2000 Chapter S-3[Z]. Alberta Queen'sPrinter，2014. 5：32-33.

服务；

a. 幼儿(child)：6 岁以下[①]经过家长同意；

b. 学生(student)：家长或教育局认为该计划有利于学生的发展。

(2)学校董事会会向符合第(1)款 a 项情况的幼儿家长收取相关费用；

(3)教育部长负责制订幼儿早期服务计划的相关条例。

《学校法》将幼儿和学生区别开来。将幼儿(Child)定义为 6 岁之下，学生(student)定义为 6 岁或以上的个体。根据《阿尔伯塔幼儿早期服务政策》(*Alberta Education Early Childhood Services Policy*)，对于有认知障碍(*disabilities/delays*)的幼儿，视其年龄、认知障碍的程度以及对幼儿能力的影响可以申请长达 3 年的幼儿早期服务计划。《幼儿早期特殊教育的标准》(*Standards for the Provision of Early Childhood Special Education*)适用于申请特殊教育计划的幼儿。[②]《学校法》(*RSA2000*)中的第 47 条针对有特殊需要的学生做了相关规定，[③] 2004 年 6 月修订的《特殊教育标准》(*Standards for Special Education*)也对学生(1～12 年级)申请特殊教育的要求做了概述。[④]

ECS 为幼儿进入一年级之前的发展提供服务。在 ECS 中，幼儿作为学习的主动参与者，获得知识、经验、技能和态度，为下个阶段的学习做好准备。同时，ECS 为有特殊需要的儿童提供额外支持，以帮助他们充分发挥学习的潜能。ECS 的实施者与家长、工作人员和社区服务合作开发、实施和评估计划。家长在幼儿生活中发挥核心作用，因此，要为家长提供有意义的参与幼儿教育的机会。[⑤]

三、加拿大阿尔伯塔省幼儿早期教育计划的主要内容

ECS 是适合满足幼儿和家长多样化需求的连续性计划，按照《学校法》第 30 条提供的志愿计划(voluntary program)，ECS 实施者必须接受有特殊教育需求的所有幼儿。此外，幼儿园(kindergarten)也纳入 ECS 计划中，目的是为幼儿进入一年级做准备，帮助幼儿达到《幼儿园培养方案》(*Kindergarten Program State-*

---

① 报告中提到的幼儿年龄均是以 9 月 1 日(即开学日)为分界点。

② Alberta Education. Standards for the provision of early childhood special education[S]. The Crown in Right of Alberta，2006：1.

③ Government of Alberta. School Act：Revised Statutes of Alberta 2000 Chapter S-3[Z]. Alberta Queen's Printer，2014. 5：44－45.

④ Alberta Learning. Standards for Special Education[S]. The Crown in Right of Alberta，2004.

⑤ Alberta Education. Standards for the provision of early childhood special education[S]. The Crown in Right of Alberta，2006：23.

ment)中表述的对学习者的期望，即学习成绩能够为幼儿获得成功奠定基础。除此之外，《幼儿园培养方案》中还包括为 ECS 计划提供基础的指导性原则。

ECS 招收包括 2 岁半的幼儿。除了《基础教育基金》(*Base Instruction Funding*)之外，《项目单元基金》(*Program Unit Funding*，*PUF*)可以为 2.5～6 岁之间有严重认知障碍的幼儿，和 3.5～6 岁之间有轻度至中度认知障碍或有天赋和才华的幼儿提供资助。[①] 每个学年，ECS 实施者应该为每个幼儿提供不少于 475 小时的教育活动。对于个别有特殊需要的幼儿(如有认知障碍或有天赋和才华的特殊幼儿)，要根据幼儿的发展水平和教育需要调整时间。ECS 实施者应该与学习者服务中心联系来调整教育时间。

ECS 为幼儿提供的教育活动由教师负责，教师通过与幼儿面对面的教育活动以达到教学和评估幼儿成绩的目的，或者教师通过与在幼儿园、学前班、日托中心、家庭式托儿所接受学习的幼儿互动，以确保幼儿的学习活动能够达到良好的效果。教师的教学时间主要包括为了实现教学目的而安排的既定时间以及教师和幼儿互动的其他活动。一所学校教师和幼儿的互动最多达 35 小时，如家访、小组学习或由教师、家长和幼儿共同参与的关于幼儿学习的讨论。这种方式有利于促进幼儿从家庭到学校的过渡，增强人际交往的能力。除此之外，教师会议、教师专业发展、教师规划、职工会议、法定和学校假期、午餐、休息及为幼儿注册的时间都不包括在教学时间内。

如果具备申请资格的幼儿生活在较偏远的地区，而这些地区不提供 ECS 计划，就要考虑 ECS 的家庭计划。ECS 家庭计划必须由教师负责实施和评估，这包括至少 22 次的家访，每次访问时间要超过一个半小时。对于个别有特殊需要且住在偏远地区的幼儿，ECS 实施者应该考虑培养方案的替代项目。[②]

2014 年 10 月，阿尔伯塔省对 ECS 在早期教育计划、最低年龄要求、特殊教育要求、特殊教育编码标准、英语作为第二语言的学习(ESL)、家庭计划、社区计划等七个方面的主要内容做出阐述。

(一)早期教育计划[③]

幼儿早期是人类发展的重要时期。幼儿的独立性、主动性、决策力、创造力、学习能力、人际交往能力和自我价值感都始于幼儿早期。在这个阶段，幼儿主要在家庭和社区中学习，父母有机会参与幼儿发展，幼儿所学将对个人发展、

---

① Alberta Education. The Early Years [EB/OL]. http://education.alberta.ca/parents/ecs.aspx，2014-11-22.

② Ibid.

③ Government of Alberta. Early Childhood Services：Early Childhood Programming[EB/OL]. http://education.alberta.ca/admin/supportingstudent/schoolleaders/ecs.aspx，2014-10.

获得成功的学习经验及未来社会的参与产生重大影响。ECS 是学校董事会与地方和省级计划合作，以满足幼儿和幼儿家庭的发展性教育需求和特殊教育需求的一项计划。早期教育计划是幼儿进入一年级之前的特别教育计划，也是 ECS 的重要组成部分。在 ECS 计划中，幼儿是积极学习的参与者，通过分享经验、知识、技能和态度为后续的学习做准备。

1. 早期教育原则

2007 年的《教学和学习程序框架指导原则(幼儿园至 3 年级)》[*Primary Programs Framework for Teaching and Learning*: *Guiding Principles* (*Kindergarten to Grade 3*)]提供了教学和学习的哲学和理论基础，反映出目前对幼儿、家庭、社区和学校的理解。这个指导原则的目的是帮助幼儿园至 3 年级的教师反思幼儿学习的本质，以做出教学指导决策并创造能够反映幼儿不同需求、能力、学习方式、性格、文化、社会和语言背景的环境。

正如图 6-1 所描绘的，幼儿发展涉及一系列不同的方面。幼儿在不同文化和社会背景下的学习和贡献是不同的。家庭和社区的经验为幼儿在除学校以外的学习提供了更多途径。针对这些差异，学校可以建立幼儿的先验知识和经验。

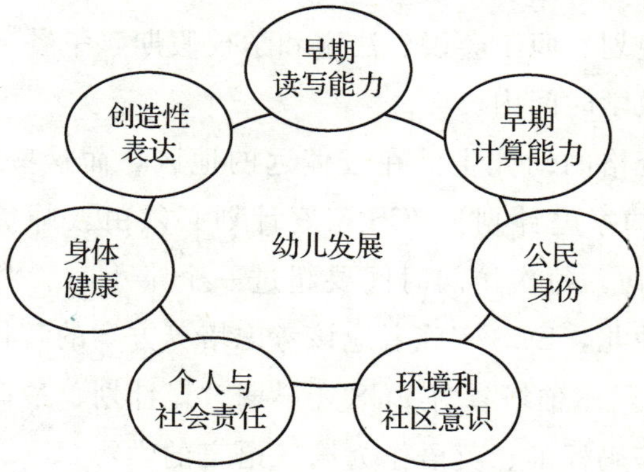

图 6-1　幼儿园对学习者的期望①

2. 幼儿园计划

幼儿园计划是用来指导创建幼儿园的具体原则，包括：(1)幼儿早期发展受社会环境和文化环境的影响；(2)幼儿早期经验影响但不决定幼儿发展；(3)幼儿在多种环境下交流和学习；(4)幼儿是学习的共同建构者和学习者；(5)幼儿是学习的积极贡献者；(6)幼儿在以各种方式构建知识；(7)幼儿是公民，也是学校和社会的积极参与者；(8)幼儿是评估过程的积极合作者；(9)幼儿可能需要特殊的

① Government of Alberta. Early Childhood Services: Early Childhood Programming[EB/OL]. http: //education. alberta. ca/admin/supportingstudent/schoolleaders/ecs. aspx, 2014-10.

培养方案以促进他们学习的知识、技能和态度的发展；(10)幼儿和幼儿家庭需要与社区服务合作以满足他们的需求。

以上原则在《幼儿园培养方案》中有具体阐述。这些原则是以促进幼儿发展和获得新知识为基础而设计的，加强思想形成、语言发展、解决问题、表达思想和感情的基础。《幼儿园计划声明》对学习者的期望包括七个方面，涉及幼儿的身体、知识、文化、社会、创造力和情感需求。这七个学习领域为幼儿向小学过渡提供基础。

(二)最低年龄要求①

ECS 是根据《学校法》(*RSA2000*)中第 30 条规定，由学校或教育部长批准的教育机构提供的教育计划，主要招收 6 周岁以下的幼儿。ECS 的最后一年是进入一年级之前的幼儿园阶段。在 ECS 中，根据资助对象和资助类别所确定对儿童年龄的要求在表 6-3 中列出，幼儿不能获得超过三年的 ECS 资助。对此《学校资金指南》(*Funding Manual for School Authorities*)有具体的规定。

表 6-3　ECS 计划对幼儿的最低年龄要求②

资助对象	资助资格	资助类别	最低年龄要求
正常幼儿	在规定的时间内(9 月)参加由学校提供的 ECS 计划的幼儿	教学指导(最多提供 1 年的资助)	4.5 岁
特殊幼儿	(1)有轻度或中度认知障碍的幼儿。如视觉和听觉障碍、行为和情感障碍、人际交往障碍等 (2)在某个或多个领域有潜力或有杰出表现的幼儿	教学指导和缓解认知障碍(最多提供 2 年的资助) 《资助指南》(*Funding Manual*)的第 1 条第 10 款中规定了对于有轻度或中度认知障碍以及有天赋或才华的幼儿的资助分配	3.5 岁
具有语言需求的幼儿	(1)英语作为第二语言学习的幼儿(ESL)：英语语言技能不足的幼儿 (2)有法语学习需求的幼儿：参加了法语学习项目并被确定为法语语言技能不足的幼儿	教学指导(最多提供 2 年的资助) 如果符合条件会加强英语或法语的语言训练	3.5 岁
具有严重认知障碍的幼儿	根据目前的《特殊教育编码标准》(*Special Education Coding Criteria*)的评估，被确定为有严重认知障碍的幼儿	教学指导(最多提供 3 年的资助) 可以获得《项目单元基金》(*PUF*)提供的资助	2.5 岁

① Government of Alberta. Early Childhood Services：Age of Eligibility[EB/OL]. http：//education. alberta. ca/admin/supportingstudent/schoolleaders/ecs. aspx，2014-10.

② Ibid.

续表

资助对象	资助资格	资助类别	最低年龄要求
发育不成熟的幼儿	7岁以下，之前没有纳入特殊需要中的幼儿。参加 ECS 计划的第二年，家长和学校认为 ECS 是最适合幼儿发展的计划	教学指导(最多提供2年的资助)	5.5岁

表 6-3 中所列幼儿的最低年龄是以 9 月 1 日为基准，如果涉及半岁应是在 3 月 1 日或之前出生的幼儿。各个学校根据实际情况所招收幼儿的最低年龄有所差异。表 6-3 中满足最低年龄要求的幼儿如果在 9 月 30 日之前注册都符合由 ECS《基础教育基金》提供资助的资格。

(三)特殊教育要求①

《幼儿早期特殊教育的标准》中阐述的幼儿多样化学习需求要求 ECS 计划提供额外的支持，以便有特殊需要的幼儿能够在 ECS 计划中得到最好的服务。

1. 申请特殊教育的资格

幼儿早期的特殊教育是基于适合个体发展的实践。参加早期教育计划且有特殊需要的幼儿有资格申请符合《教育指引：早期教育到 12 年级》(*Guide to Education: ECS to Grade 12*)要求的教育计划。具备资格的幼儿能够参与适合个人发展的项目以促进和加强学习。

2. 特殊教育的环境

适当的教育计划是在最有利的环境中满足幼儿的教育需求。对于有特殊需要的幼儿，学校应该允许在计划安排、教学指导时间以及家庭参与讨论方面有一定的灵活性。如有可能的话，应该最大限度地提供在自然环境中的教育计划。无论计划设置和幼儿特殊教育需要在教学指导时间上有多大差异，都应该考虑幼儿需要和发展水平以及考虑父母的偏好和地方资源。

3. 计划项目基金

项目单元基金(PUF)是提供给学校的，针对具有严重认知障碍的幼儿。这些幼儿除了获得 ECS 常规计划中的资助外，还可以获得 PUF 的资助。PUF 资助幼儿的最低年龄是 2.5 岁，最多对每个具有申请资格的幼儿提供三年资助。

学校应该按照《特殊教育编码标准》来确定幼儿的资格。虽然需要对具有严重认知障碍的幼儿进行诊断，但在确定幼儿资格和幼儿需要时最重要的是 ECS 计划能在多大程度上对幼儿发挥作用。申请 PUF 资助应该包括几个方面的内容：

---

① Government of Alberta. Early Childhood Services: Programming for Children with Special Education Needs [EB/OL]. http: // education. alberta. ca/admin/supportingstudent/schoolleaders/ecs. aspx，2014-10.

(1)对具有严重认知障碍幼儿资格的评估；(2)证明在ECS环境中幼儿目前水平的材料；(3)满足幼儿教育需求的个性化计划(IPP)；(4)向幼儿提供的服务和支持水平。学校会通过“学习服务部门”(Learner Services Branch)负责所有幼儿的PUF申请工作。

在最大限度地提供教育环境的同时，ECS实施者除了考虑一对一对的幼儿指导外，还考虑了其他指导模型：(1)以小组为主的指导；(2)有效利用教育辅助时间；(3)同行指导；(4)环境支持(如视觉的调度、空间的布置等)；(5)在开展的活动中嵌入个性化目标。

4. 家庭计划

适合有特殊需要幼儿的教育计划应该吸收和借鉴幼儿家长的知识和技能，并认识到父母在培育和照顾幼儿中的主要作用。学校应该与幼儿家庭合作为有特殊需要的幼儿提供合适的教育计划，同时尊重家庭的差异及家庭已经建立的优势。当要求家庭参与计划活动时，家庭常规、利益和信仰应该予以考虑。这种计划能够对有认知障碍的幼儿和他们的家庭进行适当的干预。

5. 社区计划

基于ECS特殊教育计划的灵活性，社区计划由教师在学校或社区直接参与教学指导。计划的实施者应该确保教学指导时间不能超出幼儿年龄和发展水平能够承受的范围。

6. 个性化计划

个性化计划(Individualized Program Plan，IPP)是以诊断性评估信息为基础，旨在解决孩子的教育需求，为干预策略提供依据。IPP为参与教育计划的教师、家长和其他人员提供工作指引，包括以下基本信息：(1)评估幼儿的水平；(2)《幼儿园计划声明》中所提出的与幼儿年龄相适应的学习期望；(3)确定幼儿的优势和需要；(4)计划的水平和开展计划的环境；(5)可预见的目的和目标；(6)评估幼儿发展的程序；(7)协调性支持服务的确定(包括与健康相关)；(8)相关的医疗信息；(9)包括适应性和修改教学指导的策略；(10)过渡性计划；(11)在定期安排报告期间的正式审查；(12)年终总结。

个性化计划也会得到资助以满足有轻度或中度认知障碍以及具有天赋和才华的幼儿。幼儿年龄应该处于3.5～6岁，《特殊教育标准》提供了更多关于幼儿资格的信息。

(四)特殊教育编码标准①

有轻度或中度交流障碍的幼儿可能会在未来的学习中会遇到风险。为了提高

① Government of Alberta. Early Childhood Services：Clarification of Special Education Coding Criteria for Code30［EB/OL］. http：//education. alberta. ca/admin/supportingstudent/schoolleaders/ecs. aspx，2014-10.

他们的学习效果，学校可以通过 ECS 资金支持在学校和社区学习语言和适应环境的幼儿，主要提供幼儿在幼儿园和幼儿园前一年的资金。因此，《特殊教育编码标准》要求确定幼儿申请资助的资格。为了向阿尔伯塔省教育部呈交特殊教育数据的报告，每个类别会对应一个编码(code)，如果幼儿符合标准将会被归类到一个编码中，如具有交流障碍幼儿的编码是 30(code30)。①

1. 具有轻度或中度交流障碍的标准

(1)幼儿有轻度或中度的语言表达和接受语言能力的障碍；

(2)通过语音意识测试等评估证明幼儿在发音、语言和声音或流利表达方面存在学习困难。

2. 学校在确定申请资格时的责任

在对幼儿的语言进行评估时，合作至关重要。言语病理学家(Speech-Language Pathologists，SLP)提供的服务是有限的，时间花费在评估上会降低对幼儿的咨询和干预时间。因此，在对幼儿的语言评估之前，学校工作人员应该通过筛选和课堂观察以确定幼儿是否可能存在语言障碍，可以考虑将教育评估放在专业评估之前。

3. 对幼儿交流障碍的评估

教师或其他接受过培训的专业人员可以通过使用和解释 B 级评估工具对幼儿语言发展障碍进行评估，而只有言语病理学家使用 C 级评估工具诊断幼儿语言表达和接受语言的能力。阿尔伯塔省要求 B 级评估工具应该标准化和规范化，成为可靠和有效的测量语言发展的方法。很多评估工具和测试信息的可靠性和有效性主要来自测试开发人员。根据《幼儿早期特殊教育的标准》，即使是班级教师对幼儿进行专业评估，学校也必须征得家长的同意。

4. 具有轻度或中度障碍幼儿的申请名额

阿尔伯塔省没有指定具有轻度或中度障碍幼儿申请的名额，但是会考虑由测试开发人员评估的结果。考虑到测试结果、课堂观察的作用和与幼儿家长的讨论等因素，教育者应该是确定幼儿教育计划和确定学习障碍对幼儿影响的最佳人选。

5. 关于幼儿交流障碍的个性化计划(IPP)目标

教师应该负责所有计划的开发、实施、检测和评估。教师有责任编写关于幼儿交流障碍的 IPP 目标，应该确保家长和其他专业人员参与到 IPP 计划中。IPP 目标应该集中在幼儿能力方面，而不应该设定具体的“治疗”(therapy)目标。

班级中被确定有能力障碍的儿童可以获得资助，但如果不能对幼儿产生教育

① Government of Alberta. Special Education Coding Criteria 2012/2013：ECS to Grade 12[Z]. the Crown in Right of Alberta，2012：5.

影响，学校就不应该获得资助。针对有发音或语音障碍幼儿设定的目标必须强调适应幼儿需要的教师课堂行为(如增强幼儿的声音意识、帮助幼儿利用手势和图片交流)。教师可以与言语病理学家合作来确定合适的方法，如果能够得到言语病理学家额外的服务(例如直接治疗)，这些服务和具体目标可以不纳入 IPP 中。

(五)英语作为第二语言的学习(ESL)①

1. ESL 资助的申请资格

ESL 资助是针对有额外英语学习和指导需求的幼儿，帮助幼儿实现计划的预期目标以获得成功。ESL 主要的资助对象是 3.5 岁的幼儿，最多提供 5 年的资助。当幼儿开始学习新语言时，他们也保留和发展本土语言和文化，两者是相互加强并不矛盾的。3.5 岁的幼儿处于语言快速发展的时期，在这个时期支持和加强他们的语言能力是非常重要的。申请 ESL 资助需要符合下列的条件之一：

(1)在国外出生，英语语言水平较低的幼儿；

(2)在加拿大出生，英语语言水平有限(包括原住民、梅蒂斯人和因纽特人的孩子)。

2. 确定 ESL 资助的申请资格

学校和 ECS 实施者可能通过服务于幼儿和家庭的社区组织、社区机构和其他团体来确定幼儿的申请资格。ESL 资助主要通过对幼儿语言能力的评估，评估资料必须存档以确定幼儿最初的语言能力和下一年的计划。

幼儿的英语语言能力最初是由教师确定，包括在家长陪同下与幼儿面谈以及通过图片提示或适龄问题对幼儿口头语言的评估。幼儿用口头英语回答教师提出的问题，作为评估的一部分，主要包括与自我意识(如年龄、最喜欢的食物和玩具、朋友和家人)和词汇相关的问题(包括识别对象、身体和衣服的某一部分或对方向的反应)。词汇问题通常会通过口头指令促使幼儿的语言表达和行为指向。教师会用表格记录评估结果，记录幼儿使用的词汇和语法结构及语言表达的相对长度和复杂性。

3. ESL 的实施

ESL 必须在教师指导下进行，或者由教师和日托中心或幼儿园的工作人员监督，以建立增强语言环境、发展项目计划和满足幼儿语言学习需要的指导和评估策略。如果计划不在教师的监督下进行，需要签订同意书。在阿尔伯塔省，包括 ESL 在内的所有 ECS 计划都不是强制性的，在进入一年级之前，学校可能会为幼儿选择一个计划，并在 ESL 计划开始之前获得父母的同意。

---

① Government of Alberta. Early Childhood Services：English as a Second Language(ESL)[EB/OL]. http：//education. alberta. ca/admin/supportingstudent/schoolleaders/ecs. aspx，2014-10.

(六)家庭计划①

家庭计划(Family-oriented Programming)主要是针对有严重认知障碍的幼儿和家庭的个别发展计划。家长会参与计划的过程以实现在家庭和社区环境中 IPP 的目标。家庭计划发生在中心计划(centre-based)的时间之外，要在教师的指导下进行。

1. 什么是家庭计划

家庭计划是为了增强 IPP 的中心计划，家庭计划中交谈的次数应该包括在 IPP 计划中。家长可以根据需要、资源和偏好来选择是否参加家庭计划。所有的交谈都作为幼儿早期计划的一部分，必须有详细的计划和记录。中心计划与家庭计划相结合以提供一个综合性的计划(如 475 小时的中心计划和 10 次交谈的家庭计划)。这种类型的计划或许对年龄较小且需求较大的幼儿非常有效。

2. 家庭计划的资助条件

要申请家庭计划的资助，必须满足以下条件：(1)平均 1.5 小时的交谈，每次交谈不少于 45 分钟；(2)每次交谈的书面计划和总结；(3)计划要在教师的指导下进行；(4)幼儿、家长和学校学习小组成员都要参与；(5)在特殊情况下，交谈时应提供一个可替换的护理人员与家长共享信息；(6)至少提供四次的交谈；(7)利用中心计划之外的时间进行；(8)家庭计划成为学校额外的花费。

3. 家庭计划交谈的内容

(1)家庭计划的交谈可以通过几个方式进行：

- 教师在幼儿家中提供 1.5 小时的家庭计划；
- 教师或言语病理学家(在教师的指导下)在中心计划以外的时间为幼儿、家长和护理人员提供两次 45 分钟的交谈；
- 在教师的指导下，职业治疗师在幼儿家中为幼儿和家长提供 1.5 小时的家庭计划；
- 家庭顾问对幼儿进行干预以及向日托中心的护理人员解释行为管理策略(1.5 小时)；
- 家庭联络员陪同家长和幼儿去杂货店 1.5 小时。

(2)家庭计划的交谈通常不包括下列几个方面：

- 与父母非正式的接触，或作为学校特殊教育计划内容的接触；
- 往返幼儿家庭和托儿所的时间；
- 与幼儿 IPP 目标没有直接关系的治疗措施；
- 非正式的家庭访问。

---

① Government of Alberta. Early Childhood Services：Family-oriented Programming[EB/OL]. http：//education. alberta. ca/admin/supportingstudent/schoolleaders/ecs. aspx，2014-10.

(七)社区计划①

学校和被认可的私人 ECS 实施者为有英语学习困难的幼儿提供包括支持和服务的教育计划，教育计划体现在以社区为基础(community-based)的早期幼儿教育计划中(如幼儿园、保育园和幼儿护理计划等)。这些计划或许是满足家长和幼儿发展及社会需要的最理想的方式。

1. 申请资助

学校可以申请 PUF 资助，对有轻度或中度障碍和有 ESL 需要的幼儿提供资助以促进社区计划。如果幼儿参加社区计划并且接受阿尔伯塔省教育计划的资助和服务，学校必须做好以下关于幼儿的记录：

- 注册信息(如出生证明、公民身份信息、幼儿法定的姓名和年龄)
- 登记表格
- 参加记录
- 具备申请 PUF 资助的文件
- 个性化计划(针对具有认知障碍的幼儿)
- 签订的教育服务书面协议

其中教育服务书面协议应该包括：(1)学校的期望和责任；(2)社区计划的期望和责任；(3)计划开始和结束日期、计划的天数和时间；(4)如果这个协议涉及学校和被认可的私人 ECS 实施者，协议应该清楚地描述由谁负责幼儿的注册及获得相应的资助。

2. 对教师的要求

社区计划需要由教师负责幼儿的学习活动，以确保能够达到计划所预期的结果。这些活动包括：(1)与幼儿面对面互动以达到教学和对幼儿评估的目的；(2)在幼儿园、学前班、日托中心或家庭计划交谈中与幼儿进行互动。

同时，学校也要确保教师能够意识到以下几个方面的需要：(1)通过幼儿教育计划确定 IPP 的目标；(2)为了确保幼儿的安全及促进幼儿学习和参与的积极性来设计学习环境；(3)在不断评估的基础上赋予幼儿个性化和适应性的实践；(4)检验 IPP 目标；(5)以 IPP 目标为基础结合环境和活动确定具体的教学指导；(6)根据幼儿的个人需求确定指导程序以实现 IPP 目标；(7)提供实施计划的辅助人员(如教师助理)；(8)适当的情况下，教师助理、保健人员和其他服务人员可以作为幼儿学习小组的成员；(9)确保教师助理能够得到资格教师的监督。

3. 对学校的要求

为了确保实现以上的要求，学校应该做到以下几点。

---

① Government of Alberta. Guidelines for school authorities providing educational programming for Early Childhood Services (ECS): children in community-based programs[EB/OL]. http://education. alberta. ca/admin/supportingstudent/schoolleaders/ecs. aspx，2014-10.

(1)提供适合于幼儿个体需要的支持。

(2)考虑在学习小组中社区计划工作人员的构成。

(3)考虑在专业发展活动中的社区计划工作人员的构成。

(4)帮助形成家庭计划。

(5)确保师幼比以保证教师有时间能够:

- 与社区计划的工作人员交流;
- 定期监督计划的进展;
- 提供教学支持;
- 制订、监督和评估 IPP 计划;
- 与家长交流教育计划和 IPP 计划;
- 定期观察幼儿,与幼儿互动;
- 直接参与幼儿的教学和评估;
- 为社区计划工作人员提供计划安排;
- 在适当的条件下,为教育助理提供培训;
- 在适当的条件下,开展家庭计划的交谈。

所有提供 ECS 计划的学校都有责任了解并遵守《学校法》《学校资金指南》《教育指引:早期教育到 12 年级》《幼儿早期特殊教育的标准》《幼儿园计划声明》,以及相适用法规的要求。

>>第二节　加拿大基础教育政策:阿尔伯塔省优质教学计划[①]<<

一、加拿大阿尔伯塔省基础教育的概况

阿尔伯塔省推行免费的基础教育,K-12(幼儿园到高中)教育体系在国际上享有盛名。在阿尔伯塔省,法律规定 6~16 岁的阿尔伯塔人必须接受学校教育,20 岁以下的儿童和青少年都可以享受免费的教育。[②] 目前,阿尔伯塔省大约有 600 283名学生在接受基础教育,《学校法》作为基础教育政策的主要依据。[③] 学生

---

① 报告主要是对加拿大阿尔伯塔省“优质教学计划”的政策分析。资料来源:Task Force for Teaching Excellence. Report to the Minister of Education, Government of Alberta[R]. Alberta. Alberta Education.

② Alberta. Elementary and Secondary[EB/OL]. http://www.albertacanada.com/opportunity/living/education-schools.aspx, 2014-06-23.

③ Education in Alberta[EB/OL]. http://en.wikipedia.org/wiki/Education_in_Alberta#Organization_and_Legal_Framework, 2014-04-11.

可以选择公立学校(public school)、独立学校(separate school)、法语学校(francophone school)和特许学校(charter school)。这些学校主要通过省政府拨款和当地税收获得财政资助，这意味着学生不需要支付学费，只需支付学习用品费用、教科书费用以及交通费。此外还有私立学校(private school)和家庭学校(home school)。私立学校通常以特定的宗教信仰或教育理念为基础设立招生标准，学生需要支付部分或全部费用；家庭学校只要满足《学校法》(*The School Act*)和《家庭教育制度》(*Home Education Regulation*)即可。[①] 所有学校的学习计划和课程安排都必须经过阿尔伯塔省教育部的认证，教师必须通过由阿尔伯塔省教育部组织的省级成绩测试和教育学位考试，获得教师资格才能到学校任教。[②]

二、加拿大阿尔伯塔省实施优质教学计划的背景

阿尔伯塔省拥有能够服务于本省和学生的完善教育体制。那么，为什么要实施优质教学计划(teaching excellence)？主要受两个方面的影响。第一，PISA成绩的影响。阿尔伯塔省在国际性评价项目中的成绩表现很好，尤其是PISA成绩。随着各国不断加快教育体制改革的步伐，教育差距逐渐缩小，阿尔伯塔认识到优质教学的重要性。教学是教育体制成功的核心因素，阿尔伯塔需要跻身在教育体制改革的前列，以确保学生有机会在迅速变化的教育环境中获得成功，实现优质教学。第二，"激励教育计划"(Inspiring Education)的影响。计划期望通过对教学的调整来实现以学生为中心的长期教育愿景。

(一)PISA成绩的影响

阿尔伯塔省学生阅读、科学和数学的成绩一直跻身世界前列。在国际学生评估项目(PISA)、国际阅读能力发展项目(PIRLS)、国际数学和科学评价项目(TIMSS)等国际性项目中，阿尔伯塔学生已经达到甚至超过国内和国际的平均水平。虽然在国际上取得了较好的成绩，但在近十年内，阿尔伯塔省在PISA中的表现有所下降。2012年的PISA结果显示，阿尔伯塔学生虽然在数学、阅读和科学方面表现很好，但其他国家和地区正通过对教育体制的改革来缩小差距。

为了保持世界领先地位，阿尔伯塔省迫切需要改革来实现教育的长期愿景，营造充满生机和活力的课堂环境和学习环境，培养学生的想象力、创造力和进取心，通过对教师的支持保持优质教学，以确保学生在迅速变化的世界中取得成功。

---

① Alberta. Elementary and Secondary[EB/OL]. http：//www.albertacanada.com/opportunity/living/education-schools.aspx，2014-06-23.

② Education in Alberta[EB/OL]. http：//en.wikipedia.org/wiki/Education_in_Alberta，2014-04-11.

（二）"激励教育计划"的影响

阿尔伯塔人认为，基础教育阶段应该着重培养学生的素质和能力。基于阿尔伯塔人对未来教育的看法，2010 年阿尔伯塔省政府提出了实施"激励教育计划"的愿景，旨在培养学生成为勤于思考、具有道德素养和开拓精神的公民（the 3E's）。①

- 勤于思考（Engaged thinker）：具有批判性的思维和善于发现问题的能力；能够利用技术来学习、创新、交流和探索；能够从不同学科视角去发现问题和解决问题；能够与他人交流看法和观点；具有积极乐观的态度以适应变化；做终身学习者。
- 具有道德素养的公民（Ethical citizen）：具有谦虚、公正、乐观的态度；能够尊重别人，具有同情心和怜悯心；具有团队合作、协作和沟通能力。
- 具有创业精神（Entrepreneurial spirit）：具有勤奋的态度、执著的精神，能够通过训练获得机会；具有追求卓越，获得成功的进取精神；具有创造力和挑战性；具有很强的适应性和应变能力；具有冒险精神及敢于面对逆境的勇气。

"激励教育计划"确立了更高层次的教育发展方向，认识到优质教学的重要性。为了实现这一教育愿景，教师作为实现优质教学的核心要素，必须经历从注重知识传播到强调探索发现的重大转变。教师应从学生的兴趣出发，注重学生知识、技能和态度的培养，同时学生的情感、智力、体能、思想及社会交往方面应当得到支持。未来的课程将会以多种形式呈现，允许结合艺术及其他学术领域的跨学科学习，在实践中培养学生的独立性和协作能力。

三、加拿大阿尔伯塔省实施优质教学计划的准备

在激励教育计划的影响下，2013 年 9 月 11 日，加拿大阿尔伯塔省时任教育部部长杰夫·约翰逊（Jeff Johnson）宣布成立优质教学工作小组（Task Force For Teaching Excellence）。工作小组由能够广泛代表阿尔伯塔的 16 名成员组成，包括学生、家长、教师和学者及四名立法议会成员等，以关注学生和优质教学作为学生成功关键的基本信念广泛征集阿尔伯塔人的意见，围绕如何更好地支持阿尔伯塔教师提出建议，以确保每个学生获得更多成功的机会。工作小组通过网上调查、区域会议、网上公告板、在线留言集中对话、利益相关者提交的书面材料、一对一会议、举办激励教育研讨会等方式与来自社会各界的 3 000 多名阿尔伯塔

① Government of Alberta. Inspiring Education: A Dialogue with Albertans[R]. Alberta Education, 2010. 4: 5-6.

人(包括教师)进行交流和磋商，所有的意见都被纳入讨论的范围。为了更广泛地征集阿尔伯塔人的意见，原计划与2013年11月底结束这项工作，推迟到2013年12月中旬，并于2014年2月19日在卡尔加里(Calgary)召开了激励教育研讨会。

四、加拿大阿尔伯塔省优质教学计划的主要内容

(一)什么是优质教学

为了实现“每一个孩子，每一个班级，都有一位优秀教师”的工作目标，工作小组必须明确指出符合激励教育计划的教师实践标准，范围涉及整个教育系统及每个成员，并且必须得到学区和学校领导的支持以保证优质教学的顺利实施。

1. 优质教师的重要角色

教学是非常复杂的，要理解什么是优质教学，工作小组首先要审视教师的角色。教师是实现优质教学的核心，人们希望教师能够考虑学生的不同背景、技能、能力和学习兴趣，进行有针对性的指导，提供不同层次的支持，提高学生学习的有效性。实际上，优质教师对学生的影响是非常大的。经济学家吉切迪(Raj Chetty)、弗里德曼(John Friedman)、罗考夫(Jonah Rockoff)以教师对学生成绩的影响为主题对美国250万学生进行了调查研究，结果显示拥有优质教师的学生上大学的机会更多，就业后收入会更多。同时也发现较低水平与中等水平教师之间的差异和中等水平与优质教师之间的差异对学生的影响同等重要。

另一项研究发现教学质量(teaching quality)对学生成绩也产生重要影响：优质教师、中等水平和较低水平的教师对学生成绩的影响存在差异。如图6-2在三年的学习中(8～11岁)，处于中位数(第50位百分位数)的学生与处于中位数以上的学生由于拥有教师的水平不同，成绩存在差异。

2. 优质教师的具体标准

在参与工作小组征集意见的教师、家长、教育领导者及其他社会成员都认为教师的专业知识、能力及与学生的关系是优质教师的关键属性。他们认为，优质教师应该在教学、思维方式以及行为等方面有最好的表现，并且能够影响到学生。参与者提出优质教师应该具备几个具体标准。

(1)热衷于教学和学习。

在2011年名为“畅所欲言”(Speak Out)的专题节目中，针对与激励教育相关的主题，学生们对好教师的描述是：如果学生不理解一个概念，教师应该留出时间帮助他或者寻找另一种方式教他以确保学生能够理解。教师必须热爱本职工作，把精力投入到工作中保证学生学习。

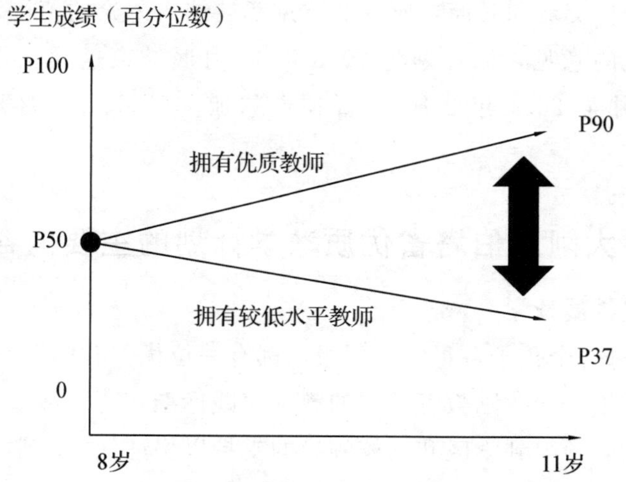

图 6-2　教师质量的影响①

注：图中“优质教师”和“较低水平教师”分别指研究中教师质量排在前 20%和后 20%的教师。

(2)博学、睿智、受过良好的教育。

在 2011 年的“畅所欲言”节目中，学生对好教师的描述是：教师应该具备所教科目的渊博知识并富有激情，能够把现实生活中的例子带进课堂，更加适用于学生学习，能够把个人知识和经验纳入教学计划并能有效地回应学生的问题。

(3)有热情、有动力、有激励精神、参与性强。

在 2012 年的“畅所欲言”节目中，学生们对好老师的描述是：教师应该从个人学习转移到小组项目、室内课程、室外活动中来，帮助学生保持兴趣和参与度。

(4)富有同情心、善解人意、有爱心、善良、宽容、沟通能力强。

在参与工作小组调查的一位学生描述：真正的好教师应该能够将个人水平与教学方法结合起来，能够让学生容易理解新讲授的内容，并领会内容的深度。

同时，很多利益相关者也向工作小组明确表达了对优质教师的迫切需求，这为制定教师实践标准打下基础。值得高兴的是，激励教育计划已经提供了一个清晰的教育愿景。在激励教育计划中，优质教师应具有培养学生成为勤于思考、具有道德素养和开拓精神公民的能力(the 3E’s)。基于此，教师的实际水平、专业发展以及持续性学习必须与 3E’s 保持一致。

3. 优质教师的关键特征

激励教育计划描述了优质教师具备的两个关键特征。

① Task Force for Teaching Excellence. Report to the Minister of Education, Government of Alberta[R]. Alberta. Alberta Education, 2014: 18.

(1)具有创造知识的专门技能。

这与教师作为知识内容的专家是相对的，教师必须成为学习的创造者以达到3E's的标准。教师应该懂得如何通过调查、思考、探索和实验来创造知识，通过示范、引导以及知识的共享来帮助学生成为知识创造者，培养学生成为勤于思考的人；教师必须理解如何开发关于学生的环境、经济、文化、社会及政治素养，培养他们成为具有道德素养的人；教师必须了解如何确定、发展和产生新的想法以应对学习的挑战，培养学生成为具有开拓精神的人。

(2)具有与他人合作的能力。

面对日趋多样化的人口，教师必须通过与其他教育工作者的合作寻求最佳方法来指导每个学生的学习。教师必须将思想、行为、实际背景及群体价值整合成有意义的学习经验，以培养学生成为勤于思考的人；教师必须反思与他人合作的行为和经验，以培养学生成为具有道德素养的人；教师必须建立群体支持体系，营造创新的学习环境，培养学生成为具有开拓精神的人。

激励教育计划中描述了关于教学的主要转变，见表6-4。

表6-4　激励教育计划中教学的转变①

传统教学		优质教学
知识的传授		知识的创造
执行、实施		设计、创新、发明
传统的		独特的
单独工作		沟通合作
权威和管理		指导和授权
依赖性	➡	独立性
静态		动态
专注内容		侧重能力
标准化评估——定量分析		多样性评估——形成性和总结性评价
结构化、限制性		可变的、参与性
以科技支持教学		以科技带动学习
部门领导下的参与		本地和全球的倡议

最重要的是，实现优质教学并不是只有教师在努力，包括政府、社区、学校成员及利益相关者在内的每个社会成员都肩负着培育、支持和支撑优质教学和学习的责任，都必须致力于实现3E's的目标而努力。

(二)优质教学的关键主题

通过工作小组对3 000多名阿尔伯塔人的调查，结果显示阿尔伯塔人认为敬

① Task Force for Teaching Excellence. Report to the Minister of Education, Government of Alberta[R]. Alberta. Alberta Education, 2014: 20.

业且有才华的教师是实现优质教学的关键要素，同时整个教育系统及成员都应为实现优质教学而努力。2014 年 5 月，工作小组围绕制定实践标准、实现优质教学、明确领导角色和保证优质教学四个关键主题向阿尔伯塔时任教育部长杰夫·约翰逊提交了 25 条建议。

1. 制定实践标准(Practice Standard)

实践标准是所有职业的基础，为职业所要求的知识和技能提供了框架和原则，能够影响职业的期望和获得的结果。以教师职业为例，《教学质量标准》(*Teaching Quality Standard*)描述了有效教师应该能够凭借自身的特质、知识和技能来设计和制订计划，以满足学生的不同需求。《教学质量标准》能够指导教师日常实践及开发教师教育项目，因此，《教学质量标准》必须符合激励教育计划的愿景。

(1)教学质量标准。

在工作小组征集意见的过程中，80%的参与者以及 69.5%的教师认为应该建立通用的教学实践标准。另外，还有参与新教育法(Education Act)讨论的阿尔伯塔人认为，目前的《教学质量标准》为之后建立符合激励教育计划愿景的教学实践标准提供了坚实的基础。

在向工作小组提交的意见书中，阿尔伯塔学校董事会(the Alberta School Boards Association，ASBA)提出了调整《教学质量标准》的需要："目前《教学质量标准》是过时的，并不一定能反映当前学生的需要。标准应该反映教师职业生涯阶段的期望，并符合家长和学生对高质量教学的期望。"阿尔伯塔教务长协会提出了有效教师的五种关键能力：①

- 科学、合理地安排学习；
- 吸引学生参与有意义学习的经验；
- 通过对学生的评估来指导教学和提高学习；
- 促进支持性的学习体系建设；
- 通过合作提高教学和学习。

因此，学校董事会、教师、学生、家长和教育管理者必须共同参与修订符合激励教育计划愿景的《教学质量标准》。

(2)学校领导实践标准。

领导能力也是保证学生高质量获得学习经验的重要因素。然而，阿尔伯塔省立法仅要求学校领导者获得教师资格，没有明确要求教育领导者应该具备的能力，即在特定的背景下，旨在获得成功的学习环境和生活环境而具备的态度、知识和技能。75%的参与者认为应该制订学校领导的实践标准。

① Sharon Friesen. Teaching Effective Teacher[R]. Canadian Education Association，2009. 5.

学校领导的实践标准是由阿尔伯塔省的教育利益相关者提出的。阿尔伯塔省领导框架的三大要素之一，这三个要素分别是：

- 学校领导专业实践能力标准草案；
- 学校领导发展项目质量标准；
- 利益相关者的角色和职责。

2011 年，阿尔伯塔省颁布的《学校领导专业实践能力标准草案》(*The Professional Practice Competencies for School Leaders*)被广泛应用，旨在保证阿尔伯塔学校由能够致力于学生教育质量工作并实现激励教育目标的领导担任。

(3)学区领导实践标准。

阿尔伯塔省没有制订关于学区领导的实践标准。但阿尔伯塔大学管理者提出了实践标准的 12 个维度，由于成员角色和工作职责的差异，不同学区实施过程中对维度(或能力)的运用也有所不同。

为了确保教育系统的每个层面都能符合激励教育计划的愿景，工作小组认为必须制定关于教育者、学习者、能力建设及应用技术等方面的实践标准，以满足教育工作者的期待。鉴于实践标准的重要性，工作小组提出了关于制订、修订和检验实践标准的 4 条建议，以确保教师、教育领导者实现优质教学。

建议 1：建立旨在实现和保持优质教学能力的《教学质量标准》框架。阿尔伯塔省教务长协会提出的有效教师的五种能力可以作为《教学质量标准》中优质教师能力的基础。

建议 2：修订学校领导实践标准。修订符合激励教育计划愿景的《学校领导专业实践能力标准草案》。

建议 3：制订学区领导实践标准。阿尔伯塔大学管理者提出的实践标准的 12 个维度可以作为学区领导所具备能力的基础。

建议 4：定期检验和更新教师、学校领导和学区领导的实践标准。检验周期为 5 年，也可根据实际情况调整周期。

2. 实现优质教学(Enabling Teaching Excellence)

激励教育计划的一个主要宗旨就是教师的角色必须适应世界的变化。阿尔伯塔人认为，教师必须具有灵活性和创新性，以培养学生成为勤于思考、具有道德素养和创业精神的公民。

在考虑如何实现优质教学的过程中，工作小组提出了三个问题：

- 如何选择、培养和引领新教师？
- 如何培养和留任有经验的教师？
- 如何支持教师发展？

(1)选择、培养和引领新教师。

① 如何选择新教师？

实现激励教育计划的重要一步就是选择由谁来担任教师。通常情况下，具有丰富经验、有专业知识和技能、有热情，能把不同的经历和背景融入到工作中，并能与学生深入交流的教师会受到青睐。那么，如何吸引和选择新教师呢？阿尔伯塔省规模最大的两所大学——阿尔伯塔大学和卡里加尔大学主要考察教师候选人高中和大学的成绩，莱斯布里奇大学主要考察成绩、档案袋和教师教育课程的完成情况，其他六个机构除了考察成绩外，还会考虑与教学相关的经验、志愿者经历、面试情况、论文及相关证明等。

在征集意见的过程中，参与者普遍认为以高中和大学成绩作为选择教师的标准并不足以证明他们能够胜任教学岗位，甚至可能错失一些真正有能力的候选人，很多优秀教师的工作热情可能都来自成为教师之前的经验和志愿者经历等。

工作小组还调查了除成绩之外的其他因素的影响。当被问及“教师应该具有哪些特质?”时，排在前几位的答案是：耐心(36.1%)；同情心(28.9%)；知识(17.5%)；关爱学生(15.6)。

建议5：阿尔伯塔教师教育计划除了考虑成绩因素外，还应考虑其他符合激励教育计划的标准。如申请者对教师职业的洞察力、与学生沟通的能力及与教师职业相关的经验和背景等。

② 如何培养新教师?

激励教育计划中的核心问题就是教师的角色要从“学习者”到“创造者”的转变，期望教师能够考虑学生的兴趣和经历培养他们的思考能力、处事能力和进取精神。

◇教师教育计划

参与者认为对新教师的培养是非常重要的。他们期望阿尔伯塔的教师教育计划包括更长时间的教学实习，更多的关注教育学和神经科学，并在激励教育的研讨会上重申了这一观点。当被问及“如何才能保证优质教学”时，多数参与者的回答就是加强对教师的培养。

参与者还讨论了阿尔伯塔教师教育计划在程度上应该有所不同。学校督学向工作小组提交的意见中指出：“目前应当考虑省和地区教师教育计划和职前培训的不同，建议采用省级教师教育模式。教师教育计划的审查必须包括教育系统领导在内的利益相关者，教师候选人完成相关训练后必须掌握激励教育中所规定的教师应该具备的能力。”

工作小组指出阿尔伯塔省有9个教师教育计划，每个计划中学生获得学位的方式都不同，学生可以依据自己的需要选择。考虑到大学的自主性，工作小组认为所有的教师教育计划都应该明确具体内容，以符合激励教育计划的愿景。

建议6：建议省教育部推动阿尔伯塔教师教育机构的年度讨论，讨论内容包括教师教育计划的愿景、意义、原则以及政策转变的内容。

◇教师资格

目前，阿尔伯塔的教师必须接受至少16年的教育，包括至少4年的高等教育。教师必须获得一个被认可的学位，通常是学士学位。教师还必须对《教师质量标准》中要求的知识、态度和技能做出承诺，提供适合教学、精通英语和法语以及在加拿大工作资格的证明。工作两年后如果被认可，教师可以得到教育部认证，获得永久教师资格。另外，除私立学校外的多数学校还要求教师必须是阿尔伯塔省教师协会(Alberta Teachers' Association，ATA)的成员。但在某些农村或偏远地区，学校无法招募到有相应资格的教师来指导某些特殊学科(如焊接、工程技术等)。在这种情况下，学校会向省教育部长发出委托书(Letters of Authority)，希望允许未取得教师资格的人来学校任教。

激励教育计划中描述了由社区参与的以学习者为中心的教育体系，教师可以邀请专家到课堂中进行指导，甚至受课程负责人的委托在没有教师直接监督的情况下进行指导。在工作小组的调查中，超过一半的参与者认为，应该允许获得某个行业资格或在某个学科领域具有足够知识和技能的人来学校任教，他们认为教学比知识更重要，如果没有外部专家的援助，一些学生可能无法获得全面学习的机会，但部分学校领导和教师持相反的观点。工作小组认为最重要的是应该以不同的方式来确定教师的标准。

建议7：允许不同技能、专长和背景的人到课堂中指导。(1)为贸易、艺术或其他专业领域的人提供可获得教师资格的途径；(2)允许专业领域中未获得资格认证的人到学校任教，但同时要进行监督。

◇教育实习(practicum)

教育实习是师范生(职前教师)通过课堂教学获得经验的过程。在教育实习中，师范生能够理解作为教师应该具备的知识和技能。另外，实习也可以帮助师范生决定自己是否适合教师职业。很多教师教育计划的实习会安排在某年的一段时间。阿尔伯塔的大学会安排2～4次的教育实习，每次5～15周。学院会提供更广泛的安排，包括10个半天的现场学习和非指导性教学。

在工作小组征集意见过程中，学校领导和很多参与者都认为教师教育计划应该提供更早且更长时间的教育实习。工作小组还了解到，实习工作的安排是较困难的，学校把实习生当做负担。虽然理解学校的困难，但教育实习是教师教育的基础，任何阻碍实习安排的行为都应该纠正，但这需要经过教育部门、学校及学校董事会的讨论。

教育实习能够为实习生的课堂教学生活做准备，并能促进学习。如前所述，实习也能决定实习生是否适合教师职业。因此，应该支持教师教育计划中提前和延长教育实习的意见。为了获得更好的教育经验，高质量的教育实习非常重要。

建议8：(1)为实习生提供教学实践，使他们能够清楚自己是否适合教师职业，并为理论研究提供实践背景；(2)每年至少安排10周的高质量教育实习，培养师范生的职业自主性和职业意识。学校领导和教师应该共同承担起教育实习的责任，确保适当数量的实习安排。同时，也应该对教育实习进行监督，确保达到《教学质量标准》要求的有效教学实践。

③如何引领新教师？

对于很多新任教师来说，从实习教师到全职教师的转变是很大的挑战。通常学校会安排新教师承担高级教师不愿意做的具有挑战性的任务或工作，因此新教师任职后的五年内有25%的人离开教师岗位是也意料之中的。参与者建议应该让新教师尽可能地接受锻炼(thrown to the wolves)。

工作小组的核心问题是：如何加快新教师教学技能的发展？如何保证教师能够获得良好的起点和顺利实现优质教学？尽管很多阿尔伯塔省管辖区已经制订了教师引领计划，但仍缺乏程序范围、内容和质量的一致性。对于工作小组来说，解决问题的关键在于职前实习和职前指导。

◇职前实习(internship)

职前实习(internship)和教育实习(practicum)有所不同。教育实习是本科计划的一部分，提供与课程相关的短期实践经验；而职前实习不纳入本科计划，在完成学位后而未获得教师资格前提供更长时间的监督性实践。职前实习在很多职业中是非常重要的，参与者表达了对增加实践教学的渴望。目前，阿尔伯塔省对职前实习没有要求。但是工作小组认为强制性的实习能为新教师提供磨炼技能的机会，使他们变得独立、自信、善于思考、富有创新精神。职前实习的过程中没有全职教师的负担，它是在有经验教师的监督下促进教学技能的发展，同时为以后成为全职教师做准备，实现优质教学。

建议9：建议教育部考虑对所有完成教师教育计划的新教师实行强制性为期一年的带薪实习计划(试用期与获得永久资格的时间是可以衔接的)，旨在促进《教学质量标准》和优质教学计划所要求的能力发展。

◇职前指导(mentoring)

新教师和拥有10年经验的教师在课堂中的表现是不同的。所以，新教师在工作第一年中所获得的经验直接影响教师职业的稳定性。在工作小组征集意见的过程中，参与者认为职前指导和教师专业发展同样重要，应该给予新教师更多的支持和指导。

阿尔伯塔教师协会为制订职前指导计划提供了模型。同时，教育部开展试点工作以支持阿尔伯塔省北部学校的新任教师，同时调查其他地区、国家和国际教师的引领计划。工作小组建议成立正式的省级职前指导计划，有经验的教师有义务指导新教师并提出意见和反馈。要完成这个目标，必须通过正式的流程选择导师、培训导师及提供有意义的交流机会。另外，一个好的职前指导计划应该允许新教师和有经验的教师相互学习，以更好地为未来工作做准备。

建议10：制订省级职前指导计划以支持入职3～5年的教师。虽然省级范围内的指导计划体制是一致的，但也需要考虑当地的实际情况。

(2)培养和留任有经验的教师。

对新教师的选择、培养和引领为实现优质教学奠定了基础，但是如何促进教师专业发展也同等重要。

①培养有经验的教师：教师专业发展。

在激励教育研讨会上，当被问及"通过何种转变才能实现优质教学"时，"促进专业发展"排在前五位。参与者认为专业发展与优质教学之间存在着重要关系，并强调目前的教师专业发展质量很差，没有肩负起加强实践能力和职业训练的责任。同时，很多参与者提出必须对教师专业发展进行更有效的管理。

阿尔伯塔省促进教师专业发展的主要途径是依据，《教师成长、监督和评估政策》(*Teacher Growth, Supervision and Evaluation Policy*)规定的年度专业发展计划。该计划考虑了教师个人学习的需求，《教学质量标准》的要求及学校、地区和政府的教育目标。校长确定如何更好地支持教师实现计划，包括分配讨论的时间、提供活动的资源及安排教学任务等。阿尔伯塔省教育部和教师协会开发专业学习资源并为包括年度教师会议在内的专业发展活动提供资金。学校和教育部门也安排日常的专业发展活动。

在讨论中，工作小组指出，阿尔伯塔的教师专业学习通常包括研讨会在内的短期无主题活动。很多教师没有参加过长期的高质量的专业学习。工作小组认为，必须促进教师个人和集体的专业发展，加强专业学习实践的需要。这与澳大利亚彼得科尔中心提出的教育战略相一致：

- 专业学习应该成为学校及所有教师的日常实践；
- 专业学习应该是合作性的，促进教师之间相互学习，分享最佳的教育实践；
- 专业学习应该以促进学校和个人的表现为目标；
- 专业学习应该注重教学策略和技巧。

阿尔伯塔教师协会进行的一项调查研究表明：80%的教师认为与同事的合作是最好的专业学习途径。89.3%的教师表达了他们对专业学习的需求，如开发课堂资源、课堂管理、专业技能及教学策略以更好地满足学生多样化的需求。

参与者虽然在如何有效促进专业发展的问题上看法不一，但几乎所有人都赞同应该为教师和学校领导的专业发展提供更多的时间和经费。有些人建议在不增加教学负担的基础上可以延长学年时间以适应专业发展的需要，建议更好地利用技术以支持专业发展。另外，很多人支持在省内分享实践经验的理念及跨省寻求最佳的途径。几乎所有的参与者都认为专业发展应该支持和培育所有教师的终身学习。教师专业发展计划应该得到校长有意义的反馈并作为教师评价的依据，因此引入问责制是十分必要的。

教育系统面临的挑战是为教师专业发展提供最佳机会，并确保这些机会是紧密关联并能融入课堂之中的。工作小组认为专业发展不仅是教师个人的责任，也是教师集体和雇主的责任，并且必须定期评估以确保其有效性。专业发展不应该是“一次性”的事件(如研讨会)，应该深入到教师工作及与同事的合作中。

建议 11：与校长或其他人员共同开发旨在符合学校、学区和社区目标，实现优质教学经费和能力的《教师年度专业学习和发展计划》(简称《专业发展计划》)。包括定期向教师提供学生、家长和同行的反馈及校长对教师的年终评价。

②留任有经验的教师：对优质教学的认可。

目前，除了优秀教学奖外，阿尔伯塔省还没有正式的方式表达对优质教学的认可。教师工资不是依据教师教学情况而定，而是依据教师服务年限。除了课堂教学之外，教师很少有途径去拓展自己的角色，分享教学经验的机会有限。

在工作小组的调查中，参与者提出应该给予教师更多的称号，赋予优秀教师更多的角色(如没有成为学校领导的教师可以承担导师的角色)，同时优秀教师也可以得到激励和认可。四分之三(74.5%)的参与者认为表现出色的教师应该给予特殊的称号，多数学校领导(54%)和教师(55%)支持这个观点。

其他国家和地区也会通过给予教师更多的称号来表示对专业发展的认可。例如，澳大利亚对能够促进教师专业知识、专业技能和参与度表示认可，英格兰和威尔士也同样如此。

工作小组认为，通过对优质教学的认可，能够鼓励教师实现优质教学及与他人分享他们的专业知识。

建议 12：教育部给予在教学上表现突出且能够达到《教学质量标准》的教师一个新的省级称号，可以邀请这些教师到某些领域贡献自己的专业知识。期望所有教师(不仅是获得称号的教师)都能在适当情况下贡献自己在这些领域的专业知识。

(3)支持教师发展。

在激励教育研讨会上，与会者高度认同专业学习的重要性。他们形成的一致性意见就是加强对教师和教育领导者在专业学习上的支持，教师需要时间去计划、合作和分享最佳时间，并赋予创新以实现激励教育的愿景。因此，支持教师发展和学习环境的体系必须发生转变，应该包括更加多元化和包容性和课堂，并增加技术的使用。

2009 年阿尔伯塔省教育报告提出，阿尔伯塔省的学生群体越来越多元化，学生学习需求逐渐增加，教育体系应包容所有学生的需要并给予回应。在研讨会上，也提出了关于技术的可应用性问题。与会者认为需要能够支持学生学习的技术，而且必须由专家在一定程度上给予技术的支持。过时的技术不仅会阻碍甚至会中断学生的学习。为了实现2013年教育部提出的《学习和技术政策框架》(*Learning and Technology Policy Framework*)，迫切需要解决技术支持与可用性问题。

另外，在几个研讨会上都提出了关于班级规模的问题。一些与会者认为城市班级规模过大的问题尤为明显，另一些人则关注小规模班级的设施和人均成本问题。毋庸置疑，教育经费水平在创造学习条件和提高学习成绩方面发挥了重要作用。经济合作与发展组织的国际学生评估项目(PISA)负责人安德鲁斯·施莱歇尔(Andreas Schleicher)提到：国家发展最重要的就是经费。加拿大基础教育阶段(K-12)的经费在全世界是最高的，阿尔伯塔省的人均支出是加拿大最高的。在国际上，教学体系运行较好的国家都拥有相对较大规模的班级，并在招生、培养及促进教师发展方面做了很大努力。

虽然工作小组承认班级规模是实现优质教学的重要因素，尤其是在低年级阶段。通常由30人左右组成的班级在结构、课程活动及指导类型等方面是较为合适的，但当个别学生要求一对一指导时10人组成的班级人数可能都会太多。在进一步征集意见的过程中，工作小组还认识到相对于减少班级人数的问题，与会者更加关注教师合作、专业学习及如何支持教师等。

建议13：教育部改善包括可用性技术及相关支持的教学支持系统，加强对学生(尤其是低年级学生)的专业支持和服务，并提高其有效性。

建议14：教师能够有时间计划、合作和共享最好的教育实践。建议教育部建立符合激励教育目标的教师专业发展框架，探究有效的教育规划，并与阿尔伯塔教师协会合作以增强专业学习的有效性。

3. 明确领导角色(The Role of Leaders in Enabling Teaching Excellence)

如前所述，教师肩负着实现优质教学的责任，整个教育系统必须创建能够促进、支持和维持优质教学的氛围。同时，学校和学区领导对于实现优质教学也起到重要作用。

领导力的质量直接影响教学质量。除了教学因素之外，领导力成为实现优质教学最重要的因素。

PISA的负责人安德鲁斯·施莱歇尔指出："过去强调的是学校管理，而现在关注的是领导力。领导力应该以支持、评估和提高教师质量为核心，包括调整课程和教学计划、监督和评估教师、促进教师专业发展及鼓励协同工作的氛围。"为此，选择合适的领导者是非常重要的，要确保他们具备领导者的所有能力。正如在最近的调查中一名高中毕业生提到的："作为一名完成基础教育的毕业生，我知道优秀的校长是多么重要，校长能够决定一所学校的成败。"

正如教师角色一样，学校领导的角色也是复杂的，尤其是校长。校长是学校的教育领导者，校长需要保证所有教师能提供高质量的教学及所有学生都有机会充分发挥潜力。他们负责管理学校的日常活动及维护纪律和秩序，负责促进学校和社区的合作。

考虑到领导角色对实现优质教学的影响，工作小组提出了几个问题：

• 如何选择、培养和引领学校领导？

• 如何培养和留任学校领导？

在阿尔伯塔的调查中，当问及"校长应该具备什么样的特质"时，很多人回答是领导力(20.3%)，还有人回答是同情心(9.1%)和沟通技巧(7.6%)。参与者对校长的期望是很高的，他们表示：校长应该鼓励教师专业发展，并能认可和奖励教师；应该为教师提供指导和支持，但也要对教师实践进行监督和评估；应该在态度、人际关系以及日常实践中做出积极的努力。

(1)选择、培养和引领学校领导。

①如何选择学校领导？

认识到学校领导的关键作用，参与者建议重新考虑选择学校领导的过程。例如，阿尔伯塔的校长只要拥有有效的教师资格证书即可，虽然有些校长在上任之前有过领导经验，但有些校长则没有。另外，如何从教师中选择学校领导，各省的做法都不相同。一些地区有明确的流程来确定、激励和发展有潜力的学校领导者，而在其他地区，尤其是在师资不足的地区，仅把教学经验和自我认同作为选择学校领导的最低标准。

在讨论的过程中，工作小组认为阿尔伯塔省可以考虑将《阿尔伯塔省学校领导框架》(*Alberta School Leadership Framework*)的愿景作为选择学校领导者的依据。框架的愿景要求学校领导能够服务于阿尔伯塔的所有学校，能够创建适应每个学生学习和发展需求的文化氛围。

工作小组提出如下建议以确保阿尔伯塔学校能够选择到最优秀的学校领导者：

建议15：建议教育部、学校和教育利益相关者共同制定全省学校领导者的遴选程序，符合实践标准所要求的学校领导者应具有的能力。虽然框架能够为选择学校领导的程序提供有价值的指导，但学校所采用的遴选程序应该符合各自学校的特殊需求。

② 如何培养学校领导？

在工作小组的调查中，绝大多数参与者(88%)表示，在学校领导就任之前，应该要求他们完成一个培训计划。84.2%的学校领导和87.1%的教师表示赞同此观点。

如前所述，阿尔伯塔的教师被选为校长可以不参加任何培训。然而，大多数校长是参加过正式培训或者具有领导经验的。根据2011年阿尔伯塔省学校领导框架研究表明，69%的校长声称他们参加过关于学校领导力的计划，而31%的校长则没有参加过。此外，一些学校校长必须获得研究生学位或教育管理的文凭以维持自己的地位。

阿尔伯塔省学校领导可以参加领导预备计划，这些计划是由阿尔伯塔大学、加拿大其他省份及美国多个州立大学提供的。根据2011年阿尔伯塔省学校领导力框架研究的结果，校长们认为他们可以从相关的预算、技术、管理和长期规划中受益。他们还建议制订结构化的领导预备计划，作为阿尔伯塔省学校领导框架的重要部分。

建议16：新任的学校领导必须完成一个强制性的学校领导力计划培训，这个计划是以学校领导实践标准及法律规定的责任为基础的核心课程。教育部应该与教育利益相关者协商确定核心课程。校长应该在就任后两年内完成此课程，如果在就任之前完成更好。

③如何引领学校领导？

在工作小组调查过程中，当被问及"促进职业生涯发展最有效的手段"时，大多数人(阿尔伯塔人10.2%，其中学校领导25.1%和教师13.4%)回答的是指导。

目前，阿尔伯塔省很少有正式的面向学校领导的指导计划。其中一个是由阿尔伯塔教师协会提供的试点项目。在这个项目中有经验的校长指导新任校长，以促进自我反思和职业决策能力。该项目包括关注省级实践标准草案的"阿尔伯塔省学校领导专业实践能力"研讨会，以及一对一的在线学习。参与项目的新任校长以省级实践标准的专业发展为工作重点，同时考虑学校的实际环境。这个项目促进了有经验的校长和新任校长之间的协作关系。项目从2013年1月开始，持续到2014年6月。学区领导也可以参加类似的指导项目。

工作小组认为，正式的省级学校和学区领导指导框架能够保证校长有机会向更有经验的实践者学习，从而提高领导力。

建议17：教育部应该与教育利益相关者协商制定省级学校和学区领导的指导框架。

(2)如何培养和留任学校领导？

作为学校领导的角色，校长必须按照省级《教师成长、监督和评估政策》对教师进行监督和评估。虽然期望学区领导也能对教师进行持续的支持、监督和评估，但是没有省级政策指引他们。换句话说，没有明确的省级标准能够保证领导行为的一致性、公正性和透明度。

这个问题在征求意见的过程中也凸显出来。教师和家长想要更清楚地了解校长是否能够胜任职位。一位教师提到学区领导每年到学校访问一次不足以考察校长是否能够胜任职位。

工作小组认为，校长应该提供符合实践标准及能够胜任目前职位的相关证明。制定学区领导的相关政策是必要的。

建议 18：教育部应该为学校领导和学区领导制定关于“成长、监督和评估”的政策框架，框架应该符合激励教育的愿景及学校和学区领导的实践标准。

4. 保证优质教学(Assuring Teaching Excellence)

为了达到激励教育目标，只关注教师和领导是不够的，需要更广泛的制度支持优质教学。考虑到制度在保证优质教学以及处理行为和能力问题方面发挥的重要作用，工作小组考察了现有的监管模式是否能够保证教师和学校领导的专业行为和能力发展问题。教师行为和教师能力是有差异的。行为是指教师的职业行为，而能力是指教师能够满足教学质量标准的要求。然而，阿尔伯塔省通常以类似的方式处理这些问题。

工作小组认识到，要贯彻报告中的这些建议，学校领导必须能够承担更重要的角色以保证优质教学，尤其是在行为和能力方面。这就要求改变现有的监管模式。目前，阿尔伯塔省教育部和教师协会共同承担这个任务。

建议 19：通过独立的机构和程序评估教师和学校领导的行为和能力。

(1)对教师行为和能力的评估。

①教师行为评估。

◇评估过程

任何人都可以对教师和学校领导的行为进行投诉。在多数情况下，家长或学生的投诉会引起校长或督学的关注，然后校长或督学会展开调查确定投诉是否具有正当理由。如果投诉人不满意调查及其结果或投诉的性质是非常严重的，投诉人或者校方可以向阿尔伯塔省教师协会的执行干事(由占绝大多数阿尔伯塔省的教师和学校领导组成)或阿尔伯塔省教务主任提交书面材料，然后展开正式调查。

基于调查的结果，执行干事或教务主任可能采取下列任何一种方式进行处理：(1)由阿尔伯塔教师协会的专业实践审查委员会(Professional Practice Review Committee)召开听证会；(2)调解非正式的纠纷；(3)撤销申诉。如果调查涉及决定教师或学校领导是否可以继续拥有教学资格的问题，就要召开正式的听证会。除非投诉人或听证委员会要求私密性，不然听证会向公众开放。如果委员会认定被投诉人的职业行为失当，会对其谴责和(或)罚款，或建议部长暂停或取消其教学资格。专业实践审查委员会也会选择暂停或取消其教师协会成员资格。教师或学校领导可以针对委员会形成的决议向 ATA 的省级执行干事或教务主任提出申诉。ATA 或阿尔伯塔省教育职业行为上诉委员会(Alberta Education's Professional Conduct Appeal Committee)可以撤销、改变或维持专业实践审查委员会的决定，或移交回专业实践审查委员会。

如果在教师或学校领导在未被取消教学资格的情况下，雇用单位决定解除或暂停雇用合同，他们可以向咨询委员会(Board of Reference)提出上诉。如果被取消教学资格，学校只能解除雇用合同，咨询委员会也不会受理上诉。

加拿大的每个省都有上诉机制，主要解决教师面临的解除或暂停雇用合同的问题。咨询委员会成立于 1927 年，旨在帮助教师、学校领导与学校董事会与雇用有关的合同纠纷。咨询委员会做出的决定要提交给加拿大高等法院阿尔伯塔省法院，决定同样具有法律效应。教师或学校领导也可以进一步向省级法院提起上诉。

◇对评估的关注

工作小组在调查中发现，公众对教师行为评估程序的信任度低。大约仅有半数(50.1%)的参与者表示，他们相信有关教师行为的投诉能够得到有效解决阿尔伯塔教师协会的执行干事或阿尔伯塔省教务主任平均每年会接到约 70 宗投诉，而只有四分之一会递交给专业实践审查委员会处理。

参与者对评估程序的几个问题表示担忧。(1)审查程序的开放性、透明度、及时性和有效性。参与者认为应该适当的修订评估程序。(2)咨询委员会的作用。只有 24%的参与者认为成立咨询委员会是有必要的，17%的参与者认为应该取消。阿尔伯塔省的学校董事会协会(Alberta School Boards Association)在向工作小组提交的书面材料中提到：咨询委员会如果以解除教师的雇用合同作为最后结果会被认为是代价较高且效率较低的，所以很少会这样处理。在多数情况下，咨询委员会受到时间和资金投入的限制，结果通常是教师能够重新获得雇用的机会。(3)阿尔伯塔省教师协会为维护其教师成员而存在的利益冲突。阿尔伯塔省和萨斯喀彻温省在如何处理教师失当行为问题方面有相似之处。受萨斯喀彻温省政府委托，丹尼斯·肯德尔(Dennis Kendel)博士在最近的报告“为了学生”(For the Sake of Students)中指出，一个组织同时由两个机构负责时，不可避免地会发生利益冲突。换句话说，阿尔伯塔省教师协会和萨斯喀彻温省教师联合会(Saskatchewan Teachers' Federation)面临着保护其成员利益和保护公众免受其成员伤害之间的冲突。

工作小组还表达了与丹尼斯·肯德尔博士同样的担忧。如果学生的利益是首位的，那么必须警惕评估过程中的利益冲突，所有职业活动的重点都必须关注学生的利益。

工作小组针对提高评估程序的开放性、透明度、及时性和有效性，以及解决利益冲突等问题提出了建议。

建议 20：修订教师和学校领导行为评估程序，以确保其开放性、透明性、及时性和有效性。由教育部长负责教师和学校领导的实践评估程序。同时提高(1)公众对适当行为的意识和理解；(2)提高公众对开展和调查投诉过程的了解；(3)拟定更容易让家长和学生接受的评估程序草案；(4)向公众传达调查的结果并提供年度汇总数据。

工作小组还建议咨询委员会应该改变教师和学校领导上诉的过程，取消重新雇用教师和限制 12 个月离职金的做法，提高解决问题的效率，确保公平。

② 教师能力评估。

工作小组认识到，大部分教师是很称职的。而且部分教师已经达到优质教学的标准，部分教师正在努力达到其标准。虽然仅有少数教师被认为是不称职或不专业的，但要有效解决这些问题仍然非常困难。如果问题得不到解决，对学生的影响是很大的。在征集意见过程中，阿尔伯塔人认为教育部应该制定和执行相应的政策、程序和实践标准，并引入问责制以对教师能力进行评估。

问责制与非定期评估体系有所不同，它会制订计划以不断促进和保证公共和私立部门的实践。实际上，阿尔伯塔省对教师能力的评估只在下列情况下才允许进行：

- 教师的书面请求；
- 为了获得是否雇用教师的信息；
- 在特定的实践领域评估教师发展；
- 校长认为没有满足教学质量标准；
- 为了颁发永久性教师资格证书或签订雇用合同。

◇评估过程

按照《教师成长、监督和评估政策》的规定，如果校长开始实施评估，必须向教师说明几个问题：(1)评估的原因和目的；(2)评估的过程、标准和规范；(3)评估的时间表；(4)评估的可能性结果。目前，阿尔伯塔省还没有实行对教师能力的定期评估。

目前，对教师能力的评估与对教师行为的评估过程相似，ATA 负责展开对书面投诉的专业审查。学校督学首先对投诉展开调查，如果投诉是毫无事实根据的，将不会采取进一步行动。如果督学认为教师不能满足《教学质量标准》，将会向 ATA 执行干事提交一份报告。然后 ATA 执行干事委托专业实践审查委员会召开听证会，委员会由两名教师、一名校长或副校长、一名办公室管理人员及公众组成。听证会是向公众开放的。听证会结束后，委员会将确定教师是否满足《教学质量标准》，也可能取消或暂停教师的 ATA 成员资格，并会建议教育部取消或暂停教师资格的认证。通常在委员会做出决定之前，教师会主动要求取消资格认证。

在 ATA 的支持下，教师、学校领导或 ATA 行政部门可以针对委员会形成的决议向教育职业行为上诉委员会提出上诉。上诉委员会可以撤销、改变或维持专业实践审查委员会的决定，或移交回专业实践审查委员会。

◇对评估的关注

阿尔伯塔省有 40 000 名教师，但在过去的十年中，还没有出现教师因为能力不足而被取消教师资格的案例，工作小组认为这几乎是意想不到的。

在研讨会上，只有37.9%的与会者(包括51.8%的教师)对有效解决教师能力问题表示有信心，同时他们还对学校和学区及ATA保护低水平教师的行为表示担忧。工作小组认为目前的监管模式并不能保证教师和学校领导的职业发展和能力提高。

阿尔伯塔省的学校董事会协会向工作小组提交建议：建立一个更有效的机制以解决教学实践问题。目前评估实践的过程是低效率的，对于低水平的教学技能和能力没有回应，迫切需要改革。实际上，在解决教师违反行为准则或不符合职业标准的问题受到限制，不能满足学校董事会的需要。现实的情况阻碍了处理少数教师未能达到标准的问题。只有通过能力评估和支持教师专业发展才能有效地保证优质教学。评估过程必须提高教师的能力，并有助于识别和激励在教学过程中做出努力和付出的教师。

通过工作小组的调查，阿尔伯塔人已经认识到加强对教师能力评估的重要性。网上调查中的三分之二(66.4%)受访者和近一半(45.1%)教师表示支持建立省级教师能力评估体系。另外，多数受访者(83.5%)期望校长将主要投入用于教师能力评估，其他教师(57.9%)、学生(60.2%)和家长(57.1%)认为投入应该作为评估过程的一部分。

由于教师的地位高于学生，学生很难对教师能力给予直接反馈。当前解决这个问题的方法就是在问题并不突出时，学生、家长或同事直接把问题告知教师。但这似乎也会遇到阻碍，因为学生不希望父母和教师讨论这个问题。目前的方法阻碍了教师获得真实反馈以及改变行为的途径。参与者认为校长应该首当其冲处理教师能力问题，包括调查投诉及将问题提交至相关部门。此外，学区领导应该支持校长，并在学校未能解决问题时采取措施。

◇其他国家和地区的评估情况

在考察其他地区教师评估情况后，工作小组指出定期的教师评估是被普遍接受的做法。大多数国家所面临的问题不在于是否建立了教师评估体系，而是如何有效地实施评估体系。包括加拿大安大略省、纽约、新加坡、新西兰、澳大利亚、英格兰、威尔士和北爱尔兰在内的国家和地区，普遍方式就是定期对教师能力进行评估。

工作小组还指出，对教师资格的再认证(recertification)是保证教师能力的主要方式。例如，新西兰要求每五年对教师资格再认证一次，最近建议缩短到三年，试图通过加强“职业证书再认证”体系来评估教师的能力，明确一定范围内的实践(如儿童早期教育和中等教育)。新西兰对教师资格的再认证成为保证优质教学的一个重要部分，包括指导和定期评估教师能力。

虽然新西兰已经建立了教师资格再认证体系，但大多数国家和地区还没有建立再认证体系。很多国家和地区的教师完成两年的试用期后就可以获得永久资格证书，教师不需要定期接受教师资格的认证。包括阿尔伯塔省在内的多数国家和地区，对教师能力的评估是漫长而艰巨的任务。

◇对评估的分析

工作小组认为，为了保证教师的能力，实现优质教学，必须建立阿尔伯塔省教师能力评估体系。在建立和实施评估体系的过程中，公平和信任是非常重要的。评估目的、评估方法、评估者的能力及评估结构都取决于公平和信任。

另外，教师资格的再认证过程要求校长定期监督和评估教师实践，要求学区领导定期监督和评估校长行为。通过对教师资格的再认证，期望教师能够保持现状。阿尔伯塔教师协会在向工作小组提交的建议中表达了将会支持不断增长的教育需求，以保证教师实践。

建议 21：教育部保留教师资格认证体系，以保证教师职业发展和能力发展。但需要考虑以下几个因素：(1)每五年对教师资格再认证一次。特殊情况下可以延长一年，但必须由学校督学向教育部长递交申请。评估过程应遵循公正的原则，并要符合《教师成长、监督和评估政策》；(2)校长负责每年教师提交的书面材料，报告工作进展情况以确保认证资格；(3)校长广泛征集学生、家长和同事对教师的反馈意见，同时要按照《教学质量标准》来评估教师的专业发展和能力绩效；(4)教师要准备教学档案以作为专业发展和能力发展的记录；(5)认证体系包括上诉程序和教师重新获得教师资格的过程。

(2)对学校领导的评估。

包括阿尔伯塔省在内的加拿大多数省份都由学区领导来评估校长的表现。但是，各省的实践标准、评估过程和评估周期并不相同。阿尔伯塔学校必须在《教师成长、监督和评估政策》的基础上制定本省的评估教师和学校领导的政策和程序。

与对教师评估的意见一样，大多数参与者(72%)认为应该建省级评估体系，只有不到一半的参与者认为应该进行年度评估。但是，只有少数学区领导、学校领导和教师支持年度评估的意见。

在征求意见的过程中，参与者提出校长也必须接受评估，并且应该与评估教师的标准相同，只是评估方法不同而已。对校长的定期评估可以作为其是否能够继续任命的依据。

建议 22：制定校长评估框架，每五年评估一次以确保优质领导力。

建议 23：建立省级校长评估体系，每年校长要按照学校领导实践标准提交书面反馈材料，但同时也要考虑个别学校的实际情况。

◇学校领导的角色

在征求意见的过程中，参与者对评估教师行为和能力的过程的信任度是低的。如果参与者的建议被采纳的话，校长需要承担更重要的角色。虽然在调查中有75%的参与者认为校长具有权威，但仅限于目前校长的角色和对校长的期望而已。

关于校长的角色和权力问题，阿尔伯塔人表达了两种意见。一种观点认为校长应该退出阿尔伯塔教师协会。很多教育工作者认为，尤其在评估教师能力方面，教学领导的角色使校长受到限制。他们指出由于校长和教师都是阿尔伯塔教师协会成员，在评估教师能力问题上是比较复杂的。一些参与者认为如果校长作为阿尔伯塔教师协会的成员，不可能完全承担管理者的角色，对学校权威负责，把学生的利益放在第一位。同时，他们建议校长应该退出阿尔伯塔教师协会，增加自主权来评估教师的能力。这引起工作小组讨论是否校长应该保留阿尔伯塔教师协会成员的身份。另一种观点认为校长作为教师协会成员具有重要作用。虽然校长负责评估教师的行为和能力，但他们缺乏信心和能力去承担相应的责任，需要适当的准备和持续的专业发展能力。退出阿尔伯塔教师协会将会限制校长承担教学职责的能力，尤其在少数农村学校校长要同时承担教学和管理工作。

在其他大多数国家和地区，校长和教师一样都是专业协会的成员。但是，1988年不列颠哥伦比亚省的哥伦比亚大学成立了代表学校领导利益的自治组织"校长和副校长协会"(Principals' and Vice-Principals' Association)，为2 000名成员提供法律服务和专业发展机会。1998年，安大略省政府将学校校长从教师专业协会中脱离出来，并建立了安大略省校长委员会，为5 000名成员提供法律服务和专业发展机会。

工作小组认为必须采取行动以保证和加强校长评估教师行为和能力的有效性，但校长不必退出阿尔伯塔教师协会，他们应该得到必要的支持以切实履行相关职责。

建议24：校长应该具有有效处理教师行为和能力问题的权力，需要修订立法。如果不能赋予校长这种权力，建议考虑校长退出阿尔伯塔教师协会。另外，应该要求校长完成一个经教育部批准的专业学习计划，以理解和履行相关职责。

(3)监管模式。

加拿大及其他国家在教育立法、教学工作管理和教师资格认证方面都存在不同，主要集中在教师专业发展、教师行为和能力及评估过程等问题。教师协会、政府和学校都应履行相应的职责。目前阿尔伯塔对教师实践的监督由阿尔伯塔教师协会和教育部共同负责。

阿尔伯塔教师协会既有专业协会职能，又有工会职能，后者将其成员的利益放在首位，成员的利益高于学生利益，维护教师、校长以及教育领导者的不合理行为。

工作小组认为学生的利益必须放在首位，提出三种基本的监管模式：

• 由具有工会职能的教师协会负责；

• 由省级政府和独立的教师工会负责；

• 由专业教师学院和独立的教师工会负责。

阿尔伯塔省属于第一种模式，不列颠哥伦比亚省属于第二种模式，安大略省属于第三种模式。然而，这三种模式都窄化了监管范围。例如，阿尔伯塔省是由教育部对教师资格进行认证。因此，阿尔伯塔省应该是由教育部和教师协会共同负责。

萨斯喀彻温省政府最近对教师监管模式进行了审查，结果发现与阿尔伯塔省的监管体系非常相似。肯德尔关于“为了学生”的报告提出建议应该将萨斯喀彻温省教师联合会的职权给专业教师学院，关注学生的利益。他还提出萨斯喀彻温省教师联合会应把“教师利益和学生和公众利益放在同等地位”以发挥作用的意见。然而，在如何管理成员行为和能力的问题上，萨斯喀彻温省教师联合会维护教师的利益超过学生和公众的利益，结果仍然是“由教师监管教师”。肯德尔承认教师与学生拥有不平等的权利，学生从不道德或不称职教师中受到伤害的风险是很大的，所以他尤其关注易受伤害学生所面临的风险。

肯德尔还梳理了包括萨斯喀彻温省教师联合会在内的加拿大教师专业协会的发展。尽管事实上教师协会是政府接纳的有效的专业组织，在某种程度上具有监管的权力，但迄今为止还没有省级政府将全部的监管权力交给教师专业协会。

肯德尔进而考察了上述三种监管模式。他反对萨斯喀彻温省教师联合会既具专业职能，又具工会职能，建议成立专业教师学院。如果萨斯喀彻温省不支持由专业教师学院负责监管，他建议由教育部来负责。

如前所述，工作小组详细讨论了符合激励教育目标的监管模式，以保证优质教学。工作小组更倾向于由政府和阿尔伯塔教师协会共同监管的模式。

建议 25：调整现有的教师监管模式，由教育部或独立专业教师学院负责监管。

五、总结与思考

从整体来看，工作小组认为这份报告的建议能使阿尔伯塔省实现优质教学的目标，即“每一个孩子，每一个班级，都有一位优秀教师。”

工作小组希望通过各方利益相关者的协商，能够采纳和实施这些建议。此外，教育部必须投入足够的人力和财力来实现这种转变。

在征集意见的过程中，很多参与者还讨论了工作小组没有提出的问题，如学校文化的转变及家长参与的需要等。其他参与者还指出省级课程要更适应学生的需要。教育部已经修订了符合激励教育愿景的省级课程。最后，为了实现这一愿景，参与者指出转变政府管理方式是必要的，虽然超出他们的权力范围，但是政府管理的问题应该被检验和解决。

>>第三节　加拿大高等教育政策：双轨制学费政策[①]<<

一、加拿大高等教育实施双轨制学费政策的背景

学费政策一直是高等教育改革中的关键问题。学费政策不仅关系到高等教育的发展，也反映了教育领域中的公平与公正。20世纪80年代后期，受经济危机的影响，加拿大经济增长速度缓慢，加拿大联邦政府开始逐步削减对大学的拨款，但同时高校人数却不断增加，高等教育成本增高，致使大学不得不把资金负担转移到学生身上，通过提高学费来弥补拨款的不足，导致大学学费急剧增长。1991—2011年，政府拨款由79%下降到55%，而大学学费由18%增长到37%。

基于此，各省政府试图通过行政干预来缓和学费持续上涨的情况，如降低或暂时冻结学费，设定学费的上限等。但是，对学费的限制难以满足大学所需经费的需求，加拿大各省在很大程度上对大学学费放松管制，因此很多大学开始收取附加费(compulsory fees or ancillary fees)作为对大学学费限制的部分补偿。1993—1994年至2014—2015年，加拿大的学费和附加费平均几乎翻了三倍(安大略省增长了239%，纽芬兰与拉布拉多省增长了35%)。随着高等教育学费和附加费的变化，加拿大各省开始考虑公众对高等教育的“承受能力”，很多大学开始为学生提供多种形式的资助计划。

为了更好地满足高等教育经费的需求，各省在制定学费政策的同时采取双轨制学费结构(two-tier)，即为省内学生和省外学生制定不同的学费、附加费和学生资助标准，目的是降低省内学生学费，减轻学习成本负担。

二、加拿大高等教育双轨制学费政策的具体内容

(一)学费

加拿大各省之间关于学费和大学拨款政策及优先权情况并不相同，但实际上很多省份采用双轨制学费政策，为省内和省外学生甚至是国内学生和留学生提供不同的收费标准，以减轻国内和省内学生高学费的压力。在降低学费方面，纽芬兰与拉布拉多省采取冻结的方式，既包括省内学生，也包括省外学生及留学生。

---

① 报告主要是对加拿大高等教育双轨制学费政策的分析。资料来源：Erika Shaker & David Macdonald. Tier for Two：Managing the Optics of Provincial Tuition Fee Policies[R]. Canadian Centre for Policy Alternatives，2014. 9.

魁北克省一直以低学费著称，然而也开始发生转变。魁北克省政府开始提高省内学生的学费，省外学生则收取更高的学费。虽然超过了省级平均水平，但相对于其他省份仍保持着较低水平。

由此看出，加拿大各省开始不断增加学费，而不是通过降低学费来保证大学的普及，在考虑学习成本指数的同时，向省内的学生收取较低的学费，直接影响着萨斯喀彻温省、安大略省、魁北克省、爱德华王子岛省和新斯科舍省的学费政策。面对高学费的压力，各省也为学生提供各种形式的资助，这表明省级的学费政策强调的是可预测性。

(二)附加费

随着对高等教育学费不断增长问题的关注，加拿大一些省开始采取措施控制学费每年增长的幅度，采取双轨制学费政策以降低省内学生的学费，或暂时冻结学费的方式控制学费，如纽芬兰与拉布拉多省通过冻结学费的方式将学费维持到较低的水平。

但是，对学费增加的限制也难以满足大学所需经费的需求，因此，很多大学开始收取附加费作为对大学学费限制的补充。这些附加费包括向全日制学生收取的体育运动费(athletic fees)、学生社团活动费(student association fees)及其他活动费用等。然而，不同时期不同大学收取的附加费都不同，因此，附加费几乎不受任何限制且增长迅速。2013—2014 年，加拿大平均各省的大学附加费达到 817 美元，同比上年增长 5.3%。目前附加费最低的是纽芬兰与拉布拉多省，最高的是阿尔伯塔省，在某种程度上是由 2010—2011 年阿尔伯塔大学实施强制的非教育性附加费(non-instructional fee)导致的。这种情况不只存在于阿尔伯塔省，安大略省也因收取强制性学生活动费而敲起了警钟，新斯科舍省的高等教育机构似乎在考虑类似的措施。

(三)学生资助

随着加拿大全国平均学费和附加费的不断增长，各省开始采取不同方式来应对公众对高等教育的“承受能力”。通过贷款(loan)、补助金(grant)、削减债务(debt-reduction)等措施以确保公众有能力承受学费负担。

纽芬兰与拉布拉多省的特别之处在于保持着学费较低的水平，且 2015 年取消省级学生贷款，而用助学金来取代，但是大学普遍处于经费短缺的状态。新斯科舍省为本省学生提供高额助学金(bursary)，为外省学生提供较低的助学金；爱德华王子岛省为省内学生提供一系列有效的助学金以使他们顺利获得学位；萨斯喀彻温省为省内学生提供较少的助学金可以减少预付学费；安大略省不直接减少学费，而是为省内学生提供 30% 的学费补助。这种补助不仅局限于公立高等教育机构，2014 年 1 月，安大略大学和学院培训部(Ontario Ministry of Training, Colleges and Universities)扩大了计划，私立职业学院的学生也可以得到补助。

但是，通过以往的分析表明这些计划是存在复杂性的，在某些情况下，学生要先申请贷款才能获得助学金。① 在多数情况下，获得学生援助项目是极其困难的且不可预料的，结果由于各省的实际情况和个人情况导致了更具个性化的高等教育资助体系。

(四)学习成本

学习成本(cost-learning)的问题同样引起各省的关注。很显然，学费和附加费并不是学生承担高等教育的唯一费用，但学费是大学教育支出中最多的一项，且是由各省明确规定的。由于各省经济增长速度不同，以致每个省中等和低等家庭收入水平也不同，应该收取多少学费和附加费？什么政策能够确保家庭负担得起大学学费？主要通过学习成本指数(Cost of Learning Index)来考察。

学习成本指数是指各省根据中等和低等收入水平的家庭来调整学费和附加费，它也包括预付的助学金计划，如安大略省的“减免30%学费的助学金计划”、爱德华王子岛省的“UPEI资助”、萨斯喀彻温省的“优势奖学金计划”及新斯科舍省和魁北克省的“双轨制学费结构”，但不包括如税收减免和免除贷款的其他资助形式。如果学费和附加费每年增长5%，中等水平家庭的收入也增长5%，那么学习成本指数既不上升也不下降。对于低等收入水平的家庭，采用的是“最低家庭收入标准”(Low Income Cut-Off，LICO)，LICO每年会根据通货膨胀的情况进行调整。学习成本指数不能用来确定家庭的承受能力，而是提供一个相对于国家平均水平的省级学费标准，以确定在一段时间内根据学费政策的变化、附加费的发展趋势以及家长收入的增长，学习成本的增长或下降。

基于中等和低等收入水平家庭的学习成本指数，1993年加拿大的平均学习成本指数确定为100，每个省将100作为学习成本指数的起点。但是中等和低等水平家庭的学习成本指数不能进行比较，换句话说，如果低等水平家庭指数较低并不意味着他们比中等收入水平的家庭可以付更少的学费，只能说明相对于平均学习成本指数100来说更具有支付能力而已。需要明确的是，学习成本指数并不是试图找出能够承受学费的“适当”水平，而是为了更好地了解家庭收入与学费和附加费之间的关系。表6-5和表6-7显示了加拿大各省中等和低等收入家庭大学学习成本指数的变化情况。

① 助学金是不需要偿还的，而贷款是需要偿还的，但根据各省的贷款政策具体执行。

表 6-5　加拿大及各省中等收入水平家庭学习成本指数(1993 年=100)

年份	加拿大	纽芬兰与拉布拉多省	爱德华王子岛省(包括助学金)	新斯科舍省	新不伦瑞克省	魁北克省	安大略省(包括助学金)	马尼托巴省	萨斯喀彻温省(包括助学金)	阿尔伯塔省	不列颠哥伦比亚省
1993—1994	100	111	134	141	126	82	100	112	115	105	99
2013—2014	117	58	114	146	151	66	131	97	132	124	115
2014—2015	117	55	112	143	150	65	132	99	136	122	114
2015—2016	117	53	111	140	148	65	132	101	139	122	113
2016—2017	117	50	109	137	147	64	133	103	143	121	111
2017—2018	117	48	108	134	146	63	134	105	146	121	110

表 6-6　加拿大各省中等收入水平家庭学习成本指数排名(从低到高)

年份	纽芬兰与拉布拉多省	爱德华王子岛省	新斯科舍省	新不伦瑞克省	魁北克省	安大略省	马尼托巴省	萨斯喀彻温省	阿尔伯塔省	不列颠哥伦比亚省
1993—1994	5	9	10	8	1	3	6	7	4	2
2013—2014	1	4	9	10	2	7	3	8	6	5
2014—2015	1	4	9	10	2	7	3	8	6	5
2017—2018	1	4	7	9	2	8	3	10	6	5

表 6-7　加拿大及各省低等收入水平家庭学习成本指数(1993 年=100)

年份	加拿大	纽芬兰与拉布拉多省	爱德华王子岛省(包括助学金)	新斯科舍省	新不伦瑞克省	魁北克省	安大略省(包括助学金)	马尼托巴省	萨斯喀彻温省(包括助学金)	阿尔伯塔省	不列颠哥伦比亚省
1993—1994	100	91	121	125	109	76	108	108	105	109	105
2013—2014	169	86	150	186	197	91	192	130	191	200	169
2014—2015	171	84	152	188	200	92	197	135	198	201	169
2015—2016	174	83	154	189	203	93	201	140	204	203	169
2016—2017	178	81	157	190	207	94	205	145	211	205	169
2017—2018	181	80	160	192	210	95	211	151	218	207	170

表 6-8　加拿大各省低等收入水平家庭学习成本指数排名(从低到高)

年份	纽芬兰与拉布拉多省	爱德华王子岛省	新斯科舍省	新不伦瑞克省	魁北克省	安大略省	马尼托巴省	萨斯喀彻温省	阿尔伯塔省	不列颠哥伦比亚省
1993—1994	2	9	10	7	1	5	6	3	8	4
2013—2014	1	4	6	9	2	8	3	7	10	5
2014—2015	1	4	6	9	2	7	3	8	10	5
2017—2018	1	4	6	8	2	9	3	10	7	5

各省政府的政策对学习成本有很大的影响。1993—1994 年中等收入水平家庭的学习成本指数中，魁北克省最低，新斯科舍省最高。到 2014—2015 年各省的学习成本有显著改变，受经济增长和低学费政策的影响，预计 2017—2018 年纽芬兰与拉布拉多省将会成为学习成本最低的省份，其次是魁北克省；萨斯喀彻温省(即使包括助学金)和新不伦瑞克省最高。值得注意的是，1993—1994 年，安大略省中等收入水平家庭的学习成本排在第三，而到 2017—2018 年预计将排在第八(即使实施"减免 30%学费的助学金计划")。

在国家层面，中等收入水平家庭学习成本指数显示：虽然未来的四年保持恒定不变，但从 1993—1994 年起加拿大学习成本指数上升了近 20%。

在低等收入水平的家庭中，这种情况有所改变。1993—1994 年，新斯科舍省的学习成本最高，其次是爱德华王子岛省；魁北克省最低，其次是纽芬兰省。2014—2015 年，阿尔伯塔省最高，其次是新不伦瑞克省；而纽芬兰省最低，其次是魁北克省。预计 2017—2018 年，萨斯喀彻温省最高，纽芬兰省最低，其次是魁北克省。纽芬兰与拉布拉多省在中等和低等收入家庭的学习成本指数中保持优势，并预计在未来的四年中也是如此。相反，在未来的四年中，新不伦瑞克省、安大略省和萨斯喀彻温省将会成为中等和低等收入水平家庭最难以负担学费的省份(即使安大略省和萨斯喀彻温省计划专门减少省内学生的学费)。

在国家层面，低等收入水平家庭学习成本指数显示：从 1993—1994 年起加拿大学习成本指数上升了 70%以上，并会继续增长。

三、加拿大各省实施高等教育双轨制学费政策的情况

加拿大各省在调整学费和附加费的过程中，可能以通过膨胀(inflation)或现值美金(current dollars)的情况做出调整。

(一)根据通货膨胀的调整

图 6-3 显示了受通货膨胀影响，1993—1994 年至现在加拿大各省学费和附加费的波动，并预测了 2017—2018 年的情况。图中可以看出由于通货膨胀的影响，

大部分省份的学费和附加费显著增长，预计 2017—2018 年能达到 1993—1994 年的三倍，这表明大多数情况下，学费的增长要比通货膨胀迅速。

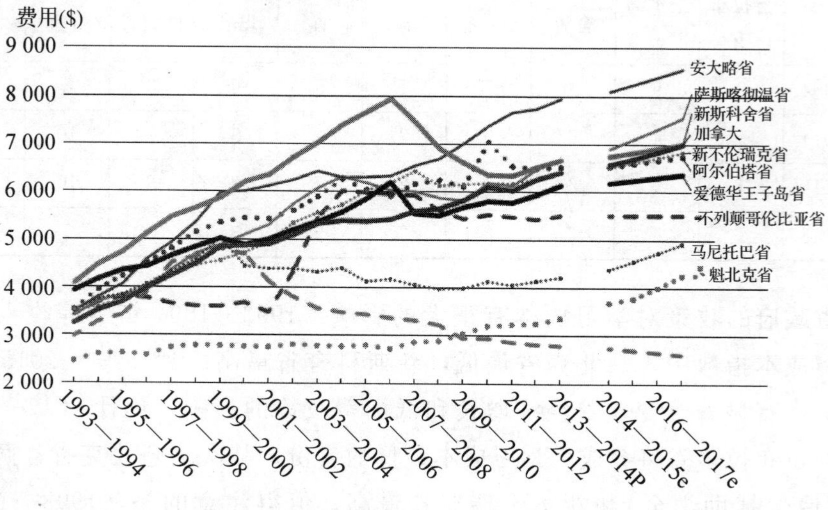

图 6-3　加拿大及各省学费和附加费的变化(根据通货膨胀的调整)

表 6-9　加拿大及各省全日制本科生学费和附加费情况(根据通货膨胀的调整)

年份	加拿大	纽芬兰与拉布拉多省	爱德华王子岛省	新斯科舍省	新不伦瑞克省	魁北克省	安大略省	马尼托巴省	萨斯喀彻温省	阿尔伯塔省	不列颠哥伦比亚省
1993—1994	$ 3 255	$ 2 974	$ 3 929	$ 4 082	$ 3 535	$ 2 462	$ 3 503	$ 3 510	$ 3 417	$ 3 541	$ 3 424
2013—2014	$ 6 418	$ 2 791	$ 6 144	$ 6 673	$ 6 421	$ 3 366	$ 7 950	$ 4 221	$ 6 703	$ 6 521	$ 5 510
2014—2015	$ 6 580	$ 2 744	$ 6 192	$ 6 753	$ 6 519	$ 3 694	$ 8 098	$ 4 385	$ 6 906	$ 6 531	$ 5 512
2015—2016	$ 6 699	$ 2 697	$ 6 252	$ 6 836	$ 6 621	$ 3 780	$ 8 249	$ 4 555	$ 7 115	$ 6 598	$ 5 513
2016—2017	$ 6 847	$ 2 652	$ 6 312	$ 6 920	$ 6 726	$ 4 010	$ 8 404	$ 4 732	$ 7 330	$ 6 669	$ 5 515
2017—2018	$ 7 001	$ 2 607	$ 6 374	$ 7 005	$ 6 835	$ 4 255	$ 8 561	$ 4 916	$ 7 551	$ 6 744	$ 5 517

(二)根据现值美金的调整①

然而，除了受通货膨胀的影响调整学费以外，学生所期望支付大学学费的数据主要是根据现值美金做出的调整，即学费数据反映了学生逐年交付的金额。

表 6-10　加拿大及各省全日制本科生学费和附加费情况(根据现值美金的调整)

年份	加拿大	纽芬兰与拉布拉多省	爱德华王子岛省	新斯科舍省	新不伦瑞克省	魁北克省	安大略省	马尼托巴省	萨斯喀彻温省	阿尔伯塔省	不列颠哥伦比亚省
1993—1994	$ 2 320	$ 2 120	$2 801	$ 2 910	$ 2 520	$ 1 755	$ 2 497	$ 2 502	$ 2 436	$ 2 524	$ 2 441

① GDP 按季节调整流通美元的年利率，无论是否存在通货膨胀等泡沫经济现象。

续表

年份	加拿大	纽芬兰与拉布拉多省	爱德华王子岛省	新斯科舍省	新不伦瑞克省	魁北克省	安大略省	马尼托巴省	萨斯喀彻温省	阿尔伯塔省	不列颠哥伦比亚省
2013—2014	$ 6 589	$ 2 866	$ 6 308	$ 6 851	$ 6 592	$ 3 456	$ 8 162	$ 4 334	$ 6 882	$ 6 695	$ 5 657
2014—2015	$ 6 885	$ 2 871	$ 6 479	$ 7 067	$ 6 821	$ 3 865	$ 8 474	$ 4 588	$ 7 226	$ 6 834	$ 5 767
2017—2018	$ 7 755	$ 2 888	$ 7 060	$ 7 760	$ 7 572	$ 4 714	$ 9 483	$ 5 446	$ 8 365	$ 7 471	$ 6 111
2014—2015→2017—2018	13%	1%	9%	10%	11%	22%	12%	19%	16%	9%	6%
2014—2015→2017—2018	$ 870	$ 16	$ 581	$ 694	$ 750	$ 848	$ 1 010	$ 857	$ 1 139	$ 637	$ 344

表 6-11　加拿大各省全日制本科生学费和附加费排名(从低到高)

年份	纽芬兰与拉布拉多省	爱德华王子岛省	新斯科舍省	新不伦瑞克省	魁北克省	安大略省	马尼托巴省	萨斯喀彻温省	阿尔伯塔省	不列颠哥伦比亚省
1993—1994	2	9	10	7	1	5	6	3	8	4
2013—2014	1	5	8	6	2	10	3	9	7	4
2014—2015	1	5	8	6	2	10	3	9	7	4
2017—2018	1	5	8	7	2	10	3	9	6	4

1. 不列颠哥伦比亚省

20 世纪 90 年代中期，不列颠哥伦比亚省(British Columbia，简称 BC 省)冻结了学费，一直持续到 2000—2001 年，在当时全国 10 个省学费中排名第二，而后又上升了 5%。2001—2002 年 BC 省再次冻结了学费，每年学费的不断上涨使 BC 省的学费高于全国的平均水平。2004 年，BC 省以贷款的形式取代助学金。目前，BC 省是加拿大提供无偿贷款比例最低的省份。根据每年的财政预算、符合条件的学生数量以及学生贷款的额度情况，BC 省的贷款总额逐渐减少。2005 年，BC 省政府将学费每年的上涨率控制到 2%，但这并没有影响其他附加费的增长。2014 年，BC 省政府颁布了《职业技能计划》(*Skill for Jobs Blueprint*)，计划主要是增加政府为 BC 省学生提供的补助金以提高大学的入学率。

基于目前的趋势，估计 BC 省的学费和其他附加费在 2014—2015 年将达到 5 767美元，预计 2017—2018 年将上升到 6 111 美元，同比增长 6%，在加拿大 10 个省学费中排名第四。

2. 阿尔伯塔省

自 20 世纪 90 年代中期，阿尔伯塔省(Alberta，简称阿省)的学费一直持续高于全国平均水平，2003—2004 年这种趋势尤其明显，因此 2004—2005 年阿省冻结了学费。2006 年，阿省根据居民消费价格指数(Consumer Price Index，CPI)制定了到 2016 年的新学费政策。但是，2013 年省内和省外学生的学费却比预订计划增长了 2.15%。然而，更重要的是通货膨胀并不是完全固定的，市场的调节允许由政府批准的机构在某些计划中以更快的速度提高学费。另外，由于没有监管附加费，阿省目前是全国收取附加费最高的省份。2010—2011 年，政府削减大学拨款经费后，大学寻找除学费以外的方式作为经费的补充，以致附加费迅速增长。2013 年，省级高等教育预算削减了 1.47 亿美元，但实际上到 2013 年 11 月只削减了 5 000 万美元。

2012 年 7 月 31 日，阿省取消了“学生贷款救助计划”(Student Loan Relief)，由“完成助学金计划”(Completion Grants)代替，向能够完成学习计划的学生提供 1 000～2 000 美元的补助。此外，还有其他形式的适度补助，如“保留补助计划”(Retention Grant Program)为毕业后在阿省工作三年的学生提供 1 000 美元的补助。由于阿省不提供削减贷款计划，学生为获得学位所累积的贷款可能高达 61 600美元。

2014 年，阿省的学费和其他附加费将达到 6 834 美元，预计 2017—2018 年将上升到 7 471 美元，同比增长 9%。在这一时期，阿省将在加拿大学费排名中由第七提升到第六位。

3. 萨斯喀彻温省

2000—2001 年，与其他采取降低或冻结学费的省份相比，萨斯喀彻温省(Saskatchewan，简称萨省)的学费显著上涨。2006—2007 年萨省开始降低和冻结学费，但其他费用显著上升，位于各省的中等水平，2012—2013 年在全国学费排名第九，并最大限度地增加附加费用。

2012 年，萨省实行“优势奖学金计划”(Saskatchewan Advantage Scholarship)，每年为每个学生提供 500 美元的资助，最高达到 2 000 美元。奖学金是从学费中直接扣除的，并直接交付给大学。2014 年，阿省预算中增加 2%的助学金，这与上一年持平，但与过去增长的 5.8%相比有明显下降。在萨省，所有的资助都是以贷款的形式提供的，只有具备奖学金资格的学生在学习后期才会减少贷款，但是不会减免学生贷款的利率。

2014 年秋季，萨省的学费和其他附加费达到 7 226 美元，预计 2017—2018 年将上升到 8 365 美元，同比增长 16%，在加拿大 10 个省学费中排名第九位。

4. 马尼托巴省

21 世纪初，马尼托巴省(Manitoba，简称 MB 省)的学费和附加费达到加拿大的平均水平，之后因为冻结学费而下降了 10%，在 10 个省中排名第三。2011 年，在 MB 省提高省内全日制本科生学费(大约提高 2%左右)时，颁布了“保护学生支付能力法案”(Protecting Affordability for University Students)。该法案要求政府在未来三年(到2014年)提供一个资助计划，但是没有任何措施迫使政府履行承诺，导致2013年政府对大学的资助由原来的5%下降到2.5%。MB省收取的附加费必须是合理性的，并要高于以前收取的附加费，同时也要高于通货膨胀的增长率，结果导致了附加费用显著提高。

MB省为低收入或中等收入家庭的学生提供助学金，以及通过省级助学金计划为欠债的学生提供资助。然而，与BC省相类似，MB省的资助会根据每年的财政预算以及符合条件的学生数量做出调整。

基于这种趋势，2014—2015年MB省的学费和附加费达到4 588美元，预计2017—2018年将上升到5 446美元，同比增长19%，在加拿大10个省学费中排名第三。

5. 安大略省

20世纪90年代中期，安大略省(Ontario，简称安省)的学费一直居于全国最高水平。2004—2006年，安省冻结了学费，之后又持续增长，2009—2010年成为全国学费最高的省份。2013年，安省政府实行双轨制封顶学费的措施，本科生学费增长率的上限由原来5%降低到3%，并限制研究生课程和职业课程中原来5%的学费增长率，这项措施要一直持续到2017—2018年。然而，安大略省的学费增长率去年达到4%，并经常突破5%的上限。此外，封顶学费的措施仅适用于本科生计划，在其他计划中的费用继续增加，甚至更多。目前，省级的指导方针是明确禁止向学生收取所谓的与“学费相关”的附加费用，但是一些机构仍然违反这个政策。

2011—2012年，安省实施“减免30%学费的助学金”(30% off Tuition Grant)计划，给具备资格的本科生返还1 600美元教育费用。这并不意味着所有学生都有资格获得助学金，如非全日制学生或离开高中超过四年的学生不能获得助学金。与此同时，也对学习成本造成影响，它并没有直接降低学费，在某种程度上并不适用于所有本科生。因此，这项政策没有考虑到权重的因素。

安省的学生贷款两年期的上限是7 300美元，三年期的上限是10 950美元，在一定程度上累计可以贷款29 200美元。

2014年秋季，安省的学费和附加费达到8 474美元，预计2017—2018年将上升到9 483美元，同比增长12%，在加拿大10个省学费中排名第十位，成为加拿大学费最高的省份。

6. 魁北克省

魁北克省(Quebec，简称魁省)是加拿大学费最低的省份，1997—1998年开始实施双轨制学费结构，省外学生比省内学生每个学分多收40美元(某些省外学生也具备省内学费结构资格)。然而，不管双轨制学费结构实施效果如何，直到

2009—2010 年魁省的学费和附加费都保持全国最低水平，之后纽芬兰与拉布拉多省成为学费最低的省份。2012 年，魁省政府根据人均收入增长水平调节学费的增长。结果 2012—2013 年魁省冻结学费后，省内和省外学生的学费都有所增长，尤其是省外学生学费增长了大约 6.5%。2013—2014 年，魁省政府开始使用储备金向大学提供财政资助。

魁省是加拿大唯一对附加费进行监管的省份，附加费的增长速度不能快于学费的增长。目前，魁省正在讨论关于如何控制大学学费、给学生资助以提高学费的问题，但考虑到收费的范围，新的政策仍然有很大的不确定性。

魁省的学生每月最多可贷款 305 美元，额外还会提供助学金。魁省为按月还款困难的学生提供“延期付款计划”(Deferred Payment Plan，DPP)，为毕业生延长六个月的还款期限，但要偿还延期的利息。

基于目前允许学费上涨的政策，2014 年秋季，魁省的学费和附加费达到 3 865美元，2017—2018 年将上升到 4 714 美元，同比增长 22%，在加拿大 10 个省学费中排名第二。

7. 新不伦瑞克省

20 世纪 90 年代初以来，新不伦瑞克省(New Brunswick，简称 NB 省)一直高于全国平均水平并持续上升，直到 2007—2011 年 NB 省将学费冻结。随后，2011—2012 年上涨了 200 美元，2012—2013 年上涨了 175 美元，2013—2014 年上涨了 150 美元。基于此，省级政府宣布从 2014—2015 年起的未来三年将每年学费的增长率控制在 3%以下。NB 省的圣托马斯大学(St. Thomas University)忽视了限制学费增长率的政策，学费增长率超过 3%，以至于被要求提供五年的学费计划。为了补偿圣托马斯大学过去收费过高的情况，省级政府偿还给每个学生 184 美元。然而，这种情况引起了担忧，这意味着其他大学也可以超过 3%的学费增长率而不受处罚。

NB 省没有监管大学的附加费，但它是加拿大收取附加费较低省份之一。即便如此，在过去的四年中，NB 省每年仍以 10%的平均增长率快速上升。NB 省为学生提供最多 26 000 美元的贷款以完成大学教育。另外，政府还提供学费退税政策，主要的目的是吸引和留住年轻的专业人员，允许每人每年申请4 000美元，一人最多不能超过 20 000 美元。

2014 年秋季，NB 省的学费和附加费将达到 6 821 美元，预计 2017—2018 年上升到 7 572 美元，同比增长 11%。

8. 爱德华王子岛省

自 2008—2009 年以来，爱德华王子岛省(Prince Edward Island，简称 PEI 省)的学费和附加费每年的增长率约为 4%。PEI 省的学费和附加费没有长期的规划，而是每年制订计划。2014 年，学费计划增长 3%，爱德华王子岛大学(University of Prince Edward Island，UPEI)宣布将附加费冻结在 2013—2014 年的水平。

2008 年，PEI 省试图缓解省内学生招生下滑的趋势，首次在 UPEI 设立了助学金项目。“乔治·科尔斯助学金”(George Coles Bursary)在学生入学第一年提供 2 200 美元，第四年为毕业生提供 2 000 美元。还有的奖励项目分别在第二年和第三年提供 400 美元和 600 美元的资助。这些助学金项目实际上不影响收取学费，而是学生在进入 UPEI 时可以获得的学习成本。自 2012 年，PEI 省开始降低省内学生部分贷款的利息，并提供削减债务的助学金项目，如果学生的贷款超过 6 000 美元，在毕业后的一年内可以申请每年 2 000 美元的助学金。

2014 年秋季，PEI 省的学费和附加费将达到 6 479 美元，预计 2017—2018 年将上升到 7 060 美元，同比增长 9%。

9. 新斯科舍省

从 1999—2009 年，新斯科舍省(Nova Scotia，简称新省)的学费一直处于加拿大各省的最高水平。2008 年，设立了“新斯科舍学生助学金”(Nova Scotia Student Bursary，NSSB)，在未来的三年为省内的学生分别降低 761 美元、1 022 美元和 1 263 美元的学费。2010—2011 年，设立“省外学生助学金”(Out-of-Province Student Bursary，OOPSB)，为每个学生返回学费 261 美元。两种助学金项目到 2013—2014 年有效，但在每年的基础上必须更新。2011 年，新省设定了学生贷款的上限，四年可以累计贷款 28 560 美元。另外，新省还提供 40%的贷款作为学生的助学金。

与其他几个省份一样，新省也实行双轨制学费结构，主要是为了阻止学生到其他学费较低的省份学习，如纽芬兰与拉布拉多省。另外，新省对留学生收取的学费是国内学生的两倍。2012 年，新省将每年的学费上限设定为 3%，有效期一直到 2014—2015 年。但封顶学费并不适用于一些专业计划和国际学生计划，因此，省政府在未来的几个月内将与大学协商新的学费和附加费规定。圣弗朗西斯泽维尔大学(St. Francis Xavier University)提出，学费的不断上涨将会超出 3%的上限，但是如果不增加学费，又会担心很多大学会收取学生更多的附加费。在新省的一些大学已经发生过这样的情况，主要的原因是新省没有出台收取附加费的相关政策。此外，从“沿海诸省高等教育委员会”(Maritime Provinces' Higher Education Commission)获得的数据表明，2011—2012 年，大多数省内高校都对学费标准设定了上限，与此同时，附加费年均增长了 13.4%。

2014 年春季，新省决定取消学费返还的资金，并削减另一项 3 500 万美元的学生资助，这意味着新省连续四年削减了对大学的资助。

2014—2015 年，预计新省的学费和附加费达到 7 067 美元，2017—2018 年将上升到 7 760 美元，同比增长 10%，在加拿大 10 个省学费中排名第八位。如果考虑到省内的助学金计划，2014 年的学费估计达到 6 386 美元，未来的四年将会上升到 6 914 美元。

10. 纽芬兰与拉布拉多省

由于 2001—2003 年，纽芬兰与拉布拉多省(Newfoundland and Labrador，简称纽芬兰省)的学费下降了 25%，并且冻结了学费，使其一直保持全国学费的最低水平。如果加上其他附加费的话，纽芬兰省是全国大学成本最低的省份。在过去的财政预算中，政府承诺会继续冻结学费，尽管这样做可能会造成财政赤字。2012—2013 年，省政府为纽芬兰纪念大学(Memorial University)提供资助以补偿被冻结的学费。然而，2013—2014 年，北大西洋学院(College of the North Atlantic)的预算却被削减。

纽芬兰省是加拿大助学金最高的省份之一，并且会继续增加。纽芬兰省政府做出承诺，到 2015 年将会由助学金替换贷款，成为第一个取消学生贷款的省份。

2014 年秋季，纽芬兰省的学费和附加费将达到 2 871 美元，保持在加拿大学费最低的水平，预计 2017—2018 年将会达到 2 888 美元，同比增长 1%。

从表 6-10 中也可以看出，1993—1994 年，加拿大平均学费和其他费用是 2 320 美元，20 年后达到 6 589 美元。鉴于目前的趋势并考虑到各省政府的政策，预计在未来的四年中(2015—2018 年)，加拿大高等教育学费和附加费将会从 2014 年秋季的 6 885 美元增加到 7 755 美元，同比增长 13%。

四、总结与思考

可以看出，由于公共资金的不足，大学往往从学生身上收取更多的成本，导致学费和附加费增长的趋势越来越明显。加拿大有几个省试图通过可预见性的政策缓解高学费的状况，另有几个省已经开始实施稳定的降低省内学生学费的措施，如萨斯喀彻温省、安大略省、魁北克省、爱德华王子岛省和新斯科舍省。这或许是一种有效的管理策略，但实际上仍然采取的是双轨制、不平衡、不完整的学费结构，结果可能会破坏大学向公众做出的承诺。

第七章　俄罗斯教育政策与发展趋势

本章报告的时间节点为 2013 年 7 月至 2014 年 6 月，其总体结构由“俄罗斯教育短期、中期发展方向及任务”“不同层级的教育政策及措施”两个板块构成。所做的政策梳理共涉及 12 份俄罗斯政府此间颁布的教育政策文本，主要从各个政策的出台背景、内容、任务等方面进行有不同侧重的分析与梳理。

>>第一节　俄罗斯教育短期、中期发展方向及任务<<

本部分涉及俄罗斯短期、中期的教育发展宏观政策，对《2014 年俄罗斯国情咨文》《2018 年前俄罗斯政府工作主要方向》和《2013—2020 年国家教育发展纲要》三份重要的国家级政策文件中涉及教育发展的内容予以呈现和分析。

一、2014 年俄罗斯国情咨文中的教育任务①

2014 年 12 月 4 日，俄罗斯联邦总统弗拉基米尔·普京在克里姆林宫圣乔治大厅发表 2014 年度国情咨文，向俄罗斯联邦会议汇报 2014 年的政府工作，并为政府来年的工作提供方向。在这份国情咨文中，普京所提出的教育领域的发展任务主要涉及普通教育和技术人才的培养。

（一）普通教育领域的发展任务

国家统一考试一直是俄罗斯普通教育领域的热点问题，与之相关的高校录取政策也在不断地调整。2014 年，俄罗斯恢复了中断多年的结业作文测试。高校录取时，作文可作为对国家统一考试成绩的补充，成为录取学生的依据之一。普京在国情咨文中表示，希望俄罗斯教育科学部和俄罗斯职业协会一并对国家统一考试的结果进行评估并提出相应的建议，增加教师们工作的责任感，并鼓励学生掌握更多知识。

普京对天才儿童培养也提出了要求。普京表示，国家统一考试使得偏远地区的天才儿童也有机会进入国内一流高校学习。俄罗斯有不少孩子在中小学阶段就已经表现出在科技、人文、艺术等方面的天分，并在国内外的各类竞赛中获奖。

---

① Послание Президента Федеральному Собранию [EB/OL]. http：// www. kremlin. ru/transcripts/47173，2014-12-30.

为了充分发展这些富有天赋的儿童们的潜力，普京提议为天才儿童设立总统特别奖学金——名额为 5 000 名，每月奖金 2 000 卢布，申请条件是他们成功考入大学。同时，获得奖学金的学生应根据俄罗斯的系列人才培养项目进行学习，毕业后应在俄罗斯工作一定时间。在就读高校期间，此类学生需要提供符合要求的成绩证明才能够继续获得奖学金。

此外，补充教育也得到了普京的关注。应总统提出的要求，补充教育系统不可以被削弱。艺术中心、科技园和音乐学校等是个人和谐发展必不可少的重要资源，应当让每一个孩子都有机会选择自己喜欢的课程、进入自己喜欢的机构进行学习。为此，中央和地方政府需要拨出专门的经费，让这些机构得以运行并提供良好的师资。

普京着重指出了俄罗斯中小学就读名额过少的问题。根据相关统计，俄罗斯中小学需要额外增加 450 万个学生名额。随着近年来俄罗斯生育率的提高，这一问题可能会变得更为突出、亟待解决。出于对问题严重性的考虑，普京提议中央和地方政府制定包括建立更多的学龄前机构在内的综合性解决措施。

(二)技术人才培养任务

在谈及技术创新时，普京也对俄罗斯的众多科研机构——大学、研究所、国家科学院等提出了要求，希望相关人员将科研成果应用于企业生产。与此同时，鼓励科研机构展开与国外同仁的合作，以求进一步的发展。

普京提出，应当停止增加技术官员的数量而转为致力于提升其水平。应当在与工业生产有紧密联系的优势院校中培养工程师。与此同时，应当培养相当数量的技术工人。2020 年前，俄罗斯的技术学校必须要为 50 个行业培养急需的职业工人，这些工人要向世界最高标准看齐并了解先进的技术。鉴于俄罗斯有着优秀的人才基础，有众多天赋过人、前途光明的年轻人，为避免人才资源的浪费，相关部门还需要加强学习其他国家培养工程师和技术工人的先进方式，改变现有的技术培养模式和形式主义，建立技术鉴定体系，使每个工人都能对自己的水平进行认证。

普京在提及医疗领域时，也提议推行专业教育证书制度，使医生们可以选择最优化的教育大纲，得到相关领域的医疗培训。他指出，医疗教育的模式必须为医生提供最大的方便。

从 2014 年总统国情咨文可以看出，俄罗斯政府对教育的关注不仅没有减弱，反而在这些层面更为具体、细致。至于普京提出的诸多任务能否完成，尚需静待观察。

二、《2018 年前政府工作主要方向》中的教育领域目标

俄罗斯政府发布的《2018 年前政府工作主要方向》报告（*Основные*

направления деятельности Российской Федерации на период до 2018 года)①确定了2018年前俄联邦政府在社会和经济发展领域的目标和优先政策。在教育领域，俄罗斯政府主要致力于提高各级各类教育的质量，保证高质量教育的可获得性，并提高俄罗斯教育在全球范围内的影响力。

(一)学前、普通和补充教育领域的发展目标与优先措施

在学前、普通及补充教育领域，政府的目标是提高教育的质量，并且使人们不论居住于何处、家庭的社会地位如何，均可获得高质量的教育。

俄罗斯政府将保障儿童的创造力与生理发展所需的条件。在学前教育方面，2018年前要消除学前教育机构排队入园的现象，完全满足3～7岁儿童接受学前教育服务的需求。在补充教育方面，到2018年，5～18岁儿童的补充教育覆盖率应增长至71%(2011年为54%)。在普通教育质量方面，俄罗斯将致力于在国际阅读素养进步研究(PIRLS)中保持领先地位，并提高在国际数学与科学趋势研究项目(TIMSS)和国际学生评估项目(PISA)中的排名(见图7-1)。

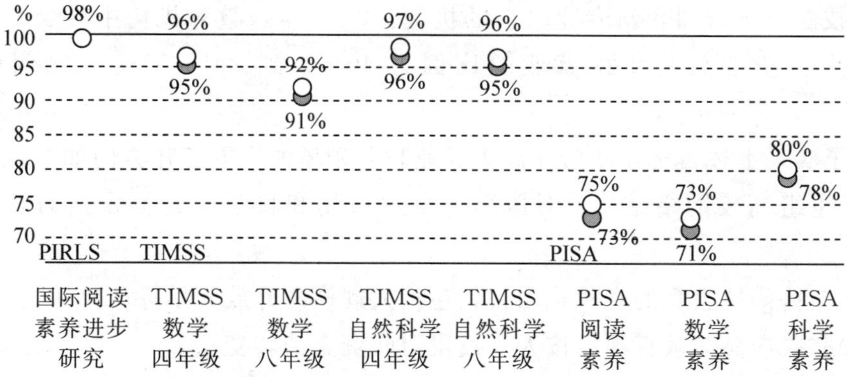

图7-1　俄罗斯学生在各项国际测评中学业成就达到基础水平的比例

为了达到上述目标，实现教育现代化，俄罗斯政府将下列措施置于优先地位：

(1)实施普通教育联邦国家教育标准，按照现代化的教育课程标准实施教学，确保学校现代教育内容的全面发展；

(2)更新外语和自然科学科目的教学内容和技术，在数学和自然科学的教学方面达到世界领先水平；

(3)完成中学高年级向侧重专业式教学的转变，为提高未来职业定向需要加深学习的某些科目的教学水平创造条件；

(4)形成发现和支持天才儿童的国家政策体系，建设一流高校附属的侧重专

① Направление РФ, Основные направления деятельности Российской Федерации на период до 2018 года[EB/OL]http://government.ru/media/files/41d4469723e7e2a0d5b5.pdf, 2013.6.

业式教学的中学高年级班级(优质高中);

(5)重构和建设幼儿园，发展可替代的(非国立)学前教育形式；

(6)使教师培训和职业技能提高体系现代化，在转向绩效合同的框架下，建立旨在提高教师工作质量、有利于不间断职业发展的激励机制，将教师的汇报工作量减少一半；

(7)为推广普通教育机构的优秀实践经验创造条件。

同时，俄罗斯还将采取俄语推广措施，大规模推广外国公民可获得的以俄语作为教学语言的远程教育，扶持对外俄语教学一流的优秀学校，形成国际中学生俄语奥林匹克竞赛体系。

(二)高等、职业教育与劳动力市场的发展

若要提高国民竞争力和生产能力，其前提是使高等教育体系现代化。俄罗斯政府在高等职业教育领域的目标为：到 2018 年保证 2 所俄罗斯高校进入世界高校排名前 100(2020 年为 5 所)，提高高校中进行的科研总量。增加公民接受必要的职业技能提升培训和新专业培训的机会。2011 年，教育机构中接受专业教育的毕业生在毕业后一年内就业的比例为 40%，到 2018 年这一比例应增长至 55.6%。

为了实现上述目标，政府在高等职业教育领域的主要工作方向如下：

(1)重组高校网络结构，对脱离劳动力市场和科学研究不领先的高校进行重组；

(2)支持函授教育的现代化项目，包括大规模的开放大学等；

(3)完成向高等教育项目按人头拨发财政资金的转变；

(4)转向实施绩效合同制。初等、中等职业教育机构教师及生产性教学师傅的平均工资达到当地平均工资水平，高等职业教育机构教师平均工资达到当地平均水平的 200%(见图 7-2)；

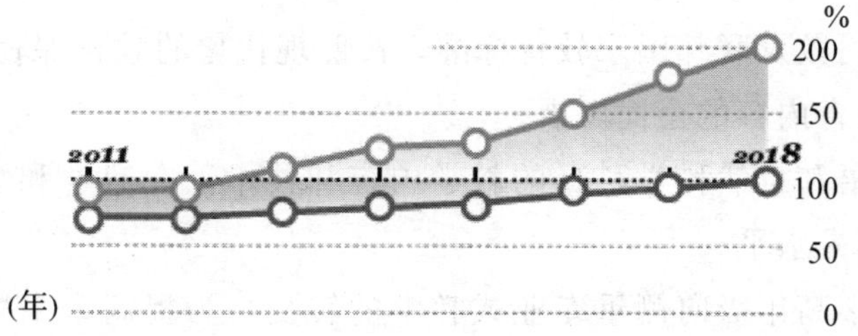

图 7-2 中深色线代表初等、中等职业教育机构教师工资水平；浅色线代表高等职业教育机构教师工资水平。数据来源为俄联邦“教育发展”国家纲要。

图 7-2　教育机构教师工资占当地平均工资的百分比

(5)提高高等教育中工程学、医学和自然科学方向专家培养项目的拨款定额；

(6)发起“全球教育”项目，保证到 2015 年前在国外学习人数不少于 3 000 人；

(7)应用型本科学生达到高等教育机构学生数量的30%；

(8)形成多功能应用技能中心，以中等(完全)普通教育为基础实施教学；

(9)形成职业教育的独立质量评价体系；

(10)扩大高校参与商务管理和金融活动的实践。

俄罗斯将保障不间断教育的加速发展。2011年，25～65岁人口中接受补充职业教育的比例为22%，到2018年这一指标应达到49%。为此，政府将保障企业教育机构的发展，包括支持企业附属初等职业教育机构的发展。

此外，为了有效、灵活地发展劳动力市场，俄罗斯政府提出了如下措施：

(1)根据现代劳动力市场的需求，更新对劳动者的职业技能要求，其中包括在2013—2014年制定的800项基础职业教育标准；

(2)建立工作人员职业培训、再培训和职业技能提升的基础方法中心；

(3)采取措施，吸引具有俄罗斯劳动力市场特别需要的职业和专业背景的移民；

(4)将外国企业家、投资者、高水平专家及俄罗斯高等、中等职业教育机构的外国毕业生吸引到俄罗斯，为其发放居住证。

三、政府再度颁布《俄罗斯联邦2013—2020年国家教育发展纲要》

2014年4月15日，俄罗斯联邦政府确认了《俄罗斯联邦2013—2020年国家教育发展纲要》(《*Об утверждении государственной программы Российской Федерации “Развитие образования” на 2013—2020 годы* 简称2013—2020教育纲要》)[①]，同时废止了此前两个版本(2012年11月22日N2148-p和2013年5月15日N792-p)的相关政府决议。

(一)《2013—2020教育纲要》的主要内容

1. 总体规划与任务

《2013—2020教育纲要》共包含五个子项目和两个联邦专项计划(见表7-1)。

表7-1　子项目名称与联邦专项计划名称

项目编号	项目名称
子项目1	职业教育发展
子项目2	学前、普通与儿童补充教育发展

① Направление РФ, Об утверждении государственной программы Российской Федерации “Развитие образования” на 2013—2020 годы[EB/OL]. http://gov.garant.ru/SESSION/PILOT/main.htm, 2014.6.

续表

项目编号	项目名称
子项目 3	教育质量评价体系与教育体系信息公开性发展
子项目 4	吸引青年参与社会实践
子项目 5	2013—2020 年教育发展联邦国家计划的实施保障
联邦专项计划	2011—2015 年“教育发展”联邦专项计划
联邦专项计划	2011—2015 年“俄语”联邦专项计划

《2013—2020 教育纲要》的任务为：形成灵活的、为社会负责的不间断教育体系，发展人力资源，满足俄罗斯社会经济发展的当前及未来需求；发展基础设施的组织和经济机制，保障儿童可平等地获得学前教育、普通教育和补充教育服务；更新学前教育、普通教育和儿童补充教育体系课程，达成现代化的学业成就和社会化结果；在公开、客观、透明、有社会和职业团体参与的原则下，建设现代化的教育质量评价体系；保障促进青年社会化和自我实现的有效体系，发展青年潜能。

为客观考量能否达成上述目标，《2013—2020 教育纲要》规定了一系列专项指标。在学前教育领域，主要通过 3～7 岁儿童当年获得学前教育的人数占当年同龄儿童接受学前教育和排队等待入园儿童总数的比例(百分比)来考察学前教育的可获得性。在普通教育领域，一是考察 5～18 岁年龄段人群中获得普通教育和职业教育的人数占同龄人口总数的比例(百分比)；二是考察在符合现代化要求(包括联邦国家教育标准要求)的国立和市立普通教育机构学习的学生数量占所有国立和市立普通教育机构学生数量的比重(百分比)；三是以国家统一考试成绩前 10%的学校的平均成绩(按两门必考科目计)与成绩最后 10%的学校的平均成绩(按两门必考科目计)的比例来考察教育质量。在高等教育领域，主要指标为高等教育科学部分占国内研究费用的比重(百分比)。在职业教育与补充教育领域，一是考察上一年毕业生中按本专业就业学生的百分比；二是通过 25～65 岁年龄段人群中通过职业技能培训和职业再教育的人数占同龄人口总数的百分比来衡量补充职业教育课程的覆盖率。在青年社会化领域，主要考察 14～30 岁年龄段参与青年社会团体活动的青年人口数量占同龄人总数的比重(百分比)。

实施该纲要后，预期达到以下结果：

- 提高俄罗斯中小学生的国际基础教育质量测评(PIRLS，TIMSS，PISA)中的成绩；
- 提高公民对教育服务质量的满意度；
- 提高财政资金的使用效率，在实施新的拨款方式的基础上，保障教育机构的金融经济独立性；

- 提高教师职业的吸引力，提高教师队伍职业技能水平；
- 保障俄罗斯经济发展所需的现代化和技术发展有关领域的高质量人才的数量；
- 提高世界知名大学排名前500中俄罗斯高校的数量；
- 创造条件使所有公民都能终身接受职业教育、职业技能提升和再培训；
- 提高私立—国立合作框架下的教育服务比例；
- 形成国内一流高校网络；
- 保障学前教育的可获得性；
- 消除3～7岁儿童的学前教育入学难现象；
- 在所有普通教育机构中创造符合联邦国家教育标准的教育条件；
- 使补充教育课程在5～18岁儿童中的覆盖率不低于75%；
- 将参与青年社会团体活动的青年数量从2010年的17%提高至2020年的28%；
- 为了国家的创新发展，提高青年政策的实施有效性。

2. 各学段主要发展方向

在2020年前，俄罗斯教育体系在各学段将均应有所改变，每个学段都已确定关键任务和发展方向。总体方向为完善教育机构网络及结构。

(1)普通教育领域——促公平、提质量

在普通教育领域(包括学前教育阶段)，国家政策的主要目标是在学前、普通和补充教育体系中，为儿童接受现代化高质量的教育和实现积极的现代化而创造平等的条件。

主要任务为：形成教育网络和金融经济机制，保障公民拥有平等的接受学前、普通和儿童补充教育服务的机会；更新教育内容和教育环境，为保障普通教育机构毕业生进一步的学习和在高科技产业中从事工作做好准备；调整教师队伍构成并提高教师业务能力，建设相关教师激励机制和不间断的职业发展教育；建设现代化的非正规教育产业，以培养学生的社会能力和公民意识，形成健康的生活方式。

具体来讲，国家政策在普通教育领域的预期结果为：保证2016年前3～7岁儿童可100%接受学前教育；保障在2018年前为所有进入学前教育机构学习的儿童提供符合联邦国家学前教育标准的学前教育；使国立(市立)普通教育机构教育工作者的平均工资达到当地的平均水平；使国立(市立)学前教育机构教育工作者平均工资达到相应地区普通教育领域的平均工资水平；在2018年前将国立(市立)儿童补充教育机构教育工作者平均工资达到相应地区中小学教师平均工资的水平；通过提高教育工作者的工作效率和质量，缩小毕业生的成绩差距；提高普通教育在国际测评(PIRLS，TIMSS，PISA，ICCS)中的成绩；通过发展补充教育项目，使在 2020 年前 5～18 岁儿童接受补充教育项目的人数占到 70%～75%；实施天才青年支持计划；保障鼓励优秀教师的奖励的发放，保障其他旨在提高教育体系效率的项目计划(路线图)的实施；计划取消普通教育项目中三班制的做法；为保障残疾儿童的社会适应，在普通教育机构中建设全纳教育环境。

(2)职业教育领域——特色化、终身化

职业教育领域的发展目标是：充分发挥职业教育在推动俄罗斯社会经济和文化现代化、提高俄罗斯全球竞争力方面的作用，保障每个学生都符合经济和社会的发展需求。

主要任务是：根据地区特点形成差异化的职业教育机构网络，提高大学的国际竞争力；更新职业教育课程结构，以保证其灵活性和有效性；引入透明的拨款机制，鼓励职业教育机构之间的竞争；更新职业教育的内容和技术，以保证职业教育符合现代经济的要求和人们不断变化的需求；形成不间断教育体系，能够根据公民的需求和组织机构的需求灵活(模块化)地进行新技能培训。

预期结果为：保障联邦大学通过实施课程而培养符合特定需求的专家；联邦职业教育机构在财政资助下，由联邦预算出资进行项目建设和科学研究；在联邦国家教育机构和私人教育机构之间分配预算资金，这些机构应按照既定程序按人分配资金，并完成 2012 年 5 月 7 日 N597 号总统命令中关于在 2018 年前使高校教职人员平均工资达到当地平均工资水平 200%的规定，以及根据 2012 年 11 月 26 日 N2190-p 政府决议《逐步完善国立市立机构工资体系的项目》中，关于使联邦国家中等职业教育机构(包括此前具有初等职业教育地位的机构)教师及生产实践技师工资在 2018 年前提高至当地平均水平的规定；保障 2015 年前实体经济领域工程技术方面获得专业技能提升的专家不少于 15 000 人；根据高校活动效率监察结果，对联邦职业教育机构及其分校进行重组；增加进入世界大学排名前 100 和前 200 的俄罗斯高校数量；根据企业单位对相应人才的需求，与教育机构签订合同，设立并实施短期应用型教育项目；更新高校的物质基础，包括教学实验室及宿舍；增加适宜身体条件受限人士学习的职业教育机构比例；形成针对职业教育机构教育项目的专业—社会认证工具；采取措施，对教育体系管理人员和教师进行培养、再培训及职业技能提升培训；根据相关联邦法律规定，保障职业教育项目中的公费学生可获得奖学金和其他形式的补助。

(3)教育评价领域——层次化、体系化

在发展教育质量评价体系与教育体系信息公开性方面，《2013—2020 教育纲要》的主要目标是：保障教育系统领导者、教育体系工作者和教育服务消费者决策信息的可靠性和真实性，通过形成全俄教育质量评价体系来提高教育质量。

主要任务包括：发展独立的教育质量评价机制和国家社会管理机制，将教育服务消费者纳入教育体系活动评价当中；保障教育结果质量评价过程的专业水平和准确度；在教育测量、分析与评价结果使用领域，形成地区水平、市级水平和机构水平的教育质量评价文化；建立学生学业成就信息收集与分析支持体系；建立教育质量监察体系；以国际标准为基础，建设统一的教育数据体系。

(二)纲要实施阶段与拨款

纲要共分三阶段进行。第一阶段为 2013 年 1 月 1 日至 2015 年 12 月 31 日；第二阶段为 2016 年 1 月 1 日至 2018 年 12 月 31 日；第三阶段为 2019 年 1 月 1 日至 2020 年 12 月 31 日。

与 2013 年 5 月通过的《2020 教育纲要》相比，2014 年确认的联邦预算拨款总额有所增加，从 3 992 223 353 400 卢布增加到 4 134 329 931 800 卢布。两份纲要中各年度的拨款额度对照见表 7-2 和图 7-3。

表 7-2　2013 年与 2014 年版教育纲要各年度拨款额度对照表（单位：万卢布）

年度	2013 年版教育纲要	2014 年版教育纲要
2013	44 693 820.56	50 623 306.05
2014	39 340 814.15	41 898 769.47
2015	43 056 920.63	44 152 351.65
2016	46 959 730	46 605 426.01
2017	49 965 830	51 145 370
2018	53 602 010	54 832 060
2019	58 477 700	59 745 020
2020	63 125 510	64 430 690
总计	399 222 335.34	413 432 993.18

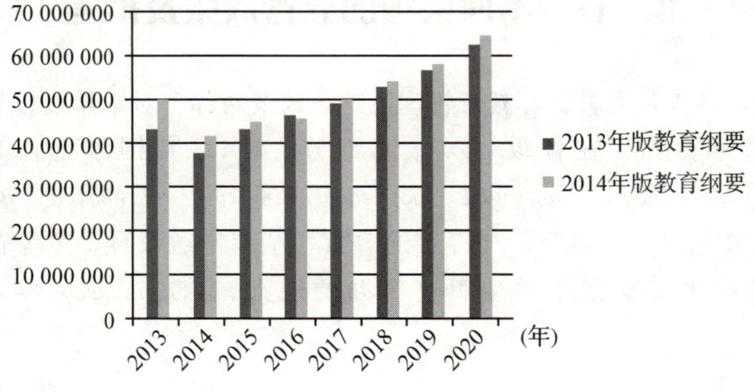

图 7-3　2013 年和 2014 年版教育纲要各年度拨款对照柱状图(单位：万卢布)

由表 7-2 和图 7-3 可知，纲要实施的第一年中，实际投入要高于前一年的预期。除 2016 年外，最新版纲要中各年度的投入额度均有所增加。且自纲要实施第二年起，财政投入逐年增加。各子项目和专项计划的财政拨款额度见表 7-3 和表 7-4。

表 7-3　各子项目实施期限内每年度财政拨款额（单位：卢布）

年度	职业教育发展	学前、普通与儿童补充教育发展	教育质量评价体系与教育体系信息公开性发展	吸引青年参与社会实践	2013—2020 年教育发展联邦国家计划的实施保障
2013	379 550 686 700	106 343 083 600	2 019 223 800	1 005 342 000	1 995 516 000
2014	385 245 442 200	16 782 517 500	938 512 600	725 057 800	1 650 486 200
2015	421 137 931 900	4 170 081 100	917 344 900	624 903 700	1 677 760 300
2016	442 353 218 000	3 646 433 200	917 344 900	624 903 700	1 677 760 300
2017	485 443 649 800	4 001 676 800	1 006 714 700	685 783 200	20 315 875 500
2018	520 435 954 600	4 290 085 500	1 079 270 600	735 208 900	21 780 080 400
2019	567 065 696 000	4 674 691 700	1 176 027 200	801 120 400	23 732 664 700
2020	611 538 425 000	5 041 468 400	1 268 298 400	863 976 400	25 594 731 800
总计	3 812 771 004 200	148 950 037 800	9 322 737 100	6 066 296 100	98 424 875 200

表 7-4　联邦专项计划拨款额度与来源(单位：百万卢布)

专项计划名称	来源			总计
	联邦财政	联邦主体财政	财政外来源	
2011—2015 年“教育发展”联邦专项计划	68 747.96 其中 11 751.16 为补助	67 874.43	184 26.95	155 049.34
2011—2015 年“俄语”联邦专项计划	2 113.545	267.72	205.73	2 586.995

>>第二节　不同层级的教育政策及措施<<

本部分从各级各类教育、教育管理与财政政策两部分对本年度俄罗斯教育政策进行梳理和分析。在各级各类教育部分，对《联邦国家学前教育标准》(《*федеральный государственный образовательный стандарт дошкольного образования*》)①、《学前教育、初等普通教育、基础普通教育、中等普通教育教师职业标准》《关于全俄中学生奥赛举办的规则》(《*Об утверждении Порядка*

① Министерство образования и науки, федеральный государственный образовательный стандарт дошкольного образования[EB/OL], http: // www. edu. ru/db-minobr/mo/Data/d _ 13/m1155. pdf, 2014. 6.

проведения всероссийской олимпиады школьников》)[①]和《关于科学博士和副博士学位授予的规定》(《*Об утверждении Порядка оформления и выдачи дипломов доктора наук и кандидата наук*》)[②]进行梳理与分析。关于教育管理与财政政策，主要分析的政策文本包括《关于确定教育系统中创新机制的设立和运行规则》(《*Об утверждении Порядка формирования и функционирования инновационной инфраструктуры в системе образования*》)[③]、《关于实施教育体系监督指标的决定》(《*Об утверждении показателей мониторинга системы образования*》)[④]、《关于提高高等教育机构监督的有效性》、《2014 年俄罗斯教育科学部直属高教机构优先接收外国籍、无国籍学生及境外俄侨学生的标准》(《*Об утверждении перечня образовательных организаций высшего образования, подведомственных Министерству образования и науки Российской Федерации, которым предоставлено преимущественное право на прием для обучения иностранных граждан и лиц без гражданства, в том числе соотечественников, проживающих за рубежом, в пределах квоты на образование иностранных граждан и лиц без гражданства в Российской Федерации, установленной Правительством Российской Федерации, в 2014 году*》)[⑤]及《2014—2015 学年及 2015—2016 学年俄联邦高教机构联邦财政拨款标准》(《*Об утверждении перечней федеральных государственных образовательных организаций высшего образования, на подготовительных отделениях которых осуществляется обучение за счет*

① Министерство образования и науки, Об утверждении Порядка проведения всероссийской олимпиады школьников[EB/OL], http: // www. edu. ru/db-minobr/mo/Data/d _ 13/m1252. pdf, 2014. 6.

② Министерство образования и науки, Об утверждении Порядка оформления и выдачи дипломов доктора наук и кандидата наук[EB/OL], http: // www. edu. ru/db-minobr/mo/Data/d _ 14/m157. pdf, 2014. 6.

③ Министерство образования и науки, Об утверждении Порядка формирования и функционирования инновационной инфраструктуры в системе образования[EB/OL], http: // www. edu. ru/db-minobr/mo/Data/d _ 13/m611. pdf, 2014. 6.

④ Министерство образования и науки, Об утверждении показателей мониторинга системы образования[EB/OL], http: // www. edu. ru/db-minobr/mo/Data/d _ 14/m14. pdf, 2014. 6.

⑤ Министерство образования и науки, Об утверждении перечня образовательных организаций высшего образования, подведомственных Министерству образования и науки Российской Федерации, которым предоставлено преимущественное право на прием для обучения иностранных граждан и лиц без гражданства, в том числе соотечественников, проживающих за рубежом, в пределах квоты на образование иностранных граждан и лиц без гражданства в Российской Федерации, установленной Правительством Российской Федерации, в 2014 году[EB/OL], http: // www. edu. ru/db-minobr/mo/Data/d _ 14/m640. pdf, 2014. 6.

бюджетных ассигнований федерального бюджета，на *2014/15 и 2015/16 учебные годы*》)①。

一、各级各类教育

在上述宏观发展方向的指引下，俄罗斯政府在 2013—2014 年针对各级各类教育出台了相关的政策。2012 年颁布的新教育法首次将学前教育纳入了普通教育，并于 2013 年年底出台了《学前教育联邦国家教育标准》。与之相伴的还有《学前教育与普通教育教师标准》，这些文件对教育者的工作提出了相应的标准化要求。在普通教育领域，俄罗斯主要对奥林匹克竞赛的规则进行了调整，促进天才儿童和青年的培养与发现。在高等教育领域，对科学博士、副博士学位的授予进行了规定。

(一)联邦国家学前教育标准

2013 年 12 月 17 日，俄罗斯教育科学部确认通过了《学前教育联邦国家教育标准》(简称《学前标准》)。这是俄罗斯历史上首次根据《联邦教育法》的要求制定的学前教育联邦国家教育标准，这一标准的出台意味着学前教育地位的提高和国家对其质量保障的强调，受到社会各界的广泛关注。

1. 学前教育标准的制定与出台

由于联邦管理机关和教育界对国家教育标准的制定意见分歧极大，在其他层次国家教育标准早已落实的情况下，规范学前教育系统的国家教育标准迟迟没有出台。包括俄罗斯联邦独立后的最先两任教育科学部部长在内的不少政客、学者出于对国家教育标准将压制教育民主化的担心，都反对制定国家教育标准。俄罗斯联邦独立后较长一段时间，规范学前教育机构及其教育内容的国家法规是 1997 年批准的《学龄前和学龄早期儿童教育机构标准条例》。

联邦国家学前教育标准的制定、讨论和定稿经历了一年的时间。2013 年年初，俄罗斯教育与科学部成立了标准制定工作组。联邦教育发展研究院院长阿斯莫洛夫任工作组组长，工作组成员包括教育界、科研院所和社会组织的代表。1 月30 日起，工作小组开始制定符合 2012 年版《教育法》要求的《学前标准》(草案)。3 月1 日起，开始针对《学前标准》(草案)进行广泛的社会讨论，教育界代表和所有关注此问题的公民参与其中。2013 年 6 月 14 日，俄罗斯联邦教育科学部

① Министерство образования и науки，Об утверждении перечней федеральных государственных образовательных организаций высшего образования，на подготовительных отделениях которых осуществляется обучение за счет бюджетных ассигнований федерального бюджета，на 2014/15 и 2015/16 учебные годы[EB/OL]，http：//www. edu. ru/db-minobr/mo/Data/d _ 14/m323. pdf，2014. 6.

当日在其官方网站上公布了《学前标准》(草案)。教育科学部邀请社会各界参加有关《学前标准》(草案)的讨论工作，并提供了电子邮箱地址(skorolupova@mon. gov. ru，kostyuk-ny@mon. gov. ru)接受各方建议。7月3日，俄罗斯联邦教育科学委员会召开有关联邦国家教育标准会议，会上共研究了超过300份收到的意见和建议。根据《学前标准》(草案)委员会的决定，《学前标准》(草案)被批准，并进行二读。在11份普通教育专家组和工作建议组做出结论的基础上，俄罗斯教育科学部联邦国家教育标准委员会8月23日通过了批准《学前教育联邦国家教育标准》的决定。10月17日，俄罗斯联邦教育科学部第1155号命令通过《学前教育联邦国家教育标准》(以下简称《学前标准》)，该《学前标准》自2014年1月1日起生效。

2. 学前教育标准的原则与目标

《学前标准》规定的基本原则包括：支持童年多样性；保护学龄前童年作为个人整个发展阶段中重要一环的独特性和自我价值；儿童完整度过学龄前童年的全部阶段，丰富童年发展；为每个儿童创造符合其年龄、个体特殊性和天赋爱好的适宜的社会环境；在儿童发展过程中促进儿童和成年人的合作，使儿童和社会群体、文化氛围和周围世界相互作用；使儿童熟悉社会文化准则、家庭、社会和国家传统；通过使儿童参与不同类型的活动形成儿童的认知兴趣和认知行为；考虑儿童发展的民族文化和社会环境。

《学前标准》规定以下目标：国家保障每个儿童获得高质量学前教育的机会均等；国家担保在对实施基础教育大纲条件、其结构和掌握结果的统一教育要求基础上的教育水平和质量；保护俄罗斯联邦学前教育水平上的统一教育空间。

3. 学前教育标准对大纲结构和内容的要求

根据《学前标准》，大纲应该在考虑学龄前儿童心理年龄特征和个体特殊性的基础上保证学龄前儿童发展，并致力于解决以下任务：保护并增强儿童身体和心理健康；保护并支持儿童个性，发展每个孩子作为与他人、世界和自我产生关系的主体的个人能力和创造潜能；形成受教育者的整体文化，发展他们的德、智、体、美素质，培养创造性、独立性和责任感，形成学习活动的先决条件；保证学前教育阶段教育大纲内容和组织形式的灵活性和多样性，使它们具有根据教育需要和受教育者的能力水平形成不同难度和方向层次教育大纲的能力；形成符合儿童年龄和个体特殊性的社会文化环境；保证每个儿童在学龄前童年阶段不受居住地、性别、民族、语言、社会地位、心理和生理水平的限制，拥有全面发展的平等机会；保证学前和初等普通教育基础教育大纲的连贯性；确定包括教育和社会组织合作在内的部门间合作方向的系统性。

大纲应包括交际—个性、认知—语言、艺术—审美和身体健康四个教育发展领域。大纲在结构上分为义务部分和教育关系参与者形成两部分。其中，大纲的义务部分所占比重应该不少于60%，教育关系参与者形成的部分不超过40%。

教育关系参与者形成的部分应该呈现教育关系参与者自主选择或制定的侧重化大纲，侧重化大纲是指致力于学龄前儿童某个或几个教育方面、活动形式和文化实践发展的大纲、教学法、教育工作组织形式。大纲分为三个基本章节：目标章、内容章和组织章，每一章反映出义务部分和教育过程参与者形成部分。

以内容章为例，内容章义务部分致力于形成以下基本价值观和完成以下社会化任务：对自己的家庭、家乡和祖国形成尊重和归属感；形成自身安全和周围世界(日常生活、社会和自然)安全观念；在“什么是好和什么是坏”的基本道德价值观的基础上掌握社会生活中基本社会准则和行为规范；掌握饮食、活动、体育锻炼等方面健康生活方式的基本标准和规范；能够欣赏语言、音乐、造型等艺术作品并体会自然世界的情感价值发展。解决儿童在交往—个性、认知—语言、艺术—审美和身体健康这四个教育领域的发展问题：应该致力于以下活动形式的经验积累：运动，包括走、跑、跳、爬等基本运动及滑板、雪橇、骑自行车、滑雪和运动游戏；游戏，包括语言主题、导演和规则游戏的主题游戏；交际，与成年人及同龄人进行建设性交流与互动，口头语言作为基本交流工具；认知探究，对周围世界进行客体研究并进行与其相关的试验；理解文学艺术和民间传说；基本劳动活动，自我服务、家务劳动、在自然中劳动；使用各种材料，建筑材料、模型玩具、模块组件、纸张、自然材料等进行设计；造型，绘画、泥塑、粘贴；音乐，歌唱、音乐律动、儿童乐器游戏。

教育关系参与者形成的部分由教育关系参与者挑选不同类型来源的大纲而构成。该部分大纲应该考虑受教育者、其家庭成员和教育者的教育需要和兴趣，可以参考实施教育过程所在的民族、社会文化、经济、气候条件的特殊性；实施力求符合大纲目标和任务组织教育工作者兴趣；支持组织的既有传统等。如果大纲教育对象包括身体条件受限的儿童，大纲应包括矫正工作内容或全纳教育内容。

4. 学前教育标准对实施大纲条件的要求

《学前标准》对实施大纲条件的要求包括对实施大纲的教育心理学、发展直观空间环境、人才干部、硬件设施和财政条件的要求。

在教育心理学条件方面，教育者尊重受教育者作为人的尊严，形成并支持他们的积极自我评价，帮助提高其对自己能力的信心；在教育过程中使用与其相应的年龄心理学和适应个体特殊性儿童工作的形式和方法(不允许人为加速或人为减速)；尊重每个孩子的兴趣和能力，考虑他发展的社会环境，在成年人与儿童相互交往的基础上建立教育过程；教育者支持儿童相互之间积极、友好的关系，支持儿童在各种活动中的合作；支持孩子在他们特定形式活动中的独创性和独立性；给予儿童选择材料、活动形式、活动和交往伙伴的机会；保护孩子远离所有生理和心理形式的暴力；教育机构与受教育者家庭应建立相互合作，以实现每个孩子的全面发展，引导受教育者家庭直接参与教育过程。

在发展直观空间环境方面，班级和区域的发展直观空间环境应该保障儿童与成年人交流和共同活动的机会，保障在所有小组包括低龄小组孩子进行体育活动和单独活动的可能性。保障实现组织教育过程所利用的各种教育大纲；如有需要组织全纳教育，应提供全纳教育所必需的条件；考虑实施教育过程所在地的民族文化和气候条件。发展直观空间环境使其内容丰富、可变化、多功能、可选择、可获得并且有安全保证。

在人才干部方面，应配有具有专业能力的人才干部。大纲的实施要求机构实现教育活动管理，落实大纲的方法论保障，进行会计核算，医疗支持必需的金融、经济和商业活动。为解决这些任务，应吸收相应专业能力人才成为机构员工或与机构签订合同，提供相应服务。

在硬件设施方面，其要求包括卫生—流行病学规范条例确定的有关要求(机构建筑，供水、排污、供暖和通风，教育处所架构和面积、其装修和设备，教育处所人工和自然照明，卫生条件和内容、受教育者良好饮食区域等)、防火安全规范确定的要求和组织内医疗人员工作处所设备的要求。

在财政条件方面，大纲实施的财政保障总量由《学前标准》对学前教育基础教育大纲实施条件的要求确定，参考大纲方向、受教育者类型、组织形式、教学形式和其他教育过程特殊性，并应该足够支付实施大纲的教育者工资；确保用于教学的资源和相应材料，包括日常的、游戏的、运动的、保健的设备，存储相关服务费用及与连接互联网信息相关的费用；保障教育工作者在其工作专业上的补充职业教育相关费用；确保与大纲实施相关的其他费用。国家担保公民获得普及免费的学前教育的财政保障，经费通过俄罗斯联邦预算体系的相应预算发放，直接拨付到财政规范的、能保证按照标准实施大纲实现教育服务的国立、市政和非国立教育机构。在非国立教育机构通过返还符合财政标准的费用的方式(不包括不动产费用和公共事业支出)，实现大纲实施的财政保障。

联邦国家教育标准一般包括对以下几个方面的要求：第一，基础教育大纲结构(包括基础教育大纲义务部分和有关教育关系参与者部分)和内容；第二，实现基础教育大纲的条件，包括人才、财政、物质技术和其他条件；第三，掌握基础教育大纲的结果。

与普通教育其他阶段标准不同的是，《学前标准》不作为完成相应教育活动和学生培养要求的评价基础。《学前标准》对于大纲掌握结果的要求以学前教育目标形式呈现，即儿童完成学前教育水平阶段可能达到的社会和心理特征。目标无需教育评估(监测)等直接评价，不作为儿童实际成就正式对比的依据。目标不作为符合教育活动和受教育培养规定要求客观评价的基础，掌握大纲结果不伴随进行受教育者的间断性鉴定和最终鉴定。同时，目标不作为教育干部鉴定、教育质量评价、受教育者的阶段性评价和最终评价、评价市政(国家)任务完成情况和教师绩效工资分配的直接依据。《学前标准》关注到幼儿阶段在整个人生发展过程中的自我价值发展作用，童年的社会文化多样性，儿童发展的年龄规律性和个体特殊性，健康条件受限儿童的特殊发展需要并给予其发展机会，向儿童提供专业的个人发展支持。

（二）学前教育与普通教育教师职业标准

2013 年 10 月 18 日，俄罗斯劳动与就业保障部通过了《学前教育、初等普通教育、基础普通教育、中等普通教育教师职业标准》（简称《教师职业标准》）。这是确定教师职业技能基本要求的框架性文件。由于俄罗斯政府承认教师在教育改革中的关键作用，且致力于更新政策解放教师的工作，这一文件被提出。在国家层面上，《教师职业标准》是实施国家教育战略，促进俄罗斯教育达到国际化水平的机制的重要纲领性文件；对教师和学校而言，则是衡量教师职业技能水平、教育机构挑选人才等活动的重要依据。

1. 适用范围、采用目标和特征定位

《教师职业标准》覆盖普通教育（学前、初等、基础和中等学校）的各个阶段。作为可扩充的开放性文件，未来计划覆盖补充教育和职业教育。《教师职业标准》可用于以下方面：普通教育机构教师招聘；地区教育管理机关对教育机构教师的鉴定；教育机构在其权限内对教师的鉴定。

采用《教师职业标准》的目的在于确定教师的职业技能；保证教师培养质量；保证教师熟悉对其的要求；促进教师参与解决提高教育质量的任务。采用《教师职业标准》的作用在于克服评价教师的技术至上主义；保证教师工作的自由和责任相协调的共同提升；激励教师持续的职业技能提升。

根据新要求，教师应具备以下能力：培养天才学生的能力；在实施全纳教育大纲的条件下工作的能力；教授母语为非俄语学生俄语课程的能力；和有发育问题的学生工作的能力；和有严重行为障碍等问题的特殊学生工作的能力。

在总框架下《教师职业标准》可以补充地区成分和学校成分。教育机构可以根据实施的教育大纲的特点制定教育机构内部标准。为了保证有效进行社会监督，计划成立独立的社会组织"教师职业标准—2013"。教师职业标准的提出应该推动师范教育标准的改革。

2. 关于教师教学、教养工作及儿童发展的职业能力要求

《教师职业标准》的主体内容是对教师教育教学工作和发展提出的职业能力要求，以及对初等学校和学前教师提出的特殊职业能力要求。

在教学方面，教师应具备的条件和能力包括：接受过高等教育；展现学科和教学大纲的知识；计划和实施课程，分析其有效性；掌握课程框架以外的教学形式和方法：实验室实验、田野实践等；利用专业教学方法，使所有学生参与教育过程，包括有特殊教育需要的学生、天才学生、母语非俄语的学生、能力有限的学生等；能够客观评价学生的知识，利用多样的检查形式和方法；掌握信息通信技术能力。

在教育工作方面，教师应掌握教育工作的方法，并在课内外运用这些方法；掌握组织参观游览、徒步旅行和探险考察的方法；进行博物馆教育，拓宽学生的视野；保证安全的教育环境；有效管理班级，吸引学生参与教学和教育过程，激励他们的学习认知活动；树立有助于学生发展的教育目标，无论其出身、能力和性格如何，不断寻找达成目标的教育途径；在班级里制定明确的行为准则；全面支持学生的自我管理组织；和孩子交往要重视他们的尊严，理解并接受他们；发现有价值的知识和信息，保证学生理解并体验它们；设计并建立发展儿童情感价值的情景；在多样的儿童活动形式中发现并实施教育活动；在考虑儿童的文化差异、性别差异、年龄特点和个体特殊性的基础上组织教育活动；在教学单元中建立学生、家长和教师组成的共同体；支持学生家长建设性的教育工作，吸引家庭参与孩子的教育；在解决教育任务时与其他教师和专家合作；分析班级状态，维护儿童集体的团结；保护孩子的自尊和利益，帮助处于冲突环境中的儿童；支持学校生活的方式、氛围和传统，并做出自己的积极贡献。

在发展方面，教师应接受不同孩子的意愿，为每一个孩子提供专业的帮助；通过观察发现与孩子发展特征相关的各种问题的能力；运用教育学知识提供有针对性的帮助；在心理、医学、教育学框架下和其他专家合作；阅读专家文献；和其他专家共同制定儿童个性化发展大纲；掌握实施矫正发展工作的专业方法；追踪儿童发展的动态；保护不被儿童集体接受的孩子；了解学生个性发展和表现的一般规律；在工作实践中使用心理学方法；创设使学生心理安全舒适的教育环境，了解并预防校园暴力；和专家共同实施初等和中等普通教育大纲，以及补充教育大纲的教育心理学跟踪；掌握学生个性特征和年龄特征的心理学诊断基本方法；和专家共同编写学生个性特征的教育心理学鉴定；制定和实施符合学生年龄特征的个性化发展大纲；组织多方面的教学活动，培养儿童社会行为准则、网络虚拟世界行为技能、跨文化交流等交往能力；掌握和各类学生工作所必需的教育心理学技术；能够组织儿童、成人共同体；了解与家长有效工作的基本规律。

此外，《教师职业标准》还提出了针对初等学校教师工作的 6 项能力要求和针对学前教育教师的 11 项能力要求。

3. 对教师的评价方法及其推广计划

对教师工作的评价务必全面考虑教育层次、学生的爱好和能力、其发展的特殊性和现实的教学条件。在评价和健全学生工作的教师时，学生的学业成就和竞赛成绩可以作为评定标准；在评价和特殊学生工作的教师时，应考虑儿童积极发展动态的综合指标，以及证实保护其心理情感状态的指标。学前教育和初等教育教师的职业活动评价应综合考察儿童综合能力发展、儿童对幼儿园的态度及家长参与教育的程度和幼儿园的生活。评价教师职业素质时务必参考学生和家长的反馈。内部监察是考量教师是否符合《教师职业标准》的重要方式。国家在进行教师鉴定和授予奖励时应考虑内部监察的结果。

《教师职业标准》的推行计划分三个阶段。第一阶段，教师、管理人员、专家团体、职业协会、学生和家长广泛讨论。在讨论阶段收集社会建议，成立社会协会"教师职业标准—2013"、实现国家—社会管理机制。第二阶段，启动试点项目，各地区、教育机构、师范院校和教师进修中心自愿参加，申请使用《教师职业标准》指导其工作。第三阶段，在 2014 年 9 月之前全面推行《教师职业标准》。

(三)全俄中学生奥林匹克竞赛举办规则

全俄奥林匹克竞赛是俄罗斯选拔天才儿童与青年的重要手段之一。在奥赛举办的公平性和选拔优秀学生的有效性方面，社会各界展开了激烈的讨论。2014 年 1 月 21 日，俄罗斯教育与科学部出台了 31060 号文件《关于全俄中学生奥赛举办的规则》，对全俄中学生奥林匹克竞赛的目的、程序、组织规则、组织机构、参赛者的权利和义务等方面做出了详细的规定。

1.《关于全俄中学生奥赛举办的规则》的出台背景

对于奥赛获奖学生能否优先或免试进入高校学习，俄罗斯各界多有争议。2013 年 12 月，俄罗斯高等经济学院院长雅罗斯拉夫·伊万诺维奇·库兹米诺夫(Ярослав Иванович Кузьминóв)致信俄罗斯教育科学部和教育科学监督局，要求奥赛获奖者若想进入高校学习，必须通过相应科目的国家统一考试，以对其知识结构进行进一步的检验。而反对者则认为，这种做法不利于对天才学生的选拔，会打击学生参加奥赛的积极性。

在这样的争论之中，俄罗斯教育科学部希望通过提高全俄奥赛举办过程的公平性和透明度，增强社会各界对于奥赛的信任度和认可度。通过严格和规范举办流程，达到有效选拔优秀学生的目的。为此，俄罗斯教育科学部对于全俄奥赛的举办规则出台了新的规定。

2. 全俄奥赛的内容与举办阶段

全俄奥林匹克竞赛是在俄罗斯联邦境内举行的知识性竞赛，每年举办一次，从当年的 9 月 1 日开始至次年的 4 月 30 日结束。竞赛旨在促进学生们创造潜力和科研兴趣的产生和发展，选拔具备卓越才能的学生组成俄联邦队伍参加世界奥林匹克通识教育竞赛。奥林匹克竞赛包括以下几个科目：数学、俄语、外语(英语、德语、法语)、信息技术、物理、化学、生物、生态学、地理、天文学、文学、历史、社会学、经济学、法学、艺术(世界文艺)、物理动力文化、危险性低的工艺学。

全俄奥林匹克竞赛分为四个阶段，包括学校阶段、市级阶段、区域级阶段和最后的全国阶段。组织奥林匹克竞赛的组织流程如下：首先是进行学校和市级阶段的比赛，由当地的教育机关自行组织；其次是选拔出的优胜者和获奖者参加区域级的竞赛，由俄联邦政权主体教育机构组织；最后是全国竞赛阶段，由区域级竞赛的优胜者和获奖者参加，由俄联邦教育与科学部组织。

3. 全俄奥赛的组织机构与实施保障

全俄奥林匹克竞赛由中央委员会组织实施，委员会成员由高等教育机构的代表、国家政权的联邦机构的代表、国家政权俄联邦的主体的代表、地方教育领域的管理自治机构的代表和课程和方法中心代表组成，并由俄罗斯教育与科学部批准成立。

竞赛各个阶段的评审委员会由俄教育工作者、科学家、科学教育工作者和俄教育科学部信任的部门的代表组成。评判委员会的职责包含以下几个方面：评价竞赛的竞赛试题是否符合准备要求和方法；与竞赛者一同检验试题和解题过程；按照参赛者的要求，向他们展示试题；向参赛者公布竞赛结果；审查参赛者的上诉通过视频；以各个学科的统计分数为基础，确定竞赛的胜利者和得奖者的比例；呈交竞赛组织竞赛结果，以便他们参考；编制并提交各个阶段竞赛组织机构关于各个学科试题完成结果的分析报告。

竞赛各个阶段的课程—方法中心委员会按照竞赛中心委员会的建议，由教育工作者、科学家、科学教育工作者和俄教育科学部信任的部门的代表组成。课程—方法中心委员会的职责和功能包括以下几个方面：确定试题原则和标准，形成试题套题，为完成比赛提供必要的物质技术保障；确定参赛者登记程序；将已经编制完成的区级阶段和决赛阶段的各学科竞赛套题放置在电子储存器内运往俄联邦教育部；选择实现重新检查已经编制完成的竞赛试题；每年向竞赛中心委员会呈交工作报告；每年向俄联邦教育部呈交关于相应各个学科的竞赛结果的分析报告。

(四)关于科学博士和副博士学位授予的规定

俄罗斯联邦教育科学部于 2013 年 12 月 11 日发布了第 1333 号法令《关于确立科学博士和副博士毕业证书的形式及其技术要求》，确立了关于科学博士和副博士毕业证书生成及授予的规定。与此同时，2012 年 1 月 24 日发布的《科学博士和副博士毕业证书生成、授予及更换程序》自 2015 年 7 月 1 日起失效。

1. 学位证书授予条件

根据新规定，申请获得科学博士和副博士毕业证书的人应符合以下条件：在 2014 年 1 月 1 日前通过毕业论文答辩并在 2015 年 1 月 1 日前通过鉴定事宜审查，或已获得硕士学位，在 2014 年 7 月 1 日前申请副博士学位并通过答辩(需在 2014 年 1 月 1 日被学位论文委员会接收并提交审查)并在 2015 年 7 月 1 日前通过鉴定事宜审查。

学位证书和副本的生成及授予的依据是俄罗斯联邦教育科学部的相关决议。

对被授予科学博士或副博士学位的人颁发学位证书、对遗失了科学博士或副博士学位证书的人颁发学位证书副本、更换毕业证书也参照这一标准。

根据教育科学部关于授予学位证书、发放学位证书副本和更换学位证书的规定，学位证书将在俄罗斯联邦教育科学部高等鉴定委员会的官方网站上注册之日起的 10 日内刊登在互联网上。自教育部颁发授予学位证书、学位证书副本、更换学位证书的决议后的两个月内，学位证书及其副本应准备完成。

2. 学位证书填写规则(略)

3. 学位证书副本授予规则

被授予学位者如遗失证书，可以申请授予学位证书副本。学位证书副本形成于学位证书表格，不论学位授予的年份，这些表格在申请副本的阶段一直有效。学位证书副本反面右上角应用打印机或黑色水笔标明"副本"一词，同时由丢失了原件的被授予者签名。

向教育部申请学位证书副本需要准备以下材料：被授予学位者的个人申请书，对遗失原件的情况进行说明；丢失的学位证书复印件(如果有的话)；内务机构关于丢失学位证书的证明。

科学博士毕业证书副本需在教育部批准的基础上，由俄罗斯联邦教育科学部部长或部长委托副部长(附上职责说明)签名同意，同时需要盖上教育部带有俄罗斯联邦国徽标志的印章。签名需使用黑色笔。科学副博士毕业证书副本需在教育部批准的基础上，由通过论文答辩的机构负责人签名同意，同时需要盖上该组织的印章。论文答辩委员会是在通过论文答辩的机构基础上成立并向被授予人颁发学位的。签名需使用黑色笔。在论文答辩委员会所在机构终止活动的情况下，科学副博士毕业证书副本需根据俄罗斯联邦教育科学部的委托，由俄罗斯联邦教育科学部副部长签名同意，同时需要加盖教育部带有俄罗斯联邦国徽标志的印章。

学位证书副本表格的填写规则与学位证书相同。

4. 学位证书更换规则

填写申请更换学位证书的表格时，需符合能证明被授予者个人身份的文件，以及由本人提供的能证明姓氏、姓名、父称、性别变化的文件，确保符合规定。更换学位证书后，学位证书原件应按照规定停止使用、备案并销毁。

由于姓氏、姓名、父称、性别变化而需要更换科学博士毕业证书时，需在教育部批准的基础上，由俄罗斯联邦教育科学部部长或部长委托副部长(附上职责说明)签名同意，同时需要加盖教育部带有俄罗斯联邦国徽标志的印章。签名需使用黑色笔。

由于姓氏、姓名、父称、性别变化需要更换科学副博士毕业证书时，需在教育部批准的基础上，由通过论文答辩的机构负责人签名同意，同时需要盖上该组织的印章。论文答辩委员会正是在这一机构基础上成立，并向被授予人颁发了学位。签名需使用黑色笔。在论文答辩委员会所在机构终止活动的情况下，科学副博士毕业证书副本需根据俄罗斯联邦教育科学部的委托，由俄罗斯联邦教育科学部副部长签名同意，同时需要加盖教育部带有俄罗斯联邦国徽标志的印章。申请更换学位证书表格的填写规则与原学位证书相同。

当通过论文答辩的机构终止活动时，由教育部根据规定生成科学博士毕业证书及其副本、科学副博士毕业证书及其副本，并直接由教育部发放至被授予学位者。领取证书时，被授予者应当出示能证明自身身份的文件，代理接收者应出示符合规定的委托书，论文答辩委员会的委托代表(论文答辩委员会停止活动的情况下，则是论文答辩委员会所在机构的代表)应出示经由论文答辩委员会所在机构负责人(或其副手)签名同意和机构印章的委托书。

科学副博士毕业证书及其副本(不包含当论文答辩委员会所在机构终止活动时，由教育部根据规定生成毕业证书及其副本)由教育部颁发给论文答辩委员会的委托代表，委托代表需提供论文答辩的机构负责人签名及该机构的印章。论文答辩委员会停止活动的情况下，证书颁发给论文答辩委员会所在机构的代表。颁发学位证书及其副本时需要签收。

5. 学位证书颁发情况登记规则

为了登记颁发的学位证书及其副本的情况，俄罗斯教育科学部需准确地按规定将教育部颁发学位证书、学位证书副本及更换学位证书的决议的复印件装订成册，复印件上应包含以下信息：学位证书系列号；颁发学位证书的日期；被授予学位证书者的签名。学位证书及其副本颁发情况登记簿需加盖教育部印章，作为严肃报告文件永久保存在教育部中。

由论文答辩委员会或论文答辩委员会所在机构的委托代表接收的学位证书及其副本，其授予情况应在接收后的一个月期限内在教育部进行登记。论文答辩委员会所在机构将告知被授予学位者接收学位证书及其副本的日期。颁发学位证书及其副本需要签收。

为登记颁发的学位证书及其副本的情况，每一个论文答辩委员会都需要建立记事簿，登记以下信息：序号；被授予学位者的姓氏、名字和父称(如果有的话)；学位证书的系列号；学位及科学领域；教育部关于授予学位证书、学位证书副本或更换学位证书的决议的日期及序号；授予学位证书的日期；授予学位证书及其副本的公务人员的签名；接收学位证书者的姓氏、名字、父称(如果有的话)及签名。

学位证书及其副本颁发情况登记簿需加盖论文答辩委员会所在机构的印章，作为严肃报告文件保存在指定机构中(永久性保存)。学位证书及其副本在其颁发的 3 年内都未被接收的，将由论文答辩委员会所在机构回收，附带未接收声明上交至教育部。

二、教育管理及财政政策

本部分涉及《关于确定教育系统中创新机制设立和运作规则》《关于实施教育体系监督指标的决定》《高等教育机构监察的有效性》《2014 年俄罗斯教育科学部直属高教机构优先接收外国籍、无国籍学生及境外俄侨学生的标准》及《2014—2015 学年及 2015—2016 学年俄联邦高教机构公费名额分配计划》五个政策文本。

(一)关于教育体系中创新成分的确立与运作规则

2013 年 7 月 23 日，俄罗斯教育科学部第 611 号命令确定了《关于确定教育系统中创新机制设立和运行规则》。该规则决定了创新机制的设立和运行规则，包括其组成、创新活动的主要方向以及联邦创新平台组织认可的规则。

1. 创新机制的主要内容

设立创新机制的目的是，鉴于俄罗斯联邦社会—经济发展的主要方向，鉴于俄罗斯联邦在教育领域的国家政策优先方向的实施，确保教育系统的发展和现代化。创新机制由联邦和地区创新平台组成(以下简称“创新平台”)。其活动的主要方向为以下几个方面。

(1)开发、测试和(或)引进：教育内容和教育系统的新元素，新的教育技术，教学方法和教学实验设施，教育机构的教学形式、方法和手段，包括利用社会资源；在复杂的社会条件下开展的示范性基础教育大纲，创新教育大纲，教育机构发展大纲；职业教育领域的专业培养方向，以发挥符合俄罗斯联邦社会—经济主要发展方向的人才潜能和科学潜能；在采用现代技术法的基础上的培养方法，职业再培训和(或)提高人才技能的方法，包括培养教师人才、科学人才和科教工作者，以及教育领域的领导者的方法；各层级的教育管理的新机制、形式和方法，包括采用现代技术；新型社会参与教育管理的新制度；教育领域的教育组织和教育工作者联合活动的自我调节的新机制，以及教育组织的网络互动。

(2)旨在完善教育系统教学方法、科教、组织、法律、人才、物质技术保障的教育领域的其他创新活动。

按照俄罗斯联邦教育和科学部、俄联邦主体国家权力机关的意愿，在自主开发的创新大纲完成的创新方案框架下，创新平台开展某一个或某一些方向的教育领域活动。

联邦创新平台被从事教育活动的组织和教育领域其他运行组织，以及他们的联合会(以下简称“组织”)所认可，无论其组织—法律形式、类型、部门归属(若有)如何，重点考虑其是否符合俄罗斯联邦社会—经济发展的主要方向、符合俄罗斯联邦教育领域国际政策的优先发展方向及所实施的创新项目/大纲是否对教育系统的现代化和发展具有现实意义。

2. 创新平台活动的管理

为了保障和协调教育领域创新活动的形成和运行，教育科学部设立了协调机关以处理教育领域创新机制的形成和运行问题(以下简称“协调机关”)。

协调机关里有教育科学部代表、对此感兴趣的联邦国家权力机关的代表，还有俄罗斯联邦主体执行权力机关的代表，从事教育领域管理的地方自治机关的代表，从事教育活动的组织、科学组织、从事教育活动的社会组织的代表。协调机关的成员由教育科学部确定。协调机关由主席领导。协调机关根据会议确定的章程进行活动。

协调机关的职责包括：提出修正创新平台主要活动方向和实施效果标准的建议，提出在教育领域及群众实践中利用创新平台活动结果的建议；报告创新平台开展创新项目的社会可行性；向教育科学部提出认可的联邦创新平台的建议，确定联邦创新平台清单的建议；审查联邦创新平台实施项目的年度报告；为教育科学部领导准备关于创新机制运行效率的分析材料。

必要时开展会议是协调机关活动的主要形式，且不少于每半年一次。如果不少于2/3的注册成员出席会议，协调机关有权行使全权。协调机关的决议由大多数参会者表决通过。协调机关决议由出席会议的协调机关全体成员签字的记录形成。记录中要指出协调机关成员的不同意见(如果有)。当协调机关成员的意见势均力敌时，协调机关主席的意见是决定性的，如果主席缺席，那么代替主席参会的副主席的意见是决定性的。

3. 联邦创新平台组织认可制度

教育科学部在协调机关的建议基础上认可联邦创新平台组织。根据项目/大纲的鉴定结果，协调机关形成认可联邦创新平台的建议。

为了获得联邦创新平台组织的认可，组织申请者需要在当年9月1日前向协调机关递交申请，申请包括如下内容：名称和处所，组织申请者的联系电话；提议方案/大纲的目的、任务和主要想法，阐述对于发展教育系统的重要意义；方案/大纲的实施纲要，初始理论基础、阶段、活动内容和方法、每一阶段的预计效果、组织工作的必要条件、检查手段和确保结果的可信度、按照方案/大纲主题的科学和教学—方法开发清单；标明实施阶段周期和最终产品/结果清单的方案/大纲实施进度表；阐明方案/大纲实施符合教育法的可行性，或者根据方案内容提出法律法规建议，实施方案/大纲的必要性；参加实施方案/大纲组织的自我管理机关的决议；在群众实践中传播和引进方案/大纲结果的建议，包括修改教育法规的建议(如有可能)；实施完成后，阐述方案/大纲结果的稳定性，包括资源保证机制。

加入协调机关的申请书要通过评审。评审由教育科学部确定的组织(以下简称“评审组织”)按照俄罗斯联邦法律法规在竞争的基础上开展。评审组织需要：

评审申请书；向协调机关提供关于申请书鉴定结果的结论；评审联邦创新平台方案/大纲实施的年度报告；建立和管理联邦创新平台活动的数据库。根据申请书鉴定结果准备的结论，由评审组织在当年 12 月 1 日前递交给协调机关。

协调机关分析评审组织提供的结论，并向教育科学部提出认可联邦创新平台组织申请者的建议。最终，由教育科学部确定创新机制中联邦创新平台的名单。重复递交获得联邦创新平台认可的申请要在一年以后。在方案/大纲实施期间进行联邦创新平台的组织认可。

随着方案、大纲实施的期限到期，教育科学部根据协调机关的建议可以终止或延续联邦创新平台的活动。

联邦创新平台的活动在如下情况下提前终止：获得继续实施方案/大纲不可能的证明或目标不明的过渡性成果；在实施方案/大纲的情况下，联邦创新平台认可的组织和俄罗斯联邦的法律法规遭到破坏；没有提交、没有按时提交实施项目/大纲的年度报告。关于提前终止联邦创新平台活动的问题由协调机关进行研究。根据研究结果协调机关向教育科学部提出相关建议。

地区创新平台的认可(活动终止)由教育领域国家管理的俄罗斯联邦主体执行权力机关遵照本制度进行。

从事教育领域国家管理的俄罗斯联邦主体执行权力机关，每年需向教育科学部提交在俄罗斯联邦主体疆域内的地区创新平台的清单，以及在群众实践中传播和引进实施项目/大纲成果的建议，包括修改教育法律法规的建议(如有必要)。

4. 创新平台的活动

创新平台按照申请书中的方案/大纲实施纲要开展活动。在方案/大纲的框架下，创新平台应负责：制订活动计划，必要时邀请学术顾问；监督所实施的项目；及时可靠地收集项目实施的进展追踪信息，向未成年学生的家长(监护人)和其他感兴趣的人报告大纲实施的目的、任务、实施机制和效果。创新平台应在既定时间内开展确定的项目；保证遵守法律和维护教育过程参与者的合法利益；及时向教育科学部或从事教育领域管理的俄罗斯联邦主体执行权力机关报告所出现的阻碍项目实施、可能导致项目进度无法完成的各种问题。

创新平台每年在下一个报告期限年的 9 月 10 日之前提交项目实施的书面报告。

联邦创新平台方案/大纲的实施报告提交到评审组织进行评审，根据其评审结果向协调机关提交关于方案/大纲成果重要性的结论和在群众实践中采用的可能方式的报告。

(二)教育体系监督指标

近年来，俄罗斯政府不断加强对教育体系的监督，对普通教育、职业教育、高等教育、补充教育及教育评价体系等各个方面提出量化指标，以求更加客观地反映俄罗斯教育体系状况。2013年8月5日，俄罗斯联邦政府确立和颁布的第662号文件《关于实施教育体系监督指标的决定》。各领域的指标均包含教育覆盖率、教师队伍结构、教育机构硬件设施、残疾儿童入学率、教育质量等方面，具体如下。

1. 普通教育领域监督指标

俄罗斯新版教育法实施后，学前教育正式成为普通教育的第一阶段。在普通教育领域，俄罗斯针对学前教育发展和初等、基础和中等普通教育两方面分别提出了监督指标。

(1)学前教育领域。

在学前教育普及情况方面，主要考察：已接受学前教育的3～7岁儿童与当年开始接受及准备接受学前教育的3～7岁适龄儿童的比例；2个月至7岁(含7岁)在学前教育机构上学的儿童数量占该年龄段所有儿童总数的比重；在私立学前教育机构就读的学生人数占学前教育机构所有学生的比重；在短期体验班学习的儿童占所有学前教育机构入学儿童的比重。

在学前教育机构的人才配备方面，主要考察师生比，并对学前教育教师平均月薪与各联邦主体普通教育机构教师平均月薪进行量化比较。

在物质技术和信息保障方面，除考察直接用于满足学前教育机构需求的学生平均使用面积(平方米)外，还要分别监督拥有供水、集中供暖、排水设施、建有操场和建有室内游泳池的学前教育机构占所有学前教育机构的比重。学前教育机构中平均每100个儿童使用的电脑数量也纳入了监督范围。

身体条件受限儿童和残疾儿童在所有进入学前教育机构学习的儿童中所占的比重也是监督指标之一。此外，监督体系还关注到了儿童身体健康状况，要求统计学前教育机构中平均每个儿童每年的病假天数。

针对学前教育机构，一是考察机构网络的变化，包括实施教育活动的机构的关闭和重组，具体指标以学前教育机构数量的增长(百分比)来体现；二是考察学前教育机构的经济情况，即生均拨款总数(千卢布)和学费占所有资金的比重(百分比)；三是规范教学过程，创建安全的校园环境，分别考察有事故应急设施的和建筑需要大修的学前教育机构所占的百分比。

(2)初等、基础、中等普通教育领域。

监督指标体系从三个方面考察普通教育的普及情况，一是正在接受初等、基础和中等普通教育的居民在所有7～17岁居民中所占的比例；二是在符合俄联邦国家教育标准的普通教育机构中学习的学生在所有普通教育机构学生中所占的比重；三是适龄儿童入学时家长择校的可能性(由于没有其他选择而把孩子送到某所学校的家长占所有学生家长的比例)。

针对教师队伍，分别考察上下午班和夜班的教师、深入研究某一课题的教师所占比重；普通教育机构平均师生比；35 岁以下教师所占比重；国家级、市级教育工作者平均工资占全国整体水平的比重。

在残疾儿童入学情况方面，分别考察在所有接受初等、基础教育和中等普通教育的儿童和残疾儿童中，未在专门教育机构中就学的儿童所占的比重。

针对教育质量，首先考察各学校中等普通教育毕业生成绩水平，即国家统一考试(相当于我国的高考)中，学生平均分占前百分之十的教育机构的平均分与后百分之十的教育机构的平均分的倍数；其次是考察基础普通教育机构毕业生的国家结业考核(相当于我国的中考)平均分数；再次是完成中等教育教学大纲的毕业生中，低于最低分要求的毕业生所占比重；最后是在所有完成基础普通教育的毕业生中，国家结业考核成绩低于最低要求的学生所占的比重。

针对普通教育机构网络，要监察社会教育机构的增长情况(%)，并且要考察生均资金总数(千卢布)和学费占教育机构总资金比重。

在教育机构硬件设施、信息设备和安全环境方面，除考察配有供水、集体供暖和排水设备的学校所占比例外，还分别考察能够提供热菜、配有言语矫正站或矫正室、配有操场、配备游泳池的教育机构所占比例。配备消火栓及消防带、烟雾报警器、紧急呼叫装置、安保人员、监控系统的教育机构及建筑需要大修的学校等所占比重均纳入了监察范围。此外，每百名教师在教学中所用的电脑总数、可联网的电脑数以及网速在 1Mb/s 以上的教育机构所占比例也列入了对教育机构的监督体系中。

2. 职业教育领域监督指标

职业教育领域的指标主要针对中等职业教育。在中等职业教育普及率方面，考察 15～17 岁俄联邦公民中，接受中等职业教育的公民所占的比重，这里的中等职业教育既包括培养具有高级技术等级的工人和职员的教育，也包括培养中级专家的教育。

在教学过程组织方面所设的指标为通过远程教育、电子教学等手段获得中等职业教育的学生所占比重，基础教育、中等教育毕业后接受中等职业教育的学生所占比重。在培养方式上，统计通过面授和面授函授相结合等方式接受中等职业教育的学生比例。此外，还统计自费接受中等职业教育的学生所占比重。

在教师队伍方面，接受过高等教育或拥有高级技术等级的教师(不包括外国兼职教师及宗教、法律性质的教师)所占比重是一个重要指标。与其他教育阶段相同的是，中等职业教育机构教育工作者的工资水平也是重点关注指标。此外，在编教师中希望换工作的教师比重和从事兼职工作的教师比重也得到了关注。

与普通教育相同的是，职业教育领域的监督指标也涉及电脑、接入互联网、学生住宿、食堂、生均教学实验区面积等硬件条件和设施，并且关注到了身体条件受限学生和残疾学生所占比重，以及能为他们提供就学和住宿保障的教育机构所占比例。

较为特殊的是，除监督中等职业教育学生的学术及非学术成果之外，还需统计三年内毕业生的就业情况。

3. 高等教育领域监督指标

在高等教育普及率方面有两个指标：一是所有17～25岁青年中，学士、专家、硕士教育在读学生所占比重；二是在所有学士、专家、硕士教育在读学生中，在俄罗斯联邦著名古典教育大学、联邦性质的大学及国家研究型大学就读的学生所占的比重。

在培养方式方面，分别统计面授、函授、面授与函授结合、自费、远程教育等学士、专家和硕士生所占比重。

在师资方面，主要考察教师学历(博士和副博士)、青年教师(30岁以下)比例、兼职教学人员比例、师生比、平均月薪、更换工作意愿及发展第二职业的普遍程度等方面。

在科研方面，考察科研资金所占比重、教师平均通过从事科研活动获得的资金数额、教师和学生从事科研创新活动的普遍性等。

4. 补充教育领域监督指标

补充教育领域的监督指标一方面指向儿童和成人的补充教育，另一方面为补充职业教育。

儿童和成人补充教育在普及率方面的主要指标为5～18岁公民接受补充教育者所占比重，及在实行不同种类教学大纲的补充教育机构中学习的公民所占的比重。在师资方面，主要关注国立、市立教育机构教师的月平均工资占俄联邦整体平均工资的比例。在物质技术和信息保障方面，生均土地面积、供水供暖等设施、每百名学生配置电脑的数量等均为考察的指标。

在学习成果方面，主要考察家长和儿童在补充教育机构学习过程中关注的教育结果的侧重点，包括：教授知识、熟巧和实践技能；挖掘和发展学生的天分和能力；树立职业目标，让学生掌握重要的职业技能；巩固和拓展学生在学校教育中所学知识。

在补充职业教育发展方面主要有三个指标：一是25～34岁居民中接受过技能提升或职业再培训的公民在该年龄段人口总数中所占的比重；二是职业再培训和技能提升培训在实体经济活动机构中的覆盖情况；三是所有在编工作人员中，接受过补充职业教育的工作人员所占的比重。此外还考察通过远程教育方式接受补充职业教育的人员比例。

在师资队伍方面，关注具有博士和副博士学位的教师所占比例。

在物质保障方面，指标有：价格昂贵(单价在一百万卢布以上的)机器和设备的总金额在所有机器设备总金额中所占比重、每百名学生配置的电脑及接入互联网的电脑数量。

5. 关于教育系统的补充信息

除上述教育阶段和领域外，教育体系监督指标还关注到了科教一体化、俄罗斯教育与世界教育的一体化、教育质量评价系统与教育系统信息透明化发展及青年社会化等方面的指标。

在科教一体化方面，主要考察高等教育机构投入科研方面的花费占所有开支的比重，以及实体经济组织与职业教育机构的合作情况。在俄罗斯教育与世界教育一体化方面，分别考察接受中等职业教育(培养中级专家)和接受高等教育(培养学士、专家和硕士)的大学生中外国学生所占的比重，其中独联体国家学生单独列出。

俄罗斯的整体教育质量可从四个方面得到反映。一是公民对教育系统的满意度，包括教育机构代表和企业雇主代表的意见。二是学生在国内、国际知识测试、国际教育测评、奥林匹克竞赛等活动中所取得的成绩。三是教育系统中，国家及个人管理机制的发展，包括高等教育机构中自费和公费学生比例，以及设有行政管理委员会的教育机构所占比重。四是区域内教育质量评价系统的发展，具体是指拥有独立的教育质量评价系统的教育机构在所有教育机构中所占的比重。

在青年社会化和自我实现方面，首先关注到的是所有 5～18 岁公民中受教育者所占比例，以及接受中等和高等职业教育者所占比例。在保障适龄人口的教育普及后，还应当关注 14～30 岁人口中参加青年社会联合活动和联邦政府与各联邦主体政府组织的天才青少年支持项目的人口比例。

(三)教育科学部关于提高高等教育机构监察的有效性的指令

为了对俄罗斯联邦全部高等教育机构的信息进行全面的了解和掌握，提高高等教育机构的教育教学质量，2013 年 8 月 1 日俄罗斯教育与科学部颁布了题为《关于提高高等教育机构监察的有效性》的指令。

1. 高等教育机构监察政策的推行

随着国际化进程的发展，俄罗斯教育体系逐步迈向现代化，并与世界接轨。作为高端人才的培育摇篮，高等教育机构的培养质量和工作效率受到了俄罗斯政府的极大重视。从世界大学排名来看，俄罗斯高校的地位并不占据优势。俄罗斯政府采取了一系列提高高等教育质量的政策措施。一方面，政府加大资金投入和政策支持，重点建设一批一流大学；另一方面，俄罗斯联邦政府针对所有国立高校和部分非国立高校展开工作有效性的监察工作，对于不能达标的高校采取重组或停办的措施，从整体上提高俄罗斯高等教育的效率。

2012 年，俄罗斯教育与科学部首次开展高校工作有效性监察，共 541 所国立高校和 994 所分校参与其中。教育科学部设定了 50 个统一的指标，并据此收集各高校的工作数据。经过调查与分析，教育科学部公布了低效率高校名单，共涉及逾130所高等教育机构及450所分校。

尽管教育科学部设定的监察指标的客观性颇受争议，监察结果也让部分“低效率高校”的负责人和师生不满，但此后的监察活动范围仍不断扩大。2013年，共有934所国立、非国立、市立和地方高校及1 478所分校参与监察。2014年参与监察的包括968所高校及1 356所分校，其中包括552所国立高校和878所国立高校的分校。

2. 高校监察的主要内容

教育科学部发布的《关于提高高等教育机构监察的有效性》的指令中包含了高校应该填写并提交的统计手册。该手册的内容非常丰富，共分为六个部分，分别是高校的基本信息、教育活动信息、科学研究活动信息、工作人员的信息、硬件条件信息和经济和财政活动信息。每个部分中又包含了相应的更为详尽的填写项目。为了更全面了解监察的各类项目，了解俄联邦需要掌握高校信息的具体内容，现对六个部分中的详细内容做简要概述。

(1)高校的基本信息：包括高校全称、校长全名。

(2)教育活动信息：包括教学大纲和计划、学位特征、学制特征、培养专业和方向、招生信息、1～2年级和3～7年级学生的培养计划，全日制、函授制、双学位和补充教育的培养计划，大学后职业教育的培养计划，每年的答辩学生人数。

(3)科学研究活动信息：包括学校的科研机构，科学研究成果(尤其在信息技术、卫星技术、能源开发与保护、自然保护、核能和航空技术等方面的创新)，内部科研成果的花费金额，科学专利的特点和数量及专利被转化的情况，科学文章或著作被引用的次数。

(4)工作人员的信息：包括工作人员的受教育水平，教授、副教授及博士的数量，教师和学生的比率，教师的年龄构成和青年教师的比重，外国工作人员的情况，行政工作人员的数量和受教育水平。

(5)硬件条件信息：包括校园生活面积和教学面积，教学楼、实验楼、图书馆的面积，体育运动场所、食堂、宿舍的面积，先进的教学设备名称及数量，包括电子图书馆、电脑、教学软件、测试软件等，图书馆一年之中购入和淘汰的图书数量。

(6)经济和财政活动信息：包括国家拨款和自筹经费的数量及比例，经费在科学研究、成果出版、咨询活动、体育健康活动和文化活动中的分配情况，工作人员(包括教授、副教授、助教、实验员、一般行政工作人员)的薪资水平。

(四)2014年俄罗斯教育科学部直属高教机构优先接收外国籍、无国籍学生及境外俄侨学生的标准

俄罗斯联邦教育科学部于2014年3月20日发布了第209号决议《关于2014

年根据俄联邦政府确立的在俄外籍、无国籍公民教育配额，经过公开竞争选出具有优先接收外籍、无国籍及居住在国外的俄侨学生权利的俄罗斯联邦教育科学部直属高等教育机构》，确定了具有优先接收外籍、无国籍及居住在国外的俄侨学生权利的教育科学部直属高等教育机构的清单。

进入清单的高校共有 55 所，一共可接收 1 500 名外籍、无国籍以及俄侨学生。每所学校接收数量从 15 人到 30 人不等。其中有 41 所(约占 74.5%)高校可接收的最高数量为 30 人；7 所高校可接收 20～29 人；7 所学校可接收 15～19 人。

55 所高校中，理工类高校数量最多，共 26 所。包括莫斯科物理技术学院(Московкий физико—технический институт)、莫斯科电子技术研究所(Московский энергетический институт)、托木斯克理工大学(Томсний политехнический университет)、圣彼得堡国立理工大学(Санкт-Петербургский государственный политехнический университет)、喀山民族研究理工大学(Казанский национальный исследовательский университет)、伊尔库茨克国立科技大学(Иркутский государственный технический университет)等，且其中多数获得了接收 30 人的最高配额。

综合性大学共有 20 所，其中 9 所为联邦大学。如，图拉国立大学(Тульский государственный университет)、新西伯利亚民族研究国立大学(Новосибирский национальный исследовательский государственный университет)、伊万诺夫国立大学(Ивановский государственный университет)、秋明国立大学(Тюминский государственный университет)、叶利钦乌拉尔联邦大学(Уральский федеральный университет имени первого Президента России Б. Н. Ельцина)、远东联邦大学(Дальневосточный федеральный университет)、罗蒙诺索夫北(北极)联邦大学(Северный(Арктический)федеральный университет имени М. В. Ломоносова)、南联邦大学(Южный федеральный университет)、北高加索联邦大学(Северо-Кавказский федеральный университет)、阿莫索夫东北联邦大学(Северо-Восточный федеральный университет имени М. К. Аммосова)、西伯利亚联邦大学(Сибирский федеральный университет)等。

人文社科类高校共 5 所，分别为俄罗斯人民友谊大学(Российский университет дружбы народов)、国立普希金俄语学院(Государственнй институт русского языка им. А. С. Пушкина)、国立管理大学(Государственный университет управления)、俄罗斯国立人文大学和库塔芬莫斯科国立政法大学(莫斯科国立法律科学院)(Московская государственная правовая академия)。

另有两所师范类高校，分别为莫斯科国立师范大学(Московский государственный педагогический университет)(30 人)和托尔斯泰图拉国立师范大学(Тульский государственный педагогический университет им. Толстого)(19 人)。

财经类高校也有两所，分别为莫斯科经济学院（Московский экономический институт）（30 人）和圣彼得堡国立财经大学（Санкт-Петербургский государственный экономический университет）（30 人）。

（五）2014—2015 学年及 2015—2016 学年俄联邦高教机构公费名额分配计划

2014 年 4 月 15 日，俄罗斯联邦教育与科学部颁布了题为《关于批准 2014—2015 学年及 2015—2016 学年俄联邦高等教育机构中公费名额（国家财政拨款）的分配计划》的法令，其中规定了 43 所公立大学在 2014—2015 学年和 2015—2016 学年中享有国家计划内财政拨款的具体名额分配。（见表 7-5：2014—2015 学年俄联邦高校公费名额分配计划表和表 7-6：2015—2016 学年俄联邦高校公费名额分配计划表）

各国立高校要根据此分配指标来确定全日制、半全日制半函授制和函授制中公费学生的招生名额。国家财政部组织和参与编制预算的过程，记录和监督预算的实施过程，调控财政支持的范围，最大限度地保障人民的受教育权利。各州以及各区域的高等教育行政机构与国家财政部积极配合推进新政策在高校中的贯彻与落实，并分别于 2014 年 10 月 5 日和 2015 年 10 月 5 日之前，将学校最终实际招收的学生人数及时反馈给教育与科学部。

表 7-5　2014—2015 学年俄联邦高校公费名额分配计划表

序号	学校名称	总数	全日制	半全日制半函授	函授制	服兵役退伍人员入学总数	全日制	半全日制半函授	函授制
1	阿尔泰国立大学	50	50	0	0	0	0	0	0
2	阿穆尔国立大学	50	0	50	0	5	0	5	0
3	巴什基尔国立大学	180	0	160	20	60	0	50	10
4	别尔哥罗德理工大学	5	0	0	5	5	0	0	5
5	布里亚特国立大学	120	80	20	20	10	0	0	10
6	伏尔加格勒国立大学	225	100	125	0	20	10	10	0
7	沃罗涅日国立大学	25	0	25	0	1	0	1	0
8	东西伯利亚技术与管理国立大学	20	20	0	0	0	0	0	0
9	国家极地学院	20	13	7	0	0	0	0	0
10	塔吉斯坦国立技术大学	10	10	0	0	0	0	0	0
11	喀山国立动力工程大学	30	0	20	10	1	0	0	1
12	克拉斯诺达尔国立文化与艺术大学	3	3	0	0	0	0	0	0
13	库班国立大学	40	15	10	15	5	0	2	3

续表

序号	学校名称	总数	全日制	半全日制半函授	函授制	服兵役退伍人员入学总数	全日制	半全日制半函授	函授制
14	莫斯科人文与经济研究院	30	30	0	0	0	0	0	0
15	莫斯科国立大学	117	97	10	10	7	7	0	0
16	莫斯科国立政法大学	30	15	15	0	0	0	0	0
17	下诺夫哥罗德国立师范大学	40	0	40	0	0	0	0	0
18	下诺夫哥罗德国立大学	235	235	0	0	5	5	0	0
19	鄂木斯克国立技术大学	15	0	0	15	0	0	0	0
20	奥伦堡国立大学	60	40	0	20	7	7	0	0
21	奥廖尔国立大学	50	50	0	0	2	2	0	0
22	彼得罗扎沃茨克国立大学	60	40	0	20	2	1	0	1
23	伏尔加国立人文社会科学院	135	115	0	20	5	5	0	0
24	伏尔加国立技术大学	30	8	22	0	4	0	4	0
25	俄罗斯国立艺术专业科学院	5	5	0	0	0	0	0	0
26	俄罗斯国立师范大学	20	20	0	0	2	2	0	0
27	俄罗斯国立社会大学	210	145	0	65	25	10	0	15
28	罗斯托夫国立土木工程大学	10	0	0	10	1	0	0	1
29	圣彼得堡国立经贸大学	70	10	40	20	10	0	10	0
30	圣彼得堡国立文化艺术大学	3	3	0	0	2	2	0	0
31	萨拉托夫国立农业大学	25	25	0	0	3	3	0	0
32	东北联邦大学	30	30	0	0	0	0	0	0
33	西伯利亚国立航空航天大学	25	25	0	0	0	0	0	0
34	西伯利亚国立技术大学	237	150	0	87	8	0	0	8
35	西伯利亚联邦大学	28	28	0	0	3	3	0	0
36	瑟克特夫卡尔国立大学	55	55	0	0	10	10	0	0
37	图瓦国立大学	25	25	0	0	0	0	0	0

续表

序号	学校名称	总数	全日制	半全日制半函授	函授制	服兵役退伍人员入学总数	全日制	半全日制半函授	函授制
38	图拉国立大学	97	94	3	0	3	0	3	0
39	乌德穆尔特国立大学	10	0	10	0	0	0	0	0
40	乌里扬诺夫斯克国立技术大学	40	35	5	0	20	20	0	0
41	车里雅宾斯克国立师范大学	200	200	0	0	200	200	0	0
42	车里雅宾斯克国立大学	15	15	0	0	3	3	0	0
43	南方联邦大学	30	0	30	0	5	0	5	0
	总数	2 715	1 786	592	337	434	290	90	54

表 7-6 2015—2016 学年俄联邦高校公费名额分配计划表

序号	学校名称	总数	全日制	半全日制半函授	函授制	服兵役退伍人员入学总数	全日制	半全日制半函授	函授制
1	阿尔泰国立大学	50	50	0	0	0	0	0	0
2	阿穆尔国立大学	50	0	50	0	5	0	5	0
3	巴什基尔国立大学	180	0	160	20	60	0	50	10
4	别尔哥罗德理工大学	5	0	0	5	5	0	0	5
5	布里亚特国立大学	120	80	20	20	10	0	0	10
6	伏尔加格勒国立大学	225	100	125	0	20	10	10	0
7	沃罗涅日国立大学	25	0	25	0	1	0	1	0
8	东西伯利亚技术与管理国立大学	25	25	0	0	0	0	0	0
9	国家极地学院	20	20	0	0	0	0	0	0
10	塔吉斯坦国立技术大学	10	10	0	0	0	0	0	0
11	喀山国立动力工程大学	40	0	25	15	3	0	0	3
12	克拉斯诺达尔国立文化与艺术大学	3	3	0	0	0	0	0	0
13	库班国立大学	50	15	15	20	9	0	3	6
14	莫斯科人文和经济研究院	40	40	0	0	0	0	0	0
15	莫斯科国立大学	120	100	10	10	10	10	0	0
16	莫斯科国立政法大学	30	15	15	0	0	0	0	0
17	下诺夫哥罗德国立师范大学	40	0	40	0	0	0	0	0

续表

序号	学校名称	总数	全日制	半全日制半函授	函授制	服兵役退伍人员入学总数	全日制	半全日制半函授	函授制
18	下诺夫哥罗德国立大学	305	305	0	0	5	5	0	0
19	鄂木斯克国立技术大学	20	0	20	0	0	0	0	0
20	奥伦堡国立大学	60	40	20	0	7	7	0	0
21	奥廖尔国立大学	55	55	0	0	2	2	0	0
22	彼得罗扎沃茨克国立大学	60	40	0	20	2	1	0	1
23	伏尔加国立人文社会科学院	135	115	0	20	5	5	0	0
24	伏尔加国立技术大学	30	8	22	0	4	0	4	0
25	俄罗斯国立艺术专业科学院	5	5	0	0	0	0	0	0
26	俄罗斯国立师范大学	25	25	0	0	2	2	0	0
27	俄罗斯国立社会大学	210	145	0	65	25	10	0	15
28	罗斯托夫国立土木工程大学	10	0	0	10	1	0	0	1
29	圣彼得堡国立经贸大学	70	10	40	20	10	0	10	0
30	圣彼得堡国立文化艺术大学	3	3	0	0	2	2	0	0
31	萨拉托夫国立农业大学	35	35	0	0	3	3	0	0
32	东北联邦大学	30	30	0	0	0	0	0	0
33	西伯利亚国立航空航天大学	25	25	0	0	0	0	0	0
34	西伯利亚国立技术大学	257	150	0	107	8	0	0	8
35	西伯利亚联邦大学	28	28	0	0	3	3	0	0
36	瑟克特夫卡尔国立大学	55	55	0	0	10	10	0	0
37	图瓦国立大学	45	45	0	0	3	3	0	0
38	图拉国立大学	129	126	3	0	3	0	3	0
39	乌德穆尔特国立大学	10	0	10	0	0	0	0	0
40	乌里扬诺夫斯克国立技术大学	50	43	7	0	20	20	0	0
41	车里雅宾斯克国立师范大学	15	15	0	0	3	3	0	0
42	车里雅宾斯克国立大学	30	0	30	0	5	0	5	0
43	南方联邦大学	200	200	0	0	200	200	0	0
	总数	2 930	1 961	637	332	446	296	91	59

三、结语

2013 年 7 月—2014 年 6 月，俄罗斯政府在国民教育领域颁布了众多教育纲要及法案、法规，为不同时段的教育发展与改革、为不同层级的教育领域与教育环节提供了多方位的政策文本。

从国家整体发展的角度看，无论是普京总统 2014 年度国情咨文，还是国家从 2013 年到 2018 年前 5 年的政府工作主要方向，加大对国民教育的投入、提高各级各类教育的质量，从而不断提高俄罗斯教育在全球范围内的影响力都是政府对教育发展与设计的核心任务与目标。

从推动教育发展改革的热点角度看，教育体系的两头——学前教育和高等教育应该受到了特别关注。一方面，从前面所呈现的学前教育政策内容上不难看出，2014 年及之前的连续几年中，俄罗斯联邦政府对学前教育方面的支持和改革力度大且落实较好，体现了政府将学前教育置于优先发展地位的思路，联邦政府预算补贴地区学前教育的比例逐步提升，尤其注重区域层级落实现代化的措施，加强经费保障、提高教师待遇、扩充幼教学额、引进电子排队系统增加入园登记透明度等。另一方面，提高大学的国际竞争力是 2014 年俄罗斯高等教育无可争议的热点话题。无论是在《2018 年前政府工作主要方向》，还是在《俄罗斯 2013—2020 年国家教育发展纲要》中，均有关于此项内容的明确表述："到 2018 年保证有 2 所俄罗斯高校进入世界高校排名前 100 位，到 2020 年有 5 所"；"提高世界知名大学排名前 500 中俄罗斯高校的数量"。在 2013 年由 QS 公司主持的世界大学排行榜中，俄罗斯最强的两所大学依然在 200 名之外。这一事实再次对先前俄国提高高等教育国际竞争力的策略提出质疑，并促使俄罗斯政府与社会重新思考其高等教育在经济全球化、教育国际化的世界大背景下的发展方向和办学策略。因此，在 2014 年年终，俄国政府将提升本国高校的国际排名正式列入国家发展纲要之中，不仅仅是一种态度，更是一种强力促进本国高等教育质量与水平提升的发展战略与办学方向。这项计划被称为俄罗斯高校"5—100"计划，在动荡的国际政治局势和国内经济危机的当下，俄罗斯能否有充足的资金支持高等教育高重点扶持、精尖发展，能否兑现既有计划中的承诺，还是一个未知数。

第八章 日本教育政策与发展趋势

>>第一节 基于第二期《教育振兴基本计划》的日本教育发展总方针[①]<<

面对科学技术进步以及信息化、国际化、少子化、高龄化等社会环境变化带来的诸多时代课题，2006 年 12 月日本通过修改《教育基本法》确立了新时期教育的基本理念。除了继续贯彻“尊重个人”这一普世理念之外，修正后的《教育基本法》还强调“崇尚公共精神”“培养丰富的人格与创造性”与“继承传统文化”。[②] 作为落实这一理念的重要举措，日本政府计划按照《教育基本法》的相关要求，制定出教育的综合性指导大纲《教育振兴基本计划》(以下简称《计划》)。2008 年 7 月，日本政府公布了第一期《计划》，但此后社会环境迅猛变化，且东日本大地震的爆发又为日本教育带来了新的课题。于是，2011 年 6 月文部科学大臣向中央教育审议会建议制定第二期《计划》。对此，中央教育审议会·教育振兴基本计划分会经过前后共计 23 次审议，对灾后复兴与教育发展的方针以及具体的成果目标和对策作出探讨，其间听取了专家学者、相关部门、社会公民等多方意见，终于在 2012 年 8 月总结出审议的中期报告。为了有效推进计划的实施，审议内容还进一步延伸到教育投资以及教育行政方面。2013 年 6 月，日本政府基于审议报告的主要内容制定完成了第二期《计划》，以此为文部科学省实施改革提供指导，为地方政府结合实际情况做出应对指明方向。

第二期《计划》的实施期间为 2013 年到 2017 年，内容由三大部分组成：第一部分总述日本的教育展望，第二部分分述五年内的教育政策，第三部分提出了系统且全面推进教育计划必须落实的事项。

一、日本教育展望：“自立、协作、创造”的终身学习型社会

伴随着经济全球化与信息通信技术的发展，跨国界的人才、物质、信息乃至

① 主要参考文部科学省中央教育審議会、第 2 期教育振興基本計画について(答申) www. mext. go. jp/a _ menu/keikaku/detail/1335039. htm 2013-04-25.

② 文部科学省、教育基本法(平成 18 年法律第 120 号)[EB/OL]www. mext. go. jp/b _ menu/kihon/about/06121913/001. pdf 2006-12-22.

文化、价值观交流日益纷繁复杂，令人眼花缭乱。这个瞬息万变又充满危机的时代为社会生活的各种层面创造出新的希望也带来了新的课题。面对这些变化，国家只有做出及时恰当的应对才能转“危”为“机”，谋求进一步的繁荣。在全球化的进程中，以“金砖四国”(BRICs)为代表的新兴市场(Emerging Markets)不断实现经济成长。然而，日本自20世纪90年代泡沫经济破灭以来，经济长年处于停滞状态。加之近年来少子化、高龄化现象日趋严重，日本社会逐渐失去活力，开始直面生产力不足、生产规模减小、社会保障费增大等危机状况。据推算，2060年日本的人口约为9千万，较之2010年减少近三成，且其中四成左右为65岁以上的年迈老人。另一方面，由于第三产业的扩大、外籍人才的任用以及侧重能力和结果的薪水制度的建立等，诸如“终身雇用”“年功序列”一类的日本企业雇用模式发生了根本性的变化，从前的企业内部人才培育职能也慢慢消融。在此背景下，年轻人的失业率及非正式雇用比例上升，日本国内的雇用形势越发严峻。

除了经济环境与雇用环境的变化之外，日本国民的生活环境也发生了巨大变化。例如，城市化与过疏化、小家庭化、价值观和生活方式的多样化等。尤其是在以城市为中心的地区社会，联系和互助的“地缘”情结日渐淡薄，由此可能发展为人的孤立化倾向并给文化规范的传承带来阻碍。此外，不仅是日本，当今世界都面临着环境问题、食物能源问题、民族宗教纷争等多种亟待解决的课题。然而，2011年东日本大地震的爆发为转型期的日本造成了更大的困境。东日本大地震是包括地震、海啸、核泄漏事故在内的复合型灾害，它夺走了生命、财产、地区社会、谋生手段等对于日本国民而言不可替代的一切，其影响波及整个日本。这一灾害的爆发使得全日本所直面的危机更加明显和深刻。

尽管如此，日本也有各种优势，例如多样的文化艺术、领先的科学水平、高超的造物技术等，不胜枚举。此外，还有推进日本社会发展的原动力——国民的勤奋努力、团结友爱及较高水平的基础知识技能，这些都可以成为国家应对危机的突破口。放任危机，只会走向衰败，而发挥本国的优势，迎难而上，才能化“危”为“机”。

为了冲破困境，迈向可持续发展的“年轻社会”，日本提出了“自立、协作、创造”终身学习型社会的构想。“自立”是指让每一个人都能发展多重个性和能力，自主开拓充实的人生；“协作”意为构建互助、互促、包容、共生的社会；“创造”即是在自立与协作的基础上努力创造新价值；“终身学习型社会”则是“让每一位国民能够穷其一生开展持续不断的学习，并能适时地发挥学习成果，提升自我素养，过上丰富人生”的社会(《教育基本法》第一章第3条)。① 日本希望据此来促进

---

① 文部科学省、教育基本法(平成18年法律第120号)[EB/OL]www.mext.go.jp/b_menu/kihon/about/06121913/001.pdf 2006-12-22.

社会公民的自我实现、社会总生产力的提高以及人与人之间关系的深化，最终规避国家所面临的危机。而教育作为引导人们自主发展、增强社会广泛联系的公共服务，在其中占有不可或缺的地位。具体而言，在个体自我实现方面，教育主要承担以下任务：培养"儿童、青少年"的基本生活能力；提升"工作人群"的职业生活技能；帮助"年迈老人"进行终身学习；接纳和推进"女性、外国人、残障人士"的社会参与。同时，出于对低水平出生率的考虑，教育还应为"即将到来的新生命"营造安心安全的孕育成长环境。在提高社会生产力方面，教育应扩大技能提升的机会、充实能力评价的体制、构建有助于就业和转业的环境等。通过这一系列举措来培育高度专业化的人才、国际化人才、创新人才，以应对经济全球化和产业结构的变化。此外，在强化人际网络方面，教育应让每个人理解公共精神，具备合作意识。同时，教育还需注重工作与生活的协调，加强学校、家庭、地区的联系，为人们的自主学习与社会参与提供有利环境。

教育既是打破眼前障碍的途径，也是创造美好未来的资本。日本政府构建"自立、协作、创造"的终身学习型社会一则是为了提升每个国民的自信心和民族荣誉感，实现每一个人的成长，追求整个社会的幸福；二则是为了据此解决国际性课题，成为令世界尊敬和信赖的"大国""强国"。

二、五年内的教育规划："4 个方向、8 个目标、30 项对策"

为了逐步实现这一构想，日本政府为其教育行政定下了四个基本方向，即培养人的社会生活能力(日文表达为：社会を生き抜く力)；培养未来的开拓者；构建安心学习网络；构建联系紧密、充满活力的社会共同体(community)。而在确保教育投入的问题上，日本政府计划从以下三个方面作出努力：为合作型学习、双向型学习等高质量教育的实施创造环境；减轻家庭的教育支出；创造安全放心的教育研究环境(例如，强化学校设施的抗震能力等)。在不断加快的国际化进程中，对于自然资源匮乏的日本而言，人力资源才是增进社会活力的关键。对于日本而言，当务之急是要培养活跃于世界舞台的日本社会建设者，因此，教育的再生问题(指重新构建适应新时代发展需要的教育制度等)成为优先考虑的政策课题之一。

基于以上这些认识，日本政府参照经济合作与发展组织(OECD)成员国等多国政府的教育支出情况，对第二期《计划》实施期间的目标达成和政策施行所必需的投入作出预估，以便确保财源和实际的教育投入。在四个基本方向之上，日本政府又进一步制定了 8 个成果目标及用于衡量目标达成情况的指标，另外还提出了 30 项具体对策措施。

(一)培养人的社会生活能力

在这个知识纷繁、信息交错的时代，问题变得更为复杂，答案也不再唯一。

因此，学习者自身需要不断掌握和更新必要的知识和能力，并要善于将它们应用到与他人的交往和实际生活中。换言之，新时代要求学习者必须具备积极学习和主动实践的能力。尤其是在经历了东日本大地震之后，以不言弃的精神、迅速准确的判断力及应变力、良好的交流能力来面对意料之外的变故及工作生活上的困难显得极其重要。

正如OECD主导的"素养的界定与遴选：理论和概念基础"项目(DeSeCo)①所指出的那样，以上能力及培养上述能力的教育已经成为世界性的课题。日本此前提出的"生存能力"(日文表达为：生きる力)、"课题探求能力"的培养等目标与之如出一辙。今后的教育不能仅限于单向型、集体式的教学，必须注重有针对性的教学，例如，让学生基于自身的能力和个性来学习基础知识和技能。另外，也可适当运用ICT(Information Communication Technology)等手段推进新的学习模式。例如，开展学生与学生间、校内与校外间的合作型学习以及参与各种体验的课题探究型学习等，以此来激发学习者的学习兴趣、求知欲和生活热情。另一方面，教育必须关注和培养人的丰富内涵，包括人的社会性、规范意识以及尊重生命和体贴他人的品质等，从内在层面遏制校园暴力、校园欺凌等现象的发生。

值得注意的是，以上谈到的这些能力、态度和品质等，除了在学校教育中形成以外，它们还产生于人与人之间的协作、不同价值观和文化的碰撞及那些或成功或失败的实际体验当中。因此，在校内外打造一个终身学习的环境也是十分必要的。

1. 成果目标：生存能力

成果指标(例)：

- 国际学力调查的平均分数在所有调查对象国中领先。同时，知识掌握程度高的学生群体增加、知识掌握程度较低的学生减少。
- 在全国学力状况调查中，类似问题的正确率较之过去有所提高，答案空白率降低。
- 欺凌、拒绝上学、高中退学等状况有所改善(得到解决的欺凌事件数量增加、拒绝上学的儿童学生减少、高中退学者减少)。
- 10年后的儿童体力状况优于1985年左右的水平。

基本对策(例)：

- 充实语言活动：尤其是在培养学生的思考能力、判断能力和表现能力等方

---

① 1997年12月，经济合作与发展组织(Organization for Economic Cooperation and Development)启动了"素养的界定与遴选：理论和概念基础"项目(Definition and Selection of Competencies: Theoretical and Conceptual Foundations)，尝试定义并选出21世纪公民的关键素质。DeSeCo把关键素质分为：使用工具的能力、沟通能力和自主行动的能力3个范畴。

面，语言活动应当在各个学科中展开；结合地方实际情况，利用周六授课或者通过体验活动。

- 推进 ICT 技术下的合作型、双向型学习：积极应用 ICT 等技术改善教学方式和指导体系，推进协作型、双向型的学习模式，培养学生扎实的学力。
- 培养丰富的内心：充实道德教育用书《心灵笔记》并派发给所有小学生和初中生；探讨道德教育学科化的问题。
- 从根本上防治校园暴力和校园欺凌问题：加强道德教育和人权教育，增加实践体验，举办相关讲座和活动等；制定防止欺凌问题的相关法律。
- 完善全国学力学习状况调查：持续开展全数调查；尽可能地做出“细致研究”，例如，比较分析历年的情况变化、掌握分析学生的家庭情况和学力状况。
- 探讨学制改革问题：对现行学制及其应用情况进行调查研究，在此基础上开展广泛讨论。

2. 成果目标：课题探求能力

成果指标(例)：

- 学校课时数的增加(增至欧美同等水平)。
- 教育课程体系化，教学组织化、教学计划更加充实等，整个学校教学体系得到改善。

基本对策(例)：

- 确立学生主导型的学习模式，从根本上改革大学教育：以校长为中心着手建立有助于改革的学校教学管理体系；更改就职活动的举办期，确保学生有足够时间学习和参与留学等多种体验活动。
- 重视高中与大学的衔接：通过改善高考制度等，促进高中与大学的合作和顺畅衔接(灵活运用高中阶段的“学习到达度测试”结果，实现高考的根本性变革)。

3. 成果目标：自立、协作、创造能力

成果指标(例)：

- 围绕时代和社会课题进行学习的人群比例有所增加。
- 体验活动、读书活动的实施状况得到改善(参与体验活动的儿童、青少年人数增加，实施全校性读书活动的学校数量增加)。

基本对策(例)：

- 推进应对时代和社会课题的学习活动：构建男女共同参与的社会；创造更多与人权、环境保护、生活消费、地区防灾、运动健身等相关的学习机会。
- 推进校内外各种体验活动、读书活动：基于“儿童读书活动的基本计划”充实读书活动，重点推进以青少年为对象的体验活动，例如社会实践和国际交流等。

- 确保学习质量，活用学习成果评价：建立评价公开和信息公开的体系，建立教育援助人才的认证制度。

4. 成果目标：独立工作和生活的能力

成果指标(例)：

- 学生的生涯规划意识有所提高(有理想有目标的学生比例增加)。
- 实习和职场体验的实施状况有所改善。
- 大学对工作人群的接纳状况有所改善。

基本对策(例)：

- 实施体系化的职业生涯教育：根据儿童、青少年的身心发展阶段，在学校的全部教育课程中开展指导。
- 为社会人士提供更多重新学习的机会：强化大学作为终身学习园地的职能，加深企业对于学习重要性的认识，建立弹性的奖学金制度。

(二)培养未来的开拓者

当前日本面临着两大课题：一是要实现东日本大地震后的复兴；二是要在激变的社会环境中谋求发展。而要解决这些课题，除了要应对全球化等问题之外，还必须创造新的社会价值和经济价值。为此，日本政府计划对教育环境作出整顿，让每一位国民都能最大限度地发展多种个性和能力。

不论是专业领域的先驱者还是未来社会的接班人，对于所有人才而言，前文所提到的"社会生活能力的培养"都是首先必须具备的基础，这也是提高国民整体素养的第一步。而在今天这个国际化不断加快的社会中，创造精神与开拓精神、坚忍不拔的意志、快速准确的决断力、组织管理与领导能力、跨国界的交流能力与语言能力、异文化的理解能力及民族自尊心与自豪感等也越发重要。因此，这部分的目标设定和具体措施将重点置于国际与创新人才的培养之上，主要方针包括增加海外留学机会、鼓励特色特长和多种个性、营造异文化交流与和谐共生的环境等。尤其是"传授专业知识与技能"的高等教育机构，应当与政府和产业界开展积极合作，共同推进海外留学、强化国际交流、提高研究生教育质量、实施秋季入学，等等。

成果目标：创新人才、国际人才

成果指标(例)：

- 国际科学技术竞赛的参与者有所增加。
- 国内研究型大学的数量在10年后倍增。
- 赴外留学的日本学生人数在2020年之前实现倍增。
- 50%的初高中生能够达到《学习指导要领》中所要求的英语水平(初中毕业：英检3级以上；高中毕业：英检准2级以上)。

- 50%的初中英语教师、75%的高中英语教师的英语水平能够达到英检准1级(或 TOEFL iBT80 分、TOEIC730 分以上)。
- 大学中纯英文教学的实施率(纯英文教学的课程/所有课程)有所提高。
- 大学的开学时间更趋弹性化(4 月以外入学的学生人数增加)。

基本对策(例):

- 建立和推进有助于发挥学生优秀才能和个性的学校体制:如大学的跳级入学制度、高中的早期毕业制度等。
- 强化英语教育,促进留学生交流和国际交流,推进大学及高中的国际化建设:探讨小学阶段英语教育的早期化和学科化,增加指导时间,充实指导体制。
- 在高考中灵活运用 TOEFL 等社会化英语测验;官民合作创设新的援助体制,帮助减轻留学生的经济负担;创设“国际化高中”(super global high-school),从高中阶段开始培育国际尖端人才。
- 促进研究生教育的彻底变革:开设并实施跨专业的博士生课程和教育,与产业界合作培养人才。

(三)构建安心学习网络

每个人都应该有发展自身能力、实现自身价值的机会,不论其经济状况和社会地位如何。作为参与社会的必需前提,学校、家庭和地区等各方既要各司其职也要相互配合,以此帮助每一个人获得参与社会、独立生活所不可或缺的知识和能力。对于个体和社会整体而言,教育必须是公正平等和令人放心的。因此,日本计划构建“教育安心社会”,为具备学习动机的人提供不受经济、时间、空间限制的教育机会和学习途径。

经济条件与家庭环境的差异容易导致儿童入学机会和学力状况的差距,进而影响此后的就业、薪水情况。为了防止社会差距的扩大和延续,政府必须尽早采取对策措施。例如,从经济、生活、教育等方面为家庭条件困难和学习困难的学生提供适当的支持和帮助。另外,在饱尝地震、海啸等自然灾害带来的伤痛以后,日本更加重视校园安全问题。并且,为了有效发挥学校作为地区应急避难场所的职能,日本政府一方面致力于强化学校设施的抗震程度和防灾机制,解决老朽化问题,另一方面致力于推进安全教育的落实,深化学校与地区、家庭、相关机构等多方的合作。

1. 成果目标:学习机会

成果指标(例):

- 出于经济原因的高中退学者减少。
- 家庭经济情况带给学力的影响有所减缓。
- 助学金获得者的比例(助学金获得者/所有申请人)增加。

- 获得学费减免的学生比例(获得学费减免的学生/低收入家庭的学生)增加。

基本对策(例):

- 在各级学校实施教育负担减免政策:探讨幼儿教育的无偿化,在义务教育阶段实施就学援助,对低收入家庭中的高中生提供教育援助,为低收入家庭的大学生、大专生提供学习及生活方面的援助。
- 为学习困难的儿童和年轻人创造巩固学习的机会:为存在较多学习困难(主要是由于家庭环境造成的学习困难)儿童的学校提供补习指导等巩固学习的机会。

2. 成果目标:安全放心的教育研究环境

成果指标(例):

- 学校设施抗震率提高(公立学校尽可能在2015年之前完成抗震化工程)。
- 在学校管理下遭受意外事故的儿童学生人数减少。

基本对策(例):

- 强化学校的防灾体制,尽早处理设施老朽化问题。
- 推进防灾教育等有关学校安全的教育,与社区、家庭、相关机构合作确保学校安全。

(四)构建联系紧密、充满活力的社会共同体

可持续发展型活力社会的形成,不仅与每一个个体的能力有关,还有赖于每一个不同个体间的互动和互助。社会中的交流培养了人的社会性,而人与人的交流孕育出新的观点促进社会发展。

地区社会要解决自身存在的课题,应当高举"互助、共助"的理念,号召"共同体"中的所有人协作努力。并且,通过共同参与社会,上一代人可以将丰富的知识、技能和经验传递给下一代人,同时建立相互间良好的人际脉络。一方面,教育是赋予地区共同体以活力的源泉,也是帮助解决地区课题的动力,作为教育据点的学校和公民馆承担着非常重要的职责。另一方面,地区共同体与地区之外的非营利组织、企业、大学等各种主体间的合作也十分关键,因为来自不同背景的个体之间的协作将更有利于新价值的创造。

成果目标:合作互助型活力社区

成果指标(例):

- 在所有学区构建"学校支援地区总部"等校、区协作体系。
- 社区学校(community school)的数量占所有公立小学及初中的10%。

基本对策(例):

- 增加"学校支援地区总部"和"社区学校"的数量:推进"社区学校"的建设和学校相关者(主要指家长和地区居民)评价的实施,增设"学校支援地区总部"。

- 让大学成为社区的中心(COC 构想，center of community)：加强地区内高等教育机构间的合作，鼓励学生主动参与到困难地区的课题解决中去。
- 强化家庭教育援助体制：利用小学等地区内的场所举办家长交流会和家长咨询会，帮助家长学习。

为了落实四个基本方向的对策，加快实现东日本大地震后的复兴，日本政府还提出了相关的环境制度整顿举措，具体内容包括以下方面。

(1)彻底变革教育委员会：确立教育委员会的责任体制，探讨如何彻底变革教育委员会制度以更快速、更准确的应对突发问题。

(2)整顿教学指导体制：鼓励小班教学、充实小学的单科指导，提供补习援助等。

(3)强化大学统治力：确立以校长为最终决策人的组织运营模式，建立弹性化的基础经费分配机制。

(4)夯实大学财政基础：为国立大学提供运营补助金，为私立大学提供支援补助金，灵活分配基础经费。

(5)振兴私立学校：提供基础经费等财政支援，帮助减轻私立学校学生的经济负担。

(6)强化社会教育体制：促进社会教育行政与多方开展合作，为致力于解决地区课题的先进公共团体提供支援。

此外，要全面且有计划地推进方针对策的实施，还必须传递正确的信息、反映国民的意见、把握进展情况并不断完善实施计划。在参照第二期《计划》的基础之上，日本文部科学省对教育做出了多方面的改革。

>>第二节　日本基础教育进展①：改革教科书、出台校园欺凌法<<

基础教育是造就人才和提高国民素养的奠基工程，而接受基础教育是一个人获得自立能力、具备公民基本素质的必要途径。教育在不同阶段有不同的目标，基础教育阶段的首要任务就是要发展人的潜力，逐步提升人的素质，促进人的全面发展。2008 年和 2009 年，日本文部科学省相继修改了初小学校和高中的课程教学大纲《学习指导要领》。新《学习指导要领》指出，教育要培养学生的“生存生活能力”以应对激烈变化的社会环境。具体而言，“生存生活能力”的培养主要通过均衡发展学生“扎实的学力”“丰富的内心”和“强健的体魄”，亦即“智”“德”“体”

① 主要参考文部科学省白書 2013、教育再生に向けた取組の加速[EB/OL]http://www.mext.go.jp/b_menu/hakusho/html/hpab201401/1350715_007.pdf 2014-01.

三个方面。

一、教科书改革：《教科书改革实行计划》与《教科书无偿措施修正法》

作为教学的重要载体，教科书能为教师的教与学生的学提供系统化的指导和启示。因此，教科书应当全面且合理地反映时下《学习指导要领》中的教育目标，同时还应要求教科书的采选人以负责任的态度对教科书进行谨慎严格的考察和把关。2013年11月，文部科学大臣就今后教科书改革的总方针发表了《教科书改革实行计划》，建议对教科书的编辑、审定和选择等各阶段的制度作出必要改善。

《教科书改革实行计划》中对于教科书编辑和审定的改善意见是基于"教科用图书审定调查审议会"的讨论之上得出的。在编辑阶段主要是改善教科书申请审定时所需提交的资料，例如编辑主旨书等，要求其明示申请审定的图书是如何将《教育基本法》的目标具体化的。此外，为了促进《教育基本法》的目标在教科书中的体现，申请审定的所有资料都将公开在文部科学省的官网上。

为了落实改善意见，文部科学省还在2014年1月修改了《教科用图书审定标准》和《教科用图书审定实施细则》。在教科书的审定阶段，此次改革一是修改了教科书审定的标准，二是推进了教科书审定流程的透明化。毋庸置疑，一本合格的教科书，既要能引起学生多角度和辩证的思考又必须保持公正和中立的态度。因此，所有学科教科书的审定标准之一就是记述和话题的公正中立。《义务教育诸学校教科用图书审定基准》第二章第6条指出，"图书的内容不得误导学生，不能对某一特定事物进行过分强调或是只做片面的解释"。① 而就义务教育阶段社会科的教科书审定标准，《教科书改革实行计划》提出了两项改善意见：一是在记述那些没有统一见解的事物或是需要特别做出强调的事物时，必须把握好分寸；二是如果内阁政府和最高法院已经在这些事物上表明了确切的见解和裁定，那么教科书中的相关记述也应当遵循这些意见。而就教科书合格与否的判定方法，此前主要是参照审定标准计算教科书内容的不当之处是否超过20%以及教科书的基本框架和单元设置等是否存在难以改善的重大失误。《教科书改革实行计划》进一步作出补充：与《教育基本法》《学校教育法》及《学习指导要领》等文件中确立的教育目标对照，存在"严重缺欠"的教科书不予通过审定。另一方面，文部科学省从2009年开始制作审议会等教科书审定会议的议事概要，并在整个审定过程结束以后将其与其他相关材料一同公开在官网上。此次的《教科书改革实行计划》除

① 文部科学省、義務教育諸学校教科用図書検定基準（第33号）[EB/OL] http://www.mext.go.jp/a_menu/shotou/kyoukasho/kentei/021202.htm 2009-03-04.

了要求有关文件具体化以外，还旨在促进审定流程的透明化，以谋求教科书内容的改善和社会大众的理解。

此外，近年来日本几番出现有关教科书采选的问题和争论，有的甚至激化到文部科学省不得不发出强制命令的程度。例如，此前广受关注的日本冲绳县竹富町坚持自行选定教科书的事件。在此背景下，文部科学省听取了中央教育审议会・初等中等教育分科会的意见，结合《教科书改革实行计划》的内容，向国会提出了《义务教育诸学校教科用图书无偿措施法》(以下简称《教科书无偿措施法》)的部分修改案。具体的改正内容包括：教科书共同采选地区范围内的各市町村教育委员会必须制定共同的规则和合约，成立教科书采选地区协议会，在协议会的讨论结果之上选择同样的教科书；由都道府县教育委员会设定的教科书采选地区单位从“市郡”改为“市町村”(这一条规定的修改为竹富町脱离目前的共同采选区，自行选择教科书提供了合法性)；市町村教育委员会在选定教科书以后，应当公开采选结果和理由。《教科书无偿措施法修正法》已于 2014 年 4 月正式成立。

在文部科学省公布《教科书改革实行计划》并推进一系列改革期间，日本《每日新闻》曾发表评论表示担忧。评论指出，按照《教科书改革实行计划》的思路，如果教科书“严重缺欠”《教育基本法》等文件中的教育目标，将不予通过审定。然而，“仅是《教育基本法》中的教育目标和理念就十分广泛，例如知识和素养、丰富的情操、道德心、自主自律、勤劳、正义、责任、平等……还包括尊重传统与文化、热爱祖国和故乡等，要将这些东西体现在教科书中绝不只有一种方式。既然如此，怎样以‘严重缺欠’来画线区分呢?”此外，“《教科书改革实行计划》不加任何前提地要求社会科教科书遵循政府的观点，而不是先由教科书的编辑方做出基本的判断，这恐怕在日后会成为政权干预和介入的途径。况且，即使是政府的见解也有其暂时性和局限性，不应盲目贯彻。”简言之，《每日新闻》的评论认为，“与《教育基本法》保持一致”“反映政府的态度”，这些规定将极大限制教科书的编辑，削减其本应具备的创意、特色和多样性。因此，关于教科书是否真的有必要改革，尚需深思熟虑。①

二、校园欺凌对策：《欺凌防止对策推进法》与《欺凌防止基本方针》

基础教育阶段的校园欺凌现象是日本长期存在又亟待解决的问题。文部科学

① 每日新聞、社説：教科書検定改革～多様化の流れ止めるな[EB/OL]http：//mainichi.jp/opinion/news/20131123k0000m070153000c.html 2013-11-23.

省在 2012 年 11 月公布的“紧急调查”①显示，仅是 2012 上半年得到确认的国、公、私立中小学及特殊学校的欺凌事件就达到 144 054 件，为 2011 年整整一年(70 231 件)的两倍以上。此外，2011 年“滋贺县大津市初二学生自杀事件”②引起社会广泛热议，影响至今。以该事件为契机，欺凌问题进而演变为一大社会问题。在此背景下，日本国会计划从立法层面做出应对。随后的 2013 年 2 月，教育再生实行会议上的第一次建议总结了“欺凌问题的有关对策”，同时也提到了制定法律以确立欺凌对策基本理念和体制的必要性。2013 年 4 月，在野六党向国会提交《欺凌防止对策推进法案》。时任执政党的自民、公明两党认为，监护人应当对子女的规范意识做出指导，自治体和学校应当采取惩戒处罚、勒令休学等措施防止欺凌问题。而在野党则指出“国家不应介入家庭教育”“惩戒手段不能从根本上解决问题”。因此，该法的出台曾一度陷入难关。③ 2013 年 6 月，在第 183 次国会上《欺凌防止对策推进法》以赞成票居多正式成立，并于 9 月开始施行。

该法的具体内容包括以下内容。

- 必须严禁欺凌行为、确立欺凌防止对策的基本理念、规定相关人员的义务和责任等。
- 国家必须出台“欺凌防止对策的基本方针”。
- 各地方公共团体应当制定各地的基本方针(即“地方欺凌防止基本方针”)以求全面有效地推进欺凌防止对策的实施。
- 各地方公共团体应当联合学校、教育委员会、儿童咨询所、法务局以及地方法务局、警署等相关单位组建“欺凌问题应对与联络协议会”。
- 所有学校必须制定各自的基本方针(即“学校欺凌防止基本方针”)。
- 所有学校必须设置由该校多名教职员以及心理、福利领域的专家等相关人员构成的组织，以求及时谋取欺凌问题的应对措施。
- 学校及其设置者应当将以下基本对策纳入考量：(1)充实道德教育；(2)采取有助于尽早发现欺凌问题的举措；(3)完善咨询；支援体制；(4)借用网络的力量推进欺凌对策的实施(这也是国家和各地方公共团体需要考虑的基本对策之一)；(5)确保参与欺凌应对工作的人才；(6)促进调查研究的开展；(7)举办相关的宣传活动。
- 针对每个欺凌问题，学校方面应当采取以下措施：(1)对欺凌事实进行确

① いじめの問題に関する児童生徒の実態把握並びに教育委員会及び学校の取組状況に係る緊急調査[EB/OL]http：//www. mext. go. jp/b _ menu/houdou/24/11/1328532. htm 2012-11-22.

② 日本滋贺县大津市一名时年 13 岁的男孩因不堪忍受校园欺凌饮恨自杀，然而其所在学校和当地教育部门却辩称男孩之死与校园欺凌无关，引起群情激愤。

③ 産経新聞、与野党隔たりでいじめ対策法案難航か「立法見送らないで」の声も[EB/OL]http：//ameblo. jp/matsumotoyoshihiro/entry-11548776721. html.

认，向学校设置者报告结果；(2)为遭受欺凌的学生及其监护人提供支持和援助；(3)对实施欺凌的学生作出指导并对其监护人作出建议。如果确定该欺凌行为已经构成犯罪，学校方面还需积极配合警署的调查。

- 学校及其设置者应当开展相关调查，快速准确地掌握事实状况及其内在联系，以求防止同类事件的再度发生。
- 学校及其设置者在实施上述调查以后，应适当向遭受欺凌的学生及其监护人提供必要的信息。
- 学校应将调查结果报告给地方公共团体的最高领导人(首长)。首长如果认为有必要，可进行再次调查。此外还要结合调查结果谋求必要措施。

表 8-1 《欺凌防止对策推进法》中的组织设定

地方公共团体	欺凌问题应对与联络协议会	根据相关条例，各地方公共团体应联合学校、教育委员会、儿童咨询所、法务局以及地方法务局、警署等相关单位组建"欺凌问题应对与联络协议会"
	教育委员会的附属机构	为了结合"地方欺凌防止基本方针"及时有效地谋求欺凌问题防止对策，教育委员会应与"欺凌问题应对与联络协议会"开展密切的合作，同时下设必要的组织，即"附属机构"(依据《地方自治法》设立，机构成员为兼职。该机构的职责按照地区基本方针的内容设定。由于隶属教育委员会，因而其主要针对公立学校)
学校	欺凌问题应对的组织(必设)	为了及时确定欺凌问题的应对措施，所有学校必须设置由该校多名教职员以及心理、福利领域的专家等相关人员构成的组织
重大事件应对组织	学校及其设置者成立的调查组织(必设)	为了应对重大事件并防止同类事件再度发生，学校及其设置者应当成立调查组织，合理利用问卷等方式，快速准确地把握事实状况及其内在联系 下列情况均属于"重大事件"： (1)以确定事件中的欺凌行为对该校学生造成了人身和财产的巨大损害 (2)以确定事件中的欺凌行为将会导致该校学生长期缺席
	附属机构 公立：地方公共团体的最高领导人(首长) 私立：都道府县的最高领导人(知事)	接到学校方面的报告后，地方公共团体的首长(如果是私立学校则是都道府县的知事)如果认为有深入调查的必要，可设立附属机构进行再次调查等 "附属机构"依据《地方自治法》设立，机构成员为兼职 除了设立附属机构进行调查之外，还可以灵活利用地方公共团体独自设立的监查组织，或是委托地方公共团体内常设的行政部门在听取第三方意见的同时实施调查

根据《欺凌防止对策推进法》第 11 条规定，文部科学大臣必须制定相关的基本方针，以求全面有效地推进欺凌防止对策的实施。对此，文部科学省召开了"欺凌防止基本方针制定协议会"就欺凌防止问题展开了讨论，并于 2013 年 10 月制定出《欺凌防止基本方针》(下称《国家欺凌防止基本方针》)。下面将对这一基本

方针做简要介绍。

首先，欺凌防止基本方针主要包括：欺凌防止对策的基本方向；欺凌防止对策的内容；其他有关欺凌防止对策的重要事项。

1. 欺凌防止对策的基本方向

- 《欺凌防止对策推进法》制定的意义、基本理念以及组织化的对策；
- 对于"欺凌"的概念界定和理解；
- 与欺凌防止有关的基本思考。

2. 欺凌防止对策的内容

(1)国家关于欺凌防止的对策方针。

- 制定欺凌防止基本方针、设立相关机构：国家方面出台《国家欺凌防止基本方针》并在其中给出更为详细的指标。同时设立"欺凌防止对策协议会(暂称)"，基于相关法律对整个方针实施的情况进行把握和检验。此外，还要构建与有关职能部门的联络体制，为重大事件发生时调查组织的成立提供支援。
- 实施对策方针，防止欺凌问题：通过培养学生丰富的情感、推进以学生为主体的活动、确保参与欺凌防止工作的人才、实施调查研究、普及欺凌防止意识等方式防止欺凌现象的出现。充实教育咨询体制，加强学校、家庭、地区三方的合作力求尽早发现欺凌问题。灵活利用各种外部的人力资源，帮助解决包括"网络欺凌"在内的欺凌问题。完善教育体制，增进教师与学生交流和联系。

(2)地方公共团体关于欺凌防止的对策方针。

- 制定"地方欺凌防止基本方针"：以国家的基本方针为参照，制定地方的基本方针。
- 设立欺凌问题应对与联络协议会：最好能设立这样一个协议会，成员由各地根据自身实际情况来决定。
- 设立教育委员会附属机构：各地最好能根据自身实际情况，设立一个教育委员会的附属机构。机构成员应当包含具备专业知识和丰富经验的第三方人员。此外，附属机构还必须保持公平性和中立性。
- 实施对策方针：地方公共团体及学校设置者应当实施的对策方针。

(3)学校关于欺凌防止的对策方针。

- 制定欺凌防止基本方针：以国家和地方的基本方针为参照，制定本校在欺凌防止对策上的基本方向和内容。
- 成立校内的欺凌防止组织：在校内成立常设的组织，对欺凌问题做出系统化的应对。根据需要还可以任用外部专家。教职员在察觉学生有异常情况或是接到学生的诉求后，应当立即向该组织报告并配合该组织实施应对。

- 采取防止措施。

(4)重大事件的应对。

- 学校及其设置者实施调查：重大事件发生后，学校及其设置者应当在确保公平与中立的情况下展开调查，明确事件真相和联系。同时，学校及其设置者有责任向受害学生及其监护人提供必要的信息。如果受害方同意，可将其意见也一同反映在调查结果中。
- 地方公共团体的首长实施二度调查，采取措施：联合大学、学会等职能机构中具备专业知识和丰富经验的第三方人员参与二度调查。调查结果应适当向受害学生及其监护人公开。基于二度调查的结果采取措施。

3. 其他有关欺凌防止对策的重要事项

国家以该方针出台后的 3 年为期，对法律的施行状况作出把握，对方针进行重新探讨。

>>第三节　日本高等教育进展：国立大学改革与大学治理改革<<

随着社会经济结构的变化，高等教育机构所承担的角色也更加多样化——它不仅是全球性教育研究的基地和专业化人才培养的摇篮，也是促进地区文化经济发展的动力。从世界范围来看，高等教育阶段的入学率呈上升趋势，其中，日本的高等教育阶段(包括专门学校在内)入学率约为 80%，达到 OECD 诸国的平均水平。一方面，就大学入学率而言，OECD 诸国的平均水平为 62%，与此相对，日本的这一比例仅为 51%，且地区间的入学率还存在着明显差异。[①] 在应对社会经济结构变化的问题上，培养大批具备高度专业化知识和技能的高等教育出身者愈发重要。另一方面，当下的日本还面临着少子高龄问题的延续、地区共同体的衰退、国际间竞争的激化、财政状况的恶化等课题。日本政府认为，有必要尽快且大力地推进大学方面的改革。

一、国立大学改革：《国立大学改革计划》的出台

国立大学在推动高度化的学术研究、培养各领域的优秀人才、促进地区的繁荣发展以及确保高等教育机会均等方面发挥着重要的作用。自 2004 年实现法人化以后，日本的国立大学采取了一系列举措以发扬各自的特色和优势，强化自主

---

① 文部科学省中央教育審議会、第 2 期教育振興基本計画について(答申)[EB/OL] www. mext. go. jp/a _ menu/keikaku/detail/1335039. htm 2013-04-25，p. 12.

自律的职能，并在经营管理层面以及教育、研究、社会贡献等方面取得了一定的成果。然而，要进一步加强跨校跨院的交流与合作、按照职能和地区形成大学群，还必须不断推进国立大学的改革。① 2011 年 6 月，日本国立大学协会公布了名为《国立大学职能强化》的报告，其中指出，“为实现我国的伟大复兴与持续发展，今天的国立大学要努力强化其作为国家中心的职能、作为地方中心的职能以及作为合作体系的职能”。② 此后，在社会经济状况的进一步变化中，2013 年 6 月，日本内阁会议确立了“日本复兴战略”并将国立大学改革作为促使国家成长的途径之一。

在此背景下，为了切实、快速地实施国立大学的改革，文部科学省于 2013 年 11 月制定出《国立大学改革计划》，明确了改革的方针与对策。该计划将一体化推动国立大学的职能强化改革、人事薪资体系改革及大学统治力改革等。另外，文部科学省将为积极实施改革的大学提供经济方面的重点支援。为此，同省在 2014 年度国立大学法人运营补助金的预算中，设置了分配给积极投身改革的大学的 77 亿日元(新设)预算及用于支持“国立大学改革强化促进事业”的 186 亿日元预算(2013 年为 185 亿日元)。文部科学省计划通过这些举措鼓励各个大学最大限度地发挥所长，并期望通过构建大学自我改善与发展的机制，提高国立大学的竞争力与附加价值。

在《国立大学改革计划》中，各个大学的理想发展方向被概括为国际高水平教育研究据点、全国性教育研究基地、地区活化中心。具体而言，作为国际高水平教育研究据点的国立大学拥有国内外优秀教师团队，以培养领域拔尖人才，开展世界顶级教育研究为目标，与此同时，通过将最尖端的研究成果应用于实践来创造新的价值。例如，日本京都大学计划从哈佛大学、海德堡大学、新加坡国立大学等世界名校招揽理工系、医学系、人文系、社会系、环境系等领域的杰出研究者来构建本校的“国际化课程”体系，为研究生提供研究指导。而作为全国性教育研究基地的国立大学旨在通过开展跨校跨院的合作，从事国内顶尖的研究，实施面向世界的教育来培养引领亚洲的技术人员。作为地区活化中心的国立大学则是针对地区的需要培养人才，为解决地区课题，促进地区发展作出建议和努力。例如，日本福井大学计划将师范研究生院设置于附属学校中，在附属学校等据点校实施教师教育，向据点校派遣师范研究生院的教师开展教育实践，致力于提高全

---

① 文部科学省中央教育審議会、第 2 期教育振興基本計画について(答申)[EB/OL] www. mext. go. jp/a _ menu/keikaku/detail/1335039. htm 2013-04-25，p. 13.

② 国立大学協会、国立大学の機能強化一国民への約束一[EB/OL]WWW. janu. jp/pdf/kyoka _ 01 _ web. pdf 2011-06-22.

县 8 000 名教师的能力与素养。[①]

为了实现以上的转变，各大学需要重视特色和优势的建设，推进国际化和协同创新，加强人才培养的职能，最终构建自主自律进行改善发展的体系。在《国立大学改革计划》中，制定了与此相关的五大对策。

1. 有计划地调整教育研究组织和校内资源分配

此前，国立大学已与文部科学省交换意见并结合大学研究水平、教育成果、产学合作状况的客观资料，整理和公布了各大学的优势、特色以及社会职责。在此基础上，针对实现跨院系跨专业的预算、空间、人力资源、设施设备等校内资源最优分配，积极开展跨校合作，努力强化人才培养职能的大学，文部科学省将利用国立大学法人运营补助金等对其进行重点支援。一方面，各大学应不断调整自身的成长计划，每年由国立大学法人评价委员会对大学的改革实施状况作出评价。另一方面，国立大学法人评价委员会也需要强化自身体制，例如增加来自产业界等大学之外的委员会成员。

2. 积极开展国际水平的教育研究和国际间的留学项目

2013 年 9 月公布的“QS 世界大学排名”显示，日本国内共有 6 所大学进入前 100 名。然而，正如表 8-2 所示，这些大学中的外籍教师比例和留学生比例都远远低于世界前三的大学。受此影响，文部科学省将增加外籍教师聘用人数及扩大外国留学生接收力度等作为落实大学国际化的重要手段，并计划在今后十年内让共计 10 所日本的大学进入世界排名前 100。

为了促进大学的国际化，提高大学的国际存在感，文部科学省提出了多项对策，包括与海外大学建立联合培养关系、创设国际共同研究生院、积极聘用外籍教师、积极派遣和接纳留学生、普及全英文教学，等等。在日本留学生派遣方面，文部科学省计划通过扩大留学机会、增加奖学金援助、携手产学界举办留学前后的培训等方式，创设新的官民合作型海外留学支援体制。而大学方面必须考虑具体的课程安排以确保学生有充分的时间进行留学。在接收外国留学生方面，文部科学省要求各大学根据自身的特色有计划地接收优秀的外国留学生，并与产业界合作，打造良好的学习环境与就业环境，凸显留学日本的优势。同时，大学还要对留学归国的外国学生实施跟踪调查以形成日本留学经历者的互动网络。

---

① 文部科学省、国立大学改革プラン[EB/OL]www. mext. go. jp/component/a _ menu/education/detail/ _ _ icsFiles/afieldfile/2013/12/18/1341974 _ 01. pdf 2013-11-26，p. 4.

表 8-2 QS 世界大学排名(2013 年 9 月)①

	(在综合评价中所占比例)	①40%	②10%	③20%	④20%	⑤5%	⑥5%
1	麻省理工学院	100	100	99.7	100	97.6	96.3
2	哈佛大学	100	100	100	99.3	94.1	85.3
3	剑桥大学	100	100	95.8	99.6	95.5	96.0
32	东京大学	100	99.3	76.3	91.4	11.1	27.3
35	京都大学	99.9	92.1	68.4	94.8	16.5	22.9
55	大阪大学	91.7	80.5	57.7	93.2	14.9	19.9
66	东京工业大学	79.8	84.6	78.3	76.8	15.0	35.1
75	东北大学	81.8	76.0	54.9	97.9	18.5	21.2
99	名古屋大学	72.3	64.7	57.0	94.1	21.6	28.8

注：①世界各国学者的评价；②世界各国雇用者的评价；③平均每位教师的论文引用数；④平均每个学生的教师比例；⑤外籍教师的比例；⑥留学生的比例。

在2020年东京奥运会召开之前，日本计划将日本留学生的派遣人数从6万人(2010年)增加至12万人，将外国留学生的接收人数从14万人(2012年)增加至30万人。为此，文部科学省将2014年度有关留学的预算提高至355亿日元(较去年多出20亿日元)。一方面，据了解，不少日本大学生认为留学有碍就业，最终放弃出国。东京大学的特聘专员村上寿枝就曾指出，“错过招聘季，就业便愈发困难——这一共识才是真正使这些学生变得保守的原因”。另一方面，对于文部科学省提出的留学生倍增计划，就连该省的一名领导也坦言“留学生人数或许在数年后会增加，但从现状来看，要达成目标十分困难”。②

3. 加速“产学结合型”风险企业的创办与理工人才的培养

日本发展大学校办风险企业的目的是通过“产学官”合作，发掘大学的研究成果并促进研究成果产业化，凭借高新技术产品打开新的市场，从而推动经济的增长。同时，随着产业结构的变化，社会对于大学在培育新产业方面寄予的期望也在不断增强。文部科学省在此次的《国立大学改革计划》中表示，将向国会提交与《产业竞争力强化法》③相关的法案，促使国立大学向“风险企业支援组织”的资

① 文部科学省、国立大学改革プラン[EB/OL]www.mext.go.jp/component/a_menu/education/detail/__icsFiles/afieldfile/2013/12/18/1341974_01.pdf，2013-11-26，p.7.

② 産経ニュース、留学生倍増計画文科省が改善本腰[EB/OL]http://www.sankei.com/life/news/140914/lif1409140035-n1.html，2014-09-14.

③ 参见経済産業省、産業競争力強化法の概要[EB/OL]http://www.meti.go.jp/policy/jigyou_saisei/kyousouryoku_kyouka/kommentar/html_contents/chapter00souron.html，2014-01-20.

金、人力、技术投入成为可能。(关于国立大学、校办风险企业、风险企业支援组织三者的关系可参见图 8-1)

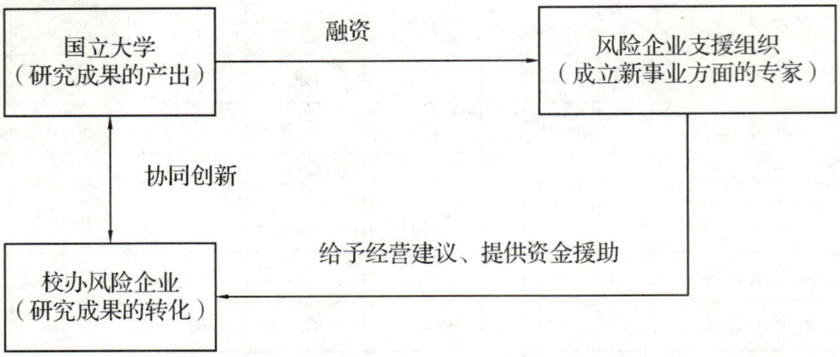

图 8-1　国立大学、校办风险企业与风险企业支援组织

另一方面，欧美各国不断强化 STEM 教育①和 MINT 教育②并愈发重视对学生创造性和企业家精神的培养。而在日本，学生对于理科的兴趣、热情乃至学力日趋低下，与此同时，大学培育的理工人才质量也不高。安倍政权将人才培养视为实现国家成长的重要战略之一。在此背景下出台的《国立大学改革计划》指出，理工人才的培养在改革创新及产业竞争力的维持强化方面发挥着不可或缺的作用，因而必须在年内制定出“理工人才培养战略(暂称)”。2014 年 2 月，日本经济团体联合会发表了名为《关于理工人才培养战略的制定》的提案，其中主要就本科和研究生教育作出以下建议：(1)促进大学职能的分化和特色教育实践的开展；(2)充实教育内容，保证教育质量；(3)贯彻以培养新生代理工人才为目标的方针对策；(4)重视对女性理工人才的培养和支援；(5)强化产学合作与对话；(6)提高基础教育阶段学生对于数理学科的兴趣。在“理工人才培养战略”的基础上，文部科学省还表示将以国立大学研究生院为中心，推进其教育研究组织的再编和职能强化。

4. 促进人事薪资体制的弹性化

首先，就国立大学法人运营补助金，文部科学省计划在保证必要金额的基础上对有关教职员离职补贴的分配方式进行重新考虑。而在竞争型资金方面，该省将从中拨出 30%的间接经费用于促进大学人事薪资体制的弹性化。此外，在为各大学的改革提供支援的同时，加快年俸制③的建立(为此还要建立恰当的业绩

① 即科学(Science)、技术(Technology)、工程(Engineering)、数学(Mathematics)。

② 即数学(Mathematics)、信息科学(Informatics)、自然科学(Natural Science)、技术(Technology)。

③ 年俸制除了表示以年为单位确定薪资以外，还有一个普遍的特点即是参照上一年的业绩评价以及劳动者与雇用者的协议确定薪资。

评价体制)。其次，为了借用优秀年轻教师和外籍教师之力提高大学的综合实力，文部科学省拟从财政两方面为处在改革期的大学提供援助。例如，在政策上力求确保 1 500 个专职岗位等。作为这方面的领先事例，大阪大学对于世界范围内的优秀教师除了授予“大阪大学特聘教授”的称号以外，还会支付每年高达 600 万日元的“特聘教授补贴”。同时，该校还建立了“业绩连动型年俸制度”等灵活的人事薪资体系。①

5. 强化大学的统治力

包括构建有助于校长发挥领导力的体制，明确校长的选举考核方式及大学教授会的职责范围等等，后面将作详细介绍。

《国立大学改革计划》拟对此前处于变化中却又没有完全改变的国立大学实施彻底的、一步飞跃的改革。文部科学大臣下村博文也在同年 11 月的记者招待会上谈到，“如果不对大学进行改革，日本这个国家将走向衰落”。随着人力、物力、财力等条件的到位，日本的国立大学必将产生巨大的转变。

二、大学治理对策：《关于大学治理改革的推进(咨询报告)》

在社会环境的巨大变迁和全球化的加速进程中，大学被寄予的期望也更加多样化——研究创新，促进经济再生、地区活化，提高国际竞争力，开展高水平的教育研究活动，培养国际化人才等。当下，不少日本的大学都为此进行着各种努力，但要在环境的激变中有效地发挥大学自身的职能，学校必须要深化与社会的合作，同时做到校内资源的最优分配。这即是要求大学自主构建新的治理(Governance)体系。

在这十几年间，日本建立了国立大学法人和公立大学法人制度并修改了《私立学校法》以改善学校法人的管理运营制度，此外还规定了大学公开教育信息的义务。由此，许多大学开始在校长的带领下投入大学改革的洪流当中。然而，大学的“良苦用心”却并没有得到社会完全的肯定。在外界看来，大学治理的现状存在诸多问题。例如，大学决策过程中的权限和责任不明确，决策过程耗时太长等等。文部科学省曾表示，大学和学部的运营、预算等应该由校长负责，但在一些学校，教授会通过“表决”的形式掌握决定权。对此，校长即使要新设学部或是导入同国外大学一样的“秋季入学”制度，会因为遭到教授会的反对而无从下手。②因此，建立以校长为领导中心加速大学改革的体制成为当务之急。

---

① 文部科学省、国立大学改革プラン[EB/OL]www. mext. go. jp/component/a _ menu/education/detail/ _ _ icsFiles/afieldfile/2013/12/18/1341974 _ 01. pdf，2013-11-26，p. 10.

② 朝日新聞、学長権限強化で変わるか意思決定の迅速化目的[EB/OL]http：//www. asahi. com/articles/DA3S11102911. html，2014-04-25.

2013 年 5 月，日本教育再生实行会议发表了第三次建议《关于今后的大学教育》。其中提到，为了建立以校长为统领的体制，明确大学教授会的职责范围，有必要对《学校教育法》和校内规定作出修改。另一方面，第二期《教育振兴基本计划》将“强化大学治理”作为基本对策之一，指出“各大学要结合学生、地区和社会的需要实施高质量的大学教育，必须努力确立校长的领导地位，同时构建基于评价的资源分配体系”。除此之外，2013 年 6 月内阁出台的“日本再兴战略”也强调了明确教授会权限与部局长职务的重要性和紧迫性。

在此背景下，日本中央教育审议会在大学分科会下设“组织运营部会”，从 2013 年 6 月开始对大学治理的相关问题作出集中审议，最终于 2014 年 2 月总结出审议报告《关于大学治理改革的推进》。① 该报告首先指出，各大学一方面需要与国内外的高校竞争，另一方面作为人才培养与协同创新的据点应当尽力发挥教育研究的职能。为此，校长的统领和战略性的管理是不可或缺的。基于这一认识，报告分别论述了大学、国家和社会在强化大学治理方面的任务。

1. 大学的任务

各大学应自主自律地重审和完善治理体制，最大限度地发挥教育、研究、社会贡献的职能。与此同时，构建以校长为核心领导并有助于增强学校优势特色的治理体制。

(1)校长领导权的确立。

- 强化校长的辅助体制：设置负责统筹的副校长职位，创设高度专业化的职位，灵活利用大学运营会议等。
- 人事方面：重新分配岗位、确保选考的恰当性、建立基于业绩评价的薪资制度。
- 预算方面：按照校长的规划制定弹性化的预算并实施分配，确保校长裁量经费。
- 组织再编方面：校长对改革方针和客观数据作出说明和解释，身体力行地投入改革并承担相应的责任。

(2)校长的选考和业绩评价。

- 选考组织应主动遵循大学的理念，明示理想的校长类型。在确认候选人的规划以后再行决定。
- 校长任期不宜过短，至少保证一段稳定的运营期。
- 由校长选考组织和督学对校长的业绩进行评价，辞退不合格者。

---

① 参见文部科学省、「大学のガバナンス改革の推進について」(審議まとめ)(概要)[EB/OL]http：//www.mext.go.jp/b_menu/shingi/chukyo/chukyo4/houkoku/1344348.htm，2014-02-12.

(3)院长的选考和业绩评价。

- 院长必须是与校长在理念上一致的人。
- 由校长对院长的业绩进行评价。

(4)教授会的职权范围。

- 对教育课程的编排、学生的身份与学位授予、教师的教育研究情况等作出审议。
- 保证审议事项与过程的透明化。

(5)督学职权的强化。

- 对大学的治理情况进行监督。
- 推进督学的专职化。

2. 国家的任务

为了促进大学校长领导权的确立和教职员意识的改革，政府应当对相关制度作出修改并为大学提供张弛有度的支援。

(1)对国、公、私立大学共通的支援。

- 通过修改必要的法令，提供制度保障。
- 扩充校长裁量经费，加大治理改革支援，推进相关辅助事业。
- 与评价、监督、大学团体开展合作。

(2)对国立大学的支援。

- 落实《国立大学改革计划》。
- 强化监督机能，重新探讨"经营协议会"的构成。

3. 社会的任务

社会是校长治理的坚强后盾。社会应当理解校长的理念和规划并积极与大学联络配合。

为了从制度上确保和鼓励各大学的自主改革，文部科学省向第186次国会提交了《学校教育法》和《国立大学法人法》的部分修改案。修改法案强化了校长的辅助体制(例如副校长分担校长的职权)，明确了教授会的审议范围和校长持有最终决定权等事项，使大学能够恰当且快速地进行决策。另外，修改法案还新增公开国立大学校长选考标准和结果等确保校长选考透明化的新规定。该修正法已于2014年6月正式成立。

以上政府方面的举措将有助于大学构建优势突出、特色鲜明的治理体制，但此番改革也在日本学界乃至日本社会中引起了巨大的争议。例如，有大学教师认为，教授会是"大学自治"的根基，如果将教授会仅仅作为校长的咨询机构，那么不讨校长欢心的教授无疑将受到冷落，而与金钱无缘的学术研究也可能无法顺利进行，这将破坏"大学自治"的理念。① 此外，还有意见指出，强化校长的权限并非是大学治理改革的唯一途径，据实际调查显示，只有 32%的大学校长表示"很有必要"和"有必要"对教授会的运营管理做出改善。②

>>第四节 日本地方教育行政改革<<

1947 年，日本颁布了战后最重要的教育立法——《教育基本法》和《学校教育法》，废除了教育行政管理的中央集权制，开始实行地方分权制；强调了中央统筹、地方自治的角色分配。中央教育行政管理体制以文部科学省为中心，而与此相对，地方的教育行政管理主要由地方教育委员会负责。

日本的地方教育委员会是依照《地方教育行政法》在都道府县、市町村等地设置的合议制机构。教育委员会负责管理和执行与地方的学校教育、社会教育、文化运动等相关的事务，它体现了地方自治、行政独立的特点。教育委员会的设置理念可以概括为三点：一是要坚持政治中立性；二是要确保教育，尤其是义务教育的持续性和稳定性；三是要反映地区民众的意向。

此前，地方教育委员会原则上由 5 名委员构成(根据需要都道府县和市可设 6 人以上，町村可设 3 人以上)，任期为 4 年。而作为教育委员会代表的教育委员长从教育委员中通过选举产生，任期为 1 年。此外，教育委员会还会从教育委员中另任命一名教育委员兼任教育长。教育长在教育委员会的指示和监督之下，指导和监管事务局的相关事宜。事务局是教育委员会的办事机构，由教育长统筹。事务局的内部部门的数量和名称都由各教育委员会自己决定。③地方教育委员会的职责包括：(1)当地教育基本方针的制定；(2)公立学校、公民馆、图书馆及体育设施等的设置、管理和废除；(3)教职员的人事管理；(4)学龄儿童的就学，学生的入学、转学及退学的相关事务；(5)学校组织编制、教育课程、学习指导、学生指导及职业指导的相关事务；(6)教科书等学习材料的选用；(7)校内设施及教具设备的整顿完善；(8)校内餐饮的相关事务；(9)文化体育、社会教育的相关事务。

然而，上述的教育委员会制度却不断暴露出问题，例如，作为教育委员会代

---

① 朝日新聞、大学の自治は真理追究の裏づけ[EB/OL]http：//digital. asahi. com/articles/DA3S11199309. html? _ requesturl＝articles%2FDA3S11199309. html&iref＝comkiji _ txt _ end _ s _ kjid _ DA3S11199309，2014-06-20.

② 朝日新聞、改革への困惑、浮き彫り[EB/OL]http：//digital. asahi. com/articles/DA3S11334058. html? iref＝comkiji _ txt _ end _ s _ kjid _ DA3S11334058，2014-09-05.

③ 全国都道府県教育委員会連合会ホームページ、教育委員会のしくみと仕事[EB/OL]http：//kyoi-ren. gr. jp/works/index. html.

表的委员长与作为事务局统筹者的教育长之间责任归属不明；教育委员会与地方首长的沟通合作不足，导致决策不能体现民意；教育委员会仅是确认事务局的提案，使审议过程形骸化；采用兼职委员合议制的教育委员会不能快速地应对逐日变化的教育问题等。针对这些问题，2013 年 4 月，日本内阁总理大臣举行的"教育再生实行会议"作了《关于教育委员会制度》的发言，其中建议对现行的教育委员会制度进行改革——地方首长任免的教育长对地方教育行政负有最终责任，而代表地区民众的首长对地方教育行政承担连带责任。此外，新的教育行政体制还必须确保教育内容和教职员人事方面的政治中立性。

在此背景下，文部科学省向中央教育审议会征求意见以进一步设计更为详细的制度。中央教育审议会经过前后共计 21 次审议在 2013 年 12 月提出了《关于今后的地方教育行政》的总结报告。该报告的"改革建议"是将首长作为教育行政的执行岗位，教育长作为首长的辅佐岗位，而教育委员会作为附属机构负责审议基本方针、监督教育长的工作情况。但这一改革方案立即被指出过于放大首长的影响力，因此，中央教育审议会随后又提出了依旧维持教育委员会作为执行机构的职能、将教育长作为其辅佐岗位的"别案"。在此基础上，日本执政党经过协议表示，既认同"改革建议"将首长意向体现在教育行政中的观点，同时也采纳"别案"中关于确保教育中立性、持续性和稳定性的意见。日本执政党提出的建议是继续让教育委员会作为执行机构并将现行制度下的教育委员长与教育长二职合为"新教育长"一职，而首长通过制定大纲和设置综合教育会议对教育行政负有连带责任。

对此，文部科学省为推进执政党意见的法案化而展开努力，终于在 2014 年 6 月促成了《地方教育行政法部分修正法》。其中主要的修改内容如下所示。[①]

1. 教育行政责任体制的明确化

- 将教育委员长和教育长二职合为"新教育长"(新的责任人)一职。
- 教育长由地方首长在议会的同意下直接任命和罢免。
- 教育长统筹教育委员会的会务，作为教育委员会的代表。
- 教育长的任期为 3 年(委员为 4 年)。
- 教育委员可以要求教育长召开教育委员会会议。另外，教育长需要向教育委员会报告其工作的执行情况。

2. 综合教育会议的设置，大纲的制定

- 地方首长设置和主持综合教育会议。会议成员包括首长、教育长和教育委员。

① 文部科学省白書 2013、教育再生に向けた取組の加速[EB/OL]http：//www. mext. go. jp/b_menu/hakusho/html/hpab201401/1350715_007. pdf，2014-01，p. 50.

- 地方首长在综合教育会议中与教育委员会协议，按照《教育基本法》第 17 条规定[①]的基本方针，制定有关振兴教育的对策大纲。
- 综合教育会议应对有关大纲制定、教育条件整顿等的重点对策以及紧急情况下的措施进行协议和调整。会议的成员必须尊重调整的结果。

3. 中央对地方公共团体的干预

- 在儿童学生遭受的人身伤害进一步扩大以及其他十分紧急的时刻，文部科学大臣可向地方教育委员会作出指示。

4. 其他

- 地方教育委员会应当制作和公开综合教育会议及教育委员会议的议事录。
- 当下的教育长仍按照原制度工作直至其作为委员的任期结束。
- 为了确保教育的政治中立性、持续性和稳定性，教育委员会仍为执行机构，职权不变。

《地方教育行政法部分修正法》拟从 2015 年 4 月 1 日开始施行，旨在改善地方教育行政，为新地方教育行政体制的建立提供有利的法制环境。除了明确教育行政中的角色与责任的分担以外，地方教育行政部门还应当致力于改善学校的运营管理、充实对于学校的援助等以提高地区学校教育的质量。这就要求地方教育行政部门在儿童培养方面基于地区情况及其儿童现状，发挥校长的领导力和教职员的团队力，联合监护人、地区住民等社会资源。

① 《教育基本法》第 17 条："为了全面且有计划地推进教育振兴对策的实施，中央政府必须制订相关的推进方针和基本计划，并向国会做出报告同时公布于众。地方公共团体应当参照中央的计划，结合地方的实际情况，制订有关当地教育振兴对策的基本计划"。

第九章　韩国教育政策与发展趋势

>>第一节　韩国教育部2014年教育工作报告<<

2014年2月13日，韩国教育颁布题为“幸福教育，培养创新人才”的年度工作报告①，内容包括2014年即将实施的教育改革和政策。报告首先对目前韩国教育面临的国际国内形势进行了分析，总结了2013年的工作成绩，并在此基础上制定出2014年的教育政策规划。

一、2014年教育部政策制定背景

(一)国际教育大背景

韩国教育部2014年度工作报告将国际国内背景分析如下。(1)世界各国都在强调以形成强健体魄、提升人格涵养、提高创新能力为目标的幸福教育。例如法国以250多所学校为试点实施“上午课堂学习，下午体育锻炼”政策；澳大利亚则聘请艺术家走进校园走上讲台，通过艺术教育培养学生的创造力。报告认为在这样的国际背景下有必要认真考虑韩国青少年的“幸福”核心能力培养。(2)社会人口结构的变化对教育也提出了新的要求。随着世界发达国家逐渐步入低生育率的老龄社会，正越来越关注教育对经济活动、人的发展等方面的影响，从而改进教育去满足社会需求。(3)强调教育在解决全球问题方面的重要作用。随着气候变化、经济发展的两极分化等全球问题逐渐加剧，教育所承担的责任更加艰巨。(4)教育在传递知识技术的同时，还需培养人才的人文素养并构建其精神价值。(5)国家之间在复合型技术等新技术开发领域的竞争逐渐加剧，对大学的科研及教育水平提出更高要求。

(二)国内受教育需求的变化

(1)报告强调，韩国国民期待政府能够实现能够让孩子们放飞梦想的“幸福教育”，同时加强人格教育。虽然目前韩国学生的学业成绩已在全球范围内达到较

① 교육부, 행복교육, 창의인재 양성. 2014교육부업무보고 2014-2-13［EB/OL］. http：//www.moe. go.kr/2015happymoe/2015happymoe07-1.html，2014-4-31.

高水平，但一直以来对知识和应试的过度重视使得学生的人格、道德发展受到轻视。韩国教育开发院(KEDI)于 2014 年 1 月进行的教育舆论调查结果显示，民众对于以人格教育为主的课程改革关注度最高。因此报告强调，以帮助学生筑梦、逐梦、提升学生人格涵养和创新能力、实现学生全面发展为目标的学校教育课程迫在眉睫。(2)有必要进行大学的结构改革，提升大学教育质量。学龄人口的减少使大学招生困难，导致教育质量下降，又导致学生、家长、企业等教育需求方对教育的不满。(3)社会期待政府能够妥善解决教育与社会需求之间不匹配的问题，例如职业教育培养的技术劳动力不适用于企业需求，导致企业聘不到出色的技术工人，但职业学校毕业生却找不到工作。(4)作为终身学习社会的韩国，老龄一代和因生育等原因中断职业的女性对教育的需求急速增加，有必要为他们提供多种多样的教育机会。(5)鉴于民众期待“课外辅导费负担”问题得到根本性解决，政府将从立法、财政支持等多方面着手解决解决教育费负担问题。

(三)对 2013 年教育政策的总结及反省

本报告充分肯定了韩国 2013 年的教育成绩。2013 年，韩国在基础教育阶段实施的主要政策包括：试行初中自由学期制度；加强艺术、体育、人格教育；杜绝校园暴力；简化大学入学考试组织程序；改善教师工作环境等。高等教育方面的主要政策有：推动产学合作；支持学生创业；加大对地方本科大学的支持力度，促进地方大学特色大学发展；构建国家从业资格指标体系，加强职业教育，培养各行业专门人才；迎接百岁时代，建立国际终身学习体系等。另外，在减少教育费用负担方面的政策则包括：扩大弱势人群的受教育机会；加强对残障学生及其他学习能力低下学生的教育支援；扩大“放学后照看服务”的覆盖范围；减少教育费用负担；减少课外辅导教育费用负担等。

报告在肯定成绩的同时也提出了需要尽快解决的问题作为 2014 年教育政策的主攻方向。

首先，纠正学校教育的不合理性、构建以能力为主的社会、扩大受教育机会等改革虽然正在稳步进行中，但在实施过程中仍然存在诸多障碍。例如：首先，考试竞争压力森然存在，家庭的教育投入持高不下，地方与首都大学之间的资源不均衡现象依然严重。其次，对于 2013 年制定的政策由于各种原因延迟实施的，有必要对延迟原因作出细致分析并制订应对方案。最后，教育行政部门及其他教育机构的工作效率存在问题，导致政策实施过程中出现令国民不够满意的现象。

鉴于对上述问题的把握，本报告强调应强化各教育行政部门及相关机构之间的交流与合作，加深社会整体对教育的认识并形成良好的教育文化，进一步推进以国民为中心的教育政策。同时，为了改善教育部门存在的各种不良现象，推进配套措施的制定和实施，强化有关部门的责任意识。通过政府 3.0 计划的内化过程，提高政策质量。为加强服务并达成雇用率 70％的目标，需要加强建设符合社会一线需要的人才培养体系。

二、2014 年教育工作报告内容——"幸福教育，培养创新人才"

2014 年 2 月，韩国教育部颁布 2014 年工作报告——"建设惠及全民的幸福教育，培养开启未来的创新人才"(简称"幸福教育，培养创新人才")，力求在解决遗留问题的同时进一步推进创新人才培养政策，使韩国教育更受国民信赖，同时在国际舞台上更加具有竞争力。报告分为四部分——"梦想篇：建设幸福学校，让孩子放飞梦想；创新篇：创建培养创新人才的高质量大学；挑战篇：建构能力中心的社会；希望篇：人人拥有教育机会，成就希望"。

(一)梦想——建设幸福学校，让孩子放飞梦想

1. 完善学校教育，实现青少年的全面发展

(1)建构自由学期制推广的基础。

扩增初中自由学期制试点校，并将试点成果作为成功案例在其他中学进行宣传。具体的扩增计划如图 9-1 所示。

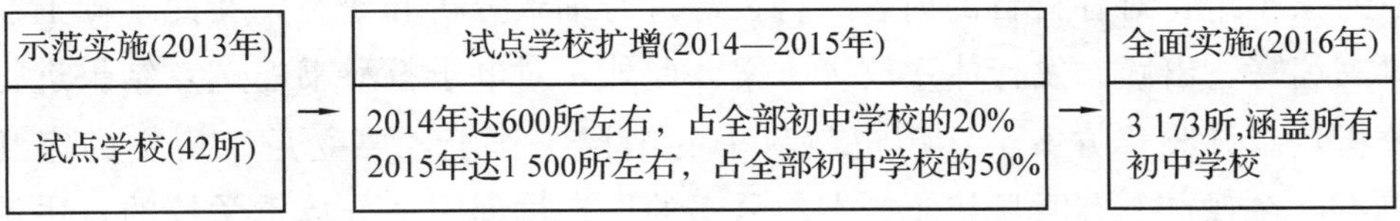

图 9-1　自由学期制实施计划

资料来源：교육부, 행복교육, 창의인재 양성. 2014교육부업무보고 2014-2-13[EB/OL]. http：//www. moe. go. kr/2015happymoe/2015happymoe07-1. html，2014-4-31.

为实现 2016 年自由学期制在全国初中范围内得以实施，将构建以"教育支援厅"为主导、联合地方力量的地方社会支援体系，形成自由学期制教育共同体。为此，以教育支援厅的"生涯教育支援中心"为主导，建立一套包括人力、物力资源的支援体系。例如，与当地剧场、演播厅、摄影棚、职业体验馆、美术馆、科技馆、博物馆、医院、银行、社区居民活动中心、地方政府大楼、警局等机构进行广泛合作，为学生提供自由学期多姿多彩的体验活动项目。再如，加强自由学期中学生参与的课程、社团活动、体验活动等与普通学期课程学习之间的联系，减少由自由学期转换至普通学期时可能出现的不适应。此外，积极开展对自由学期制实施成果的比较研究。而且，每个学生在自由学期中的活动及表现均记录在"学校生活记录簿"中，以更好地与高中相关教育活动进行衔接。

作为与此相关的项目，增加生涯规划教育。加大投入，针对每个学生的特点设计适合该学生的生涯规划供学生参考。借助网络推广学生适用的职业心理测试，并进一步完善学校和各地区职业教育中心的咨询服务。进一步扩大"学校生涯教育试点项目"的实施范围，将试点校由 17 所增至 34 所，为职业教育课程、

相关咨询、职业体验等教育提供更加系统的支持。此外，促使地方相关单位和机构进行分工合作，搭建各地区的自由学期教育活动合作平台，为学生提供丰富多彩的体验机会。面向农村地区学生开设“职业教育夏令营”及“远程视频职业指导”等教育项目。

(2)开发文理科融合的教育课程，并从根本上改善教科书开发体系。

积极开发文理融合课程，培养具有创新能力的复合型人才。融合课程的开发包括三个基本目标：一是培养所有学生在人文、社会及自然科学等方面的基本素养；二是学习内容以未来社会所需的核心能力为中心进行设计，教学方式以学生参与为主来调动学生的参与积极性；三是为学生提供丰富而可选的学科课程和生涯教育课程。总之，对教育课程、教科书、教学方法、学业评估及设施等方面进行综合、全面的政策制定和改革，并在改革过程中积极听取各方专家、一线教师及学生家长等群体的意见和建议。

在开发融合教育课程的同时，对教科书开发体系进行调整和改善。制定一套明确具体的编撰及审订标准，严格把关教科书编撰团队，在教育部内设立各教育科目专家小组，对各科目的内容、特征等进行细致分析和研究，在此基础上制订教科书编写、出版、发行体系改善方案。此外，对电子教科书的试点结果进行深入分析，制订改善方案。在历史教科书的编撰工作上，要立足于历史的客观事实，不可在观点上有明显偏颇。在教科书的选定过程中充分尊重学校的自主性和中立性，并给予制度保障。

(3)加强艺术、体育和人文教育，放飞孩子的梦想。

在艺术方面，加大对学校艺术教育的支持力度，为交响乐团、音乐剧团等学生社团活动提供良好环境，以提升学生的艺术素养，消除艺术教育的地区差异；在体育方面，扩大小学体育专任教师的配备，加大对女生参与“体育俱乐部”的支持力度，营造“每人一项运动”文化；在人文方面，开设“人文学音乐会”、人文学社团等多种多样的人文学科项目，促进人文价值在小学、初中及高中阶段的传播。

加强和完善普通高中教育。进一步推进普通高中课程多样化，提升普通高中教育质量。具体措施包括减少必修学分，实施集中式的职业教育课程，扩大生涯规划教育等。同时，政府将参考普通高中的学校规模以及特色化教育课程设置情况，为普通高中提供平均每所学校 5 000 万韩元(约合人民币 28 万元)的财政支持。

(4)加强人格教育。

挖掘并宣传中小学人格教育优秀实例。学校依据自身特色和文化从“正直、责任、尊重、关怀、同情、沟通、合作”这七大品德中选定相应的内容，并积极推进能在学生中产生共鸣的人格教育，如“一校一班一品德”的人格教育实践活动等。进一步推动形成良好的学生语言文化，减少学生之间的谩骂和不良用语。通过“创新能力与人格教育博览会”等活动宣传人格教育的优秀实例，加强学校与民间团体和其他政府部门间的合作。此外，按照学生的发展阶段，推行适合学生发展特点的性教育，制定不同阶段的性教育标准，并以此开发性教育资料。加强以人格教育为中心的学校课程，提升学生的人格道德涵养。推广包括学习小组讨论等形式在内的以学生参与为中心的教学方法，同时进一步加强对校长及教师的相关教育培训。

(5)加强统一及爱国教育。

强化国家统一教育和国家安全教育，为南北统一时代的到来建构社会基础。在韩国历史等教育课程中增加统一教育的内容，重点让学生了解国家统一的必要性和前景。有关部门进行分工合作，为学生提供以体验为主的国家统一和国家安全教育，如聘请相关专家开展讲座活动、实地参观、现场讲解、让学生在事后撰写观后感或报告等。加强与德国在国家统一教育方面的经验交流，增加外派教师，学习德国经验，培养国家统一教育专家。

推动实施“热爱国土教育计划”，培养学生对国土的热爱。例如，开设自然环境保护活动、农村志愿服务活动、文化历史体验活动、野外郊游活动等，培养学生对国家、家乡的爱心。同时，召开“热爱国土体验活动作品展”，从学校举办的各种修学旅行、体验学习及民间组织举办的青少年活动中选出优秀案例进行表彰。

加强独岛问题相关的教育，提高青少年对独岛领土主权的意识。促进学校开发独岛教育相关的校本课程，落实每所学校进行独岛教育。为学生开设以体验为中心的独岛教育活动，为教师开设多种多样的独岛探访项目，加强教师学生对该问题重要性的认识。

(6)建构未来教育的模型：智能型教育。

开发以尖端信息通信技术为主导的未来教育模型，设计相应的实施方案。举办关于智能型教育的听证会，并对智能型教育成果进行分析，收集多方意见之后制订 2015 年之后的智能型教育推进方案。扩大在线教育平台，利用网络学习、电视广播通信等扩大需求者获得在线教育的机会。

2. 建设安全的、值得信赖的教育环境

(1)建设零暴力安全学校，加强对网络语言暴力的应对措施。

以学校为单位配备以电脑、手机为平台的匿名举报和咨询系统，预计 2014 年将在 1 000 所学校完成配备。在学校开展“语言习惯自我诊断”活动，针对每个学生建立个性化语言教育计划。与电视台、民间网站(SNS)运营商共同合作，营造一个零暴力、健康的语言文化环境。同时，针对施害学生与被害学生的不同特点，提供相应的咨询服务。

开设包括话剧等体验活动在内的校园暴力预防教育活动。进一步扩大文化体验教育及以班级为单位的预防暴力体验教育，以加深学生对校园暴力危害的认识。通过开设以体验为主的“青少年警察学校”项目，提高学生遵纪守法意识，同时让学生学会自我保护。加强与地区社会以及有关机构之间的合作，共同预防校园暴力，继续展开人格教育全民运动。

加强对危机学生的咨询与治疗服务。以 Wee 网站为中心继续扩大并完善网络教育，例如兼具“寄宿照看”、咨询和教育功能的“家庭型 Wee 中心”服务。于 5 月初实施学生情绪特性测试，为学生精神健康问题的早期发现提供有利条件，同时对那些需要优先教育的学生提供免费的义务咨询服务。此外，在学校设立学生精神健康中心，以应对校园发生的危机事件。构建专家联系网络，实施线上少儿精神专家咨询等服务。

①Wee 中心：为被害者提供咨询服务的专门机构，地区教育厅与其他相关机构共同合作开设。Wee 是 We education 和 We emotion 的合成语，是韩国学校、教育厅以及地区社会之间合作开发的多方综合支援服务网络，为学生提供健康愉快的学校生活。服务网络共分为三个部分：在学校实施 Wee 课程，地区教育厅建设 Wee 中心，在市教育厅和道教育厅开设 Wee 学校。

②“U-安心联络器”服务：利用特殊的终端机可紧急拨打 112 进行报警，对监护人进行紧急呼叫，还可以传送当前所在位置，提供地址信息等。

为学生创设零危险环境。敦促各地遵守“学生安全地带”相关规定，并制定相关法律。在校园内增设更多高像素监控摄像头，增招保安志愿者。正式推进“U-安心联络器”服务，保证学生在遭遇校园暴力与性侵等紧急事件时，能够及时联系监护人或拨打 112 报警。更换一批落后的配餐设施，导入校园饮食安全检查的民间参与制度，通过卫生管理咨询提高校园饮食的安全性。继续推进对儿童校车及游戏设施的安全管理，强化校园安全标准，采取对安全隐患的事先预防措施。

(2)完善教师专心从教的工作环境。

这个目标将通过一系列政策来实现：为达到 OECD 国家的教育水平，制定一套与减少学生数计划相配套的《2015—2025 年的中长期教师供给计划》；为正式在编的教师设计时间选择制，使教师有自己支配的时间；增加教务行政人员资源配置，为教师负担的行政工作提供咨询服务，比如构建学校教育统计系统等通过各种措施减轻教师行政工作负担；加强教师培训，强化教师能力；为提高新教师的教育教学能力筹建“新教师能力强化集中研修制度”；为传达国家核心教育政策精神，培养教育工作者的领导力，实施“校长、教导主任研修课程”等。

此外，加强对教师培养和聘用制度改善方案的研究。包括对教师资格标准、教师培养教育课程、聘任制度改善等方面的综合研究。通过与教师、家长及学界人士等构成的“教职发展咨询团”进行合作，制订教师培养与聘用制度的试改方案。同时，对现有教师评估制度的时间及评估指标进行调整，试点校由 18 所增至 67 所，让真正擅长教学和学生指导的教师能得到应有的优待。加大对教师性侵学生等严重违规违法行为的惩戒力度，剥夺其教师资格，追究法律责任。

另一方面，积极激发教师的工作热情，扩大教师自我实现的机会。导入“教师心理健康保护制度”，通过与公共、民间机构的合作自主开发相关活动项目。同时通过各种表彰会议对优秀的教学实例进行宣传。此外，还举办诸如“全民寻找恩师”等活动，形成全社会尊师的风气。

(3)在教育政策制定、学校事务管理过程中提高家长参与度。

首先，扩大学生家长在初、中等教育政策制定过程中的参与机会。其次，扩大“家长教育上门服务”和网上教育的规模。(“家长教育上门服务”指专业公共机构为家长讲解子女教育相关的知识)通过对家长支援中心网站的进一步扩建，增加网上沟通的家长规模。最后，对家长会及学校管理委员会举办的各种活动加大支持力度。

(4)加强教育个人信息保护措施。

首先，提高信息系统的安全指数。对教育部管辖的主要信息系统的防火墙进行强化，同时增设安保服务器，以此建设保障学生个人信息安全的环境。其次，对个人信息管理情况实施定期检查，加强对信息泄露的预防措施，提高教育行政机构及其他教育机构的个人信息安全指数。禁止将个人信息透露给第三方或用作他用，加强对委托机构的管理和监督，对个人信息的获取权限进行重点管理。最后，发掘并培养信息保护方面的优秀人才(White Hacker，反黑客专家)。以小学、初中学生为对象实施信息保护教育，设立大学附属的“信息保护英才教育院”，培养反黑客优秀人员。

(二)创新——创建培养创新人才的高质量大学

1. 提高教育和研究水平，带动创新经济发展

(1)加大对人文学科及草根研究的支持力度。

振兴人文学科研究。构建人文学科领域研究的分阶段支援体系，对远古史及古代史等冷门学科的研究给予专门的支持。对人文学科的著作、论文等多种研究成果进行成就认证。开发并大力支持以跨学科为基础的国家政策研究，同时利用信息通信技术大力实现人文学科成果的数字化。此外，2014 年 10 月将与联合国教科文组织合作召开“第三届世界人文学科论坛”，积极向人文学科强国迈进。

通过实现人文学科的大众化，普及研究成果、创造附加价值。为低收入家庭的青少年和弱势地区人群提供人文学科的读书、讲座等形式的教育活动，为搬迁至世宗市的公务员提供人文学科讲座等活动。通过大学与企业之间形成的合作伙伴关系，实现人文学科研究成果的产业化。将人文知识以网络漫画与小说等形式进行传播与发展，创出新的附加价值。

加强基础通识教育，培养学生的人格，实现学生复合创新能力的发展。以人文学科的研究成果为基础，开发出基础通识教育课程，同时提高教师能力，以营造人文学科发展的基础环境。与本科教育旗舰大学建设项目(ACE)合作，发现并推广基础通识教育的模范实例。

加大对草根研究的支持力度。在人文社科领域，将青年研究员的课题入选比例提高至45%；在理工科领域，为具有实验性和创造性的课题进行鉴定并为其早期研究提供支持。为培养学术型人才方面，通过 BK21 Plus 工程，为硕博士、博士后以及助理讲师的研究工作提供支持，例如每年为2万余名硕博士生提供研究奖学金，同时为博士后及助理讲师提供的经费支持由2013年的762亿韩元提高至832亿韩元(约合人民币4亿7千万元)。此外，改善学术成果评价制度，以学术作品的质量内容为评价标准的核心，并建设研究信息的共享系统。

(2)强化产学联合与创业教育。

导入学业与创业并行的"创业型本科生培养制度"。启动实施"大学创业教育五年计划"的后续制度——创业休学制、创业学分认证制等，将实施创业休学制的学校由2013年的15所扩增至70所。中小企业向创业者提供的"希望之梯奖学金"奖励范围将扩大到更多有创业意愿的大学生。积极开发创业教育的教材和内容，举办创业讲座，实施现场咨询。搭建网络创业讲座平台，扩大国民接受创业教育的机会，并积极推进创业教育学分转换机制的建成。

营造鼓励创业的良好社会文化。利用社交网络举办创业竞赛，宣扬创业精神，为优秀大学生提供创业奖学金。与中小企业厅共同合作，开发创业教育指标，选拔创业教育优秀大学并给予财政支持。灵活运用大学创业储备金，鼓励学生进行风险企业投资。邀请国内外著名青年创业家举办创业经验交流会，为青少年介绍创业路上遇到的阻碍及经验。将学生创业资助纳入"企业的社会责任评价模型"(ESG：Environment，Social，Governance)，加大企业对学生创业的资助力度。

为培养全球青年人才提供支持。开设"走向世界项目""全球现场学习项目"、大学生海外志愿服务项目等，为大学生及大专生走出国门的就业和创业提供支持。此外，与瑞士、德国等发达国家建立职业教育与创业教育合作关系。

创建学生设计作品拍卖市场(CAM：Capstone Design Auction Market)，帮助大学生将自主设计的产品创意竞拍出售给地区中小企业，进而进行投产，鼓励大学生为企业工作中遇到的问题设计问题解决型的产品。

启动产学联合旗舰大学(LINC)项目第二阶段。进一步扩大创业教育规模，继续支持中小企业与学校合作进行的产学技术合作开发课题，鼓励大学教师在假期等非工作时间为企业提供技术指导和技术革新。此外，搭建产学合作的中介平台，使大学的教育、知识创新优势与企业的培训、技术优势结合起来。

改革工科教育，培养高质量的、符合实际需要的工程师。制订工科大学改革方案，将过去以理论为主的工科教育和研究转换为以实践为主的应用型教育与研究为主；在大学教师的绩效评估中，加大对产学联合部分的实绩考察，促进教师对企业发展的支持和参与；邀请企业参与工科大学本科教育质量评估，在研究生阶段则从生命科学领域开始试点实施“企业需求分析”。改革工科领域教育研究成果评估制度，将过去以论文为中心的对数量的评估，转变为以技术转移、创业等工程师精神为中心的评估。

加大对企业需求导向的教育与研究的支持力度，推进教育研究成果和技术的产业转化。搭建“产学联合创新网络”，在此基础上开发多种模式与渠道的产学联合项目。

(3)与地区产业合作，共建地方大学。

通过支持地方大学特色化发展，建设具有竞争力的地方大学。导入本地人才甄选制度，扩大各地方公共机构对当地人才的雇用，同时通过扩大地方奖学金规模吸引优秀人才就学与就业，形成“引入本地人才—提升大学竞争力—带动地区经济发展”的良性循环，为此制定并实施《地方大学和地方均衡人才培养相关法律》。作为地方创新经济的坚实基石，人文素养及文化繁荣的特色化专业发展得到特别支持，地方大学特色化专项经费中的25%将用于人文、社会、基础学科、艺术、体育等领域的特设专业。

2. 改革大学办学体制，迎接未来社会

(1)促进大学结构改革。

在学龄人口骤减的背景下，必须提高大学教育质量，提高高等教育的竞争力。

首先，逐步减小大学招生规模，计划至2017年减少至4万人。通过与财政支持相挂钩的政策促使大学减少招生规模。其次，筹建新的大学评估体系。对所有大学实施评估，并分为5个等级，除最优秀等级的部分大学外，其他大学均实施包括减少招生在内的结构改革。教育课程等方面则实施全面评估，建立定量与定性结合的评估制度，评估指标由共性指标与特色化指标构成，分别制定大学和大专的评估指标体系。最后，继续制定大学结构改革和评估相关法律，为评估体系的导入与结构改革的实施等提供法律支持。

(2)改革本科及研究生教育制度。

在本科教育方面，加强“大学教学支持中心”的功能，提高教师的教学能力，在聘用教师时，对教师在企业等单位工作的经历给予认证。设置能满足企业等社会需求的课程。此外，推动建立大学教学质量自主管理体制。

在研究生教育方面，推动制度改革，以提高研究生教育的竞争力，加强研究生教学质量管理。对于研究生教育和研究的质量相关事项，将及时公布相关信

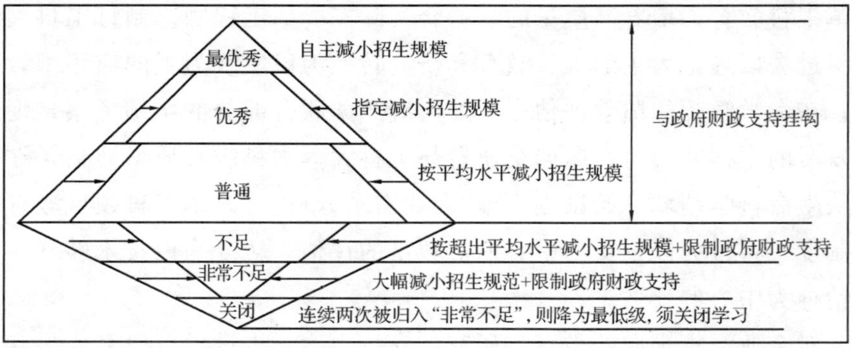

图 9-2　大学 5 等级结构改革措施

资料来源：교육부,행복교육, 창의인재 양성. 2014교육부업무보고 2014-2-13［EB/OL］. http：//www. moe. go. kr/2015happymoe/2015happymoe07-1. html，2014-4-31.

息，例如研究伦理规定、专业开设和教育课程设置现状、在职学生及全职学生比例、全职教师现状、研究生研究成果等。在大学本科及研究生院实施“外国留学生招收和管理能力认证制度”，学生撰写学位论文前实施研究伦理教育。此前只适用于博士阶段的“取消非正当途径所获学位”的规定，将进一步推广至硕士和本科阶段。新设专业时，提高全职教师授课的比例，同时提高研究生院设立标准，提高研究生院教育课程质量。

(3)扩大财政支持并提高效率。

加大对高等教育的财政支持力度。截至 2017 年，将高等教育的财政支出比例逐年上调至国内生产总值(GDP)的 1%，以提升高等教育水平。对财政支持项目进行分析和调整，使之更符合高等教育政策的方向。总之，要为提高大学内部效率，强化大学的责任打下坚实基础。为此，提高私立大学学费收取与管理的透明度，大学学费将被分为注册费和非注册费进行统计和管理，同时将所有私立大学纳入外部审计对象范围。在“国立大学改革支持计划”实施过程中，加强对国立大学成果目标的完成度及发展战略的评估。为进一步提高国立大学财政支持工作的效率，减少征收既成会费带来的混乱，继续推进《国立大学财政会计法》的制定，主要内容包括将一般会计与既成会计合并为学费会计，并且在各大学成立财政委员会，要求大学必须公开预算和决算情况。构建“国立大学支持管理系统”，实现校内各项事务(人事、薪酬、设施管理)与会计工作的一体化处理。

(三)挑战——建构能力中心的社会

1. 加强职业教育，建构能力中心的社会基础

(1)建立并推广代替学历的资格认证体系。

为此，设计的政策措施主要有 4 项内容：①选定受青少年青睐的十大领域——发型设计、时装设计、料理、汽车维修、游戏开发等，与企业、政府各部门建立分工合作模式共同构建国家资格体系(NQF)。不同行业协会将与学校签署

人才合作培养合约，从学校教育阶段培养并聘用具备从业资格的人才。以产业界开发的资格认证体系为基础，于 2017 年之前开发出与学历相对应的国家资格体系。②为资格认证体系的全面导入奠定基础。改革特色高中与大专的成绩评价方式，使其体现出学生的从业能力，从过去简单的 A、B、C、D、E 等级制度的评价转换为体现从业能力与成就水平的评价方式。③营造重视从业能力的社会文化。学校(特性化高中、大专等)与企业(大型企业、优秀中小型企业等)共同召开“国家从业资格标准博览会”等，宣传模范事例。④构建能力中心社会，在多领域启用国家从业资格标准。改革特性化高中和大专的课程体系，参照国家从业资格标准开发学习模块。同时，为加快开发以国家从业资格标准为导向的教育课程，将专门针对教师进行课程设计、课程实施及评价等方面的培训。

(2)进一步完善高中毕业生的“先就业后升学”制度。

为“高中毕业即就业”政策的持续扩大提供稳固基础。完善学校与企业之间的合作机制，强化以实践为中心的职业教育，继续推进以国家从业资格标准为基础的教育课程改革。进一步完善“达人高中”(韩国尖端职业高中)，鼓励达人高中与德国、瑞士等发达国家的职业教育之间建立良好的合作关系。同时，通过减免达人高中合作企业的赋税，促进更多企业与达人高中建立合作关系；扩增以软件、食品等多种领域为核心的达人高中。持续扩大达人高中 100%保证“毕业即就业”的产学合作型课程。扩大公共部门和民间组织对高中毕业生的雇用规模，构建“1 比 1 就业匹配系统”。强化高中“毕业即就业”的基础设施，营造高中毕业“先就业后升学”的良好文化氛围。

(3)进一步扩充工作与学业并行的教育支持体系。

①增加在职人员的升学机会。为在职人员增设相关专业，将升学申请资格范围扩大到普通高中学历的在职人员，保证在职人员通过多种途径接受继续教育。为提高中小企业技术人员的专业水平，从高中毕业生中选拔公费留学生，培养技能技术人才。从终身学习型大学中选出一些以社会需要为导向的学校作为“先就业后升学”制度的重点校。另外，鼓励企业自主设立技术人才培养机构，完善相关制度。②强化在职人员兼顾工作与学习的制度建设，例如在广播电视大学新设智能型“后升学”学院，共 4 个专业，招收 2 000 名学生；为在职人员升学专门设立学校，提供更多的线上及线下的在职人员升学机会。③实行企业工作经历的学分认证制度，减轻高中学历就业者的学业负担，为他们获得学位提供便利。加强雇用部、中小企业厅等相关机构之间的合作，支持在职人员升学。

(4)将大专集中建设成为高等职业教育的中坚力量。

建设特色大专，培养符合实际需要的核心专业人才。改变过去“百货大楼”式的专业设置结构，重点发展优势专业和特定领域。建设与地区企业相联系的特色大专，培养中小企业和中坚企业所需要的人才。

建设终身职业教育大学，构建未来型高等职业教育体系。为应对科学技术快速发展、低出生率、人口老龄化等产业人力资源结构的变化，开设以成人为对象、教授最新职业知识和技术的非学位教育课程。

2. 迎接百岁时代，构建国家终身教育体系

(1)扩大国民接受终身教育的机会。

与有关部门合作，搭建国家级“在线终身学习综合服务网”，为不同地区不同对象提供相关的学习信息和内容，让所有韩国国民在任何时间任何地点都可获得终身学习机会。制订构建韩国型慕课(K-MOOC，Massive Open Online Course)平台的基本计划，为韩国国民提供优质的在线教育，K-MOOC将与2014年开通的“在线终身学习综合服务网络”进行合作。此外，社会人员和大学生利用K-MOOC学习所获的成绩将可转换成在校学习的相关学分，具体规定由各大学自行设立。由韩国教育学术信息院统一开设并管理公开网络课程(KOCW，Korea Open Course Ware)，提供大学、企业的专家学者讲授的课程，国民可按需选择。目前，KOCW提供的视频课程已达到7000余个，公开的课程资料达22万册，年均有约200万国民使用KOCW进行学习。

加强人们在日常生活中享受在线终身学习服务的便利。进一步推动在各乡(镇)及街道设立“幸福学习中心”计划；进一步完善以国家级和各省市终身教育振兴院、郡区终身教育振兴院以及幸福学习中心为主的国家终身教育体系。

对弱势群体接受终身教育提供重点支持。通过与女性家族部、雇用劳动部、保健福利部等相关部门进行合作，为停职女性、失业人群提供终身学习机会，使其实现“第二人生”。在评估终身学习为主的大学时，将是否在非学位课程中开设以停职女性、失业人群为对象的专家课程作为评估内容。扩大学历低下的成人及多元文化家庭、朝鲜移民等人群接受读写教育的机会，为他们开设更多符合需求的读写教育项目。

(2)加强对代行学位制度的质量管理。

加强各类教育机构的责任意识。积极在“学分银行”机构导入大学水平的信息公示制度，同时加强对未达标及违规部门的管理。为提高网络大学的教学质量，积极建设其质量评估体系，提高认证标准，实施更加严格的审查制度。实施以从业能力为中心的学分银行制，要求那些与实践工作紧密联系的专业将其课程以新颁布的国家从业资格标准(NCS)为基础进行改组，率先在咨询、新再生能源这两个专业进行改革。对学分银行机构的教师聘用标准进行改革，将缺乏教育和研究经历，但具备丰富实践经验和具有较高职务能力的人才纳入受聘范围。

(四)希望——人人拥有教育机会，成就希望

1. 保障教育机会平等

(1)保障弱势群体的受教育机会。

①利用信息通信技术改善农村地区教育条件。2015 年在所有农村地区的小学和初中普及信息通信基础设施，从而为农村地区的中小学生提供艺术、体育、人文以及未来规划等多种多样的体验学习课程。集中建设一批优质初中，保障每一个郡都有一所优质初中，为农村地区进行可持续的教育提供良好条件。②加大对预防辍学和复学两方面的支持力度。为陷入辍学危机的学生(约 4 万人)提供免费帮助，尽量将辍学的可能性减小至最低；通过与教育厅、学校及地区社会的合作，开发预防辍学的模型。对辍学原因等进行实况调查，通过提供相应的帮助使辍学学生尽快复学。③为朝鲜移民学生提供针对性教育以及生涯职业教育帮助他们就业。加大对 8 所“朝鲜移民对策学校”(原文为“代案学校”)的支援力度，继续开发并普及职业教育项目，继续开发转换期学校的职业教育课程，将各阶段的朝鲜移民教育联系起来。扩大达人高中对朝鲜移民学生的招生规模，通过入学制度改革保证一切有需求的学生都能进入特色高中。④切实扩大多元文化家庭学生的受教育机会，进一步扩增多元文化学生预备学校[①]，建设多元文化教育重点学校，并提高多元文化语言教师的质量。通过大学生指导及“全球之桥”[②]等项目，发掘多元文化家庭学生的潜能。

(2)继续实现为所有学生提供符合其需求的教育。

首先，改善特殊教育环境。增设特殊学校，增聘特殊教师，完善残障学生的受教育环境，提高帮扶志愿者的待遇。扩增学校企业，加强对残障学生的就业及创业支持。其次，保障学习落后学生的基础学习能力。设立“学习综合诊疗中心”，为学习落后的学生提供上门咨询服务和学习指导。开设“基础学力诊断和提升系统”，为学习落后学生提供学习能力诊断、提供补充学习资料、学习履历管理等一体化服务。最后，为英才教育实现质的飞越打下基础。开发“国家英才教育项目标准”，进一步开发并普及网上英才教育的内容。进一步推进英才学校与科学高中 AP 课程(大学先修课程)设置，加强高中与大学阶段英才教育的衔接。与“未来创造科学部”共同合作，为初高中学生发掘并发挥创造力和想象力提供良好环境。

---

① 预备学校：为韩语掌握程度不高的移民学生等提供韩语与韩国文化等内容的教授项目，帮助他们更快适应正规学校的学习生活。

② 全球之桥：选拔在数学、自然科学、艺术和体育等方面具有突出才能的多元文化家庭学生，培养其全球领导力。

(3)切实减少教育费用负担。

在幼儿园、小学、初高中阶段减少教育费用负担。在幼儿园阶段，规定幼儿园入园费上限，对收取高额入园费的幼儿园采取财政补助分等级拨款措施，同时对《幼儿教育法》进行部分修订，保障幼儿教育惠及所有儿童。小学阶段从 2014 年开始，扩大为小学 1～2 年级学生提供的、下午及傍晚照看服务，学生可自愿参与。在中等教育阶段，分阶段推进免费高中教育，加大对低收入家庭学生的资助力度。同时，减少大学教育费负担，大幅提高对低收入家庭子女的国家奖学金资助水平，适当降低学习成绩门槛，拨出 1 千亿韩元(约合人民币 5.6 亿元)设“地方人才奖学金”，并为多子女家庭的第三个及以上子女新生提供“多子女国家奖学金”。

2. 减少课外补习压力和应试负担

(1)减少课外补习压力。

坚决遏制超前式教育，制订并实施减轻课外补习的相关政策。尽快制定《促进公共教育正常化特例法案》，遏制学校教育、各类学业评价以及入学考试中可能引发超前式教育的因素。对高中及大学的入学考试实施“超前式学习的影响评估”，通过数据来审议高中和大学的招生考试是否以及多大程度上导致了超前式教育。最大限度地减少学生对课外补习的需求，尽量在公共教育体系内部满足学生学习需求。

减轻给家庭带来重负的英语课外补习压力。在学校教授更为基础的、实用的英语，同时为学有余力的学生提供内容更深的英语教育公共平台，如韩国教育广播电视台(EBS)在线学习课程等。此外，禁止在幼儿园阶段正规的英语教育之外再添加英语教育项目，并且对部分私立小学中存在的超前英语学习采取制止措施。扩大实施以是否达到学习目标为评价标准的成就评价制范围。减少由入学考试带来的英语学习负担，例如将首尔地区国际中学的入学考试形式由笔试改为公开抽签的方式，减少外语高中及国际高中入学考试中英语考试所占的比例，在大学修学能力考试中降低英语考试难度等。

减少学生对大学修学能力考试中被指定为必修科目的韩国史的课外补习需求。2016 年开始将在大学修学能力考试韩国史考试中采取绝对评价的等级制评价方式，开发能够反映出题方向的示例试题，并制作发放韩国史学习方法指导资料。此外，为帮助学生学习韩国史，韩国教育广播电视台(EBS)将大幅增加韩国史相关的视频讲解。

继续推进课外补习机构收费规范化。禁止课外补习机构发布虚假、夸张及涉及超前式教育的广告，同时由各省市教育厅规定课外辅导机构的教学时间，加强各省市教育厅对课外辅导机构收取高额费用的现象进行打击的力度。

(2)减少入学考试的备考负担。

①减少学生及家长的大学入学备考负担。简化大学招生程序，推进"促进高中教育正常化优秀大学资助项目"。项目首先需对大学招生考试方式进行评估，主要评估内容为大学招生考试方式对高中教育产生的影响，评估后将选定60所左右产生积极影响的优秀大学，奖励610亿韩元(约合人民币3.4亿元)。为保证学生能从高一开始安心备考，大学必须更早地公布招生信息，并且一旦公布不得变更。2016年大学招生的基本信息将于2014年8月进行发布，与过去相比提前了一年时间，并且只有在制定或修订法律的特殊情况下才能对已公布的招生信息进行变更，以保证高中提供充分的大学招生信息及升学指导。目前已有1 000所学校为学生及家长设立了"大学招生上门说明会"。同时，为使学生能够准确找到符合自己成绩及个性条件的大学，进一步完善"一对一升学咨询项目"。着手构建"大学入学志愿材料统一接收系统"，帮助学生对申请不同学校时撰写通用申请材料进行统一管理和投递，减少学生不必要的负担。

②减少大学入学考试中小论文考试的备考负担。继续降低小论文考试在大学招生考试中所占的比例，小论文考试的题目必须按照普通科目的水平出题，出题过程鼓励高中教师的积极参与，同时鼓励公开对试题进行解析，以减轻小论文考试对学生的负担。小论文考试题目的编制，要结合学校论述教育的实际程度及公共专业机构(如韩国大学教育协议会、韩国教育电视广播等)提供的论述信息，尽量减少由小论文考试备考而带来的课外补习需求。

③限制在高中和大学入学考试中对竞赛成绩及托福、雅思成绩等外部指标的考查。高中入学考试中的"自主学习情况"选项(特殊目的高中及自律型私立高中的招生要求项目)及大学入学考试中的"学校生活记录簿"选项中，禁止要求学生呈现外部获奖情况。对于将公共语言能力测试成绩及科目相关的外部竞赛成绩写在自我介绍材料中的学生，将在材料审核阶段予以0分处理。即便在大学的特长生选拔考试中，也将渐进式地禁止对外部指标的考查。

从初一开始，让学生了解高中入学的考试类型及方式，使学生得以尽早决定未来的升学道路。为此，要求特殊目的高中与自律型私立高中等提前两年公布这些信息。

促进特殊目的高中的正常化管理。明确特殊目的高中最初的办学宗旨，避免特殊目的高中沦为大学升学的应试名校，使之成为帮助孩子放飞梦想与希望的学校。设立"特殊目的高中办学成果评估组"，对特殊目的高中进行五年一次的评估，重点考察学校的招生方式与教育课程等是否符合特殊目的高中的办学宗旨。若未达标，则取消对该特殊目的高中的认证，将之转为普通高中。若在特殊目的高中认证期间出现招生、教育课程违规情况，可随时通过评估取消认证。

3. 在全球范围掀起教育“韩流”

(1)将韩国教育经验推向世界。

①作为教育强国，积极与世界各国分享本国教育发展经验。为联合国教科文组织 2015 年世界教育论坛做好准备工作，与世界各国分享本国“教育兴国”经验，并且向教育发达国家积极介绍教育部与外交部合作的包括战略教育 ODA 在内的教育外交合作。②通过与其他国家建立战略合作关系，提升本国教育竞争力。2014 年 11 月将召开“韩国—世界银行合作研讨会”，共同探讨创新人才培养的具体教育改革方案，为今后教育体系的改革做准备。开发并发行中、日、韩三国共同的少儿童话书，与中国教育部、日本文部科学省共同完善“亚洲校园”计划(CAMPUS Asia)，促进中、日、韩大学之间的学生交流合作。③加强与欧洲之间的职业技术教育和高中教育方面的合作，促进本国教育发展及青年海外就业，进一步扩大留学生项目的范围。④将海外韩国同胞培养为国际型人才。按照地区和发展阶段的不同，制定不同类型的“海外韩国人学校综合发展方案”，将海外韩国人学校作为培养国际人才的摇篮。对海外韩国国民子女加强民族教育，并与外交部合作，将韩语作为海外韩国人学校的第二外语。

(2)激活教育服务产业。

①改善外国教育机构在国内办学的条件。允许国内外教育机构之间合作办学，促进国外优秀大学在国内的教育投资，扩大与中国、东南亚等邻近国家的留学生项目，并且将于 2014 年上半年向国会提交《外国教育机构特别法修正案》。促进教育全球化，同时减少国民早期留学的需求，如允许国内学校在放假期间开设外语夏令营。②大幅度减少留学限制，扩大留学生招收规模。与获得留学生招收管理认证的大学合作，简化留学生签证的申请程序，降低入学时的韩语水平门槛，减轻留学生入学负担。此外，通过放宽对留学生在留学期间兼职的时间限制，义务办理医疗保险等措施，为留学生的学习生活提供便利。③增加人才交流会的召开次数，由一年一次增为一年两次，同时放宽对求职就业许可范围的限制，帮助留学生毕业后顺利就业，同时将于 2014 年下半年修订完善《留学生签证申请及滞留管理指南》。

>>第二节　韩国基础教育政策详解<<

一、韩国初中自由学期制

初中自由学期制(Free Semester System)，是韩国本届政府围绕着“实现幸福教育，培养创新人才”的总方针提出的初中教育课程改革政策，它以“强化职业生涯教育”“取消期中期末的标准化考试”“扩大并保障学校课程自主性”为基本实施方针。初中自由学期制试点计划方案从2013年5月28日首次提出，并在韩国42所初中进行试点。2014年示范学校将扩大到80所，并计划2015年在其他800所初中进行试点运行；最终计划于2016年在全国初中全面实施自由学期制。

(一)自由学期制产生的背景

由全球化和知识经济的快速发展带来的社会结构变化，对适应未来社会的人才提出了包括创新能力在内的新要求，使得世界范围内掀起教育体制向信息化、多样化发展的浪潮。韩国也于1997年提出面向21世纪的第七次基础教育课程改革，并在此后的12年内对第七次课程改革进行了5次修订，却未能解决韩国学校教育历来存在的“以知识灌输为主”，“过度注重应试”，“学生学习兴趣低下、负担过重”等问题，这些问题不仅阻碍韩国未来社会所需创新人才的培养，也不利于学生的自主成长和身心发展。

在TIMSS(2011)的调查中，韩国初二学生回答喜欢数学与科学的人数仅占8%和11%；同时，在2012年延世大学社会发展研究所进行的OECD国家青少年幸福指数调查中，韩国学生幸福指数排名最末。① 此外，在学生自主规划方面，韩国教育部(2013.8)韩国雇用信息院(2008)的调查显示，34.4%的学生表示没有理想，这部分学生中有32%表示没有理想的原因是还没有找到理想，24.5%表示不知道自己擅长做什么。17.7%表示不知道自己喜欢做什么。②

鉴此，本届韩国政府提出实施“初中自由学期制”，在学校教育课程内容、实施方式、评价方式等方面进行系统改革。

(二)自由学期制基本内容

韩国初中自由学期制是指，在初中一年级第二学期或二年级第一学期选择一个学期作为“自由学期”，在这一学期取消期中、期末考试，采用讨论实践等强调学生参与的方式进行教学，在学校基础的学科课程之外，增设包括职业探索活动与社团活动等在内的自主课程。

自由学期制的目的在于帮助学生寻梦筑梦，帮助他们通过加深对自身的理解以及对社会不同职业的探索，形成持续进行自我审查和自主发展的能力。此外，通过系统的课程体系改革，韩国政府期许能够将目前以知识灌输和竞争为主的学校教育转向学生自我主导的，以培养学生创新能力、社会性、德行为主的教育，并以此恢复国民对公共教育的信任，为学生提供幸福的学校生活。

自由学期制的基本方向包括以下五个方面：一是通过在自由学期制集中实施职业规划教育，进一步完善贯穿小学、初中、高中的职业规划认识、探索及设计

① 꿈과 끼를 살려 행복교육을 실현하는 중학교 자유학기제 시범 운영계획(안)[Z]，2013(5)：1.

② 보도자료. 2013중학교 자유학기제 성과발표회 개최[Z]. 2013(12)：12.

的职业规划教育体系；二是通过开发和实施多样化的教育项目，大幅扩大学校教育课程的自主性；三是结合学生的身心发展阶段，慎重选择自由学期制实施时期及教育内容；四是取消期中期末考试，以其他方式考查学生是否达到基本学历要求；五是将自由学期作为学校教育方法整体改革的契机。

在上述方针之下，2013 年韩国初中自由学期制在 42 所学校开展了示范实施，此后韩国教育部于 2013 年 11 月发布《2014 年初中自由学期制示范学校实施计划方案》，计划在 2014 年内将自由学期制示范学校扩大到 80 所。

（三）自由学期制课程改革

韩国初中自由学期制的核心在于课程体系的改革，改革主要集中在课程编制、课程实施方式及学生学业评价等三个方面。

1. 课程编制

在自由学期，课程分为基础课程与自主课程两类，前者基本包括五门基础学科课程：国语、数学、英语、社会、科学；自主课则分为四类，分别是职业规划类课程、学生自选类课程、社团活动类及体育艺术类课程。学生从周一至周五每天上午学习 4 个学时的基础课程，下午则学习 3 个学时的自主课程，具体的课程安排由各学校自行决定；具体比例为基础课程占 65%，重点自主课程为 15%，其他三类自主课程占 20%，同时保证一学期 170 学时的自由活动课程。

由于在自由学期基础科学课程实施时间大大缩短，基础学科课程将打破学科间的壁垒，按主题进行重新组织与融合，因此融合型基础课程的开发是自由学期制实施的一大重点。当然，设计以实践为主的自主课程则是另一重点所在。

自由学期制下的课程设计体现出以下四个特点。首先，自由学期的职业规划教育主要通过三种形式实施：一是在自由学期为学生开设专门的未来规划与职业课程的选修课；二是在国语、英语、数学、社会及科学等基础课程内容中渗透已经开发出来的“学校职业教育核心标准及指标”，具体包括 81 项核心标准及 160 项核心指标；三是在自由学期开展多种多样的职业体验集训活动或全天职业体验活动，并与各地区教育机构，例如，特性化高中(优秀职业高中)、职业学院、专科学院等进行合作，共同开设职业体验项目，邀请学生家长或当地企业家作为指导教师或发表演讲，帮助学生们对未来职业形成一定的意识和规划。此外，部分学校还安排“自主休息日”等休息时间让学生自行参观各种各样的机构，体验职业，并计入学生的“自主职业体验”学习时间。

其次，开发各类自选课程，丰富学生的生活体验。韩国教育开发院下属的“自由学期制支援中心”开发出符合学生需求的选修课程，有些课程可以与学生社团活动相融合，例如文学创作、走进韩国艺术、媒体与通信、戏剧与文化、绿色环保等，部分学校还结合自身特色自主开发选修课程。

再次，丰富完善学生社团活动。学校事先通过学生会调查学生对于社团活动的具体需求，在此基础上一方面大力支持校内社团的设立与运行，另一方面还积极联络其他学校共同举办社团活动。地方教育支援厅还与学校构建校内外的合作网络，例如在学校与地方企业、博物馆、展览馆等机构之间建立联系，在放学后以及周末为学生提供社团活动支持。

最后，在艺术体育教育方面，学校主要在自由学期加强与地区社会的联系，例如与音乐厅、艺术剧院、美术馆、体育馆等进行合作，邀请音乐家、美术家、运动员等为学生进行现场讲解。韩国教育部计划至2016年构建出一套完整的地区艺术体育教育体系。此外，在校内还将推进融合型艺术课程的实施，目前已开发出来的融合型课程包括音乐与韩国语言文学、音乐与科学、美术与数学、美术与表演等。

2. 课程实施方式

在自由学期，基础课程与自主课程都由学校事先对学生需求进行调查，然后在保证基本教育课程要求的基础上根据调查结果设计课程内容。授课以学生参与、学生活动为主，围绕着学生讨论、问题解决、表达沟通、实验等方式进行。尤其是在融合型基础学科课程的实施上，将采用“块状时间制”(BLOCK-TIME)进行教学，更多地采用合并授课、合作教学、翻转课堂、小组讨论、社会调查等开放的教学方式，以提高教学效率。

3. 学生学业评价

不同于过去以分数为主的学业评价，自由学期采用描述式的质性评价，更加关注学生的成长与发展。例如，学生参与热情、自主能力、合作能力、组织能力、创新能力等。同时，自由学期学生的课程成绩将不被纳入高中入学考试的考核范围，但学生的活动参与情况等可以被作为高中招生参考项目。

为进一步推进课程体系改革，韩国教育部在2014年自由学期制实施方案中提出，将大力建设实现上述课程体系改革的基础平台，在政府层面加强教育部与相关政府部门的合作，加强各地方政府的支持力度，在政府部门下设专门的自由学期制支援机构。而且，在学校层面搭建起示范学校的教育合作网络，共享课程资源；在社会层面加强学校与地区社会不同单位的合作，如企业、博物馆、广播电视台、科技馆、医院、银行、青少年团体、市政厅、社区中心、公安局、消防所等，为自由学期的职业探索教育提供广泛的体验活动。此外，韩国教育开发院(KEDI)也作为自由学期制实施的重要合作者，为课程开发、基础平台构建等提供咨询、研究支持。

二、韩国高中入学制度改革

(一)高中入学制度改革实施背景

韩国自 1948 年建国后一直采用通过入学考试升入高中的做法，直到 1974 年颁布《高中平准化》政策。具体措施就是实施统一的高中入学考试，再通过学区内随机派位的方法确定入学学校。可以说，高中“平准化”政策的核心和目标就是所有高中实现“平等”和“标准”。但是，随着 20 世纪 90 年代全球化时代的到来，这种整齐划一的教育模式受到百般诟病，招致学生及家长对公共教育的不信任。因此，韩国逐渐放松对高中设置的限制，备受关注的特殊目的高中如雨后春笋般建立起来。特殊目的高中以优越的教育环境、高水平的教师、相对灵活的课程设置、很高的一流大学入学率成为平准化制度外的“精英高中”。特殊目的高中分为四大类：第一类为科学高中，全部为公立，主要进行科学能力培养为主的教育；第二类为外语高中，或公立或私立，主要以外语能力的培养为主；第三类为国际高中，或公立或私立，主要以培养全球化时代的国际精英为目的；第四类为自立型私立高中，归属教育科学技术部管理，在财政自立的前提下享有自主办学的权利(2011 年后被统称为自律型私立高中)。这些高中都通过激烈的入学竞争在全国范围内招募学生，教育部试图通过这样的措施满足学生及家长对教育尤其是优质教育资源的需求，同时为国家培养精英人才。

精英高中的出现进一步加重学生的学业负担和家长的经济负担。直至 2007 年，韩国的私教育费规模更攀升至 20 兆 400 亿元，全国学生的年平均补习费用为 346 万韩元(17 500 元人民币)①，迫使韩国政府提出根本性的解决方案。为此，韩国政府于 2008 年提出并实施高中多样化政策，试图建设各类特色高中以缓解竞争压力。但是，由于特殊目的高中等精英类高中的招生方式并没有出现根本性变化，高中多样化政策只起到为那些不能或不愿加入精英高中竞争、并具有鲜明个性和特长的学生提供了一些出路，并未能解决大多数面临着精英类高中升学压力的学生。

(二)2014 年韩国高中入学制度改革

2014 年 3 月开始，在韩国教育部的要求下，各地方教育厅纷纷颁布了新的高中入学改革政策，而本次改革的最大看点就在于改变了精英类高中的招生方式，标志着韩国的高中入学制度改革进入深水区。从各地方教育厅颁布的新政策来看，本次改革具有以下几个特点。

---

① 교육과학기술부. 2009년업무보고서[M]교육과학기술부，2008. 12. 18.

(1)通过更加多元化的招生模式，最大限度地保障学生的选择权力。

从新政策来看，韩国各类高中的招生方式如表 9-1。

表 9-1　韩国教育部公布的 2015 年各类高中招生方式

高中类型		学校数(所)	招生范围	招生方式
普通高中(第二批招生)		1 525	所在区域	平准化地区先填报志愿后派位；非平准化地区依据平时成绩考查或考试后派位
特殊目的高中(第一批)	外语高中	31	所在区域如没有，可跨区	初试：初中 3 年英语成绩＋出勤率 复试：面试
	国际高中	7		
	科学高中	20	所在区域	初试：校长推荐、考官认证审查 复试：申请材料审查、面试
	达人高中	34	全国	初中平时成绩审查、深度访谈、实际操作能力评价
	艺术高中	14	全国	初中平时成绩考查、面试、技能评价
	体育高中	27		
特色高中(第一批)	体验型特色高中	24	全国	初中平时成绩考查、面试、实际操作能力评价
	职业型特色高中	470		
自律高中(介于第一、第二批之间)	自律型私立高中	49	所在区域	首尔地区：先派位，后面试； 其他地区：先成绩考查，后面试
	自律型公立高中	116	所在区域	平准化地区先填报志愿后派位；非平准化地区依据平时成绩考查和考试派位

资料来源：根据韩国教育部高中入学信息网站招生通知相关内容由本文整理。另有 8 所英才高中未纳入统计。http：//www.hischool.go.kr/high/biz/bbc.high.2014.4.23.

从表 9-1 中可以看出，韩国设有五花八门的特色高中，学生可根据自身特点和发展需要进行不同选择，这是韩国高中多样化政策的结果，而 2014 年的高中入学改革政策更体现出这样的特点。韩国的高中分第一批和第二批进行录取，第一批录取的高中为特殊目的高中、特色高中(职业和体验型)、部分自律型私立高中，录取阶段为每年 8 月至 12 月初。在该阶段，学生可根据这些学校陆续颁布的招生简章自行报名参加考试(只能报 1 所，不得重复报名)。考试一般分为初试和复试，初试要求学生提供各种书面申请材料，复试则包括考察和面试等。被诟病导致学生考试竞争的罪魁祸首——外语、科学、国际三大特殊目的高中和“民族史观高中”等自律型私立高中也都集中在该阶段进行招生。第一阶段筛选一般在 12 月初即可结束，落选的学生就可参加第二阶段分配。第二阶段可选择的学校有当地普通高中和自律型公立高中，每年的 12 月初至中旬进行报名。报名及录选程序如下：以首尔市为例，学生分 2 步向所在学校填报入学志愿。第一步是从全市范围的高中选出 2 所学校，按照第一、第二志愿的顺序进行填报，首尔市教育厅在优先考虑学生第一志愿的原则下，从第一步申请的学生中抽选出各学校招生计划 20％的学生，未被选中的学生再进行第二步申请。第二步则要从居住地附近选出 2 所高中，首尔市教育厅再根据学生的志愿顺序抽选招生计划的 40％，第二步也未能被选中的学生再进入第三步，首尔市教育厅仍根据学生的志愿顺序统筹安排余下 40％的招生计划。

2014 年高中招生制度改革方案更体现出对学生志愿的考虑。各地方政府纷纷出台相应政策，要求各学校在考查学生的能力过程中注重主观动机、潜能等因素。

(2)改革精英类高中录取过程中的评价模式，以“人性与动机”评价替代认知能力评价。

2014 年高中入学制度改革打出的是以“人性与动机”评价替代认知能力评价的口号，而这个口号主要是针对精英类高中而提出的。如表 9-1 所载，韩国的精英高中往往通过初试和复试两个步骤，一般来说初试通过笔试，复式通过面试来进行筛选。大部分学校还要求提供篇幅冗长，要求甚高的“自我发展计划书”，使学生不得不找到各种补习班进行代笔。2015 年，韩国全面禁止第一批招生的高中通过笔试筛选学生，而且废除“自我发展计划书”，用 1 500 字以内形式多样的“自我介绍”来代替。除此以外，在“自我介绍”中不得出现任何奥数证书、各类考级证书、竞赛获奖证书等通过课外补习才能得到的成绩介绍，也不得透露父母亲朋的社会经济地位相关的任何信息。各地分别出台了禁止在申请材料中出现的私人信息相关规定，一旦违规将直降 10％的成绩。在禁止出现这些信息的同时，更看重学生对自己学习过程、学习体会的评价和描述，参加社会实践过程的描述等。对于那些艺术、体育系列高中及部分特殊产业高中，则经当地教育厅厅长的认可后由各学校自行开发审查标准，但也不得通过笔试对学生进行筛选。以首尔市科学高中为例：该高中的初试是由校长推荐环节和考官确认环节组成。在初中校长推荐优秀学生后，考官仔细认证校长和所在初中的资质，确认推荐书、学生申请书等相关材料，甚至到学生所在初中进行随机访谈。复试是在初试基础上提交“自我介绍”“教师推荐信”“学校生活记录簿”三份材料。即使是在科学高中，在“自我介绍”中也不得提及任何奥数等竞赛获奖记录，只可记录成长感言和未来期望等。在认知评价被全面禁止的情况下，如何甄别适于在本校就读的学生对于向来以招收具有“科学素养”的学生为荣的科学高中就是一个不大不小的难题。

(3)对学生的学业评价体系更加多面、客观和系统。

甄选出“具有创造力和学习潜能的学生”是 2014 年评价体系尤其是精英类高中的核心理念。为此韩国也做了不少改革，修正了过去学业评价制度中不合理的因素。例如，韩国一直有“学校生活记录簿”制度，作为全面评价学生学校活动的依据。“学校生活记录簿”详细记录包括学生出勤情况、学习动机和兴趣、学业成绩、社会活动参与情况等。过去的做法是，在记录学生成绩时，按照年级学生的总体比例划定 9 个等级，第 1 等级的比例为 4%，第 2 等级为 11%，第 3 等级为 23%……用这个等级再根据各年级和学期进行分值换算。这样的学业评价模式造成的结果是学生不得不在本学年、本班级学生之间进行竞争，造成同学间的紧张，不利于学生身心的健康发展。2015 年，韩国改革学生的学业成绩记录模式，并不划定等级比例，改用原始成绩和学年平均成绩进行指数换算的做法，以更客观地反映学生的学业水平。这样的计分方式或可能使高分学生增加，给高中迅速选出学业拔尖的学生增加难度，但是将有效减少同校同班学生之间竞争的局面。另外，学业评价不仅包括单纯的课程成绩评价，还包括任课教师对学生学习动机、兴趣、学习特点、课外读书情况等的综合描述，以及课程出勤率的统计等。在这些与学习有关的内容外，学生参与社会活动的信息也会记录到“学校生活记录簿”，作为评价学生学业水平的依据。

另一个值得一提的变化是废除了第一批招生的高中对报考生学业成绩的要求，比如总成绩在所在学校前 50%的学生才可报考国际高中等限制，取而代之的是按照招生计划 2 倍的比例进行初试等更加宽松的报考条件。另外，为了体现社会公平，第一批录取的高中留出一定比例给特殊学校毕业生，在第二批录取的学生中优先考虑贫困家庭学生、家庭暴力、性暴力受害者等，在彻底保障他们的私人信息的情况下，尽量满足这些学生的志愿。

总之，2014 年改革更加注重学生的学习动机和兴趣，淡化了对课程成绩的严苛要求，力求多方面考查学生的能力和发展潜力。

第十章　印度教育政策与发展趋势

印度政府在教育领域每年都会出台一些法律法规和政策文件，由此推动印度教育的改革与发展。在 2012—2013 年度的研究报告中，我们分析了印度政府在该年度出台的一些政策，包括《社区学院计划：概念与框架》《国家职业教育质量框架》和《促进高等教育机构公平发展的规定》等。在 2013 年 7 月之后，印度政府继续颁布多个教育政策文本，进一步提出了对印度教育发展的规划和改革诉求。本报告在上年度的基础之上，分析和梳理 2013—2014 学年印度在教育领域颁布的法律法规、政策和相关报告，主要包括《2009 年儿童享受自由和强迫教育法案：专项训练干预策略》(*Right of Children to Free & Compulsory Education Act 2009*：*Interventional Strategies for Special Training*)、《穆斯林学校优质教育纲要：评估报告》(*Scheme for Providing Quality Education in Madrasas*：*An Evaluation Study Report*)、《2014 年国家教师教育委员会条例》(*NCTE Regulations 2014*)和《小学阶段特殊需求儿童的全纳教育》(*Including Children with Special Needs*：*Primary Stage*)等。

>>第一节　《儿童享受自由和强迫教育法案：专项训练干预策略》<<

印度是一个人口大国，也是一个多民族、多语种的国家。尽管近年来印度在经济上取得了较快的发展，但基础教育的发展却面临巨大挑战。其中，义务教育的普及率远不如中国，入学率较低、辍学率居高不下，这使得印度政府面临一个艰巨的任务：要让那些辍学的孩子也享受基本的教育权利。为此，印度在制定有关保障儿童享受自由教育法案的基础上，进一步提出了针对辍学孩子进行干预的政策，以尽可能提高普及义务教育的水平。

一、提出背景

印度是一个发展中国家，其基础教育的质量水平和义务教育普及率都不高。“印度独立 60 年后，在 2006 年的世界人类发展报告调查的 175 个国家中，印度仅名列第 126 位，印度的成人识字率只有令人失望的 61%，与中国 90%的成人识字率相比，印度有 40%的成人今天仍然不具备对他们日常生活做一个简短的、简单的表达能力。这意味着他们没有获得与最基本的小学教育相当的发展水平。”①对于这种状况印度政府显然心知肚明，他们也积极采取措施努力促进基础教育的发展。2009 年，印度政府颁布了《2009 年儿童享受自由和强迫教育法案》(*Right of Children to Free & Compulsory Education Act 2009*)，试图以法律的手段强化义务教育的实施和普及，使适龄儿童获得基本的学校教育。

为进一步落实该法案，印度政府开始关注那些没有进入学校的儿童，提出了“专项训练”(Special Training)的概念。2013 年 10 月 8 日，印度人力资源发展部学校教育司(Department of School Education and Literacy，Ministry of Human Resource Development)针对这种训练颁布了《2009 年儿童享受自由和强迫教育法案：专项训练干预策略》，为实施这一专项训练进行了政策上的设计和论证，以期推动适龄儿童的普及教育，使儿童享受应有的教育权。

二、主要内容

(一)对辍学儿童的界定

文件指出，目前没有一个标准的定义来说明什么是“辍学儿童”，但为了形成统一的理解，辍学儿童在文件中被定义为：“年龄在 6～14 岁，如果没有在任何一所小学入学，或者入学后在未向学校作出说明的情况下又离开学校超过 45 天以上，则为辍学儿童”。辍学儿童往往难以接触、受人忽视，他们多来自低收入者家庭、移民家庭，而且多与性别问题联系在一起；还有一部分辍学儿童存在残疾、智力低下等缺陷，他们在发展中需要特殊对待。这些辍学儿童显然处于社会的边缘，其受教育权利得不到保障。

(二)地方政府的角色

文件指出，地方政府需要调查辍学儿童的状况，与学校、社区和家庭密切合作，共同解决辍学问题。文件要求，地方政府官员要详细掌握辍学儿童的名单，提出资助方案，举办会议专门讨论辍学问题，找出辍学的原因所在，对辍学儿童进行追踪，直至送其入学。地方政府要协同学校、村长和家长，对辍学儿童进行普查，动用各种力量促使儿童入学。另外，还要给工厂的雇主施加压力，让他们不要雇用童工，减少学校中学龄儿童的流失。

(三)专项训练的内涵

专项训练是《2009 年儿童享受自由和强迫教育法案》的基本要素，它不仅是一个特定时间阶段之内的教育活动，更是一个促使学校回应多元背景下不同儿童发展需求的术语。文件指出，专项训练必须是系统的、可持续的，这样才能保证

① 沈有禄，僬欣怡．印度基础教育发展的困境与出路[J]．外国中小学教育，2009(5)：1.

儿童在常规课堂中接受培训；专项训练在实施方式上也要跟常规的学校教育同步进行，这样才能实现普及教育的初衷。

(四)专项训练的实施

文件强调，专项训练需要在课程、教学、学习方式等方面灵活安排、协调进行，在教师准备和管理方面要不断创新。在实施专项训练的过程中需要注意如下方面。

1. 鉴别辍学儿童

有些孩子可能偶尔旷课，但如果不注意干预，这些孩子也很容易成为辍学儿童。要鉴别这些孩子，需要家长和社区密切配合，及时整合和更新来自不同部门的相关数据。

2. 编制规划

考虑到不同地区的情况千差万别，必须由各地自行拟订实施专项训练的计划，以满足各地儿童的具体需求。地方政府主导来拟订"学校发展计划"，并且要对这个计划不断修正和调整，以适应新的情况。编制规划的时候尤其要考虑到学校的位置、教师的配备、辍学儿童的数量、当地经济的发展水平等因素。

3. 进行动员

要在全社会动员各种力量参与解决辍学儿童问题，这需要一个良好的社会氛围。文件给出的建议是：政府官员和教师要定期家访，加强与儿童及其家长的沟通和交流，要与家长经常性地进行会面讨论，以鼓励家长配合对儿童进行教育；在村子、学校等场所举办动员会，向社会民众宣传相关政策和要求；发动社会成员作为志愿者参与其中，包括让年长的孩子作为志愿者去劝说其他辍学的孩子上学；在新学期开学前发起一些公开的集会和其他活动，动员辍学孩子回到学校。

4. 劝孩子们去上学

学校要承诺：任何时候都敞开大门欢迎辍学儿童入学，简化入学手续。辍学儿童选择就近的学校上学，他们可以进入常规的班级跟其他孩子一起学习，学校要对这些孩子进行具体辅导和监督。对于那些有特殊需要的儿童，学校需要拟订教育计划，给予相应的教育和指导。

5. 建立"专项训练中心"

"全国童工计划"(National Child Labor Project)的项目学校可以开发为"专项训练中心"，让孩子们在这里接受常规学校中的相应教育。项目学校的经费来自劳工部(Ministry of Labor)，因此要加强劳工部与人力资源发展部的协调。

(五)专项训练的组织

文件指出，在开展专项训练的时候，既要关注对辍学儿童进行学术方面的教育，又要关注其社会适应技能的培养。要根据辍学儿童的经验和认知水平而确定其年级，而不是单纯地看其年龄。例如，某一辍学儿童尽管已经 12 岁，但从来没有进入过学校，那么他也只能先进入一年级学习。辍学儿童可以在一个混龄班级学习，这样才可能让他们从同伴中获益。

还有，为这些辍学儿童进行单独的教育规划和设计应该是其课程和教学过程的一部分。辍学儿童回到学校，往往一开始很不适应，这就需要针对他们的实际情况进行单独设计。比如，进入学校的前15～20天是一个适应期，一般不要安排知识类内容的学习，只设计一些活动等内容，帮助他们适应学校生活。

在组织实施专项训练的时候需要掌握如下原则。

(1)要认识和了解每一位儿童。教师要掌握每一位儿童的家庭背景、以前的生活条件和社会关系等。

(2)在“专项训练中心”建立一种积极的人际关系。这样有助于建立和谐的社会关系，让辍学儿童感觉到“这是一个安全的地方”。

(3)调动学生学习的欲望。每一位儿童都有学习的欲望，通过循序渐进地学习，让他们感受到自己的进步，从而激发学习的动机和愿望。

(4)让所有孩子融合起来。消除其陌生感和疏离感，这方面可以通过开展体育活动、课外活动等得到实现。

(5)让家长和社区参与其中。家长和社区对于辍学儿童回归正常学习负有责任，他们要协助政府官员和教师为儿童回归校园创造条件，并且在必要的时候参与到教学活动中来。

此外，在教学过程中也需要贯穿一些原则，包括：尊重辍学儿童，保护其尊严；努力团结所有儿童，培养他们的集体感；鼓励他们参与教学活动；如果孩子想家，安排他们回家一趟并再带回来；通过游戏和其他丰富的教育情境而发展孩子们积极学习的兴趣等。

(六)课程设计与教学内容的组织

专项训练课程的设计要充分关注孩子们之前的知识背景和相应年龄阶段孩子的特定需求。课程应该为孩子们提供推理和分析问题的机会。辍学儿童更需要自学的能力，因为他们需要把大量的知识补上去。对于专项训练项目学校的儿童来说，课程的内容一定要弹性化，这样才能与其多样化的背景和学习水平相适应。例如，一个12岁的小女孩从来没到过学校，因此她学习的课程可能只有一年级的水平。

在课程的设计方面需要遵循如下原则。

(1)如果以有意义的方式将先前的经验与所学的内容建立联系，那么年龄大的孩子会很快地进行学习。

(2)将课程内容与学生的生活世界及其经验建立联系，有助于促使学生进行持续地学习。

(3)恰当的教学方法和教学资源有助于提高学生的自信心，同伴学习、合作学习、小组分享等都是一些很有帮助的学习方法；选择一些弘扬社会正义的儿童文学作品让孩子们去阅读，在课堂中开辟专门的“读书角”，让孩子们能够自由选择并阅读。

(七)师资的培养和相关资源的准备

文件阐述了有关师资培养的一些要求，主要有如下方面。

(1)教师是专项训练的核心，没有高素质的教师，再好的课程和教学材料也不能发挥功效。

(2)有必要为实施专项训练而开展年度短期的教师在职研修活动。

(3)围绕差异性、边缘化、身份等问题开发一些教师培训指南和素材，这有助于教师开展专项训练。

(4)需要在专项训练领域对教师在技术和资源领域进行持续投入。

(5)需要对主管专项训练的校长进行培训，这也是必要的。

为了更好地推进专项训练、让辍学儿童回归学校，文件分析了相关资源的准备问题，特别是辍学儿童所在的村庄、社区，要积极配合政府部门和学校，营造全社会都关注辍学儿童的氛围。还有，如何在专项训练项目学校和普通学校之间建立联系也是必须考虑的一个问题，相关校长和教师都要在两种教育机构中相互访问和沟通，通过加强联系而共同完成对辍学儿童的教育。

三、简要评价

印度基础教育的水平低下、普及教育的水平偏低，这已经成为制约印度社会发展的一大因素。所幸的是，印度政府已经关注到这一问题，推动针对辍学儿童的“专项训练”就是这种努力的一部分。从本文件的内容可以看出，印度政府对于如何吸引和劝导辍学儿童回到学校进行了比较周密的安排和部署，甚至一些细节问题都考虑到了。例如，文件中提到要开发一些评价辍学儿童的指标体系(如下表)。显然，这些描述性指标对于评估辍学儿童的学习水平、帮助他们回归正常的学校生活具有重要意义。

表 10-1　有关辍学儿童的描述性评价指标

	指标	对指标的说明
1	观察和记录	汇报、讲述和绘画，阅读图画书，作画、绘制图表
2	讨论	听、说、表达观点，归纳别人的观点
3	表达	绘画、身体动作，创造性写作，雕刻
4	解释	推理，进行合乎逻辑地关联
5	辨析	分类、分组，对比和比较

续表

	指标	对指标的说明
6	质疑	批判地思考，提出问题
7	分析	预测，提出假设
8	实验	做准备，做实验
9	关注公正和公平	对劣势群体保持敏感，关注环境问题
10	合作	负责任地谈话，与他人分享并一起工作

资料来源：Department of School Education and Literacy，Ministry of Human Resource Development. Right of Children to Free & Compulsory Education Act 2009：Interventional Strategies for Special Training. http：//mhrd. gov. in. 2013-10-08.

>>第二节　《穆斯林学校优质教育纲要：评估报告》<<

印度是一个多民族国家，信奉伊斯兰教的穆斯林是印度人口的重要构成部分。“根据1991年的人口普查数据，印度人口的82%信奉印度教，12%左右信奉伊斯兰教……目前，各种宗教信徒的人口构成已经发生一些变化，但基本格局依然如故”。[①] 这么算来，在印度的穆斯林人口要超过1亿。由于宗教信仰的差异，印度教徒与穆斯林之间存在一些矛盾。穆斯林的经济地位相对较低，穆斯林学校的发展也因此受到影响。如何提高穆斯林学校教育的质量已经成为印度政府关注的一个问题，并提出了“优质教育”(Quality Education)的发展思路，以此来指导穆斯林学校的发展。

一、提出背景

在印度的一些偏远地区，学龄儿童能够进入的学校只有穆斯林学校。因此，穆斯林学校在印度基础教育中发挥了重要的作用。但大部分穆斯林学校的办学条件、师资水平等与城市学校相比还是比较落后的，多年来印度政府也在为提升穆斯林学校的办学水平而努力。2009年，印度人力资源发展部颁布了《穆斯林学校优质教育纲要》(*Scheme for Providing Quality Education in Madrasas*)。在这一文件实施四年之后，印度穆斯林学校得到了哪些发展呢？2013年，印度政府委托拉扎克(Azara Razzack)教授作为评估项目主任，对穆斯林学校发展状况进行了评估。2013年12月，项目组在人力资源发展部官方网站上公布了《穆斯林学校优质教育纲要：评估报告》(以下简称《报告》)，在印度教育界引起了广泛的关注。

---

① 马加力．印度宗教问题．国际资料信息[J]. 2002(5)：29.

这一研究的主要目的在于对《穆斯林学校优质教育纲要》的实施效果进行评估，分析实施过程中取得的成功经验和存在的不足，为下一步推进穆斯林学校发展提供建议。评估项目组认为，《穆斯林学校优质教育纲要》是一个“需求驱动”的方案，根据穆斯林学校发展的现状而提供外部支持，帮助穆斯林学校达到现代化发展水平，尤其是帮助穆斯林学校能够开设一些“现代科目”(modern subjects)。《穆斯林学校优质教育纲要》主要在以下方面对穆斯林学校予以支持：提高教师工资、建设学校图书馆，并且为小学、初中和高中学校的教师提供与教与学的相关资料以帮助他们实现对现代科目的讲授。在经费援助方面还为中学建立科学实验室和计算机房，以及为教师提供在职培训。

二、主要内容

(一)关于穆斯林学校的背景介绍和研究方法

在印度，穆斯林学校有着悠久的历史，可以追溯到莫卧儿王朝。它们是伊斯兰教的学生学习的主要场所，在这里，孩子们主要学习《古兰经》和伊斯兰教的一些教义。进入近代之后，印度成为英国的殖民地，但印度的穆斯林固守自己的传统，对西方的现代知识抱持疑虑甚至排斥的态度。这带来了穆斯林教育中“宗教知识”和“科学知识”的二元分离，而穆斯林学校则强调宗教知识的传承、抵制来自西方的科学知识，由此导致了穆斯林学校忽视现代科目的学习这一问题，在今天这一问题已成为穆斯林学校现代化的一个障碍。当然，穆斯林学校的课程设置也在发生一些变化，除了开设语言、哲学、《古兰经》学习等传统科目之外，也开设了诸如数学、科学、历史、经济学和政治学等现代科目，尽管后者的学习并没有得到应有的重视。

该《报告》认为，鉴于穆斯林学校在传播科学知识、培养学生适应现代社会方面扮演着极其重要的角色，“穆斯林学校的现代化”是当前的一个重大课题。其实，从印度独立以来，穆斯林学校如何融入现代社会已经被关注到。特别是在印度的第十个“五年计划”期间，印度政府就提出了“穆斯林学校现代化方案”，呼吁提高穆斯林学校的教育质量、提升学生的现代学术水准。经过这些努力，越来越多的人已经接受了这一做法，即在穆斯林学校除了开设一些宗教课等传统课程之外，还可以开设一些现代教学科目。现实生活也为穆斯林学校的现代化带来压力，因为只有学习一些现代科学知识，毕业的学生才有可能在现代化的企业中谋得一个职位。

《报告》还阐述了开展评估研究的一些基本方法。在《穆斯林学校优质教育纲要》的框架之内，研究者根据实施的要求考察了落实这一文件过程中获得的成功经验以及遇到的问题和障碍，调查了地方官员、校长、教师、家长、学生等对相关问题的看法。项目组开发了问卷和访谈提纲，通过这些研究工具获得基本信息和数据。进入《穆斯林学校优质教育纲要》框架的有 16 个邦的 9 000 多所穆斯林学校，项目组从中抽取了 500 所学校，这些学校分布在 8 个进入评估研究项目的邦之中，每个邦抽取的学校数量从 25 个到 200 个不等。

(二)文件落实的功效与关注点

首先，是总体效果的评估。《报告》指出，自 2009 年颁布以来，《穆斯林学校优质教育纲要》受到了地方政府的高度关注，认为这一文件会对穆斯林学校的发展带来益处，其改革意图值得赞赏。受调查者普遍认为，落实这一文件肯定会给穆斯林学校带来资金上的支持，政府会加大对穆斯林教育的投入，尤其对于偏远地区和来自贫困家庭背景的孩子来说这更是一个福音。

文件实施以来，很多学校都改善了办学条件，基础设施得到了加强。穆斯林学校购置了一些教学设施设备，如投影仪、电脑、视频设备等。条件的改善也为穆斯林学校开展现代科目的教学提供了有利的机会，越来越多的孩子开始对现代科目的学习感兴趣。尽管资金有限，但穆斯林学校的现代化教学媒体的装备条件还是得到了改善。尽管不同学校使用资金的方式不一样，但项目组得到的反馈都是积极的。在一些邦，穆斯林学校小学毕业生进入普通中学的入学率在提高，尤其重要的是，穆斯林学校的孩子们有机会去学习数学、科学和英语等现代科目，甚至可以学习一些为职业做准备的科目。因此，不少人认为穆斯林学校“开启了一个新时代”。

其次，关于相关信息的传播问题。《报告》指出，没有一个系统化的渠道来传播相关的信息，这往往会带来一些问题。因此，在中央政府和地方政府之间需要加强协调，这样才能实现该政策的最大社会效益。再者，在全国范围内，不少地方的穆斯林学校都没有实施有关提升穆斯林学校教育质量的这一政策，有的邦只是一小部分穆斯林学校在落实该政策。例如，在某一个邦，只有一个学区在实施该政策，受益的学校只有 40 所。有些受访的穆斯林学校甚至对这一政策没有任何想法，有些尽管在落实，但对于其运行模式和实施方式持有疑虑。其实，为了落实该政策，决策者们已经制定了一个落实机制，即：穆斯林学校要向学区主管部门提出申请，学区将申请材料递交给邦教育行政部门，邦教育行政部门再向印度人力资源发展部汇报，由人力资源发展部组织专门委员会对这些申请进行详细考察和评审，而且几乎所有的申请都会被批准。

最后，援助资金的配置和使用问题。援助资金由人力资源发展部发放给邦的资金管理部门，再以现金或支票的方式下发到学校和教师手里。但在发放资金的时候也存在由于某些原因被延缓的现象，几乎所有的穆斯林学校教师都抱怨过工资并没有按时发放，甚至有的教师两年都没拿到薪水。这在一定程度上影响了教师工作的积极性，甚至出现教师流失现象。

在资金的使用方面，大部分穆斯林学校将援助资金用于购买教学实施设备和图书资料等，使用资金的方式并不统一。再者，学校在购买图书时没有关注书的内容，这就降低了图书的质量。这意味着对资金的使用需要进一步的指导，要落实到细节上去。除了图书，学校一般还要购买一些教学材料，主要包括：世界地图、图表等教学挂图、算数器材、科学实验器材、地球仪等。

（三）教师的任命和培训

《报告》指出，穆斯林学校任命的教师分布在如下学科中：科学、数学、社会科、语言、计算机应用等，每个科目选修的学生最低 10 人。讲授这些现代科目的、拥有本科学历的教师每月薪酬为 6 000 卢比，拥有硕士学位的教师则每月 12 000 卢比。但调查发现，不少早期就职于穆斯林学校的教师只能拿到每月 3 000 卢比的薪酬。与其他学校相比，穆斯林学校中教师的薪酬是比较低的。

大部分受雇于穆斯林学校的教师缺少讲授现代科目的经验和能力。尽管有些邦对在职教师提供一些培训，但也不能满足需求。《穆斯林学校优质教育纲要》规定，援助资金要用来对教师进行培训以提升其教学技能，邦教育行政部门要把相关资金提供给教师培训部门，标准为每位教师每天 100 卢比，最多培训 15 天，这部分资金用于支付培训费用。在教师培训方面，很突出的一个问题是对教师进行电脑操作方面的培训，计算机教师短缺，影响了计算机课程的开设。

（四）总结部分

《报告》认为，这一评估项目的目的是借助《穆斯林学校优质教育纲要》的实施来考察穆斯林学校在促进儿童发展中的作用范围、重要性及扮演的角色，这需要把穆斯林学校放置在一定的“社会—经济”情境之中。这样看来，进入穆斯林学校的儿童基本上来自经济收入低下的家庭，这些孩子的父母从事的职业主要是农业、加工工业、出租车司机、手工业、木匠、石匠等。很多孩子甚至也要从事一些工作以给家庭带来一点收入。在这种家庭背景之下，很多女孩不能上学就不足为奇了。而部分非穆斯林家庭也会把孩子送入穆斯林学校，原因也在于其贫弱的家庭经济状况。

在受访的儿童中，不少孩子表达了愿意到穆斯林学校学习的想法，他们对于接受的教育感到满意。一般而言，这些孩子是被家长送来的，他们发现学校里既学习一些传统的课程，也能学习一些现代科目，这让他们感到欣慰。但他们没有谈到穆斯林学校的条件是否对他们也有吸引力。穆斯林学校的孩子们对老师们的教导很是感激，很感谢老师们能够在课堂里给予他们以关爱和帮助。他们大部分都有明确的学习目标，在被问到“长大后从事什么工作”时，他们的回答一般是医生、教师、工程师、警察、军官、科学家、公共事务管理者等。不少孩子渴望有一套校服，如果能在穆斯林学校里穿上一身校服，那将是值得炫耀的一件事。

穆斯林学校已经开设了一些现代科目，包括英语、科学、数学、社会科和计算机课，传统的科目则有乌尔都语(Urdu)、阿拉伯语(Arabic)、波斯语(Persian)和神学。但穆斯林学校尚未有统一的教材，教材的来源多种多样。在教学方法上尽管讲授仍然是主导，但课堂中也出现了其他的一些方法，如游戏、活动等。

不少穆斯林学校目前是当地主流的公共教育场所。甚至有些穆斯林学校与其他普通学校没有什么差别，除了一两门课程之外。有的穆斯林学校有寄宿制和非寄宿制两部分学生，寄宿制学生要学习一些宗教知识，而非寄宿制学生则学习现代科目。调查中还发现，有些穆斯林学校由于缺少经费，它们无以为继，只好关闭。但也可能存在这种情况：调查人员搞错了地址，没有找到学校。

(五)建议部分

《报告》在最后提出了不少建议，主要的建议如下。

(1)简化申请程序。从提交申请到发放援助资金，这一过程需要制度化并保持流畅，资金要尽快到位。

(2)提高拨付款的额度，增加教师工资。让教师享有足够的工资，不要让他们为薪水的事情操心，让他们把心思放在教学上，吸引优秀人才进入教师职业。援助款项应适当提高，并尽快拨付下去。

(3)为建设图书馆、电脑室和科学实验室而增加拨款。从目前的资助水平看来，现有的资金不足以应付教学设施设备的完善和维护。建议每年为每所学校拨款 10 000 卢比建设图书馆，科学实验室需要 25 000 卢比，电脑和科技实验室各需要 25 000 卢比。

(4)增加教师的数量，加快吸纳新教师的步伐。要根据穆斯林学校的学生数量相应地增加教师，合理的师生比是顺利推进教学的保证。而且，在增加了一些现代科目之后，也应该相应地增加教师。

(5)增加针对落实《穆斯林学校优质教育纲要》的行政岗位。目前由于缺少必要的管理人员，该政策的落实存在一些混乱，很多方面并没有落实到位。为了提高政策实效，需要在国家和邦层面设置相关的管理岗位，增加人手，提高管理的效果。

(6)提高信息传播的流畅性。国家层面的政策信息应该尽快而且到位地传递到邦层面，邦教育行政部门再进一步将信息传播到各学区、各学校，信息的流畅性制约着实施效果。

(7)为穆斯林学校购买更多书籍和教学材料。需要预先列出相关物品的目录，尤其是关注现代科目教材的购置。与科学实验等配套的教学材料也应予以配置。

三、简要评价

《报告》反映了印度政府对穆斯林学校教育发展的重视。2009 年印度政府就已颁布《穆斯林学校优质教育纲要》，但对这个纲要的落实则需要认真考察和评估，因此政府委托专家学者对政策的落实情况进行评估和研究，这一工作对于推动政策落实并予以完善具有重要的意义。反之，如果政府颁布一项政策之后就没有了下文，缺少积极的评估和完善程序，那么这个政策只能是流于形式而不会产生实际效果。印度人力资源发展部公布的这一《报告》体现了较高的专业性和科学化水平，它无疑会给印度政府部门的下一步工作提供了具体的指导。

>>第三节 《2014 年国家教师教育委员会条例》<<

印度自古以来就有尊师重教的传统，在古代教师被尊称为“古儒”，是上天的使者，代表了智慧和知识。在近代英国殖民期间，印度的教师培养受到英国“导生制”的影响，19 世纪早期已经出现专门的教师培训机构。独立建国之后，印度加强了师资培养和培训，1964 年成立“国家教育研究与培训委员会”(NCERT)，1995 年成立了“国家教师教育委员会”(NCTE)，主要职能是制定教师教育的标准和规范，指导全国教师的培养和培训。《2014 年国家教师教育委员会条例》就是该机构制定的一个有关规范教师资格和学历标准的文件。

一、提出背景

2009 年 10 月，印度政府颁布《教师教育国家课程框架》(*National Curriculum Framework for Teacher Education*)。这一文件针对印度教师培养周期过短、教师教育课程专业性不够强等问题而提出。2014 年 6 月 28 日，国家教师教育委员会完成并修订了《2014 年国家教师教育委员会条例》，提供了有关 15 个方案的一揽子计划，制订了相应的规范和标准，以此为印度教师的培养提供更为具体的指导。我们以“早期教育文凭”(Diploma in Preschool Education)和“小学教育文凭”(Diploma in Elementary)的培养方案为例说明这一文件的主要内容。

二、“早期教育文凭”培养方案的主要内容

(一)绪论部分

早期教育致力于在一种欢乐的、以儿童中心的和基于活动的教育环境中促进儿童完满地发展。“早期教育文凭”致力于为早期教育机构培养合格的师资，可以授予该文凭的学校主要包括护士学校、幼儿师范教育机构等。早期教育实施对象是 3～6 岁的儿童。

(二)学习期限

“早期教育文凭”培养方案的学习期限为两学年。考虑到弹性化的学习安排，

从入学时间开始，学生可以在三年内完成该方案的学习。

每一学年的学习天数不少于200天，不包括考试时间。每周不少于36学时，在学习期间学生们能够获得相关的指导、进行讨论、获得建议与咨询。

(三)入学资格、程序和学费

学生要获得进入“早期教育文凭”培养方案的资格，必须在前期的学习中有50%以上的课程考核分数达到“良好”评级，或者其对应科目资格考试的成绩达到合格线。

根据各个邦教育行政部门的相关规定，学生要参加升学考试、资格考试和其他形式的考查，成绩合格才能予以录取。

在收费方面，早在2002年国家教师教育委员会已经发文对教师培养机构的收费问题做出了规定。尽管这一规定在后来不断修订，但仍然是收取学费的基本指导文件。不能向学生收取捐赠和税费。

(四)课程、方案实施与评估

在课程设置上，该方案开设了《儿童研究》《教育社会学》《学科知识》《教学法知识》《教育目的论》和《沟通技巧》等课程，通过这些课程为未来的幼儿教师提供必要的知识和技能。这些课程涵盖了三个大的要素：(1)理论，为实践提供依据；(2)实践，指导教师和学生如何学习；(3)学校关联，提供在学校中与幼儿接触的机会。课程的实施强调师生互动、讨论以及其他多种教学方法和手段的运用。

1. 关于理论性的课程

这些课程提供了一些基本的原理和教学法知识，帮助未来的幼儿教师理解儿童发展的特征、多元的社会视角以及与数学、语言、科学、社会科等科目相关的学科内容知识。理论性的课程有：《印度的早期儿童教育与关爱》《理解儿童与童年》《儿童健康与营养》《性别、差异和歧视》。教学法类的课程有：《学期教育课程的原理与实务》《学前教育的方法与素材》《儿童数学概念的发展》《儿童语言和素养的发展》《环境理解力发展》《学校教育方案的规划与组织》《特殊需求儿童的教育工作》《家长和社区成员的教育工作》。

2. 关于实践性的课程

每一门理论性的课程都要与实践相结合。理论联系实践的目的在于：一是通过呈现实践情境，让师范生更容易理解理论；二是通过参与实践问题而让师范生更好地培养教学技能与技巧，根据不同的学科要求而提供教育方案。

3. 关于学校关联课程

这类课程包括三个阶段：第一，在不同情境下观察学前班级；第二，在学前班级中进行一天的教学实习；第三，更多地融入学前教育的教学过程之中。为了提高这些课程的实施效果，学前教育机构应积极配合师范生的培养，为其提供参与实践的机会，支持师范生的教学实习工作。

在方案的实施方面，教师教育机构需要满足如下专业化的要求。

(1)要为所有课程和实践活动安排课程表。

(2)要安排研讨会、讨论、演讲等教学活动。

(3)要为授课教师研制“学术提升计划”，为教师参与研究和高一级学校的培训提供机会。

(4)进行参与式教学，培养学生反思性思考问题和批判质疑的能力。

(5)对于学校关联而言，教师教育机构和实习学校应该加强沟通，对师范生进行有效监督、指导、跟踪和评估。

在方案的评估方面，对于理论性的课程而言，要有20%～30%的分数分配给课内，考查学生的出勤、课堂表现等；考试的分数占到总分的70%～80%。实习和师范生的课堂观察也要计入总分。

(五)校舍与设施设备

要实施“早期教育文凭”培养方案，教师教育机构需要具备一定的条件，包括足够大的校舍和教室(如实施一个单元的培养计划，建筑面积不低于1 500平方米)。教师教育机构必须具备如下条件。

(1)容纳50人的不小于500平方英尺的教室。

(2)容纳200人的多功能厅，面积不小于2 000平方英尺。

(3)图书馆和阅览中心。

(4)至少有10台电脑的教育信息中心。

(5)课程资源中心。

(6)艺术和表演资源中心。

(7)教育玩具室。

(8)健康和体育活动室。

(9)校长和教员办公室。

(10)餐厅和储物室。

(11)男女生分开的厕所。

(12)参观室。

(13)停车场。

(14)草地和花园。

(15)运动场地。

在设施设备方面，首先要有图书、杂志等。图书杂志的主题包括：儿童发展、早期儿童关怀与教育、小学教育、营养与健康、儿童社会学与沟通、自学材料等。要有一些参考杂志，包括网络在线杂志。图书中要有一些儿童文学、图画册、故事书等，还要有一些字典、辞典等工具书。除此之外，还要有一些视听设备，包括电视机、录像机、放映机、多媒体播放器等，还要有一些音乐器材和音乐播放器材、照相机等。

(六)管理委员会

教师教育机构应该成立管理委员会，根据国家和邦的要求管理学校的运行。其成员应该涵盖政府相关部门的人员、教育专家、早期教育专家和教员代表等。

三、“小学教育文凭”培养方案的主要内容

(一)绪论部分

“小学教育文凭”是两年制的教师教育培养方案，其目标是为小学培养合格师资。小学是学校教育的起始阶段，对于满足学生发展需求、让孩子们融入社会群体至关重要。

(二)学习期限

“早期教育文凭”培养方案的学习期限为两学年。考虑到弹性化的学习安排，从入学时间开始，学生可以在三年内完成该方案的学习。

每一学年的学习天数不少于200天，不包括考试时间。每周不少于36学时(5天或6天)，在学习期间学生们能够获得相关的指导、进行讨论、获得建议与咨询。在课程学习过程中最低出勤率为80%，在学校关联部分则为90%。

(三)入学资格、程序和学费

学生要获得进入“早期教育文凭”培养方案的资格，必须在前期的学习中有50%以上的课程考核分数达到“良好”评级，或者其对应科目资格考试的成绩达到合格线。

根据各个邦教育行政部门的相关规定，学生要参加升学考试、资格考试和其他形式的考查，成绩合格才能予以录取。

在收费方面，早在2002年国家教师教育委员会已经发文对教师培养机构的收费问题做出了规定。尽管这一规定在后来不断修订，但仍然是收取学费的基本指导文件。不能向学生收取捐赠和税费。

(四)课程、方案实施与评估

在课程设置上，该方案开设了《儿童研究》《教育社会学》《学科知识》《教学法知识》《教育目的论》和《沟通技巧》等课程。它们包括一些必修课程、选修课程和实践性课程。这些课程要根据《教师教育国家课程框架》的要求而开设，同时根据各邦的具体情况而做出调整。

1. 关于理论性的课程

这些课程包括《教育理论》《课程与教学论》及有关教育教学的一些选修课程。理论性的课程主要划分为三个领域：有关儿童研究的课程、有关当代社会研究的课程和有关教育研究的课程。它还包括语言类课程、现场实践类课程等。

2. 关于实践性的课程

实践性课程的目的在于为师范生提供获得实践技能的机会，具体包括手工、艺术、教育中的戏剧表演、自我发展、儿童的情绪和身体健康等。

3. 关于学校关联课程

小学教育文凭的学校关联课程致力于为师范生提供接触小学生的机会，在学习的两年期间能够与周边的小学保持联系。这类课程包括到小学参观、观察课堂、参观教师的办公室等。对学校关联课程的要求是：在学习的 2 年期间累计有 20 周进入小学，其中第一学年要有 4 周进入课堂进行见习；在第二学年要有 16 周进入课堂，开展课堂观察和实习等活动。教师教育机构要为师范生进入小学创造机会，并为教学实习提供条件。

在方案的实施方面，教师教育机构需要满足如下专业化的要求。

(1)要为所有课程和实践活动安排课程表。

(2)至少与 10 所小学建立联系，这些学校要允许师范生进入，为其见习和实习提供机会。

(3)组织师范生开展研讨、讨论、辩论和演讲等活动。

(4)进行参与式教学，培养学生反思性思考问题和批判质疑的能力。

(5)对于学校关联而言，教师教育机构和实习学校应该加强沟通，对师范生进行有效监督、指导、跟踪和评估。

在方案的评估方面，对于理论性的课程而言，要有 20％～30％的分数分配给课内的考勤和学生课堂表现，考试的分数占到总分的 70％～80％。实习和师范生的课堂观察情况也要考核并计入总分。对于评价的结果要反馈给师范生，这样可以促使其提升自己的学业表现。评价的方式还应包括个人自评、小组互评、观察记录、日记、反思性评论等。

(五)教职员工

教师教育机构要有足够的教职员工。不同的教学科目需要不同的教师，各岗位和科目的配置如下：校长 1 人、《教育的基础》3 人、《科学》2 人、《人文和社会科学》2 人、《数学》2 人、《语言》3 人、《艺术》2 人、《健康与体育》1 人。

任职教师需要具备一定的条件，主要是：在科学、社会学、艺术等学科领域获得硕士以上学位，在教师教育机构工作 5 年以上。

(六)校舍与设施设备

要实施“小学教育文凭”培养方案，教师教育机构需要具备一定的条件，主要如下。

(1)容纳 50 人的不小于 500 平方英尺的教室。

(2)容纳 200 人的多功能厅，面积不小于 2 000 平方英尺。

(3)图书馆和阅览中心。

(4)至少有 10 台电脑的教育信息中心。

(5)课程资源中心。

(6)艺术和表演资源中心。

(7)教育玩具室。

(8)健康和体育活动室。

(9)校长和教员办公室。

(10)餐厅和储物室。

(11)男女生分开的厕所。

(12)参观室。

(13)停车场。

(14)草地和花园。

(15)运动场地。

在设施设备方面，首先要有图书、杂志等。图书杂志的主题包括：儿童发展、早期儿童关怀与教育、小学教育、营养与健康、儿童社会学与沟通、自学材料等。要有一些参考杂志，包括网络在线杂志。图书中要有一些儿童文学、图画册、故事书等，还要有一些字典、辞典等工具书。除此之外，还要有一些视听设备，包括电视机、录像机、放映机、多媒体播放器等，还要有一些音乐器材和音乐播放器材、照相机等。

四、简要评价

《2014 年国家教师教育委员会条例》是印度政府继 2009 年颁布《教师教育国家课程框架》之后颁布的又一重要文件，涉及从幼儿园到大学各级学校的教师的培养规范和学历标准等问题。这一文件的出台对于规范印度的职前教师培养具有重要的意义。从印度基础教育的发展来看，其义务教育的普及和教育质量一直为人所诟病，印度政府从提升其中小学教育水平的角度充分认识到教师培养的重要性，强化对教师的培养，力图通过提升教师队伍素质而带动学校教育质量的提升。而印度又是一个多民族、多语言、多种宗教信仰的国家，各邦教师培养的水平参差不齐，对学术水平和规格的要求也不一样，显然这又对整体师资水平的提升带来巨大挑战。其实，早在 2005 年，印度就颁布了《国家课程框架》，在该文件中指出了印度教师教育存在的九大弊病，包括教师教育中的知识灌输现象严重、没有为师范生提供反思经验的机会、教学中存在机械的技能训练和重复练习等。① 这一文件的出台致力于推动各教师教育机构统一培养标准、课程设置、教学设施设备等要求，无疑对于提高师范生的培养水平具有重要意义。

>>第四节 《小学阶段特殊需求儿童的全纳教育》<<

印度的中小学教育基础薄弱，特殊教育方面的发展更是不尽如人意。正如印度学者辛克莱(Parvin Sinclair)所言，“在印度，特殊需求儿童的教育问题被忽视已经由来已久，让这些孩子回归学校、接受教育显得尤为迫切”。② 近年来，印度政府对于特殊需求儿童的教育问题倾注了越来越多的关注，“全纳教育”(Inclusive Education)也成为印度特殊教育的新理念和新诉求。

一、提出背景

为了解印度特殊教育的发展现状、揭示特殊教育中存在的问题，近年来，印度的“特殊需求人群教育司”(Department of Education for Groups with Special Needs)、“全国教育研究和培训委员会”(National Council of Education Research and Training)等机构联合发起了对印度特殊教育现状的调查研究，项目组邀请了众多的专家学者、家长和教师等参与其中，举办了多次研讨会、开展了多次实践调研，并于 2014 年 7 月出版《小学阶段特殊需求儿童的全纳教育》一书。因此，本书既是这些部门联合研究的成果，也体现了印度未来特殊教育发展的政策导向。

二、主要内容

(一)导论部分

导论部分首先界定了什么“全纳教育”，认为“全纳教育”是一种面向所有儿童的教育，所有儿童都平等参与学习过程，作为群体中的一员，残疾儿童也有平等参与的权利。接着，导论部分界定了“损伤”(impairment)和“残疾”(disability)两个概念，认为前者为“身体活动低度受限”，而后者则意味着“不能完成某项活动任务”。

此外，导论部分还对另外一些术语进行了界定，包括“评估”“整合”“评价”“适应”“调适”和“课程”等。

---

① 杨明全．基于需求的教师教育课程设置：印度的经验与启示．比较教育研究[J]．2012(8)：44.

② Anita Julka, et al. (2014). Including Children with Special Needs: Primary Stage. National Council of Education Research and Training Publishing. 1.

(二)视力受损儿童的教育

视力受损的儿童即使戴上矫正的眼镜也不能看清外界，当然不同儿童的视力受损的程度各不相同。根据儿童视力受损的情况而提供相应的教学条件，有利于帮助儿童接受合适的教育。

视力受损包括低程度的弱视、重度弱视和全盲。视力受损的儿童往往有如下表现。

(1)儿童经常性地抱怨眼睛疼痛，或者不舒服。

(2)在阅读时经常把书本靠近到脸上。

(3)试图擦拭眼睛以去掉模糊感。

(4)经常皱眉头。

(5)在看东西的时候会闭上一只眼睛。

(6)在看特定事物的时候会偏一下脑袋。

(7)为了看得更清楚而向前倾身体。

(8)对光线敏感。

(9)走路时经常磕磕绊绊，或被东西绊倒。

(10)在看黑板上的字时存在困难。

教师在组织教学活动时要充分关注到这些视力受损儿童。为照顾这些儿童，给教师提供的建议包括如下内容。

(1)坐到距离黑板近的地方，或座位要接近教师。

(2)教师在跟视力受损儿童对话时，要喊一声儿童的名字。

(3)教师时刻要注意，视力受损的儿童在课上可能根本就没有阅读到相关的学习材料，这样，这些孩子不能产生相关的学习经验(例如孩子可能不知道玉米粒与爆米花是不一样的)。

(4)运用教育技术和手段帮助视力受损儿童学习，如电脑、录放机等。

(5)充分利用声音传递信息，让孩子们听到教师说的话。

在一个常规的班级里，实施“全纳教育”时建议教师注意如下一些方面。

(1)在讲课的时候，面向全体同学。

(2)如果教师感觉视力受损儿童在课堂上不积极，可以碰一下他们的肩膀或手臂，提示其集中注意力。

(3)给这些孩子提供大字体的阅读材料。

(4)为视力受损儿童安排一个学习伙伴。

(5)提供真实的物品，让视力受损儿童通过触摸获得感知。

(三)听力受损儿童的教育

听力受损指的是由于听觉显著缺失而导致的境况。听力受损儿童包括那些有着严重听力缺陷经历的儿童，即使他们使用了助听器。为了让听力受损儿童获得良好的教育，学校应该提供相应的设施设备和技术条件以满足其特殊的需求。

假如没有环境或语言的障碍，如果存在下列情况，则表明该儿童可能存在听力受损。

(1)儿童对大声喊叫没有反应。

(2)儿童不能对轻柔的声音做出反应。

(3)只有声音源发生在儿童的某一侧耳朵时，儿童才能对声音源进行定位。

(4)长到 6～8 个月大之后，儿童仍然不能牙牙学语。

(5)儿童对发声的玩具(如铃铛、小鼓等)不感兴趣。

(6)幼儿(如 1 岁半)不能开始说出有意义的词汇(如爸爸、妈妈等)。

(7)儿童不能理解简单的指令(如挥挥手)，除非发出指令时带着手势。

(8)当你说话时，儿童聚精会神地盯着你的嘴唇。

(9)在 5～10 英尺的距离之外，儿童对你的呼唤没有反应。

为了让教师进行“全纳教育”，提出的建议如下。

(1)理解儿童听力受损的性质和程度，再决定让这个儿童进入你的课堂。

(2)在对听力受损儿童的教学中，需要关注语言、沟通交流和概念的发展。

(3)如果有条件，向特殊教育专家、学者、儿童的家庭成员和语言学家等寻求帮助。

(4)利用辅助设备来促进课堂中教与学的开展。

为了让“全纳教育”的课堂运转顺利，需要注意如下方面。

(1)对课堂进行重新安排，让孩子们都能彼此看到，例如以圆桌的方式排列桌椅。

(2)如果课堂上有听力受损的学生，不要让其他同学去干扰这位学生。

(3)当向学生呈现挂图等教学材料时，教师讲授的语速要慢下来，这样可以照顾到听力受损的学生。

(4)使用简短的句子，表达清晰。

(5)在讲解某一些事物时配合图片、实物等，如讲解颜色时可以配合各种颜色的图片。

(6)把讲解的重点问题和要点写在黑板上。

(7)在进行分组讨论时，确保听力受损儿童能够跟得上其他学生的进度。

(8)安排更多的活动，增加学生们之间的沟通。

(9)让每一个儿童轮流发言，这样可以让听力受损儿童参与进来。

(10)鼓励学生发展交流技能，帮助听力受损儿童了解交流的规则。

(四)身体残障儿童的教育

身体残障意味着儿童部分地或完全地丧失身体运动机能，如走路、跑步、精确动作、手的动作等。身体残障的儿童可能是生下来就残疾，也可能是后天由于事故、疾病、伤害等而导致。儿童的残疾有的方面是可以从外观上看到(如缺少了胳膊)，有的则在外观上发现不了(如癫痫)。尽管儿童存在相同方面的残疾，但由于儿童各自的能力和禀赋的差异性，对他们进行干预的措施也不完全一样。身体残障有可能影响到儿童其他方面的发展，如语言发展、沟通和交流技能的发展、认知发展和社会情感的发展等。

身体残障儿童在以下方面会面临困难。

(1)写字困难。

(2)不能坐在标准化的凳子上或坐在地板上。

(3)因为够不到桌子和黑板等，在参与课堂活动时遭遇困难。

(4)在课堂或学校中自由活动时存在困难。

(5)没有轮椅通道时进入某一场所存在困难。

在给身体残障儿童上课时，建议教师做到如下几点。

(1)让教室里的东西能够被身体残障学生拿得到。

(2)利用电脑、收录机等教学设备，帮助身体残障学生进行沟通。

(3)根据身体残障学生的具体需求，为其提供适合的桌凳等。

(4)在进行考试等活动时，要考虑到身体残障学生的情况而做特别的安排。

(5)在布置作业、测验时给身体残障学生更多的时间。

教师在教学时需要注意如下几点。

(1)教导学生们友好地对待身体残障学生，营造良好的班级氛围，增强学生的责任感。

(2)让身体残障学生很舒适地坐下来，帮助调整他们的身姿。

(3)保证身体残障学生能够在课堂中自由活动。

(4)为了让身体残障学生更好地理解教学内容，要使用一些教学材料，或者给予他们更长的学习时间。

(5)让学生们团结互助，例如安排学生读书给身体残障学生听。

(6)如果可能的话，进行计算机辅助教学。

为了建立一个“全纳教育”的课堂，提出如下建议。

(1)对于书写困难的学生，需要给他准备特制的铅笔，让同学帮他做笔记。

(2)允许学生用橡皮擦、修改液等对写错的地方进行涂改，要把笔、墨水、尺子等固定在课桌上，以防止身体残障学生行动不便而将其碰落。

(3)更多地让身体残障学生进行口头作业。

(4)在用餐、上体育课时，要发动同伴帮助身体残障学生。

(5)鼓励所有学生都参与课堂活动。

(6)在让学生回答问题时，重复说明该问题，回答完毕后也要检查答案、提供反馈。

(五)认知和智力残障儿童的教育

该部分有几个关键术语。

(1)注意，即能够仔细观察、具有关注某一事物的大脑功能。

(2)认知，即能够通过行动和语言认识事物意义的能力。

(3)理解，即能够理解信息。

(4)记忆，即存储和回忆信息的过程。

(5)智力，即客观推理、理解事物的大脑功能，特别关涉到对抽象事物的理解。

对认知和智力残障儿童进行教学的策略如下。

(1)跟特殊教育专家、心理学家和其他机构进行咨询，掌握智力残障儿童的具体情况和特殊需求。

(2)格外关注那些存在学习困难、跟不上学习进度的学生，了解他们的具体需求。

(3)制订课堂规则，安排课程进度，将智力残障学生考虑在班级之内。

(4)要对智力残障儿童进行格外地提示，如要讲授新的知识点、开展另一个活动、收集学习材料等。

(5)让智力残障儿童和其他儿童一起参与班级活动，营造良好的班级氛围。

为了提高教学效果，开展“基于项目的学习”(Project Based Learning)是很必要的。“基于项目的学习”也就是通过提出社会生活中的真问题，结合学生经验，让学生通过“动手做”的方式开展学习。这种学习方式可以鼓励学生参与学习过程、培养他们发现问题并解决问题的能力。其核心特征包括：通过具体活动(或动手做)开展学习；学习活动由学生本人掌控，学生自己决定学习的进度；教师们可以为学生提供协助；为学生们开展合作学习提供了更多的机会。

(六)“全纳教育”情境下的综合评价

综合评价(Comprehensive Evaluation)指的是从整体上把握学生学习的状况，例如，在考查学生学习过程时要从学生成长和发展的各个方面(社会、情绪、道德、运动能力、认知等)来进行。对学生进行综合评价有助于从整体上了解学生发展的状况，而不仅仅是学生的认知发展。

要进行综合评价，教师可以运用如下的方法。

(1)观察和记录：报告、记叙、图片、图表等。

(2)讨论：听、说、表达观点、找出差异之处等。

(3)表达：画画、身体表演、创造性写作等。

(4)解释：推理、进行合乎逻辑地关联等。

(5)分类：分组、对比、比较等。

(6)分析：预测、提出假设、进行辩护等。

(7)对公正和公平的关注：要考虑到处境不利的学生及其生存环境。

在一个进行"全纳教育"的班级中进行综合评价，教师需要注意如下几点。

(1)对混合能力小组提问时，要适当延长学生回答问题的时间。

(2)在题目的设计上要有弹性，例如对问题的回答不见得一定要回忆，只要能鉴别出正确答案即可。

(3)允许学生利用幻灯片、字母卡、图片、实物等回答问题，而不仅仅是口头或书面回答。

(4)表达问题的时候要用短句子，而尽量避免用长句子。

(5)对学生进行评估时可以单个进行，或者分组时人数尽可能少。

三、简要评价

《小学阶段特殊需求儿童的全纳教育》内容丰富、图文并茂，除了我们介绍的这些内容之外，书中还有大量的篇幅用来展开说明不同原则和方法的具体操作，尤其是设计了很多案例并配上图片，以图文并茂的方式说明"全纳教育"的课堂如何开展教学活动。除了内容丰富之外，该书还具有很强的指导价值。它对特殊需要儿童进行了具体分类，分为视力残疾、听力残疾、身体残障、智力残障等类型，针对不同类型的特殊需要儿童的教学问题进行具体分析，这有助于教师针对性地开展教学。还有，本书表达严谨、论证充分，是在大量研究的基础上撰写而成。它既是一本融理论阐述和实践指导为一体的学术作品，也是印度推动特殊教育的重要指导文件。

第十一章　东南亚教育政策与发展趋势

>>第一节　菲律宾教育政策与发展趋势<<

2012 年，为了改善基础教育的现状，菲律宾对其基础教育体系进行全面改革，实施 K+12 教育发展规划。2013 年 5 月菲律宾国会通过了共和国 10533 号法(Republic Act No. 10533)，也称加强基础教育法，这是一部通过加强基础教育课程和延长基础教育年限来强化基础教育系统的法律，2013 年 9 月国会通过了加强基础教育法的实施条例和规章，进一步完善加强基础教育法。

一、实施背景

独立后菲律宾政府意识到教育的重要性，一直致力于提高和保障受教育的权益，在 20 世纪 80 年代先后通过了《免费教育法》和《公立中等教育实施细则》，此后为了改善基础教育，菲律宾政府不断出台了一系列举措，但因基础教育质量不高以及现行基础教育困难重重而不得不进一步改革。

(一)基础教育质量不高

1970 年，在菲律宾总统委员会教育调查中，认为实施 11 年的教育发展规划是非常重要的，包括 6 年的初等教育及 5 年的中等教育；1991 年在教育国会委员会的报告中提到如果一年的时间添加到教育中，那么将面临两种选择，即实施 7 年的初等教育或 5 年的中等教育；2000 年，总统委员会认为增加一年的基础教育将使菲律宾的教育与其他国家保持一致；2008 年，教育总统工作队讨论了实施 12 年基础教育的问题。菲律宾总统阿基诺三世(Benigno S. Aquino Ⅲ)指出“我们必须增加 2 年基础教育，以便学生能进入更好的大学或更好得就业，我希望每所公立学校的学生至少学习 12 年的学校教育，这样能使学生获得更好的成功机会”。①

《2011—2016 年菲律宾发展规划》强调教育是人类发展的重要支柱，对此菲

---

① Department of education，Reference Guide for Teacher Educators，School Administrators，andTeachers[EB/OL]. http：// www. gov. ph/downloads/2012/201209-K-to-12-Toolkit. pdf，2013-10-20.

律宾政府在提升基础教育质量上不断努力，但菲律宾基础教育质量仍受到人们的质疑，基础教育的发展远远没有达到全民教育及千年教育发展目标。菲律宾从1901年就开始推行免费公立初等教育，到1988年实施免费中等教育，走过来漫长的87年。在初等教育方面，菲律宾基础教育入学率较高，但是退学率也很高。此外，菲律宾学生频繁地获得低成就的分数，难以在国际竞争中取得成功，学生的国家学业成就测试（National Achievement Test）通过率低，如2009—2010学年，6年级学生的国家学业成就测试通过率为69.21%，8年级学生的通过率仅46.38%。①

（二）基础教育面临的困难和挑战

K+12教育发展规划的实施带来了许多益处，但同时也面临着挑战，这些挑战主要概括为以下两个方面。第一，教师培训的问题。对于接任加强基础教育课程的教师，政府方面缺乏有效的培训机制和体系。2013年5—6月，共有73 655名1年级教师和70 227名7年级教师接受了培训。此外，一些服务于11、12年级的特聘教师也需要接受核心课程与相关课程的培训。② 第二，财政资源问题。国家政党代表、菲律宾教育部工作人员安东尼奥提出，K+12计划会逐渐造成教育财政不足的问题。截至2013年7月菲律宾需要增设61 343间教室、816 291个座位、113 051套饮水及环卫设施。③

基于以上背景，菲律宾国会在2013年5月一致通过了“第10533号共和国法”，亦称“加强基础教育法”，在2013年9月出台了“加强基础教育法”的实施条例和规章。

二、实施内容

《加强基础教育法》的实施条例和规章侧重的是菲律宾课程的改革、教育年限的延长，内容包括“名称”“应用范围”“政策声明”“术语定义”“基础教育”“加强基础教育项目”“义务基础教育”“加强基础教育的包容性”“促进学习者”“基础教育课程开发”“课程咨询委员会”“教师教育和培训”“雇用其他教师”“合理的监督管理”“私立高中的认可”“私立高中的专门化”“职业指导和咨询项目”“职业宣讲活动”“职业倡导者”“教育部的作用”“政府援助”“援助标准”“援助的形式和数量”“参与学校”“实施机制”“筹资需求”“时间安排”“其他受益者”“私人教育机构向强化基础教育项目转换”“实施机构和策略”“劳动和管理权力”“转换时期”“联合国会监督委

① 王彦丽，蔡敏．菲律宾强化基础教育法探析[J]．世界教育信息．2014(7)．

② 同上．

③ Compulsory Education[EB/OL]．http：//K to 12. weebly. com/system-in-the-philippines. html，2013-06-24．

员会对加强基础教育项目的监督”“强制性的评估和审查”“致力于国际基准”“拨款”“实施细则”“修正”“条款的可分性”“条款的废除”“条款的有效性”共41条。①

(一)加强基础教育项目

东南亚其他国家，如文莱、柬埔寨、印度尼西亚、老挝、马来西亚等都实行12年制基础教育，缅甸和新加坡实行11年制基础教育，而菲律宾实施的是10年制基础教育，高中毕业生的年龄普遍低于18岁，毕业生缺乏基本的能力和素养，也没有达到法定的工作年龄，就业和升学都面临困难。

加强基础教育项目延长了基础教育的年限，确保毕业生能掌握必要的技能，更好地胜任工作，法案规定基础教育包括至少一年幼儿园教育、六年初等教育和六年中等教育，而中等教育包括四年初中教育和两年高中教育。幼儿园教育是强制性和义务性的正式教育，主要为五岁以上的儿童实施一年的预备性教育，为儿童进入一年级做准备。初等教育和中等教育为义务教育的第二和第三阶段。加强基础教育项目同样可以通过选择性学习系统来获得。加强基础教育项目意在解决学习者身心、知识和文化的需要，具有包容性，它包括基础教育各个阶段为具有天赋和才能的学习者提供的教育项目，为残疾学习者提供的教育项目，伊斯兰项目，原住民教育项目，处境困难学习者教育项目。

(二)加强基础教育课程

在10年制基础教育体制中，菲律宾学生必须在有限的时间内学习大量的知识，而且学习内容很分散，导致学生的学习能力低下，终身学习能力欠佳。为使课程设置更加规范，法案规定加强基础教育的课程由教育部设置，课程的设置遵循以下原则：课程应以学习者为中心，适应学生生长规律并具有包容性；课程设置应基于研究；课程应与性别和文化有关；课程应在本土化和全球化之间达到平衡；课程应该使用建构性基于探究反思合作整合的教学方法；课程应该坚持以母语为基础的多种语言教育的原则；课程应使用螺旋发展的方法来确保每一阶段知识和技能的掌握；课程设置应足够灵活使学校能根据各自的教育和社会背景来使课程本土化。

为实现加强基础教育课程，菲律宾教育部与其他国家政府机构、利益相关者共同协商制定课程事宜，包括劳务及就业部门、专业法规委员会、私立和公立学校协会、国家学生组织、国家教师组织、家长教师协会、商会和其他行业协会利益相关者的参与。为保证课程的实施质量，该法案要求建立课程咨询委员会，由教育部长或他正式授权的代表担任主席，其成员由高等教育委员会、技术教育和技能发展局、劳工与就业部、专业法规委员会、科学与技术部及商会中一个代表组成。课程咨询委员会负责监督和评估课程的实施，并向教育部提议改善课程。

---

① http：//www.gov.ph/2013/09/04/irr-republic-act-no-10533/.

在教学语言上，以往基础教育的教学语言主要以菲律宾和英语为主，而改革后的教学语言是以母语为主的多语言教学。法案规定应使用能被学习者所理解的教学语言。对于幼儿园教育和基础教育的前三年的学生而言，教学、教材和评估应使用本地区的语言。对于4～6年级的学生来说，教学语言将会转向塔加拉族语。而在初中和高中，英语和菲律宾语成为主要的教学语言。

三、基础教育实施的管理

为加强对基础教育的管理，法案进一步对基础教育的教师资格、培训与发展，对学生的职业指导和咨询及教育财政资助等进行相关的规定，主要体现在以下三个方面。

（一）教师资格、培训与专业发展

法案规定，要确保加强基础教育课程满足高质量教师和学校领导的需求，教育部、高等教育委员会技术教育和技能发展局与政府、学术界、行业及非政府组织应合作开展教师教育和培训项目。教师教育与培训项目包括：在职培训；新教师的培训；学校领导培训；选择性学习系统负责人、教学管理者、流动教师与学习促进者的培训。在职培训是对未参加职前培训的教师的培训，以达到新课程在教师专业知识和教学技能方面的标准，教育部应确保私立教育机构也获得这种培训机会；对于新教师的培训，高等教育委员会、教育部和相关的利益者应确保教师教育机构的相关课程满足新教师的质量标准。学校领导培训旨在提高校长等负责人在学术、行政管理及领导方面的能力。

在聘用教师方面，科学、数学、统计学、工程、音乐等专业的大学毕业生应去师资力量薄弱的学校教与专业有关的学科。另外，非营利性组织基金会在固定的时间内与教育部签订合约，来为师资力量薄弱的学校提供志愿者。经过教育部门正式认可的具有专业知识和技能的毕业生符合基金会的条件，并圆满地完成了基金会的要求，可以在被雇用后5年内通过教师执业考试。如果毕业生把教师当做自己的兼职，那么就不需要通过教师执业考试。教育部为基金会组织的申请资格提供指导方针和程序。职业技术专业的毕业生应去中等教育从事相关专业的教学，只要他们拥有职业教育与技能发展局颁发的证书，此外，他们需要接受由教育部提供资金，教育部和高等教育机构组织的在职培训。教育部为私立教育机构对教师在职培训提供行政支持。教育部和私立教育机构可以雇用具有特定专长的实践者去中等教育机构兼职任教，为此教育部和政府机构确定雇用这些专家的资格标准。[①]

---

① http：//www.gov.ph/2013/09/04/irr-republic-act-no-10533/，2013-10-20.

(二)职业指导和咨询

为了正确地引导学生通过明智的职业选择成为社会所需之才，法案规定教育部和相关利益者需成立职业指导和咨询机构，来使学生了解工作的价值，接触世界，引导学生具备必需的生活技能和价值观。

此外，法案规定通过职业指导活动如提供职业信息、职业经验、职业建议、职业推荐等使中学生选择自己理想的职业轨迹。教育部在职业指导中履行以下职责：整合职业课程理念并在相关的学习领域进行教学；进行职业评估；定期进行职业宣传活动；对职业咨询顾问、职业倡导者、职业指导者进行持续的专业化及能力建设；开展和授权职业指导培训项目；建立职业倡导组织并在中学提供足够的办公空间；任命部门层面的指导主管及学校层面的职业指导者。①

(三)教育资助

20 世纪 70 年代以来，菲律宾政府开始制定资助民办教育发展的相关法规。1972 年政府首次提出要资助公立、民办学校。1982 年菲律宾首部教育法规定政府承认民办学校在教育体系中所发挥的作用，允许向民办学校提供政府拨款、助学金及贷款优惠等帮助。在此之后，菲律宾中央政府还制定了多项法规政令，对民办学校用于教育目的的收入可免税，向民办学校学生提供奖、助学金和助学贷款、对民办学校义务教育阶段的书本费进行资助等。②

加强基础教育法规定教育资助的对象有私立教育机构、非教育部公立学校和其他基础教育的提供者。教育部同样对幼儿园、义务教育及选择性学习系统的学习者提供资助。对于在公立学校完成初中的学生，通过学生的收入背景、资金需求，公立及私立学校本身的能力及绩效，地区社会经济的需要，学生人口的地理分布和数量来确定是否获得资助。那些在私立教育机构完成初中的学生，只要符合教育部的资助资格，同样可以获得资助。资助的形式包括以下几方面：代金券制度，指政府向学生发行优惠券使学生有资格在支付全部或部分学费或教育补贴的情况下进入私立教育机构或非教育部公立学校学习；教育服务合同，是政府与私立教育机构及非教育部公立学校签订的合同，双方共同承担中学生的学费及其他费用，学生只能进入私立中学学习；管理合同，政府与私立教育机构及非教育部公立学校为达到共同的业绩目标共同管理公立学校的日常运作事项；其他符合公私立合作者原则的资金管理。政府资助的数额不得超过公立学校学生的人均教育成本。

教育部需要签订合同或建立新的机制来设计管理监控资助计划，为了保障资助计划有效的实施，需要履行以下职责：发布资助计划实施合适的规划；确保资

① http：//www.gov.ph/2013/09/04/irr-republic-act-no-10533/，2013-10-20.

② 沈丹妮，当前菲律宾基础教育改革趋势研究[J]. 科技展望 . 2014(09)：20.

助计划实施的透明性和责任性；实现信息和宣传计划公布于众，以确保资助计划达到更大的参与度和使用度；对计划特性如补贴的数额等进行定期评估并作出调整，以确保成功、有效和可持续实施的计划。该法还明确规定实施资助计划的时间不得迟于2016—2017学年。①

四、法案分析与评价

法案的实施使K+12教育发展规划以法律的形式确定下来，无论是从内容上还是从管理上看都是对基础教育进行的深入调整，我们可以从以下几方面来探讨。

（一）基础教育的责任明确

法案明确规定了教育部等教育机构应该承担的责任，直接而具体地规定了"教育部应该做什么"，同时又有一个衡量教育部履职程度的可以量化的、便于操作的指标。如为保证私立基础教育机构向加强基础教育计划转化，法案规定教育部应确保私立中小学向加强基础教育的平稳过渡，私立教育机构应制订详细的过渡计划，教育部通过合适的指导方针对这些过渡计划进行评估。教育部、高等教育委员会和技术和技能发展局应制定合适的策略和机制来确保从现存10年基础教育向加强基础教育转变。这一策略涉及基础设施、人力资源、组织和结构的变化，需要在中等教育素养和高等教育准入要求构建连结的模型，需要政府和其他实体之间建立合作关系。基础教育的过渡模型首先在选定的学校内实施，并依照教育部提供的指导方针为其提供具体的过渡信息，到2016—2017学年再在全国范围内实施。为了加强对基础教育的监督，法案设立联合国会监督委员会(Joint Congressional Oversight Committee)，由参议院、众议院、教育委员会、艺术文化委员会的成员组成。为了使教育达到国际标准，教育部要提高人均教育支出，应与当地政府联合以有效使用资金来推动和促进基础教育的发展，实施加强私营教育部门参与和合作的计划，提出与目标相符的年度预算分配方案。②

（二）减轻学生课程压力

在过去十年的教育体制中，学生必须在有限的时间里学习大量的知识，而且学习内容很分散，不足以让学生消化基础知识，信息没有按照应该的样子深入加工。这导致学生的学习能力低下，终身学习能力欠佳。③ 该法案确定的12年的基

---

① http：//www.gov.ph/2013/09/04/irr-republic-act-no-10533/，2013-10-20.

② Ibid.

③ Dailyopium in Op-Ed. Reality Bites：The Truth about K to 12 Program Implementation[EB/OL].http：// thedailyopium.com/2013/05/10/reality-bites-the-truth-about-K-to-12-program-implementation-/，2013-5-10/2013-10-21.

础教育年限使学生有更加充裕的时间系统深入地学习每一门课程，可以帮助学生毕业后顺利步入工作岗位或就业。使学生拥有足够的时间来掌握基本的知识和技能，为高等教育培养合格的人才。基础教育课程学习时间的减少，不仅可以减轻学生的学习压力，也有利于激发学生的学习自主性和学习热情。

(三)重视社会参与

社会参与是教育发展的重要因素之一，教育部必须努力促进有影响的社会机构和重要的社会活动来支持基础教育的发展。菲律宾无论是在课程方面还是师资及教育资助上，都重视社会各种力量的参与。如在教师培训方面，教育部、高等教育委员会技术教育和技能发展局与政府、学术界、行业及非政府组织合作开展教师教育和培训项目，利用各种社会力量来促进教师的专业发展。

>>第二节　马来西亚教育政策与发展趋势<<

近年来，马来西亚的教育体制面临着不断增加的公众监督和议论。2011 年，为了提高国际教育标准，使学生满足 21 世纪的需要并增加公众和家长对教育的期待，马来西亚教育部开始对现有的教育系统进行全面的改革和完善。① 经过 15 个月来自联合国教科文组织、世界银行、经济合作与发展组织、六所大学的教育专家及校长、老师、父母、学生和每个州的其他公众的长期研讨，教育部结合已有的教育信息数据推出了未来 13 年《教育蓝图》总体规划。

一、教育蓝图实施的背景

马来西亚在 1957 年之前，没有一个国家性的教育体制，那时政府主要依靠慈善家、宗教机构和少数民族社区对教会学校、伊斯兰教育学校(Islamic education schools)、华文学校和泰米尔语学校(Tamil schools)的捐赠来发展教育。

这一时期，马来西亚发布了两个报告，即 1956 年《拉赫曼·拉扎克报告》(*The Razak Report*，1956)和 1960 年《拉赫曼塔利班成员报告》(*The Rahman Talib Report*，1960)。1956 年报告保证了所有学生不管种族和社会经济背景都有受教育的权利，并通过认同国家文化的多样性来为所有学生提供具有凝聚力的学习环境。这些报告都勾勒出了新的国家教育体制的蓝图，报告中的教育原则为马来西亚第一部教育法 1961 年教育法奠定了基础。另一方面，内阁委员会对 1979 年教育政策进行评估的报告(称《内阁委员会报告》)，是构建马来西亚未来

① Vuk Jeremi. UN At A Glance[EB/OL]. http://www.un.org/nespap/?q=node/1667.pdf，2013-9-10.

社会另一个重要的里程碑。它设想了一个全面的教育愿景，旨在培养学生智力、情感、精神和身体的发展。独立以来，马来西亚教育历经多次重要的教育改革，从新课程的实施，如新小学课程到中学综合课程的整合，到 1988 年《国家教育哲学》和 1996 年修订《教育法案》的实施。这些政策在一定程度上促进了教育公平、提高了教育质量。

独立后经历 50 多年的发展，马来西亚教育取得了明显的成功。独立前，超过一半的人口没有接受正式的教育。只有 6%的儿童接受中等教育，只有 1%的学生接受中等后教育。独立后，青年识字率从 1980 年的 88%到目前的 99%，15 岁以上成人识字率从不到 70%提高到 92%。成人中未接受学校教育的人口数有所下降。在入学率方面，普通中小学入学率达到了 80%，大约三分之二的学生继续某种形式的高等教育或者参加培训。小学辍学率明显下降，从 1989 年的 3%到 2011 年的 0.2%。中等教育的入学率从 20 世纪 80 年代的 45%提高到 2011 年的 78%。这些入学率高于大多数发展中国家。近年来，教育部和其他机构合作使学前教育的入学率大大地提高了，从 2009 年的 67%到 2011 年超过 77%的入学率。学生的识字率从 2010 年的 87%上升到 2011 年的 95%，认数率从 2010 年的 87%提高到 2011 年的 97%。这些数据表明，在马来西亚，实现教育快速发展是有潜力的。①

要想达到教育在机会、平等和公平发面理想的结果，政府已经持续性地投入了大量的资源来发展教育体制。早在 1980 年，马来西亚政府在中小学教育方面的支出占国家 GDP 的比例在东亚国家中是最高的。2011 年，马来西亚教育支出占 GDP 的 3.8%，高于经合组织的平均水平 3.4%。马来西亚致力于通过投资教育来取得优质教育的做法为教育甚至是国家的发展打下了坚实的基础。②

马来西亚的国民教育旨在促进学生智力、精神、情感和身体方面的全面发展。学生在正式课堂和一系列课外活动中锻炼非学术能力。如针对 1～5 年级学生强制性进行伊斯兰教教育或道德教育。教育部要求每一个学生至少参加一项体育活动、一个俱乐部活动和一个正式的社团活动，以培养个人兴趣和发掘个人才能，建立领导才能。数据表明，学生参与课余活动的参与度很高。

尽管马来西亚教育在政府的努力下取得了重大的成就，在这竞争日益激烈和快速变化的国内和国际背景下，国家仍需反思今天的马来西亚处在什么地位，国家需要往哪方面发展。长期以来，马来西亚的教育系统和其他国家一样，强调科学、数学和语言等学科知识的掌握。马来西亚现有的教育系统的指标表明马来西亚必须更具竞争力。在 2009 年 74 个国家参与的国际学生评价项目(PISA)中，马

---

① http：//www.moe.gov.my/v/pelan-strategik-interim-kpm-2011-2020，2013-9-10.

② Ibid.

来西亚的学生在阅读、数学和科学方面的能力在所有国家中排名倒数第三，低于国际和经合组织的平均水平。近60%的马来西亚15岁学生参加PISA不能达到计算最低的要求，44%和43%的学生不能达到阅读和科学的最低要求。这一数据是令人担忧的，因为PISA是评估学生高层次思维能力和真实情景下解决问题的能力，而这些能力正是21世纪非常重要的能力。①

全球化的世界经济需要的是具有批判性思维、创造力和创新能力的人才，从国际的角度来看，世界上其他国家也致力于完善自己的教育。基于以上背景，马来西亚政府意识到马来西亚教育必须继续进行改革，以适应国家的教育期望以及超赶其他国家。2013年马来西亚教育部制定了马来西亚未来教育发展规划蓝图，即《2013—2025教育蓝图》(*Malaysia Education Blueprint*，2013—2025)，该构想以历史新起点和国际基准评估了马来西亚教育体系的情况。

二、教育蓝图实施的内容

马来西亚的教育蓝图包括两方面的内容：一是总体的教育目标；二是两方面的教育愿景。

(一)具体目标

教育蓝图的设计旨在面对21世纪的挑战，包括三方面具体的目标：(1)了解当前马来西亚教育取得的成绩和面临的挑战，关注受教育的机会，提高质量标准，减少教育之间的差异，培养学生的团结精神及最大化提高教育系统的效益；(2)在未来的13年里为每个学生和整个教育体制确定一个清晰的愿景和目标；(3)勾勒出全面的教育体制转型计划，包括对教育部的重要变革。②

(二)教育愿景

马来西亚教育的愿景主要涉及两个方面，即对马来西亚学校教育体制的愿景和对每个学生学习目标的愿景。在教育体制层面上，教育蓝图致力于实现教育权利、教育质量、教育公平、教育凝聚力和教育效益五个方面的目标；在个人层面上，马来西亚教育应使儿童在智力、情感、身体和品质方面全面发展，以培养学生具备未来经济社会所需的技能和意识。

1. 教育体制层面

基于全民教育的原则，在受教育权利方面，每个学生不论贫富、种族和背景，都应平等地接受优质教育以实现自身的潜力。马来西亚教育体制的目标期望确保普及入学机会以及从学前教育到中等教育达到全部入学，不管是走学术道路

---

① http：//www.moe.gov.my/v/pelan-strategik-interim-kpm-2011-2020，2013-9-10.

② Ibid.

还是职业技术道路。为了达到这一目标，应积极帮助那些不能上学的儿童，以确保他们能完成最低标准的学校教育即通过马来西亚语、英语、数学、科学、历史、伊斯兰教教育或道德教育这六门核心学科的考试。

在教育质量方面，为了达到高质量的国际教育标准，需加强数学、科学和英语学科，致力于培养学生高水平的思维能力，如推理、应用、问题解决等能力。马来西亚的教育目标是未来 15 年在诸如国际学生测评项目和国际数学和科学学习趋势等国际测评项目中位列国际前三名。

在教育公平方面，要实现没有种族、地域、社会经济、出生差异的教育。马来西亚期望在 2020 年学生的社会经济、城乡和性别差异减半，积极地通过援助弱势社会地位的人群来促进社会流动，以使学生的社会经济背景不再是是否取得成功的关键因素。发展有吸引力的教育方式和途径供学生选择如职业教育，满足学生多样及特殊的兴趣和能力发展需求。

在教育凝聚力方面，自独立以来在多样化的文化背景下马来西亚就希望建立团结的民族。7～17 岁的学生超过四分之一的时间在学校度过，因此学校成为培养凝聚力的关键场所。学校通过不同社会经济、宗教和种族背景的成员相互交往，学生学会理解、接受和包容并构建共有的经验和目标，从而形成国家认同感和凝聚力。为了更好地跟踪学生的进步，教育部基于目前的社会关系指数启动了一个年度学生调查的项目，它将对凝聚力进行评估，评估的内容包括在不同民族群体中的信任度、对种族和宗教的宽容度及在不同民族学生中的社会关系。

在教育效益方面，马来西亚持续性的教育支出给教育带来了高入学率，但是在质量、公平和凝聚力方面还有很大的提升空间。因此，在当前的教育预算中要重新调整资源分配，以获取最大的教育效益。①

2. 个人层面

从学生个人方面来看，马来西亚的教育体制要确保每位学生都能实现自己的潜力。马来西亚国民教育观认为教育不仅仅要注重知识，也要注重发展批判性思维、创造性思维和创新能力，发展领导技能，熟练英语和马来西亚语，形成良好的品质和价值观和强烈的国家认同感。而教育蓝图将延续这种国民教育观，并学习其他国家的技能和意识，这些技能包括六个方面的内容。(1)知识。每个学生都具备识字和计数能力，使他们具备基本的生活技能，并对社会做出贡献，为他们自己、社区和国家创造价值。此外，学生需要掌握核心课程(数学、科学、历史、英语、马来西亚语)，为了促进学生全面发展，鼓励学生学习学习艺术、音乐和体育领域的知识。不仅仅是获得这些知识，更重要的是应用这些知识的能力。(2)思考能力。每个学生都要发展探究知识的能力，学会怎样去获取知识，

---

① http：//www. moe. gov. my/v/pelan-strategik-interim-kpm-2011-2020，2013-9-10.

学会把不同的知识联系起来并创造新的知识。每位学生必须掌握创造性思考和创新认知技能、批判性思考和推理认知技能和学习能力。(3)领导能力。能有效率地工作并领导他人是至关重要的，教育体制将通过创造正式和非正式机会让学生进行团队合作、领导角色扮演，帮助每一个学生发展其潜能，领导才能包含了企业家才能、适应力、情商和较强的人际交往能力四个层面。学校将充分利用课堂活动及体育、艺术等课外活动的机会来形成发展学生的个性。(4)双语能力。每位学生都要精通作为国语的马来西亚语、作为第二语言的英语和国际交流语言。每位学生也有机会去学习另外一门语言，学生在国民型学校(National-type schools)将继续有机会学习中文和泰米尔语，一些国民型学校为学生提供第三语言如阿拉伯语的学习。鼓励所有学生学习至少三种语言，让他们与不同语言背景的人们进行沟通交流。(5)道德和精神。教育体制要使每位学生都能面对现实生活的挑战，和平地解决冲突，在关键时刻做出合理的判断，有勇气去做正确的事情。重要的是每位学生要确定一套准则，包括所有马来西亚人共有的价值观。道德和精神包括拥有强烈宗教信仰、拥护高道德标准的精神，做正确事情的勇气、道德节操和公民责任感。(6)国家认同感。国家认同感对马来西亚未来和形成国家凝聚力至关重要，每位马来西亚人不论种族、信仰、社会地位、地域，将为自己是马来西亚人而自豪。这就需要人们承认文化的多样性，学会理解宽容不同的个体，学会接受和尊重他人，同时需要所有学生掌握好历史知识，构建共有的经验。①

三、教育蓝图的实施

要实现教育蓝图规划的教育愿景和目标，马来西亚的教育系统要经历一个全面的变革过程，这种变革过程不论在广度上还是深度上都是极其复杂的。因此，教育部要确定每一阶段的具体实施举措来促进教育的持续发展。教育蓝图对教育系统的变革将经历 13 年，最初的重点放在弥补当前教育系统的缺口上，为全新的教育系统奠定基础。随后将关注加速改善当前教育系统，为马来西亚的学生胜任全球竞争环境做准备。

教育蓝图实施分为三个阶段。在第一阶段(2013—2015 年)通过支持教师和关注核心技能来转变教育系统，重点在改进课堂教学，加强教育部和学校的领导和提高精通语言的能力。包括：提高教学标准，特别是核心科目的教学标准；改进考试内容，使测试更加关注于学生的高级思维能力；通过加强课程，教师的培训及混合型学习模式的运用来提高科学、技术、工程和数学的教育质量；加强英

① http：//www.moe.gov.my/v/pelan-strategik-interim-kpm-2011-2020，2013-9-10.

语语言能力；推出地区转型计划，重点关注表现不佳的学校；提高新教师的准入标准；提高学校领导的质量；通过招生驱动、更多的家长参与和更好的职业规划来提高学前及中等教育的入学率；通过与私营部门合作加强职业技术教育的教学实习等。第二阶段(2016—2020年)是在第一阶段取得的成就的基础上加速教育系统的改进。包括：增加公众对科学、技术、工程和数学的意识和兴趣；增加对英语语言的接触，加强其他语言来提高整体的语言能力；加强对教师的指导和支持；加强核心部门的角色，明确联邦、州和地方的角色；获得国际认证并加强大学许可课程；通过签订包销协议(off-take agreements)来扩大职业教育的选择性等。第三阶段(2021—2025年)要使教育达到卓越的目标，处于世界前三的水平。为了达到这一目标，重点加强基于学校的管理，培养同伴领导的卓越的文化等。包括：加大创新力度，继续提高多种语言能力；推进ICT创新；创建更强的校本管理以及增强课程实施的自主性等；①

要想实现这三阶段的变化，达到教育蓝图期望的目标，教育部需在11个方面做出努力。(1)提供平等的机会获得具有国际标准的优质教育。首先要制定与高水平教育系统相符合的学生成果评价和学习实践的标准使学生具有全球竞争力。其次，学生需要更多的帮助来获得学业上的成功。(2)确保每个孩子都精通马来西亚语和英语，鼓励学习额外的语言。通过三年的学校教育，每个孩子将获得百分之百的马来语和英语的读写能力。另外的语言学习科目将在所有的中小学校得到加强，因此到2025年所有的所有的孩子都有机会学习额外的语言。(3)塑造价值驱动的马来西亚人。每个学生离开学校后要有世界公民意识、核心普世的价值观和强烈的国家认同感，拥有接纳其他民族、宗教和种族的宽容心，减少腐败和犯罪，增加公民行为如志愿者行为。(4)把教学看做一种专业性的活动。国际研究表明教师的质量是所有影响学生学业成就中最重要的因素，在马来西亚教师将被看作是一个有声望的精英性的职业，因此教师要从国家中最优秀30%的毕业生中招聘，教师从入职到退休将会获得最好的培训。(5)确保每个学校有高绩效的学校领导。每个学校都将有一个高绩效的校长，主要致力于提高学生学术及非学术的学习成果，奖励最好的校长去最薄弱的学校服务。(6)每个学校不管位置、大小和类型，将会为学生提供良好的教育。这意味着在2020年不仅不会存在表现不佳的学校，而且会有更多表现极佳的学校。每个学校根据特定的需求提供资金和运作支持，国家、地区和学校领导人将有更大的决策管理权来调整学校的日常运营。(7)利用信息和通信技术(Information and Communication Technology，ICT)来提高学生的学习质量。通过ICT技术，学生能够参与到课堂中来，使教学具有互动性，从而提高学生学习的效率。学生可以在当地通过远程教

① http：//www.moe.gov.my/v/pelan-strategik-interim-kpm-2011-2020，2013-9-10.

学获取优质的学习资源，教师和校长也可获得国内外的学习资源来改进他们的教学实践。ICT 将是学校教学中不可或缺的一部分，所有教师和学生都需拥有信息技能来使教学和学习变得更加有意义。(8)对教育部进行变革。变革后的教育部在各个层面拥有强有力的领导，遵循新的流程和结构，并有高效率的办事能力。联邦政府、州和地区的职责进一步地分化，联邦政府重点制定发展政策和宏观规划，国家教育部门等重点加强各项政策的实施，这将使全国各地的政策实施得更有效。(9)与家长、社区和私营部门展开合作。每位家长将是孩子学习上积极的伙伴，学校也将有一个与社区和私营部门合作关系网络来促进学校的发展。所有这些利益相关者的参与将创建一个学习生态系统，强化了学生的知识、技能和价值观。(10)最大化地提高教育效益。政府将继续投资约占 16％政府预算的教育资金发展教育系统，教育部将把资金重点分配到大蓝图中重点的项目和计划如教师教育和技能培训上，投资后教育部会及时跟踪调查并汇报资金的回报情况以便取得更好的投资效益。(11)增加政策实施的透明度。所有的利益相关者都有机会获得教育部有关大蓝图实施进展的透明的信息，这些信息可以帮助利益相关者参与到对教育部现有及将采取计划的建设性的对话中。这不仅可以增加公众对教育的问责，也可使教育部的决策方式更具责任。①

四、教育蓝图的分析和评价

马来西亚《2013—2025 教育蓝图》的实施具有以下四个方面的特点。(1)目标宏大。教育改革后马来西亚教育系统的目标是达到世界前三名，学生将具有知识、思维能力、精通语言的能力、领导能力、道德和精神和国家认同感，来促进国家经济和政治的发展。(2)全面性。教育系统的变革包括所有公立学校甚至发生在校外如家庭和社区的学习活动的变化，以至能创建一个符合所有学生需要真正的全纳教育系统。达到这些变化，需要接触全国成千上万的学生、家长、教师、校长和教育部人员。不论是在改革范围，涉及的人员及内容上都体现了全面性。(3)迅速性。由于国家急需大量受过良好教育的年轻人来推动经济增长的愿望和保持自身竞争力的需要，导致家长和雇主的期望都很高，希望快速提高教育质量，改革教育系统。(4)可持续性。尽管一些早期的目标能在一年改革后实现，但是改革整个教育系统是一个持续性的过程，仍然需要长期不断地改革教育系统的结构。②

教育蓝图的出台，是马来西亚新一轮教育系统改革的重要举措，大蓝图对于

① http：//www.moe.gov.my/v/pelan-strategik-interim-kpm-2011-2020，2013-9-10.

② Ibid.

实施的内容、目标、方式、进度都制订了详细的执行计划，实施这个蓝图的方法在很多方面具有突破性，首先是不同专家和国际机构以多种视角来评估马来西亚教育体制，包括世界银行、联合国教科文组织、经济合作与发展组织和六所当地的大学。同时，教育部与其他政府机构合作来确保与教育相关的公共政策的实施，如教育部和绩效管理和执行能力单位(Performance Management and Delivery Unit) 合作来开发政府转型教育计划。

从教育蓝图目标制定中可以清楚地看到，马来西亚政府把受教育权置于了优先的位置，马来西亚政府旨在通过一系列政策支持来推动整个教育系统的公平发展。同时，大蓝图在强调受教育权的同时，也表现出追求教育质量、教育平等、教育凝聚力和教育效益的价值取向。总体上来说，教育发展蓝图中 11 个方面的变化解决了每一个利益相关者和公众对于教育的顾虑，不过对于这一大蓝图的政策落实将是一项长期的任务，需要政府、教育部等各方面的努力。至于马来西亚《2013—2025 教育蓝图》究竟会对马来西亚教育系统产生多大的影响，只能等到教育蓝图实施结束后来看。但不管怎样，教育蓝图为今后十几年马来西亚教育事业可持续发展奠定了良好而又坚实的基础。

>>第三节　新加坡教育政策与发展趋势<<

新加坡职业技术教育经历 40 多年的发展历史已形成完备的职业教育体系。现有的职业教育体系是本科及以上层次教育由 3 所国立大学承担，高等职业教育(简称“高职教育”) 主要由 5 所国立理工学院负责，中等职业教育由工艺教育学院实施。为进一步完善职业教育，2013 年 11 月，新加坡总理李显龙在为新加坡工艺教育学院总部兼工艺教育中区学院主持开幕时，宣布将成立理工学院和工艺教育学院检讨委员会(Applied Study in Polytechnics and ITE Review，ASPIRE)。检讨委员会的目的在于检讨理工学院和工艺教育学院的应用学习教育模式，使所学专业更好地配合他们的强项和兴趣，确保他们的技能能迎合未来就业市场的需求，以提升毕业生的深造能力及就业前景。此次理工学院和工艺教育学院检讨委员会的成立，从某种意义上来说，是新加坡职业院校教育模式的变革。

一、政策实施的背景

(一)政治因素

1954 年成立的政党，曾在制定阐明未来发展方向决议的干部大会上，把决议的六个要点写入了党章。六个要点是：一、加强新加坡人的认同感；二、为所有新加坡人创造机会；三、强化开放且温情的唯才是用制度；四、建设公平和公正的社会；五、制定以行动为主的民主机制；六、成为应对得当负责任的政府。[①] 理工学院和工艺教育学院应用检讨委员会的成立是对新加坡党章的响应。"温情的唯才是用制度"(compassionate meritocracy)，即指让每个人都有机会发挥所长，不让任何人输在起跑点。这意味着要为不同出身背景的新加坡人提升技能、开放不同发展路径，是展开理工学院和工艺教育学院应用学习教育检讨的原因。

(二)经济因素

经济发展靠科技，科技进步靠人才，人才培养靠教育。在各类教育中，职业技术教育与经济发展的关系最为密切。随着经济科技的发展，通过职业技术教育培养更多更好的高素质应用型、实用型人才，已成为世界教育的发展趋势。新加坡理工学院和工艺教育学院检讨委员会的成立，契合了新加坡教育改革一直秉承的务实原则和促进国家经济繁荣发展的理念，让教育系统所培养出的人力资源持续配合不同时代的产业需求，即"教育发展为经济服务"。

(三)社会现实

目前新加坡的理工学院和工艺教育学院体系已经十分成功，因为它们一向注重技能的掌握与应用学习，90%的理工学院和工艺教育学院毕业生能在 6 个月内找到工作，超越许多其他国家和地区的水平。但是未来经济的发展更加复杂和多元化，好的就业岗位需要广泛的技能与专业知识。此次对新加坡教育体系做出两项重要调整的深层社会原因，一是更加注重应用学习，二是鼓励学生先工作、再深造，打造终身学习的良好循环。

二、政策的内容

2014 年 2 月，律政部兼教育部高级政务部长英兰妮开始领导检讨委员会走访德国、瑞士、新西兰、澳大利亚等国，参考了这些国家的职业学校的做法。经过半年多的深入研究与广泛咨询，8 月 25 日，领导 ASPIRE 的律政部兼教育部高级政务部长英兰妮向教育部长王瑞杰提呈了长达 62 页的报告书。报告书中指出，这一轮检讨的主要目的是为了力求让理工学院和工艺教育学院学生做出更好的教育及职场选择、获得更深的技能培训，并拥有更多实现潜能的机会和更多走向成功的途径。政府全面接受委员会建议。并承诺政府将同民众、雇主和社会各界齐心合作推动这场"教育与就业的改变"，让每个人无论起点在哪里，都拥有充分实现潜能的机会。建议分为四大方面。

第一，为了帮助学生做出更好的教育及职场选择，委员会建议加强教育与职

① 何惜薇，老牌政党的决议背后[N]. 联合早报网，2014-12-07.

业辅导。

第二，在加强教育和技能培训方面，委员会建议强化实习课程、更多使用网络学习、提供更多学生支持，并在每一行业选择一所工院或工教院作为指定行业领导。

第三，技能提升并不能止步于校园。委员会提出三项建议帮助学生在毕业后继续提升技能，包括就业与培训计划、提供更多持续教育与培训机会，以及在国民服务期间根据学生的职业进行部署。

第四，委员会建议制定不同行业的技能框架和职业发展途径，明确行业对技能的具体要求及不同技能所应对的技能等级。①

三、政策实施的过程

报告书的目的不在于比较不同文凭或群体，而是打破人们的一贯思维，突破文凭至上的观念、突破学习的局限，以及突破成功的狭隘定义。2014 年 9 月，国会针对支持 ASPIRE 报告书动议进行两天辩论，为了配合委员会的四大建议，新加坡政府进行了以下相关的部署。

(一)加强教育与职业辅导

加强教育与职业辅导，即为中学、理工学院和工艺教育学院学生提供教育与职业辅导，让他们能够为自己的教育、培训和职业作出更明智的选择。具体表现为教育部宣布共和工院开办相关新课程。比如，职业辅导专科文凭课程(Specialist Diploma in Career Counselling)，它是部分时间课程，为期一年。首批确定为 30 名学员，他们多数在私人或公共领域从事人力资源管理工作，有些获赞助进修，有些则是自费。这些课程获得热烈反响，能让学员帮助他们所辅导的对象更加了解自己，继而发掘潜能。

同时，宣布成立由副总理尚达曼领导的劳资政委员会，发展结合教育、培训和职业发展的整套系统，让不断提升自身技能的人获得企业的支持和社会的尊重。李总理指出，劳资政委员会将落实理工学院和工艺教育学院应用学习教育检讨委员会即将出炉的建议，目标是帮助学生做出更明智的教育和职业选择；掌握扎实的技能，并在步入职场后继续提升；按照每个人的技能与能力，为他们提供通往成功的途径。

(二)加强教育和技能培训

理工学院和工艺教育学院应用学习教育检讨委员会针对加强教育和技能培训方面的建议，包括让新毕业生通过新的“入职培训计划”(place-and-train pro-

① 王舒杨，政府接受理工工艺学院检讨委员会建议[N]. 联合早报网，2014-8-25.

gramme)，分别考获高级专科文凭(Advanced Diploma)或专科专业文凭(Specialist Diploma)，或专业文凭。理工学院和工艺教育学院将与企业合作，进一步改善学生的实习计划。实习计划的学习目标和工作范围都会预先设定，确保与学校课程更好地衔接，让学生学有所用，为日后进入职场做准备。实习将会按个别行业需求，从现有三个月延长至半年；一些工艺教育学院实习计划可能延长至九个月。实习计划改善后，一些原本在学校进行的培训，将改在职场进行。工教局也将为在职场内负责指导学生的人员提供培训课，确保学生在实习期间掌握所有指定的技能。此外，在未来两年内，理工学院和工艺教育学院将开设更多网络课程，让在籍学生和毕业生的学习过程更便易。

工教局与微软新加坡公司签署合作备忘录。微软为工艺教育学院师生提供校内网络学习模式，这也是为响应理工学院和工艺教育学院应用学习教育检讨委员会对开设网络课程让学习更便利的建议。“人手一机”的网络学习模式，是希望培养学生的终身学习理念。使用的科技教学器材和云端软件，也会通过师资培训，提升网络教学能力。同时劳发局也推出一站式网络平台，教育部和劳发局将把两个网站综合，方便公众使用。无论是学生还是工作人士，都可以在这个平台上查找适合自己的教育、培训和职业辅导资讯。①

(三)技能提升并不能止步于校园

2014 年 9 月成立未来技能委员会(Skills Future Council)，未来技能委员会由副总理兼财政部部长尚达曼领导，成员包括代表不同领域的雇主、工会、工人和教育界领袖等委员会。未来技能委员会除了落实理工学院和工艺教育学院应用学习教育检讨委员会建议职责外，也负责推动新的“持续教育与培训”(Continuing Education and Training，CET)总蓝图，ASPIRE 专注改革目前的理工学院和工艺教育学院的教育制度，而 CET 则针对整个劳动队伍，以确保每名新加坡人能够根据各自的技能，在职场上获得肯定并有所发展。

(四)制定不同行业的技能框架和职业发展途径

公共服务署宣布从 2014 年 10 月起，更多公共部门和机构将结合大学和非大学毕业公务员的职业升迁计划，让他们在相同的服务计划下规划职业路径，晋升凭表现而不是单看学位。如管理辅助人员(Management Support Officer，MSO)，一般为非大学毕业生。若表现优异并获评估为可承担更大责任，今后可在两年至四年里获得擢升，而之前需三年至六年才会取得首个升级机会；非大学毕业教师，只要教学经验丰富或表现优异，现在也能转入大学毕业教师的薪金级别。

① 许翔宇，强化网络学习 工教院生一两年内将“人手一机”[N]. 联合早报网，2014-11-11.

四、政策的评述

（一）关于加强教育与职业辅导

理工学院和工艺教育学院应用学习教育检讨委员会发表报告，建议加强为学生提供教育与职业辅导，让他们能够为自己的教育、培训和职业作出更明智的选择。教育部接受委员会的建议，随即宣布共和工院开办相关新课程，比如职业辅导专科文凭课程。一方面反映了政府对职业技术教育的重视；另一方面这一做法值得借鉴。检讨委员会的成立使新加坡的职业教育能够更好地配合他们的强项和兴趣，发挥自身的潜能，以此提升毕业生的深造能力及就业前景。同时，值得我们借鉴的还有新加坡富有成效的职业文凭辅导课程。

（二）关于加强教育和技能培训

为了让新加坡职业院校的学生更好地适应职场，制订了新的“入职培训计划”，将一些原本在学校进行的培训改在了职场，同时延长了培训时间。工教局也为在职场内负责指导学生的人员提供培训课，确保学生在实习期间掌握所有指定的技能。此外，在未来两年内，理工学院和工艺教育学院还将开设更多网络课程来满足未来更加复杂和多元化的经济。好的就业岗位需要广泛的技能与专业知识，新加坡的这项调整是完全必要的，一是更加注重应用学习；二是打造了终身学习的良好循环。

（三）关于技能提升并不能止步于校园

个人的发展不能止步于校园，正如技能的提升并不只是学校教育的专有。为此新加坡政府成立未来技能委员会，实施“持续教育与培训”(Continuing Education and Training，CET)总蓝图，针对的是整个新加坡的劳动者而不仅仅是学生。这是一个长远而持续的系统，一方面确保了人潜力的无限发挥；另一方面也尽可能地保证了整个社会的机会公平，体现了新加坡的教育理念。一项教育政策的发布必须不忘其发布的初衷并有其强有力的后续效应，就像新加坡的一项教育政策并不一定要止步于教育领域，止步于校园。有完整的理念才能收到长远而有效的反馈，这是新加坡给我们的启示。

（四）关于制定不同行业的技能框架和职业发展途径

这项政策体现了新加坡“晋升凭表现而不是单看学位”的文凭理念。新加坡总理曾说事业日后的发展还是得靠能力及表现，但年轻国人若拥有一纸文凭，本身也许也意味着他们有肯学习的能力和精神。ASPIRE 强调的是教育理念的新思维，大学文凭不再是获取好工作的唯一必要条件，重要的是能力。为了更好地发展职业教育，新加坡制定了详细的技能框架，有其切实可行的方案。同时政府带头响应，起到了很好的引领效应和社会反响。

第四节　柬埔寨教育政策与发展趋势

一、《柬埔寨教育战略规划(2014—2018 年)》制定的背景

柬埔寨政府自 21 世纪以来很注重本国教育的发展，因此制定了一系列教育政策，如《柬埔寨教育战略规划(2009—2013 年)》政策，这个政策的实施使柬埔寨教育、青年与运动部在所有儿童受教育权、学生学习质量及教育服务方面取得了重要的进展。2014 年 3 月基于《柬埔寨教育战略规划(2009—2013 年)》政策的作用及教育现状，柬埔寨继续大力支持教育事业发展，柬埔寨教育、青年与运动部出台了《柬埔寨教育战略规划(2014—2018 年)》。

柬埔寨政府希望建立一个在政治上和平、稳定、安全及拥有社会秩序的社会；在经济上繁荣昌盛、可持续发展，不断提高人民的生活水平，减少贫穷；在社会上致力于环境保护，加强对国家和文化的认同感，坚定信奉多党民主的原则及对人权和尊严的尊重；在组织上，拥有良好关系的社会组织，拥有受过良好教育和文化的人们；在国际上，享有国际盛誉，拥有合格的国际社会成员。

为了实现 2030 年中上等收入国家水平，2050 年高收入国家水平的愿景。柬埔寨政府制定了四项战略目标：(1)确保平均每年经济增长率为 7%；(2)为人们创造更多的就业机会，特别是年轻人；(3)每年减少超过 1%的贫困率；(4)进一步加强国家和地方层面的制度能力建设和管理。①

实现以上目标，人力资源的质量、能力和品质是国家经济发展和保持竞争力的关键因素。柬埔寨政府通过以下方式致力于人力资源开发以确保在日益开放的区域劳动力市场保持竞争力：(1)培训熟练和高效的劳动力以满足市场的需求，增加劳动力附加值；(2)建立教育和职业培训机构并加强管理；(3)鼓励私营部门的参与；(4)提高教育质量并促进科学研究、技术发展与创新。②

二、《柬埔寨教育战略规划(2014—2018 年)》实施的内容

这项政策内容包括三大政策目标，主要涉及学前教育、初等教育、中等教育等七个阶段教育计划，三大政策目标具体如下。(1)确保公平获得教育服务。确保所有儿童都有机会进入幼儿园、小学、中学及继续学习的机会，为那些不能接

---

① http：// www. moeys. gov. kh/en/policies-and-strategies/559. html ＃. VTNN9o1MeUk，2014-5-10.

② http：//www. moeys. gov. kh/images/moeys/policies-and-strategies/559-en. pdf，2014-5-10.

受正式教育的儿童提供其他形式的教育；增加各个教育阶段儿童及青年的入学率；到2017—2018年，所有学前教育机构5岁的儿童达到80%，144个地区初等教育的完成率为80%以上。(2)提高学习质量和学习的相关性。所有学生都拥有高质量的学习经验，以使他们能为国家的经济增长做贡献；确保学习与国家社会经济目标及当地的实际情况相关联；学习者、家长、社区、教师和管理者对学习成果进行报告、监督和评价；2017—2018年，15～24岁青年识字率达到97.5%，15～45岁成人识字率达到90.5%，国家对3年级、6年级和8年级学生高棉语(Khmer)及数学学科学习成果实施评估，高等教育教师拥有硕士学位的人数达到7 311人，拥有博士学位的人数达到1 058人。(3)确保各个层面教育职员能进行有效的领导和管理。能够提供高效灵活的教育服务，有效和专业化的管理，及时合理的反馈监督和评价。2017—2018年，项目预算占教育、青年与运动部总预算的100%。①

教育战略规划重点在于继续保持并扩大受教育权和教育公平，获得相关的、高质量的学习经验。为了实现这些目标，需要遵循以下原则：联系地方民主发展国家计划(National Program for Sub-National Democratic Development)，在民主党全国委员会(the National Committee for Democratic)的指导下促进管理；准备内部及外部机构运作机制部署，明确水平和垂直管理，信息和操作充分反映各部门需要和教育部权力下放和分散的目标；积极应对基于规划、预算、监督和评价的结果框架；基于权利和公平；提供一个整体的质量问责框架，包括学生的学习评估，课程和学习资料，教学知识和技能，设施管理服务标准；提高资金的可持续性；动员所有利益相关者和发展伙伴的参与。②

战略规划具体的内容包括以下七个方面。③

(一)学前教育

1. 政策目标

增加0～6岁儿童的入学率，贫困儿童、少数民族儿童、残疾儿童优先获得社区学前教育机会；提高学前教育的质量，改善学前儿童关爱、营养和保健服务；确保结果导向的管理系统充分支持学前教育。

2. 结果指标

5岁儿童进入早期儿童教育机构的比例从2012—2013学年的56.49%上升到2017—2018学年的80%；4岁儿童进入早期儿童教育机构的比例从2012—2013

---

① http://www.moeys.gov.kh/images/moeys/policies-and-strategies/559-en.pdf，2014-05-10.

② Ibid.

③ http://www.moeys.gov.kh/en/policies-and-strategies/559.html#.VTNN9o1MeUk，2014-05-10.

学年的 21.5%上升到 2017—2018 学年的 45%；3 岁儿童进入早期儿童教育机构的比例从 2012—2013 学年的 21.1%上升到 2017—2018 学年的 40%；2017—2018 学年早期儿童教育服务质量达到公认的质量标准比例为 90%；衡量 5 岁儿童能力的早期儿童教育服务测试比例在 2017—2018 学年增加到 80%；达到理想营养状况的早期儿童比例在 2017—2018 学年增加到 90%；2017—2018 学年公立学前教育 90%以上的儿童需获得驱虫药。①

(二)初等教育

1. 政策目标

确保所有学龄儿童都能入学；确保所有儿童都能获得知识、技能、健康和道德准则；运作初等教育管理系统。

2. 结果指标

拥有媒体的小学及儿童友好学校(Child Friendly School，CFS)的比例从 2012—2013 学年的 72.71%增加到 2017—2018 学年的 100%；净录取率从 2012—2013 学年的 94.3%上升到 2017—2018 学年的 100%；净入学率从 2012—2013 学年的 97.0%上升到 2017—2018 学年的 100%；辍学率从 2011—2012 学年的 3.7%下降到 2016—2017 学年的 1%；重读率从 2011—2012 学年的 5.3%下降到 2016—2017 学年的 2.0%；毕业率从 2012—2013 学年的 87.4%上升到 2017—2018 学年的 100%；新一年级学生通过早期儿童教育项目的比例从 2012—2013 学年的 80%上升到 2017—2018 学年的 100%；由初等教育过渡到中等教育的人数比从 2011—2012 学年的 78.9%上升到 2017—2018 学年的 100%；到 2018 学年，拥有厕所和干净用水的小学占 87%，拥有洗手空间的小学占 60%，拥有急救箱的小学占 70%。②

(三)中等和技术教育

1. 政策目标

确保中等教育的受教育权，扩大受教育的机会；确保毕业生拥有良好的技能或能继续接受高等教育和技术培训；确保中等教育结果导向的管理能充分运作。

2. 结果指标

初中辍学率从 2011—2012 学年的 20%下降到 2016—2017 学年的 3%；初中毛入学率从 2012—2013 学年的 53.6%上升到 2017—2018 学年的 87.0%；高中毛入学率从 2012—2013 学年的 27.4%上升到 2017—2018 学年的 45%；初中到高中的升学率从 2012—2013 学年的 74%上升到 2017—2018 学年的 83%；初中毕业率从 2012—2013 学年的 40.6%上升到 2017—2018 学年的 76.4%；初中每年至少

---

① http：//www.moeys.gov.kh/images/moeys/policies-and-strategies/559-en.pdf，2014-5-10.
② Ibid.

9%的学生获得奖学金；中等学校实施 CFS 的数量从 2012—2013 学年的 50.7%上升到 2017—2018 学年的 75%；2018 年 90%的初中和 100%的高中拥有卫生间和干净用水；2018 年 GTHS 的数量有 8 个；GTHS 学生的入学数从 2012—2013 学年的 610 人增加到 2017—2018 学年的 2 000 人；2018 年 30%的中等学校实施生活技能项目。①

(四)高等教育

1. 政策目标

增加合格学生特别是弱势群体进入高等教育的机会和学生获得奖学金的比例；提高高等教育质量和相关性；2018 年建立完善的高等教育系统。

2. 结果指标

到 2018 年增加 1 000 名硕士学位和 250 名博士学位高等教育合格教授；公立学校学生第一年获得奖学金的比例从 2012 年的 5%上升到 2018 年的 15%；高等教育毛入学率从 2012 年的 13%上升到 2018 年的 23%；学生毕业率的比例在 75%～85%之间；2018 年毕业生就业的比例上升 5%～10%；2018 年 80%的高等教育机构制订了年度预算计划；2018 年 50%的高等教育机构达到内部质量标准；2018 年高等教育分部门的预算增加 4%～20%；2018 年实施结果导向高等教育管理。②

(五)非正式教育

1. 政策目标

通过进入非正式教育机构增加识字人数，特别是儿童及辍学青年和文盲的识字人数；辍学儿童和青年及文盲获得满足学习者和社区需要的知识和生活技能来改善生活质量；确保非正式教育结果导向管理系统能良好运作。

2. 结果指标

15～45 岁成人识字率从 87.05%上升到 2018 年的 90.55%；文盲完成识字计划的比例增加到 2018 年的 80%；完成技能培训的人数从 2013 年的 9 000 人增加到 2018 年的 12 000 人；到 2018 年 95%的辍学儿童完成重读计划和继续就读于正式教育；同级机构学生人数从 2013 年的 5 000 人增加到 2018 年的 7 300 人；到 2018 年社区学习中心的数量从 371 个增加到 471 个，图书馆的数量从 57 个增加到 73 个；2018 年 30%的社区学习中心拥有标准。③

(六)青年发展

1. 政策目标

为年轻人提供获得教育和职业培训的机会；促进青年在身体和情感方面的发

---

① http：//www.moeys.gov.kh/images/moeys/policies-and-strategies/559-en.pdf，2014-5-10.

② Ibid.

③ Ibid.

展；鼓励青年拥有创新能力和领导力。

2. 结果指标

青年接受短期培训的人数从 2013 年的 2 700 人增加到 2018 年的 3 300 人；青年每年接受领导力和创新能力培训的人数为 300 人；每个中心每年拥有 10 位创业者；青年接受志愿者培训的数量从 2013 年的 2 500 人增加到 2018 年的 3 600 人；青年中心的数量从 2013 年 9 个增加到 2018 年 24 个；2018 年 100%4～9 年级的学生参与到儿童委员会中；100%10～12 年级的学生参与到青年委员会中。①

(七)身体教育和运动

1. 政策目标

改善受教育权，提供机会，为所有人营造体育文化；增加运动员在国际竞赛中成功的表现；促进体育与运动的管理。

2. 结果指标

每年培训 150 个体育运动教育教师；2018 年建立 4 个运动场地；2018 年 10 个中学拥有足球场，15 个中学拥有篮球场及 20 个拥有排球场。②

三、《柬埔寨教育战略规划(2014—2018 年)》的实施

为了监控和评估教育战略规划，2016 年将会开展中期评估，2018 年开展最终评估来评估整个规划的影响。政府也致力于各阶段教育政策行动，积极采取策略与行动。

(一)学前教育

1. 政策行动

2014 年制订早期儿童关爱和发展的国家行动计划；2014 年建立结果导向的监督和评价系统；2014 年为家长和监护人在关爱、营养、儿童保护和健康服务方面制定指导原则；2014 年为学前教育资源的管理和运作制定指导原则；2014 年修改公立、社区和家庭学前教育的课程；2014 年调整早期儿童教育部门的职能；2014 年扩大学前教育教师培训框架；2014 年，调整早期学前教育在地方层面的作用；2014 年为学前教育提供良好的管理原则；2015 年国家委员会要为早期儿童关爱和发展制订年度工作计划；2015 年为社区学前教育和家庭教育项目的管理和运作提供准则；2015 年为私营部门、农业和大型企业参与到学前教育提供指导方针；2015 年为实施教师政策制定行动计划。③

---

① http：//www. moeys. gov. kh/images/moeys/policies-and-strategies/559-en. pdf，2014-5-10.

② Ibid.

③ Ibid.

2. 策略

改善全国早期儿童教育各方面的服务，尤其是关注低入学率高辍学率及给予儿童营养、关爱、健康较低的地区；加强和扩大少数民族双语社区幼儿园建设；扩大在公立幼儿园和社区幼儿园残疾儿童的全纳教育项目；为早期儿童教育提供营养和改善卫生保健服务；为学前教育提供优质投入和技术支持；发展教师培训系统；加强学前教师培训和在职教师培训质量；加强结果导向的管理、计划、监测和报告；加强地方层面的管理和民主发展，促进法律框架现代化。

3. 具体计划和活动

招收学生进入公立学前教育，提供足够的资金用于购买教学和学习材料、维修、电费、办公设备等；为学前教育教师提供职前和在职培训。每年培训和增加200～300名教师，为学前教师培训中心提供年度运营预算，更新教学技术和教学内容；根据教师培训标准开发培训课程和模式；开发幼儿园的管理和领导能力；为公立和社区教师提供持续培训；为基于家庭早期儿童教育家长提供设备，支持核心母亲会议，发展学习互访；审查和修改教学课程和学习材料；为怀孕的母亲及2岁以下儿童的母亲提供各类学前教育机会；开发国家和地方层面监督和管理教育系统的能力，制定和实施学前教育质量保障体系；鼓励教师和学校拥有最好的绩效；儿童入学前需检查健康和营养状况，每年都要进行两次疫苗、预防接种，给儿童提供有营养的食物；建设和扩大符合质量标准的学前教育机构，更新学前教育设备和基础设施；发展法律框架，加强地方层面规范、管理和民主发展。①

(二)初等教育

1. 政策行动

2014年修改小学奖学金法令；2014年修改小学教育学校运营预算条例；2015年为建立公私立小学制定法规；2015年根据小学质量标准修改学校建设和设施设备规定；2014年制定教学指导方针；2014年修改总体规划以帮助残疾儿童；2015年修改小学教育课程；2014年制定与学生学习相关的调查问卷使用指南；2014年修改教育职员规范；2014年制定4年级以上外语教学法规；2014年制定学校质量评估体系；2016年改进教师培训系统和计划；2015年为实施教师政策制定行动计划；2014年执行教师培训质量保障体系；2014年为CFS委员会制定行动计划；2016年制定学校健康相关规定；2016年实施试点教育职员绩效考核；2014年为小学教育提供结果导向的监督系统；

2. 策略

通过为贫困学生提供奖学金等来增加小学入学率；增加私营部门、社区、地

① http：//www.moeys.gov.kh/images/moeys/policies-and-strategies/559-en.pdf，2014-5-10.

方委员会和议会参与教育的可能性；发展基础设施、建立设备齐全的新学校；为学校提供高质量投入和技术支持；修改小学教育课程；设立学校质量保障体系；开发教师培训系统；加强教师培训质量；通过监督和评价学生学业成就来提高学校、教师和学生的绩效和责任；加强公共资金问责制以及使用资金的责任感；加强学校领导和管理；加强结果导向的管理、计划、实施、监督和报告；加强健康服务。

3. 计划和活动

通过提供学校运营预算，增强学校信息服务，为 4～6 年级贫困生提供奖学金和供餐计划来增加入学率；更新课程、学科课程标准，指导课程实施、监督和评价，开发教学和学习材料，为所有科目提供核心教科书并分发到普通学校，为贫困地区教师提供教学指导；为省级教师培训学院提供运营预算，每一学年培训和增加 2 000～2 500 名教师，鼓励教师到贫困地区教学，加强教师行为准则；通过低年级数学评估和低年级阅读评估、4 年级开始教授外语、学生成就评估和国家评估测试来提高学习质量；通过速成班、双语教育服务等发展特殊教育；通过改善学校安全和健康教育，进行健康检查，改善卫生设施设备来发展卫生和环境教育；开展能力发展和支持项目，提高核心培训者和小学教师的能力，支持弱势地区的教育发展；加强教育管理，增强学校支持委员会的责任；通过建设完全小学和教师培训中心的发展来促进小学基础设施建设。①

(三)中等和技术教育

1. 政策行动

2014 年制定奖学金、补贴和贷款计划的国家政策；2014 年对弱势和偏远地区的教师颁布激励机制二级法令；2015 年修改全国考试指南；2014 年为中等教育 CFS 制定政策框架和指导方针；2018 年更新普通中等教育课程政策；2014 年提供标准化设备学校管理服务；2016 年制定学校质量保障体系；2014 年建立结果导向的计划、监督和评价体系；2014 年制定职业教育发展总体规划；2016 年制定职业教育课程及基于社区的课程标准；2017 年修改教师培训系统和程序；2014 年实施教师培训质量保障体系；2014 年制定高级技术教育(GTHS)教师教学框架；2014 年制定私立中等教育机构管理法规；2014 年制定中等学校自主权和责任准则；2016 年修改并制定有关学校卫生健康法规；2014 年为普通中等教育和 GTHS 制定良好的管理原则；2014 年更新信息和通讯技术(Information and Communication Technology，ICT)教育政策；2015 年更新 ICT 教育实施总体计划；2015 年制定加强中学技术教育管理和实施指导方针；2014 年制定技术教育考试指南；2015 年制定学校职业咨询法规和机制；2015 年制定 GTHS 标准；

① http://www.moeys.gov.kh/images/moeys/policies-and-strategies/559-en.pdf，2014-5-10.

2015 年制定扩大 GTHS 规模法令和机制；2015 年为中等教育辍学者提供职业培训法规、机制和框架；2015 年为中等教育结果导向的管理提供指导方针。

2. 策略

通过为贫穷家庭提供奖学金和补助来提高中等教育入学率，特别是女学生和边缘化群体；促进社区尤其是地方委员会参与中等教育发展；通过建设新学校，增加年级和物资设备来发展基础设施；为符合标准的学校提供高质量投入和技术支持；促进中等教育 CFS 政策的实施，减少非正式开支；提高教学和学习的质量；开发技术教育课程，修订普通中等教育课程；建立学校质量保障框架；发展教师培训体制标准；提高中等教育教师培训质量；为中等教育教师能力发展提供行动计划；通过监督和评价学生学业成就来提高学校、教师和学生绩效和责任；加强公共资金问责制及机构的责任；加强学校领导和管理；根据地方管理和民主发展加强对教育管理、计划、实施、监督和报告；加强技术教育实施框架构建；加强技术教育实施。①

(四)高等教育

1. 政策行动

2014 年出台奖学金、补助和贷款计划国家政策；2014 年制订增加科学、技术、工程、创意艺术和数学学生人数的计划；2016 年制订扩大地方高等教育服务和资源的计划；2015 年制订高等教育人力资源开发计划；2015 年制定高等教育入学和毕业考试指南；2017 年制定高等教育学科最低学习成本指导方针；2016 年制定课程发展指导方针；2015 年制定常规教室评价指南；2014 年在金边皇家大学(Royal University of Phnom Penh，RUPP)建立教育学院；2015 年准备研究计划操作手册；2014 年准备图书馆和实验室操作手册；2015 年制定教育实习项目开发指导方针；2015 年制定执行研究员地位皇家法令机制；2014 年制定执行研究和发展政策的机构和机制；2015 年制定内部质量保障标准和方针；2014 年制订结果导向高等教育计划；2015 年制定结果导向监控和评价系统方针；2014 年制定高等教育认证制度；2014 年制定高等教育机构自治法规；2016 年制定高等教育治理和资金管理政策；2018 年制定建立国立大学总体规划。

2. 策略

增加贫困生和优秀生的奖学金和机会；加强高等教育吸纳科学、技术、工程、创意艺术和数学方面学生的能力；发展高等教育教学和管理人员的能力；提高高等教育教学、学习和研究质量；参照东盟标准加强课程多样化；增加对高等教育的资金支持；加强高等教育内部质量保障制度和认证制度建设；加强高等教

① http：// www. moeys. gov. kh/images/moeys/policies-and-strategies/559-en. pdf，2014-05-10.

育融资计划责任和透明度；加强高等教育结果导向的计划、预算、实施、监控、评价和报告；加强高等教育机构健康教育项目。①

（五）非正式教育

1. 政策行动

2014 年制订国家识字加速计划；2014 年修订重读计划指南；2014 年修订功能性扫盲项目计划；2014 年与初中同级机构指导方针；2016 年制定与高中同级机构指导方针；2014 年修订社区学习中心管理和领导准则；2018 年制定扫盲后教育机构准则；2015 年建立非正式教育结果导向管理系统；2016 年制定社区学习中心标准；2016 年制定初中同级机构独立考试指南；2014 年修订私立学校管理指南；2014 年制定非正式教育学习者奖学金指南。

2. 策略

扩大最多文盲和弱势群体拥有地区识字计划；扩大和加强社区学习中心、重读计划、非正式教育同级计划和扫盲后计划的执行；加强结果导向管理；为非正式教育提供支持机制；改善私立学校管理效率；加强数据、信息和统计收集。②

（六）青年发展

1. 政策行动

2014 年制订青年发展国家行动计划；2014 年成立青年发展国家委员会及省、地方青年发展委员会；2014 年制订青年发展国家委员会策略计划；2014 年建立监控和评估机制；2014 年制定加强儿童和青年委员会机制法规及出台相关文件；2014 年提供职业定向和研究取向服务；2014 年制订青年中心基础设施发展计划；修订青年中心筹备和运作指南；2014 年制订青年志愿活动参与计划；2015 年制定职业培训最低标准；2014 年制订国家童军发展行动计划。

2. 策略

制定法律法规和机制框架；强化技能培训和能力发展；加强软技能培训和能力发展；加强青年对体育的参与度；在国家和地方层面提高青年对艺术、文化、环境、农业和旅游业的意识；加强青年志愿者行动；促进生活技能教育。③

（七）身体教育和运动

1. 政策行动

2014 年提供进入体育教育领域指南；2014 年提供体育教育技术活动指南；2014 年提供课内外体育教育活动指南；2014 年提供教育机构体育竞赛指南；

---

① http：// www. moeys. gov. kh/images/moeys/policies-and-strategies/559-en. pdf，2014-05-10.

② Ibid.

③ Ibid.

2014 年制定体育教育发展国家政策；2016 年制定国家运动管理法律；2014 年制定面向 2023 体育发展总体规划；2015 年制定体育教育地方职责法规；2015 年制定体育教育活动职业道德价值准则；2015 年修订建立运动俱乐部、协会、联合会方针；2015 年制定加强国家运动联合会职责指南。

2. 策略

发展基础设施、运动设备和材料；研究和整理体育教育方面的文件；强化体育信息媒介；加强体育教育职业道德价值观；加强国家和国际运动组织合作；促进培训、训练和能力发展；发展法律、法规和机制框架。[①]

四、《柬埔寨教育战略规划(2014—2018 年)》分析和评价

2013 年是《柬埔寨教育战略规划(2009—2013 年)》政策的收尾期，因此 2014 年《柬埔寨教育战略规划(2014—2018 年)》政策具有承上启下的重要意义。柬埔寨政府及相关行政部门规划了各个阶段教育政策，涵盖了广泛的领域，显示了柬埔寨政府对这些领域的关注，加强了对未来柬埔寨教育的引领和规范。该政策不论是学前教育还是初等、高等教育，都非常强调受教育权和入学率。

柬埔寨政府在努力实现教育公平的同时，也致力于教育质量保障。建立上至高等教育下至幼儿教育的各级各类教育质量标准及质量保障制度，是这一战略规划中一项重要的改革举措。教育质量保障体系的建立旨在对全国教育进行监控和管理，一方面确保了学生能获得高质量的学习，提高人才的竞争力，便于人才全球化；另一方面也确保了教育的增长不是以牺牲质量为代价的。

但该项政策在实施过程中仍然面临很多问题和挑战，值得深思，同时需要通过不断地改革、更新政策以适合新时期教育和国家发展需要，更好地应对全球化环境下来自各方面的挑战。

---

① http：// www. moeys. gov. kh/images/moeys/policies-and-strategies/559-en. pdf，2014-05-10.

第十二章　拉丁美洲教育政策与发展趋势

>>第一节　巴西教育政策与发展趋势<<

一、巴西国家技术与职业教育项目

(一)政策背景

近年来,“金砖国家”组织影响日盛,作为成员国之一的巴西——南美洲最大的国家,也越来越受到国际社会的瞩目。巴西人口众多,地缘辽阔,发展迅速的同时贫富差距极大,而教育一直是民众和政府关注的话题,巴西教育的宗旨是:(1)使全体公民都能够学习文化科学知识,以满足社会经济发展的需要;(2)大力发展教育,提高全民族文化科学水平,使教育与巴西经济大国的地位相一致。经济合作与发展组织认为,教育水平的提高能够推动国家的经济发展,而较低的教育水平可能会导致一个国家“永久性的衰退”。巴西近年来的高速发展与教育的进步不无关系,可以说,基础教育、中等教育、高等教育和职业教育的协同发展展现出对经济发展极大的贡献率。但是即便如此,因为起步晚,基础弱,作为“未来之国”,巴西对真正的未来年青一代的教育投入仍然不够。根据经济合作与发展组织(Organization for Economic Cooperation and Development,OECD)的数据,尽管 2013 年巴西教育投资占公共投资比例已经达到 17.2%,但巴西为基础教育阶段学生每人每年的花费为 3 000 美元,几乎只有经合组织国家平均水平的 1/3。巴西的辍学率也非常高。2013 年,在 25～64 岁的巴西人中,有 54%没有完成高中教育,受高等教育的比例也仅有 14%。

经济合作与发展组织对全球 76 个国家的教育现状与水平进行了调查分析与排名,巴西排在第 60 位。虽然巴西教育领域目前的表现不佳,但经济合作与发展组织认为巴西在未来有巨大的排名提升潜力。巴西的经济发展为国内所有 15 岁及以下的青少年提供了普遍的基础教育;在拉美 200 强大学中,巴西占据了 65 席,圣保罗大学更是名列榜首[①]。其中尤为瞩目的是职业技术教育的发展,在

① 中国网. 巴西媒体:巴西教育世界排名 60. 2015-05-15[EB/OL]. http://news.china.com.cn/world/2015-05/15/content_35578601.htm. 2015-12-02.

2010年开始施行的《巴西国家技术与职业教育项目》①(*Programa Nacional de Acesso ao Ensino Técnico e Emprego*，PRONATEC)和2013年开始的《技术与职业教育选拔系统》②(*Sistema de Seleção Unificada da Educação Profissional e Tecnológica*，SISUTEC)等，凭借其务实性、高覆盖率和良好的成效得到了民众的支持。以下将简要介绍实施时间较长、覆盖范围较广的PRONATEC项目。

(二)政策内容

PRONATEC项目：全称为巴西“国家技术与职业教育项目”，由巴西联邦政府依据11.513/2011号法令，在2011年创立。目的是推动巴西的技术和职业教育扩大化、民主化，同时改善中等教育的水平。

PRONATEC项目致力于增加青年学生，工人及补助金项目(联邦政府向低收入家庭发放一定数额的家庭补助金)的援助对象参加技术教育培训的机会。除了加强国内现有的技术和职业教育网络这项工作，技术与职业教育项目还设立了培训补助金计划，为已完成中等教育，或中等教育、初级培训、继续教育或职业资格培训课程在读的学生，提供免费的课程。

PRONATEC项目课程全部免费，由联邦政府提供资金支持，授课单位为联邦技术、科学和职业教育网络，州一级、大区一级或市一级的技术和职业教育网络所涵盖的院校，同时还包括全国行业S学习系统(Sistema S，S系统)内的教育机构，如工业、交通、贸易和农业行业的教育机构(SENAI，SENAT，SENAC e SENAR)。从2013年起，获得教育部授权的私立院校，也开始免费提供技术与职业教育项目的课程。

2011—2014年，共有800万人报名注册了PRONATEC项目的技术课程、初级或继续教育培训。巴西联邦政府大力投入的这一教育项目，培养了大批社会经济发展所需的技术人员。

巴西教育部公布的2011—2014年技术与职业教育项目项目投入金额依次为18亿、28亿、39亿和55亿雷亚尔，逐年增加，也充分印证了联邦政府对项目的支持力度和重视程度。

赛乌玛教育联盟(Grupo CEUMA，CEUMA)③：涵盖了巴西境内9个大学区，包括马拉尼昂州大学中心在马拉尼昂州的5个校区和在巴西利亚的3个校区、欧美大学中心和位于贝伦的亚马逊大都会学院。如今这3所大学已有

① Ministério da Educação do Brasil. Programa Nacional de Acesso ao Ensino Técnico e Emprego[EB/OL] http：//www. cebetec. com. br/? page _ id＝10. 2015-12-05.

② Ministério da Educação do Brasil. Sistema de Seleção Unificada da Educação Profissional e Tecnológica[EB/OL] http：//sisutec. mec. gov. br/. 2015-12-05.

③ Ministério da Educação do Brasil. CEUMA. Grupo CEUMA[EB/OL]. http：//www. cebetec. com. br/? page _ id＝8，2015-12-05.

25 000 名常规注册的学生，除了杰出的教学水平，还拥有全国知名的学校体制。相关专业学生取得了全国高等教育学业水平考试的平均分以上的成绩，甚至最高分。马科斯·巴罗斯校长说："这是一个巨大的进步，也反映了我们的教师和学生的质量。值得关注的是，我们的法学专业学生取得了马拉尼昂州唯一的一个 4 分。因此也推动各专业之间互相比拼以争取更好的分数。"

在这种互相激励的环境下，赛乌玛教育联盟内的院校也一致于努力促进教育的完整性，在各个领域推进学校成为真正"完整"的大学。

通过与 PRONATEC 的合作，赛乌玛教育联盟免费提供中等技术教育课程，通过联盟内部 3 所高等院校(CEUMA，UNIEURO，FAMAZ)帮助那些中等教育阶段的学生参加过全国中等教育考试(ENEM)，并且写作题高于零分。

巴西技术教育中心(Centro Brasileiro de Ensino Técnico，CEBETEC)：是赛乌玛大学联盟实现未来发展的一个支撑机构，其设施或教学水平都非常优秀，提供职业技术课程是这个机构对公众做出的最大的承诺。巴西技术教育中心的使命就是履行其社会责任——对公民职业资格水平的引导。该中心拥有赛乌玛大学联盟中所有院校的教室、图书馆和实验室，包括圣路易斯和因佩拉特里斯的马拉尼昂州大学中心、巴西利亚的欧美大学中心和位于贝伦的亚马逊大都会学院。

1. 项目目标

(1)推动中级职业技术教育、初级和继续教育培训、传统和远程职业资格培训扩大化，融合化及平等化；

(2)设立、改革并扩充州一级的技术和职业教育院校网络；

(3)通过初级培训、继续教育培训和职业资格培训，为从业者提供更多的教育资源；

(4)增加教学资源的数量来支持技术和职业教育；

(5)提高中等教育质量。

2. 项目分支

(1)扩展联邦技术、科学与职业教育网络；

(2)巴西职业化项目；

(3)通过与联邦政府的合作，巴西职业化项目致力于扩大并加强技术和职业教育在州一级中等教育中的比例；

(4)巴西远程教育网络：巴西远程教育网络以远程授课的方式免费提供技术课程、初级培训、继续教育以及职业资格培训。提供相关课程的有：联邦技术、科学与职业教育网络涵盖的院校，全国行业学习系统的授课单位，州级教育系统下的职业教育授课单位；

(5)全国行业学习服务免费协议；

(6)积极扩大"全国行业学习系统"(工业、贸易、农业、交通领域的学习项目)的教育资源在以下领域的应用：技术课程、初级培训、继续教育培训和职业资格培训。学生、工人等低收入群体可以优先获得免费资格；

(7)培训补助金。

(三)政策实施

PRONATEC项目的课程由以下院校免费提供：联邦、市立或州立公立学校，全国行业学习系统覆盖的教育机构，私立高等教育院校，私立中等职业技术教育院校。课程分三种类型。

(1)针对已完成中等教育人士的技术课程，最短为一年期。

(2)针对中等教育在读学生的技术课程，最短为一年期。

(3)初级培训、继续教育培训或职业资格培训，主要针对工人，中等教育在读学生，和联邦收入补偿计划的援助对象，最短为2个月。

项目包括646门职业资格课程和22门技术课程，如医疗信息及记录、健康管理、口腔修复、园林绿化、按摩技师、室内设计、物流、信息技术、饮食营养、环境、建筑、施工图纸、口腔健康、美学、老年人护理、社区健康服务、健康跟踪等。

二、巴西技术与职业教育选拔系统政策

(一)政策背景

2010年开始施行的《技术与职业教育选拔系统》(*Sistema de Seleção Unificada da Educação Profissional e Tecnológica*，SISUTEC)可以说是进入21世纪以来，巴西职业技术教育领域具有里程碑意义的重要政策。该政策实施时间长，覆盖范围广，延续性强，在社会和公众当中取得了良好的反响。2013年度开始实施SISUTEC项目，更有针对性和专业性，是PRONATEC项目内容的细化和补充。因为有了PRONATEC项目成熟经验，SISUTEC项目的政策制定和具体实施更加顺畅，也成为了一项新的延续性的重要教育政策。进入巴西教育部官方网站后，页面会出现四个大的访问选项：巴西教育部主页、技术与职业教育选拔系统项目主页、全民大学项目(Programa Universidade para Todos，PROUNI)[①]主页、高等教育助学金项目(Fundo de Financiamento Estudantil，FIES)[②]主页，可见联邦政府和教育部对SISUTEC项目的重视程度，以及项目发展至今的影响力。

(二)政策内容

SISUTEC项目始于2013年，致力于为青年人提供接受高等教育的机会，帮

① Ministério da Educação do Brasil. Programa Universidade para Todos[EB/OL]. http://siteprouni.mec.gov.br/. 2015-12-09.

② Ibid.

助来自低收入家庭的年轻人在劳动力市场中占据更有利的位置。该项是在全国统一选拔系统(Sistema de Seleção Unificada，SISU)的基础上设立。由于巴西国内大部分劳动力缺乏技术资质，联邦政府深刻意识到为国民提供免费的技术教育课程的必要性。全国统一选拔系统的成功也使得政府有信心推动技术与职业教育选拔系统的实施，技术教育版的全国统一选拔系统，技术与职业教育选拔系统项目在职业教育领域可谓一项创新。在 2013 学年第二学期的选拔中，政府提供了 239 792 个免费技术课程名额，以提高巴西从业人员的专业水平。尽管施行时间较短，技术与职业教育选拔系统项目已经被公认为参与 SISUTEC 项目的一个重要渠道。

SISUTEC 项目为入选者免费提供技术培训课程，主要面向参加过全国中等教育考试的学生。申请者免费注册，选拔主要依据各申请者在全国中等教育考试中所取得的分数。SISUTEC 项目每年进行两次选拔，固定为每学期初。注册全免费，只需一个步骤即可在网上完成注册。

SISUTEC 项目的课程主要由以下院校授课：联邦技术、科学和职业教育网络覆盖的学校，市级，大区级和州一级技术和职业教育网络中的院校，S 系统(全国行业学习系统)的合作院校，以及一些著名的私立技术和职业教育院校。如果 SISUTEC 项目教学计划或所学专业的具体章程中有关于课程实习的硬性要求，那么提供课程的相关院校会为学生免费提供实习机会。

项目课程包括：物流、信息技术、安全生产、护理、环境保护、工程建筑、放射技术、电气工程、化学、药剂、机械、美学、按摩理疗、老年护理、饮食营养、网络技术、计算机图形技术、社区管理、药物依赖恢复、临床医学、农牧业、机电和导游等。

对于年轻人来说，无论未来选择哪一领域的工作，职业技术水平都是最为重要的个人素质，它可以帮助初入社会的年轻人充满信心地承担起各行各业的重要工作。有志于提高自身职业技术水平的年轻人可以有非常多的课程选择。课程全部由巴西国内优秀的院校教授。

与复杂繁冗的专业理论相比，SISUTEC 项目课程更加重实践，因此可以帮助学生在最短的时间快速掌握专业技术能力。项目初期的课程也集中在信息技术、工业及医疗这些大众行业。

(三)政策实施

1. 项目注册流程

在进行项目注册的时候，申请者需要根据自己的意愿，在技术与职业教育选拔系统合作的院校提供的课程当中，选择最多两项课程，分为第一和第二志愿。学习名额分别针对：已完成中等教育公立院校的学生，私立院校持全额奖学金完成中等教育的学生，以及学生中的黑人、混血人种、印第安人。在报名程序中，申请者需要确认自己是否属于以上人群，或是否要申请竞争较为激烈的联邦公立院校的名额。

在报名期间，申请者可更改其志愿，以最终一次志愿为准。报名最后一步，系统会依据申请者中等教育考试的成绩，自动筛选出本门课程报名者中分数最高的人群，依据本门课程的名额依分数高低选拔。如果申请者在其选择的两个志愿中都入围，那么会被自动调至第一志愿。

2. 选拔办法

项目选拔共有两轮，每一轮结果公布之后，入选的申请者都需要在指定期限内，在网上进行确认，否则该名额将会自动进入系统，发放给其他申请者。

第一志愿成功入选的申请者不能再参加第二轮选拔，不论其是否在网上对选拔结果进行过确认。因此，申请者需要密切关注网上确认的期限，如果第一志愿被选中，那么这就是唯一一次机会，因为第二轮选拔会自动排除第一志愿已成功入选的申请者。

如果申请者第一志愿未入选，但是入选了第二志愿，那么不论其是否在网上进行了确认，都可以在下一轮选拔中继续竞争其第一志愿的课程名额。如果在第二轮选拔中，入选第二志愿并已在网上确认的申请者，被第一志愿专业选中（如原入选者放弃资格）这种情况下，系统会自动取消申请者第二志愿的入选资格。

SISUTEC 项目中的联邦院校必须遵循《社会与种族配额法》（教育平等与公正的法案，法律规定，巴西公立大专院校须将其一半招生名额，专门用于招收月收入在 933 雷亚尔以下最贫困家庭的子女。2012 年 8 月 29 日由罗塞夫总统签署生效），为黑人、混血人种及印第安人保留学习名额。要求学生在全国中等考试中写作成绩非零分才可以竞争学习名额。SISUTEC 项目中每门课程也有相应的分数要求，申请者全国中等教育考试成绩不低于要求的最低分才能进入课程候选人名单。

3. 第一期项目实施情况

SISUTEC 项目的选拔从 2013 年 8 月 12 日开始，第一期共有 239 792 个免费技术课程的名额，各项课程的课时从 800～1 200 课时不等。SISUTEC 项目模仿 PRONATEC 项目的模式，全国统一选拔项目帮助中等教育阶段的学生竞争大学学习机会。申请的学生必须参加过最近一次的全国中等教育考试。其中 85% 的名额针对公立中等学校的学生和私立学校的全额奖学金获得者。

第一轮选拔结果在 2013 年 8 月 14 日公布，入选者需在 15—16 日进行确认注册。第二轮选拔结果在 19 日公布，20 日完成网上确认。

前两轮选拔是针对参加过 2012 年全国中等教育考试的申请者。之后剩余的名额会向一般申请者开放。

第一期 SISUTEC 项目吸引了 383 080 名申请者，他们共同竞争 239 792 个名额。课程申请者远超项目名额，申请热门集中在东北、北部和南部私立院校提供的课程。来自东北地区和西北地区的申请者占比 71%。根据巴西教育部 2013 年 8 月 13 日的统计数据，根据不同区域，申请者年龄集中在 23～26 岁。巴西教育部部长指出，这也反映了年轻人学习热情的回涨。报名竞争最激烈的课程是摄影技术、石油和天然气领域、造船、光学和机场事业领域的技术课程。

SISUTEC 项目课时从 800～1 200 小时不等，这些课程都囊括于 PRONATEC 项目之中。大部分的申请者都是公立学校的学生，而此项新项目主要的目标人群也正是这群学生。

SISUTEC 项目的剩余名额的申请截止到 2013 年 9 月 16 日，要求申请者必须在公立学校或持全额奖学金在私立学校完成了中等教育。剩余名额将向巴西 5 个大区的各个城市的申请者提供，并根据报名顺序进行选拔。申请者需要每天都关注相关信息，如果注册者在注册成功后的两个工作日内都没有进行课程申请的话，该名额将会重新进入系统向其他申请者开放。

如果申请者已收到录取确认，需要前往提供课程的相关学校，出示本人的中等教育毕业证书、中等教育期间的成绩单、出生证明或结婚证、身份证或工作证、自然人身份证明、近照，选民证及居住证明。

为了帮助申请者选择课程，巴西教育部建立了一个国家技术课程目录，目录中包括每项课程的具体信息、对课程申请者的专业水平要求、课程的具体安排和课时数等。

4. 第二期项目情况

SISUTEC 项目第二期于 2014 年 3 月 17 日开始报名，21 日结束报名，上一年共由 586 所院校（包括高等教育院校，私立技术学校，联邦教育、科学和技术院校，联邦大学下设的科技学校，州立、市立学校）提供了 117 门课程。

该项目第二期开始于 2014 学年的第一学期，提供291 000个名额，在开放报名的前三天报名人数就已超过 60 万人，这期项目课程有 122 门之多，共有 937 所院校参与。

在 2014 学年的第二学期，SISUTEC 项目提供了 289 000 个名额，其中 14 570个名额被分配给联邦、州立和市立的公立院校。这一期的课程院校有：联邦公立技术学校，联邦大学下设的技术学校，州立及市立技术学校。S 项目（全国行业学习系统）的院校提供了 39 960 个名额，位居第二。而位列第一的是私立院校，共提供了 247 888 个学习名额。

SISUTEC 项目和 PRONATEC 项目可以说是在很多领域重叠的联合项目，两个项目都是旨在提高年轻人的职业技术资质，都致力于帮助年轻人在未来求职市场中占据优势位置而做好准备。而国家技术与职业教育项目由于更广阔的覆盖率、更丰富的项目内容、更长的课程培训时间，很多接受过 SISUTEC 项目短期技术培训的年轻人，会申请 PRONATEC 项目，以继续得到更深入的学习和提高。

值得注意的是，PRONATEC 项目提供的课程针对三类人群：(1)针对已经完成中等教育人群的课程，最短为期一年；(2)针对中等教育在读学生的课程，最短为期一年；(3)针对联邦政府社会收入重新分配项目(如家庭补助金计划)的援助对象，初级培训和继续培训课程或职业资格培训，最短为 2 个月。

而 SISUTEC 项目针对人群较为单一，必须参加过最近一次的全国中等教育考试，而且授课时间为 800～1 200 小时，属于入门级的短期培训。

5. 舆论反馈

在参加《和总统喝咖啡》节目时，巴西总统迪尔玛·罗塞夫谈到政府为公民提供了很多机会，帮助他们找到工作，提高业绩，推进事业发展，而这一切都要归功于职业培训课程。超过 600 万人注册了 PRONATEC 项目，其中 100 万人同时也是巴西无贫困计划的受益者，参与了家庭补助金计划。罗塞夫总统也提到，SISUTEC 计划已有 100 万人注册，比去年增加 40%。①

总统说，"如果参加职业能力培训，那些年轻人，工人，个体经营者就会拥有更多机会来寻找工作，增加营业额，提升职业层次。PRONATEC 项目是我们这届政府为巴西公民提供的职业培训机会，人们改善其生活的兴趣，决心和意愿让人印象深刻。610 万人注册了 PRONATEC 项目，这其中，170 万人申请了中级技术课程。另外 440 万人报名参加的是职业资格课程，这项课程时间较短，为 4 个月。我们很骄傲地宣布，SISUTEC 项目中已经有 100 万注册学员是巴西无贫困项目的受益者，他们也都领取了家庭补助金。实际上，我们已经在职业教育领域进行了极大的投资，仅仅国家技术与职业教育一个项目，已经投入 140 亿雷亚尔。"

巴西教育部长阿罗基奥·梅卡丹德提到，巴西各个州 4 000 多座城市开设了 PRONATEC 项目的课程，如今，PRONATEC 项目的课程学员大部分是女性，这些"女战士"每天都在为国家的运行奉献自己的力量。每 10 名学员中，就有 6 位是女性。而其中也有很多年轻人和黑人，这一切都表明，越来越多的巴西人通过职业培训得以构筑更美好的未来。

梅卡丹德部长说："在生活中任何人都需要机遇，但机遇本身并非垂青所有人，而我们的政府立志要改变这一现状。为了向所有公民提供职业资格培训，我们向亿万巴西人郑重承诺，要保证每个人都得到这个机会。我们的目标是，在项

① Café com a Presidenta. Com o Sisutec, estamos dando mais uma alternativa para quem concluiu o Ensino Médio. 2014-3-17 [EB/OL]. http: // cafe. ebc. com. br/cafe/arquivo/Sisutec/?searchterm=SISUTEC. 2015-12-09.

目实施的这三年半里，PRONATEC 项目的注册学员超过 800 百万人。大家也注意到了，我们为家庭补助金项目的对象预留了 100 万个注册名额。而我们现在已经达到了这个目标，而更为成功的是，我们提前 10 个月完成了这个目标。任何人都希望得到改善生活的机会，那些参与家庭补助金计划的人也是如此，而他们都非常愿意把握住这个参与职业资格课程的机会。年轻人们懂得，只有当他们通过培训提高了自身水平，才能得到更多较好的就业机会。”

巴西主流媒体圣保罗页报报道，巴西的从业人员一直都寻求自我提升，但这并非易事，因为此前没有像 SISUTEC 项目这样的开放课程由联邦政府承担费用，从报名费到交通费、教学材料、制服，甚至伙食。这些课程是全部免费的，并且由具有丰富职业培训经验的优秀学校教师授课。这些学校包括联邦职业技术院校、S 项目的合作院校及州立技术学校，共有 220 项技术课程和 646 项职业资格课程。我们将继续扩大与联邦技术职业教育院校的合作网络。巴西这届政府，新建了 152 所联邦技术学校，而这一数字在年底将达到 208 所。

正如巴西总统所说的：“在教育领域的投资使我们国家的发展更有希望。我们的人民是在梦想彼岸每天奋斗的战士，而无数事例已经表明，为这些建设自己甚至国家美好未来道路的人，提供学习机会是非常值得的。为我们的巴西人民投资，就像买一张必定会中奖的彩票，最终受益的是巴西。①”

三、公开征集教育技术方案政策

（一）政策背景

在全球化日益兴盛的今天，外语学习成为人们越来越关注的话题，精通一门外语，除了对异邦文化多元性的了解，也会从实际上增强年轻人在就业市场中的竞争力，而对于一个国家来说，国民外语水平的高低，也深刻影响着本国在全球化进程中的参与度和贡献率。而外语能力的形成，很大程度上取决于一个国家的学校外语教学。

巴西基础教育阶段的外语教学包括课程体系内和课程体系外两部分。巴西课程体系内的外语教学从初级教育的 5 年级（相当于我国的小学 5 年级）开始，一直到中等教育结束。从实际情况看，各校第一外语首选为英语，其次是西班牙语；第二外语则因学校所在地域和社会需求不同而有所差别，主要教授的语种有德语、意大利语、法语和日语等。近年来，巴西部分学校也开始教授汉语。总体而言，巴西课程体系内的外语教学要求不高。首先体现在课时安排上，一般每周只

① Café com a Presidenta. Nós criamos o Pronatec para dar oportunidade aos brasileiros de melhorar sua formação profissional. 2014-03-24［EB/OL］. http：// cafe. ebc. com. br/cafe/arquivo/pronatec-3/. 2015-12-10.

有1～2个课时，其次，考试要求也不高。因此，学生对外语教学的投入有限，从根本上限制了学生外语学习能力的提高。不过，除了课堂教学之外，巴西基础教育阶段的外语教学还有一个很重要的课外学习机制“语言学习中心”，由地方政府出资，设立在有条件的公立学校，免费向校内外所有学生开放，“中心”采取菜单式教学，提供多语种、多层次、多时段的外语课程，供学习者自由选择。它们是巴西基础教育阶段7年级以上的学生学习外语，尤其是第二外语的一个重要途径。目前，在巴西全国多个州的公立学校都设立有“语言学习中心”。“语言学习中心”教授的语种视社会需求而定，2014年，圣保罗州所有224个“语言学习中心”，教授的语种共有7个，即西班牙语、英语、法语、德语、意大利语、日语和汉语(普通话）等。①

“语言学习中心”对巴西学生课堂之外的外语学习起到了很重要的作用，但即便如此，这个教学机制仍然存在两个基本的问题。一是由于“语言学习中心”是由各级地方政府出资设立的，因此，只有经济发达地区，如巴西的东南部和南部地区的学校才有能力设立“语言学习中心”，而多数经济水平一般的州，尤其是偏远、经济不发达的州至今还没有成立任何“语言学习中心”。这样，这些地区的学生即使有能力、有意愿去学习更多的外语知识，在校内也找不到任何地方去学。这就造成了国内由于地区间经济发展不平衡而导致的教育不公。二是由于“语言学习中心”的授课老师是“语言学习中心”所在学校的同一批师资，他们普遍存在专业水平不高、教学方法陈旧等问题，再加上课堂学生数量众多，因此教学效果并不尽如人意。②

为了应对公立学校外语教学水平滞后的问题，2013年6月18日，巴西教育部(Ministério da Educação，MEC)公开向全社会征集适用于公立学校的英语及西班牙语教学技术或方法方案。

(二)政策内容

巴西教育部从2013年6月18日至9月3日，接收针对巴西公立学校英语、西班牙语设计的优秀教学方案的报名，以辅助公立学校基础教育和中等教育阶段师生的外语学习和教学。巴西教育部的公告指出，报名方案需关注外语学习和教学的听、说、读、写四个方面能力培养。巴西教育部基础教育处(Secretaria de Educação Básica，SEB)的课程和综合教育主任杰奎琳·摩尔说，入选的优秀教学方案将会在2014年被各个公立学校所采用，收集这些优秀方案的目的是辅助

---

① Secretaria da Educação do Estado de São Paulo. Inscrições abertas no Centro de Estudos de Línguas) 2013 -12- 02[EB/OL]. http://www.educacao.sp.gov.br/noticias/centro-de-estudos-de-linguas-oferece-cursos-em-sete-idiomas-inscricoes-abertas. 2015-12-10.

② 叶志良．巴西学校外语教学的特点及启示[J]. 解放军外国语学院学报．2014.

教师的外语教学，同时增加学生的外语学习兴趣。各个州或市的教育部门应该在下一年的《联合行动计划》(*Plano de Ações Articuladas*，PAR)中提出申请采用获选的教育技术方案。该计划由巴西教育部提供资金及技术支持，为各个州、市的教育部门实现本年度的教育目标进行援助。杰奎琳指出，外语教学面对的一项很大的挑战是，在学校中建立一个课堂以外的学习环境，以激励学生自发地锻炼自己的阅读理解和口语水平。“只懂得死记硬背的学生是不可能完全掌握一门外语的，而我们要做的就是改变这种状况。”①

任何创设针对英语或西班牙语的教学方案的人(法人或自然人)都可以报名参加教育技术方案的资格预审，巴西公民和居住在巴西的外国公民都可以参加。包括且不限于专家、研究者、学术机构、研究机构及社会机构等。获选的项目将被列入巴西教育部的教育技术指南。

根据巴西教育部的公告，每个参选方案仅可涵盖一个教学阶段(基础教育或中等教育)、一个群体(教师或学生)和一个等级的语言水平(入门、初级、中级或高级)。申请者在符合这三个条件的情况下，可以提交一种以上的教学技术方案。公告也指出，这些教学工具旨在提高城镇及乡村公立学校的外语教学效率、促进学校与社会之间的融合，在课堂知识与实际应用间搭起桥梁。

(三)政策实施

申请者可以通过巴西教育部公告中所列的邮箱，用表格的形式介绍自己的教学技术方案。纸质版材料需要邮寄到南大河州联邦大学信息学院的秘书处。② 方案中的教学技术可以是某种教学工具、教学设备或教学方法，或是基于扎实的理论和方法论基础上的教学建议。最终的评选将会在巴西外交部的指导下，由南大河州大学的信息学院组织科学技术委员会进行评审，委员会成员包括巴西国内各地的专家学者。评审过程的每个步骤都将接受巴西教育部基础教育处的监督。

评审的标准等同巴西学校教育的基本原则。根据巴西联邦宪法，学校教育必

---

① Ministério da Educação do Brasil. MEC seleciona técnicas de ensino de línguas inglesa e espanhola. 2013-08-05 [EB/OL]. http://portal.mec.gov.br/busca-geral/211-noticias/218175739/18948-mec-seleciona-tecnicas-de-ensino-de-linguas-inglesa-e-espanhola. 2015-12-15.

② Ministério da Educação do Brasil. Edital de 17 de junho de 2013 Pré-Qualificação de Tecnologias Educacionais para o Desenvolvimento de Competência Linguístico-Comunicativa em Inglês ou Espanhol, para Estudantes e Professores de Inglês ou Espanhol, do Ensino Fundamental e Médio, que Contemplem as Quatro Habilidades (Ler, Escrever, Falar e Escutar) e que Colaborempara a Ampliação da Jornada Escolar na Perspectiva da Educação Integral e Integrada e da Articulação da Escola com Seu Território Chamada Pública Mec Guia de Tecnologias Educacionais Inglês e Espanhol. 2013-06-18[EB/OL]. http://portal.mec.gov.br/index.php?option=com_docman&view=download&alias=13719-edital-linguas&category_slug=agosto-2013-pdf&Itemid=30192. 2015-12-15.

须遵循以下基础及原则：(1)平等的入学条件和学习时间；(2)学习和教学的自由；(3)思想和教育理念的多元化；(4)公共教育的免费性；(5)民主管理；(6)保证衡量教育质量的标准。

学校教育是人类发展的工具，其基本要求即为扩展新知识，组织有意义的学习，促进文化推广和社会平等。为此，学校教育应该尊重自由和人类团结的理念，重视教师和教育管理者的培养，推动教育的全面发展，培养懂得行使公民权利和义务，有能力创造更具活力的未来世界的人才。

参选项目必须符合以上教育原则，在评审委员会经过讨论研究后，最终获选的项目将被列入巴西教育部的教育技术指南。教育技术指南成立于2007年，是巴西教育部在2007年4月发起的“教育发展计划”(Plano de Desenvolvimento da Educação，PDE)行动之一。指南分为以下部分：教育管理、教学和学习、专业教育人才的培训、教育门户网站、教育多样性和成人教育。该指南现在一共涵盖195项教育技术，包括教育部设立的和正在审核的技术方案。指南的主要目的是传播教育技术、提供教学工具和教学设备，帮助管理人员和教师更有效利用教学资源以改善公共教育。

>>第二节　哥斯达黎加《数学教育改革方案》<<

一、《数学教育改革方案》政策背景

教育对提高劳动生产率起着关键作用，间接推动经济增长，在整个OECD地区，多接受一年教育对经济产出的长期作用估计是3%～6%，这其中数学素养的重要性不可忽视。① 哥斯达黎加位于中美洲，2014年人口493.7万，世界排名第123位。全国GDP总值579亿美元，世界排名第87位，人均GDP 1.34万美元。是拉丁美洲经济发展最快的国家之一，也是中美洲唯一与中国建交的国家。②

随着哥斯达黎加经济的发展，对于数学人才的需求量越来越大。但是哥斯达

---

① OECD. Learning for Tomorrow's World Fisrt Results from PISA 2003 (Chinese version). 2003[EB/OL] https：// books. google. co. jp/books? id = yGdJ1Ukr3YQC&pg = PA79&lpg = PA79&dq= OECD% E6% 95% B0% E5% AD% A6% E9% 87% 8D% E8% A6% 81% E6% 80% A7&source = bl&ots = yZHw6BeasM&sig = 3wlPNkULLbm0m5I5zQdpESu7VW8&hl = zh-CN&sa= X&redir _ esc = y # v = onepage&q = OECD% E6% 95% B0% E5% AD% A6% E9% 87% 8D% E8% A6%81%E6%80%A7&f=false，2015-12-16.

② 经济合作与发展组织发展中心，联合国拉美经委会，CAF—拉丁美洲开发银行主编 .2015年拉丁美洲经济展望：面向发展的教育、技术和创新[M]. 北京：知识产权出版社，2015.

黎加整体社会，从教师到学生、甚至到学生家长，对数学教育统一表现出畏难情绪，出现“数学恐慌症”。数学能力表现低下，直接影响哥斯达黎加社会创造力和社会生产力的发展。

当今世界科技发展迅速，对数学人才的需求与日俱增。为了适应国际世界对数学人才需求的发展，哥斯达黎加政府开始重视对本国学生数学技能的培养。但是一直以来，哥斯达黎加学生数学成绩不尽如人意，国内外数学测评中表现不理想。在 2004—2013 年共有 24 578 名学生参加了哥斯达黎加大学举办的数学考试测评(哥斯达黎加大学数学测评考试：高中毕业生有意向进入哥斯达黎加大学学习机械工程、经济、卫生、自然科学等学科，必须参加的数学测评考试)，其中只有 15％的学生通过了考核，大多数的学生分数在 20～39 分(及格分数为 70 分)。在经济合作与发展组织举办的 2009 年 PISA 测评中，哥斯达黎加数学成绩落于智利、乌拉圭和特立尼达和多巴哥之后，56.7％的学生没有通过数学 1 级考核，84.5％的学生没有通过数学 2 级考核。相比之下没有通过文学和科学 1 级考核的人数占比为 1.3％和 9.6％。

此外，在教师队伍建设方面，目前哥斯达黎加共拥有 5 所公立大学和 52 所私立大学及国际合作办学院校十余所。只有大学开设师范类课程，大多数中小学教师毕业于私立大学。4 所公立大学以及一些私立大学有数学系，公立大学授予大专(3 年)、学士(4 年)和硕士(5～5.5 年)学位；私立大学授予学士和硕士学位。但是无论是哪个阶段的数学系毕业生都可以在中学教授任意阶段的数学课程。目前只有哥斯达黎加大学(公立)一所大学开设数学教育师范课程。目前有 18 所大学开设小学数学教师培训项目(其中私立学校 15 所)。

哥斯达黎加整个社会，从教师到学生，甚至到学生家长，对数学教育统一表现出“畏难”情绪。出现这种现象的原因归结于三点：学生学习数学的态度、教师技能和数学教育体系。

(1)学生方面：①缺乏对数学学习兴趣，不知道为什么要进行数学学习；②解决数学问题能力不高，在数学学习中找不到成就感，进入了越学不好越不爱学习的怪圈；③缺乏数学课程实践能力，不懂得将数学知识在实际中的运用；④畏难情绪严重。

(2)教师方面：①培养中小学数学教师资源匮乏，缺少专门培养数学教师的专业和学校；②缺少与国际一流数学教师交流的机会，不了解国外先进的数学教育方法；③缺乏针对教师培养的连续性、整体性方案，没有晋级机制，教师热情不高；④缺少对教师考核机制；通常学习成绩一般的学生选择教师职业。

(3)数学教育体系方面：①教材脱离实际，现在的教学方法注重演算过程和理论知识的教授，缺乏理论和实际相结合的过程；②虽然计算机在哥斯达黎加普及程度高，但是未能将计算机资源充分运用到数学教学当中；③缺少对教师课堂教育方法的培训，现有教材不统一，教材内容连贯性不高；④城市和乡村学校，公立和私立学校(私立学校教育质量好)教育水平差距大。

为了改变哥斯达黎加目前数学教育现状，政府决定加大力度对中小学数学教育进行改革。2010年时任哥斯达黎加教育部部长的雷昂纳多·加尔尼尔·利姆罗(Leonardo Garnier Rímolo)聘请哥斯达黎加大学数学系教授安赫尔·鲁伊斯(Angel Ruiz)设计数学课程方案，鲁伊斯提出了关于对本次改革方案的设想：(1)数学教育服务于大众生活，引导学生将数学知识在日常生活中的应用；(2)以人类学的视角推广数学教育和数学文化；(3)建立高效的数学课堂环境：通过正确的课堂活动建立教师与学生之间有效的课堂交流；(4)通过数学提高学生的认知能力；(5)树立学生对数学的信心；(6)提高数学在高等教育中的重要性，重视教师教育发展；(7)保证数学课程设计内容的连贯性。鲁伊斯的建议得到了利姆罗的大力支持，并聘任鲁伊斯教授担任数学改革小组组长，负责改革小组组建工作。

2011年8月鲁伊斯带领的改革小组向国家教育部和国家教育委员会提交了第一版方案，上述两个部门组织了全国大学数学教师和中小学数学教师代表对该方案进行评审，提出了修改意见。在对提案的第二次修改中，邀请了来自美国、墨西哥和智利的数学教育专家参与方案的修订。最终于2012年5月21日哥斯达黎加最高教育委员会(哥斯达黎加教育政府最高部门)通过这份针对改善中小学数学教育质量的改革方案《数学教育改革方案》(*La reforma de la Educación Matemática en Costa Rica*)。[①] 2013年年初，教育部印刷23 000册《数学教育改革方案》，分发给全国每一个中小学数学教师。该项政策得到了哥斯达黎加合作基金会(la Fundación para la Cooperación Costa Rica Estados Unidos)的资金支持，计划在2012年到2016年4年间逐步实施落实。

二、《数学教育改革方案》政策内容

本次数学改革的核心内容是“数学生活化”，以PISA数学测评标准为指导依据，对教学法和教学内容进行改革，指导学生如何将数学学科知识运用到社会学领域，运用数学知识解决现实生活中的问题。

(一)数学解决问题能力的培养

解决问题的能力是数学教育的关键，也是数学教学中注重培养的能力之一。在本方案中提出了解决问题的四个步骤：呈现问题、独立解决问题、同学间讨论

---

① Angel Ruiz. La reforma de la Educación Matematica en Costa Rica，2013[EB/OL]. http：//www. centroedumatematica. com/wordpress/wp-content/uploads/2013/12/De-la-investigacio%CC%81n-a-la-praxis-final. pdf. 2015-12-25.

检验答案的合理性、课堂结束。新方案中提到问题的选择尤为重要，在课堂上教师向学生们提出的数学问题应该具有现实意义，并且具有可操作性，这样才能让学生在解决问题的过程中感受到数学的现实意义。另外，在整个教学过程中，需要教师正确的参与和指导，在教学过程中扮演数学理论知识和现实生活的沟通者。

(二)数学知识网络的架设

数学改革除了提出建立纵向解决问题的方法，还提到了数学知识网络横向的架设问题：推理和疑问、设计和解决问题、反馈、迁移和展示。对这 5 个阶段的培养是个循序渐进整体的过程，不能单独分割出一个或几个阶段进行单独培训。

1. 推理和疑问

推理和疑问的能力是学生重要的学习能力，这个过程包括了推理、比较分析、判断、试错等思维和行动过程。教师在数学教学过程中随时随地培养学生的推理和质疑的能力，推理和尝试是数学学习的根本，教师在课堂上重视对学生这两方面的培养。

2. 设计和解决问题

设计和解决问题是重要的生存能力。通过数学教学培养学生课堂内外，解决问题的能力。选择现实生活中适当的数学问题，循序渐进地引导和训练学生解决问题的能力。在现实生活中存在着很多值得教师和学生共同探讨的问题，但是并不是所有的问题都适合拿到数学课堂上进行讨论和解答。而且对吸收进来课堂中的问题，还需要经过加工，所以在这些方面需要对教师进行培训。

3. 反馈

通过口头、书面或者视频等方式与教师和学生交流关于数学问题的想法和意见。锻炼学生书面表达能力(语法和句法层面)和语言表达能力。以前的教学过程看中学生的思考能力，而在新的改革方案中，强调了学生表达能力。

4. 迁移

在教学过程中培养学生将数学知识在数学学科内及数学和其他学科之间横向迁移能力，这种方式可以让学生更好地了解到数学的跨学科性，培养数学知识的迁移能力，从而也使学生更好地了解数学的实用性及存在的局限性。

5. 展示

为了巩固和加强对知识的学习、理解和运用能力，引导学生将已学知识运用到现实生活中。用同一种方法解决相似的数学问题，或对同一个问题的不同解决方法进行分析，找出优缺点。

(三)数学 5 个核心技能的培养

目前数学课堂上缺少师生之间解决问题时的互动式交流，通常情况下教师使用大量晦涩数学概念讲解问题，并且在讲解过程中缺少问题展示过程，教师不善于电子设备在教学过程中的使用，学生无法在生活中将问题形象化，无助于学生们解决数学问题的过程。加之学生们在数学测评考试中表现不佳，挫伤了数学学习的积极性。学生和社会整体缺乏对数学学习的信心和兴趣。基于现状，本方案提出了对数学改革的五个核心要素，希望通过这五个方面改善哥斯达黎加数学教育水平现状。它们分别是：解决问题、问题情景化、信息技术应用、增强信心和明确态度和数学的历史应用。

1. 解决问题

解决现实场景中的数学问题。与传统通过理论概念的方式不同，教师在课堂上把数学问题场景化，让学生参与其中用数学知识解决生活问题，使解决问题的过程变成有意义的教学活动。

2. 问题情景化

与传统的数学问题口头讲解不同，使用现实存在的物体(模型的使用)进行数学问题描述。

上述两点是数学改革的核心内容，在现实情景中解决数学问题，教师给学生建立起解决数学问题的现实情景模式。

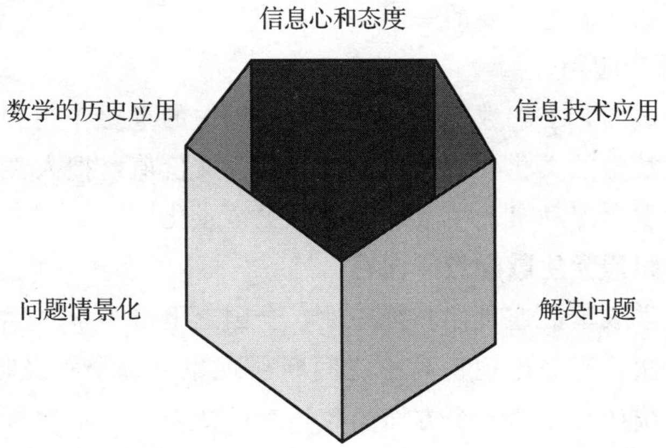

图 12-1　《数学教育改革方案》标志——象征课程改革的 5 个核心内容

3. 信息技术应用

信息技术在几何、数字分析、建模等方面进行应用。计算器作为数字计算辅助工具减少学生花费在计算上的时间，增加了数学推理的时间和过程，这对数学能力的培养是非常重要的。虽然信息技术设备在哥斯达黎加校园内已经十分普及，但却未能把信息技术合理高效地运用到教学中去。所以在本政策中对计算器、信息技术设备的使用进行了重新规范，把数学知识、教学和信息技术结合在一起，帮助教师在课堂上实现数学问题场景化的目标。

4. 增强信心和明确态度

帮助学生树立起数学本身和对数学教学活动的信心。信心需要表现在以下几个方面。

(1)持续性：培养对数学学习兴趣的持久性，真正做到数学技能在生活中的运用和发展；引导学生正确看待数学学习过程中的失误，失误不是被战胜的表象，失误是反思、提高推理能力的最好方式。

(2)数学应用的信心：强调数学问题情景化，把抽象的数学问题现实化，帮助学生了解数学在现实生活中的作用。强调利用数学知识解决现实生活问题的作用，从一年级起教育学生数学的实用性，指导生活中的问题如何通过数学方式解决，帮助学生建立对数学的正确态度和信心。

(3)积极参加数学活动：为学生提供生动的课堂设计、数学活动和小组活动，设计小组活动，提高学生参与活动的积极性。

(4)数学应用中的自我肯定：与传统数学教育以分数决定学生成绩优劣不同，新的课程改革根据学生的发展需求，建立一套新的评价机制；避免课堂中的负面评价，建立教师语言使用规范。

(5)尊重数学并在数学学习中得到乐趣：因个体差异，每个学生在生活中感受数学存在方式是不同的。帮助学生建立数学与历史、哲学、机械、艺术等其他学科的关系，是数学教育重要的一步。

5. 数学的历史应用

了解数学发展史，了解数学在社会发展过程中的重要作用和地位。在数学教学活动中建立起数学的文化价值、历史价值和人文价值，把人类的活动与数学紧密联系起来，激发学习动机，使数学知识历史情景化。

(四)各年级阶段学生数学教学内容

为了确保数学改革的连贯性和统一性，全国上下自小学一年级到高中使用统一教材和教学方法，避免出现初高中之间断层现象。每个年级教授数字、测量、几何学、代数、统计和概率 5 个方面的数学基础知识，只不过这 5 方面的知识内容难易程度和比重在各年级中有所不同。

(1)数字学习在小学阶段比重较大，从 7 年级(初中阶段)开始逐渐减少。这次改革中，数字教学的比重较以往有所下降。教学过程中强调数字意义的教学，对学生数字读写能力，建立数字之间的关系、了解数字的意义、对数字进行运算能力等方面进行着重培养，并强调数学的心算和估算能力。

(2)几何学学习比重在中小学教育阶段变化不大。几何教育包括平面几何和立体几何，从小学一年级起培养学生识图的能力，利用多媒体工具为学生构建直观的几何图形。

(3)代数在小学阶段强调的是实物教育，但是到了高中阶段代数教学比例增大，主要训练学生抽象思维能力。

(4)主要在小学阶段开展有关测量的培训。使用工具和现实生活估算的概念。

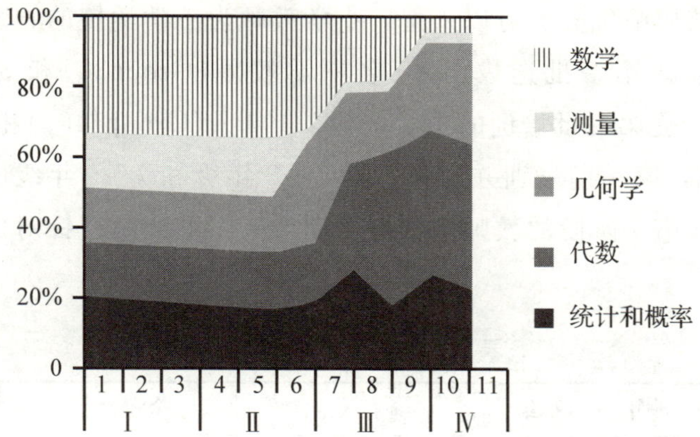

图 12-2　各年级阶段学习内容表

Ⅰ表示 1～3 年级，Ⅱ表示 4～6 年级，Ⅲ表示 7～9 年级，Ⅳ表示 10～11 年级

(5)统计和概率在整个中小学教育中变化不大，始终占有 20%左右的比重。但是特别需要指出的是，在本次数学改革之前，统计和概率的概念在中小学数学课程中几乎未被涉及，这也是这次数学改革中的一个重点。之所以在这次改革中加大了统计和概率在数学教学中的比重，是因为它们在日常生活中应用范围广，涉及学科多等特点决定。

考虑到哥斯达全国教育环境的差异性，考虑到社会经济因素问题，尤其是城市和乡村教育的差异性，教育当局对课程内容进行相应调整。教师对于不同层次的学生进行差异化教学。

（五）教师培训模式

由于本次改革涉及了全国范围内的中小学数学教师，资源有限不可能召集所有教师进行统一培训，所以针对这个特点制定了“双峰课程模式(Cursos Bimodales)”，通过实景课堂教学和网络远程课程(Moodle 远程平台)两种形式完成培训课程。培训主要是课程内容和教师技能培训，根据现实情景出发制定符合学生兴趣的数学课程，培训教师教育能力满足改革政策的需求。远程网络课程提供两种服务，一个是提供给教师可下载的文件资料，另一个是教师可以通过该平台进行在线自我测评。Moodle 平台是拉丁美洲第一个以数学教育为主的远程平台(网址 http：//cursos. reformamatematica. net/)，提供大量的公开及免费课程。Moodle 平台上可以搜索到课改后的有关于数学课堂行为的知识、技巧、核心内容等资料。这也是哥斯达黎加教育部第一次使用 Moodle 平台推广教育改革。

为了将《教学改革方案》落实到位，每一位中小学数学教师都接受培训，教师培训分为两个步骤。首先选拔出优秀教师和教育部的工作人员对他们进行培训，由改革委员会成员进行授课。培训结束后，第一批接受过培训的教师和工作人员对其他教师进行培训。对于第一批培训人员的选拔标准，中学教师必须具有奥数辅导经验，考核成绩优异者可以入选，小学教师为小学学校的管理人员或者地方教育部负责人员。第一批选拔出 80 名中学教师(Group80)和 300 名小学教师(Group300)，接受第二批培训的中学教师 1 400 人(Group1400)和小学教师 6 000 人(Group6000)，第一期培训并且只针对 1～3 年级和 7～9 年级的教师。他们分别为小学和中学第一阶段的教师，根据培训效果，继续制定针对中小学第二阶段的培训内容。

表 12-1　教师培训计划方案

<table>
<tr><th></th><th>团队</th><th>改革方案小组</th><th>地区顾问</th><th>全国顾问</th><th>IDP①</th></tr>
<tr><td>专家</td><td>G27</td><td>教材编撰，直接授课</td><td>参加改革方案小组会议</td><td>参加改革方案小组会议</td><td></td></tr>
<tr><td rowspan="2">精英</td><td>G80</td><td rowspan="2">教材编撰，管理 Moodle 平台</td><td>参加课程培训</td><td>参加课程培训</td><td>参与课堂观察，撰写课程报告</td></tr>
<tr><td>G300</td><td>帮助课堂活动开展</td><td>帮助课堂活动开展</td><td></td></tr>
<tr><td rowspan="2">大众</td><td>G1400</td><td rowspan="2">课程指导设计，向 IDP 提供所有教材</td><td rowspan="2">协助开展地区活动</td><td rowspan="2">协助活动开展有困难的地区</td><td rowspan="2">通过平台组织课程教学活动。参与课堂观察，撰写课程报告</td></tr>
<tr><td>G6000</td></tr>
<tr><td>全面开放</td><td></td><td></td><td></td><td></td><td></td></tr>
</table>

三、《数学教育改革方案》政策实施

本数学政策方案的出台，不仅仅是单方政府行为，在很多层面上可以看出是社会参与和政府参与下的共同努力产物。首先，本政策的制定和执行得到了教育部部长加尔尼尔的支持，在他的推动下哥斯达黎加大学数学系教授鲁伊斯先生组织了专家小组制订了本方案。为了制订出更切合实际且具有前瞻性的改革方案，听取了全国各地教育工作者和一线数学教育教师的意见，以及外国数学专家的建议，经过两次修改后得以通过。政策实施方面，政府组织了精英团队进行培训，以“网状式”教学方法，精英团队负责向广大中小学数学教育工作者进行授课。

由于这次改革涉及范围广，改革力度大，对数学教学内容和重点，教师培训等方面做出了重要的修改，在 2012 年到 2016 年，在全国范围内分步骤分阶段逐步完成本次改革，2016 年正式完成本次改革。

① IDP(Instituto de Desarrollo Profesional Uladislao Gámez)负责第三阶段和第四阶段大规模教师培训课程项目。

(1)2012 年选拔精英教师进行课程培训。

(2)2012 年听取教育工作者意见，进行教材的编撰工作。

(3)2012 年在学生、家长间进行政策宣传活动。

(4)2013 年，1 年级全面实施政策的全部内容，2～8 年级实施该政策的临时政策(过渡阶段 1)，9～11 年级实施原有政策(过渡阶段 0)。确保正确完整实施本政策提出的所有方法和内容。

(5)2014 年，在 1～2 年级全面实施政策的全部内容，3～9 年级实施临时政策(过渡政策 2)，10～11 年级依旧实施原有政策(过渡阶段 0)。

(6)2015 年，1～10 年级实施新政策，只有 11 年级实施原有政策(过渡阶段 0)。

(7)2016 年，1～11 年级全面实施新政策。

但是需要注意的是，2013 年到 2015 年的高中毕业生数学考试标准为旧政策标准，2016 年实行新的考试标准。2013 年 8 年级的学生将是数学教改实施后的第一批参加高中毕业考试的学生。

表 12-2　《数学教育改革方案》政策实施阶段

年份	11°	1°	2°	3°	4°	5°	6°	7°	8°	9°	10°
2013											
2014											
2015											
2016											

过渡阶段 0：保持原有的教学内容，只学习新的数学方法。

过渡阶段 1：全面实施新的教学改革内容，但在实施过程中有选择性地削减新的改革内容，适当加入原有教材内容。

过渡阶段 2：基本全面实施新的教学改革政策。

全面实施阶段。

《数学教育改革方案》不是一蹴而就的，是需要不断完善的过程。在实施过程中还存在着许多挑战和问题。改革的成功需要哥斯达黎加社会各界人士的支持，和对海外经验的学习。这不是一部最终的改革方案，接下来几年的改革计划取决于之前政策的实行情况。

第三节 墨西哥《教师职业一般服务法》

一、《教师职业一般服务法》政策背景

2013 年《教师职业一般服务法》(*la Ley General del Servicio Profesional Docente*)的出台，对墨西哥教育界是一次阵痛式的改革，立法对教师的聘用制度进行了法律约束，意在提高墨西哥基础阶段和高中教育质量，提升教师教学和评估能力，提高教师选拔透明度，杜绝教育界贪污腐败现象，从而保证墨西哥适龄学生享有受到优质教育的权利。①

一直以来，墨西哥教育存在教育基础薄弱；青少年失学率高；教育资源分布不均，特别是在偏远地区的乡村和印第安人等少数民族聚居的地区；教育水平低下；教学设施落后；师资力量不足；教师队伍臃肿，贪污腐败等问题，导致了该国教学质量和效率双重低下。2012 年经济发展与合作组织(OECD)举办的《国际学生能力评估计划 PISA》评估中，在 34 个参加国中墨西哥位于 OECD 成员国的最后一位，55%的墨西哥学生未能达到数学最低水平要求，教育不平均现象在 OECD 成员国中最为突出。② 墨西哥教育工会(Sindicato Nacional de Trabajadores de la Educación，SNTE)权力强大，连续执政 23 年的工会主席埃尔芭·埃斯特·戈迪略(Elba Esther Gordillo)一手掌权，其在位的 20 多年间，擅自挪用公款，教师职业可被随意买卖，教师资格审查制度不透明，严重影响了该国教育质量和教师信誉。③

2012 年 12 月 1 日，46 岁的革命制度党人培尼亚·涅托(Peña Nieto)宣誓就职。就任第二天，涅托总统便与国内 3 个主要政党的领导人——前执政党国家行动党主席古斯塔沃·马德罗、左翼政党民主革命党主席赫苏斯·桑布拉诺和革命制度党代理主席克里斯蒂娜·迪亚斯——共同签署《墨西哥协定》(*Pacto por México*)，对包括教育在内的，通信、财政税收、金融、政治选举和能源 6 个方面进行改革。

2012 年 12 月 10 日总统向国会提出教育改革方案，19 日和 21 日分别得到参

① Instituto Nacional para la Evualuación de la Educación México. Ley General del Servicio Profesional Docente [EB/OL]. http：// www. inee. edu. mx/images/stories/2013/reforma/marco _ normativo/archivos/Ley _ General _ de _ Servicio _ Profesional _ Docente. pdf，2015-12-25.

② OECD. Programa para la Evualuación Internacional de Alumnos (PISA) PISA 2012- Resultados，México [EB/OL]. http：// www. oecd. org/pisa/keyfindings/PISA-2012-results-mexico-ESP. pdf，2015-12-25.

③ Informador. MX. Confirman prisión a cómplice de Gordillo[EB/OL]. http：// www. informador. com. mx/1224/elba-esther-gordillo，2015-12-25.

众两院的通过。建立国家教育评估委员会(Instituto Nacional para la Evaluación de la Educación),主要负责全国义务教育阶段的教育质量,教师工作评估和评估体系的建设工作。并且改革规定由中央集权式教育管理转为中央指导各州,各州教育部门对本州教育负责到位。建立和规范了基础教育和高中阶段教师入职和教育管理者应聘的考试制度。

2013年8月众议院和参议院分别通过了《教育总法》(*la Ley General de Educación*)和《全国教育评估委员会法》(*la Ley del Instituto Nacional para la Evaluación de la Educación*)。第一部法律规定墨西哥每一位公民均享有接受优等教育的权利,每个州必须提供优质的教育服务,并保证每位受教育者享受平等的教育环境。第二部制定了墨西哥全国教育评估体系,并成立了墨西哥全国教育评估委员会(Instituto Nacional para la Evaluación de la Educación)。根据本法律规定,各州政府和各州教育机构提供高质量的教育服务,实现以下目标:(1)建立教育管理者之间有效的合作机制和合作跟进机制;(2)建立整体统一的,可持续性的教育评估策略;(3)根据全国评估委员会的评估报告,教育管理者制订有效的教学计划、项目和活动等;(4)分析、管理和推广全国教育评估体系内容;(5)检测全国教育评估体系的实施情况。①

《教师职业一般服务法》(*la Ley General del Servicio Profesional Docente*)作为这次教育改革中最重要的一项教育改革政策,是有关从事基础教育及高中教育工作者和教育管理者资质考核制定的法律,也是上述提到的两个法律的延伸。涅托总统希望通过本次教育改革,明确教育工作者的责任和义务,提升教师形象和素养,提高教师选拔透明度,提高墨西哥初等和中等教育质量,杜绝教育界贪污,从而保证墨西哥适龄学生享有受到优质教育的权利。②

二、《教师职业一般服务法》的政策内容

《教师职业一般服务法》是针对墨西哥从事学前及中小学教育的教师和教育管理工作者出台的法律,涅托政府通过该项法律:(1)明确教师职业服务的权利和义务;(2)建立教师形象和标准;(3)建立财政公布机制,实现教育透明。希望通过本法律在墨西哥全国范围内的全面执行,达到以下目的:(1)提高教育质量;

① Instituto Nacional para la Evualuación de la Educación México. Sistema Nacional de Evaluación Educativa [EB/OL]. http://www.inee.edu.mx/index.php/522-reforma-educativa/sistema-nacional-de-evaluacion-educativa/1618-sistema-nacional-de-evaluacion-educativa.

② Instituto Nacional para la Evualuación de la Educación México. Ley General del Servicio Profesional Docente, artículo 12[EB/OL]. http://www.inee.edu.mx/index.php/517-reforma-educativa/marco-normativo/1606-ley-general-del-servicio-profesional-docente, 2015-12-25.

(2)提高教师实践能力；(3)提高和保证教师在在教学过程中的管理和监督能力；(4)激励教师职业自我认识；(5)对教师自我能力提高过程中的辅导和支持；(6)提供可持续性职业培训；(7)制定教师高效工作的激励机制。①

为了达到上述目标，保证优质的教学质量，本法律规定有关部门负责制定教师的能力和形象标准。教师能力标准其中包括课堂教学能力、课堂管理能力、对课堂材料使用能力，以及对学生学业评价能力、调动学生学习积极性的能力、与家长沟通对话的能力等。本法律的宗旨就是在多元文化的社会框架下，保证提供高质量的教学服务，对教师的能力提出了具体要求，制定了相应考核办法。

(一)《教师职业一般服务法》中的考核制度

墨西哥教育部将通过公开的入职考试、晋升考试、技能提升培训考试和资质保留阶段考试，进行教师和教育管理者的招聘、晋升和解雇工作。一方面，筛选有能力的教师，解聘不合格的教师，提高教师的职业能力，改变了目前墨西哥教师"铁饭碗"的现象。另一方面，考核制度的实施削弱了墨西哥教育工会的权力，通过考核制度，进行教师聘用和筛选工作。

纵观《教师职业一般服务法》，墨西哥教育部委任国家教育评估委员会制定了每个阶段级别的教师能力和形象标准，晋升一个级别大概需要 4 年时间。4 年后考核通过者可以继续拥有该资质，水平达到更高级别，将获得更高级别的资质。一旦得到更高级资质，低级资质将会长期有效(如图 12-3 所示)。

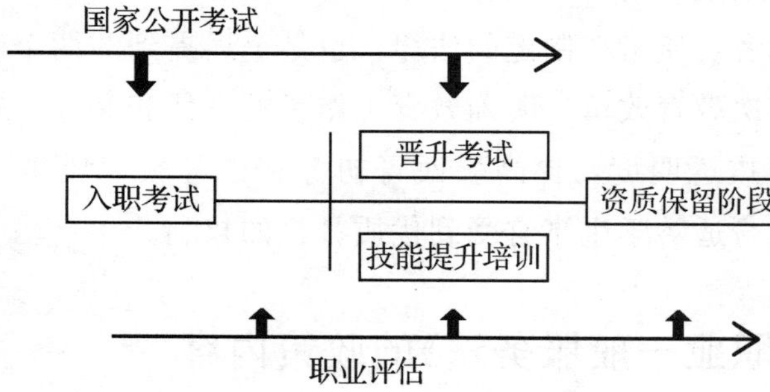

图 12-3 《教师职业一般服务法》中规定的教师资格考试种类

1. 入职考试(el ingreso)②

根据法律规定，入职考试每年一次，墨西哥全国公开报考。报考内容如下：

---

① Instituto Nacional para la Evualuación de la Educación México. Ley General del Servicio Profesional Docente，artículo 13[EB/OL]. http：//www. inee. edu. mx/index. php/517-reforma-educativa/marco-normativo/1606-ley-general-del-servicio-profesional-docente，2015-12-25.

② Instituto Nacional para la Evualuación de la Educación México. Ley General del Servicio Profesional Docente，artículo 21-25[EB/OL]. http：//www. inee. edu. mx/index. php/517-reforma-educativa/marco-normativo/1606-ley-general-del-servicio-profesional-docente，2015-12-25.

(1)全国统一公开招考，公共考试；(2)报考者必须满足报考条件；(3)国家教育部公布考试报名时间、录取名额、评估要求、评估方式；公布考试结果及录取标准；(4)入职考试每年一次，每学期开学前进行，提前公示考试时间；(5)考试评估过程中使用根据教育评估委员会制定的教师能力和形象标准进行评估。

考试结果公布后，实习 6 个月合格者授予教师资质。学校指派给新入职教师一名导师，对其进行能力、知识、技能等方面培训，为期 2 年。两年考核期结束后，学校对教师教学能力进行评估，合格者继续任教。不合格者或者未跟随导师参加技能培训的教师，将免除教师资质。学校不承担任何责任。

2. 晋升考试(la promoción)①

晋升考试是针对教育管理者和监督者设立的考试，参加这类考试的人员，必须从事教育工作 2 年以上，报考要求与入职考试相似。参加晋升考核的人员必须参加 2 年的教育管理者培训课程，课程结束后通过考核者，将授予考生管理者资质。未参加培训课程考试或培训课程考试不合格者，将不授予考生管理者资质，保持原有的教师资格。

除此之外，还有为非教师管理者开设的其他类型晋升考试，但是此类型考试不会改变教师的职务类型。根据课程的设置，有短期晋升和长期晋升两种形式 。这类晋升考试主要特点为：(1)多种形式鼓励教师或教师管理者；(2)提供短期和长期的激励措施；(3)提供教师职业发展更多渠道；(4)保证教育工作者自我提升的积极性；(5)提高教师对贫困家庭孩子和偏远地区儿童教育的积极性。

根据墨西哥教育部的规定，教育当局为教师和教育管理者开设多种项目培训，目的在于提高教育工作的积极性(短期、长期、永久性)。晋升考试是一种自愿行为的考试，根据法律规定只要符合考试资格的人，均可报考。国家教育部还会为工作在偏远地区的教育工作者提供便利措施。

3. 技能提升培训考试(el reconocimiento)②

技能提升培训考试是晋升考试的辅助性考试项目，该考试的设立目的在于：为不同学科和拥有不同教学经验的教师和教育管理者，根据个人的兴趣爱好、能力特点和需求提供提升自己的机会。此类型考试的考核标准同样由墨西哥国家教育评估委员会制定。

这个考试主要针对的人群是：(1)学校校长：根据教育当局的制度法规，进

① Instituto Nacional para la Evualuación de la Educación México. Ley General del Servicio Profesional Docente，artículo 26-44[EB/OL]. http：//www. inee. edu. mx/index. php/517-reforma-educativa/marco-normativo/1606-ley-general-del-servicio-profesional-docente，2015-12-25.

② Instituto Nacional para la Evualuación de la Educación México. Ley General del Servicio Profesional Docente，artículo 45-51[EB/OL]. http：//www. inee. edu. mx/index. php/517-reforma-educativa/marco-normativo/1606-ley-general-del-servicio-profesional-docente，2015-12-25.

行学校教师、管理工作；(2)教学秘书：协调学校内外教学活动，交流活动等；(3)学校行政人员：协助学校管理工作，协助校长进行教师选拔工作等。

本法律规定，技能提升培训考试的培训活动为短期性的，最长时间不超过 3 个学期，不脱产学习。技能培训提升活动只能在假期间进行，或者在不影响正常教学活动的业余时间完成。

4. 资质保留阶段(la permanencia)①

根据本法律规定，墨西哥国家教育评估委员会每四年对教育工作者和教育管理者强制评估一次，将对教师能力进行考核，是否达到国家教育部规定的每个阶段的教师能力和形象标准。未通过评估者将参加补习课程，参加该课程的学员在第一次考核未通过的 12 个月后，有机会参加二次考核(必须在学期开学前完成)。如果第二次考核仍未通过，将继续参加补习课程，第二次考核未通过的 12 个月后，允许参加第三次考核。如果第三次考试仍未通过者，将取消现有资质。

墨西哥地方教育部门配合国家教育部完成各个阶段的考核工作。首先，地方教育部门向国家教育部提出入职、晋升、技能提升和资质保留 4 个阶段的教师能力和形象标准意见，供墨西哥国家教育部参考。待教育部审核通过后，履行国家教育部对这 4 个阶段中的教师能力和形象的要求。其次，根据墨西哥国家教育评估委员会的政策计划要求，有步骤有计划完成各个阶段考核的考官选拔工作，完成对入职考试和晋升考试的招考工作，并且参与整个教师考核的评审过程。地方教育部门还要负责设计针对教师和教育管理者的技能培训课程，向有需要的教师和教师管理者提供相应的免费课程，实现教师的可持续教育发展计划。

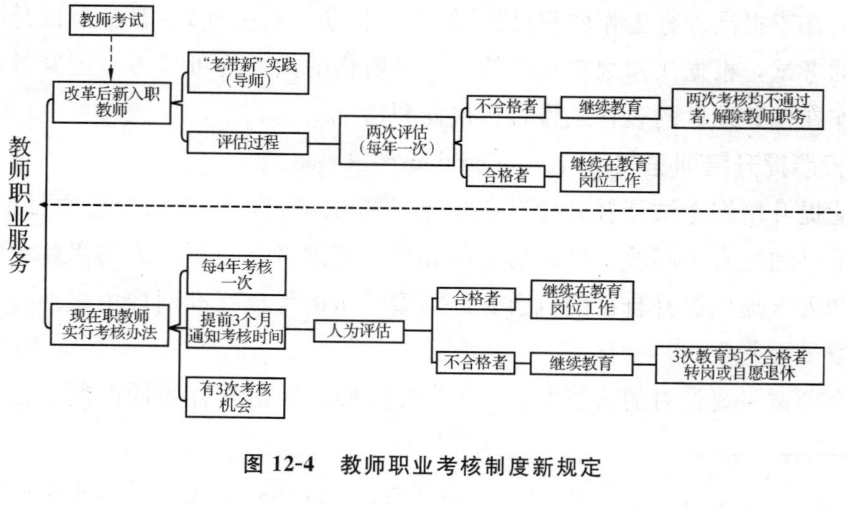

图 12-4　教师职业考核制度新规定

① Instituto Nacional para la Evualuación de la Educación México. Ley General del Servicio Profesional Docente，artículo 52-54[EB/OL]. http：// www. inee. edu. mx/index. php/517-reforma-educativa/marco-normativo/1606-ley-general-del-servicio-profesional-docente，2015-12-25.

教育部方面在整个政策实施过程中起到了监督、统筹和管理的职能作用。首先，为了更好地推行《教师职业一般服务法》，制定切合实际的教师能力和形象要求，教育部向地方教育部门征集该项意见和建议，并最终确定关于教师能力和形象的标准。负责拟定该政策实施计划时间表，并委任墨西哥国家教育评估委员会实施执行。并负责组建一个观察团，该观察团负责监督国家教育评估委员会实施操作过程，但是该观察团成员不能为参与该项目工作人员家属或同事。

(二)《教师职业一般服务法》中的教师形象和能力标准

教师形象的塑造和建立不仅影响着学生的发展、课堂教学的质量，也代表着一个国家教育形象的建立。所以墨西哥国家教育部主管，由国家教育评估委员会制定了针对入职考试、晋升考试、技能提升培训和资质保留阶段考试的各个阶段教师形象和能力标准。在本法规中没有明确指出教师在各个阶段的能力和形象要求，只是规定了制定教师能力和形象标准的流程：

(1)墨西哥国家教育评估委员会向国家教育部提交关于教师能力和形象标准的提案；

(2)国家教育部向国家教育评估委员会提出关于教师能力和形象标准的修改建议，评估过程，内容和方法，及各阶段教师和教育管理者的水平标准；

(3)国家教育评估委员会根据国家教育部确定的教师能力和形象标准，统一制定符合教师能力和形象标准的考题；

(4)如果不存在对教师能力和形象标准的任何修改意见，国家教育评估委员会将开始实施教师能力和形象标准；

(5)如果对教师能力和形象标准存在修改意见，国家教育评估委员会向国家教育部提出修改意见，国家教育部对其给出指导意见，国家教育评估委员会根据国家教育部的指导意见，对教师能力和形象标准进行修改；

(6)国家教育评估委员会对评估阶段，评估内容和评估方法进行解释说明，公示每个考核阶段的教师能力和形象要求，并负责组建由专家组建的考核小组。

(三)《教师职业一般服务法》中教师可持续教育和职业发展机制①

教师职业的持续性教育是社会教育发展的需求，是教师自身不断成长的内在需要。根据本法律规定，墨西哥各州政府有责任向教师和教育管理者提供可持续性教育培训课程，帮助教育工作者实现职业发展。培训内容可以为课程培训，研究讨论和研究生课程培训。各教育机构也可以与教育院校进行合作，或与墨西哥国内外高校合作，开展教师培训、教师职业发展项目。

---

① Instituto Nacional para la Evualuación de la Educación México. Ley General del Servicio Profesional Docente，artículo 59-67[EB/OL]. http：//www. inee. edu. mx/index. php/517-reforma-educativa/marco-normativo/1606-ley-general-del-servicio-profesional-docente，2015-12-25.

(1)持续性教育培训：围绕墨西哥国家教育评估委员会制定的教师能力和形象标准，提供免费培训课程，适应学校和教育中心的需求，符合教师发展需求，提高教育教学质量。教师职业服务成员根据教师需要和教师每个阶段需要达到的要求提供相应的辅导课程，并对教师进行阶段性评估。

(2)职业发展：法律规定，各州教育部门制定教师在校最短任职时间，转校必须得到批准，并按照规定流程执行。制定相关措施避免教师在学期中调换工作，影响教学质量(不可抗力因素除外)。教育资质的颁发不能影响课程的连续性，除非特殊原因，可以在学期中颁发资质。

(3)教育管理者确保学校在册教师符合教师能力和形象标准，发现不合格教师，立刻调岗。

(四)《教师职业一般服务法》中的教师职业服务成员权利和义务①

本法律明确规定了教师的权利：

(1)参加评估考试；

(2)至少考试前 3 个月了解教师能力和形象标准；

(3)在收到测试成绩的同时，收到考试测评结果分析，并得到培训课程建议；

(4)根据测试成绩，得到继续参加相应培训课程的资格；

(5)参加指导项目，技能提升项目，可持续培训课程等课程培训；

(6)在评估过程中了解地区和社会文化；

(7)有权对试卷进行复查；

(8)根据个人能力和考试成绩，参加晋升考试和技能提升培训的权利。

本法律明确规定了教师的义务：

(1)满足入职考试，晋升考试，技能提升培训和资质保留阶段等各阶段考试要求；

(2)满足教师职业服务要求的试用期；

(3)在任职学校注册，在未准予的情况下，不得擅自调动工作；

(4)在未达到法律要求的教师形象标准时，不得上岗工作；

(5)在考核过程中，保证提交的一切文件真实性；

(6)按照考核程序办事；

(7)积极参加培训课程。

---

① Instituto Nacional para la Evualuación de la Educación México. Ley General del Servicio Profesional Docente, artículo 68-71[EB/OL]. http://www.inee.edu.mx/index.php/517-reforma-educativa/marco-normativo/1606-ley-general-del-servicio-profesional-docente, 2015-12-25.

三、《教师职业一般服务法》的政策特点

墨西哥国家传统上是一个中央集团政府和中央集权的教育行政系统，自从20世纪60年代以来，国家进行多次教育改革，实行分权管理体制，提高教育系统的效率和质量。但是直到21世纪初，墨西哥基础教育体制仍然高度集权，出现了教育工会严重腐败，教育集团过于庞大，教育系统效率和能力双重低下的现象，这已经成为了墨西哥教育发展的最大障碍。

革命制度党人培尼亚·涅托出任总统之后，坚定推行教育改革政策，削弱国家教育工会的权力，权力和职责下放地方；积极推动教师考核选拔制，取消教师终身制。这次政策改革中，比较突出的七点变化如下。

1. 选拔教师新形式

《教师职业一般服务法》规定基础教育(学前、小学和初中)和中高等教育(高中)教师选拔每年全国性考核一次。目前教师资格是直接授予示范院校毕业的学生，受众范围小。而且，教师资格由州政府直接颁发给师范院校毕业的学生，由于管理不严，造成教师资格买卖现象严重。

2. 扩大教师队伍选拔范围

该政策实施的前两年，只允许师范院校的学生参加教师职业考试。两年之后考试范围将会向社会全面开放，只要符合考试资格的人均可报考。这项政策的实施将会吸纳更多未受到过教师教育的有素质人才进入到教师队伍中去，提高教师队伍素养。

3. 强制性考核

新的法律规定将强制性对教师和对教育管理者进行定期考核，成绩不合格者将取消其执业资格。考核内容由墨西哥国家教育评估委员会(Instituto Nacional para la Evaluación de la Educación)撰写，墨西哥教育部进行考试。每位考试者有3次考试机会，在两年的时间内参加课程培训，否则将会被辞退。

4. 对考试未通过者惩罚

法律通过后，教师制由终身制变为聘用制。经过考核通过的人员可成为正式教师，但对3次考核均未通过者撤销岗位处罚。之前对不合格的教师进行换岗调换，调换到行政岗位或较容易岗位直到退休。

5. 缺课惩罚

教师在一个月中无故缺课3天以上者，学校以开除处理。这项规定确保课堂教育的连续性。受到该项处罚或其他处罚的教师，可以向法庭提起诉讼。

6. 评估成绩公示

由教育评估委员会负责评估成绩公示，但是作为个人隐私，不能公布每位教

师的等级。但是考核的详细情况会告知给教师所在学校或教育机构。

7. 限定教育工会权力

本法律削弱了教育工会的两项权力：一是聘用教师的权力，改为使用国家统一考核制；二是发放工资的权力，工资由教师服务的教育机构发放，而不是国家工会发放，由此控制“幽灵教师”的现象(在校注册教师但从不在学校上课，严重浪费了政府和地方的财政资源)。

四、《教师职业一般服务法》政策实施计划

《教师职业一般服务法》明确规定了教师资质考核的结构途径，本法律的出台旨在提高基础教育和中高等教育的教育质量，在各阶段考核中避免教育工会和政治因素的干预。本法律政策的具体实施方案如下：①

(1)法律颁布 6 个月内，各州政府教育部门熟悉法律内容，调整各州现有教育政策与本法律相适应；

(2)法律颁布 60 天内，国家教育评估委员会向教育机构或组织征询教师形象标准意见；

(3)2014 年 7 月举办初等教育和中等教育入职考试；

(4)法律颁布的 90 天内，国家教育评估委员会公示考试具体流程，时间及评估方法；

(5)全国各州在本法律颁布 2 年之内逐步实施该法律；

(6)法律颁布 90 天内，各州政府向国家教育部提交各州初等教育和中等教育教师和教育管理者人数计划，国家教育部将与国家财政部和人才管理部进行沟通协调；

(7)法律颁布 90 天内，各州政府向国家教育评估委员会提交从事初等教育和中等教育教师和教育管理者在册名单，并同时递交给国家教育部；

(8)国家教育部将尽快制订出全国性的工作计划，优化巩固现有的全国公共教育体系，保证新入职人员的教学质量。

① Instituto Nacional para la Evualuación de la Educación México. Ley General del Servicio Profesional Docente，Transitorios [EB/OL]. http：// www. inee. edu. mx/index. php/517-reforma-educativa/marco-normativo/1606-ley-general-del-servicio-profesional-docente，2015-12-25.

第十三章　大洋洲教育政策与发展趋势

>>第一节　2013—2014年度新西兰教育发展年度报告<<

新西兰教育部于2014年10月发布了《2014年教育部年度报告》(*The Ministry of Education's Annual Report 2014*)，这是一份关于2013—2014年度(2013年7月1日—2014年6月30日)新西兰教育改革与发展的报告。报告指出，新西兰的教育系统在2013—2014年度仍然面临相当大的挑战：虽然新西兰有十分完整的教育系统，其学前教育、全纳教育都被认为是OECD国家中的典范。但是新西兰教育系统的最大问题在于它的不均衡性，每个阶段的教育对毛利族和太平洋岛族裔的学生以及来自低收入家庭的学生都是不公平的。

新西兰教育部将2013—2014年度的工作重点确定为：提高所有学生的学业成绩并重点关注那些特定学生群体的教育需求。基于以上工作重点，新西兰在2013—2014年度明确了两项优先发展行动：一是完善四类特殊学生群体的教育系统；二是实现教育对经济的最大化贡献。新西兰将促进教育体系更好地为全体新西兰人服务，帮助每一名儿童和青年充分地展现自己的潜能确定为教育发展的核心目标，这份《2014年教育部年度报告》紧扣这一目标，详细介绍和梳理了新西兰在2013—2014年度取得的成就，其具体内容如下。

一、中心战略

新西兰教育部在2013—2014年度的工作围绕以下几个战略展开。

(一)加速成功战略(2013—2017)

《加速成功战略(2013—2017)》(*Accelerating Success 2013—2017*)旨在改变教育系统，使毛利学生能够和其他学生一样获得知识技能。新西兰教育部建立了毛利教育委员会(Maori Education Board)来监督和促进此战略的实施。

(二)毛利语言教育战略(2013—2017)

《毛利语言教育战略(2013—2017)》(*The Maori Language in Education Strategy 2013—2017*)旨在保护和传承毛利族语言，新西兰教育部将采取加大对毛利族语言的投资、创造更好的学习毛利族语言的环境等措施，并在2015年对其成效进行评估。

(三)太平洋岛族裔教育计划(2013—2017)

《太平洋岛族裔教育计划(2013—2017)》(*Pasifika Education Plan 2013—2017*)旨在通过为教育部提供计划和投资来加速提升太平洋岛族裔儿童和青少年的学业成就。新西兰教育部下一步将会加强跨部门合作及制定更加具有针对性的策略来促进其质量的提升。

(四)为了全体的成功战略

《为了全体的成功战略》(*Success for All*)是包括全纳教育在内，为了满足所有儿童和青少年的特殊教育需求而提出的。为了全体的成功战略的启动始于对学校的关注，并计划将早期学前教育纳入其中，从而使教育系统包容面更加宽广。

(五)高等教育战略(2014—2019)

新西兰教育部与商业、创新、就业部(the Ministry of Business, Innovation and Employment)合作颁布了《高等教育战略(2014—2019)》(*Tertiary Education Strategy 2014—2019*)，新战略于2014年3月颁布并且政府对高等教育未来五年的走向进行了指导，其首要的发展战略就是培养职业技能，以及帮助所有年轻人进入工作领域。

二、儿童早期教育

对所有儿童来说，高质量的学前教育是未来人生的基本保障。新西兰学前教育的入学率跟其他的国家相比略占优势，今后儿童早期教育的发展重点在那些入学率迄今为止仍然较低的社区，新西兰教育局将联合各方的力量来实现儿童早期教育的目标。

(一)目标

到2016年实现98%的儿童都可以接受高质量的学前教育的目标。

(二)现状

2013—2014年，新西兰的学前教育入学率是95.9%，距离96%的目标还有有0.1%的差距。其中毛利族儿童、太平洋岛族裔儿童及低等分学校儿童的入学率分别为92.9%、90.3%和91.6%，均高于2012—2013年，但是距离目标水平94%、92%和93%存在一定差距。总的来说，新西兰学前教育的入学率是不断上升的，但是仍然需要新西兰教育部的不断努力，来完成所要达成的目标。

(三)措施

为了提高优质学前教育的入学率，新西兰采取了以下的措施。

1. 推行学前教育参与项目

推行学前教育参与项目(Early Childhood Education Participation Programme)旨在让所有儿童都有机会接受高质量的学前教育，其主要任务是为地方社区提供文化特色服务、为参与学前教育的儿童提供充足的空间、给入学困难的儿童提供支持、灵活地满足那些没有入学儿童的需求。

2. 与社区进行合作

早期学习计划(Early Learning Taskforce)是在跟入学率较低的社区合作的基础上推行的，这个计划完全是根据当地政策并且由当地居民来管理的。早期学习计划为社区的早期教育提供了动力并且创造了学习机会，包括社区游戏日和移动游戏厅等。

早期学习计划与新西兰橄榄球联盟(New Zealand Rugby League)合作，在联盟俱乐部里建立了早期学习教室。这就让儿童们可以在一个便利、熟悉和以社区为基础的环境中接触到早期教育。

太平洋岛族裔合作伙伴战略(Pasifika Organizational Partnership Strategy)使新西兰教育部跟太平洋岛族裔社区的联系更加紧密。新西兰教育部召开了有关儿童早期教育教学、学习和文化理解的七次峰会，这七次峰会为教育者提供了丰富的文化资源。

新西兰教育部还与太平洋岛族裔的教堂社区建立了合作伙伴关系，希望可以通过文化的联系来提高儿童的入学率。通过与四个最大的太平洋岛族裔的教堂社区合作，来发展和实施国家有关学前教育的政策来满足儿童的需要。

3. 为家长提供优质信息

优质的信息能够帮助家长优先考虑儿童的早期教育问题。为家长提供优质的信息是包括有关学前教育重要性、怎样才能参与学前教育以及如何在家里创造积极的学习氛围等一系列信息的组合。新西兰教育部利用媒体资源，将其翻译成七种语言，进行大力的宣传。除此之外，新西兰教育局还对95%的新生儿的家长提供了学前教育的有关资料。

4. 给毛利儿童额外的帮助

新西兰教育部与毛利人社区合作旨在提高毛利儿童学前教育的入学率，提高毛利儿童学前教育的学习质量及为有特殊需要的毛利儿童制定相应的发展计划。

5. 引进早期学习信息系统

引进早期学习信息系统(Early Learning Information System)是为了增加对学前教育的入学率及办学情况的更深层次的认识，这个系统可以为制定以人为本的政策提供基础。截至 2014 年 6 月 30 日，有 74%的学前教育服务机构为这个系统提供提供了数据支持。

(四)未来走向

新西兰教育部未来将采取更加强有力的措施使学龄前儿童接受学前教育，继续保持与社区、提供者等各个单位的合作关系，加大对学前教育重要性的宣传力度，为毛利族和太平洋岛族裔的儿童以及有特殊需要的儿童提供额外的教育帮助，制定更加符合实际的目标发展战略，预期在 2016 年可以达到 98%的入学率。

三、中小学教育

新西兰衡量中小学教育质量的指标是 18 岁青年获得新西兰教育程度第二等级国家证书的比例。获得新西兰教育程度第二等级国家证书是未来教育以及就业的关键。没有第二等级的国家证书，学生们似乎就不能获得一份有未来前景的工作。获得了第二等级的国家证书表明年轻人掌握了在工作领域所需要的技能，以及这是通往高等教育的一块敲门砖，给学生未来的发展带来了更多的机会。

(一)目标

到 2017 年实现 85%的 18 岁青年获得新西兰教育程度第二等级国家证书的目标。

(二)现状

2013—2014 年，18 岁青年获得新西兰教育程度第二等级国家证书的比例是 78.6%，高出理想目标 77.9%。除了整体的目标之外，新西兰教育部还为毛利族和太平洋岛族裔 18 岁学生制定了同样的发展目标，但是毛利族和太平洋族裔学生的发展状况还不尽如人意，其达到的比例分别为 63.3%和 71.4%，距离理想目标 66.4%和 72.0%有很大差距。

(三)措施

1. 中等教育和高等教育部门共同协作

(1)建立成绩保留与转换机制。

针对 13～17 岁少年的成绩保留与转换机制(Achievement Retention and Transition)是针对 13～17 岁的毛利学生和太平洋岛族裔学生比例较多的中学而设立的，这些学生的能力距离取得第二等级国家证书十分接近但是却一直没有达到第二等级的水平。新西兰教育部与学校合作帮助这些学生，追踪这些学生的学习进程，包括延迟毕业和为其获得第二等级证书提供帮助。

在 2013 年的时候，合作的学校共有 129 所，其中有 2 701 位被认为有获得第二等级证书困难的学生获得额外的帮助。最后的数据显示，有 60%(1 619 位)的学生在帮助下获得了第二等级证书，其中包括 57%(704 位)的毛利族学生和 60%(289 位)的太平洋岛族裔学生。

(2)推行太平洋岛族裔加油项目。

新西兰教育部推行的太平洋岛族裔加油项目(The Pasifika PowerUp Programme)使太平洋岛族裔 18 岁学生达到第二等级国家水平的人数比例由 2012 年的 68.1%上升到 2013 年的 71.4%。

太平洋岛族裔加油项目帮助太平洋岛族裔的学生和家长在做出学习和职业方

面的选择时能够更加理性。八所加油站在社区建立，包括太平洋岛族裔教堂、图书馆、社区中心及学校，为太平洋岛族裔的学生和家庭制定为能达到第二等级标准的最适合的学习安排。这项项目推行的受益者不仅是太平洋岛族裔的学生和家长，新西兰教育部通过这项项目也能够更系统地为需要额外教育的群体推出满足自身需要的教育服务。

(3)推行青年保障计划。

青年保障计划(Youth Guarantee Programme)包括一系列基础教育的倡议，比如职业教育途径(Vocational Pathways)、中等教育与高等教育建立联系等。这些倡议为学生们达到最低标准的第二等级证书要求提供了新的机会，帮助他们获得更高层次的教育、训练或者是工作。

(4)扩大推行青年保障免费计划。

青年保障免费计划(Youth Guarantee Fee-free Scheme)为16～19岁的青年提供基础标准的全天候学习时间，这个计划旨在让所有青年都能够达到第二等级国家证书的标准。在2013年参加这个项目的学生比2012年多了1 014人。

(5)建立职业学院。

职业学院(Trades Academic)是中等教育和高等教育合作的一种形式。它不仅能够让青年把在中等教育和高等教育的学习经历结合起来达到第二等级国家证书的最低学业标准，而且还能够帮助青年获得第二等级的职业技术国家标准证书。

2. 提高学校的教学质量和领导力

(1)引进投资教育成功项目。

投资教育成功项目(Investing in Educational Success)在四年中为了提高教育质量共投资了35.9亿美元，旨在通过提高教学质量、增进学校之间的合作和学校的领导力从而提高学生的学习质量。

新西兰教育部建立了跨部门的投资教育成功工作小组(Investing in Educational Success Working Group)。工作小组积极与社区学校合作，并且创建了校长聘任基金(Principal Recruitment Allowance)来帮助有特殊需要的学校聘任有特殊才能的校长，除此之外，工作小组投资10亿美元创立了教师领导创新基金(Teacher-led Innovation Fund)。

(2)启动专业学习与发展计划(PLD)。

新西兰教育部提供一系列专业学习机会帮助学校和教师增强自己的专业能力和领导力，包括在中央资助专业发展项目上投资80万美元。专业学习与发展计划(PLD)包括以下的主要内容：领导力、数字化、信息交流技术等。

在2013—2014年，新西兰教育部还启动了专业学习与发展计划(PLD)咨询小组以保证每位教师都可以得到实现自我专业发展的支持。咨询小组从学校中获得了有价值的信息，结果将于 2014—2015 年度公布。

(3)在学校推行信息化学习。

新西兰教育部提供了一系列硬件、软件的资源保证教师和学生实现信息化学习，其主要内容具体如下：为全国校长和教师装配了 45 000 台手提电脑；提高学校网络服务；为学校装配软件应用许可证。

新西兰教育部还创立了信息学院驱动计划(IT Academy Pilot)来推广信息知识、信息技术及信息就业前景等，目前有十所学校参与了这个计划。

(4)推行学生成就责任。

新西兰教育部持续推行学生成就责任(Student Achievement Function)来提高学生们的学业成就，特别是对于毛利族学生、太平洋族裔学生及有特殊教育需求的学生。自从 2011 年 2 月以来，有 696 所学校与学生成就项目合作，其中 88% 的学校认为自己的学生达到国家标准的比例有所提高。

(5)加强与新西兰信托协会的合作。

新西兰教育部与新西兰信托协会(New Zealand Schools Trustee Association)签订新合约，新合约给了学校信托委员会更多的空间来提高学生的学业成就。

(6)支持学校绩效调查工作小组的工作。

2013 年年末，政府成立了独立的学校绩效调查工作小组(Taskforce on Regulations Affecting School Performance)来检查法律规章如何影响学校绩效。工作小组成员是规章管理和教育领导方面的专家，新西兰教育部十分支持政府的工作并为其提供了背景资料、法律资料及咨询委员会，工作小组的报告将在 2014 年 7 月公布。

3. 进行更好的教育决策

(1)公布成就信息。

新西兰教育部在国家、区域及社区各个层次的教育统计网站上均公布了学生成就、入学率及财政信息，旨在分析出学校需要额外支持的程度。在获得了针对性的支持后，大部分学校都提高了学业成就水平。新西兰教育部利用统计数据与各个教育相关者进行关于制定更好教育决策的讨论，举办了 90 多场和毛利人、太平洋族裔领导人、学校信托委员会、地方政府及其他教育机构的会谈。公布成就信息(Public Achievement Information)的活动使透明性和合理利用数据成为新西兰教育部的文化之一。

(2)利用进步和一致性方法来指导学校。

新西兰教育部实施利用进步和一致性方法(Progress and Consistency Tool)旨在平衡各个学校教师的判断标准，目前新西兰教育部完成了数学、阅读、写作的框架建构，新西兰咨询会教育研究会(New Zealand Council for Educational Research)对其框架结构进行了详细阐释。

这个方法将在小学和中学 2014 年的第四个学期开始部分试点，将在 2015 年全面推行实施。

4. 与各个教育相关者建立强有力的联系

(1)实施一起阅读项目。

新西兰教育部扩大了一起阅读项目(Reading Together Programme)在学校的推广范围。这个项目旨在鼓励父母在家里给儿童创造阅读环境，特别是针对毛利族学生和他们的家庭。参加一起阅读项目(Reading Together Programme)的学校由最初的 251 所增至 2014 年的 680 所。

(2)给教育和科学委员会建议。

新西兰教育部给教育与科学委员会(Education and Science Committee)建议，旨在找出强有力的途径能够让家长、家庭及社区等全部都可以参与到儿童的教育中来。教育与科学委员会(Education and Science Committee)支持家长和社区具有鼓励学生们学习与均衡社区所承担的责任和提高学生学业成就一样重要的意识。

(3)推行合作提高学业成就项目。

推行合作提高学业成就项目(Partnering for Achievement)旨在通过加强家长、家庭及各个方面的力量来促进学生学业成就的提高。这个项目通过增强家长对教育的理解和信心来创造机会建立起强有力的家校合作伙伴关系，从而使教育部在推进精英教学和专业领导中发挥其最大的作用。

(4)举办教育节。

新西兰教育节与国际教学专业峰会(International Summit on the Teaching Profession)同时举行。新西兰教育部举办教育节邀请各界人士一起庆祝在教育上取得的成功、成功的实践及创新的视野，教育节同样也是新西兰一个向世界各国学习的平台。

(5)建立合作学校。

新西兰教育部为毛利学生、太平洋岛族裔学生及有特殊需要的学生建立了合作学校(Partnership Schools)，希望能给学生们更多选择的机会。合作学校是基于新的责任和资源模型而建立的，旨在提高选择这些学校学生的学业成就。

(四) 未来发展

新西兰教育部下一步的策略主要集中在那些学业成就有危险的学生身上，包括留级的毛利学生、辍学的青年学生及工作了仍然需要接受教育的人。进一步加强各个部门之间的合作，以及争取家长以及社区最大程度对教育的支持和信心，提高学校的领导力和教师的专业水平，加强法律规章对学校的影响作用，减少留级率和辍学率，努力实现在 2017 年有 85%的 18 岁青年具有新西兰教育程度第二级的水平。

四、高等教育和职业教育

提高国民的学历程度有利于新西兰经济的创新、平稳发展，除此之外教育成就贯穿在青年人的一生之中，能够帮助青年人在工作中获得优势或者是获得更高程度的教育。

(一)目标

到 2017 年的时候实现 55%的 25～34 岁青年人能够达到新西兰教育程度第四等级国家证书或者是新西兰质量框架以上的水平的目标。

(二)现状

越来越多人的通过高等教育机构或者是技术训练机构能够到达第四等级的水平：47%的 19 岁青年在 2011—2013 年获得第四等级或者是以上水平证书；18～24 岁学士学位的入学率在 2013 年比 2010 年提高 5%；在 2013 年有 25 800 位新西兰国内的学生获得学士学位比 2012 年的 25 400 位学生高出 400 人；22 岁青年获得第四等级及以上水平证书的比例由 2011 年的 32%提高至 2013 年的 35%。

(三)措施

1. 提高转型路径以及基础教育使得所有年轻人都能够获得知识和技能

(1)加强伙伴关系改变职业训练和提高质量。

政策旨在加强 2014 年颁布的职业训练与学徒制修正法案(Industry Training and Apprentices Amendment)，其中最突出的变化是引进了新西兰学徒制(New Zealand Apprenticeships)。新西兰学徒制为所有年龄的学徒提供同样水平的帮助，旨在使其能够达到新西兰国家标准第四等级的水平，为选择职业奠定基础。

学徒计划再启动项目(The Apprentices Reboot)的推行为雇主和学徒提供了所需要的工具以及经费来源。由于这个项目的实施，在 2012 年增加了 24%的新学徒。

(2)发展毛利学生和太平洋岛族裔学生职业训练主动性。

新西兰教育部和高等教育中心(Tertiary Education Commission)及商业、创新、就业部(the Ministry of Business, Innovation and Employment)联合共同发展毛利学生和太平洋岛族裔学生职业训练主动性(Trades Training initiative)。这个项目帮助 18～34 岁的毛利学生获得了有意义的职业训练和学徒训练。

(3)与合作伙伴一起帮助所有受益者和年轻人进入工作领域。

在 2013 年年底，基于基础的训练机会基金会(the Foundation-Focused Training Opportunities fund)被废除。新西兰教育部跟政府建议将基金会定位于帮助所有受益者进入工作领域和获得基础水平的教育，其中包括：增加基础识字以及数学普及的项目；推行社会发展部(Ministry of Social Development)的职业训练，比如对于受益者及可能受益者提供短期的教育职业培训、加大对单亲家长学习的支持力度等。

2. 提高信息的质量和可获得性

新西兰教育部继续与新西兰职业部(Careers New Zealand)和商业、创新、就业部(the Ministry of Business，Innovation and Employment)合作，共同为学生们的学习、就业及发展前景提供有效的信息，旨在让每位学生都获得最适合自己的发展。这项工作包括以下几个部分：在新西兰职业部(Careers New Zealand)的网站上发布最新的职业信息并推广职业前景(Occupation Outlook)智能手机应用；整合新西兰质量机构成就记录(New Zealand Qualification Authority Records of Achievement)和职业路径(Vocational Pathways)信息；发布有关女性、毛利人及太平洋岛族裔人的收入和取得成就的报告；发布国内毕业生的去向情况报告；继续和高等教育支持者来追踪有关学生就业的情况等。

2014 年 6 月，新西兰教育部举办了有关新技术在高等教育方面应用的高等教育创新峰会(Innovation in Tertiary Education Delivery Summit)，旨在向全世界的专家吸取经验从而提高新西兰的办学水平。

3. 提高使用金钱的质量和价值

(1)跨政府合作提高学生支持的价值。

新西兰教育部继续提高学生支持的价值并且主导了跨部门协作的学生贷款计划。新西兰教育部和合作部门增加了对学生贷款的偿还尤其是针对海外借款者，除此之外，新西兰教育部建议修改 2014 年颁布的《学生贷款修正法案》(*Student Loan Amendment Act*)，旨在扩宽学生申请贷款的条件。

(2)利用新西兰基准工具(New Zealand Benchmarking Tool)的数据提供更高质量的建议。

新西兰基准工具(New Zealand Benchmarking Tool)提供了不同类型的高等教育各个方面的收入和支出的比较信息。新西兰教育部通过对信息的分析向政府提出了需要加强对信息、农业及健康科学领域的投入的建议。

(3)加强对学位程度的学习和研究结果的检查。

新西兰政府完成了对两大主要高等教育基金流—基于表现的研究基金(the Performance-Based Research Fund)和研究杰出中心(Centres of Research Excellence)的检查，旨在检查其对发展技能、创新及制造研究结果的有效性，并且新西兰政府鼓励研究的商业化。

4. 增加教育部门对经济的贡献度

新西兰教育部与其他部门共同成立了国际教育部门，主要服务于在新西兰有两年学习经历的学生、特别是高质量的留学生。新西兰的留学生服务在 2013—2014 年度发展迅速，据公共和私立教育部门统计在 2013 年全部留学生的学费增加了 1%，共计 7 553 000 美元。国际留学生对新西兰的劳动力市场做出了巨大的贡献，有37％的国际留学生毕业之后留在新西兰工作；在2013—2014年，有42％的有技术的移民提前获得了全免费的学生签证。

（四）未来走向

越来越少的新西兰人处于没有职业、没有接受教育及没有接受培训的阶段，新西兰国内学生的质量也日趋提高。但是，毛利人和太平洋岛族裔人接受学士学位水平教育的比例仍然较低，尽管太平洋岛族裔学生接受学士学位水平教育的比例有所提高。新西兰教育部仍需要加强与各个部门之间的合作，为年轻人提供有效的信息使其能够做出对高等教育专业的明确选择，新西兰教育部还需要进一步加强对来自低收入家庭学习者的支持力度使其能够顺利完成学业。

五、特殊教育

特殊教育旨在提供特殊的教育服务，比如口语治疗等来满足儿童或者是青少年不同的教育需求。特殊教育的目标是建立起包括自信学校、自信学生和自信家长在内在全纳教育系统，为所有有特殊教育需要的儿童和家长服务，并帮助他们学习、走向成功。

（一）目标

2013—2014年度实现全纳学校100％的覆盖率的目标，到2016—2017年度实现能够接受90天改变服务中的语言服务、行为服务、早期干涉服务及资源服务的各个服务项目的特殊儿童达95％的目标。

（二）现状

在2012—2013年度全纳学校的比例为80％，在2013—2014年度能接受90天改变服务中的语言服务、行为服务、早期干涉服务及资源服务的各个服务项目的比率分别为74.8％、94.1％、63.4％和94.5％，虽然与2012—2013年度的65％、82％、65％和79％相比有所提升，但是距离95％的目标还是有所差距的。

（三）措施

1. 为有特殊教育需要的儿童和青少年提供特殊教育服务

新西兰教育部在2013—2014年度资助了5万名有特殊教育需要的儿童和青少年。新西兰教育部与学校合作使特殊教育基金的使用更加灵活，新西兰教育部向25所特殊学校提供基金启动了特殊教师扩展服务（Special Teacher Outreach Service）旨在使特殊教育学校中的教师能够帮助地方学校里有特殊教育需求的学生。新西兰教育部还通过新西兰特殊教育的团队资助了35 000名具有更强烈特殊教育需求的学生。由于有特殊教育需要的儿童对早期干涉教育和语言服务的强烈需求，新西兰教育部增大了支持力度，并且增加了毛利儿童和太平洋岛族裔儿童参加的人数。

2. 启动资源教师：学习和行为服务项目

作为巡回的特殊教育的教师，启动资源教师：学习和行为服务(Resource Teacher：Learning and Behaviour Service)项目为那些需要额外学习和行为支持的学生提供高质量的支持。这项服务针对的是毛利和太平洋岛族裔的学生、需要国家特殊关心的儿童和青少年，以及有高度学习需要的学生。这项服务是在学校—学校、教师—教师之间展开的，由取得特殊教育资格的教师来培训其他教师和学校，帮助其他教师和学校使自己针对有学习和行为需要的学生教学实际及课程设置更加有效。

3. 建立新西兰手语项目

新西兰教育部建立新西兰手语项目(New Zealand Sign Language Project)旨在能够使聋哑儿童和青少年能够和自己的同龄人一样成功、自信地完成自己的学业成就并获得在自己文化和话语体系中的身份认同。

新西兰手语项目主要包括以下几个部分：为新等级的聋哑儿童提供家庭手语促进服务(the Family Sign Language Facilitator)；加强普通学校的手语使用率；利用电子信息的手语学习资源，比如新西兰手语学习网上教材等。

4. 全纳教育工作组继续为学校提供资源

新西兰全纳教育工作组(Inclusive Education Taskforce)旨在继续为有特殊教育需求的学生提供服务。在2013年年末，新西兰教育部对全纳教育实践进行了总结和反思，帮助教师思考全纳教育应该是什么及需要如何结合学生们的实际情况来实施全纳教育。

新西兰教育部建立了毛利中介小组(Maori-medium Project)来帮助全纳教育在使用毛利族语言的地区更好地实施。新西兰教育部使用了大量的资源来支持毛利族地区的特殊教育，包括增加会使用毛利族语言的教师、鼓励支持毛利族有残疾的儿童和青少年积极加入项目等。

5. 积极与其他机构合作

新西兰教育部积极与其他部门合作，在2013年成立了预防欺凌咨询小组(Bullying Prevention Advisory Group)，并在2014年4月颁布了《预防欺凌以及回应：对于学校的指导》(*Bullying Prevention and Response：A Guide for Schools*)，这些资源都对学校应该如何预防欺凌及当欺凌发生时如何采取有效的措施给出了意见和建议。

新西兰教育部在青年心理健康项目(Youth Mental Health Project)之下继续推行以学校为主导的项目—倡导积极学习行动(Positive Behaviour for Learning)，为学校提供指导和咨询服务，并且在学校中加强对禁止酒精及毒品项目的推广。

新西兰教育部与其他政府部门合作增加对来自不利环境的脆弱儿童和青年少年的关心，为他们提供全面的、个人的服务来满足他们对健康、社会以及教育的需求。除此之外，新西兰教育部还与其他政府部门合作推行了两项针对残疾人的项目：一是能够好好生活(Enabling Good Lives)项目，这个项目是在克莱斯特彻奇实施的一项为期三年的项目。这个项目旨在为残疾人提供各方面的帮助使之可以获得教育、工作以及社区参与。二是重新改进了新西兰残疾人策略(New Zealand Disability Strategy)，教育部针对全纳教育将推进两项策略并且提高残疾人从教育到工作的转变。

6. 继续推行积极学习行动

积极行为学习旨在帮助家长、教师、学校指出学生的行为问题、纠正学生的行为问题达到提高教育成就的目的。

在 2014 年中，有 118 所学校加入了积极学习行动项目，这个项目用完整的实践经验和组织系统帮助学校发展积极的社会文化，目前参加这个项目的学校已达 515 所。

密集全方位服务(The Intensive Wraparoud Service)所提供的服务针对那些在 3～10 年级具有复杂性、挑战性行为的学生，包括有智力损伤的学生。在 2013 年接受这项服务的学生人数是 253 人，比 2012 年的 114 人增加了 139 人。

新西兰政府继续推行最好效果时间(Incredible Years)项目来为 3～8 岁儿童的父母和教师提供如何培养积极行为的策略以及应对具有挑战性行为的策略的建议。有 2 930 名家长和 2 390 名教师参加了最好效果时间家长和教师项目(Incredible Years Parent and Teacher Programmes)。

新西兰政府在学校实施的引导项目包括：修复联系(Restorative Practice)，旨在学校中建立起良好的人际关系；检查和联系(Check & Connect)，旨在对7～10 年级的具有辍学倾向学生进行长期观察；年轻朋友(My Friends Youth)，旨在帮助青少年建立自信以及应对来自生活中的挑战。

六、结语

新西兰《2014 年教育部年度报告》对 2013—2014 年新西兰教育部推进儿童早期教育、中小学教育、高等教育与职业教育及特殊教育的措施做了详细的介绍与梳理。新西兰教育部旨在提高包括毛利族学生、太平洋岛族裔学生、来自低收入家庭的学生及有特殊教育需要学生的学习成就，最大程度上实现教育的均衡化发展，最终达到使所有新西兰人提高学习热情和学习成就的目标。除了提高全体学生的学业成就以外，新西兰教育部还致力于加强自身的专业性和领导力，增强与其他部门的合作关系、加强与社区的联系，以及完善学校的基础设施建设。新西兰教育部不仅为构建一个更加合理、完善的教育系统做出了巨大的贡献，而且还为实现新西兰政府的优先发展项目目标做出了巨大的贡献。在未来的道路上，新西兰教育部为实现新西兰的终极教育愿景，即保障所有儿童、青年都能取得学业上的成功，培养他们成为有成就、有价值且在世界舞台上富有竞争力的人，还需要对教育系统做出不断调整，使每一名儿童、青年、乃至成人都可以在他们求学旅途上的各个阶段获得成功。

>>第二节　2013—2014 年度澳大利亚教育发展年度报告<<

澳大利亚教育与培训部(Department of Education and Training)于 2014 年 10 月 31 发布了 2013—2014 年度报告。2013 年 9 月 18 日，澳大利亚联邦政府成立了新的教育与培训部。新成立的澳大利亚教育与培训部通过提供从学前教育到继续教育各个学段的教育机会，来为不断发展的经济提供支持，为更健全的社区提供保障，营造相对公平的社会。在 2013—2014 年度，澳大利亚联邦政府构建和出台了《2014—2017 年战略计划》，为整个澳大利亚各地的教育界人士的工作提供指导。该项计划通过四个主要的目标来强化教育部的工作，分别是知识引导优秀(Excelling through knowledge)、丰富早期教育(Enriching early years)、支持优质教育(Supporting quality schooling)和拓展商业领域(Enabling business areas)。

在教育方面，该报告主要聚焦于早期儿童教育、学校教育和青少年、高等教育、研究和国际化等方面。其中，澳大利亚早期儿童教育主要围绕儿童保育体系、儿童保育费用援助和早期儿童教育三个方面开展工作，并都取得了一定的成效。在学校教育和青少年方面，澳大利亚联邦政府致力于确保每名澳大利亚学生都能够获得高质量的教育，充分掌握所需的技能，培养自己的自信心和创新意识，并能够最大限度地发挥自己的潜能，并且可以为未来的进一步的学习和工作做好准备，主要包括对公立学校的资助、对私立学校的资助等七个部分的内容。在高等教育、研究和国际化方面，澳大利亚联邦政府致力于促进大学的就读率和完成率，加强高等教育机构同其他组织之间的合作，促进国际教育的发展，建设世界一流的高等教育体系，培养世界公民，主要包括高等教育支持、高等教育贷款计划等七个部分的内容。

总体而言，澳大利亚在 2013—2013 年度的教育改革与发展主要体现了公平与质量的教育理念，以此来推动整个澳大利亚教育系统的可持续发展，进而促进其经济的发展和国家竞争力的提升。

一、早期儿童教育

在 2013—2014 年度，澳大利亚教育与培训部在早期儿童发展、教育与儿童援助等方面继续给予大量的支持，让澳大利亚的每个家庭都可以负担得起高质量的早期儿童教育和援助。儿童的早期发展对于将来孩子的健康和学习都是非常重要的，处于一个打基础的阶段。早期获得技能和能力是未来获得成功和健康生活的保障。2014 年 5 月 5 日，联邦教育部发布了《全天保育专业发展计划》(*Long Day Care Professional Development Programme*，LDCPDP)，该计划将会为全天护理中心的教育者们提供支持来为所有家庭提供可获得的儿童护理服务。在 2013—2014 年度，联邦教育部加强同州政府、领地政府、早期儿童教育的学习机构的合作，在不损害儿童早期教育质量的前提下，找到更实用和有效的方式来改善"早期儿童教育及儿童保育国家质量框架"(National Quality Framework for Early Childhood Education and Care)的实施。2014 年 7 月 1 日，联邦教育部开始正式实施早期发展人口普查，进行第三次的全国早期儿童数据的收集，这些数据的收集可以帮助各个不同层次的政府及社区组织进行相关决策。总的来说，联邦教育部通过发布和改善早期儿童学习和保育的相关政策和项目来促进早期儿童的发展，保障澳大利亚每个儿童的合法权利。

(一)优先行动

优先行动具体包括以下几方面的内容。

(1)帮助家庭获得可负担的儿童保育服务，并协助父母做好早期儿童教育者和护理者的角色。

(2)与州和领地政府合作，在全国范围内推行"早期儿童教育及儿童保育国家质量框架"，进一步改进和精简该质量框架的实施。

(3)支持生产力委员会探讨幼儿和儿童早期教育的相关问题，并且要进一步考虑如何使澳大利亚的儿童护理和早期教育体系更加灵活、实惠和方便。除此之外，要支持劳动者的参与，不断解决孩子的学习和发展需求。

(4)教育部作为澳大利亚联邦政府的代表，将开始着手审查《早期儿童教育普及的国家合作协定》(*National Partnership Agreement on Universal Access to Early Childhood Education*)和《早期儿童教育和保育的国家质量议程合作协定》(*National Partnership Agreement on the National Quality Agenda for Early Childhood Education and Care*)。

(5)为儿童保育服务提供信息和支持，以促使服务能够符合家庭援助法的要求；当发现有触犯法律的服务时要采取恰当的履约行动。

(6)在儿童发展数据收集中，继续与州和领地进行紧密的合作。

(7)加大对早期儿童教育项目和基础设施的投入，从而提高学前教育和儿童保育服务质量。

(8)提高早期教育和保育的工作者们的职业素养和技能，以达到早期儿童教育及儿童保育国家质量框架的要求。

(9)完成基础预算基金项目(Budget Based Funded Programme)的审查。

(10)继续在现在有的50个地区推行扩大“家长和青少年家庭互动计划”(Home Interaction Programme for Parents and Youngsters)，并进一步扩大到新的50个地区，2015年的重点区域是土著居民和托雷斯海峡岛民社区。

(二)具体内容

在2013—2014年度，澳大利亚早期儿童教育主要围绕儿童保育体系、儿童保育费用援助和早期儿童教育三个领域开展工作，并都取得了一定的成效。

1. 儿童保育体系

该体系的目标是保障儿童保育服务，以便于更多的家庭可以接受高质量的早期儿童教育以及儿童保育服务。该体系主要通过以下方式来帮助家庭参与所在社区的社会和经济生活：保障高质量的儿童保育服务；帮助服务的提供方提高服务的可获得性，并且满足儿童和家长的特殊、额外需求；为儿童保育和教育部门的专业发展提供支持，提升相关部门人员的专业技能；保障儿童保育服务的可持续性，从而为澳大利亚所有儿童和家庭提供高质量的保育服务；更广泛地传播相关信息，以保证家长们可以尽快了解政府发布的关于儿童保育的政策和支持项目；提高儿童保育服务的灵活性和可及性，从而满足更多家庭的需求。澳大利亚儿童保育体系中主要有以下两个项目。

(1)儿童保育服务扶持项目。

儿童保育服务扶持项目(The Child Care Services Support Program)直接向儿童保育服务机构提供一系列的资助，从而使更多的儿童获得保育服务。该项目主要包括以下五个部分：①社区支持——通过支持新服务的建立及保持现有的服务来使更多的儿童获得高质量的保育服务，特别是那些无法提供儿童保育服务的地区；②儿童保育质量支持——旨在确保接受保育的儿童能够获得能促进他们全方面发展的经历和互动行为，同时在合格的儿童保育服务机构中提升所有儿童保育服务的质量；③接纳和职业支持——保持和提升高质量的儿童保育服务，通过为儿童保育工作者和教育者提供专业发展和支持，以保证所有的儿童获得高质量的儿童保育服务；④“全天保育专业发展计划”——这项2亿澳元的项目旨在帮助全天保育服务中心的教育者达到“早期儿童教育及儿童保育国家质量框架”的要求，并不断提高服务的质量；⑤基础预算基金(Budget Based Funding)——帮助非主流的儿童保育服务机构解决运行成本问题。

在2012—2013年度，该项目向澳大利亚的早期儿童保育服务投入了1 660万澳元。

(2)工作、教育与儿童保育培训费用援助。

工作、教育与培训儿童保育费用援助(Jobs, Education and Training Child Care Fee Assistance, JETCCFA)项目会给正在接受就业培训，找工作或者工作中的父母提供津贴，用来支付儿童保育费用。JETCCFA 项目可以帮助父母在无需担心儿童保育费用的情况下，投入工作或者重返工作岗位。JETCCFA 项目旨在帮助家长们更好地找到工作。从 2013 年 7 月开始，政府在 JETCCFA 项目中一共投入了 2 720 万澳元，以保证父母可以负担孩子 12 年的基础教育和大学课程的费用。

2. 儿童保育费用援助

儿童保育费用援助，旨在帮助家庭解决儿童保育的费用问题，可以确保更多的家庭获得高质量的儿童保育服务。主要包括以下两个部分。

(1)儿童保育津贴。

儿童保育津贴(Child Care Benefit)帮助那些使用核准或注册照料服务的家庭承担儿童保育费用。父母所获得的津贴数额取决于家庭收入水平、孩子的数量、儿童保育的时间以及所需要的儿童保育类型等。除此之外，低收入家庭能够获得最高数额的儿童保育津贴。

(2)儿童保育退税。

儿童保育退税(Child Care Rebate)提供的支持大概是开支减去儿童护理津贴后的总花费的 50%，退税额最高为每个儿童 7 500 澳元。这项方案旨在减少家长们在儿童保育方面的资金投入，以便可以全身心投入到工作、学习或者培训中。

在 2013—2014 年度，获得儿童保育退税的家庭为 349 000 户。

3. 早期儿童教育

该项目旨在帮助更多儿童获得高质量的幼儿保育和学前教育，从而促进儿童的早期发展，并为他们以后正规的学校教育做好准备。早期儿童教育项目的目标通过以下的国家合作协定(National Partnership Agreement)达成。

(1)有关"早期儿童教育和保育国家质量议程"(National Quality Agenda for Early Childhood Education and Care)的国家合作协定——建立了"早期儿童教育及儿童保育国家质量框架"，该框架于 2012 年 1 月 1 日开始正式实施，其核心是国家质量评估和评级过程，这给广大家庭提供了相关的早期儿童教育和保育服务信息，从而供父母做出合理的选择。在此国家协定之下，要求对"早期儿童教育及保育国家质量框架"的实施效果进行审核，包括其评估和评级过程。在 2014 年 6 月 30 日，澳大利亚联邦政府同所有的司法管辖区一同开始了这一审核程序。

(2)有关"早期儿童教育普及"(Universal Access to Early Childhood Education)项目的国家合作协定——将确保相关的早期儿童教育项目从 2013 年 7 月 1 日到 2014 年 12 月 31 日顺利实施，并确保所有州和领地政府实现早期儿童教育普及的承诺，特别是要保障弱势儿童、残疾儿童及土著居民和托雷斯海峡岛民的孩子接受早期儿童教育。在这一国家合作协定之下，联邦政府在 2013—2014 财政年度分派了 40 700 万澳元给州政府和领地政府，以保证所有的儿童可以在上全日制学校之前可以接受600小时的高质量学前教育。与此同时，联邦政府要同州政府和领地政府一同开展对“早期儿童教育普及”国家合作协定的审核工作。

(3)有关“儿童保育资格证书TAEF学费减免”(TAFE Fee Waivers for Child Care Qualifications)项目的国家合作协定——帮助个人，包括现有的儿童保育工作者，在早期教育领域获得职业教育和训练的资格证书。该项资助减免了学员学习早期儿童教育的课程费用，并将由TAEF机构或其他的政府培训部门提供。

二、学校教育和青少年

澳大利亚联邦政府致力于确保每名澳大利亚学生都能够具备较高的学习能力、读写能力和算术水平，为学校的每一名学生提供高质量的教学、学习环境、实践机会和职业建议。澳大利亚联邦政府教育部致力于同州政府、领地政府及非政府部门开展广泛合作来提高澳大利亚学校的绩效。在澳大利亚政府第一个系列的改革中，主要关注能够提高学生学业成绩的四个关键领域：教师素质、学校自主权、父母参与权、澳大利亚课程体系改革。这一系列的改革将主流的学校政策、项目和服务包含在内，并保障土著居民和托雷斯海峡岛民的学生的学习机会，以及提高他们的学业成绩。联邦政府对公立学校或者是私立学校的经费投入都不是通过州政府、领地政府或者是非政府部门，《澳大利亚教育法(2013)》(*Australian Education Act 2013*)规定从2014年1月1日起，对于所有学校的拨款遵循的原则是基于需求的拨款。澳大利亚联邦政府意识到在地方政府实施国家政策的过程中，学校、家长和社区扮演着非常重要的角色。联邦政府努力为州政府和领地政府实施《澳大利亚教育法(2013)》提供相应的咨询，并保证州政府和地方政府在他们的行政区内保持公立学校和私立学校的自主权和独立性。

(一)优先行动

(1)进一步修订《澳大利亚教育法(2013)》(*Australian Education Act 2013*)和相关规定，以保证州政府和领地政府的公立教育和私立教育系统可以保持学校自身的自主权，并且要求教育系统要在2014年的4月同各自的利益相关者展开协商和讨论。

(2)提高澳大利亚青少年的学业成就，实现青少年的成功转型，以达到澳大利亚政府委员会(The Council of Australian Governments)2015年90%的青少年上12年级的目标。

(3)保证主要的学校政策、项目和服务在土著学生和托雷斯海峡岛的学生聚居的学校的实施，促进这些学生学业成绩的提高。

(4)支持由肯·维尔特教授和凯文·唐纳利博士主持的澳大利亚课程审查，主要审查的是课程的开发和课程的实施。

(5)试运行“鼓励11年级和12年级中学生继续坚持外语学习的途径和方法”的研究成果，以支持政府关于促进学校外语教学的承诺。

(6)提供促进学校教学质量的项目，为澳大利亚教学和学校领导研究所(Australian Institute for Teaching and School Leadership)的发展提供支持。

(7)2014年的2月成立了教师教育部长顾问小组(The Teacher Education Ministerial Advisory Group)，该小组主要就教师教育应该怎样帮助新教师获得实用教学技能提出了一些建议。该小组并会从教学方法、学科内容及教学经历等方面入手来开展研究。

(8)加强同澳大利亚课程、评估和报告局(Australian Curriculum, Assessment and Reporting Authority)，州政府和领地政府的合作，共同推动2014年国家评估项目(2014 National Assessment Programme)的实施。由于已经将学生读写能力和算术水平的结果告知了教师和家长，因此教师和家长可以及时采取有针对性的措施来提高学生的读写能力和算术水平。

(9)7 000万澳元的独立公立学校计划是为了促使州政府和领地政府增加公立学校独立性和自主权。联邦政府承诺同州政府和领地政府共同合作来提升校长和学校管理者的能力素质，提高家长参与学校事务的积极性。

(10)支持贸易培训中心(Trade Training Centres)和交易技能中心(Trades Skills Centres)等重点领域的建设，完成施工的基础设施的建设，开发工具来监督和评估中心的成果，以确保中心实现既定的计划目标。

(11)2014年澳大利亚是G20峰会的轮值主席国，因此要大力支持联邦政府委托的规划小组主办同G20峰会相对应的青年20(Youth 20)峰会。

(二)具体内容

2013—2014年度，在学校教育和青少年领域，澳大利亚主要在以下七个方面开展了工作，并都取得了较为显著的成就。

1. 国家对公立学校的支持

澳大利亚联邦政府通过向州和领地政府提供补充性资金，旨在促进公立学校达成以下五个目标：(1)所有的孩子都要参与，并从学校教育中受益；(2)学生要满足基本的读写和算术能力标准，并进一步从整体上提升学生的读写和算术能力水平；(3)澳大利亚学生要超越国际标准；(4)学校教育要促进社会融合、减少教育不公现象，特别要关注土著学生和托雷斯海峡岛学生；(5)学生要能从学校教育成功地过渡到未来的工作中。

截至2013年12月31日，联邦政府对公立学校的资助仍旧会通过《2009年联邦财务关系法》(*Federal Financial Relations Act* 2009)制定的框架来实施。在此框架下，州和领地政府通过学校“特定目的的支付”(Schools Specific Purpose Payments)来获得资金。从2014年1月1日起，政府对公立学校的支持会通过《澳大利亚教育法(2013)》来实施，总共 24 亿澳元将会在 2014 年 6 月底之前按月支付给州政府和领地政府。

(1)更聪明的学校—改善教师素质。

更聪明的学校—改善教师素质(*Smarter Schools—Improving Teacher Quality*)项目在教师的职业生涯周期中瞄准一些关键点进行改革，如：吸引、培养、发展和留住优秀的教师和领导者。这些措施都是以其他的一些改革作为支撑的，比如人力资源规划和支持、教师薪酬结构、以学校为基础的决策、教师教育和专业发展等。该项目主要是通过提升教师素质和学校领导力搭建一个提升学生表现和为学校其他方面的改革打好基础。

(2)国家读写和算术能力行动计划。

联邦政府提供 2.439 亿澳元来促进学生的读写和算术能力，国家读写和算术能力行动计划(National Action Plan on Literacy and Numeracy)支持 2013 学年在课堂中引入基于证据的读写和算术的教学方法。州政府和领地政府负责实施该项目，共有 1 890 所学校参与其中。

(3)更聪明的学校—低社会经济地位的学区。

更聪明的学校—低社会经济地位的学区(Smarter School—Low Socio-economic Status School Communities)项目旨在促进学校系统内部和更广泛的社区中开展教育改革，以促进学生的学习成果、身体健康和培育未来更好的教育、工作和社区活动参与。低社会经济地位学区国家合作项目从 2008—2009 年开始实施，到目前已经投入了 15 亿澳元。差不多有 1790 所学校参加到该项目中，但是在 2013 年 12 月 31 日已经截止。从 2014 年 1 月 1 日起，剩下的资金将会转移到《澳大利亚教育法(2013)》基于需要的资金安排之中。

(4)授权当地学校。

授权当地学校(Empower Local School)项目旨在加强参与学校的自主决策能力，2012—2013 年度，联邦政府一共投入了 5 720 万澳元，整个澳大利亚有 926 所学校参与其中。

(5)卓越教师奖。

卓越教师奖(Rewards for Great Teachers)项目采用了澳大利亚教师绩效和发展框架与全国高成就和领导教师的认证程序。该项目从 2012 年开始实施，到 2013 年 12 月 31 日截止。从 2014 年 1 月 1 日起，剩下的资金将会转移到《澳大利亚教育法(2013)》基于需要资金安排之中。

2. 国家对私立学校的支持

澳大利亚联邦政府通过向州和领地提供补充性资金，旨在促进私立学校达成与公立学校一样的 5 个目标。除此之外，州政府、领地政府以及学区都会为私立学校提供一些资助。截至 2013 年 12 月 21 日，政府对公立学校的资助仍旧会通过《2008 年学校援助法》(*Schools Assistance Act* 2008)来实施。根据《2008 年学校援助法案》，在 2009—2013 年度，澳大利亚政府向私立学校提供大约 370 亿澳元的资金支持。政府的拨款用于支持私立小学和中学的运行，并进一步补充私立学校的资金来源。政府对私立学校的支持主要体现在以下的具体项目中。

(1)经常性拨款。

澳大利亚政府会向私立学校提供经常性拨款(Recurrent Grants)，从而帮助私立学校开展多种教育项目，完成政府提出的教育目标和优先行动。在 2013 年，根据生均经费，政府一共为私立学校提供了 77.1 亿澳元的资助。同时，为了保障土著学生和托雷斯海峡岛学生的教育服务，在 2013 年，澳大利亚政府通过"土著学生补充援助计划"(Indigenous Supplementary Assistance program)，向土著学生和托雷斯海峡岛学生提供了 8 630 万澳元；通过"土著学生资助保障"(Indigenous Funding Guarantee)，向他们提供了 10 万澳元；通过"土著学生支持援助"(Indigenous Supplementary Assistance)给那些远程的、非寄宿的私立学校提供了 204 万澳元；为了鼓励那些在偏远地区提供教育服务的私立学校，在 2013 年政府为他们提供了 3 740 万澳元的资助；除此之外，私立学校因为提供远程教育而获得了 560 万澳元的资助。

(2)资本援助。

澳大利亚政府向需要新建或更新基础设施的私立学校提供资本援助(Capital Grants)，从而确保私立学校具有完善的基础设施，保障教师和学生都有良好的教学和学习环境。2013 年，在该项目下，私立学校获得了 1.338 亿澳元的政府援助。

(3)短期紧急援助。

当私立学校遇到紧急状况，面临暂时性的财政困难时，短期紧急援助(Short Term Emergency Assistance)项目就会向处于困境中的私立学校提供一定的资金。在 2013 年，该项目向符合要求的私立学校提供了 866 500 澳元。在 2013 年 12 月 31 日之前，提供的援助是依据《2008 年学校援助法》来进行的；从 2014 年 1 月 1 日开始，对私立学校的资金支持要按照《澳大利亚教育法(2013)》中的"特殊情况资助"(Special Circumstances Funding)来进行。

(4)英语作为第二语言——新移民。

在英语作为第二语言——新移民(English as a Second Language—New Arrivals)项目下，政府向州和领地符合要求的私立学校提供资金。该项资金为新来的移民中小学生提供英语语言学习的学费。在 2013 年，在该项目总共给予私立学校 615 万澳元的资金。从 2014 年开始，该项目将会纳入《澳大利亚教育法(2013)》之中，同样会为那些特殊需求的学生提供额外的经费，包括英语水平比较低的学生。

(5)学校语言计划。

在2013年，学校语言计划(School Languages Program)向符合要求的私立学校提供了1 500万澳元的资金，用于支持幼儿园至12年级的学生学习除英语外的其他语言等。从2014年开始这项单独的计划纳入《澳大利亚教育法(2013)》之中。

(6)读写、算术和特殊学习需求项目。

在读写、算术和特殊学习需求项目(Literacy，Numeracy and Special Learning Needs Program)项目下，澳大利亚政府向符合要求的私立学校提供资金，通过增加教授和学习的援助来提高在教育上处于弱势地位学生的学习成绩，包括残疾学生。该项目关注学生的读写和算术能力，并特别关注残疾学生。在2013年，通过该项目，私立学校中在教育上处于弱势地位的学生总计获得1.809亿澳元，而残疾学生获得了4 520万澳元。从2014年开始这项单独的计划纳入《澳大利亚教育法(2013)》之中。

(7)乡村地区计划。

在乡村地区计划(Country Areas Program)计划下，政府向位于乡村地区和偏远地区的私立学校提供针对性的资助，从而使更多的乡村学生获得高质量的教育。“乡村地区计划”的资金由联邦政府直接拨付到州政府和领地政府当局，然后这些教育部门会根据学校需求的优先等级，将资金合理地分配给各个学校。在2013年，通过该计划，符合要求的乡村私立学校总计获得了超过670万澳元的资助。从2014年1月1日起，该计划被《澳大利亚教育法(2013)》中的基于需求的资助安排所替代。

3. 学校支持

在基础教育阶段，联邦政府出台了一系列的学校支持(School Support)行动计划来提高所有澳大利亚学生的学业成绩，这些项目支撑了学生改革计划。

(1)议会和公民教育退税。

议会和公民教育退税(Parliament and Civics Education Rebate)项目帮助4年级到12年级的学生获得实地的公民教育，学生可以到堪培拉国会大厦、澳大利亚民主博物馆、全国选举教育中心、澳大利亚战争纪念馆等一些具有公民教育意义的场所参观、访问。如果学生到堪培拉的距离超过150公里，那么该项目将会为每名学生资助20澳元；如果距离达到4 000公里，那么即为每名学生资助260澳元。在2013—2014年，联邦政府为1 942所学校的100 225名学生提供了489万美元的资助。

(2)自闭症儿童救助包。

自闭症儿童救助包(Helping Children with Autism package)项目主要通过支持教师、学校领导者及其他学校的员工等相关人员的专业发展，提升他们在开展与自闭症儿童相关的工作中所必需的技能、理解力和专业知识。与此同时，该项目也为自闭症儿童的家长和看护人员提供一些工作坊和信息，以帮助他们更好地同学校的教师、领导及员工进行沟通，共同促进自闭症儿童健康成长和发展。在2013年，该项目一共为1 021名学校教师、领导者和员工提供了专业培训，为1 891名家长和看护人员提供护理培训。

(3)国家学校牧师和学生福利计划。

2014年6月9日，澳大利亚高等法院在威廉姆斯起诉澳大利亚联邦政府的案件中宣判国家学校牧师和学生福利计划无效。因此，联邦政府将没有权力继续实施国家学校牧师和学生福利计划(National School Chaplaincy and Student Welfare Program)项目。

(4)在线诊断工具。

在线诊断工具(Online Diagnostic Tools)项目是从2010年开始实施，旨在评估学生学业水平，在线提供全国评估计划的样本及读写和算术能力测试的系统。为该项目筹集资金的时间截至2014年6月30日。

(5)为澳大利亚而教。

为澳大利亚而教(Teach for Australia)项目旨在吸引优秀的人才进入到教育领域，特别是优秀的大学毕业生。一旦这些优秀的专业人才任教两年，他们即可获得研究生的毕业资格。除此之外，支持"为澳大利亚而教"的其他三个新的合同也在2014年的6月签署了。

(6)奖学金和助学金。

奖学金和助学金(Grants and Awards)是用以支持一系列的行动方案。2013—2014年，联邦政府一共给澳大利亚公立学校委员会和澳大利亚家长委员会拨付了737 000澳元用以支持和促进家长在学校工作中的参与。

(7)国家实习课程。

国家实习课程(National Trade Cadetship)的资助对象是9—12年级的学生。它的目标是帮助高中学生通过专业训练和学习，为未来职业发展做好预备。该课程项目主要是由澳大利亚课程、评估和报告局来主持，包含两个主要的课程。针对9年级和10年级学生的工作研究课程，针对11年级和12年级学生的课程。前者在2014年6月已经结束，后者更新到全国学校职业教育框架之下。

(8)创意新星。

创意新星(Creative Young Stars)项目资助青年学生参加艺术、文化、学术及基于社区的活动、项目和培训。每位参与者每年将会获得500澳元的资助，团队每年将会获得3 000澳元的资助，意味着联邦政府每年要为所有的参与者提供23 500澳元的资助。

(9)学校进步奖。

学校进步奖(Rewards for School Improvement)项目鼓励学校使用国家学校改

进工具来进行自我评估和实行学校改进计划。该工具的使用是完全免费的，学校以及其他相关组织可以通过该系统来实现学校改进，提高教师的教学水平和学生的学业成就。

4. 贸易培训

贸易培训中心和贸易技能中心为学生提供贸易培训(Trade Training)和职业生涯培训，帮助他们更多地了解未来的工作和生活，建立起学校、社区、当地企业和雇员的联系。该项目主要的目标有如下2个：首先，通过让更多的学生参与贸易训练以达到工业标准，提升学校提供的贸易培训的质量，帮助青少年更好地从学校过渡到工作等多种方式来解决传统贸易和其他行业的技能缺乏的问题；其次，致力于实现澳大利亚政府委员会的两大目标，2015年要实现90%的学生上12年级或同等学力，2020年缩减12年级或同等学力的土著学生、托雷斯海峡岛学生同其他学生之间的差距。

5. 数字化教育

数字教育革命(Digital Education)项目库支持在教学中广泛运用信息和通信技术的相关项目，“数字化教育”被运用到多种项目中，包括支持澳大利亚课程的网络在线资源开发，比如国家语言学习空间(National Language Learning Space)。该计划于2014年6月30日结束。

6.“扶助残疾学生”计划

为了更大程度地推动教育公平，澳大利亚政府除继续执行原有的扶助少数族裔、土著民的资助政策外，还专门提出了“扶助残疾学生”(More Support for Students with Disabilities)计划。2013—2014年，联邦政府通过该计划向教育局拨付了8 150万澳元来改善残疾学生的教育。该计划的主要内容：一是提供职前培训、在职培训及网络在线培训；二是使用2005年残疾教育标准的在线模块；三是建立专家支持中心；四是提高学校专业医务人员的工作绩效；五是为残疾学生的学习提供差异化课程的指导、文本和资料。截至2013年12月31日，一共为1 072所学校的11 992名教师提供了4 983中不同类型的培训，提供了1 147名专业医务人员来帮助1 092所学校的4 180名教师为残疾学生提供更好的照顾，4 017所学校的24 364名教师接受关于残疾学生教育相关主题的培训，9 988名学校校长和管理团队成员参与了领导力及实践的培训，1 451名教学辅助人员的帮助残疾学生的能力通过训练得到不断提高，2 211名学生获得了从学校环境到社会环境转化的支持。

7. 青少年支持

青少年支持(Youth Support)指联邦政府承诺要为澳大利亚的青少年充分发挥他们的潜力提供支持，帮助他们顺利地从基础教育向高等教育、培训及工作过渡，主要通过以下项目来实施。

(1)青少年成就和转型。

青少年成就和转型(Youth attainment and transitions)项目旨在提升青少年的学业成就，帮助他们更好地过渡到以后的学习、工作和培训中。在 2013 年，20～24 岁青年人上 12 年级或者是获得二级资格认证的比例从 2012 年的 85.9%增加到 86.7%，增加了 0.8%。15～19 岁接受全日制教育和培训的学生从 2009 年的 69.5%增加到 2013 年的 75.9%。

(2)青少年参与。

青少年参与(Youth engagement)指联邦政府采取了一系列的行动方案来帮助青少年更好地过渡到成年人阶段，不管是他们继续学习，还是从事商业工作，都能够做出更加明智的决策，可以健康、快乐的生活。

(3)国际化。

在 2013—2014 年度，联邦政府实施了一系列的青少年国际化(International)项目。2014 年，澳大利亚是 G20 峰会的轮值主席国，因此联邦政府特定成立特备小组于 2014 年 7 月 12—15 日在悉尼举办 Y20(Youth 20)峰会。

(4)澳大利亚青少年研究交流中心。

目前联邦政府和澳大利亚青少年研究交流中心(Australian Clearinghouse for Youth Studies)的合作领域主要是通过图书馆、服务平台、综合网站及每月通信为青少年提供相关信息。

(5)国家青少年周和国家青少年奖。

国家青少年周是每年由联邦政府、州政府、领地政府、地方政府共同举办的，以庆祝所有的澳大利亚青少年对社会做出的贡献。2014 年的国家青少年周是 4 月 4—13 日，主题为“我们的声音，我们的影响”。国家青少年奖主要嘉奖做出杰出贡献的 12～25 岁青少年。

除了以上几个主要的项目之外，澳大利亚联邦政府还通过“年度澳大利亚青少年奖”(Young Australian of the Year Award)、“澳大利亚青少年论坛”(Australian Youth Forum)、“积极形象奖”(Positive Body Image Awards)、“地方政府奖”(National Awards for Local Government)等多种方式来支持青少年的成长和发展。

三、高等教育、研究和国际化

高等教育和研究的发展是澳大利亚获得长远的智力和经济发展成功中不可或缺的一部分。澳大利亚教育部承诺建设世界一流的高等教育体系，通过高质量的教学和科研来实现经济和社会的增长。澳大利亚联邦政府目前主张的是多元的高等教育系统。在 2013 年，澳大利亚一共有超过 130 万的学生上大学，其中包括

328 000 名海外留学生。在过去的很多年，澳大利亚联邦教育部同大学、非大学的高等教育组织、公司及州政府、领地政府开展广泛的合作，在高等教育、国际教育和研究等诸多方面取得卓越的成就。联邦政府主要是通过《2003 年高等教育支持法》(*Higher Education Support Act 2003*)及其他相关法律为这些行动计划提供资助，2013—2014 年度一共资助了 140 亿澳元。高等教育行动计划的重点领域主要是提供受教育机会、提高教育质量和放松管制等方面。2013 年联邦政府就关于高等教育法规的审议做出了回应，并提出要进一步降低高等教育机构的管制和行政压力。

(一)优先行动

优先行动具体包括以下内容。

(1)通过为更多的学生提供接受高等教育的机会，使他们成为具备必要的技能和特性的全球知识型人才，让澳大利亚高等教育系统成为促进经济生产力和社会福祉的重要力量。

(2)通过联邦资助计划(Commonwealth Grant Scheme，CGS)为学生提供联邦资助以确保学生不会因为难以支付高等教育的学费，或者是在高等教育贷款计划(Higher Education Loan Programme)中难以覆盖的费用而影响学生的入学。

(3)为那些来自低社会经济条件家庭的学生、土著学生及托雷斯海峡岛学生、残疾学生提供支持，增加他们接受高等教育的机会。

(4)实施合适的大学及其他高等教育机构的监管程序。

(5)支持需求系统的审查，特别是系统的质量、可获得性和参与性等方面。

(6)增加对高等教育保障系统的投入，提升教师的教学水平和学生学习水平。

(7)增加澳大利亚的科学研究能力以促进澳大利亚各个行业的知识生产和创新，包括提供国家合作研究基础设施战略(National Collaborative Research Infrastructure Strategy)下的国家重大科研基础设施。

(8)在大学、研究机构、政府和企业之间营造一个较强的合作文化和网络。

(9)通过有针对性的举措来强调数学和科学的重要性，让更多的人可以从事到基于科学和技术的职业中。

(10)推进国际教育和研究参与，以确保澳大利亚是国际教育合作中的领导者，并且澳大利亚的高等教育系统是全球化的。

(11)通过学费保护服务(Tuition Protection Service)来为国际学生提供帮助和支持。

(二)具体内容

2013—2014 年度，澳大利亚联邦政府在高等教育、科学研究和国际教育等领域的表现卓有成效，主要体现在如下几个方面。

1. 联邦资助计划

联邦资助计划(Commonwealth Grant Scheme)旨在鼓励人们更多地接受高等教育，以获得在新的经济时代所必需的知识和技能，以便可以为澳大利亚未来的经济增长和繁荣做出杰出贡献。通过联邦资助计划，联邦政府为各个学科领域和不同层次的高等教育机构的学生提供资助以支付他们的学费。目前获得资助的学生大部分是来自公立学校的本科生。所有的资助都遵循需求导向原则，也为副学士学位的学生和非研究性的研究生提供资助。联邦政府主要通过如下这些具体的项目来实现项目的目标：(1)为全国符合资格的学生提供联邦资助计划；(2)为那些高等教育成本比较高的地区提供额外的资助；(3)通过资助授权课程以帮助学生可以成功地完成高等教育阶段的学习；(4)通过为医学项目提供有针对性的支持来满足医学工作者的需求。

2. 高等教育退休金计划

高等教育退休金计划(Higher Education Superannuation Programme)为《2003年高等教育支持法》表格 A 中所列出的大学提供额外的资助，以支付这些大学中涵盖在州政府支付退休金项目的现任或者前任大学教授的退休金费用。虽然现在已经不再能够申请这些方案，但是已经获得资助的教师将继续得到资助。到目前为止，有 17 个表格 A 中的大学参与了这个计划。在 2014 年，联邦政府一共为 17 所大学提供了 1.28 亿澳元的资助，州政府配套提供了 2 600 万澳元的资助。

3. 高等教育支持

高等教育支持(Higher Education Support)的目标是提高高等教育的入学率，确保高等教育质量，提供高质量的教学基础设施。联邦政府主要是通过如下几个方面来实现这一目标：①通过高等教育卓越教学推广项目来促进和支持高等教育机构中教学领域的变革；②设立独立的教学质量评估指标，以方便学生获得更多关于大学的信息，方便他们更好地决策；③采取有针对性的活动来提高数学和科学的重要性；④提高低社会经济家庭的学生、土著学生和托雷斯海峡岛学生的大学就读率和毕业率；⑤消除残疾学生上大学的障碍；⑥支持数量有限的国家机构的正常运转；⑦提高各个区域高等教育机构的培训和教育质量。

(1)提供学习和教育奖。

联邦教育部教学办公室负责提高高等教育的质量，主要是通过一系列的资助。教学办公室鼓励各项资助的项目传播得更深更广，以至于可以产生更广泛的影响。

(2)为土著学生和低社会经济家庭的学生提供额外的资助。

高等教育参与计划(The Higher Education Participation Programme)旨在帮助学习成绩较好的低社会经济家庭的学生不会因为经济原因而错失接受高等教育的机会。在此计划之下，大学采取了如下一些方式和途径来帮助低社会经济家庭的学生：①通过入学援助和奖助学金帮助其顺利入学；②通过学术帮助、同伴互助以及牧师支持等多个方面帮助学生获得成功；③大学积极开展同中小学校、其他大学、州政府、领地政府、社区等组织的合作活动，帮助低社会经济家庭的学生上大学。

(3)提高数学和科学的参与。

该项目主要是通过大学、中小学及其他相关组织的创新活动，来提高学生对数学和科学的兴趣，以使他们更多地选修数学、科学课程。

(4)加强高等教育的基础设施建设。

在教育投入基金的支持下，2013—2014 年一共为 11 所区域大学提供了 3.125 亿澳元的资助，以帮助这些学校提高培训和教育质量。

除此之外，澳大利亚联邦教育部通过“支持大学的结构调整”(Support to universities for structural adjustment)、“改善高等教育质量”(Improved quality in higher education)等计划来帮助澳大利亚的高等教育机构改善教学和培训质量，以保证学生可以获得高质量的教学服务。

4. 高等教育贷款计划

澳大利亚联邦政府通过高等教育贷款计划(Higher Education Loan Programme)为学生接受高等教育、职业教育和培训提供支持。主要是通过基于收入的贷款方式来帮助学生支付他们的学费。具体而言，联邦政府主要是通过如下两个项目来提供支持的。

(1)为大学生提供高等教育教育贷款计划。

为大学生提供高等教育教育贷款计划(Provision of Higher Education Loan Programme loans to higher education students)可以为澳大利亚的公民、永久人道主义签证持有者提供贷款支持，不是独立的项目，而是由一系列的项目组成：HECS-HELP 针对的是符合联邦资助的学生；FEE-HELP 针对的是在符合资格的大学中自行付费的符合资格的学生；VET FEE-HELP 是针对接受职业教育和培训课程中符合资格的学生；OS-HELP 是针对符合联邦资助资格并想留学的学生；SA-HELP 主要是帮助学生支付他们的基础服务和设施的费用。

(2)偿还高等教育贷款计划。

偿还高等教育贷款计划指经过澳大利亚税务局的整合，学生所有的高等教育贷款将整合为一个。高等教育贷款计划中关于还款的安排是只有当学生在年工作收入达到了澳大利亚最低收入标准(2013—2014 年的标准是 51 308 澳元)才开始偿还贷款。

5. 加大对高等教育研究的投入

高等教育机构生产知识来推动整个国家的科学和研究系统。加大对高等教育研究的投入(Investment in Higher Education Research)项目为高等教育研究和培训提供资金支持，以帮助澳大利亚的高等教育部门具有更强的研究能力。首先，拓展澳大利亚大学的研究能力；其次，增强研究人员的研究能力；再次，不断完善研究基础设施的建设；最后，创造适合创新的环境激发工作人员的创新能力。澳大利亚联邦政府通过一些资助计划为国内和国际的研究型大学生提供支持。该项目主要由一些具体的子项目组成以完成其目标：(1)研究训练计划(Research Training Scheme)；(2)澳大利亚研究生奖(Australian Postgraduate Awards)；(3)国际研究生研究性奖学金(International Postgraduate Research Scholarships)；(4)联合研究参与计划(Joint Research Engagement Scheme)；(5)研究基础设施资助(Research Infrastructure Block Grants)；(6)可持续的卓越研究计划(Sustainable Research Excellence)。

6. 提升研究能力

研究可以丰富人们的知识，可以开发人们的潜能，促进人们的创新，并且塑造着经济竞争力和社会福祉。提升研究能力(Research Capacity)项目的主要目标是通过促进高等教育机构同其他部门的合作，构建合作网络，推进研究的创新，并且将知识转化为产品，运用到现实生活之中。除此之外，通过构建合作关系可以尽早实现创建世界一流高等教育研究体系的目标。另外，该项目也支持高等教育和研究的基础设施建设，提高人们对于研究重要性的认识，在各个研究领域广泛提供奖助学金的支持。要想实现这些目标，主要通过以下几种方式：(1)在大学、研究机构、政府和企业之间建立强大的合作文化和网络；(2)在国家合作研究基础战略(National Collaborative Research Infrastructure Strategy)之下提供重大科研基础设施的框架、战略、国家和协作；(3)促进和支持科研合作，以及同国际伙伴的战略联盟，以此可以增加澳大利亚研究者参与国际研究的机会，甚至是引导全球的科学研究。

(1)支持研究基础设施建设。

国家合作研究基础战略支持主要的基础设施建设来鼓励学术研究机构、企业及政府之间的合作，共同为世界一流的研究体系奋斗。该战略旨在为澳大利亚研究部门提供高质量的基础设施，以确保澳大利亚各个领域的研究的竞争力位居世界前列。

(2)支持科研合作。

联合研究网络计划(Collaborative Research Network)鼓励资源密度低、规模比较小的区域性高等教育机构通过和其他研究机构开展广泛的合作来发展和提升他们的研究能力。这样的合作关系可以促进新知识的产生、与其他组织可以建立良好的合作关系、培养专业的研究人员(博士后项目和奖助学金)、培养高水平的学生。

(3)支持澳大利亚公共服务系统和研究社区的合作。

澳大利亚联邦政府通过成立一些公共政策机构来加强同澳大利亚国立大学的战略合作关系。这一战略关系将这些新的公共政策机构和澳大利亚国立大学已经存在的公共政策紧密结合起来，加强相互之间的合作，促进研究的开展。

(4)强化社区的科研意识。

澳大利亚联邦政府提供资金以支持在线网站的运转，并且促进科研、创新政策议题的国内学者之间，国内学者同国外学者的讨论。

(5)高等教育及研究的推广。

高等教育及研究的推广旨在支持澳大利亚学习机构、澳大利亚和新西兰科学进步联合组织，以提高科研意识，促进澳大利亚的科学、社会科学及人文科学的研究。

7. 促进国际教育

国际教育为澳大利亚和国际学生之间、研究机构和政府之间搭建了良好的桥梁，并且在培养世界公民中扮演了非常重要的角色。促进国际教育(International Education Support)项目旨在促进澳大利亚国际教育的持续发展和研究参与，包括支持学生、研究人员及专家学者的国际交流，甚至建立机构之间的联系。其中奋进奖学金(Endeavour Scholarships and Fellowships)主要是为了支持博士和博士后的研究，以及高级管理者的发展。其中国际教育小组同相关的部门开展合作，共同确保学生流动的有效性。为了确保澳大利亚的高等教育系统逐渐成为世界一流，联邦政府为澳大利亚的国际教育制定了未来发展蓝图。

(1)提供国际教育支持。

2013—2014 年，联邦教育部为了实现这一目标主要采取了如下措施：①评估参加海外培训人员的补助金；②国际教育和培训；③学费保护服务；④海外学生学费基金。

(2)在澳大利亚留学生的生活及学习满意度调查。

通过对在澳大利亚留学的学生的生活及学习满意度的调查可以对联邦教育部的服务质量进行衡量。一共有 5 万名在澳大利亚接受高等教育、职业教育、培训以及学习语言的海外学生参与了本次调查。

第十四章 非洲教育政策与发展趋势

2014 年度的非洲教育政策报告包括两项专题研究，一项是区域性的，即《撒哈拉以南非洲成人与青年识字报告——基于教科文组织的相关数据分析》；另一项是国别的，即《南非教育政策与发展趋势》，主要分析了教育区的组织结构、角色和职责的政策，以及技术与职业教育与培训讲师的专业资格的政策。另外，该年度报告还包括了两个重要国别政策报告的述评：一是肯尼亚共和国《教育部门报告》；二是摩洛哥《2013—2016 教育行动计划》。

2015 年度的非洲教育政策报告，将包括南非新出台的两个政策文件《南非基础教育〈五年战略计划(2014/2015—2018/2019)〉》及《南非大学〈开放教育资源(OER)战略 2014—2016〉》；包括非洲三个区域组织的政策文件述评，即《非洲教育发展协会促进青年就业的职业技术培训计划》，《非洲大学协会〈核心项目(2013—2017)〉》，以及非盟和欧盟联合推出的《非欧联合战略》中高等教育领域项目《非洲高等教育协调和一体化计划》(着重论述其学科能力认定标准)。

>>第一节 南非基础教育《五年战略计划(2014/2015—2018/2019)》<<

南非共和国基础教育部于 2014 年 3 月出台了《五年战略计划 2014/2015—2018/2019》①。该计划的出台是《2030 年国家发展规划：创建美好未来》(以下简称《规划》)②和《中期战略框架 2014—2019》③中所提出的提升基础教育质量的要求，也是完成《2014 年前行动计划：面向 2025 年的学校教育》(*Action Plan to 2014: Towards the Realisation of Schooling 2025*)④的计划目标的需要。该计划还是南非基础教育部门在 2011 年 3 月和 2015 年 3 月分别颁布了类似系列计划

① Department of Basic Education. Five-Year Strategic Plan 2014/2015—2018/2019[R]. 2014.

② National Planning Commission. National Development Plan(NDP), Vision 2030: Our future-Make it work[R]. 2011.

③ Department of Planning Monitoring and Evaluation. Medium-Term Strategic Framework (MTSF) 2014-2019 [R]. 2014.

④ Department of Basic Education (DBE). Action Plan to 2014: Towards the Realisation of Schooling 2025[R]. 2010.

(《战略计划：2011—2014》[①]和《五年战略计划：2015/2016—2019/2020》)[②]的一部分。

因此，这些计划是在《规划》这一最综合性的、国家级的政策规划指导下针对教育领域制定的“滚动型”规划。一个五年规划没结束，下一个五年规划又开始了。这些计划有不断的突破，但也有某些共同的目标，其中包括提升教育质量这项首要任务。

《五年战略计划(2014/2015—2018/2019)》包括八大战略目标，十七个战略重点领域，以及五大项目行动计划。

一、《五年战略计划 2014/2015—2018/2019》出台的背景

历年来南非政府、学校、教育政策制定者各自出台了系列教育法规、政策或计划，对后续各项改革提供了法规和政策保障，也提出了变革要求。1996 年南非宪法第 108 条法令规定人人享有基础教育的权利，这是南非历史上首次保证教育公平和民主的法令措施，具有一定的奠基作用。《南非学校法案》(SASA)[③]提出要确保所有的学习者都有获得基础教育的权利而不会受到歧视，为 7～14 岁儿童提供义务教育。

除了国家层面的法规授权，教育白皮书对基础教育部的基本政策框架有所说明：发展新的教育体系促进民主南非的教育与培训。到 2010 年扩大 5 岁儿童学前教育入学率，提高 0～4 岁和 6～9 岁儿童发展质量。改善各地区教育部门的全纳教育体系发展，通过有针对性的支持结构和机制减少学习障碍。大力推广学校信息化教育改革，为学习者、教师寻求更广泛的资源。

K—12 年级的国家课程声明倡导要摒弃传统的死记硬背的学习和教学模式，以学习者为中心，建立与国家资格框架相一致的课程发展模型。[④]

(一)《2030 年国家发展规划：创建美好未来》

2011 年，南非国家规划委员会公布《2030 年国家发展规划：创建美好未来》(以下简称《2030 年国家发展规划》)，提出了“南非人民得到最高质量的教育和培训机会，大幅度改善学习效果”的愿景，力求在 2030 年以前普遍增加学习者数量，提高学习效果。它提出 2019 年以前要实现儿童入学率、成人职业教育或继

① Department of Basic Education. Stragetic Plan 2011—2014[R]. 2011.

② Department of Basic Education. Five-Year Strategic Plan 2015/2016—2019/2020[R]. 2015.

③ 南非学校法(South African Schools Act，SASA)是南非政府在 1996 年 11 月通过的一项旨在为学校的组织、管理和资助提供一个统一体系的法案。

④ Department of Basic Education. Five-Year Strategic Plan 2014/2015—2018/2019[R]. 2014，9.

续教育和培训资格的提升，继续实行年度国家评估(ANA)①及国际基准测试(Benchmarked)以提高成人识字率。

后续制订的一系列教育行动计划从根本上来说都是以《2030 年国家发展规划》中的政策指令为基本导向。它带动了整个政府机构运行，教育部门所关注的焦点是如何使部门计划与规划相融合，推动规划全面施行。基础教育部门计划，2019 行动计划详细指出了基础教育部门下一步要努力的方向是实现规划和中期战略框架中第一个目标——提升基础教育质量。

国家发展计划已经提出了一些优先发展事项，这将推动政府和各部门的所有举措的实施。该计划提供了一个 2030 年远景，这一计划强调始于儿童早期发展部门的人力资源开发至关重要，为国家其他方面的发展奠定了基础。②

(二)基础教育部门计划

在 2011 年，基础教育部，作为由教育部划分成的两个部门之一，提出了第一个部门计划——《2019 年前行动计划：面向 2030 年的学校教育》，让所有的教育面向提升基础教育质量。从历史上看，这个计划的重点是大幅度投入教育资源以提高学习质量。与《2030 年国家发展规划》保持一致，该部门把计划延伸至 2030 年，教育质量改进仍为最初目标，并且需要关注新产生的问题。③

(三)《中期战略框架》

2014 年 8 月，南非共和国规划监测和评估部门出台的《中期战略框架(2014—2019)》(*Medium-Term Strategic Framework 2014—2019*)④是政府在 2014—2019 年的战略计划，它反映了执政党在选举宣言中所做的承诺，包括实施《2030 年国家发展规划》的承诺。该框架在第六项未来五年的首要任务和行动概述中对基础教育质量提出了要求，它指出提高教育质量需要在促进儿童早期发展、学校基础设施和设备的投资、有效的学校管理、识字和算术能力的实质性改进等方面做进一步的完善。

这是起着里程碑作用的文件之一，将用于追踪基础教育部部长和部门的绩效表现。基础教育部因此制订了与中期战略框架六个子目标对应的部门行动计划，

---

① 年度国家评估(Annual National Assessments，ANA)是 2008 年南非基础教育部门为 12 年级以下的学生引入的一项通用评估标准。

② Department of Basic Education. Five-Year Strategic Plan 2014/2015—2018/2019[R]. 2014, 10.

③ Ibid，11.

④ Department of Planning Monitoring and Evaluation. Medium-Term Strategic Framework (MTSF) 2014-2019 [R]. 2014.

涉及高质量儿童早期发展(ECD)、教学质量的改进、国家干预能力①等六个方面。

(四)《交付协议》②

2010年10月29日南非基础教育部发布、基础教育部长安吉·莫采卡亲自签署了《交付协议·结果一：提高基础教育质量》(*Delivery Agreement for Outcome 1*：*Improved Quality of Basic Education*，以下简称《交付协议》)。部门将继续专注于"改善基础教育的质量"，解决关键挑战，尚有以下难题：各年级学习者的质量结果显示并不是最佳；学习者学习材料提供不充分，教师数量和质量的不足难以保证高质量的学习和教学；校本测试的质量达不到所要求的标准，不能成为主要的和基准测试的手段；各地区特别是各学校人员质量没有得到建设性的发展，也没有积极配合学校管理。③

正是在上述客观背景和政策铺垫下，《五年战略计划(2014/2015—2018/2019)》应运而生。该计划颁布时正值南非大选，将选举产生新一届国民议会，这是南非种族隔离制度1994年结束以来举行的第五次大选。与此同时，即将向新政府交棒的南非政府做出了一项重大的举措，决定把教育部分为基础教育部和高等教育与培训部，从根本上来说，也是为了优先考虑发展基础教育。④

二、五年战略计划的内容

(一)战略使命与原则

根据南非基础教育面临的问题，《五年战略计划(2014/2015—2018/2019)》提出了2018/2019的教育使命是"所有南非人民都有终身学习、受教育和培训的机会和权力，从而改善生活质量，为建立和平、繁荣、民主的南非做出自己的贡献"。⑤ 为了完成这个使命，"各地区要团结一心，为21世纪的南非提供有意义的、目标明确的、高质量的教育。"⑥该计划指出，提升基础教育质量是政府建立

---

① Department of Basic Education. Five-Year Strategic Plan 2014/2015—2018/2019[R]. 2014, 11.

② Department of Basic Education(DBE). Delivery Agreement for Outcome *1*：Improved Quality of Basic Education[R]. 2010.

③ Department of Basic Education. Five-Year Strategic Plan 2014/2015—2018/2019[R]. 2014, 11.

④ Department of Basic Education. Strategic Plan 2011～2014[R]. Pretoria：Department of Basic Education，2011，5.

⑤ Department of Basic Education. Five-Year Strategic Plan 2014/2015—2018/2019[R]. 2014, 3.

⑥ Department of Basic Education. Five-Year Strategic Plan 2014/2015—2018/2019[R]. 2014, 7.

具体战略措施、改革基础教育部门的首要任务。质量是南非基础教育发展的一大挑战。在入学需求已经基本得到满足的情况下，促进教育公平的问题也就转变成普遍提高质量的问题。此外，弱势群体教育质量的提高还有助于减少因为学业问题而造成的辍学，巩固既有的普及教育的成果。①

该计划指出实现 2018/2019 目标应遵循的一个重要原则是"把孩子的利益放在第一位"。另一个原则是采用"结果导向"的战略目标，涉及政府管理、儿童早期发展、教学质量的提升、改善基础设施等各个方面。"结果本位教育"是 1994 年由美国学者威廉·斯巴迪(William Spady)提出来的。其中，"结果"指的是学习结束后，学习者在知识、技能、情感、态度与价值观等方面所得到的发展。这种模式下，首先要确定根本性目标，组织教育系统中各要素，实现学习者在知识、技能等各方面的发展。②

(二)战略重点领域与目标

1. 17 个战略重点领域

战略重点领域是基础教育部门的主要任务，要进一步完善以下 17 个重点领域：(1)促进儿童早期发展；(2)提高识字、算术、数学和科学学习质量；(3)提高大学数学和科学合格率；(4)提高国际比较研究的绩效；(5)寻求民间协会的支持，促进建设性伙伴关系，并建立一个国家教育公约；(6)加强学校管理能力；(7)使更多学习者能够完成学业；(8)培养更多高质量合格教师；(9)解决学校基础设施建设方面所遗留的问题；(10)PPN③ 与教师发展；(11)基础设施交付计划；(12)加强对学生语言和读写能力的教育；(13)提高学生阅读和算术能力；(14)教师专业发展和入职培训要与课程改革的方向相一致；(15)提高教育体系的管理能力和效率水平的政策合规；(16)增加不同级别部门的问责制度；(17)改进教学质量，照顾和支持处于弱势地位的学校。不难看出，该战略的重点领域涉及提高学生读写算能力及数学和科学水平、入学、达标率、学校管理、教师、学校基础设施与支持服务等几个方面，而所采取的种种措施究其根本均是为提升基础教育质量而服务的。④

2. "结果导向"的八大战略目标

这些目标基于《2030 年国家发展规划》和《中期战略框架(2014—2019)》中的

---

① 王琳璞，徐辉．提高质量、夯实基础：南非祖玛政府的基础教育战略[J]. 比较教育研究，2013(03)：58－63.

② William Spady. Outcomes-Based Education：Critical Issues and Answers[M]. Arlington：The American Association of School Administration，1994，10.

③ 岗位配置规范(Post Provisioning Norms，PPN)，旨在创建一个岗位平台，为学校下一学年的准备工作提供岗位设置。

④ Department of Basic Education. Five-Year Strategic Plan 2014/2015—2018/2019[R]. 2014，13.

子目标而制定。该战略计划制订的八大目标分别如下。

(1)高效的治理和管理支持。加强管理、治理和管理体系的有效性，支持重点领域的制度绩效。

(2)通过多种路径扩大优质早期儿童发展(ECD)的机会。确保100%的学习者在上小学1年级之前接受过儿童早期发展的训练，确保从业人员具备必要的技能。

(3)改进教学质量。提高教学质量的关键是教师能力的提高，进而更有利于教育的实施。

(4)增强国家干预和支持教育的能力。国家部门、省级和学校之间的角色澄清有利于国家干预和支持教育能力的提高。基础教育部门将对关键流程中规范和标准的发展提供政策实施指导及监控绩效表现。

(5)为提升学习质量增强问责制度。增强教学和学习中的问责制，要求教育体系中的所有成员支持学校，了解他们在基础教育部门中作为改善学习结果的角色。

(6)改进学校人力资源开发与管理。通过积极地招聘、战略部署、管理和发展，支持课程设置和覆盖，改善人力资源开发。

(7)提供学习材料，以支持有效的教育。及时提供学习和教学资料支持有效的教育。

(8)完善基础设施，以支持有效的教育。改进基础设施发展、配置和维护，提供信息通讯技术和其他基础设施，包括水、卫生设施、教学设备和教室，将支持有效的教育。①

(三)五大项目行动计划

“结果导向的战略目标”综合考虑了《2030年国家发展规划》和《中期战略框架(2014—2019)》中的教育目标，为实现2025年学校教育愿景提出了以下五大项目行动计划，并且对每个计划的具体实施都进行了详细介绍。

1. 计划一：管理

行政部门提供战略和行政支持服务来管理基础教育部，以改进基础教育部门的能力，加强其与所有利益相关者的伙伴关系，使基础教育成为国家优先发展的对象，② 这也是南非政府让基础教育部门脱离教育部的原因之一。完善基础教育部门行政和治理服务(财务、人力资源、内部审计)，以支持教育的传递，加强合

---

① Department of Basic Education. Five-Year Strategic Plan 2014/2015—2018/2019[R]. 2014, 17－18.

② Ibid, 19.

规性和问责制；参加教育多边论坛并与其他计划签署合作协议。[①]

2. 计划二：课程政策：支持和监控

支持与监控课程改革政策，制定课程和考核政策并监督和支持其实施。提高儿童早期发展的质量；增加获得高质量学习资料的途径；提高教师能力和实践。该计划中的指标与《2014 年前行动计划：面向 2025 年的学校教育》中所指出的目标相一致，其根本目的是为了提高学习者的绩效表现。[②] 保证课程质量是提升基础教育质量的根本手段，计划实施以来，对基础教育质量的提升产生了很大的影响。

3. 计划三：教师、教育人力资源与制度发展

目的是有效供给、开发和利用人力资源，促进基础教育的实施。[③] 提高教师教学能力和实践。在促进教师发展方面，为教师制定内容诊断测试系统，评估教师的学科知识能力；在教师管理方面，利用学校整体评价的标准，加强学校的管理和治理实践；在教师聘任方面，把芬瑟·卢萨卡(Funza Lushaka)奖学金[④]获得者纳入教学岗位，加强高素质教师的师资力量，至关重要的是补充新的合格毕业生到当前的教师队伍中。

加强学校管理，改善学校功能。学校良好的管理是通过合格的主管校长和制度化的、良好的行政和管理系统及主管教师的改进得以实现的。

加强区域办事处的能力，主要是通过建立支持学校的地区办事处加强各区的建设。

4. 计划四：规划、信息和评估

规划、实施和检查相关制度措施，推动基础教育体系质量的提升，提供学校基础设施以满足 2016/2017 年政府制定的学校最低基础设施的规范和标准。[⑤] 加强年度国家质量评估(ANA)，保证学校使用该评估结果提升学习和教学质量，并最终提高国家高级证书考试(NSC)[⑥]的质量；提高所有适龄儿童的入学率，主要是 5～15 岁年龄阶段的儿童，并且保留这些学习者的学籍直到他们完成义务教育阶段(即到 9 年级)；为学校提供基础设施，改善学习者受教育环境。

---

① Department of Basic Education. Five-Year Strategic Plan 2014/2015—2018/2019[R]. 2014, 20.

② Ibid，21－23.

③ Ibid，24－26.

④ 是一个多年的项目以促进教师专业化。受助者首先需要获得教学资格，并在公立学校的要求下任教与所获得金额对应的一段时间。

⑤ Department of Basic Education. Five-Year Strategic Plan 2014/2015—2018/2019[R]. 2014, 27－30.

⑥ 相当于高中毕业证书。

5. 计划五：扩大教育服务范围

加强与所有利益相关者的伙伴关系，使教育成为社会首要事件；培养学生价值观，作为培养他们成为全面发展公民的一部分；为进一步加强学习进程，实施与健康相关的支持计划；以学校为载体促进学生在扶贫、体育、文化等方面的公共服务范围。①

（四）其他配套措施

作为一个关键的举措，《加快学校基础设施交付计划》(*Accelerated Schools Infrastructure Delivery Initiative*，ASIDI)为基础教育部门指明了战略重点，为计划的实施增添了动力。该计划的主要目标是消除学校泥土房和不安全设施，提供并改进基础设施，如实验室、图书馆和现有学校的行政管理局。

ASIDI 计划实施了以下策略：省级教育部门参与探讨如何更有效地调整省分配目标：解决需要达到基本安全功能级别的学校所面临的主要难题；取代所有不合格的学校建筑；取代位于东开普省的所有泥土学校，并提供额外资助；通过可供选择的资金来源和形式，使学校基础设施建设达到最佳水平。②

三、分析和思考

南非基础教育五年发展战略体现了以下主要特点：加强中央控制但重心下移，强化人员素质和合作治理。③ 该计划指出要加强行政部门对基础教育部的管理及支持，基础教育部门从教育部分化出来。该计划也强化对相关负责人的问责制度及提出增强社会凝聚力。在该计划中，政府不断强调要加强基础教育部门的管理能力，甚至在五大项目行动计划中首要计划乃是加强部门的管理，这更有利于统一南非各地区教育部门的行动计划朝向一个目标而努力——提升教育质量。

南非政府实施的“结果导向的战略目标”具有很重要的理论意义。其以结果导向的机构战略目标涉及政府部门的支持与干预措施、早期儿童发展的质量、教育基础设施的投入、学校人力资源的发展与管理等宏观层面；强调了政府人员、教育管理人员、相关负责人、教师及学生等个体的任务和责任。南非政府基于这种理论的指导，先是制订了国家层面的战略远景以及中期规划，而后对教育战略政策进行具体规划，为逐步实现 2025 年学校教育所要达成的目标，以五年为一个时间段制定年度战略规划，及时反思并总结所取得的改革成果，并且也对以政府

---

① Department of Basic Education. Five-Year Strategic Plan 2014/2015—2018/2019[R]. 2014, 30－32.

② Ibid，33.

③ 王琳璞，徐辉．提高质量、夯实基础：南非祖玛政府的基础教育战略[J]．比较教育研究，2013(03)：58－63.

和学校为主体的利益相关者提出了要求。

南非基础教育部门自脱离教育部以来，所颁布的类似这种“滚动型”计划，不仅体现了政府对其权力的下放，基础教育部门的职权威望提升，更能够根据国家发展状况随时调整教育战略计划，把握教育动态发展变化的方向，不失为明智之举。但计划过多，难免头绪纷杂、核心重点游离不定、计划效果的评估不太受到重视或得不到严肃对待。

虽然南非政府为提升基础教育质量制订了种种举措，但是，在整个世界教育体系中，其基础教育尚未达到发达国家水平。重点领域中提到要提高国际比较研究的绩效，寻求民间协会的支持，建立战略性伙伴关系和国家教育公约，在一定程度上也能说明其理论上的这些做法已经在向国际教育靠拢，但对于南非来说，这些战略计划想要得到顺利贯彻和实施，还需要艰辛努力。

第二节　南非大学《开放教育资源(OER)战略 2014—2016》

南非大学(UNISA)是非洲最大的开放远程学习机构，也是现存世界上最早致力于远程教育的大学。它是世界上的巨型大学之一，其在校学生超过 30 万，包括南非学生和来自 130 多个国家的留学生，占南非大学生的三分之一。该大学在高等教育领域积极推动开放教育资源的整合，试图通过转变知识生产、传播与应用的形式，巩固其本身作为高等教育领域里主要的知识生产者和分配中心的地位。为适应信息和通讯技术的发展、互联网的广泛应用的时代变化，2014 年 1 月，南非大学的学术规划委员会(Academic Planning Committee)颁布了一个战略报告，即《开放教育资源(OER)[①]战略 2014—2016》[②](以下简称《OER 战略》)。

一、《OER 战略》提出背景

目前，南非大学十分重视开放教育资源的使用和生产，并通过相关机构发布了关于开放教育资源的承诺，同时也做出了更长远的规划，签署了 2012 年《巴黎

① 开放教育资源(OER)是指公共领域的，或是有知识产权许可证的允许免费使用的教学、学习和研究的材料(UNESCO)。开放教育资源包括所有课程、课程材料、模块、课本、主流视频、测验、软件，以及其他能够被用到支持访问知识的工具、材料或技术(Aiekens et al，2007)。

② Academic Planning Committee. Open Education Resources (OER) Strategy 2014—2016[R]. UNISA，Pretoria. January 2014.

开放教育资源宣言》[①]和 2003 年《关于自然与人文科学知识的开放存取的柏林宣言》[②]。同时，该大学也面临着新的问题。

(一)新的大学运行模式提出了新的要求

考虑到高等教育发展格局的改变，信息和通讯技术对社会变革的影响带来了新的机遇与挑战。为打破扮演传统大学角色的僵局，南非大学决定不再沿用以往的运行模式，而是采用一种新的运行模式——需要所有过程、操作和系统主动转型，该运行模式于 2013 年 4 月得到批准。新的运行模式遵循"面向非洲，服务人类的大学"的发展愿景[③]，要求大学提高有效支持学生发展的能力以及为学生成绩进行智能评估和批判性反馈的能力，以便大学实现它们真正潜在的教育价值。

(二)政策的保障

2013 年，南非高等教育和培训部(DHET)颁布的《学校后续教育和培训白皮书》[④]为《OER 战略》的落实提供了政策保障。该白皮书声明，南非将在开放学习原则的基础上开创一个学校后续远程教育格局。除此之外，白皮书中还谈到，高等教育和培训部将大力支持投资高质量学习资源的设计和开发的成果，使这些资源能变得像开放资源一样可免费获取。

(三)开放远程学习机构的发展需要

由于研究机构慕课(MOOCs)的尝试，使得很多高等教育课程在全世界都可免费获取。南非大学作为非洲最大的开放远程学习机构，为了适应 21 世纪的高等教育环境，巩固其领先地位，需要调整和转变开放资源的内容和形式，改善其学术和行政服务[⑤]：一是课程内容的系统整合不局限于南非大学的范围；二是发展和实施南非大学课程部分的增值服务(即为学生提供超出常规服务范围的服务，

---

① The 2012 World Open Educational Resources(OER) Congress[EB/OL]. 2012 Paris OER Declaration. UNESCO. http：// www. unesco. org/new/fileadmin/MULTIMEDIA/HQ/CI/CI/pdf/Events/Paris%20OER%20Declaration _ 01. pdf2012. June 2012.

② 2003 Berlin Conferences. Berlin Declaration on Open Access to Knowledge in the Sciences and Humanities [EB/OL]. http：// openaccess. mpg. de/67605/berlin _ declaration _ engl. pdf. Octorber 2012.

③ UNISA. Vision[EB/OL]. http：// www. unisa. ac. za/Default. asp? Cmd=ViewContent &ContentID=18023. 2016-01-19.

④ Department of Higher Education and Training. White paper on post education and training：Building an expanded, effective and integrated post-school system[R/OL]. Republic of South Africa. http：// www. che. ac. za/sites/default/files/publications/White% 20Paper% 20-% 20final%20for%20web. pdf. 2013-9.

⑤ UNISA. The Leading ODL University[EB/OL]. http：// www. unisa. ac. za/Default. asp? Cmd=ViewContent&ContentID=17765. 2016-01-19.

主要集中在建构毕业生素质[①]能力方面)。

二、《OER 战略》的指导原则

2004 年南非大学制定的《南非大学 2015 年变革议程》[②](以下简称《议程》)是一个 2004—2015 年的发展战略规划。该规划所提出的有关"开放教育资源"原则在《OER 战略》中得到认可和坚持。

(一)非洲化

《议程》中强调了通过大学的探究、学识和合作来提升南非大学在非洲的思想、哲学、利益和认识论中的引领作用，需要充分利用丰富的人的潜力和基础设施，解决南非及非洲大陆被忽视的和遗留的边缘问题。该战略计划的目的是凭自身实力来发展非洲化知识和本土化知识体系。

(二)资源开放

知识是一种公开的商品，就其本身而言，它应该被整个社会免费宣传和分享，尤其是一些由公共财力支持的知识产品，因此应该从技术、法律和价格上加强对知识共享(Creative Commons)的保障。

(三)卓越，完整，适切性

所有可获得的开放教育资源的治理和适切性都要在开放许可协议(Open license agreement)的规范下遵循南非大学高标准的价值规范，构造并完善课程及获取材料途径的过程，对其质量进行持续性关注。通过使南非大学的产品开放获取，将所有符合正直的价值——诚实、真诚、透明和有责任的指导，贯穿到整个教学当中去。同时，寻求同行专家的帮助，不断改善开放教育资源质量。

(四)毕业生素质

《议程》主张将课程变革作为课程循环发展的一部分，联合和采纳全球可获得的开放教育资源，新的课程应该展示给学生国际动态和知识，也要鼓励他们提高这些毕业生面对当今全球经济所需要的技能，即查找和获得信息的能力、合作的能力、使用电脑的能力，等等。

(五)社会公正和公平

《议程》中解释了在拓宽资源获取途径和平等机会中，社会公正公平的重要性，只有确保社会公正公平才能发挥其所有的潜能。南非大学知识库的开放通道

---

① 毕业生素质(Graduateness)：在南非大学课程政策(2012)中定义为，一整套学习成果和核心能力，即学生期望当他们完成学业能获得的成就。这些包括特定学科知识、技能和能力，和其他毕业生在工作场所中需要的更创新有效的能力。南非大学的这一定义注重毕业生核心能力的描述，本文译为"毕业生素质"。

② UNISA. 2015 Strategic plan：An Agenda for Transformation[R]. Pretoria：UNISA. 2004.

(open access)将引向更宽泛范围的教育活动，这些教育活动超出了大学本身提供的正式课程，将会使得教育获取途径更加便利。这一原则与《非洲大学人权服务》的主张如出一辙。

(六)以学生为中心

南非大学课程政策(2012)[①]提出，要认可学生的世界观和生活经验，包括他们之前的学习，在课程发展的规划中将考虑他们的学习目标和期望。南非大学开放远程学习政策(2008)[②]强调要将学生看做是整个教育进程中的主要焦点，他们应该对他们的学习和研究拥有更大的自主权。《议程》强调改善为学生服务的质量。重点对有明确需要的领域开发新材料，并且提供与学生所有研究课程相关的世界各地资源获取的完整途径，丰富学生的学习经历。通过发挥开放教育资源在南非大学课程设计中的作用，帮助学生获取额外的学习资源，使得学生预习和自主学习变得更方便。

除此之外，《OER 战略》还强调遵循新的运行模式中的某些原则来指导战略的实施。比如允许系统地整合和采用南非大学以外的开放课程内容，并将其融入新的课程环境，使其不受打印文本的限制；允许新模式的加速兴起并贯穿于开放教育资源大学的模式和其他开放模式中，以便拓展南非大学视野同时节省开支；在线分享课程内容，把开放教育资源作为拉动南非大学市场的一种驱动力。

三、战略重点

为了改善南非大学的前景，遵循《学校后续教育和培训白皮书》的相关规定，《OER 战略》提出了五个战略重点。

(一)发展知识产权有效管理体系

《OER 战略》指出，长期以来侵犯版权的行为给大学资产带来了巨大损失，也败坏了所倡导的价值观，破坏了机构的良好声誉。因此，远程教育机构必须建立有效的知识产权[③](IP)管理体系，制定适当的许可制度应用到新的运行模式中去。《OER 战略》进一步强调，任何侵犯版权的行为都应该得到纠正。

---

① UNISA. UNISA Curriculum Policy 2012[EB/OL]. http://www.minnehaha.biz/nfo/unisa-curriculum-2012/roller=signup&system_action=home. 2016-1-12.

② UNISA. The Unisa Curriculum Policy[EB/OL]. http://uir.unisa.ac.za/handle/10500/3186?show=full. 2016-1-12.

③ 知识产权是对于智力努力的成果这一无形的财产权利的泛称。在南非大学知识产权政策(2012)中："知识产权"是指被南非法律和外国知识产权法认可和保护的创造性的努力成果，比如专利、商标、设计和著作权，包括专门技术和机密情报。

表 14-1　知识产权资产管理体系

建议措施	责任人及机构	时间范围
◆确定所有的知识产权	各学院，图书馆，校长和副校长①(PVC)，负责教学方面的教务副校长②(VP：ATL)	2014 年
◆审核侵犯版权和其他问题的资源(包括纠正侵犯版权的行为)	法律服务部，各学院，PVC，负责研究和创新方面的副校长③(VP：R&I)，VP：ATL	2014 年
◆纠正侵犯版权的行为并解决遇到的问题	法律服务部，各学院，PVC，VP：R&I，VP：ATL	2015 年
◆集中存储位置并与图书馆内容管理系统相匹配——整合成新的内容管理系统，使用一个恰当的服务型体系结构	信息和通讯技术部④(ICT)，PVC，VP：R&I	取决于内容管理系统

(二)建立开放许可框架

开放教育资源主要是基于材料开放的许可。如果没有一个公开许可证明，学习资源会被传统的版权法所限制，共享也是有限的。《学校后续教育和培训白皮书》声明，高等教育和培训部将“在学校后续教育部门关于知识产权和版权政策的总体框架内，开发一个合适的、可供所有教育管理者使用的开放许可框架”。为响应这一政策，《OER 战略》中提出应该致力于开发一个开放许可框架，制定一项关于材料许可的政策，在一个更为广泛的范围内规范南非大学相关资源的出版。

表 14-2　开放许可框架

建议措施	责任人及机构	时间范围
◆开发南非大学智力资产许可框架与政策	PVC，VP：ATL，VP：R&I，法律服务部	2014 年 6 月
◆制定许可证选择和使用指南	PVC，法律服务部	2014 年
◆宣传指南及相关主张并培训相关人员	PVC，VP：R&I，VP：ATL	2015 年
◆建立版权办公室，提供关于版权建议问题以及知识共享方面的宣传，加强版权许可和支付的管理	法律服务部，图书馆，学习材料生产与发行部⑤(SMPD)	2015 年

① Principal & Vice-Chancellor(PVC)：Prof. Mandla Makhanya，Prof. Narend Baijnath.
② Vice-Principal Academic：Teaching and Learning(VP：ATL)：Prof. Rita Maré.
③ Vice-Principal：Research and Innovation(VP：R&I)：Prof. Mamokgethi Phakeng.
④ Information & Communications Technology (ICT).
⑤ Study Material，Production & Delivery(SMPD).

(三)系统整合优质、有效的开放教育资源

《OER战略》主张利用、梳理南非大学自身创造和生产的所有材料，使之整合成可行且适当的教育材料，以便有利于创造一个更丰富的教学环境。《OER战略》指出，材料只有经过调整以满足相关模块的学习目标，才能够在适当的情况下被其他人使用和采纳。

表 14-3　开放教育资源

建议措施	责任人及机构	时间范围
◆通过质疑和改变原来的意识观念，激发和支持实践中的变革，改变认知，转变教学方法和实践	PVC，VP：ATL，学术和教学方面(ATL)：课程与学习发展理事会①(DCLD)，职业发展中心②(CPD)，应用技术教学和网络学习学院③(ATTeL)	2014年起
◆通过适当的技术支撑鼓励和支持机构变革，提供广泛的技能培训，改善机构运行的程序	VP：ATL，ATL（DCLD，CPD，ATTeL）	2014年起
◆制定课程材料生产及组织的指南，以及实施的时间轴	VP：ATL，ATL（DCLD，CPD，各学院）	2014年
◆在学习材料方面，为开放教育资源的使用制定质量指南	PVC，战略规划质量保障部④(DSPQA)，VP：ATL，ATL（DCLD，CPD，各学院）	2014年
◆通过现存的或新开发的制度体系、政策和策略的结合，采取可持续的方法	VP：ATL，ATL（DCLD，CPD，ATTeL）	2015年

(四)促成全球开放教育资源知识库的建立

《OER战略》指出，在开放许可的条件下公开南非大学材料，需要建立完善的南非大学开放门户，将材料链接到南非大学材料库中，同时为了方便这些材料的发表，也要与内容管理系统(Enterprise Content Management，ECM)结合起来。《OER战略》进一步提出，材料的公开并不是促进全球教育资源开放的唯一方式，南非大学也应该考虑一下诸如慕课及其他合作的倡议。

---

① Directorate：Curriculum and Learning Development(DCLD).

② Centre for Professional Development(CPD).

③ Academy for Applied Technologies in Teaching and eLearning(ATTeL).

④ Department of Strategy，Planning and Quality Assurance (DSPQA).

表 14-4　开放教育资源知识库

建议措施	责任人及机构	时间范围
◆根据开放教育资源大学的协定谋划政策	PVC，VP：ATL，ATL(DCLD，CPD，ATTeL)	2014 年起
◆重新设计南非大学开放门户，适应公开许可材料的发表以及与内容管理系统的整合	PVC，企业通信和营销部①(CC&M)	2014 年起
◆为南非大学的开放许可材料创建一个知识库	PVC，图书馆，ICT	2014 年
◆审查 MOOCs 的设计，并考虑南非大学在 MOOCs 课程设计中的地位	VP：ATL，ATL(DCLD，CPD，ATTeL)	2015 年

(五)评估与审查开放教育资源的基本政策

《OER 战略》指出，为了促进南非大学开放教育资源战略的实施，必要时需要评估、审查和修订现有的政策和程序。

表 14-5　评估与审查开放教育资源

建议措施	责任人及机构	时间范围
◆从开放教育资源战略的视角来评估和审查现行政策，并鉴别哪些政策将会受到影响	PVC，VP：ATL，ATL(DCLD，CPD，ATTeL)	2014 年起
◆修改相关政策和程序	VP：ATL，ATL(DCLD，CPD，ATTeL)	2015 年起

四、《OER 战略》对其自身的 SWOT 分析

《OER 战略》对其战略的优势、劣势、机遇及存在的风险四个方面进行了全面的客观的分析。SWOT 分析旨在为开放教育资源政策的实施和执行提供一个平衡的视角。

《OER 战略》指出，一方面南非大学有很强的社会责任感能够支持开放教育资源的生产和应用，强大的技术支撑和基础支撑能够支持开放教育资源的传送，且有良好的资源基础，相关的制度和管理承诺、国家政策的保障，满足了多样化学习者的需要，能够吸引更多优秀的学生求学。另一方面，与开放教育不相适应的教学方式、课程设计不完善、缺乏刺激开放教育资源生产和使用的机制、缺乏共享文化等存在的问题，将会妨碍南非大学开放教育资源政策的实施和执行。

《OER 战略》对于南非大学是一次契机。首先利用对南非大学生产的最好的

① Corporate Communication & Marketing(CC&M).

现有材料进行开放使用，改进教学材料将公开许可的材料整合到课程，将会缩短材料开发的时间期限，减少开发成本。如此一来，南非大学将能带动知识经济的发展，促进国家的教育发展，从而促进经济增长。

《OER 战略》对于南非大学也是一次挑战。完全开放化的环境将会导致南非大学的一切资源都能获取、复制或使用，劣质资源的公开发布将会损害机构的声誉，宣传不足和管理变化会导致战略决策执行的过程、供给和课程变革的失败，缺乏相应的技术和信息素养会造成潜在用户的流失。

五、总结与思考

南非大学《OER 战略》的提出体现了可持续发展的观念和终身教育的理念，满足了多样化学习者的需要，刺激着教学方式的转变，它是对 2008 年南非大学提出的“开放远程学习政策”的补充并提升到了战略层面上，同时推动了《学校后续教育和培训白皮书》相关政策的落实。

其战略文本有以下几个特点。一是战略的制度化和规范化。《OER 战略》强调要建立完善的知识产权有效管理体系和开放许可框架，确定并审核所有资源，规范南非大学相关资源的出版，打击侵犯版权行为，整合成新的内容管理系统。二是战略的开放性与全局性。《OER 战略》除了涉及南非大学开放资源的开发、整合、应用、审核与传播过程，相关政策的影响，还提出了促成全球开放资源知识库建立的建议。三是战略实施权责明确，规划具有条理性。《OER 战略》一共有五大战略重点，每一战略重点都有具体的措施。每一条措施都有明确的负责机构和负责人。南非大学每年的报告中还会详细汇报这一年该战略的实施情况。

南非大学的“开放教育资源战略”对我国大学制定相关政策规划有如下启示：一是要进行合理的、切合实际的开放教育资源发展规划，结合高校、地方特色，制定发展战略；二是要提高知识产权的意识，建立知识产权管理制度，打击侵犯版权的行为；三是要确立学校已有的资源，审核内容并进行整合，推广到学校建立的知识库中；四是加大学校对开放教育资源知识库建设的资金投入，并颁布相关政策来保障其实施；五是要保证开放性，开放对象是全体学习者，而不局限于校园或区域内部。

>>第三节 非洲教育发展协会促进青年就业的职业技术培训计划<<

一、计划出台背景

青年就业是非洲面临的最大挑战之一，解决就业问题不仅能消除贫困和确保社会凝聚力还可促进可持续发展。在撒哈拉以南非洲大概有 3 亿人处于 10～24 岁的年龄阶段，这一数据在 21 世纪中叶将有望达到 5.61 亿人。年轻人(15～35 岁)占整个非洲未就业人口的比例至少 60%，而且非洲未就业率也非常高。1/3 的年轻人是所谓的“三无人”(无学历、无就业和无培训)，不过他们被职场排斥具有经济、社会和专业多方面的原因。有 72%的非洲年轻人平均每日生活消费 2 美元以下，世界银行 2009 年报告显示，尼日利亚、埃塞俄比亚、乌干达、赞比亚和布隆迪的青年贫困率在 80%以上。非洲年轻人中，农村地区的青年人尤其是妇女的贫困率最高。在多数国家有很大比例(有些国家 50%以上)的年轻人没有上过学或者受教育不足，因此他们除了干体力活很少有机会做其他工作。对于大部分年轻人来说，被职场排斥也就意味着无法获得职业培训。对于众多年轻人来说，职业技术教育与培训作用甚微，根据调查只有少数年轻人(大约只有 5%)获得了进入职场的培训。即使是那些获得一定程度教育或培训的年轻人也必须等上几年才能找到与他们的知识和技能相匹配的工作。因此，解决非洲青年就业问题急需国家公共部门(政府和政党等)、私营利益相关者(民间团体、协会、商会和非政府组织等)和年轻人一起采取行动。①

在 2010 年 7 月的非洲教育部长会议上，非洲教育发展协会(Association for the Development of the Education in Africa，ADEA)催生了“国家间质量网-职业技术能力发展”(Inter Country Quality Node on Technical and Vocational Skills Development，ICQN/TVSD)项目。该项目致力于该协会成员国互相交流青年职业培训经验，并使青年参与到相关计划和措施合作的进程中，从而使他们能够有效地进入职场。2011 年 9 月，各国部长联合确定了 ICQN/TVSD 的工作重点领域，并组织了两场研讨会，分析成员国的青年就业及导致其成败的决定因素和讨

① Hamidou Boukary. Summary Conclusions on the ICQN/TVSD Country Reports, ADEA. ICQN-TVSD 2014 Ministerial Conference on Africa's Youth Employment，21 Jul 2014 to 23 Jul 2014[EB/OL]http：//www. adeanet. org/min _ conf _ youth _ skills _ employment/sites/default/files/u26/summary%20conclusions%20on%20the%20ICQN%20TVSD%20Country%20Reports-HB-final. pdf.

论青年技能获得的不同途径的认可与验证，因而提出应该建立一个注重青年职业培训的国家资格框架。2012 年和 2013 年部长会议主要分析非洲青年就业困难的原因和发展障碍，推动职业技能教育与培训改革。

2014 年 7 月 21—25 日，ADEA 在科特迪瓦首都阿比让召开了关于促进非洲青年就业的部长会议，出席会议的部长们来自 30 多个非洲国家。会议主题是“为非洲青年就业提供技能和培训”。此次会议主要讨论了如何通过技能发展和创造就业提升非洲青年的就业率，会议主要是为了解决非洲培训、专业一体化和就业的关键问题。这次会议通过了两项计划，一是非洲跨国合作行动计划[Inter-Country Cooperation Action Plan (2014—2017)]，二是国家间质量网-职业技术能力发展计划[ICQN/TVSD Development Plan (2014—2017)]。ADEA 促进青年就业的职业技术培训计划最主要的目标是通过职业技术教育培训(TVET)向职业技术能力发展(TVSD)的转变实现非洲青年有效就业。首先，在实现职业技术教育培训(TVET)向职业技术能力发展(TVSD)的转变过程中，有效的职业培训和创造就业的政策是先决条件。ADEA 的职业技术培训计划将在社会经济发展的核心战略和政策上，推动非洲国家支持具有附加价值的非正规经济。其次，计划促使非洲成员国努力投资城市和农村地区微小企业家的技能，同时与税收和生产投资政策相协调。这已经在少数国家开始有所发展。非洲政府也已经在对未来发展进行愿景展望，并赋予教育与培训特殊作用和使命。最后，ADEA 促进青年就业的职业技术培训计划在推动 TVET 向 TVSD 的转变过程中，需要两个重大范式转变，即在结构和战略上实现 TVET 向 TVSD 的转变，在培训场所方面从居民场所转向工作场所。

二、主要内容

(一)《跨国合作行动计划(2014—2017)》的重点行动[①]

《跨国合作行动计划(*2014—2017*)》[*Inter-Country Cooperation Action Plan (2014—2017)*]也是一个区域行动计划。青年就业会议上的国别报告显示非洲职业培训正在转型中。虽然可以解决大量青年被职场排斥的问题，但是各个国家仍需要坐到一起共同讨论和共同实践。2014 年就业会议上各个国家的报告为 ADEA 及其 ICQN/TVSD 提供了未来几年的工作资料，也为进一步的具体行动提供方向。以下是 ADEA《跨国合作行动计划(2014—2017)》的五大重点行动。

---

① ADEA. Inter-Country Cooperation Action Plan (2014—2017), ICQN-TVSD 2014 Ministerial Conference on Africa's Youth Employment, 21 Jul 2014 to 23 Jul 2014[EB/OL]http://www.adeanet.org/min_conf_youth_skills_employment/sites/default/files/u26/Draft%20Action%20Plan%20for%20Inter-Country%20Cooperation_0.pdf. 2014-11-12.

1. 实现教育与培训的连续与统一

教育与培训之间缺乏连续性是许多青年被职场排斥的主要原因之一，因为他们因成绩不佳离开学校系统并不具备职业界认可的学业水平，因而没有机会获得进入职场所需的培训。国别报告表明至今还未有确认关于教育与培训之间连续性的途径。他们描述了一些尝试性的例子，如年轻人从学校毕业再到新改革的学徒制或者双重形式的传统学徒制，还讨论了如何将这些形式纳入到现有的培训系统中。所有的这些经验都需要得到更正式和更进一步发展。

2. 与所有的经济和商业合作伙伴合作，为现有和新兴专业提供培训

会议有一个明确共识，除了少数国家以外，大多数国家积极推行改革，现有的某些培训场所确实是作为试点培训地，但却少有培训能够提供年轻人就业所需的技能。非洲需要的培训是适用于非正规经济需要的技能，这类经济需要聘用大量年轻人，而且最近研究表明学徒制能够为青年就业提供最好的准备。这种培训也应适用于高增长的经济部门，这些部门缺少新兴岗位和工作所需要的新的高层次技能。同样需要为个体户和低技能活动培训劳动力，也有必要培训工人和技术人员以适应目前技术和职业发展的需要。因此，现在迫切需要与商业和专业领域合作，共同制定一个使劳动力供给密切适应需求的新的培训系统，最终结束技能发展和劳动力需求不匹配的现象。

3. 使培训机构更加适应当地培训市场的需要

如果不改变现有培训机构的运行方式，整个非洲公、私培训系统是无法进行转型的，尤其是从职业技术教育与培训（technical and vocational education and training，TVET）向职业技术能力开发（Technical and Vocational Skills Development，TVSD）转变，而这里的职业技术能力是有关所有正规、非正规和非正式的技能。培训部门应该建立与当地居民的互动关系并参与到传统的和新学徒制的发展中。它们也必须为社区工作者提供初级培训、为企业家提供继续培训，为求职者提供普通培训。最终，所有这些都需要在政策文件和培训师的实践中进行重大变革。

4. 使投资企业家和培训师获得更好的技能

如果不使所有有关的利益相关者参与到技能发展中，非洲青年就业是不会有任何改变发生的。具体利益相关者包括以下：现有培训机构的培训师需要更新他们的培训方式，尤其是特殊职业的培训师；非正规经济中的企业家和大师级的工匠，为其提供更多的教育工具帮助他们培训更多的年轻人；所有职业技术能力发展的利益相关者，在合作伙伴关系之上共同形成一个治理体系，从而使质量与效率、需求分析和调节劳动力供求关系相结合。

总之，若没有各个国家共同努力和分享经验，整个行动过程是无法成功的。

5. 制订和实施区域计划和青年就业制度

当谈及其他国家分享一般问题的正确解决方法的实施时，国家试点项目往往太有限了。ICQN/TVSD应该帮助成员国提出和实施以下领域中相似或性质相同的措施：协同开发培训工具和激励措施，鼓励私立部门和社会专业组织雇用年轻人；设计和实施合作战略和计划，旨在对青年就业产生实际影响；打造既能自我就业又能发展微小企业的社会环境；签署区域协议，使求职者能够报名参加本国以外受到认可的高质量培训机构。

以上只有在ICQN/TVSD为其创造制度和财政条件下，这种国家间的区域合作才能实现，从而为这一领域的发展和研究形成一个适当的知识库。

(二)ICQN/TVSD发展计划(2014—2017)①

在成立4年之后，为了以后能够承担更多的任务，ICQN/TVSD需要提升和改进自身组织和发展能力。ICQN/TVSD需要采取一种新的制度结构，成为一个真正的在非洲层面关于职业技术能力发展变革的信息和研究中心。以下是为了顺应《跨国合作行动计划(2014—2017)》,《ICQN/TVSD发展计划(2014—2017)》的三大重点行动和四大管理措施。

1. 三大重点行动

(1)使ICQN/TVSD成为TVSD论坛，汇集和推动TVSD政策和实践。

ICQN/TVSD缺少加强努力和发布工作成果的有效手段，其工作一直没有获得足够的知名度。因此，这一状况需要让ICQN/TVSD成为一个永久性的非洲职业技术能力开发(TVSD)论坛来进行信息交流、对话和合作互动。ICQN/TVSD应该能创建面向所有人的TVSD在线资源中心，并传播有关非洲TVSD实践的原始资料。

(2) 使ICQN/TVSD成为国家层面和区域层面的TVSD专业平台。

迄今为止ICQN/TVSD已经能够在各个成员国建立，开展研究和发展行动计划并向成员国提供战略和技术支持，但是仍缺乏进一步发展会议和对话成果的手段。成员国也需要ICQN/TVSD的支持来取得进步。非洲国家积极参与IC-QN/TVSD活动的组织，也希望ICQN/TVSD能在本国制定和实施改革的过程中给予建议和援助。因此，ICQN/TVSD成为TVSD的专业知识中心和信息参考中心具有重大意义，因而ICQN/TVSD需要充分利用人力和财政资源来进一步发展重点领域和各国共同行动领域的研究，并建立专业知识平台，以应对各国需要的建议和支持。

① ADEA. ICQN/TVSD Development Plan (2014—2017). ICQN-TVSD 2014 Ministerial Conference on Africa's Youth Employment, 21 Jul 2014 to 23 Jul 2014 [EB/OL] http://www.adeanet.org/min_conf_youth_skills_employment/sites/default/files/u26/Draft%20ICQN-TVSD%20Development%20Plan.pdf.

(3)使 ICQN/TVSD 审视现有的管理和组织模式。

ICQN/TVSD 至今一直与科特迪瓦的内务部、社会就业事务和职业培训部，以及 ADEA 主要员工密切合作，其活动组织主要是由部长私人办公室负责和监督，并设有科学委员会、组委会和通信部协助工作开展，组织管理的目标是使所有的合作伙伴都能够在保障质量和效率的情况下完成必要的任务。

2. 四大管理措施

ICQN/TVSD 在进行上述行动时，其自身也需要在管理上采取相应的变革措施。

(1)加强协调。

作为 ICQN/TVSD 的协调机构，科特迪瓦的内务部、社会就业事务和职业培训部需要雇用一些双语的兼职专家，以促进活动开展和成员国之间的定期交流与互动。这会使得 ICQN/TVSD 获得更多的机构自主性，也有助于获得更多外部的、非洲的和国际的资金支持。

(2)成立咨询委员会。

这个咨询委员会将由科特迪瓦的部长、ICQN/TVSD 的协调员、英语或葡萄牙语国家部长、技术和资金合作伙伴的代表们组成。委员会主要是通过网上电子邮件来进行咨询和确认 ICQN/TVSD 每年的工作项目。

(3)成立科学委员会。

为了正确履行职责，ICQN/TVSD 的协调和管理团队需要获得资深专家组成的精小团队的支持，科学委员会的使命就是评估和批准 ICQN/TVSD 的决议、行动和报告。

(4)制订三年工作计划。

ICQN/TVSD 的三年工作计划：第一年，组织召开部长会议和达成中期行动计划；第二、第三年，根据部长会议通过的行动计划，与成员国一起组织相关主题研讨会。

三、分析与思考

非洲青年就业问题的存在，究其原因是复杂的。除了青年自身素质以外，非洲经济发展特点和非洲教育培训系统本身也制约着非洲青年就业。[①] 因此，

① Hamidou Boukary. Summary Conclusions on the ICQN/TVSD Country Reports, ADEA. ICQN-TVSD 2014 Ministerial Conference on Africa's Youth Employment, 21 Jul 2014 to 23 Jul 2014[EB/OL]http://www.adeanet.org/min_conf_youth_skills_employment/sites/default/files/u26/summary%20conclusions%20on%20the%20ICQN%20TVSD%20Country%20Reports-HB-final.pdf.

ADEA 促进青年就业的职业技术培训计划也面临着非洲经济和非洲教育培训系统两方面的挑战。

首先，在非洲经济发展方面，非洲经济发展特点会制约 ADEA 促进青年就业的职业技术培训计划的实施。非洲经济发展主要有两大特点。(1)发展迅速但过度依赖国际资本，具有食利性，即非洲巨大的经济发展模式产生的经济增长，几乎完全依赖于前所未有的全球国际性的跨国企业的出现，这些企业主要从事矿业、农业等不带附加值的采掘工业，即具有食利者性质，靠收租过日子。(2)非正规经济比重大但不受重视。非洲第三产业和第三次工业革命被忽视，也就意味着作为未来创新与新岗位和新活动主要来源的生产者，尤其是非正规经济在非洲发展中并不受重视。尽管非正规经济在非洲所有国家大量存在且对 GDP 增长影响重大，但是，非洲 3/4 的岗位是由个体户和微小企业创造的，他们也是促进当地、国家和次区域经济发展的主要推动力，但是政府几乎没有对他们进行过投资。许多存在大量潜在就业资源的重要经济部门如农业和制造业也已经被忽视。而且非洲的替代性产业少且不发达。总之，非洲经济快速增长，但就业岗位不足。劳动力市场上非洲年轻人的数量一般是他们可获得岗位数量的三四倍，有些情况甚至十倍以上，导致非洲经济发展结构与劳动力结构极不匹配。因而，ADEA 促进青年就业的职业技术培训计划在实施上面临巨大的经济适应压力和培训对象群体庞大的压力。

其次，在教育培训系统方面，非洲教育培训系统会制约 ADEA 促进青年就业的职业技术培训计划实际效用的发挥。目前，非洲职业技术能力开发仍处于转型中。针对青年就业困难的挑战，ADEA 促进青年就业的职业技术培训计划主要通过职业技术能力开发来解决问题。但是，由于教育与培训机构的制度和文化因素，职业技能开发系统的价值往往被低估且资助严重不足，导致其产生的实际效用并不尽如人意。此外，除了旨在发展职业培训的国家战略，非洲普遍缺乏对青年职业培训的公共投资和私人投资，正规的培训系统即职业技术教育培训(TVET)只能满足少数人的职业培训需求，一般是中等教育中年轻人数的 1%～6%，但培训的内容过时，设施废旧。此外，培训机构与就业市场需求脱节。这种脱节现象的主要表现为缺乏真正的学徒制计划和培训课程将培训与工作经验结合起来，劳动力市场上信息系统和知识管理状态不佳。总之，非洲教育培训系统不受重视、投资不足且与市场需求脱节，这些都将使 ADEA 促进青年就业的职业技术培训计划实际作用的发挥极大受限。

>> 第四节　非洲大学协会《核心项目(2013—2017)》<<

非洲大学协会(Association of African Universities，AAU)是一个区域性的非

政府组织。1962 年，联合国教科文组织在马达加斯加召开会议，建议非洲成立一个顶层的大学联盟组织，非盟由此萌发了成立非洲大学协会的设想。1963 年，筹备委员会在喀土穆起草了非洲大学协会章程。1967 年，非洲大学协会在摩洛哥正式成立。1970 年，非洲大学协会将总部设在加纳，规定英语、法语和阿拉伯语为通用语言，致力于为成员大学提供一个共同参与研究、讨论、反思、咨询政策及解决问题的平台。①

成立之初，AAU 的成员只有 34 所公立大学。到 2013 年，AAU 的成员已经发展到来自 46 个国家的 300 所公立或私立高等教育机构。②为了实现"成为非洲高等教育的声音"这一愿景，AAU 每四年举行一次具有最高决策权的组织大会，讨论未来四年将发展的核心项目。AAU 第 8、9、10、11、12 届组织大会，分别出台了《核心项目(1993—1997)》《核心项目(1997—2001)》《核心项目(2001—2005)》《核心项目(2005—2009)》《核心项目(2009—2013)》。2013 年，AAU 召开了第 13 届组织大会，出台了当前的《核心项目(2013—2017)》。

一、《核心项目(2013—2017)》的出台背景

《核心项目(2013—2017)》立足于 AAU 的发展使命。长期以来，AAU 坚守"支持非洲大学核心职能建设，促进非洲大学间合作，为新兴问题提供讨论平台，以提高非洲高等教育的质量和适应性"这一使命，开发核心项目，解决非洲高等教育机构发展中的普遍问题。

非洲共有 54 个被正式承认的独立国家，这些国家在地理、文化、经济、政治和语言上都具有多样性。1 050 所被认证过的非洲高等教育机构中，有 28%是 AAU 的成员大学。许多成员大学面临着一些相似的挑战，如发展规模小，成立时间短，教学或科研能力不足，资金和基础设施匮乏。AAU 作为这些大学的中介，与非洲各国政府、与国际发展伙伴合作，通过核心项目，支持成员大学履行教学、科研和社会服务职能。

此外，《核心项目(2013—2017)》也考虑到了高等教育市场化趋势下非洲公私立高校发展的新形势。一方面，非洲私立高校问题颇多，过度自由化。民营高校在规模扩大中，或基础设施匮乏、资金短缺，或严重依赖从公立高校聘请的兼职教师，教学质量难有稳定保障。另一方面，随着私立高校的日益壮大，公立高校发展愈发衰弱。公立高校大量的教师在私立高校兼职授课，也影响了公立高校原本的教学质量。同时，公立高校培养的人才与社会产业脱节、毕业生就业困难等

① AAU. Our History[EB/OL]. http://www.aau.org/page/our-history.

② AAU. Member Universities[EB/OL]. http://www.aau.org/membership/.

问题也不断涌现，非洲高等教育的可持续发展面临严重的威胁。①

在此背景下，AAU 通过吸引合作伙伴，共同开发核心项目，致力于平衡公立与私立高等教育，推动非洲高等教育的发展。这些核心项目着眼于大学能力建设、学术人员流动、信息和通讯技术发展、加强大学与产业联系等方面。

二、《核心项目(2013—2017)》的制定依据

非洲大学协会制定《核心项目(2013—2017)》有两个政策依据：一是上个阶段实施的核心项目文件，即《核心项目(2009—2013)》；二是对 AAU 发展起着纲领性作用的战略文件，即《战略计划(2011—2015)》。

2009 年，AAU 出台了《核心项目(2009—2013)》，围绕着"复兴非洲高等教育机构""提升非洲高等教育应对本土和区域问题的能力""促进知识的生产、传播和应用"这三个主题，开展了高校领导力与管理力项目、信息通讯技术/研究与教育网络项目、质量保障与协调非洲高等教育项目、加强大学与产业联系的活动、实现千年发展目标的倡议(区域能力动员项目)、非洲大学应对艾滋病毒和艾滋病项目、提升非洲学术成果可获得性的措施(非洲数据库和论文项目)、学术流动项目、国际奖学金项目、西部和中部非洲大学科研治理项目等。这些项目活动都为 AAU 开发新项目奠定了基础，有些项目在《核心项目(2013—2017)》仍然延续。

2010 年，AAU 又出台了《战略计划(2011—2015)》，设定了三大主题：(1)促进非洲大学协会组织的发展；(2)协助和服务成员大学；(3)满足更广泛的社会需求。围绕这三大主题，该战略计划形成了由 3 个模块、7 个关键领域和一系列具体的项目、计划与活动构成的完整体系，见表 14-6。

表 14-6　《战略计划(2011—2015)》框架体系

模块	关键领域	战略目标
AAU 组织事务	1. 增强秘书处提供服务的能力	增强秘书处的通信服务能力 加强财务管理 改善对项目的规划、设计和管理 完善管理和行政系统 提高理事会的参与程度，促进 AAU 活动 改善 AAU 秘书处的基础设施 提高 AAU 财政的可持续性
	2. AAU 会员规模、资格、承诺	增加 AAU 会员数量 提升会员资格质量 促进现有成员对 AAU 活动的承担

① AAU. CORE PROGRAMME(2013—2017). Ghana，2013：4—5.

续表

模块	关键领域	战略目标
协助和服务成员大学	3. 加强非洲高校能力建设	提高非洲高等教育机构的质量保障 促进非洲高等教育机构员工的聘任和在职发展 改善信息和通信技术能力，促进高校间联结与协作 加强高校领导和管理能力 改善非洲大学与产业之间的联系 通过开放远程教育使更多的人接受高等教育 提高非洲高等教育的国际化水平
	4. 知识的生产，管理和传播	提高知识生产和管理能力 提升高校所生产的知识的可获取性 增加 ICT 基础设施以管理知识 加强高校标准化的数据收集 增加高校的相关研究报告和出版物
	5. 社团和高校学生	增强高校学生对社团活动的参与 改善现有的社团活动 加强 AAU 和学生团体之间的合作
满足更广泛的社会需求	6. 与非洲的国际合作伙伴加强合作	加强与国际发展伙伴的合作 加强与非洲次区域高等教育协会的合作 加强与 AAU 所在地(加纳)的战略关系
	7. 支持高校应对地方和地区挑战	加强实现千年发展目标的能力 加快促进非洲教育可持续发展 致力于实现全民教育目标，重视教师培训 加大对高校冲突管理项目的支持

资料来源：AAU. Strategic Plan 2011—2015. Ghana，2011：5.

《核心项目(2013—2017)》从《战略计划(2011—2015)》派生出来，针对重点战略目标的具体执行，详细地阐述了每一项目、计划、活动、措施及其预期成果。

三、《核心项目(2013—2017)》的内容与具体实施

以“以高等教育促进非洲人力资源的发展”为主题的《核心项目(2013—2017)》，对应 AAU 的发展目标，结合《战略计划(2011—2015)》的关键领域，制定了以下五个分主题的内容。

(一)加强非洲高等教育机构的交付能力

1. 加强非洲高校领导和管理能力

该活动由三个独立的项目组成，即领导力发展项目(LEDEV)、管理能力发展项目(MADEV)和高校领导人体验式学习项目。

表 14-7　核心项目活动

项目	计划活动	预期成果
领导力发展项目(LEDEV)	(1)为高校领导人组织两次双边培训研讨会；(2)组织 5 次大学内部职员的领导与管理能力培训；(3)制作宣传个别高校领导力发展良好实践的小册子	(1)提升高校领导人对领导力问题的认知，在高校领导人之间分享经验；(2)增强高校领导者之间的合作与交流；(3)促成非洲高等教育机构有效的、富有创新性的领导力；(4)高校领导人能有更好的战略规划能力，为高校发展设定明确的方向
管理能力发展项目(MADEV)	(1)在撒哈拉以南非洲地区每年组织两次为期 10 天的管理能力培训会；(2)更新管理能力培训教材，改进现存的 14 个培训模式应对新问题；(3)制作小册子，作为培训后巩固和继续学习的资源	(1)高效的管理能力，能为非洲高等教育机构提供更好的服务；(2)加强非洲高校中层管理人员之间合作和联结；(3)高等教育机构面对挑战，有相应的有效解决方法；(4)有良好的高校管理实践，可被高等教育机构借鉴和采纳
高校领导人体验式学习项目	(1)每年选取 20 位高校领导人，让他们到声誉较好的高校，进行为期两周的领导力实践；(2)把任务报告发展成学习案例，在研讨会和其他媒介中广泛传播	(1)参加者对高校的入学与公平、教职工与学生事务、资源流动、私立与公立合作关系、创新的教学技术、课程设计与发展的创新等问题，有亲身实践的处理经验；(2)高等教育管理有良好实践得以共享，非洲高等教育机构管理能力有所提升

2. 改善信息通信技术基础设施，增强知识管理的能力

2006 年，AAU 启动了研究和教育网络联结项目(Research and Education Networking Unit，RENU)，以研究和教育网络为非洲大学信息和通信技术的交流中心，协助大学在教学、科研和管理活动中更好地利用信息通讯技术。

(1)RENU 项目在 2013—2017 年新阶段计划开展以下活动：

①每年组织 4 次非洲高校和宽带供应者之间的轮转研讨会，磋商出价格合适、数量充足的宽带；

②协助 AAU 成员大学校园能力建设，协助研究和教育网络的工作人员；

③为非洲高校的决策者和管理者，提供 ICT 政策手册；

④更新 AAU 有关 ICT、RENU 的信息库。

(2)预期达到以下成果：

①AAU 成员大学获得价格实惠且足够的宽带、高速的网络连接；

②提升了 ICT 领导者管理广域网和局域网的技能；

③及时地告知了政策制定者和网络管理者获取在线的相关资源；

④AAU 成员大学更好地使用了 ICT 资源来履行核心职能。

3. 促进非洲高校质量保障

该领域主要由非洲高等教育质量保障项目(Quality Assurance Support Programme for African Higher Education)来实施。项目目前取得的主要成就是,2009 年 AAU 成立了非洲教育质量保障网络(African Quality Assurance Network),联结了非洲各国的高等教育质量保障机构,促进它们相互交流和学习。

(1)质量保障项目在未来四年将开展以下活动:

①提供培训,发展高校内部评估、外部质量保障同行审查机制;

②开展质量保障的人员交流与培训,支持员工参加质量保障的国际会议;

③与非盟合作,参与讨论高等教育一体化的策略,完善质量等级机制;

④组织质量保障的区域研讨会,推广良好实践,共享经验;

⑤促进质量保证机构的同行评审;

⑥进行世界不同地区质量保障项目影响的调查研究;

⑦对区域内人员流动和学分转换面临的挑战,进行调查。

(2)预期达到以下成果:

①非洲高校采用了内部评估和外部同行审查机制;

②提高了质量保障进程的信息共享,完善了机构质量等级机制,促进了非洲高校间学历资格的对等和一致;

③利益相关者对质量保障问题更好地理解,质量保障机构加强了能力;

④非洲高校对教学、科研、服务质量和培养高水准毕业生的重要性,有更好的理解,增强了竞争力。

4. 促进非洲卓越中心的发展

非洲卓越中心项目(Africa Centers of Excellence, ACE)由世界银行于 2013 年启动,主要面向中非和西非的大学,致力于提高非洲大学的专业能力,解决区域发展的共同问题,提供非洲产业发展所需的工程、健康科学和农业科学等方面的技术支持。AAU 作为 ACE 项目区域合作的关键伙伴,负责协调各卓越中心之间的资源共享。项目第一阶段,每个卓越中心都收到 800 万美元的资源,AAU 也收到了 500 万美元运行资金。①

(1)2013—2017 年非洲卓越中心(ACE)项目将开展以下活动:

①推进、协调和管理项目;

②促进 ACE 项目和 AAU 团队的能力建设;

③进行监测、评估和报告;

④沟通和信息传播。

---

① AAU. About-ACE[EB/OL]. http://www.aau.org/ace/content/about-ace.

(2)预期达到以下成果：

①实现对 ACE 项目的有效管理；

②各个卓越中心和 AAU 员工更好地执行和管理 ACE 项目；

③研究、调查 ACE 项目是否成功实施；

④通过各种媒介，ACE 项目的评估报告和成功实践得以广泛传播。

(二)促进知识生产与管理

1. 改善非洲高校科研治理

2010 年，在国际开发研究中心的资助下，AAU 实施了西部和中部非洲大学科研治理项目，意在提升非洲大学科研与国家创新系统的相关性。该项目调查显示，西部和中部非洲大学的科研不能满足社会需求。鉴于此，在新阶段 AAU 将采取以下措施：

(1)开展非洲其他次区域的大学科研治理情况调查；

(2)每年组织 4 场次区域的有关科研治理的培训研讨会；

(3)创建一个有关大学科研治理讨论和信息交流的论坛；

(4)资助大学科研管理者参加本地的和国际的科研治理会议；

(5)资助 20 位非洲和加拿大高校管理者建立伙伴关系，开发科研管理工具。

2. 支持政策导向的研究

AAU 一直对政策导向研究有所支持。2007 年，在英国国际发展部门的资助下，AAU 启动了为期四年的区域能力动员项目(Mobilisation for Regional Capacity Initiative，MRCI)，旨在支持非洲高等教育机构建设区域能力，促进非洲高等教育的可持续发展，实现千年发展目标，消除非洲大陆的贫困。21 个 MRCI 子项目共发布了 54 个政策简报，促进了非洲国家的发展。区域能力动员项目虽然已完成，AAU 仍然重视政策导向的研究，计划采取以下行动：

(1)为法语区、葡萄牙语区、英语区的高校，组织政策提案写作的研讨会；

(2)为 20 个政策相关合作研究项目，提供奖金；

(3)观察、监督 20 个政策相关合作研究项目的实施。

3. 促进学术人员流动(非洲高校结对)

2005 年，AAU 在《核心项目(2005—2009)》中已经发起了人员交流的相关项目，之前的项目名称是教师交流项目(Staff Exchanges)。AAU 把交流项目延续至今，在《核心项目(2013—2017)》中改名为学术人员交流项目(Academic Staff Exchange，ASE)。该项目每年都发布申请公告，支持非洲大学间学术人员的流动，鼓励 AAU 成员大学间的联结与合作，提高非洲大学教学与科研的质量。在 2013—2017 年的新阶段，学术人员流动项目将支持以下活动：

(1)每年支持 10 次成员大学间的人员交流任务；

(2)管理受资助的人员交流项目；

(3)记录和展示有成效的交流任务。

4. 为高校教师专业发展，提供博士研究奖学金

在之前的小额捐赠项目里，AAU 资助成员大学的博士和硕士研究生完成论文。在新的奖学金项目里，AAU 聚焦在资助博士研究生。项目每年将资助 100 位学术交流人员的学习，包括修读学位。具体活动计划有：

(1)成立项目领导委员会，确定博士生资助项目的主题；

(2)每年筛选和公布 100 个获奖者；

(3)在每个次区域每年组织奖学金评审会；

(4)为奖学金获得者，争取进入著名非洲高校的机会；

(5)管理奖学金的捐赠过程，评估学生取得的成就；

(6)将研究成果收录到非洲数据库和论文。

5. 提升非洲学术成果的可获取性

为了促进非洲高等教育信息资源共享，2000 年 AAU 启动了非洲学位论文数据库项目(DATAD)，创建了高校论文的数据库，将非洲高校的研究成果数字化。该项目给 30 个非洲数据库中心提供 IT 设备，并培训了 300 多名大学工作人员，教授如何使用数据软件上传论文到服务器，以供 AAU 和订阅了数据库服务的其他研究机构访问。目前，100 多所大学已经连接到数据库，在线记录了 10 万多篇论文。

2013—2017 年，AAU 在新资金的资助下计划将非洲学位论文数据库项目扩展，具体而言：(1)通过提供硬件(服务器、重型扫描仪)和上传论文的软件，争取每年设立 10 所机构和 5 个国家的数据库；(2)每年组织 3 场使用论文上传设备和软件的培训研讨会；(3)在非洲内外，传递全文文献；(4)为 DATAD 项目成员机构、数据库终端使用者、政策制定者和捐助伙伴每年召开交流会；(5)管理和更新在线 DATAD 数据库。

(三)促进非洲大学与社会经济的关联性

1. 加强大学与产业的联系

在前一阶段，AAU 与加拿大大学协会合作，开发了为期三年的加强高等教育利益相关者关联项目。该项目取得的成就包括：非洲高校从加拿大高校学得了同产业联系的经验，非洲高校发布了 13 个发展战略，形成了非洲大学与产业联系的 5 个典型案例等。新阶段，AAU 计划改进项目，由原来从大学角度设计的活动改为从产业角度设计，包括以下活动：组织区域论坛，解决课程设计、技能培养、毕业生就业等共同的问题；研究产业与非洲大学的联系案例，思考由此产生的利益和挑战；强化同产业联系的战略规划能力；组织为期一周的宣传研讨会；宣传推广大学同产业联系的最佳实践。

2. 促进非洲毕业生就业

AAU致力于促进非洲大学毕业生的就业能力，要使成员大学的毕业生不仅做好充足的求职就业准备，也要激励他们创新创业。计划的活动包括每年开展4次就业指导培训会，提倡终身学习的理念，进行相关创业项目研究等。

3. 促进人类健康：预防高校和非洲社区的艾滋病和其他性传播疾病

AAU从开展了10年的预防艾滋病工作经验中总结，开发了以“加强AAU艾滋病预防：保护生殖健康”为主题的新项目。采取的行动包括扩大同其他组织的合作，资助成员大学的防治工作，定期开展艾滋病预防研讨会，资助疾病的相关研究，发放宣传小册子。

4. 促进非洲可持续发展

AAU促进非洲可持续发展的活动，从促进环境可持续、保障农业和食品安全、适应气候变化三方面实施，包括促进再生能源的研究、形成食品安全的标准、帮助体弱人群适应恶劣天气、创建可持续发展研究数据库、联合次区域组织促进可持续发展的努力等。

5. 以非洲大学为平台，倡导与建设和平

大学在和平发展中发挥的作用，包括领导国际组织资助的重建计划、完成公共政策研究、提供专业技术人员和熟练劳动力、适应该地区和国家不断变化的需求。AAU通过非洲大学，促进非洲国家间、区域伙伴间的合作，促进非洲大陆和平事业建设。

(四)联结网络与战略联盟解决资金问题

1. 促进非洲高校间的合作与交流，促进AAU与非洲次区域高等教育组织之间的合作

AAU作为大学协作组织，高度重视非洲大学间的合作、次区域的合作及同国际发展伙伴的合作。AAU寻求各方面合作，复兴非洲高等教育的努力，是有目共睹的。《战略计划(2011—2015)》在阐述每一项具体活动上，都注明了合作伙伴。2005年，AAU与非洲教育发展协会、东部和南部非洲社会科学研究组织一同，针对非洲大学教学中出现的性别问题，开发了性别培训手册。AAU资助这些手册译成法文、阿拉伯文、葡萄牙文，开展对应培训，在非洲大学中取得了一定的效果。

2. 联络侨民和校友关系

非洲在海外的人才相当多，AAU计划通过努力，整合非洲大学离散的校友资源，激励他们回到非洲大陆。在接下去的四年，AAU打算采取这些措施：资助5所成员大学进行调查，追踪可以为母校发展服务的校友资源；在AAU秘书处设立和共享校友人才资源数据库；建立一个有效的系统，以方便信息的传递和交换海外校友资源。

(五)特殊问题和新的机缘

这一分主题是辅助性主题，用以应对《核心项目(2013—2017)》在实施中可能遇见的新兴问题。如果出现的特殊问题或新的机缘不能归于以上四个分主题，可将其补充到这个分主题。

四、对《核心项目(2013—2017)》的分析

非洲大学协会出台的《核心项目(2013—2017)》有几个显著的特点。

(一)规划的完整性

《核心项目(2013—2017)》中每一分主题、每一领域都由具体项目来实施。每一项目计划都有相应的活动、措施及其预期成果，且对每一具体项目和为期四年的整个阶段都做了相应的经费预算。

(二)项目的延续性

《核心项目(2013—2017)》与《核心项目(2009—2013)》《战略计划(2011—2015)》一脉相承。许多新项目也是之前AAU项目的延续和扩展。如前一阶段的领导力发展项目(LEDEV)中，AAU在撒哈拉以南非洲的四个区域(东部、西部、中部、南部非洲)每年举办了一次领导力发展研讨会；在新的核心项目里，AAU不仅扩展了经费来源，还总结了前阶段的经验，扩大覆盖范围，创新培训形式。

(三)创新性

《核心项目(2013—2017)》预留了第五个分主题，以适应不能归于前四类的特殊问题和新的机缘。这是之前的核心项目中所没有的。又如，在加强大学与产业联系的项目中，AAU将原来从大学角度出发开展的活动，改为从社会产业角度出发，使大学培养的人才更适应产业需要，项目达到更好的效果。

《核心项目(2013—2017)》突出了战略计划中“协助和服务成员大学”“满足更广泛的社会需求”两方面，加上分主题的内容，都表明现阶段加强非洲高校能力建设、满足非洲本土发展的现实需求仍是非洲高等教育发展的重中之重。2013—2017年的整个核心项目着力点，归根到底落在“能力建设”上。国际援助项目经验也表明，只有非洲高等教育自身能力的提升，才能实现非洲地区高等教育的可持续发展。

《核心项目(2013—2017)》实施至今，扩大了非洲大学协会的影响，提升非洲高校的能力建设，取得了一定成效，但前景仍然任重道远。已建立的非洲学位论文数据库，稳定性欠佳，资料不易获取。学术人员交流项目资料记录少，缺乏项目评估和反思，每年ASE项目只能支持10个访问任务，覆盖率不及成员大学数

量的 1/30。[①]非洲 5 个区域中，只有 3 个区域参与高等教育质量保障网络，各国参与度不高，重视度不够，机制不完善。[②]还有项目资金到位不及时、活动拖延、报告发布拖延等问题，都需要非洲大学协会在项目的后续实施中不断改进。

>>第五节　非洲高等教育一体化进程中的学科能力认定<<

一、背景与目的

《非洲教育・二十行动计划》[③]及非洲高等教育一体化战略的实施，有大量的工作需要去做。为非洲高等教育课程的一体化制定框架是非盟委员会其中一项重要工作。这些工作有一些是与欧盟合作开展的。在高等教育领域，《调整非洲项目》[④]与《非欧联合战略》(JAES)[⑤]就是欧盟和非洲联合起来推进非洲高等教育一体化发展的一系列措施。

在 2010 年 11 月最后一次非洲-欧盟首脑会议上，非洲和欧盟要求加强在科学和信息社会领域的合作，建设更具包容性、以知识为基础、具有全球竞争力的经济。峰会宣言中，领导人重申了他们的责任并通过了 JAES 的 第二个《行动计划(2011—2013)》，呼吁加强“和平与安全，民主治理和人权，贸易、区域一体化和基础设施，千年发展目标(MDGs)，能源，气候变化及环境，迁移、流动和就业，科学、信息社会和空间”这八个领域的优先合作，并建立支持机制推动行动进程。欧盟和非洲积极支持《行动计划(2011—2013)》的实施，推动欧盟和非洲在多个领域更快更好地发展。

JAES 在许多领域取得了成效，其中包括高等教育领域。2011 年 2 月开始实施的《非洲高等教育协调和一体化计划》(以下简称《计划》)，在 2013 年年底明确

---

① AAU. Application Guidelines -AAU Staff Exchange Programme. GHANA.

② AAU. objectives-and-expected-outcomes，quality-assurance-support-programme-african-higher-education[EB/OL]. http：//www. aau. org/page/objectives-and-expected-outcomes.

③ AU. the Plan of Action for the Second Decade of Education for Africa[EB/OL]. http：//www. au. int/en/search/node/the%20Plan%20of%20Action%20for%20the%20Second%20Decade%20of%20Education%20for%20Africa. 2016-1-1.

④ African Union，European Union. FIRST GENERAL MEETING OF TUNING AFRICA PHASE II CONVENES IN CAIRO[EB/OL]. http：//www. tuningafrica. org. 2016-1-1.

⑤ AUC，EC. Joint Africa-EU Strategy[EB/OL]. https：//ec. europa. eu/europeaid/regions/africa/continental-cooperation/joint-africa-eu-strategy _ en. 2016-1-1.

了五大试点学科的通用能力及特定能力。[1]

该计划由欧盟委员会发起并资助，非盟委员会与欧盟委员会共同制定，非洲和欧盟共同参与、实施。首期有非洲 60 所大学参与，目前有五个学科领域(教育、医学、农业、机械和土木工程)的试点项目已经完成。

该计划的宗旨和目标是运用行之有效的"调整"方法，促进非洲成员国之间的学历相互认证，增强非洲内部的学术流动，提高非洲高等教育的质量和学生的能力，推动非洲高等教育一体化的发展。

值得关注的是，《计划》实施过程中成立了五大学科小组。

二、认定的学科通用及特定能力

《计划》实施过程中，各方就非洲五大学科涉及职业能力、道德价值观和对 Ubuntu 承诺(即对人类福祉和同伴尊严的尊重)的十八种通用能力及学科特定能力达成了一致意见。

(一)各学科通用能力

它们分别是：

(1)概念的思维、分析和综合能力；

(2)专业精神，道德价值观和对 Ubuntu 的承诺(尊重人类和人类同胞的福祉尊严)；

(3)批判性评价和自我意识的能力；

(4)把知识转化为实践的能力；

(5)客观决策与解决实际成本效益问题的能力；

(6)使用创新和恰当的技术的能力；

(7)使用官方、国家语言和本地语言有效沟通的能力；

(8)学会如何学习和终身学习的能力；

(9)灵活性，适应性和对新形势的预测和反应能力；

(10)创新思维能力；

(11)领导，管理和团队合作能力；

(12)沟通和人际关系技巧；

(13)环境与经济意识；

(14)在一个内部和跨文化的或国际环境下工作的能力；

(15)独立工作的能力；

---

① Charles Awono Onana, Olusola Bandele Oyewole, Damtew Teferra, etc.. Tuning and Harmonisation of Higher Education: The African Experience[R]. Tuning Africa Project sponsored by European Commission. Bilbao of Spain: University of Deusto. 2014.

(16)进行评价、回顾和提高质量的能力；

(17)自信，创业精神和技能；

(18)保护非洲身份和文化遗产的承诺。

另外，根据非洲学者、毕业生和基于不同群体之间的重要程度、成绩水平和排名的学生和用人单位平均水平之间的相关性矩阵，本项目还提出了五个最重要的和最不重要的能力，分别如下。

表 14-8　对非洲学者来说五个最重要、最不重要的能力

五个最重要的能力	五个最不重要的能力
把知识转化为实践的能力	在一个内部和跨文化的或国际环境下工作的能力
概念的思维、分析和综合能力	环境与经济意识
专业精神，道德价值观和对 Ubuntu 的承诺(尊重人类和人类同胞的福祉尊严)	保护非洲身份和文化遗产的承诺
客观决策与实际成本效益问题解决的能力	进行评价、回顾和提高质量的能力
创新思维能力	使用官方、国家语言和本地语言有效沟通的能力

表 14-9　对非洲毕业生来说五个最重要、最不重要的能力

五个最重要的能力	五个最不重要的能力
把知识转化为实践的能力	在一个内部和跨文化的或国际环境下工作的能力
概念的思维、分析和综合能力	环境与经济意识
客观决策与实际成本效益问题解决的能力	进行评价、回顾和提高质量的能力
专业精神，道德价值观和对 Ubuntu 的承诺(尊重人类和人类同胞的福祉尊严)	保护非洲身份和文化遗产的承诺
领导，管理和团队合作能力	使用官方、国家语言和本地语言有效沟通的能力

表 14-10　对非洲用人单位来说五个最重要、最不重要的能力

五个最重要的能力	五个最不重要的能力
把知识转化为实践的能力	在一个内部和跨文化的或国际环境下工作的能力
概念的思维、分析和综合能力	环境与经济意识
专业精神，道德价值观和对 Ubuntu 的承诺(尊重人类和人类同胞的福祉尊严)	保护非洲身份和文化遗产的承诺
客观决策与实际成本效益问题解决的能力	进行评价、回顾和提高质量的能力

续表

五个最重要的能力	五个最不重要的能力
领导，管理和团队合作能力	使用官方、国家语言和本地语言有效沟通的能力

上述三表资料来源：Charles Awono Onana，Olusola Bandele Oyewole，Damtew Teferra，etc.. Tuning and Harmonisation of Higher Education：The African Experience[R]. Tuning Africa Project sponsored by European Commission. Bilbao of Spain：University of Deusto. 2014：71－82.

(二)农业学科特定能力

农业学科领域小组审议了课程改革、现代化农业科学及其对分别位于五个不同区域的十四个非洲国家的重要性。他们的工作包括对少数国家农业学位进行检验、描述农业领域及其核心要素，探索非洲农学专业毕业生的就业机会。该小组解释和说明了利益相关者的评级重要性、成就水平和感知重要性评估、十八种通用素质的真正成效之间的差异，同时确定了农业科学的十六个具体的学科能力，分别是：

(1)了解农业生产和基础科学的知识的能力；

(2)发现问题和应用知识解决当今农业挑战的能力；

(3)评价和管理农业项目、进行财务评估的能力；

(4)拥有创业和创新技能；

(5)设计、计划和开展农业科研的能力；

(6)在世界任何地区做生意的能力；

(7)理解和适应新兴的农业技术，包括信息通信技术的能力；

(8)开展可持续发展的实践和自然资源管理技术的能力；

(9)独立思考能力和在农业领域用最少的监管工作的能力；

(10)适应和转移技术、创造新技术的能力；

(11)了解、建议和落实农业政策和法规的能力；

(12)可持续利用水和其他农用自然资源的能力；

(13)了解农村部门的组织、企业和社区管理并工作其中的能力；

(14)识别与农作物，动物及其制品有关害虫、病原体和杂草的能力；

(15)提高农业价值链质量和安全的能力；

(16)在不同的农业系统中，选择和管理农用机械，机具和设备的能力。

最后，该学科组就如何结合上述能力来应对农业领域的突出挑战指明了前进的方向。

(三)土木工程学科特定能力

土木工程学科小组就学位、期限、结构、学分和就业能力等方面明确了十个参与机构的土木工程项目的学位简介。列出了非洲高等教育中大量不同利益相关的土木工程师，并对非洲的土木工程教育和方案进行了简要说明。该小组确定了非洲土木工程中的十八种通用素质和十九种学科特定的能力，并进一步提供了对非洲土木工程范围之外的与其他地区调查结果相比较下的反思。这十九种学科特定能力分别是：

(1)协调、管理、监督和控制施工的能力；

(2)翻译和解释数据或者是将图纸转化成实际建筑的能力；

(3)设计、量化和计算参数的能力和建模、模拟系统、结构、项目和流程的能力；

(4)分析、重新配置和应用相关图纸、数据和技术的能力，将项目需求转化为草图并向客户解释它们的能力；

(5)重构、维护、修复和更新基础设施的知识；

(6)控制成本、质量和施工所需时间的能力；

(7)分析数据或信息(如来自调查、土壤等)的能力；

(8)按类型和结构识别建设的必要性的能力。鉴定为完成建设而提出的不同选项的能力；

(9)管理基础设施建设和规划原则的能力；

(10)介绍和维护建筑和材料方面的安全防护措施的能力；

(11)管理和处理缺陷和质量问题的能力；

(12)以数学和其他抽象的原则为基础，分析和做出决策的能力；

(13)掌握国家和国际建筑标准的知识；

(14)和其他领域的专家发展专业有效的互动关系，提出全面有效的解决方案；

(15)开发新型的、合适的和符合可持续发展观的建筑技术和材料的技能；

(16)最终确定所涉经费问题，明确法律责任并在适当的框架内运作的能力；

(17)厂房和设备的知识；

(18)包括保险和担保在内的合同及财务管理的基本知识；

(19)评估环境和社会影响和掌握关于发展的背景和挑战知识的技能。

(四)机械工程学科的特定能力

机械工程学科小组阐述了关于非洲和许多大学机械工程教育发展的基本现状，记录了提供项目的大学和机械工程专业机构数量的数据，探讨了泛非和分区域的背景下机械工程的特定方面。明确了各学科十八种通用能力和本学科十九个特定主题的能力，探讨了与不同水平的机械工程教育相关的政策。这十九个特定主题的能力分别是：

(1)运用机械工程应用科学和基础知识的能力；

(2)针对实时项目的背景，识别、评估和实施最合适的技术的能力；

(3)创造、创新和促进技术发展的能力；
(4)构想、分析、设计和制造机械产品和系统的能力；
(5)计划和执行机械工程项目的技能；
(6)监督、检查和监控机械工程系统的能力；
(7)操作、维护和修复机械工程系统的能力；
(8)评估机械项目对环境和社会经济的影响的技能；
(9)塑造和模仿机械工程系统和流程的能力；
(10)以核算的方式选择、调动和管理物质资源、工具和设备的技能；
(11)在机械工程项目决策中，整合法律、经济和金融等方面的能力；
(12)空间抽象、图像呈现和设计图纸的能力；
(13)为可持续发展的社会问题提供机械工程解决方案；
(14)机械工程系统中的安全风险管理技能；
(15)在机械工程中使用信息技术、软件和工具的技能；
(16)与跨专业小组相互交流，提出解决方案的能力；
(17)在管理材料、产品、资源和服务方面运用质量控制技术的技能；
(18)对产品和系统进行生命周期评估的能力；
(19)采用机械工程技术将当地自然资源通过增值转换成产品或服务的能力。

(五)医学学科特定能力

医学学科小组基于对学生、毕业生、雇主、医院的负责人、临床科室、初级保健中心和卫生部的问卷调查，强调了各学科十八个通用能力中除创新思维能力，独立工作能力，自信、创业精神和技能三种能力外，非常符合医学毕业生的十五种通用能力，并提出了十四个学科特定能力。

十四个学科特定能力分别是：
(1)与病人进行磋商；
(2)评估临床表现，下令调查，作出鉴别诊断和协商管理计划；
(3)提供包括急救和复苏的医疗急救的直接护理；
(4)开药清晰准确，说明潜在的益处和风险；
(5)执行例行的程序；
(6)在医疗环境内，敏感而有效地沟通；
(7)在医疗实践中，恪守道德和法律原则；
(8)评估患者病情的心理和社会方面原因；
(9)运用循证医学的原则、技能和知识；
(10)在医学环境中有效地使用信息和信息技术；
(11)参与促进人口健康和健康教育；
(12)说明专业属性；

(13)以专业精神有效地开展工作；

(14)展示专业素养。

最后的结论是，虽然医学上的具体课程会因大学与大学之间的不同而有所不同，但在不同的区域和国家之间，在“基础教育”及其培训方面，毕业生在医学领域所必备的能力本质上是通用的。

(六)教师教育学科特定能力

由来自十五个国家的教育工作者承担审查一大批国家教师教育学位档案、描述各种方案和种类/专业化和学分范围的任务。教师教育学科小组确定了十八种通用素质和十七个特定学科能力，并将其进一步细分为四组三十一种能力。教师教育学科小组认识到教师角色的迅速转变：教师从主要的信息提供者到促进者、引导和合作学习者的转变最后成功地提供丰富的学习和教学环境。

其中十七个特定学科能力分别是：

(1)理解并精通学科知识；

(2)应用信息通讯技术；

(3)开发资源和教学材料；

(4)有批判性思维能力、解决问题的能力、创造力和反思能力；

(5)评估和评价包括自我和他人的能力；

(6)对于复杂的情况，提供建议、指导和解决冲突(和平教育)；

(7)解释课程文献、信息和资源，将它们作为一个路线图；

(8)制订计划；

(9)能够选择、运用和设计创新教学和学习策略；

(10)能够研究(观察、描述、分析等)；

(11)理解和运用政策和法规；

(12)能够识别和应对有特殊需要的、有天赋的或其他类型的学生；

(13)在团队中工作的能力；

(14)锻炼专业精神、道德和价值观，能够理解和遵守教学工作的道德和价值观；

(15)成为终身学习者的能力；

(16)培养学生的就业力(提高学生在本专业的就业能力)；

(17)激发学习者自信的能力。

此外，学科小组还确定了以下三个主题的特定能力：

(1)与知识相关的能力。

能够理解以下六个方面知识：

①所教科目；

②基础教育的基本原则；

③特定主题领域的教学知识；

④教育的本土和国际社会、政治、经济、文化和环境背景；

⑤与教育相关的国家和制度政策；

⑥指令性语言。

(2)与教育实践和技能相关的能力。

师范生能够开展以下工作：

①制订工作方案和教学计划；

②选择、适应和使用适当的教学方法和学习活动；

③使用一系列的评估方法用以设定、评定学习者的成绩；

④开发和使用包括适当的信息通信技术在内的教学、学习和评估材料；

⑤识别和处理学习者的需求；

⑥管理正式课堂环境内外的学习者；

⑦发展自己和学习者的创业技能；

⑧创造有利的学习环境，鼓励学习；

⑨在教室和课堂上使用恰当的语言；

⑩概念化和通过分析情况来解决问题；

⑪参与基础教育研究；

⑫有效地管理时间；

⑬对工作进行批判性反思以提高实践；

⑭适应改变。

(3)与价值观和道德有关的能力。

师范生能够：

①关心和支持所有学习者的幸福；

②尊重文化多样性(宗教、民族、语言、性别、经济等)；

③遵守职业和公共机构的规则和法规；

④维护学习者之间的公平和公正，推进全纳教育；

⑤不断提高自己的知识和技能；

⑥以身作则；

⑦激发学习者的自信和对文化遗产的欣赏能力。

三、总结

五大学科通用能力及特定能力的认定，为非洲地区的相应学科人才确定了统一标准，有利于规范非洲大学学科专业发展，帮助非洲大学生达到所规定方面的能力；为非盟和欧盟相关部门和专业协会统一和认证新的学位框架，制订更全面的计划来增加大学和学科领域的数量，设立专门的高等教育的平台，支持非洲大陆内部学位认证进程的发展铺平了道路。

五大学科通用能力及特定能力的认定与非洲一体化的发展愿景相符，对实现非洲高等教育一体化有重要意义。非洲与欧盟在高等教育领域的合作，有助于改变非洲信息技术发展滞后等现状，缩小非洲地区高等教育与发达国家的差距，使非洲高等教育国际化进程向更有利于非洲本地区的方向发展。

同时，非洲与欧盟认定的五大学科通用能力及特定能力，其独立结构反映了欧盟高等教育的理念，对我国高等教育相应学科的专业标准的制定有很大借鉴意义。不过，这些能力在如何突出本土化服务方面有待加强。

第十五章　国际组织教育政策与发展趋势

>>第一节　联合国教科文组织<<

一、继续发布“迈向普及学习”系列报告，关注学习质量的监测与提升

（一）报告出台背景

教育是一项基本人权，对于解决如气候变化、日益加剧的不公平与冲突等挑战发挥至关重要的作用。过去 15 年，在普及初等教育的千年发展目标的指导下，“让全世界更多的儿童能够有学上”已经取得了很大进步。然而，尽管如此，学生的学习水平仍处在让人难以接受的低水平。[①] 2012 年的全民教育全球监测报告数据显示我们所面临的全球教育挑战形势非常严峻：约有 120 000 000 名儿童从未接受过学校教育或是在上四年级之前就已辍学；至少有 250 000 000 名的初等教育适龄儿童的读、写、算水平无法达到最低学习标准，其中也包括在校学习了至少 4 年的学生；200 000 000 名成人，包括已经完成了中等教育的人，依然不具备生活和就业所需要的技能。[②]

为全面提高世界各国的教育质量，联合国教科文组织和美国著名智库机构布鲁金斯学会联合启动了“学习指标专项任务”(the Learning Metrics Task Force, LMTF)，由联合国教科文组织统计所(the UNESCO Institute of Statistics, UIS)和布鲁金斯学会下设的普及学习研究中心(Center for Universal Learning at the Brookings Institute)负责具体工作。LMTF 主要回答以下三个问题：(1)对所有的儿童和青年而言，哪些方面的学习最为重要？(2)如何检测学习成果？(3)学习检测如何提高教育质量？而 2013 年 3 月发布的 LMTF 1 号研究报告《向普及学习迈进——每个孩子应该学什么》提出，每个学生应该在身体健康、社会情绪、文化艺术、文字沟通、学习方法与认知、数字与数学、科学与技术这七个方面都

---

① UNESCO, Center for Universal Education at Brookings. Toward Universal Learning: Recommendations from the Learning Metrics Task Force. UNESCO [R/OL]. http://www.uis.unesco.org/Education/Documents/lmtf-summary-rpt-en.pdf. 2014-08-17: 9.

② Ibid.

有所发展，并基于这一理论模型建构了不同学段的具体学习指标体系。2014 年 7 月发布的《迈向普及学习——测量学习的全球框架》((*Toward Universal Learning—A Global Framework for Measuring Learning*)则主要回答了"如何检测学习成果?"这一问题。2013 年 11 月发布的 LMTF 3 号研究报告《迈向普适学习：来自学习指标专项任务的建议》(*Toward Universal Learning*：*Recommendations from the Learning Metrics Task Force*)，则对学习监测如何提高教育质量提出了建设性的意见。

(二)报告的主要内容

1.《迈向普及学习——测量学习的全球框架》

测量学习成果是确保世界上每一个孩子都能获得优质教育权利的关键一步，教育部门已经成功地使上百万的儿童有学上，并让人们意识到教育意味着学习，而不仅仅只是上学。该报告从以下六个方面，提供了一个全球层面测量学习的愿景框架，并表示教育是社会中每一个人的责任，因此，学习成果的测量必须获得所有利益相关者的支持与参与。这六个方面如下。①

(1)能获得并实现学习机会。

专门针对那些无法获得或完成学业的失学儿童和青年，当然这里包括广义的就读，即根据国际标准，既包括正式学习也包括非正式学习。

(2)有机会广泛接触七大领域的学习。

无论是国家课程、教师培训还是教学实践，都要发展学生的七大领域——身体健康、社交与情绪、文化与艺术、读写与交流、学习方法与认知、运算与数学、科学与技术。

(3)幼儿有多领域的发展与学习经历。

幼儿时期对于之后的学习与发展至关重要。② 因而幼儿必须重点发展以下八大领域：身体健康、社会情感、阅读、交流、学习方法、认知、算术与数学。

(4)阅读各种文本的能力。

小学和初中的儿童或青少年必须能够使用其母语来进行交流，更要具备通过各种媒介来理解与分析复杂文本的能力。

(5)数字能力及将数字知识用于现实生活中的能力。

小学和初中的儿童或青少年必须会数数，理解数学概念，能够运用数学知识在生活中做出理智的决策。

---

① UNESCO. Toward Universal Learning—A Global Framework for Measuring Learning[R/OL]. http：// www. uis. unesco. org/Education/Documents/towards-universal-learning-a-global-framework-for-measuring-learning-metrics-task-force-education-2013-en. pdf. 2014-09-01.

② Ibid，11.

(6)培养 21 世纪所需的灵活技能。

主要针对初中学生而言，主要培养包括环境意识、合作解决问题、基于信息与计算机技术的数字化技能、社会责任感及其他相关知识和技能。

2.《迈向普及学习：来自学习指标专项任务的建议》

基于对 118 个国家的 1 700 多人的调查，该专项任务小组呼吁教育领域内的所有利益相关者行动起来，包括教师、学校领导者、地方教育局、教育部门以及捐赠者等，共同来定义与测量学习，并且由 186 位技术专家组成的工作组历时 18 个月提出了关于普及学习的以下七条建议。[①]

(1)全球范式的转变。

专项任务小组呼吁全球将焦点与投资从普及教育机会(universal access)转向普及教育机会加学习(access plus learning)。从 2015 年后提出的一系列新的国际发展目标来看，这一范式的转变亟须确保所有儿童与青年有机会获得高质量教育，以培养其在未来生活中取得成功所需的技能与能力。

(2)学习能力。

培养所有儿童与青年掌握以下七个领域的学习，包括身体健康、社交与情绪、文化与艺术、读写与交流、学习方法与认知、运算与数学、科学与技术。不论将来学生的职业及他们所追求的学习机会是什么，专项任务小组决定将给出的这些建议聚焦到初中阶段，关注所有年轻人所需的技能与知识。

(3)学习指标的全球监测。

在全球范围内，追踪 2 号建议书中提出的六大学习监测指标。

(4)支持各个国家。

支持各个国家加强评估体系以提升学习水平。专项任务小组建议世界各国开展这样一些行动：利用各国的评估系统来诊断质量；召集利益相关者；评估用于改进学习测量与成果而所需的技术与财政资源。此外，还包括缩小各国对儿童与青年学习期望的设想与现实的差距，充分发挥家长、教师、非政府组织、政府在改进学生学习成果方面的重要作用。从国际层面，要建设一个更好的机制以便家长、教师等相关人员能够支持各国监测学习。同时，专项任务小组还建议，应该促使多方相关人员进行合作。而将建议转变成国家行动则需要技术(technical)、体制(institutional)与政治(political)方面的支持与跟进。

(5)平等。

必须特别关注教育平等，特别关注国家内部的教育不平等现象。无论情况如

---

① UNESCO，Center for Universal Education at BROOKINGS. Toward Universal Learning：Recommendations from the Learning Metrics Task Force. UNESCO［R/OL］. http：//www.uis.unesco.org/Education/Documents/lmtf-summary-rpt-en.pdf. 2014-08-17：9.10—13.

何，所有的儿童与青年人都有权来培养在学校与生活中取得成功所需的技能与知识。学习与准入的测量都应该用于确保人人获得公平的学习机会，减少学习成果方面的不平等。而这都需要了解校外孩子与青年人的特征以及他们所面临的困难等。

(6)测量是公共财产。

所有指标的测量结果均为公共财产，测量的工具、数据等都要面向公众免费公开，也要保证所有国家不因财政限制而被排除在测量学习成果之外。此外，专项任务小组还建议捐助者以及私立机构应帮助减少评估的成本障碍，尤其是中低收入国家。

(7)行动。

所有利益相关者都要采取行动以确保所有儿童与青年的学习权。教育部门应重视合作与共同行动能力，努力构建一个有关学习及其指标的共同愿景。专项任务小组的建议已经获得青年人、家长、教师、民间团体、企业、政府及国际社会的认可与支持。

二、召开“首届国际学习型城市大会”，倡导全民终身学习和城市的包容、繁荣与可持续发展

(一)报告出台背景

正如《建设学习型城市北京宣言—全民终身学习：城市的包容、繁荣与可持续发展》(以下简称《北京宣言》)前言所言：我们认识到，我们生活在一个复杂的、快速变化的世界。在这个世界里，社会、经济和政治规范不断被重新定义。经济增长和就业、城市化和人口结构变化、科学和技术进步、文化多样性和公共安全仅仅只是社会治理和可持续发展所面临的一部分挑战。我们确信，今天，比以往任何时候，更需要赋予我们城市和社区的公民、居民权利，我们必须努力为他们提供并鼓励他们使用大量的终身学习的机会。我们相信，这样的学习机会是人们提高生活品质的办法，使他们能够预测和应对新的挑战，建设更美好、更可持续发展的社会。我们承认，终身学习的概念并不是新近出现的，它一直是人类发展不可或缺的部分，深深植根于所有文化和文明当中。我们坚信，终身学习无论是对个人的学习还是对社会都会带来社会、经济和文化利益，因此它应该是各个城市、地区、国家和国际社会的主要焦点。我们知道，全世界的大多数人口目前居住在城市、城市地区，并且这种趋势正在加速，因此，城市和城市地区在国家和全球发展中具有前所未有的重要作用。我们认识到，“学习型社区”“学习型城市”和“学习型地区”是可持续发展的支柱之一，而国际组织和各国、各地区政府在发展学习型社会愿景中则发挥着至关重要的作用。然而，这种愿景必须扎根在地

区、城市和社区，而城市在促进社会包容、经济增长、公共安全和环境保护中发挥着重要作用，因此城市应该是终身学习和可持续发展战略的设计师和践行者。

因此，2013 年 10 月 21—23 日，由联合国教科文组织、中华人民共和国教育部、北京市人民政府合作主办的“首届国际学习型城市大会”在北京召开，来自联合国教科文组织 102 个成员国的 500 多名代表发出“建设学习型城市北京宣言”，承诺将采取措施和具体行动，加倍努力，让城市发展成为学习型城市。大会最终通过了《北京宣言》和《学习型城市的主要特征》两项重要成果文件，明确了学习型城市的基本特征，提出了建设学习型城市的主要战略，以推动世界范围内的学习型城市建设。文件承认，不同城市在文化和民族构成、文化遗产和社会结构方面存在差异，但是，一个学习型城市的许多特点是其他所有城市所共有的。学习型城市应调配其资源，促进从基础教育到高等教育的包容性学习，重振家庭和社区学习活力，促进工作场所学习，推广运用现代学习技术，提高学习质量，培育终身学习文化。同时，文件倡导，学习型城市应为提升个人能力、增强社会凝聚力、培育公民权利、促进经济和文化繁荣，并为可持续发展奠定基础。

(二)报告的主要内容①

为促进“学习型城市”愿景的实现，报告提出了以下几个方面的措施建议。

1. 增强个人能力和社会凝聚力

现代城市中，个人能力和社会凝聚力对市民的幸福至关重要。个人能力的提升能够增加个人进行选择的机会，并将这些机会转变成自己想要的行动和结果；而社会凝聚力能够增强参与意识、信任、互通和公民参与。因此，为赋予市民期待和应对城市化挑战的能力，城市应当重视个人能力和社会凝聚力。在发展学习型城市过程中，我们通过以下方式增强个人能力和社会凝聚力：确保每个公民和居民有机会接受教育并获得基本技能；鼓励并让每一个人能够积极参与所在城市的公共生活；保障性别平等；创造安全、支持、包容的城市社区。

2. 加强经济发展和文化繁荣

尽管经济的发展在提高人民生活水平、保持城市的经济健康方面起着至关重要的作用，但文化的繁荣对生活质量的提高也具有重大贡献，正如我们所知道的一样，生命的意义、价值、文化决定了人们的生活方式和城市社区内的互动。在发展学习型城市过程中，我们将通过下列方式促进经济发展和文化繁荣：刺激包容性可持续经济增长；减少生活在贫困中的公民和居民比例；为所有公民和居民创造就业机会；积极支持科学、技术和创新；确保文化活动的多样性；积极参与休闲和体育锻炼。

---

① 建设学习型城市北京宣言. 高等继续教育学报[J]. 2014(1)：2－5.

3. 促进可持续发展

为了确保我们城市社区未来的生存能力，我们必须合理利用自然资源以保障后代人良好的生活质量。可持续发展不能只通过技术解决方案、政治制度或财政奖励来实现，它要求人们的思考和行为方式进行根本性转变，而全民终身学习大大有助于实现这一变化。在发展学习型城市过程中，我们将通过下列方式促进可持续发展：减少经济及其他人类活动对自然环境的负面影响；保护自然环境，提高城市的宜居性；通过各界的主动学习推进可持续发展。

4. 促进教育系统内的包容性学习

全体公民和居民，不论性别、社会背景、语言、种族、区域或文化，都应当具有平等学习的机会。如果一个人被排除在教育体系之外，那么其个人发展和为社区做贡献的能力或将受损。在发展学习型城市过程中，我们将通过下列方式促进教育系统的包容性学习：推广儿童早期教育；推广从小学到大专水平的正式教育；推广接受和参与成人教育、职业技术教育和培训；提高终身学习体系的灵活性，以便提供多样化的学习机会，满足不同水平的学习需求；为边缘化群体，包括流动家庭，提供支持体系，以确保其接受终身学习。

5. 重振家庭和社区学习活力

终身学习并不局限于教育或商业范畴，它融入了整个城市的生活。在大多数社会，家庭是一个特别重要的学习场地。家庭和社区的学习，能够建立社会资本，提高生活质量。在发展学习型城市过程中，我们将通过以下方式重振家庭和社区学习活力：建立以社区为基础的学习空间，为家庭和社区学习提供资源；通过磋商，确保社区教育和学习计划满足市民的真正需求；鼓励公民和居民参与家庭和社区学习，特别关注弱势群体，如有需要的家庭、流动人口、残疾人、少数民族和其他学习者；将社区历史和文化，以及本土的学习方式视为独特、宝贵的资源。

6. 促进工作场所学习

由于全球化、技术进步和知识型经济的增长，大多数成年人都需要定期提升他们的知识和技能，而私人组织和公共组织则需要为其提供学习的机会。在发展学习型城市过程中，我们将通过下列方式促进工作场所学习：帮助公立和私立组织成为学习型组织；确保所有员工，包括外来工作者，有机会接受继续学习和教育；鼓励雇主和行业协会支持工作场所学习；为失业青年和成年人提供合适的学习机会。

7. 推广应用现代学习技术

信息和通信技术（ICT），特别是互联网，为学习和教育开辟了新的可能性。现代城市必须有能力让所有公民和居民将这些技术用于学习和自我提升。在发展学习型城市过程中，我们将通过下列方式推广应用现代学习技术：发展对学习中使用信息和通信技术有利的政策环境；培训管理者、教师和教育工作者，让他们学会使用技术提升学习能力；推广公民和居民使用信息和通信技术工具的学习计划；开发高质量的电子学习资源。

8. 提高学习质量

终身学习政策与实践仅仅关注增加学习参与者的数量是远远不够的。在许多城市，参与教育和学习的人数与成功掌握相关便携式技能和能力的人数之间还存在差距。因此学习质量至关重要，特别是迫切需要培养技能、价值观和态度，这些将使人们克服宗教、语言和文化的差异，在城市社区中和平共存，并找到人类共同的道德和伦理原则。在发展学习型城市过程中，我们通过下列方式高度重视提高学习质量：推动从重视教到重视学的观念转变，从简单获取信息到开发创造力和学习技能的转变；增强共同道德意识和文化价值观，促进差异容忍；雇用适当培训的管理人员、教师和教育工作者；培养学习者友好环境，学习者尽可能拥有他/她自己学习过程的掌控权；为有特殊需要的学习者提供支持，特别是学习困难者。

9. 培育终身学习文化

如今，大部分人涉足各种学习环境。当学习的结果得到城市的认可、奖励和庆祝时，就会提高学习者的社会地位，并激励他们进一步学习。这种学习动机应当获得支持，为其提供全面的信息和建议，帮助人们了解学习机会。在发展学习型城市过程中，我们将通过以下方式培育充满活力的终身学习文化：了解通信媒体、图书馆、博物馆、宗教机构、体育文化中心、社区中心、公园及相关场所作为学习空间的作用；组织和支持为鼓励及庆祝学习而开展的公共活动；为所有公民提供足够的信息、指导和支持，激励他们通过不同的途径学习；认同在非正式和非正规场合学习的重要性，发展各种学习形式的认可和奖励体系。

10. 加强政治意志和承诺

学习型城市的建设必须带有强烈的政治意志和承诺。因此，管理者对于使用政治资源实现学习型城市的愿景负有主要责任。在发展学习型城市过程中，我们将通过下列方式加强政治意志和承诺：展示强大的政治领导和坚定的承诺，旨在把我们的城市变成学习型城市；制定和实施有充分依据的参与式策略，促进所有公民和居民的终身学习；持续监管学习型城市的发展进程。

11. 改善监管并鼓励所有利益相关者参与

社会各部门在学习和教育中发挥着关键作用，并且应当参与到建设学习型城市中，而通过参与决策的方式，利益相关者、公民和居民则最有可能为建设学习型城市作出贡献。在发展学习型城市过程中，我们将通过下列方式改善监管和所有利益相关者参与：建立部门间的协调机制，让政府机构、民间社会组织和私营部门都参与建设学习型城市；发展部门之间的双边或多边合作伙伴关系，以便共享资源，提高学习机会的可用性；鼓励所有利益相关者提供优质的学习机会，让他们为建设学习型城市做出自己独特的贡献。

12. 提高资源调配和利用水平

已经提供全民终身学习的城市和社区，在公共卫生、经济增长、减少犯罪、提高民主参与方面已经看到显著改善，而这些由终身学习所带来的益处为增加建设学习型城市的投资提供了强有力的论据。在发展学习型城市过程中，我们将通过下列方式提高资源调配和利用水平：鼓励政府、民间社会、私营部门和个人加大对终身学习的金融投资；有效利用所有利益相关者的学习资源，开发创新性筹资机制，支持全民终身学习；去除学习的结构性障碍，采取扶贫政策，为弱势群体提供特殊金融支持；鼓励公民和居民自愿贡献自己的才华、能力、知识和经验；鼓励不同城市的组织之间进行思想、经验和实践交流。

此外，全世界的很多城市和地区已经将自己定义为学习型城市和学习型地区，他们热衷于参与国际政策对话、行动研究、能力建设和同行学习并从中受益，更运用各种成功方法促进终身学习。为此，联合国教科文组织呼吁建立学习型城市的全球网络，支持和促进世界城市社区的终身学习实践。这个网络应该促进政策对话和各成员城市的同行学习，建立联系，培育伙伴关系，提供能力开发机会，开发出各种鼓励和促进发展的手段。世界各地的城市和地区加入这个网络，在他们的城市开发和实施终身学习战略，同时国际和区域组织成为这个网络的活跃伙伴。各国当局鼓励地方当局努力建设学习型城市、学习型地区和学习型社区，并支持地方当局参与国际同行学习活动，而基金组织、私人企业和民间社会组织通过借鉴私营部门项目的成功经验，也成为学习型城市全球网络的又一活跃伙伴。

三、召开 2014 年教师职业国际峰会，倡导为所有人提供高质量的教学

(一)会议召开的背景

在很多 OECD 国家，收入不平等，社会流动下降等都对社会结构造成威胁。越来越多的不公平产生的主要原因在于劳动力市场的变化，现在劳动力市场中，低技能工作减少，对低文化水平劳动力的需求也在减少。在 OECD 国家，5 名学生中几乎就有 1 人没有达到社会生活所要求的最基本的技能水平。尽管通过社会福利体系能够减缓贫困的影响，但是在依赖高技能的地区，改进处于不利社会地位的学生的教育结果才是长期的解决之策。现代经济需要高技能人才来推动经济发展与创新，因而为大部分学生只提供基本读写技能已经不合时宜。相反，学校需要为每个学生培养更多的技能，包括批评思维能力、问题解决能力、创造力、

合作、学会如何学习。所以，现在，实现教育公平与卓越变得更加重要。①

第四届教师职业国际峰会(International Summit on the Teaching Profession)于 2014 年 3 月 28—29 日在新西兰首都惠灵顿举行，由新西兰教育部、经济合作与发展组织(OECD)和国际教育组织(EI)共同举办。会议围绕“卓越、平等和包容性——为所有人提供高质量的教学”这一主题展开讨论，旨在解决如何实现教育公平与卓越的问题。会议邀请在经合组织 2012 年国际学生评估项目(PISA)中获得不菲成绩、显示教育系统具有良好表现或迅速改善的国家的教育部部长、官员及教师协会代表出席会议。

(二)会议成果报告的主要内容②

此次会议的最终报告中给出了大会达成的一致结论。

(1)高估优质优秀教师对卓越与公平的重要性是不可能的。此次会议关注教师准备与专业发展的需求，以便给予教师在当今日益多样化的课堂中成功开展教学所需的技能与知识，如诊断学生问题的能力、理解文化差异的能力、依据学生需要因材施教的能力。各国需要开发一系列策略将优秀教师吸引到最困难的学校中，因而雇用与分配系统、奖励机制、对来自地方社区学校的教师进行培训及科技等都将在其中发挥重要作用。此外，帮助贫困学校留住教师及使其取得成功，需要对其进行持续性的支持。

(2)越来越多的教育系统远离自上而下的行政模式，开始给予学校更多的自治权来创新，并重视满足学生的需求，关注教育公平。例如，注重各校间资源分配的公平性，将资源分配给最需要的孩子。另外，教育系统越分散，学校层面所需的能力越大。因而，在分散的教育系统中，应在学校之间建立网络与合作，以促使学校间最佳实践的分享。在合作性的学校文化下，学生的学习成果问题则成为了其比较清晰的愿景，并使用数据进一步确定学习问题。此外，教师与学校领导者共同工作反复改进教学实践以便提高学生与教师的学习。

(3)关注学校与课堂的学习环境，以促进教育卓越与公平。有关学习科学的研究表明，考虑学生的兴趣及文化背景为学生构建个性化的学习环境，才能促进公平与实现卓越。如今的学习环境已延伸至课堂与在校日之外，科技在促进学习时间、学习资源、学习类型扩展的同时，也使得学习环境越来越多样化。

(4)早期教育对于促进公平、实现卓越非常重要。越来越多的研究表明，高质量的早期教育项目能够提高学生的整体发展与学业成就。在一些国家，与贫困

① Asia Society. Excellence, Equity and Inclusiveness: High Quality Teaching for All[R/OL]. http://www.istp2014.org/assets/2014_International_Summit_Final_Report.pdf. 2014-8-20: 27.

② Ibid, 27-29.

家庭的父母相比，中产阶级的父母更易获得早期教育机会。另外，早期教育项目的提供者不同，其教育标准不同，教师的水平也不同，并且还与小学教育分离。所以，未来需要就这一部分的教育质量与入学机会问题进行讨论。

(5)需要调动所有利益相关者的积极性，以共同解决实现教育公平与卓越的道路上所面临的挑战。实现公平需要从系统设计与管理到地方学校、课堂等多个层次进行。而形成高水平学习的环境是个复杂综合的生态系统，学校是系统中的中心组织者。为了解决低收入家庭学生的表现不佳问题需要教师之间，学校之间甚至更广泛的社区之间的多方合作。

四、召开全球公民教育系列会议，倡导21世纪学习者学会共处

(一)会议背景

世界各地以及人与人之间的依存与联系愈加密切，包括政府、民间组织、私营部门在内的利益相关者超越了国家界限，与此同时，人类还面临共同的发展问题，包括气候变化等在内的可持续发展问题，这些都需要人们在全球与地方层面进行思考、行动及全方位的合作。[①] 在全球化的世界上，教育越来越强调人们需从小开始，甚至花费终身的时间来获得相关的知识、技能、态度、行为以便成为见多识广、乐于参与、富有同情心的公民。[②] 2013年9月9—10日在韩国首尔举行“全球公民教育首次技术协商”(Technical Consultation on Global Citizenship Education，GCE)会议，此次会议由教科文组织及韩国外交部、教育部和亚太地区国际理解教育中心(APCEIU)共同举办。咨询会澄清了以下几个问题：什么是全球公民教育？为什么现在要支持全球公民和全球公民教育？在全球层面支持和促进全球公民教育需要做什么？随后2013年12月2—4日，UNESCO又在泰国曼谷召开了“全球公民教育联合国教科文组织论坛”，并于2014年出版了一本名为《全球公民教育：让学习者为21世纪的挑战做好准备》(*Global Citizenship Education—Preparing learners for the challenges of the 21st century*)的报告。该报告旨在改进有关全球公民教育的理解，全球公民教育对教育内容、教学及方法的影响；明确全球范围内开展全球公民教育的优秀实践与方法；分享一些推广全球

---

① UNESCO. Outcome Document of the Technical Consultation on Global Citizenship Education _ Global Citizenship Education：An Emerging Perspective[R/OL]. http：//unesdoc. unesco. org/images/0022/002241/224115e. pdf. 2014-8-19：2.

② UNESCO. Global Citizenship Education —Preparing Learners for The Challenges of The 21st Century[R/OL]. http：// unesdoc. unesco. org/images/0022/002277/227729e. pdf. 2014-8-19：11.

公民教育上的一些经验与方法。①

(二)会议主要内容

GCE会议成果文件指出，关于全球公民的概念莫衷一是，全球公民并未涉及法律地位，而更多地指向一种对全球社会和共同人性的归属感，是假定成员经历一种团结和集体身份认同，以及全球层面上的集体责任感。全球公民可以被视为一种精神或某种隐喻，而不是一名真实的客观物质的正式成员，而这种精神必须建立在对人类普世价值如人权、民主、正义、非歧视、多样性和可持续的基础之上。因此，联合国教科文组织认为，全球公民教育(Global Citizenship Education，GCE)是种框架范式(framing paradigm)，能够使学习者掌握建立一个更加正义、和平、宽容、包容、安全和可持续发展的世界所需要的知识、技能、价值观和态度。全球公民教育代表了一种概念的转变，能够意识到教育有助于理解以及解决人们有关社会、政治、文化、经济和环境领域的全球性问题，这也意味着承认教育具有超越知识以及所谓认知技能发展的作用，能够构建学习者的价值观、软技能和态度，促进国际合作和社会转型。②

全球公民教育的核心能力包括：(1)对不同层次身份的理解，以及一种对超越个人、文化、宗教、道德和其他不同的“共同身份”的支持态度；(2)对有关普世价值观(如公平、平等、尊严、尊重)和全球性问题的深入了解等；(3)相关的认知技能以便进行批判性、系统性、创造性地思考，包括意识到问题的不同维度、视角，从而获得多元化视角的方法；(4)掌握非认知技能包括社会技能，如同情、问题解决、交流技能、与不同背景、文化、出身的人互动等；(5)获得行为能力，包括合作行动，找到全球性挑战的解决之策，为共同的利益努力等。③

而要实现全球公民教育，从国家层面来说，在各国的课程层面反映全球公民教育的目标是最重要的任务之一。变革的教育(transformative education)需要变革的教学(transformative pedagogy)：要鼓励学习者批判性地分析真实生活中的问题，找出创造性解决问题的可能性方法；尊重差异与多样性；鼓励多方利益相关者参与等。④ 另外，实施全球公民教育需要多种方式，包括正式与非正式的方法，课内与课外的干预，传统与非传统的方式。在正式情境下，全球公民教育作为现有课程的一部分(如公民教育、社会研究、环境研究、地理或文化课等)，或

① UNESCO. Global Citizenship Education —Preparing learners for the challenges of the 21st century[EB/OL]. http：//unesdoc. unesco. org/images/0022/002277/227729e. pdf. 2014-8-19：12.

② Ibid，9.

③ Ibid，9.

④ UNESCO. Outcome Document of the Technical Consultation on Global Citizenship Education _ Global Citizenship Education：An Emerging Perspective. http：//unesdoc. unesco. org/images/0022/002241/224115e. pdf. 2014-8-19：5-6.

者作为一个独立的课程领域。而一些不是很传统的但是有效的开展全球公民教育的方式包括：信息通信技术与社会媒介的运用、体育竞赛、艺术与音乐的运用，青年主导的行动等。① 其次是知识与经验的分享。全球公民教育必须反映多样化的利益相关者的声音。利益相关者的网络能够有利于重构全球公民教育的目标，如果有必要，可以在现有的基础上建立一个联络与合作机制，进行研究与对话，分享更多国家层面上有关全球公民教育的案例。②

五、发布媒体与信息素养系列研究报告，培养全民媒体与信息素养

（一）报告发布的背景

随着信息与通信技术的飞速发展，时代要求人们具有更好地管理信息与知识的能力。联合国教科文组织媒体与信息素养战略的中心要素即全球媒体与信息素养评估框架，能够帮助各成员国开展针对信息与媒体环境的综合性评估，从国家与区域水平来监测公民的信息与媒体素养能力达到了何种程度，尤其是在服务与培训领域的教师。基于证据的信息将随后帮助成员国监测教育及ICT政策在培养人们21世纪能力方面的有效性及帮助某一具体国家设计新的战略并进行行动导向规划。③ 2013年，联合国教科文组织先后发布了《媒体与信息素养策略与战略指南》(*Media and Informational Literacy Policy and Strategy Guidelines*)和《全球媒体与信息素养评估框架：各国的基础与能力水平》(*Global Media and Information Literacy Assessment Framework*：*Country Readiness and Competencies*)，为各成员国评估其在创造能动的媒体与信息素养环境上所做的准备及在评估公民媒体与信息素养能力方面所提供的方法指导与实践工具，尤其聚焦于服务与培训领域的教师。

（二）报告的主要内容

随着知识型社会的日益发展，信息爆炸时代的到来，一些人出现信息超载的情况，而另一些人则是处于信息饥渴的状态。而当今的世界是一个由媒体、技术

---

① UNESCO. Global Citizenship Education —Preparing learners for the challenges of the 21st century[R/OL]. http：//unesdoc. unesco. org/images/0022/002277/227729e. pdf. 2014-8-19：10.

② UNESCO. Outcome Document of the Technical Consultation on Global Citizenship Education _ Global Citizenship Education：An Emerging Perspective[EB/OL]. http：// unesdoc. unesco. org/images/0022/002241/224115e. pdf. 2014-8-19：5-6.

③ UNESCO. Assessment Framework for Media and Information Literacy Launched by UNESCO[R/OL]. http：// www. unesco. org/new/en/media-services/single-view/news/assessment _ framework _ for _ media _ and _ information _ literacy _ launched _ by _ unesco/#. U _ CLoPm-Swrg. 2014-08-17.

以及信息所操控的互联的世界，而发布媒体与信息素养策略与战略将有助于人们更多地参与现代化治理。无论在什么地方，人们都希望能够自由表达自己，积极参与国家治理过程以及文化交流。UNESCO 此次发布的“指南”，首次将信息素养与媒体素养合二为一，组成一个复合概念——媒体与信息素养。[①] 其中，媒体与信息素养评估框架采用两级制方法。第一级是国家准备(country readiness)，主要提供一个国家媒体与信息素养的水平及其实施的相关行动方面的能力的信息。此级包括媒体与信息素养的教育、政策、供应、获得与运用、民间团体(Civil society)。第二级是媒体与信息素养方面的能力，聚焦于所有人，尤为关注服务与培训中的教师，因为教师是主要的知识传递者。此部分包括媒体信息素养能力矩阵，以此来评估个人和组织层面的能力。[②] 此外，UNESCO 还开发了媒体与信息素养综合工具包，包括：(1)针对教师的媒体与信息素养课程；(2)全球媒体与信息素养评估框架；(3)针对广播员的媒体与信息素养发展指南，以及用户生成的相关内容；(4)有关媒体与信息素养方面的在线多媒体教学资源；(5)在线媒体与信息素养模型以及跨文化对话课程。[③]

六、发布亚洲大学研究报告，呼吁关注扩招与提升之间的平衡

(一)报告背景

在过去 20 年，由于高出生率、学校参与度上升及越来越多的人意识到高等教育对生活机会的重要性，亚洲高等教育入学人数经历了爆炸性增长。为适应入学人数的剧增，政府通过支持建立新大学、招聘更多教职员、鼓励私立高等教育机构进入高等教育领域等措施，实现高等教育系统的扩张。[④] 而高等教育入学人数的增加给亚洲各国政府造成了很大的财政压力。对此，各国政府寻求各种方法来降低公立大学的教学成本，将高等教育的成本转嫁到学生与家长身上。而公立大学也引进新的学费承担方案与附属机构，旨在分担大学运营成本，例如在一些

---

① UNESCO. Media and Informational Literacy Policy and Strategy Guidelines[R/OL]. http://unesdoc.unesco.org/images/0022/002256/225606e.pdf. 2014-08-17：7.

② UNESCO. Global Media and Information Literacy Assessment Framework：Country Readiness and Competencies[R/OL]. http://unesdoc.unesco.org/images/0022/002246/224655e.pdf#page=40. 2014-08-17.

③ UNESCO. Media and Informational Literacy Policy and Strategy Guidelines[R/OL]. http://unesdoc.unesco.org/images/0022/002256/225606e.pdf. 2014-08-17：7.

④ UNESCO. High Education in Asia：Expanding Out，Expanding Up[R/OL]. http://www.uis.unesco.org/Library/Documents/higher-education-asia-graduate-university-research-2014-en.pdf. 2014-08-16：11.

大学进行网络教学与其他形式的远程教育。东亚与东南亚正在引领全世界的远程教育发展。[①] 2014 年 5 月 19 日，联合国教科文组织正式发布了一份题为《亚洲高等教育：扩招与提升》(*High Education in Asia：Expanding Out，Expanding Up*)的报告。此报告的分析主要是基于联合国教科文组织统计研究所(UIS)的数据，并以各个国家以及国际组织的官方数据作为补充。该报告：(1)描述亚洲各国本科生和研究生教育扩招的规模及原因；(2)阐明造成高等教育扩招与高等教育提升两者之间张力的关键因素；(3)了解大学如何衡量其研究生项目的质量以及评估大学提高研究生教育质量的措施；(4)识别在国家和机构层面，亚洲各国的科研实力、科研生产率及国际合作情况；(5)强调政府和教育领导人在扩大高等教育机会、保证优质教学师资、促进高校科研的同时还面临的其他关键问题。[②]

(二)报告的主要内容

该报告指出，亚洲大学近年来的发展呈现以下几方面的趋势。

1. 私立高等教育异军突起

为了减少学生对进入公立大学的需求，很多国家改变立法，允许并鼓励私立高等教育的发展，而其现在已经成为了亚洲地区发展最快速的部分。[③] 亚洲有将近 40%的大学生就读于私立大学和学院[④]，这在过去十年以惊人的速度增长，但是国家之间还是有很大差异的：在越南，私立高等教育机构的招生比例只有 15%，而在韩国这一数据高达 81%。[⑤]

2. 研究生教育的扩张为未来高等教育的发展做准备

与此同时，由于对公立大学和私立大学教职人员需求的不断扩大，亚洲各国都在提供更多的研究生教育课程，为未来高等教育机构师资做准备，实现高等教育系统的提升(expand up)。[⑥] 如在中国，只有大约 16%的大学教师拥有博士学位，35%的教师持有硕士学位。越南的这一比例分别为 14%和 46%。[⑦] 所以，对于更多及更优秀的教学人员的需求成为了推动亚洲地区研究生教育不断扩展的主要因素。而由于以大学为基础的科研能够促进国家经济的发展，所以各国政府也

---

① UNESCO. High Education in Asia：Expanding Out，Expanding Up[R/OL]. http：//www. uis. unesco. org/Library/Documents/higher-education-asia-graduate-university-research-2014-en. pdf. 2014-08-16：11.

② Ibid，11.

③ Ibid，11.

④ Ibid，22.

⑤ Ibid，23.

⑥ Ibid，11.

⑦ Ibid，26.

支持研究生教育的发展。①

3. 研究生教育的次级效益

对于政府来说，扩大研究生教育还具有次级效益(secondary benefit)。许多国家把大学作为产生积极经济回报的研究中心，而大学研究主要集中在研究生教育阶段(硕士或博士)，因此，研究生教育扩张也被各国作为提高国家经济竞争力的有效手段。②

4. 关注基础研究与开发

亚洲国家并不仅仅是扩张大学规模，他们也在不断探索如何加强基础研究与开发。其中，在亚洲表现出众的四个国家分别是：韩国研究与开发经费占到国内生产总值的4%、日本为3.4%、新加坡为2.2%、中国为1.8%，韩国与日本在全球排名分列三、四位。③ 报告还比较了政府在应用研究和基础研究方面的投资。如在马来西亚，研究经费支出的66%用于应用研究，而相比之下，基础研究只占到17%，剩下的16%主要用于实验开发；而在中国，实验研究占研究经费支出的比例高达78%，应用研究和基础研究只各占17%和5%。④ 但报告同时也指出，很多国家的大部分研究并不是在大学中进行的，而是在私企中。一个主要原因在于私企不愿意外包自己的研究。他们往往希望拥有具备商业价值的新发现的所有权。而税法、资本获得的有限性等都可能限制以大学为基础的研究获得经济回报。研究发现，很多因素造成大学与政府研究的直接回馈较低，其研究仅仅产生间接影响。但是这些间接影响也非常重要，往往以知识溢出的形式传播到私企中。所以说，以大学为基础的研究能够对国家的发展起到重要作用，但是未必会获得政府所期望的经济回报。⑤

5. 大学排名不是唯一评价指标

报告还比较了最常见及最常被运用的三大排名体系，指出这些排名不能反映各个大学具体项目质量的变化。很多大学都有优秀的一面，而非只有世界排名靠前的大学才可说优秀。如果各国政府仅仅将大量资金用于支持世界一流大学，那么他们可能错过很多正在开展高质量研究的大学。报告建议，尽管有些大学并没有在世界大学排行榜上占据高位，但是他们在一些具体的领域都有出色表现，因

① UNESCO. High Education in Asia：Expanding Out，Expanding Up[R/OL]. http：//www. uis. unesco. org/Library/Documents/higher-education-asia-graduate-university-research-2014-en. pdf. 2014-08-12.

② Ibid，11.

③ Ibid，57.

④ Ibid，62.

⑤ Ibid，12.

此政府如果对这些大学的具体研究项目进行支持的话，将会从中受益匪浅。① 同时，从长远来看，亚洲高等教育发展战略不仅要应对当前的需求，还要建立一个可持续发展的系统，以着眼于高等教育的质量和声望。此外，各国发展高等教育的一些政策也是具有争议的，比如随着对私立高等教育机构依赖的不断增加，也使得高等教育入学机会与公平问题愈加凸显。再比如，由于受世界大学排名的影响，大学开始想方设法地吸引国外投资、教职人员及学生，这都可能导致意想不到的后果。② 通过对亚洲中等收入国家案例的研究，报告指出，每个国家必须在扩张与提升之间找到自己的平衡。③

>>第二节　世界银行<<

一、开发《优化教育结果的系统方法》，推进全民学习

（一）报告背景

教育是帮助人们摆脱贫困共享繁荣的重要途径，也是世界银行的重要战略之一。近年来，青年人通过教育获得知识和技能的机会显著增加，但是，学习水平却依然很低。在低收入国家，很多青年尚未掌握基本的读写技能，即使是中等收入水平国家，很多学生依然未能掌握工作所需的技能。因此，世界银行认识到要帮助青年人，不仅要保证他们有学上，更要为他们提供优质的教育。2012 年世界银行提出《教育 2020 战略：全民学习》，为实现这一发展战略，2014 年 1 月，世界银行开发出《优化教育结果的系统方法》(*System Approach for Better Education Results*，SABER)，专注于收集有关政策以及政策实施机构的相关数据，从政策层面对一国的教育系统能力进行评估，实现“全民教育”向“全民学习”的转变。世界银行基于 SABER 发布了《2013 年度教育报告：为了美好的明天创建更加完善的教育体系》，不仅系统梳理了 2013 年里世界银行为改进各国教育系统的努力，也包含了不同国家在相应领域的实践。④

---

① UNESCO. High Education in Asia：Expanding Out，Expanding Up[R/OL]. http：// www. uis. unesco. org/Library/Documents/higher-education-asia-graduate-university-research-2014-en. pdf. 2014-08-16：13.

② Ibid，7.

③ Ibid，94.

④ The World Bank. 2013 Education Year in Review：Smarter Education Systems for Brighter Futures[R/OL]. http：// www. worldbank. org/en/topic/education/publication/education-year-in-review-2013-smarter-education-systems-for-brighter-future. 2014-03-01.

(二)主要内容

教育改革是个复杂的社会系统工程，一个教育系统将各种资源转化为学习成果的能力不仅取决于教室、教师、教科书等，还依赖于政策环境、资源及促进教育成果提升的问责制等。因此世界银行的 SABER 项目先后开发了教师政策、学生评估、儿童早期教育和劳动力发展四个方面的工具，内容涉及教育管理信息系统、公平性和包容性、信息与交流技术、学校自治与问责、学校财政、学校卫生与营养、学生评价、教师评价等多个方面。SABER 以问卷的方式收集与分析各个国家的相应数据材料，在全球范围内获得影响全民学习的相应教育政策与机构的各项信息，从而评估全民学习具体目标的实现情况。

1. 投资于早期儿童发展

世界银行关注早期儿童(主要指婴儿自出生起的 1 000 天)发展，主要对儿童健康、营养、家长培训等投资以帮助儿童在身体健康、认知、语言、社会情感等方面的成长。世界银行的早期儿童发展项目主要着眼于孕妇、儿童、医护人员或者家庭，主要在家庭、学前或儿童看护中心、康复中心或社区中心等环境中展开。其主要形式有：通过早期儿童开发启动学习(jump-starting learning through ECD)、开展新的研究项目、为学习做准备等。

2. 创造一个良好的学习环境

全民学习是世界银行的首要战略。对于很多儿童而言，他们在校期间并没有达到预计的学习效果，以至于他们缺乏在全球劳动力市场生存及竞争的必备技能。世界银行改善学习环境的举措主包括：学习评估，考察谁在学、学什么、哪些因素影响学习及如何改进学习等；聚焦于课堂；理清哪些因素可以促进学习；提升问责的地位等。

3. 培养生产型劳动力的必备技能

当今世界，各国普遍需要具备符合工作所需技能的熟练劳动力。而一些低收入国家以及弱势群体还存在着显著的技能差距，很多青年尽管入学接受教育，但依然无法适应工作的需要，甚至处于失业的境地。世界银行培养劳动力必备技能的举措主要包括：开发衡量技能的工具，面向就业和生产力的技能(Skills Toward Employment and Productivity，STEP)；技能评价项目主要基于新的、国际性的可比较量化数据对成年劳动力的技能差距和不匹配等现象进行研究；提供有利于技能开发的培训和相关支持。基于利益相关者的多样性，SABER-劳动力发展框架确立了三个影响劳动力发展结果的教育政策和机构的主要维度，它们分别是：(1)战略层面，劳动力发展应与一国的经济和社会发展总体目标相一致；(2)系统监督，系统监督的制度安排应有利于规范个体、雇主以及培训单位等利益相关者的行为；(3)服务提供，针对提供不同领域服务机构的管理机制。SABER-劳动力发展框架对各国的相应教育机构和政策的优势和劣势进行评判，使不同利益主体对于劳动力发展的相关概念达成共识，从而改进该系统。

4. 优质教师的政策目标

SABER-教师框架提出优质教师具有正确的教育理念和教学方法，良好的动机，并能提供有效的学习支持，他们能创造良好的学习环境，提升学生的学习成就。为实现该愿景，SABER-教师框架提出八个主要政策目标，分别是：针对教师提出明确而清晰的期望；吸引优秀教师；通过实用的培训和先进经验帮助教师成长；培养符合学生需求的教师技能；让强而有力的校长领导教师；教学和学习监测；帮助教师改进教学；调动教师的工作积极性。

5. 通过合作强化教育系统

世界银行通过与联合国旗下的国际组织及其他伙伴合作以帮助不同国家实现其教育目标，包括千年发展目标等。

目前，已有 17 个国家完成了 SABER-教师框架报告，有的国家利用该框架分析本国的教师政策，并取得了显著成效。不同地区的国家已经将 SABER 工具用于教育政策变革和国际交流领域。目前，在世界上 100 多个国家，SABER 已被使用 200 多次，30%以上的非洲国家使用了 SABER，如尼日利亚和乌干达等。

二、关注优质教育，倡导“6A”要素

（一）报告背景

过去几十年来，发展中国家在实现定量教育目标方面取得了显著进展。全球有 5 000 多万儿童已经获得了基础教育机会。然而，正如最近公布的国际学生评估项目(PISA)测评数据所显示的，这并不代表教育质量在进步。目前，全球还有约 2.5 亿儿童虽然在课堂学习了 3 年或更长时间，但仍然不能阅读和计算。因此，很多国家的教育体系需要改革，以改变这一趋势。为此，世界银行人力发展网络教育主管哈里·帕特里诺斯等提出提升教育质量的 6 个要素，简称为“6A”要素。①

（二）主要内容

“6A”要素包括以下内容。

1. 评估

基准和基于基准的学业成就评估(Assessment)是以提高教育质量为目标的教育规划和改革的基石。如果一个国家不能确定该国的教育体系目前处于什么位置，将很难有所改进或实现既定目标。一个典型的成功案例发生在约旦，该国利

① 哈里·帕特里诺斯著，魏爱德，王燕．唐科莉编译．优质教育必备的六个要素[N]．中国教育报，2014-02-28(7).

用国际学生学业成就测试及相关反馈，使学生学习成绩有了显著提高。

2. 自主权

赋予学校自主权(Autonomy)，将决定其质量改进。“授权”包括给予学校所有权、资源和发言权，同时提高学校竞争力。在澳大利亚、加拿大、芬兰、日本和韩国，这 5 个科学成绩高于平均水平、社会经济背景对于学生成绩影响低于平均水平的经济合作与发展组织(OECD)成员国中，有 80%的 15 岁学生就读于在同一区域与其他学校竞争生源的学校。而在有 85%的学校与其他学校进行竞争的学区就读的学生，其成绩往往更好。自主权是否能够激发教育体系的潜能，取决于自主权增加是否伴随问责制的改进。

3. 问责制

如上所述，自主权与问责制(Accountability)密切相关。随着决策权的重新分配，地方政府、学校校长、教师和学生都被赋予了新的参与资源分配和学校活动的责任。在这样的体制内，学校校长在财政资源(有效)使用方面向地方政府负责。同样，校长在改善学习环境，提高学生学习成绩方面向家长和地方政府负责。基于问责制的体系通常将决策权的重心从政府转向由“学校管理委员会”代表的机构，其包含了教师、家长和社区成员。1988 年，英国政府给予公立中学选择的权利。公立中学摆脱地方教育当局的控制，成为自治的由中央政府拨款的学校。新型学校由一个新机构拨款，但是归学校管理委员会所有并由其管理，学校管理委员会由 10～15 名成员构成，包含班主任、教师和家长代表等。研究发现，选择新型学校的学生成绩有显著提高。

4. 关注教师

世界各国的相关研究都发现，关注教师(Attention to Teachers)，因为优秀教师能够有效帮助学生提高学习成绩。高绩效学校体系都是从最优的毕业生中招募教师，例如韩国从最优的 5%学生中招募教师，芬兰从最优的 10%毕业生中招募教师，新加坡和中国香港教师则从最优的 30%毕业生中招募。这一筛选机制有助于确保教师掌握成为有效(高素质)教育者所需的技能和知识。此外，在职培训也有助于帮助教师保持这些技能。

5. 关注学前儿童发展

关注学前儿童发展(Attention to Early Childhood Development)因为这可能是一项成本效益最高的教育投资。实证研究结果表明，高质量的学前儿童发展干预增加了教育成功机会，也提高了成人生产力，并降低了随后的公共经费支出。牙买加一项研究发现，母亲懂得如何在儿童早期促进儿童认知、身体及情绪发展的实验组儿童，其成年后收入比没有获得这些益处的控制组儿童平均高出 42%。

6. 关注文化

关注文化(Attention to Culture)非常重要，但通常被忽视。使用母语作为教学语言在许多国家是一个备受争议的问题。对于一些人而言，这一问题有政治内涵，而对于另外一些人而言，它可能与宗教价值观相关，也有人把相关成本作为反对的理由。在很多国家，大量学生在家不讲官方语言(国家语言)，这对其教育有实际的影响。研究发现，使用母语作为教学语言的学校，学生出勤率更高，升学率也更高，而复读率和辍学率则较低。如果学生首先精通母语，那么他们在基础教育结束时也能更好地学习官方语言(国家语言)。

总之，成功的教育体系改革需要教学因素和结构性质量因素的结合。为了提高教育质量，各国必须确保建立一个基准体系，以确定目前的学习水平和未来的学习目标。同时，还应该让学校和社区拥有自主权，建立机制确保并监督各项责任，支持教师质量提高，促进学前儿童发展，并密切关注其所处的环境和文化。

三、发布《从职业到技能：跨国比较》，关注人的技能

(一)背景

一个国家的经济发展、生产和贸易方式变革与技术的变革息息相关。技术的变革对人的技能提出了不同的要求，劳动密集型的行业渐渐让位于知识密集型行业。一些认知性技能，如口头表达能力、工作记忆能力、计算能力、问题解决能力越来越受到人们重视。现代经济和日益细分的劳动力市场更强调人际能力，如团队合作能力、可靠性、纪律性以及奉献精神等。2013 年 8 月，世界银行发布《从职业到技能：跨国比较》的研究报告。① 该报告选取 30 个国家，并将其按经济水平自低向高排序，分析经济发展与人的技能之间的密切关系。

(二)主要内容

报告中依据不同职业的工作者对于特定任务的完成情况评价其五项能力，分别是常规动手能力、非常规动手操作能力、常规认知能力、非常规认知和分析能力，以及非常规认知与人际交往能力，并将这份职业—技能量表投放家政劳动力市场，从而进行跨国比较。跨国分析显示非常规认知、分析能力和人际交往能力，常规认知能力与经济发展之间呈现显著正相关；同时，常规和非常规动手能力与经济发展呈显著负相关。该报告对于人们研究人的技能与经济发展之间的关系提供了有效工具和技术手段。

① World Bank. From Occupations to Embedded Skills：a Cross-Country comparison[R/OL]. http://documents.worldbank.org/curated/en/2013/08/18091484/occupations-embedded-skills-cross-country-comparison. 2014-03-01.

>>第三节　经济合作与发展组织<<

一、发布“国际成人能力评估”(PIAAC)调查结果，成人技能不尽如人意

(一)报告发布的背景

20 世纪最后十年开始的科技革命已经影响了 21 世纪人们生活的各个方面，诸如与朋友、爱人的交流方式，购物方式，工作方式及工作地点。更加快捷有效的交流与运输服务使得人员、物品、服务、资本在全世界的流通更加容易，推进了经济的全球化。反过来，这些经济与社会的转变也改变了对技能的需求。随着制造技能(manufacturing skill)及某一些低技能的工作日益自动化，对于常规认知与手工技能的需求也正在减少，而对于信息处理技能及其他高水平的认知与人际交往技能的需求却一直在增加。除了掌握某一项专业技能，21 世纪的工人还必须要具备信息处理技能及包括人际交流、自我管理、主动学习等在内的一般技能，才能在日益变化的劳动力市场立足。① 技能改变生活，并推动经济繁荣以及社会融合，而如果没有恰当的技能，人们将被社会边缘化，科技的进步也无法转变为经济的发展，企业与国家就无法在当今全球化日益紧密相连的复杂世界竞争中立足。而对于技能投资的最好的反馈就是获得有关劳动力市场所需及可获得的技能信息。

2013 年 10 月 8 日，经济合作与发展组织(经合组织)在布鲁塞尔发布“国际成人能力评估”(PIAAC)第一轮评估结果。该调查对 24 个国家和地区 16 000 名 16～65 岁成年人的阅读能力、数学能力和运用高技术解决问题等技能进行测定(the first comprehensive international Survey of Adult Skills)。澳大利亚、加拿大、日本、韩国(Republic of Korea)、挪威(Norway)、美国及 17 个欧盟成员国共同参与了此项调查，其中 17 个欧盟成员国包括比利时(Belgium)、捷克共和国(Czech Republic)、丹麦(Denmark)、爱沙尼亚(Estonia)、芬兰(Finland)、法国、德国、爱尔兰(Ireland)、意大利、塞浦路斯(Cyprus)、荷兰(the Netherlands)、奥地利(Austria)、波兰(Poland)、斯洛伐克共和国(Slovak Republic)、西班牙、瑞典(Sweden)、英国(the UK)。此次新的成人技能调查主要关注成人的基本技

---

① OECD. OECD Skills Outlook 2013：First Results from The Survey of Adult Skills[R/OL]. http：// www. eunec. eu/sites/www. eunec. eu/files/attachment/files/oecd _ skills _ outlook _ 2013. pdf. 2014-8-18：23.

能及这些技能对他们的生活所产生的主要影响。[①]

(二)报告的主要内容

成人技能调查旨在反映这些技能在社会中的可获得性以及如何在工作与家庭中运用这些技能。另外，该调查还测量了人们在如阅读(literacy)、数学(numeracy)、运用高技术解决问题能力(problem solving in technology-rich environments)在内的信息处理技能。报告主要发现如下。[②]

1. 在阅读、数学及高技术环境下的问题解决能力方面

成人在阅读与数学方面，大多数国家相当比例的成人得分处于较低水平。在被调查的国家中，4.9%～27.7%的成人仅仅达到阅读的最低水平，而8.1%～31.7%的成人仅仅达到数学的最低水平。在很多国家，有相当大比例的成人缺乏运用ICT完成许多日常任务的基本技能或者经验。在荷兰、挪威与瑞典，这类成人的比例不到7%，但是在意大利、韩国(Korea)、波兰、斯洛伐克与西班牙这类人的比例约23%甚至更高。即使在具备计算机技能的成人中，大部分成年人在高技术环境下解决问题能力方面的得分也仅仅到达最低水平，仅仅有2.9%～8.8%的成年人在高技术环境下解决问题能力方面能够达到最高水平。

2. 社会人口特征与技能熟练程度的关系

平均而言，具备大学教育的成年人在阅读方面具有比那些还未完成高中教育的成人高出36分的优势，相当于5年的正规学校教育；初始教育贫乏再加上缺乏进一步提升能力的机会，就造成一种恶性循环，能力越贫乏获得进一步提升能力的机会越少，反之亦然；在阅读、数学以及在高技术环境下解决问题方面，移民的表现明显不如本土人；年纪大的成人普遍表现不如他们的年轻同行们，而代际差距程度在各国之间也有很大不同；在数学与在高技术环境下解决问题方面，男性的得分要比女性高，但是差距不是很大，尤其是当考虑其他人口统计特征的时候，这一差距就进一步减小。在年轻人中，性别对能力影响几乎可以忽视。

3. 工作场所中技能的运用

工作场所技能的运用影响了很多劳动力市场现象，包括生产力、工资的性别差距。与能力不熟练的工人相比，更多的具备熟练技能的工人则更少地在工作场所运用他们的技能，这表明技能熟练程度与技能运用之间的不匹配现象在工作场所中非常普遍。约有21%的工人所具备的能力高出工作所需，而13%的工人所具备的能力不足以完成工作，这对工资水平及生产力有很大影响。

---

① OECD. OECD Skills Outlook 2013：First Results from The Survey of Adult Skills[R/OL]. http：// www. eunec. eu/sites/www. eunec. eu/files/attachment/files/oecd _ skills _ outlook _ 2013. pdf. 2014-8-18：26.

② Ibid，23-24.

4. 技能的培养与保持

阅读、数学及高技术环境下解决问题的能力与年龄有密切关系，在 30 岁的时候能力达到顶峰，之后稳步下降，最年老的成人比最年轻的人在以上方面的表现都差。随着时间的变化，能力下降不仅与个人拥有的进一步学习的机会的数量与质量有关，还受到人的生理年龄的影响。从国家层面来讲，有组织地参与成人学习活动的程度与重要信息处理的平均数量程度之间有明确的关系。在工作中或工作之余，参与更多的与阅读、数学及运用 ICT 等相关活动的成年人在阅读、数学及问题解决能力方面的表现更加出色。

5. 技能熟练程度与经济社会福利之间的关系

在阅读、数学、高技术环境下问题解决能力越高，进入劳动力市场并获得高薪的可能性就越高。在所有国家中，阅读方面取得高水平的人比那些低水平的人的身体更健康，在阅读方面表现较差的人对于政治发展没有什么影响，也不参与相关的志愿活动。在大多数国家，低能力的人也更有可能获得比他人更少的信任。

此外，报告还给出了几点政策建议：(1)注重学习世界与工作世界之间的联系；(2)为工人提供与目前劳动市场需求一致的培训；(3)政府要让人们了解更高水平的技能所带来的益处；(4)为人们提供易获得的有关成人教育相关活动的有用信息；(5)建设透明的技能认证标准体系，鼓励所有人积极参与继续教育与培训，等等。①

二、发布 2012 年 PISA 结果系列报告，特别关注创造性问题解决能力

(一)报告的背景

PISA 测试是对全世界 15 岁学生知识与技能水平进行的评估。经济合作与发展组织所发布的 2012 年 PISA 测试成果报告主要测试了世界上 65 个国家与经济体的 51 万学生在数学、阅读与科学方面的成绩。2013 年 12 月 3 日，经济合作与发展组织(OECD)发布了 2012 年的 PISA 测试结果 4 份报告：《PISA 2012 结果：学生所知及所能——学生在数学、阅读与科学方面的表现》《在公平中追求卓越：给予每位学生成功的机会》《为学习做准备：学生的参与度、驱力和自我信念》和《什么因素让学生取得成功？资源、政策与实践》。然而，近年来 21 世纪核心技能，特别是问题解决技能引起了国际社会的高度重视。社会，环境及科技的发展

① OECD. OECD Skills Outlook 2013：First Results from The Survey of Adult Skills[R/OL]. http：// www.eunec.eu/sites/www.eunec.eu/files/attachment/files/oecd _ skills _ outlook _ 2013.pdf. 2014-8-18：35.

意味着应用知识的内容正在快速发生变化，适应、学习、关于尝试新事物并时刻准备从错误中学习成为了在未来世界中获得成功的关键素质，而复杂问题的解决能力在当今这个快速发展的社会中尤为需要。正如经合组织教育与技能部代理主任(acting Director of Education and Skills)安德里亚斯·施莱歇尔(Andreas Schleicher)所言，“现在，问题解决技能贫乏的15岁学生将在未来难以找到或维持一份好工作，政策制定者与教育工作者应该重新调整其学习系统与课程来培养学生的问题解决技能，以迎合当今经济发展过程所需。”①2014年4月1日，OECD又发布了PISA 2012结果的第五份报告《创造性地问题解决——学生在解决真实生活问题中的技能》，共有来自世界44个国家和经济体的85 000名学生基于电脑完成了测试，测试将年轻人置于真实的生活场景中以测试其在面对日常生活中的问题时所使用的一些技能，如找到最快到达目的地的线路、设置恒温器等，专门回答“15岁学生具备了21世纪所需的问题解决技能吗?”

(二)报告的内容

《创造性地问题解决——学生在解决真实生活问题中的技能》研究结果发现如下。②

(1)新加坡、韩国和日本的学生比其他国家、地区和城市参与测试的学生，在问题解决方面所得的分数都要高。中国的澳门、香港、上海和台湾的平均得分分别为540、540、536、534。加拿大、澳大利亚、芬兰、英格兰、爱沙尼亚、法国、荷兰、意大利、捷克、德国、美国、比利时所得分数均高于OECD国家的平均分，但是均低于中国的澳门、香港、上海与台湾。

(2)OECD国家在问题解决方面有高表现的15岁学生比例是11.4%。这些学生的高表现(精熟度在5级或6级)意味着他们能够系统地探索一个复杂的情境，并考虑所有限制条件以设计多步骤的解决方案，并依据所获得的反馈来调整他们的方案。在新加坡、韩国及日本，5个学生中就有1个多学生达到这一水平，而中国香港则6个学生中就有1个多学生达到5级或者更高。中国的台湾和上海及加拿大和澳大利亚达到这一水平的学生比例分别是18.3%、18.3%、17.5%、16.7%。

(3)OECD国家平均5个学生中有1个学生只能够在熟悉的情境下解决简单问题。而日本、韩国、中国澳门、新加坡等国家、地区和城市10个学生中有不

① OECD. Asian Countries top OECD's Latest PISA Survey on State of Global Education[R/OL]. http://www.oecd.org/newsroom/asian-countries-top-oecd-s-latest-pisa-survey-on-state-of-global-education.htm. 2014-08-16.

② OECD. Creative Problem Solving: Students' Skills in Tackling Real-Life Problems[R/OL]. http://www.oecd.org/pisa/keyfindings/PISA-2012-results-volume-V.pdf. 2014-08-17: 13-14.

到 1 个学生在问题解决方面表现不佳。

(4)澳大利亚、巴西、意大利、日本、韩国、中国澳门、塞尔维亚、英格兰、美国的学生在问题解决方面的表现明显优于那些与之在数学、阅读与科学测评中表现类似的国家学生。

(5)中国香港、韩国、中国澳门、中国上海、新加坡与中国台湾的学生在那些需要理解、阐述或呈现新知识类问题上的表现最佳。而巴西、爱尔兰、韩国及美国的学生在交互问题上表现最好，这类问题解决需要学生去发现问题解决的有用信息。

(6)在数学、阅读与科学表现相似的国家地区和城市中，马来西亚、中国上海、土耳其，每 8 个学生中有 1 个学生参加了专门的学习项目，而这些学生在问题解决方面的表现明显优于那些只参加一般项目学习的学生。一方面，这些项目中的课程与教学可能使得学生具备在一些学校中不常遇到的情境下解决真实生活中的复杂问题的能力。另一方面，超出预期表现可能暗示着，学生的问题解决能力也许并不是在核心的学术课程中所培养的内容。

(7)16 个国家、地区和城市中，男女生在问题解决方面的平均表现没有显著差异。与其他任务相比，女孩似乎在“规划与执行”的问题上表现更好，而在“呈现与阐述”类任务下的表现更差一些。

(8)社会经济地位对学生问题解决表现的影响要比对其在数学、阅读或科学方面的表现弱。与数学测评中的表现相比，来自社会不利背景的学生在问题解决方面更有可能获得超出预期的表现，有可能是因为，校外机会使得他们具备了在不同社会文化背景下解决问题的能力。然而，学校质量至关重要：获得高质量学校的入学机会，一般而言意味着，处于社会不利地位的学生在所有学科上的得分都低于处于优势地位的学生，包括在问题解决方面。

三、推崇韩国教育改革典范，分享各国实践经验

(一)报告的背景

在过去的 50 年，韩国的教育获得了显著的发展并取得巨大成就。韩国是在 PISA 测试中成绩名列前茅的国家之一，也是持有高中和高等教育文凭比例最高的国家之一。韩国一直持续探索各种方法来改进其教育系统，在过去十年内，政府对教育的投资显著增加。然而，韩国还需要进一步进行改革。全球化与现代化的快速发展提出了新的严峻挑战，现代及未来的年轻人必须具备 21 世纪的技能

才能生存。[①] 2014 年 3 月 14 日，经济合作与发展组织(OECD)发布了一项报告，题为“教育领域的优秀表现者和成功改革者——PISA 中来自韩国的经验”。报告旨在帮助韩国确认和解决国际视野下面临的教育政策挑战，以及为其他国家提供经验教训以改进本国的教育体系。

该报告的出版有两个目的。首先是从国际视角来帮助韩国明确并应对教育政策挑战。对此，该报告通过 PISA 对韩国的教育系统进行评估，考量了韩国最近的政策发展，并给出了促进教育发展的政策建议。另外，还分析了其他高表现国家或地区的一些经历，包括芬兰、中国香港、加拿大的安大略省、中国上海和新加坡。其次，该报告对于其他国家来讲，是改进其教育系统的一份有价值的参考资料。[②]

(二)报告的主要内容

韩国将资源分配给能够发挥更大作用的地方。长期以来，韩国一直将教师质量置于教育发展的优先位置。具备有利的师生比的学校通常都是处境不利的学校。学校拥有较大自主权，包括学生评估，决定开设哪些课程，课程内容与课本的选择等。[③]

韩国的一个显著特征，或者在东亚国家更加普遍的是补习教育的广泛性。据估计，在韩国 81%的小学生都接受过私下的辅导。很多学生都参加补习教育以便能够在竞争性的考试中获得好成绩，这样才能进入著名大学，从而改变他们的生活。补习教育让学生投入更多的时间，为不同学习安排与教学方法提供机会。然而，有关补习教育对学习表现的影响的证据仍然备受争议。另外，补习教育扩大了社会经济的不平等，有可能影响学生的健康，破坏学校的正常运行。有些国家出台了一些规范补习教育的条例，运用新技术或引进放学后课程来扩大学习机会，减少那些死记硬背的学习。韩国政府应该鼓励增加有关补习教育的可获得性的证据，加强研究以及为公众咨询提供场所。[④]

此外，虽然韩国的教育体系已经具备良好的表现，但还需要进一步改革。[⑤]一是加强学校和工作之间的联系，提高教育劳动力-市场效益。具体包括：(1)改进职业教育与培训，强调与各行各业的联系，招聘具有相关工作经验的教师，将相关项目与国家技术资格联系起来。(2)为 21 世纪开发课程，确保其实施。修订

① OECD. Strong Performers and Successful Reformers in Education—Lessons from PISA for Korea [EB/OL]. http: // www.keepeek.com/Digital-Asset-Management/oecd/education/lessons-from-pisa-for-korea_9789264190672-en#page18. 2014-8-31: 15.

② Ibid.

③ Ibid.

④ Ibid.

⑤ Ibid, 16.

课程以更好回应21世纪的需求，例如培养创新，减少过重的学业负担，修改大学入学考试，引进创新型的体验性活动等。然而，需要关注改革措施的实施，因为教师面临学生大学入学考试的压力，而探究式学习与以学生为中心的学习可能要求在教学方法上进行实质性的改变。(3)继续吸引、支持与留住高质量的教师。从优秀毕业生中招聘教师，并给予新教师职前培训。教师花费更少的时间去教，花费更多的时间在诸如课堂准备等活动上。另外，通过推进课堂观察或开展有关教学实践研究来鼓励教师间的相互学习。学校领导的作用也至关重要，关注领导力的培养也非常必要。(4)将信息通信技术(ICT)融入教育中。为了在学习中充分利用ICT，韩国教育系统应持续构建教师能力与学校领导力以便在课堂中运用ICT。(5)加强评估的运用。进一步改善评估工具非常重要，扩大评估范围，从学生评估到整个系统的评估，尤其重视问责制。

二是提高教育公平以加强社会凝聚力。具体包括如下。(1)加强早期教育与关怀(ECEC)机会的获得与质量的提升。应该继续为小学前教育提供财政支持，尤其要关注低收入家庭的孩子。无论儿童是否参加幼儿园或者获得儿童保育，要确保建立针对3～5岁儿童的有效信息监督体系、规则与标准(如保育人员资格、保育人员与儿童的比例)。(2)探索更有效的政策以回应补习教育。韩国是唯一一个为回应补习教育而持续实施相关策略的东亚国家，所以补习教育的普及性也需要开展进一步的研究。(3)在处理学校事务及帮助孩子更有效学习方面，让家长更多参与其中。对来自弱势家庭的家长能力的培养与支持可能会帮助提高父母的参与性，也有可能更有效地支持处境不利的学生。

此外，其他高表现国家和地区的学生都相信"教育是出人头地之路，无论他们的能力及社会经济地位如何，付出就会有回报"。除了实施正确政策，还有优秀经验如下。

1. 新加坡

将教育置于中心位置。教育与技能的供求持续调试，从21世纪所需技能出发，来改革课程、教学与评估。尤为关注的是，从学校层面构建教师队伍及传递领导力，强调能力构建，使用国际标准来确定最佳时间，构建一套挑选、训练、补偿及培养教师的综合体系，确保教师的质量。①

2. 芬兰

综合学校改革(不论学生的能力与社会经济地位如何，让所有学生一起接受

① OECD. Strong Performers and Successful Reformers in Education—Lessons from PISA for Korea [EB/OL]. http://www.keepeek.com/Digital-Asset-Management/oecd/education/lessons-from-pisa-for-korea_9789264190672-en#page18. 2014-8-31: 15.

教育)是芬兰教育中实现高水平公平的基石。[①] 每所学校都有受过特别训练的干预专家，尽早确定困难学生并给予及时有效的干预和支持。教师准备项目聚焦培养教师诊断问题的能力及早期干预的能力，教师对他们的课堂拥有自主权。[②]

3. 安大略省(加拿大)

成功引进相关具体策略以增强小学生的读写能力，提升毕业率，减少低表现学校的比例，并在教师、工会与其他利益相关者之间建立信任关系，加强能力建设。[③]

>>第四节　欧　盟<<

一、发布教育质量保障报告，倡导教育“质量文化”理念

欧委会近日发布两份关于教育质量保障的报告——《欧洲高等教育质量保障进展报告》及《欧洲职业教育质量保障参考框架执行情况报告》。[④] 报告指出，尽管成员国已在质量保障方面取得一定成绩，但仍需进一步改革，以建立“质量文化”理念，使教学与劳动力市场及社会需求更紧密地联系起来。报告还呼吁成员国更加重视国际合作，并使学生在质量保障决策中拥有更大的发言权。欧委会教育、文化、多语言和青年委员瓦西利乌女士指出，“质量保障是建立教育体系内相互信任的基础，我们需要更多地发挥质量保障的作用，使其成为促进高等教育和职业教育现代化的催化剂。我们的目标是通过推动建立标准，鼓励多样性并促进就业，而非为了鼓励单一性和一致性”。

其中，《欧洲高等教育质量保障进展报告》阐述了 2009 年来欧洲高等教育质量保障在帮助学术界、学生及其他利益相关方达成既定质量目标，帮助扩大入学渠道及提高学生毕业率、支持学生获得高质量的专业技能等方面取得的成绩及存在的不足。关于质量保障监测的实施，报告在强调充分利用信息和通信技术重要性的同时，也强调了提高透明度至关重要。报告还指出，质量保障监测的结果不仅要公开，更要能有效地反馈到战略决策的过程中去。

《欧洲职业教育质量保障参考框架执行情况报告》回顾了 2009 年来职业教育

---

① OECD. Strong Performers and Successful Reformers in Education—Lessons from PISA for Korea [EB/OL]. http: // www. keepeek. com/Digital-Asset-Management/oecd/education/lessons-from-pisa-for-korea _ 9789264190672-en # page18. 2014-8-31：15.

② Ibid，16.

③ Ibid，16.

④ 赵娜. 欧盟敦促成员国建立教育“质量文化”理念[N]. 中国教育报，2014-03-05(9).

质量保障在促进欧洲职业教育形成“质量文化”方面取得的成绩，如支持网络在线工具构建和监控质量保障体系，鼓励通过 EQAVET 网络分享经验和最佳实践等。报告同时指出，要使质量保证更加透明并提高不同国家资格证书的互信和互认度，以达到帮助高职学生及劳动者获得不同国家均认可的职业技能和资格的目的，仍需采取进一步行动。未来职业教育质量保障国际合作的优先发展领域包括提高如实习等以实践为基础的教育质量保障，以及如何更好地界定及评估学习成果等。

二、发布“开放教育”文件，倡导数字化技术与教育资源的整合和创新

2013 年 9 月 25 日，欧委会对外发布“开放教育”文件，旨在促进欧洲数字化教育的发展，欧盟数字化议程委员克洛斯、教育文化语言多样性及青年委员瓦西利乌共同出席了发布会。该文件主要包括三个方面的内容：一是通过如开放教育资源，尤其是大量网络公开课(MOOCs)等在内的数字化手段促进教育机构、教师及学习者的学习创新；二是充分利用开放教育资源进行知识传播，并进一步拓展开放教育资源渠道、提升开放教育资源质量；三是通过改造信息传播技术(ICT)基础设施，从法律层面为硬件及软件的共同使用标准提供支持等方式进一步夯实数字化教育的基础。

文件指出，一项欧盟师生使用数字化教学辅助手段的调查显示，欧洲教育已经落后于数字化社会和数字化经济的整体发展，运用数字化技术可提高教育的效率及公平性。文件同时指出，在开放教育资源方面，特别是在 MOOCs 这一创新型数字平台的发展方面，欧洲已远远落后，美国的大学及有关资源提供者目前在该领域有绝对性优势，欧洲需要建立自己的数字平台，整合欧洲教育资源。

文件进一步指出，为配合开放教育文件的实施，欧委会将通过“新伊拉斯谟”计划、“地平线 2020”计划等以提供资金支持。同时，“欧洲开放教育”数字平台也已上线。该平台作为汇集欧洲所有开放教育资源的门户网站，为学习者提供欧洲开放教育资源概览及链接。在不远的未来，欧盟还将启动共计 24 项行动计划，包括启动“欧洲成人教育电子学习平台(EPALE)”等。

三、“新伊拉斯谟”项目启动，鼓励多种形式的国际流动和协调创新

(一)报告的背景

欧洲议会于 2013 年 11 月 19 日通过了即将于 2014 年 1 月启动的“新伊拉斯谟

计划(Erasmus+)”①2014—2020 年度财政预算。这项计划旨在提升劳动者技能和就业能力，促进高等教育、青年和培训体系现代化，该计划在下一年度财政预算的总额为 147 亿欧元，较上一年度预算增长了 40%。新的“Erasmus+”计划将资助超过 400 万欧盟青年在海外进行学习、培训、工作或从事志愿者服务。“新伊拉斯谟计划”在欧洲劳动者一方面失业率居高不下、就业形势严峻，而另一方面企业又难以找到合适的劳动力的两难背景下出台。目前欧洲有近 600 万年轻人处于失业状态，在西班牙和希腊，失业青年比例超过 50%，而与此同时，欧洲劳动力市场约有 200 万缺口，约 1/3 的企业招聘不到拥有合适技能的职工。“新伊拉斯谟计划”的出台旨在弥合劳动力和市场之间的鸿沟，确保青年获得国际化知识和技能，满足劳动力市场的需求。同时，该计划也将通过支持高等教育机构师生的职业发展及学校和产业之间的合作来进一步提升欧洲教育、青年和培训体系的质量。该计划还将通过学生和从业人员的流动进一步促进欧盟成员国间的劳动力流动。值得一提的是，该计划首次将体育发展的资金预算囊括在内，将在 7 年间投入 2.65 亿欧元，该笔资金将用来帮助解决部分跨境体育难题，比如内定比赛结果和非法使用兴奋剂等，以及促进大众体育的组织和管理、促进运动员的双重职业道路规划、并提升欧洲整体体育素质等。

(二)主要内容

“新伊拉斯谟计划”支持三类活动：2/3 的资金用于支持盟内及盟外的个人进行海外学习；其余 1/3 的资金一部分用于支持教育机构、青年组织、商业界、非政府组织及地区政府间建立合作伙伴关系，另一部分用于支持成员国进行政策改革，包括高等教育的现代化改革，以及促进创新、实习和就业能力提升的改革等。

该计划将通过整合欧盟现有教育、培训、青年和体育框架下的各类计划和项目实施，包括终身学习计划(伊拉斯谟计划、达·芬奇计划、夸美纽斯计划、格拉特威格计划)、青年行动计划及五个国际合作项目(伊拉斯谟世界计划、坦帕斯计划、阿尔法计划、Edulink 计划及与工业化国家的合作方案)。

“新伊拉斯谟计划”具体资助范围包括：(1)200 万个奖学金名额供高等院校学生赴海外学习或进修，含 45 万个实习名额；(2)65 万个奖学金名额供职业院校学生赴海外学习、培训或工作；(3)80 万个资助名额供学校老师、大学讲师、培训师、教职人员及青年工人赴海外教学或培训；(4)20 万个贷款担保名额供硕士研究生在海外学习一门课程；(5)50 万个资助名额供青年人参与海外志愿者项目或青年交换项目；(6)2.5 万个奖学金名额供学生进行联合硕士学位的学习(学生

---

① EU. Erusmus+ What's in It for Higher Education? [EB/OL]. http://bookshop.europa.eu/en/erasmus-pbNC0213736. 2014-08-01.

需在海外两所以上的高校进行学习)；(7)资助 12.5 万个学校、职业及培训院校、高等教育机构、成人教育机构、青年机构和企业，以建立 2.5 万个战略合作伙伴关系，进一步促进机构间经验交流和业务联系；(8)资助 3 500 个教育机构和企业，以建立 300 个"知识联盟"和"行业技术联盟"，促进就业能力、创新及创业；(9)资助 600 个体育领域内的合作伙伴关系，包括欧洲非盈利性赛事。"新伊拉斯谟计划"的实施主要通过促进学生流动、提升就业能力；加强协同创新，共享最佳实践；支持政策改革、实现资格互认等三个关键行动实现。①

四、公布 2014 年"多维度全球大学排名"结果

欧盟发起并资助的一项新全球大学排名——"多维度全球大学排名"(U-Multirank)首轮排名结果于 2014 年 5 月 13 日公布。多维度排名体系的主要目的是提供方便的、透明的和可比较的大学信息，以便学生、教师、家长等各利益相关方能了解大学在各领域的表现，帮助他们在不同的高等教育机构和课程中做出选择，同时也帮助各机构更好地定位自己并提高教学质量与绩效。多维度评估、按绩效排名和用户导向是该排名体系的 3 个基本出发点。排名项目的发起机构是欧盟委员会，而执行机构是欧盟高等教育和研究绩效评估协会。②

该排名设想最初由欧盟成员国于 2008 年提出，起因是认为在现行世界大学各排名体系中，欧洲大学的优势和特长未能得到全面、公正的体现。欧委会随即邀请专家于 2010—2011 年对 150 所大学进行了可行性试点。2013 年 1 月，该排名在当期欧盟轮值主席国爱尔兰都柏林会议上正式启动，欧盟通过"新伊拉斯谟计划"下"终身学习项目"对计划进行注资支持，2013—2015 年投入 200 万欧元作为启动基金，并计划在 2015—2017 年继续提供资助。欧盟对该排名执行机构的定位是独立的非营利性组织，其资金来源的理想状态是多元化，即既不依赖高等教育研究机构，也不依赖管理高等教育部门的政府机构。负责该项排名的独立评估协会由德国高等教育中心和荷兰高等教育政策研究中心合作组成，并与荷兰莱顿大学科技研究中心、比利时鲁汶大学、爱思维学术出版社、贝塔斯曼基金会和 folge 3 软件公司等结成密切的合作伙伴关系。

此轮共有全球 74 个国家的 850 余所高等教育机构提交资料参与了排名评估，并采纳了 6 万余名学生的反馈信息。与当前诸多大学排名的做法不同，该排名拓展了评估指标，突出"多维度"及"用户导向"的特点，避免在不同类型大学及相同大学不同质量的课程间进行简单化等级比较。个人用户还可根据自身需要制定个

① 李建忠."伊拉斯谟+"计划：提升欧盟青年就业能力[N].2014-03-19(10).

② 吴海铮，方庆朝.欧盟多维度全球大学排名计划(U-Multirank)[N].中国教育报，2013-06-09(7).

性化评级榜单，根据自己的兴趣和条件了解和获取合适大学及学科信息的排名结果。

在大量咨询利益相关方，并进行细致的信度、效度和可行性方法学分析的基础上，多维度全球大学排名比较分析了三十余种单项指标，并从科研表现、教学质量、国际化取向、知识转化、区域参与五个维度进行测评，测评等级分 A、B、C、D、E 五级，非常优秀为 A，差为 E。除整体排名外，也选取部分学科、专业进行排名。2014 年榜单对商业、电子工程、商学和物理学等四个专业进行了排名，而 2015 年，将新增心理学、计算机科学和医学三个学科及专业。

根据 2014 年多维度大学排名结果，在参评的 850 多所大学中，超过 95%的高校在单项指标里至少获得一个 A，12%的高校获得 10 个以上 A。参与评估的 850 所高校里，62%来自欧洲，17%来自美洲，14%来自亚洲，7%来自大洋洲、拉丁美洲及非洲。

五、发布《创业教育——教育者指南》，倡导创业教育

2013 年 1 月，欧盟委员会发布了《2020 创业行动计划》，强调创业精神和创业能力在欧洲发展中的重要性。欧盟经济发展需要更多高素质的创业型人才，因此欧盟非常注重培养青年的创业精神，并希望通过创业教育使人们的思想态度和行为发生相应的转变。创新精神指的是一个人将理念转化为现实行动的能力，它包含创新能力、主动性、革新和风险承担能力、制订计划及为实现目标而进行的项目管理能力等，因此，创业能力需要掌握综合知识和经济管理技能。从更宽泛的层面来看，创业能力是一项支撑个人日常生活，为人们进行社会或商业活动提供准备的基本能力，在 2006 年的欧洲框架中，创业精神被认为是终身学习的基本内容之一。

2013 年 6 月，欧盟发布了《创业教育——教育者指南》。[①] 创业教育已经在欧盟成员国中广泛开展，从小学至大学，甚至在学前教育阶段和非正规教育中，都可以开展。而教师在创业教育中发挥着重要作用。《创业教育——教育者指南》(以下简称《指南》)中提出了创业教师的素质要求，以及如何成为一名创业教师。《指南》中列举了一些初级教师教育的成功案例，如创业教师教育机构的教育理念和机构战略，创业教师教育者应具备的素质，创业教师培训项目和教学方法，教育部门、商业联合会以及企业之间的合作伙伴关系。此外，《指南》中还列举了继续专业发展(Continuing Professional Development)的实践案例，如创业学校，在

---

① European Commission. Education & Teaching for Entrepreneurship[R/OL]. http://ec.europa.eu/enterprise/policies/sme/promoting-entrepreneurship/files/education/entredu-manual-fv_en.pdf, 2013-06-20.

职教师的创业教育项目，创业教育的教学方法和教育理念革新，继续专业发展的延伸策略等，对于世界各国的创业教育实践具有重要的启发意义。

>>第五节　联合国儿童基金会<<

一、发布《2014—2017 战略规划：保障每个儿童的权利，尤其是弱势儿童》

2013 年 9 月，UNICEF 发布了《2014—2017 战略规划：保障每个儿童的权利，尤其是弱势儿童》。① 关于教育，该《规划》指出要努力提升学生的学习成果，力争实现公平和全纳教育。UNICEF 将一如既往地着眼于初等教育的入学机会和学习，为弱势和被排除在外的儿童，包括残疾儿童和女童提供多样化、可选择的学习成果评价系统。UNICEF 将继续关注早期儿童发展，改进其对于中等教育体系的参与体系。UNICEF 还将促进国际理解，帮助各国改进教育实践，维护世界和平，支持各国进行危机评估与管理应对。UNICEF 将与全球教育伙伴关系的其他成员一道开展一些利于提升边缘儿童学习成果的项目，如实施多语言教育、提高适龄儿童入学率、实行儿童中心的教学法等，这些项目产生的数据和成果将被各国用于消除教育不均衡现象，促进自身的监管能力提升，从而实现全民教育。

二、发布《2014 年度世界儿童状况：每个儿童都重要》

《世界儿童状况》从第一次出版至今已经三十多年。三十多年来，儿童福利在世界上很多地方都发生了很大的变化。2014 年 1 月，UNICEF 发布了《2014 年度世界儿童状况：每个儿童都重要》，② 报告指出，迄今为止，改善儿童的生存状况，保障每个儿童的权利，依然任重而道远。尽管我们收集和分析关于儿童的各项数据已经日益丰富和完善，但数据背后的故事我们却无从一一知晓。

自 1989 年《儿童权利公约》颁布以来，人们普遍认识到儿童与成人一样，享有各项基本权利，如无歧视原则、最大利益原则、尊重儿童尊严原则、尊重儿童观点的原则。的确，自《儿童权利公约》颁布以来，儿童的出生率、死亡率、初等教育入学率等数据都发生了积极的显著的变化，但是在 2012 年，仍有 660 万 5 岁以下儿童死于难以预防的疾病，他们的基本生存权利无法得以保障；世界上有

---

① UNICEF. The UNICEF Strategic Plan 2014—2017：Realizing The Rights of Every Child, Especially The Most Disadvantaged[R/OL]. http：//www.unicef.org/strategicplan/，2013-7-11.

② UNICEF. The State of The World's Children 2014：Every Child Counts[R/OL]. http：//www.unicef.org/publications/files/SOWC2014_In_Numbers_28_Jan.pdf，2014-01-08.

15%的儿童(数据不包括中国)在经济浪潮的驱使下成为童工严重侵犯了他们学习和玩耍的权利；11%的女童(数据不包括中国)在未满15岁结婚，严重影响了他们的教育和健康状况；儿童的自由权无论在家还是学校，由于各种残酷的、有辱人格的惩罚手段而难以保障。因此，无论一个国家贫困还是富裕，差距和不均衡现象依然存在，而无论男孩还是女孩，无论他们来自贫困还是富裕家庭，儿童权利和福利必须成为一个国家和国际社会的工作中心。值得庆幸的是，决策者们已经意识到了收集数据的重要性，并通过家庭调查产生了大量可信的、标准化的、可比较的数据，并且儿童和青年也参与其中。儿童及相关组织有权获得关于他们生存状况的相应数据，因此，他们也积极参与到收集数据的进程中。三十多年的数据变化表明，各个层面的决策者在保障儿童权利及获取儿童发展的各项数据信息方面处于主导地位，而当从决策者到草根阶层都能参与到这个过程中来时，每个儿童的权利将能得以充分地实现。